근로계약서 한 장으로 끝내는 근로기준법

상상하는 모든 일들이
현실이 되기를 바랍니다.

저자: 근로감독관 조영식
공인노무사 강수연

감수: 최영우

근로계약서 한 장으로 끝내는
근로기준법

초 판 인 쇄 | 2018년 1월 10일
개정3판발행 | 2021년 6월 14일

지 은 이 | 조 영 식 · 강 수 연
펴 낸 이 | 김 남 진
펴 낸 곳 | (주)중앙경제
편집·디자인 | 신 지 원

주 소 | 서울시 중구 다산로 11길 19(신당2동 355-8)
백석빌딩 신관 4층
전 화 | 02-2231-7293
팩 스 | 02-2235-5344
홈 페 이 지 | www.elabor.co.kr
출 판 등 록 | 80. 6. 21 제2-66호

I S B N | 978-89-7017-470-9 (93330)
정 가 | 50,000원

개정 3판

근로계약서 한 장으로 끝내는 근로기준법

공저 근로감독관 조 영 식

공인노무사 강 수 연

감수 최 영 우

"직장 생활의 기본은
근로계약서에서 출발한다"

(주)중앙경제

개정판을 내며

현장에서 만난 사업주와 근로자들의 다툼을 예방하기 위해 적어도 근로계약서 한 장만큼은 제대로 쓰게 하자는 취지로 만든 책이 어떤 독자에게는 디딤돌이 되고, 어떤 독자에게는 참고서가 되었다 하니 저자로서는 감사할 따름이다. 동시에 더 좋은 책으로 다듬어야겠다는 바람도 커진다. 그런 마음으로 개정판을 냈다. 기본에 충실하면서 법리가 머릿속에 그려질 수 있도록 설명하려고 노력하였으며, 이 책에 소개된 논리를 이해하면 비단 이 책에 소개되지 않았다하더라도 이해할 수 있는 밑거름이 되리라 믿는다.

지방노동청 민원실은 일터에서 임금을 못 받거나, 해고를 당하거나, 부당한 처우를 겪었을 때 가장 쉽게 도움을 요청할 수 있는 곳이다. 분쟁이 생겨 당사자간에 오고가는 적나라한 다툼의 내용은 사실 복잡하지 않다. '약속이 다르다' 또는 '서로 다른 이야기를 한다.'는 내용들이다. 근로조건을 일방적으로 결정하여 통보하고, 적게 주고 일은 많이 시키려는 생각 때문에 문제가 생긴다. 근로자는 다툼이 발생하면 정작 사업주에게 받았던 '약속'을 입증할 근거가 없다. 근로기준법에서 사업주는 주요 근로조건을 서면으로 명시하여 근로자에게 교부하도록 규정하고 있음에도 여전히 지켜지지 않고 있는 게 현실이다. 소상공인을 비롯한 소규모 자영업자의 현실적인 애로사항도 있다. 생업이 우선이다 보니 노동법에 대해 제대로 이해할 여유가 부족하다. 실제 최근 취업포털사이트에서 사업주를 대상으로 근로계약서를 작성하지 않는 이유에 대해 설문한 결과를 보면, 응답자의 절반 가까이가 '작성의무 여부나 작성법을 몰라서', '귀찮고 번거로워서 못쓴다.'고 답하고 있다.

저자인 고용노동부 근로감독관과 지방노동청 민원실에서 조정업무를 담당했던 공인노무사가 여러 다툼들을 바라보며 '어떻게 하면 근로관계에서 발생하는 다툼을 예방할 수 있을까'를 함께 고민했다. 그 첫걸음으로 기초질서인 '근로계약서'에 대한 안내서를 준비했다. 근로기준법은 근로관계에서 지켜야 할 최저 기준을 명시하고 있다. 만약 우리가 법에 규정된 최저기준인 주요 근로조건을 서면으로 명시하고, 그 명시된 서면을 교부 받는 것이 어렵지만 않다면 노동현장의 근로자 권리는 한걸음 나아갈 수 있으리라 믿는다. 뿐만 아니라 법적 최저기준인 주요 근로 조건을 서면으로 약정해 두기만 하더라도 분쟁해결에 드는 시간과 비용을 줄일 수 있다. 근로계약서를 제대로 알고, 작성할 수 있고, 판단할 수 있다는 것은 불필요한 다툼을 예방할 뿐만 아니라 근로계약관계를 상호 존중하겠다는 확인이기도 하다. 부디 이 책이 작은 도움이 되길 바란다.

근로감독관 **조 영 식**
공인노무사 **강 수 연**

감사의 글

이 책이 나오기까지 도와주신 최영우 교수님, 김태윤 상무님, 신지원 님께 감사드리며, 안경덕 고용노동부장관님과 사랑하는 아내 심정은, 딸 조혜민, 아들 조승민에게 이 책을 바칩니다(저자 조영식).

책이 나오기까지 아낌없이 지원해 주신 최영우 교수님께 거듭 감사드리며, 묵묵히 격려해 준 가족에게도 기회를 빌어 고마움을 전합니다(저자 강수연).

일러두기

(1) 법 명칭이 길 경우 약칭을 사용하였다.

근로기준법→근기법

최저임금법→최저임금법

산업안전보건법→산업안전보건법

근로자퇴직급여보장법→근퇴법

기간제 및 단시간근로자보호등에 관한 법률→기간제법

근로자 참여 및 협력증진에 관한 법률→근참법

(2) 가독성을 높이기 위해 날짜표기, 띄어쓰기 등 국어 표기법을 일부 따르지 않았다.

(3) 이 책은 근로계약서 한 장을 통해 근로기준법의 법리를 이해한다는 취지로, 학습의 마지막 단계에서는 '제1장 8. 근로계약서 사례 해설 30선'을 보며 법리를 유추해보는 연습을 하기 바란다.

목 차

제1장 근로계약서 한 장에 담긴 핵심노동법

제2장 8개 키워드로 근로계약서 이해하기

제3장 근로계약을 둘러싼 사건 사례 30선

제4장 임금 보호와 임금체불 해결하기

부 록 1 유연근무제 이해하기

부 록 2 핵심용어 30선

책장을 넘기기 전에

공원에 잔디밭 A와 B가 있다. A 잔디밭에는 “잔디 보호를 위해 들어가지 마세요.”라는 안내 문구가 적힌 표지가 있고, B 잔디밭에는 아무런 표지가 없다. 화창한 날씨를 만끽하기 위해 잔디밭에 돗자리를 깔고 파란 하늘을 바라보고 싶은 마음이 굴뚝같은 날이다. 여러분이라면 A 혹은 B 중 어디에 들어가겠는가?

A에 들어가겠다는 사람은 없을 것이다.

B에는 아무런 표지가 없으니 들어가겠다는 사람도 있을 것이고, 누군가는 잔디 보호를 위해 들어가지 않겠다는 사람도 있을 것이다. 만약 잔디를 소중하게 여기는 사회라면 사람들은 B에도 들어가지 않을 것이다. 이런 사회를 성숙한 시민사회라고 표현하고 싶다.

노동법을 이해하고 적용하는 태도는 위의 사례와 유사하게 두 가지가 있다. 노동법에 하지 말라고 규정된 것이 없다면 해도 된다는 태도와 법에 규정은 없다고 하더라도 노동법의 취지를 고려해서 하지 않겠다는 태도이다. 여기에서의 취지는 근로자 보호, 나아가 인간의 존엄성이 될 것이다. 이는 헌법 제32조에 명시되어 있기도 하다.

영화 ‘나 다니엘블레이크’에는 “인간적 존중을 요구합니다. 나 다니엘블레이크는 한사람의 시민, 그 이상도 이하도 아닙니다.” 라는 대사가 나온다.

노동에 대한 가치와 인간의 존엄성에 대해 생각하면서 이 책을 읽어주기를 희망한다.

노동법 기본 준수 자율점검표

<table>
<tr><th>구분</th><th>점검 항목</th><th>점검 결과</th></tr>
<tr><td>공고시</td><td>1. 모집 · 채용 공고 시 남녀차별 금지</td><td>(YES, NO)</td></tr>
<tr><td rowspan="2">채용시</td><td>2-1. 근로계약서 서면 작성
2-2. 기간제근로자인 경우 근로계약기간 명시
2-3. 단시간근로자인 경우 근로일 및 근로일별 근로시간 명시</td><td>(YES, NO)</td></tr>
<tr><td>3. 근로자에게 근로계약서 교부(전자문서 가능)</td><td>(YES, NO)</td></tr>
<tr><td rowspan="6">재직시</td><td>4. 매월 1회 이상 정기적으로 전액 지급
→ 5인 이상 사업장은 연장 · 야간근로시 통상임금의 50% 가산
→ 휴일근로시 8시간 이내 50%, 8시간 초과는 100% 가산</td><td>(YES, NO)</td></tr>
<tr><td>5. 최저임금 이상 여부
매월 1회이상 지급 정기상여금: 월환산액의 15% 초과분은 산입
매월 1회이상 지급 복리후생비: 월환산액의 3% 초과분은 산입
월환산액 = 시간급 최저임금액 × 1개월의 최저임금적용기준시간수(208.57시간)</td><td>(YES, NO)</td></tr>
<tr><td>6. 주휴수당 지급
→ 주15시간 이상 근로자가 1주 동안 개근시 유급</td><td>(YES, NO)</td></tr>
<tr><td>7. 임금대장 작성
→ 근로일수, 근로시간수(연장, 야간, 휴일) 포함</td><td>(YES, NO)</td></tr>
<tr><td>8-1. 직장내 성희롱 예방교육 실시 및 자료게시
→ 연 1회 이상 직장내 성회롱 예방교육 실시, 10인 이하는 자료게시로 대체 가능
8-2. 직장내 장애인 인식개선 교육
→ 연 1회, 1시간 이상</td><td>(YES, NO)</td></tr>
<tr><td>9. 직장내 괴롭힘 예방
→ 피해신고시 근무장소 변경 등 조치, 가해사실 확인시 징계 등 조치</td><td>(YES, NO)</td></tr>
<tr><td rowspan="2">퇴직시</td><td>10. 임금 등 일체의 금품을 14일 이내 지급
→ 지급기일을 연장할 때는 당사자 합의</td><td>(YES, NO)</td></tr>
<tr><td>11. 퇴직금 지급 여부
→ 확정기여형: 임금총액의 1/12 이상 납입
확정급여형, 퇴직금: 평균임금으로 산정</td><td>(YES, NO)</td></tr>
</table>

노무관리의 과제

저자가 생각하기에 사업장의 노무관리에 다음의 세 가지 관념이 부족한 것으로 보인다.

(1) 계약 관념이 부족하다(좋은 게 좋은 거다?).

영업 양수도 계약, 물품구매 계약 등과 같이 근로계약도 법률행위로서 계약의 한 유형이다. 그럼에도 "가족처럼 잘해줬더니 이제 와서 퇴직금을 달라고 하느냐?" 라는 식으로 호의관계인 것처럼 인식하는 경우가 많다. 또한 근로계약 내용이 구체적이지 않다. '업무의 내용: 영업 전반 관리, 휴게시간: 근로 중 1시간, 임금: 제수당 포함하여 월 300만원'으로 기재하는 등 두루뭉술한 규정으로 다툼의 소지를 만든다. 근로계약서 작성 또한 법에서 강제하니까 어쩔 수 없이 형식적으로 작성하는 요식행위로 생각한다.

(2) 시간 관념이 부족하다(일하는 건 지, 쉬는 건 지 헷갈린다?).

1주간 근로시간 한도가 52시간이 되면서 근로시간에 대한 개념부터 바로 세워야 할 시점이 된 것이다. 그 동안 일하는 건 지 쉬는 건 지 알 수 없는 노동을 당연하게 받아들였다면 앞으로는 근로와 휴게를 구분하여 관리해야 한다.

(3) 차별 관념이 부족하다(같은 일을 해도 다 같은 게 아니다?).

사람들은 모두 생김새나 말투, 행동이 다르다. 겉으로 드러난 신체적 차이뿐 아니라 성격, 재능, 종교, 문화, 정치적 의견도 모두 다르다. 이렇게 사람들이 서로를 구별할 수 있는 특성을 차이라고 한다. 반면 차별이란 합리적인 이유없이 차이를 근거로 불이익을 주는 것을 말한다. 비정규직과 정규직이라는 차이만 있을 뿐인데 능력이나 실적 등과 상관없이 임금이나 복지 등에서 불리한 대우를 받는다면 차별의 문제가 된다. 차이를 이유로 차별하고 있는지 짚어봐야 한다.

제1장

근로계약서 한 장에 담긴 핵심노동법

1. 맞춤별 이해를 위한 법적용 가이드

1-1. 적용범위의 문제

(Key Word: 근로자, 상시 5인 미만, 주 15시간 미만)

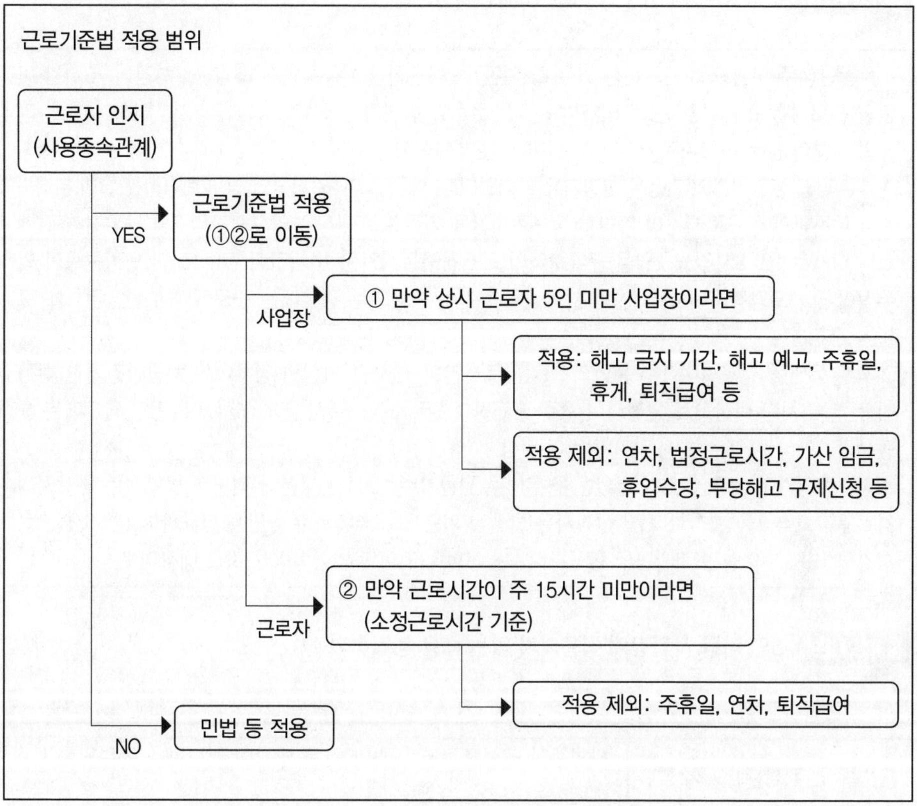

근로기준법의 적용을 받으려면 우선 근로자성 여부에 대한 판단이 필요하다. 회사에 근무한다고 해도 근로자인 사람과 근로자가 아닌 사람이 존재한다. 중요한 판단기준은 사용종속관계에서 일을 하는가이다.

근로자로 판단이 된다 하더라도 회사의 상시근로자가 4명 이하인지 5명 이상인지에 따라 적용 규정이 다르다. 4명 이하의 회사에서 근무하는 근로자는 연차유급휴가, 주40시간의 법정근로시간, 연장·야간·휴일근로 가산임금, 휴업수당 등은 적용받지 않는다.

또한 상시근로자가 5인 이상인 회사에 다닌다 하더라도 약속한 근로시간(소정근로시간)이 주 15시간을 넘지 않는다면 주휴일과 연차유급휴가, 퇴직급여에 관한 규정은 적용을 받지 않는다.

여기서 잠깐! 4주 평균 1주당 근로시간 15시간의 의미

4주 동안(4주 미만으로 근로하는 경우 그 기간)을 평균하여 1주 동안의 소정근로시간이 15시간 미만인 근로자를 초단시간 근로자라고 하는데, 주휴일과 연차유급휴가, 퇴직금, 2년 이상 사용시 기간의 정함이 없는 근로자로 본다는 규정이 적용 제외이다.

① 4주 평균 산정기간의 기준은 산정사유 발생일이다. 예를 들어, 퇴직금의 경우 퇴직하는 날이 된다.

② 1주 동안의 실근로시간이 아닌 소정근로시간을 기준으로 한다. 1일 7시간씩 2일 근무하기로 했으나 실제로 1일 8시간씩 2일을 근무하더라도 소정근로시간은 14시간이 된다. 다만 연장근로가 의무적이거나 고정적이어서, 또는 수시로 근로시간이 변경되는 경우에는 근로계약이 변경된 것으로 볼 수 있다.

③ 4주 동안을 평균하여 1주 동안의 소정근로시간이 15시간 이상인 경우에는 해당산정기간(4주)이 전부 15시간 이상으로 인정되며, 4주 평균하여 1주 소정근로시간이 15시간 미만인 경우에는 해당산정기간(4주)이 전부 15시간 미만이 된다.

소정근로시간이 매주 일정하지 않은 경우(4주 평균 1주 15시간 이상과 미만이 반복되는 근로자의 경우 등) 퇴직금을 계산한다면, 산정사유 발생일 기준으로 역일 4주 동안을 평균하여 1주 소정근로시간이 15시간 이상인 기간만을 합산하여 1년 이상이 되어야 법정퇴직금 지급 대상이 된다.

여기서 잠깐! 5인 미만 사업장에 적용되지 않는 내용 정리하기

근로기준법 조항	내 용
근로조건 위반(제19조2항)	· 사업주가 근로조건을 위반한 경우 법원이 아니라 노동위원회에 손해배상을 신청할 수 있는 권리
해고의 제한(제23조1항) 정리해고(제24조) 해고서면통보(제27조)	· 부당해고(정리해고 포함)를 당한 경우 노동위원회에 구제를 신청할 수 있는 권리 · 해고의 사유와 시기를 서면으로 통보받을 권리 단, 5인 미만이라도 제26조 해고예고수당은 청구 가능
휴업수당(제46조)	· 회사의 사정으로 휴업할 경우 휴업수당(평균임금의 70%)을 청구할 권리
근로시간(제50조) 탄력적근로시간제(제51조) 선택적근로시간제(제52조) 연장근로의 제한(제53조)	· 1일 8시간, 1주 40시간까지 일 할 권리 · 1주 12시간 이상 연장근로를 하지 않을 권리

근로기준법 조항	내 용
연장, 야간, 휴일근로(제56조)	· 연장, 야간, 휴일근로에 대해 가산임금(50%)을 받을 권리
연차유급휴가(제60조)	· 1년에 15일의 연차유급휴가를 사용할 권리
여성의 야간·휴일근로 제한 (제70조1항)	· 18세 이상의 여성에 대해 오후10시부터 오전6시사이에 야간근로 및 휴일근로를 하는 경우 동의를 받아야 하는 권리
생리휴가(제73조)	· 월 1일의 생리 휴가를 청구할 권리
관공서 공휴일, 대체휴일 (제55조2항)	· 관공서 공휴일, 대체휴일의 유급 적용

1-2. 상시근로자수 산정의 문제

관련 법령

근로기준법시행령 제7조의2【상시 사용하는 근로자수의 산정방법】

① "상시 사용하는 근로자수"는 해당 사업 또는 사업장에서 법적용 사유(휴업수당 지급, 근로시간 적용 등 법 또는 이 영의 적용 여부를 판단하여야 하는 사유를 말한다.) 발생일 전 1개월(사업이 성립한 날부터 1개월 미만인 경우에는 그 사업이 성립한 날 이후의 기간을 말한다.) 동안 사용한 근로자의 연인원을 같은 기간 중의 가동일수로 나누어 산정한다.

② 제1항에도 불구하고 다음 각 호의 구분에 따라 그 사업 또는 사업장에 대하여 5명 이상의 근로자를 사용하는 사업 또는 사업장으로 보거나 법적용 사업 또는 사업장으로 보지 않는다.

1. 법적용 사업 또는 사업장으로 보는 경우: 제1항에 따라 해당 사업 또는 사업장의 근로자수를 산정한 결과 법적용 사업 또는 사업장에 해당하지 않는 경우에도 산정기간에 속하는 일(日)별로 근로자수를 파악하였을 때 법적용기준에 미달한 일수(日數)가 2분의 1 미만인 경우
2. 법적용 사업 또는 사업장으로 보지 않는 경우: 제1항에 따라 해당 사업 또는 사업장의 근로자수를 산정한 결과 법적용 사업 또는 사업장에 해당하는 경우에도 산정기간에 속하는 일별로 근로자수를 파악하였을 때 법적용기준에 미달한 일수가 2분의 1 이상인 경우

③ 법 제60조부터 제62조까지의 규정(제60조2항에 따른 연차유급휴가에 관한 부분은 제외한다.)의 적용 여부를 판단하는 경우에 해당 사업 또는 사업장에 대하여 제1항 및 제2항에 따라 월 단위로 근로자수를 산정한 결과 법적용 사유 발생일 전 1년 동안 계속하여 5명 이상의 근로자를 사용하는 사업 또는 사업장은 법적용 사업 또는 사업장으로 본다.

④ 제1항의 연인원에는 파견근로자보호 등에 관한 법률 제2조5호에 따른 파견근로자를 제외한 다음 각 호의 근로자 모두를 포함한다.
1. 해당 사업 또는 사업장에서 사용하는 통상근로자, 기간제 및 단시간근로자 보호 등에 관한 법률 제2조1호에 따른 기간제근로자, 법 제2조8호에 따른 단시간근로자 등 고용형태를 불문하고 하나의 사업 또는 사업장에서 근로하는 모든 근로자
2. 해당 사업 또는 사업장에 동거하는 친족과 함께 제1호에 해당하는 근로자가 1명이라도 있으면 동거하는 친족인 근로자

상시근로자에 따라 근로기준법의 적용범위가 정해지기 때문에 산정방법에 대해 반드시 알아야 한다. "상시"라는 말은 항상 근무하는 인원을 말하는 것이 아니라 평균적인 개념이다. 상시근로자 산정시 포함되는 근로자의 범위는 상용 근로자(통상근로자)뿐만 아니라 일용직(기간제, 단시간) 등 고용 형태를 불문한다. 외국인인지, 4대보험에 가입을 했는지, 근로계약서를 작성했는지는 상관없다. 다만 파견근로자와 하청업체 근로자는 제외된다.

근로기준법시행령 제7조의2는 제1항 일반적인 상시근로자수 산정방법, 제2항1호는 5명 미만이지만 근로기준법을 적용하는 경우, 제2항2호는 5명 이상이지만 근로기준법을 적용하지 않는 경우, 제3항은 근로자수가 변동되는 경우 연차유급휴가의 발생 여부, 제4항은 상시근로자 산정에 포함되는 않는 근로자에 대한 내용이다. 이에 대해 자세히 살펴보도록 하자.

가. 원 칙

(1) 산정방법

상시 사용하는 근로자 수는 해당 사업 또는 사업장에서 법적용 사유 발생일 전 1개월 동안 사용한 근로자의 연인원을 같은 기간 중의 가동일수로 나누어 산정하되, 예외적으로 그 산정 결과가 해당 사업 또는 사업장의 상태적인 고용 현황을 반영하지 못하는 경우에는 상태적인 고용 현황에 따른다. 예를 들어 일부 근로자를 추가 고용하여 단기간에 걸쳐 근로자의 수가 5인을 초과하게 되었다고 하여도 상태적으로 5인 이상의 근로자를 고용하는 사업이라고 볼 수 없다(서울행법 2001.1.9, 2000구18741).

$$상시근로자수 = \frac{산정기간(1개월)\ 동안\ 사용한\ 근로자\ 연인원}{산정기간(1개월)\ 중\ 가동일수}$$

만약, 산정기간이 사업 성립한 날부터 1개월 미만인 경우에는 그 사업이 성립한 날 이후의 기간으로 한다.

여기서 잠깐! 개념 알아보기

- 법적용 사유: 휴업수당, 연장근로수당, 연차유급휴가 등 법적용 여부를 판단하여야 하는 사유를 의미
- 가동일수: 실제로 영업을 한 일수를 의미, 휴무일이든 휴일이든 영업을 하지 않은 일수는 제외
- 연인원: 총인원을 의미, 7명이 5일간 일을 하면 연인원은 35명

예를 들어 법적용 사유 발생일이 8.1이며, 산정기간(7.1~7.31)동안 사용 근로자의 연인원이 113명, 가동일수가 23일인 경우 상시근로자수는 4.9명이다.

일	월	화	수	목	금	토
						7.1.
2	3	4	5	6	7	8
근로자 FGHI	근로자 ABCDE	근로자 ABCDE	근로자 ABCDE	근로자 ABCDE	근로자 ABCDE	
9	10	11	12	13	14	15
	근로자 ABCDE	근로자 ABCDE	근로자 ABCDE	근로자 ABCDE	근로자 ABCDE	
16	17	18	19	20	21	22
근로자 JKLM	근로자 ABCDE	근로자 ABCDE	근로자 ABCDE	근로자 ABCDE	근로자 ABCDE	
23	24	25	26	27	28	29
	근로자 ABCDE	근로자 ABCDE	근로자 ABCDE	근로자 ABCDE	근로자 ABCDE	
30	31					
	근로자 ABCDE					

(2) 사업 또는 사업장의 판단

상시근로자수 산정에 있어 사업 또는 사업장에 대한 판단기준이 문제가 된다.

사업이란 경영상의 일체를 이루는 기업체 그 자체를 의미하는 것으로 장소적 관념을 기준으로 판단하는 것이 아니라 일괄된 공정 하에 통일적으로 업무가 수행되는지 여부에 따라 판단하여야 한다. 즉 장소에 관계없이 경영상의 일체를 이루면서 유기적으로 운영되는 기업조직은 하나의 사업으로 본다(대법원1993.2.9, 91다21381).

여기서 잠깐! 사업 또는 사업장이란

【사업】

① 하나의 활동주체가 유기적 관련 아래 업으로서 계속적으로 하는 모든 작업을 말한다.

② 근로기준법의 적용을 받는 사업이 되기 위해서는 유기적인 조직하에 업으로서 계속적으로 행하여질 것이 요청된다거나 사회생활상의 지위에서 하는 일로서 계속적으로 하는 작업조직을 의미한다거나 사업주가 단독으로 또는 근로자와 공동으로 물적 비물질적 수단을 사용하여 일정한 노동기술적 목적을 계속적으로 추구하는 조직적 통일체라고 설명하기도 한다. 또 사업이란 일정한 장소를 바탕으로 유기적으로 단일하게 조직되어 계속적으로 행하는 경제적 활동단위라고 해석하는데, 장소성을 사업 또는 사업장의 판단지표로 삼고 있다. 원칙적으로 장소적으로 분리되어 있다면 별개의 법 적용 단위가 되겠지만, 장소적으로 분리된 복수의 경제적 활동 단위가 동일한 사업주에 의하여 운영되고 있다면 각 단위별 경제활동 내용의 유기적 결합여부, 장소적 분리에 대한 업무상 필요성, 장소적으로 분리된 경제적 활동단위의 재해발생 위험도 공유 여부 등을 고려하여 독립된 사업인지 아닌지를 판단하도록 하고 있다. 경영상의 일체를 이루면서 유기적으로 운영되는 기업조직인지 여부에 기초하여 사업의 의미를 이해한다.

【사업장】

① 본사, 공장, 지점 등 작업이 수행되는 단위 장소 또는 장소적으로 구획된 사업체의 일부분을 말한다.

② 사업장이란 사업의 일부분으로서 업무 노무관리 회계를 독자적으로 수행하는 것 또는 독자성은 없지만 장소적으로 분리되어 있는 것을 의미한다. 사업장인지 여부와 관련하여 하나의 활동 주체가 유기적 관련 아래 사회적 활동으로서 계속적으로 행하는 모든 작업이 이루어지는 단위 장소 또는 장소적으로 구획된 사업체의 일부분에 해당되는지에 달려 있으므로 그 사업의 종류를 한정하지 아니하고 영리사업인지 여부도 불문하며, 1회적이거나 그 사업기간이 일시적이라고 하여 근로기준법의 적용대상이 아니라고 할 수 없다(대법원 2015.3.12, 2012두5176).

(가) 원칙

하나의 법인체는 원칙적으로 하나의 사업으로 인정한다. 법인 내 있는 수개의 사업장·사업부서는 모집·채용 등의 인사·노무관리에 있어 일정부분 재량권이 위임되어 있다 하더라도 전사적인 방침이나 목표 등에서 제약이 있는 것이 일반적이므로 기업의 일부에 해당한다. 따라서 경영주체인 법인체는 하나이므로 모든 사업장·사업부서의 각각의 근로자수를 모두 합산하여 판단한다. 다만 하나의 법인체라 하더라도 각 사업장별로 근로조건의 결정권이 있고, 단체협약 또는 취업규칙 등이 별도 적용되고, 모집·채용 등의 인사·노무관리, 회계 등이 독립적으로 운영되는 등 각각의 사업장이 독립성이 있는 경우에는 각 사업장별로 판단한다.

(나) 하나의 사업 또는 사업장으로 볼 수 있는 경우

① 원칙적으로 사업을 기준으로 근로자수 산정

은행의 지점, 용역업체, 위탁관리업체, 건설업체 등에 있어서 각 현장별로 수개의 공장·지점(영업소)·사무소 등이 장소적으로 독립되어 있으나 하나의 법인인 경우에는 각 공장·지점 등의 근로자수를 모두 합한 전체 근로자를 대상으로 상시근로자를 판단한다.

② 사업장별로 근로자수 산정

하나의 법인이나 법인 내 각 사업장별로 근로조건의 결정권이 있고, 단체협약이나 취업규칙 등이 별도로 적용되고, 모집·채용 등의 인사·노무관리, 회계 등이 독립적으로 운영되는 경우 각 사업장별로 상시근로자수를 산정한다. 예를 들어 의료법인에 요양병원(근로자 70명), 일반병원(근로자 200명)이 있고, 각 병원별로 근로조건 결정권이 있고 모집·채용 등의 인사·노무관리를 독립적으로 운영하는 경우이다.

(다) 하나의 사업장으로 볼 수 없는 경우

백화점, 호텔 등 동일 그룹 계열사이나 각 별도의 법인체인 경우, 본사와 공장 또는 공장과 영업장 등 업무의 관련성은 있으나 각 별도의 법인인 경우, 대표이사 또는 경영진은 동일하나 각 별도의 법인인 경우 하나의 사업장으로 볼 수 없다. 법인이 아닌 개인회사 등의 경우 동일한 대표자나 실경영자가 장소를 달리하는 여러 사업장을 운영하는 경우 이를 별개의 사업으로 보는 것이 원칙이다. 다만 장소적으로 분산되어 있더라도 채용을 비롯한 인사·노무관리에 있어 독립성이 없이 함께 이루어진다면 하나의 사업 또는 사업장으로 보아 상시근로자수를 산정한다.

관련 판례

① 근로기준법의 적용범위를 규정한 구 근로기준법 제10조는 상시 5인 이상의 근로자를 사용하는 모든 사업 또는 사업장에 적용한다고 규정하고 있는바, 여기서 말하는 사업장인지 여부는 하나의 활동주체가 유기적 관련 아래 사회적 활동으로서 계속적 으로 행하는 모든 작업이 이루어지는 단위 장소 또는 장소적으로 구획된 사업체의 일부분에 해당되는지에 달려있다(대법원 2007.10.26, 2005도9218).

② 하나의 사업 내에서 직종(예컨대 사무직과 생산직), 직위(예컨대 고위직과 하위직), 업종(예컨대 제조업과 서어비스업)별로 서로 다른 퇴직금제도를 두어 차별하는 것을 금지하고 하나의 퇴직금제도를 적용하게 하고자 함에 있는 것이므로, 거기에서 말하는 "사업"은 특별한 사정이 없는 한 경영상의 일체를 이루는 기업체 그 자체를 의미한다 할 것이고, 따라서 경영상의 일체를 이루면서 유기적으로 운영되는 기업조직은 하나의 사업으로 파악하여야 할 것이므로, 피고 공사 시청료징수원의 담당업무는 같은 법 제28조 제2항의 적용에 있어서 단일기업체인 피고 공사라는 하나의 사업의 일부분에 지나지 않는다고 보아야 할 것이다(대법원 1993.2.9, 91다21381).

③ 시계 제조업을 하는 자가 시계부속품인 시계침, 문자판, 손목시계케이스를 제조하되 시계케이스를 주생산품으로 제조하는 공장과 시계의 다른 부속품을 생산하는 공장을 따로 경영하면서 이 두 공장에서 생산하는 물건으로 시계를 조립완성하여 온 경우에는 이는 모두 시계제조의 일련의 행위로서 시계 제조업에 속한다고 할 것이므로 이 두 사업장의 보험요율을 산업재해보상보험요율 적용을 위한 사업종류 예시표에 나타난 시계의 철제줄, 케이스 제조업과 시계 제조업의 보험요율에 따라 각기 달리 결정할 것이 아니라 시계 제조업의 보험요율에 따라 보험료를 산정해야 할 것이다(대법원 1983.9.27, 82누13).

④ 하수급인이 시공한 두개의 공사현장이 장소적으로 분리되어 있으나 노무관리측면에서 각각 독립된 별개의 사업장으로 볼 수 없다고 판단되어 이는 사실상 하나의 사업으로 보아야 할 것인 바 포항유선방송 사옥신축공사를 시작한 이후부터는 하수급인이 사용한 상시 근로자수가 5인 이상이 되므로 동 시점부터 근로기준법이 적용된다 할 것이다(근기 01254-1504, 1993.7.9).

나. 예 외

(1) 상시근로자수가 5명 이상에 해당되지 않지만 법적용사업장으로 보는 경우

사업장에서 산정기간 동안에 산정한 상시근로자수가 법적용기준(5명)에 해당하지 않는 경우에도, 산정기간에 속하는 일별로 근로자수를 파악하였을 때, 법적용기준에 미달한 일수가 2분의 1 미만인 경우에는 법적용사업장으로 본다.

예를 들어 법적용 사유발생일이 8.1이며, 산정기간(7.1~7.31)동안 사용 연인원이 113명, 가동일수가 23일이어서 상시근로자가 4.9명이라 하더라도, 5명 이상인 날이 21일, 5명 미만인 날이 2일인 경우 법적용 사업장으로 보게 된다.

(2) 상시근로자수가 5명 이상에 해당하지만 법적용사업장으로 보지 않는 경우

사업장에서 산정기간 동안에 산정한 상시근로자수가 법적용 기준(5명)에 해당되는 경우에도 산정기간에 속하는 일별로 근로자수를 파악하였을 때 법적용기준에 미달하는 일수가 2분의 1 이상인 경우에는 법적용사업장으로 보지 않는다.

예를 들어 법적용 사유발생일이 8.1이며, 산정기간(7.1~7.31)동안 사용 연인원이 119명, 가동일수가 22일이어서 상시근로자가 5.4명이라 하더라도, 5명 이상인 날이 10일, 5명 미만인 날이 12일인 경우 법적용사업장으로 보지 않는다.

즉, 가동일수 기준으로 근로자가 5명 이상인 날이 반을 넘을 경우 법적용, 근로자가 5명 미만인 날이 반을 넘을 경우 법적용 제외, 5명 미만인 날과 5명 이상인 날이 같을 경우 법적용이 제외된다.

다. 연차유급휴가 적용을 위한 상시근로자 판단기준

사업장의 매월 근로자수를 산정한 결과 법적용 사유발생일 전 1년 동안 계속하여 법적용기준에 해당될 경우 연차유급휴가 등의 규정이 적용된다. 다만 계속근로기간이 1년 미만인 근로자에게 1개월 마다 주어지는 연차유급휴가 부분은 이에 따르지 아니하고, 월별로 상시근로자 5명 이상인지를 확인하여 부여한다.

(1) 사업장에서 1년간 계속하여 매월 법적용 요건에 해당하는 경우에만 연차유급휴가가 발생된다. 회계연도에 따라 연차유급휴가를 산정할 경우 1월부터 12월까지 각각의 월에 대해 법적용 요건을 충족할 경우 연차유급휴가가 발생한다.

(2) 1년 동안 법적용 요건에 해당하는 월과 해당하지 않는 월이 함께 있는 경우 연차유급휴가는 발생하지 않는다.

1년간 법적용 월 11개월, 법적용 제외 1개월인 경우 연차유급휴가는 발생하지 않는다. 다만, 최초 입사일로부터 계속근로기간이 1년 미만인 경우에는 월 단위 연차유급휴가에 대한 권리는 각 1개월씩 상시근로자수를 산정해서 충족되는 월에만 연차유급휴가가 발생한다.

라. 산정 사례

(1) 휴직자가 있을 때 상시근로자수 산정

예를 들어 사업장에 직원이 4명이 있는데, 1명이 육아휴직에 들어가서 대체근로자 1명을 채용할 경우 상시근로자는 휴직자를 제외하고 4명인지, 포함하여 5명인지 쟁점이다. 상시 5명이상의 근로자를 사용하는 사업장이란 상시 근무하는 근로자의 수가 5명인 사업장이 아니라 상태적으로 사용하는 근로자의 수가 상시 5명 이상인 사업 또는 사업장을 말하므로 사용종속관계가 유지되고 있는 근로자를 포함하는 것이 타당하다. 따라서 상시근로자 4명인 사업장에서 1명의 근로자가 육아휴직을 사용한 경우에 육아휴직자도 고용관계가 유지되고 있으므로 상시근로자수(4명)에 포함되며, 육아휴직 대체자를 채용한 경우에 육아휴직자와 대체자 모두 고용관계가 유지되고 있으므로 상시근로자(5명)에 포함된다.

(2) 특정 요일만 출근하는 근로자의 상시근로자수 산정

예를 들어 월요일부터 금요일까지 가동하는 사업장에서 주5일 근무하는 근로자 6명(A그룹)과 1주일에 1일만 근무하는 근로자 5명(B그룹, 각기 다른 요일에 출근)을 고용한 경우, B그룹은 하루에 1명만 근무를 하므로 1명으로 산정하여 A그룹 6명+B그룹 1명=7명으로 산정할 것인지, A그룹 6명과 B그룹 5명 모두와 근로관계가 유지되므로 A그룹 6명+B그룹 5명=11명으로 산정할 것인지 쟁점이다. 상시근로자수의 산정에서 연인원을 가동일수로 나누도록 규정한 것은 가동일별로 사용하는 근로자수가 변동되더라도 평균(상태)적으로 몇 명의 근로자를 사용했는지를 확인하라는 취지이다. 판례도 '상시 5인 이상'을 '사회통념에 의해 객관적으로 판단하여 상태적으로 5인 이상이 되는 경우(대법원 2008.3.27, 2008도364)'라고 하면서 가동일별 실제 근무자를 기준으로 산정하고 있다. 따라서 통상의 근로자와 달리 특정 요일에만 출근하는 근로자는 해당 요일에만 연인원에 산입하여 계산하면 되며 위의 예시에서는 7명이 된다(근로기준정책과-6050, 2019.11.29.).

(3) 교대제근로자의 상시근로자수 산정

예를 들어 근로자A와 근로자B가 24시간 격일제(09시부터 다음날 09시)로 근로를 하는 경우, 통상의 근로자인 격일제 근로자는 계속(상시) 근무하나, 근무표에 따라 특정일에 휴무일이 발생하는 것으로 사회통념상 상시 근무하는 것으로 보는 것이 합리적이므로 상시근로자수 산정시 매 가동일의 연인원에 모두 포함하여야 한다(근로기준정책과-6050, 2019.11.29.). 위의 예시에서 상시근로자는 2명이 된다.

(4) 파트타임·일용·초단시간 근로자의 상시근로자수 산정

예를 들어 일용 근로자 1명, 4시간 파트타임 2명, 주15시간 미만 근로자 1명, 파견 근로자 1명이 근로할 경우, 상시근로자수는 4명이 된다. 상시근로자수 산정시 기간제법에 따른 기간제근로자나 단시간근로자는 포함된다. 8시간을 근로해야 1명이 되는 것은 아니며 통상의 근로자도 1명이고 단시간 근로자도 1명으로 산정한다. 일용근로자 뿐만 아니라 해당 사업 또는 사업장에 근로하는 모든 근로자가 대상이며, 파견이나 용역근로자는 제외된다.

포함
통상근로자 기간제근로자 단시간근로자 · 초단시간근로자 외국인근로자(불법체류 포함) 고용형태를 불문하고 근로하는 모든 근로자 (아르바이트, 임시, 일용, 상용 등 모두 포함)
※ 동거하는 친족이 아닌 일반근로자가 1명이라도 있다면 상시근로자수 산정에 친족 포함

불포함
파견근로자 하청업체 소속 근로자 근로기준법상 근로자가 아닌 자
※ 동거하는 친족만을 사용하는 경우

여기서 잠깐! **상시근로자수에 따른 노동관계법 적용 기준**

상시근로자수	적용되는 주요 법률 내용
1명 이상	노동관계법은 근로자를 사용하는 모든 사업 또는 사업장에 적용되는 것이 원칙이다. 다만 기업 환경을 고려하여 상시근로자수에 따라 일부는 적용을 배제하고 있다.

상시근로자수	적용되는 주요 법률 내용
5명 미만	• 최저임금 • 근로조건 서면 명시 • 해고의 예고 • 임금명세서 교부(2021.11.19~) • 휴게시간, 주휴일, 근로자의날 • 연소근로자와 임산부의 사용 및 근로시간 제한 • 출산휴가급여, 육아휴직 등, 배우자출산휴가, 육아돌봄서비스 • 퇴직급여제도(2010.12.1~적용, 2012.12.31까지 50%만 반영) • 4대 사회보험 • 직장내성희롱예방교육, 장애인인식개선교육, 개인정보보호교육 ※ 안전보건교육 제외 사업장: 5인미만 사업장, 사무직 근로자로만 구성된 사업장, 50인 미만 소매업 및 의원
5명 이상	• 해고 등의 제한 • 해고 서면 통보 • 휴업수당 • 연장 · 야간 · 휴일근로 가산수당 • 연차유급휴가 • 생리휴가 • 기간제근로자의 사용기간 제한 • 1주 최대 근로시간 68시간 → 52시간 단축(2021.7.1부터 적용, 근로시간특례 제외업종 포함) • 특별연장근로 인정(2021.7.1~2022.12.31) • 관공서 공휴일, 대체휴일의 법정휴일 적용(2022.1.1부터)
10명 이상	• 취업규칙의 작성 및 고용노동부장관 신고(관할 지방노동관서) • 취업규칙 변경시 고용노동부장관 신고(관할 지방노동관서)
30명 이상	• 노사협의회 설치 및 노사협의회 규정 고용노동부장관 제출(관할 지방노동관서) • 고충처리제도 운영 • 1주 최대 근로시간 68시간 → 52시간 단축(2021.7.1부터 적용) • 채용절차공정화에 관한 법률 적용 • 관공서 공휴일, 대체휴일의 법정휴일 적용(2021.1.1부터)
50명 이상	• 장애인 의무 고용 • 1주 최대 근로시간 68시간 → 52시간 단축(2020.1.1부터 적용, 근로시간특례 제외업종 포함) • 관공서 공휴일, 대체휴일의 법정휴일 적용(2021.1.1부터)
100명 이상	• 장애인 미고용에 따른 부담금 납부
300명 이상	• 고용형태 공시제 • 1주 최대 근로시간 68시간 → 52시간 단축(2018.7.1부터 적용, 근로시간 특례제외 업종은 2019.7.1) • 관공서 공휴일, 대체휴일의 법정휴일 적용(2020.1.1부터)
500명 이상	• 직장어린이집 설치

1-3. 근로관계 규율의 적용 문제

근로기준법은 근로계약이라는 요식행위에 따른 계약 형성 행위로서 법률행위만을 보호대상으로 하는데 그치지 않고, 계약행위 외에 이를 둘러싼 각종 권리·의무 등의 사실관계에 따른 근로관계를 규율하는 성격을 가진다. 노동관계법과 관련된 법원(法源)은 헌법-법률-시행령-시행규칙-단체협약-취업규칙-근로계약 순으로 우선 적용된다.

가. 강행법규성

근로기준법 등 법률은 강행법규이고 최저기준이므로 당사자간 자유의사로 결정한 단체협약, 취업규칙, 근로계약은 강행법규를 위반해서는 안되며, 근로기준법에 정한 최저기준을 상회하는 경우 유효하다. 근로기준법은 근로계약의 내용과 법정최저기준을 정하여 사용자에게 이행할 것을 강제하는 강행법규이며, 근로기준법은 보호법규로서 강행성을 가지므로 사용자가 이를 위반하는 경우에는 벌칙이 적용되며, 근로자도 이 법상의 권리를 포기할 수 없다.

나. 상위법 우선의 원칙

동일한 대상에 적용되는 법원이 서로 충돌하는 경우에 적용순서는 법령〉단체협약〉취업규칙〉근로계약의 순인데 이를 상위법 우선의 원칙이라고 한다.

단체협약에 정한 근로조건 기타 근로자의 대우에 관한 기준에 위반하는 취업규칙 또는 근로계약의 부분은 무효가 되고(노동조합법 제33조), 단체협약에 정한 사항은 취업규칙에 우선한다. 다만 단체협약에서 규정하지 않은 근로조건에 대해서는 취업규칙으로 정할 수 있다.

취업규칙은 법령이나 해당 사업 또는 사업장에 대하여 적용되는 단체협약과 어긋나서는 안된다(근로기준법 제96조).

단체협약은 조합원에 대해서만 그 효력이 미치는 것이 원칙이나, 효력 확장에 의해 비조합원에게도 효력이 미칠 수 있다. 취업규칙은 통상 근로계약과 결합하여 사업장내 근로조건에 관한 통일적인 규범으로 작용한다.

다. 유리조건 우선의 원칙

하위규범이 근로자에게 더 유리할 때에는 하위규범이 우선 적용되는데 이를 유리조건 우선의 원칙이라고 한다. 근로계약이 취업규칙에서 정한 기준에 미달하는 경우 그 부분에 관하여 무효가 되고, 무효된 부분은 취업규칙에 정한 기준에 따른다(근로기준법 제97조). 즉 근로계약과 취업규칙 간에는 근로자에게 유리한 조건이 우선 적용된다. 단, 단체협약과 취업규칙과의 관계에서 유리한 조건 우선의 원칙 적용 여부는 상황에 따라 달라지는데, 상위규범인 단체협약의 기준이 하위규범인 취업규칙보다 불리하다 하더라도 단체협약이 적용된다. 다만 단체협약에서 취업규칙이 단체협약보다 유리하게 변경된 경우 취업규칙을 우선 적용하도록 정하였다면 그에 따른다.

관련 행정해석

① 취업규칙상 병가가 유급으로 규정되어 있다가 단체협약으로 무급을 변경한 경우 병가의 유급처리 유무

해당 사업 또는 사업장의 근로자 과반수로 조직된 노동조합과 단체협약이 체결된 경우로서 동일한 내용에 대해 취업규칙에서 정한 근로조건보다 단체협약이 불리하게 변경된 경우에도 협약자치 원칙에 따라 특별한 사정이 없는 한 동 협약은 유효하다고 할 것이므로 취업규칙상 병가의 유급처리는 단체협약에 정한 기준에 의해 그 적용이 배제된다고 봄이 타당하다(근로개선정책과-64, 2014.1.3).

② 재해보상 및 휴직기간 급여와 관련하여 단체협약 규정과 인사규정의 내용이 상이할 경우 노동조합을 탈퇴한 근로자에게 어떤 규정을 적용할 것인지 여부

단체협약이 유효기간의 만료, 당사자의 일방 해지통보 등의 사유로 실효되거나 단체협약의 적용을 받던 조합원의 탈퇴 · 제명의 경우, 협약당사자의 권리의무관계를 정한 채무적 부분은 단체협약의 실효에 따라 종료되지만, 근로조건 등 기타 근로자의 대우에 관한 사항(규범적 부분)은 개별 근로계약의 내용으로 전환되어 효력을 유지하게 됨. 단체협약의 재해보상 및 휴직기간 급여에 관한 내용은 근로조건 기타 근로자의 대우에 해당하는 규범적 부분으로, 단체협약의 적용을 받던 근로자가 노동조합을 탈퇴할 경우 그 내용은 해당 근로자의 개별근로계약의 내용으로 전환되어 그 효력을 유지한다고 할 것임. 한편, 해당 사례의 내용과 같이 단체협약의 규범적 부분이 개별근로계약의 내용으로 전환으로 효력을 유지할 경우 그 내용과 취업규칙의 내용이 상이한 때에는 취업규칙과 근로계약 사이에는 유리한 조건을 우선 적용하는 원칙이 인정되므로 해당 근로자에 유리한 규정을 적용하여야 할 것이다(노사관계법제과-2680, 2016.12.16).

관련 판례

협약자치의 원칙상 노동조합은 사용자와 사이에 근로조건을 유리하게 변경하는 내용의 단체협약뿐만 아니라 근로조건을 불리하게 변경하는 내용의 단체협약도 체결할 수 있으므로, 근로조건을 불리하게 변경하는 내용의 단체협약이 현저히 합리성을 결하여 노동조합의 목적을 벗어난 것으로 볼 수 있는 것과 같은 특별한 사정이 없는 한 그러한 노사간의 합의를 무효라고 볼 수는 없고, 단체협약의 개정에도 불구하고 종전의 단체협약과 동일한 내용의 취업규칙이 그대로 적용된다면 단체협약의 개정은 그 목적을 달성할 수 없으므로 개정된 단체협약에는 당연히 취업규칙의 유리한 조건의 적용을 배제하고 개정된 단체협약이 우선적으로 적용된다는 내용의 합의가 포함된 것이라고 봄이 당사자의 의사에 합치한다고 할 것이고, 따라서 개정된 후의 단체협약에 의하여 취업규칙상의 면직규정에 관한 규정의 적용은 배제된다고 보아야 한다(대법원 2002.12.27, 2002두9063).

여기서 잠깐! **유리조건 우선의 원칙과 단체협약**

여러 규범 중에서 가장 유리한 근로조건이 근로자에게 적용되는 것이 원칙이다. 근로기준법은 취업규칙과 근로계약의 관계에 있어 유리조건 우선원칙(제15조 및 제97조)을 직접 규정하고 있다. 반면, 유리조건 우선원칙이 단체협약에 적용되는지에 대해서는 아래와 같이 견해가 나뉜다.

① (긍정설) 단체협약은 근로자를 보호하기 위해 근로조건의 최저기준을 정한 것이므로 유리한 조건을 정한 근로계약이나 취업규칙은 유효하다고 본다. 이러한 견해는 계약자유의 원칙과 사적자치의 원칙에 따라 근로자 개인의 근로조건을 보호하는 데 의미를 두며, 단체협약의 기준을 최고기준이라고 합의해도 이는 무효가 된다.

② (부정설) 법률의 문구가 '…기준에 미달'이 아닌 '…기준에 위반(노조법 제33조)'이라고 표현되거나, '어긋나서는 아니된다(근로기준법 제96조)'고 표현되어 있고, 기업별노조에서는 단체협약이 표준적·정형적 기준이며, 노동조합에의 가입이 근로자 스스로 계약자유를 제한한 것이고, 조합원의 개별교섭을 인정하면 노동조합의 세력이 약화될 수 있다. 또한 단체협약보다 유리한 근로계약을 맺는 사용자의 행위가 부당노동행위에 해당할 수 있기 때문에 취업규칙·근로계약 등이 유리해도 단체협약에 따라야 한다고 본다.

③ (절충설) 유리조건 우선원칙에 대해 '산업별노조에만 적용하고 기업별노조에 적용할 수 없다는 견해'가 있다. 유리조건 우선원칙이 제한적으로 적용되어야 한다는 점에서 설득력을 가지나, 제한의 정도에 대한 의견은 다양하다.

1-4 근로관계 관행의 문제

실무에서 명시적인 규정없이 계열사 간 전적을 한다거나 식비 등을 지급하는 경우와 같이 관행적으로 이루어지는 것들이 있다. 근로조건, 직장규율, 시설관리,

조합활동 등에 관하여 취업규칙, 단체협약, 근로계약 등의 명시적인 규정에 의하지 않고, 어떤 사실이나 행위가 노사간에 상당기간 이의 없이 반복하여 계속 행해지고, 그것이 사실상 상당한 정도로 구속력을 갖고 있는 경우가 있는데, 근로관계에서 존재하는 이러한 관행을 '노동관행'이라고 한다. 단체협약, 취업규칙, 근로계약 등에 명시적인 규정이 없어 근로계약의 내용을 명확히 확정지을 수 없는 경우에 노동관행은 해당 사업장의 규범이 되어 근로조건을 규율하는 매우 중요한 역할을 한다. 즉, 근로계약이나 단체협약의 내용이 불명확하거나 추상적일 경우 노동관행은 보충적인 해석기준으로 작용될 수 있다.

가. 노동관행의 성립

관행은 어떤 문제에 대해 공동체의 구성원들이 보이는 태도나 행동이 공통점을 가질 때 형성된다. 단 한번 행하여진 것은 선례에 해당할 뿐 노동관행이라고 할 수는 없다. 어떠한 행위가 관행으로 성립하기 위해서는 관행으로서의 성립요건을 충족해야 한다. 노동관행의 성립요건으로는 동종의 행위나 사실이 장기간 계속적으로 반복되고, 당사자 간에 묵시적 합의가 있는 것으로 추정될 수 있어야 한다.

노동관행은 근로자 집단에 관계되는 것일 수도 있고 개별 근로자에 관계되는 것일 수도 있으며 그에 따라 그 법적 성질은 다를 수 있다. 근로자 집단에 관계되는 노동관행은 기업의 질서와 관계된 규범으로서 취업규칙과 유사한 성격을 가지며, 개별 근로자에 관계되는 노동관행은 근로계약과 유사한 성격을 가진다.

나. 노동관행과 다른 법원과의 경합

노동관계법의 법원(法源)은 헌법－법률－시행령－단체협약－취업규칙－근로계약－노동관행 등이 있다. 법원이 서로 경합하는 경우 상위법 우선의 원칙, 유리조건 우선의 원칙, 특별규정 우선의 원칙이 적용되어 어느 법원이 다른 법원에 우선하는지 정하게 되는데, 상위법 우선의 원칙에 따라 노동관행은 상위 법원인 성문법, 단체협약 등에 우선할 수 없다.

다른 법원간의 관계와 달리 유리조건 우선의 원칙에 대해 명문의 규정이 없는 노동관행이 단체협약이나 근로계약의 불명확하고 추상적인 규정 또는 규정의 부존재에 대한 보충적 해석기준으로서 작용하는 것을 넘어 명시적으로 상위 법원에서 기재된 불리한 근로조건보다 우선하여 적용될 수 있는지에 대해 판례는 "징계절차에 대해 근로자에게 유리한 방식으로 운영하기로 합의가 이루어져 상당기간 그 합의에 따라 징계가 이루어진 이상 그러한 운영이 취업규칙의 징계절차에 따르지 않았다 하더라도 그 효력을 부인할 수 없다(대법원 1995.2.14, 94다21818)고 하여 유리조건 우선의 원칙을 인정하고 있다. 또한 근로자의 동의없는 전적관행의 법원성도 인정(대법원 2012.9.27, 2012두12815)되며, 관행적인 휴일근로 거부가 업무방해의 불법행위에 해당한다고 하여 근로자에게 불리한 노동관행도 법적 구속력이 인정된다.

다. 노동관행에 따른 임금청구권 인정 여부

예를 들어 출퇴근 교통비나 식비의 지급처럼 동일한 형태의 급부가 여러 차례 아무런 이의없이 반복적으로 이루어진 경우 노동관행을 기초로 임금청구권을 인정할 것인가에 대해 판례는 "기업의 내부에 존재하는 특정한 관행이 근로계약의 내용을 이루고 있다고 하기 위하여는 그러한 관행이 기업 사회에서 일반적으로 근로관계를 규율하는 규범적인 사실로서 명확히 승인되거나 기업의 구성원에 의하여 일반적으로 아무도 이의를 제기하지 아니한 채 당연한 것으로 받아들여져서 기업 내에서 사실상의 제도로서 확립되어 있다고 할 수 있을 정도의 규범의식에 의하여 지지되고 있어야 한다고 한다."라고 하여 만약 임금청구권이 규범적 사실 또는 사실상의 제도로 확립되었다고 볼 수 있다면 사실인 관습에 준하여 판단할 수 있다는 입장이다. 노동관행이 임금청구권의 근거로 인정된다고 할 때, 신규 채용된 근로자에게도 종래의 노동관행을 근거로 청구권이 인정된다.

관련 판례

① 어떠한 관행이 근로계약의 내용을 이루고 있다고 인정하기 위하여는 그와 같은 관행이 기업사회에서 일반적으로 근로관계를 규율하는 규범적인 사실로서 명확히 승인되거나, 기업의 구성원이 일반적으로 아무런 이의도 제기하지 아니한 채 당연한 것으로 받아들여 기업 내에서 사실상의 제도로서 확립되어 있지 않으면 안 된다.

복리후생비의 전체 예산 잔액의 한도 내에서 연차휴가근로수당을 지급하였는데도 근로자 측에서 아무런 이의가 없었다고 하여 근로자들이 이를 묵시적으로 동의하였다든가 노사간에 묵시적으로 그러한 합의가 있었다고 단정하기 어려우며, 나아가 잔여휴가의 실시를 독려하면서 이를 사용하지 않을 경우 이에 대한 보상청구권이 상실됨을 근로자들에게 통지하였다 하더라도 그러한 조치의 유효성을 시인하는 별도의 단체협약이 체결되지 아니한 이상 위 통지로 인하여 당연히 이 사건 연차휴가근로수당청구권이 상실되지 아니한다(대법원 2002.7.26, 2000다73094)

② 임금 지급 의무의 발생 근거는 단체협약이나 취업규칙, 급여규정, 근로계약에 의한 것이든 그 금품의 지급이 사용자의 방침이나 관행에 따라 계속적으로 이루어져 노사간에 그 지급이 당연한 것으로 여겨질 정도의 관례가 형성된 경우처럼 노동관행에 의한 것이든 무방하다(대법원 1997.5.28, 96누15084).

라. 노동관행의 한계

노동관행은 근로기준법, 단체협약, 취업규칙에 반할 수 없고 효력상 근로계약보다 상위에 있을 수 없다. 그리고 사용자가 착오로 법률, 단체협약이나 근로계약상의 급부 의무가 있는 것으로 잘못 알고 일정한 지급을 반복적으로 계속한 경우(착오에 의한 노동관행) 사용자가 그와같은 의무가 존재하지 않음을 모르고 있는 한 구속력을 가진 노동관행은 성립할 수 없다.

마. 노동관행의 불이익변경 또는 철회

사실상의 제도로 확립된 노동관행은 기업 내부에서 집단적 성질을 가지고 존재하는 특성이 있기 때문에 청구권의 기초로 성립된 노동관행을 사용자가 일방적으로 철회할 수 없다. 또한 사용자와 근로자가 개별적으로 노동관행의 적용을 배제하는 특약을 체결하는 것도 허용되지 않는다. 노동관행은 집단적 성질을 가진다는 점에서 취업규칙 불이익변경의 경우와 마찬가지로 근로자과반수로 조직된 노동조합, 근로자 과반수로 조직된 노동조합이 없는 경우에는 근로자 과반수의 동의를 받아 근로자에게 불이익하게 변경 또는 소멸시킬 수 있을 뿐이다. 행정해석도 "관행적으로 장교 경력을 군복무 경력으로 인정하여 호봉을 책정하다가 호봉 책정에서 제외하도록 지침을 만들면 취업규칙의 불이익변경으로 볼 수 있다(근기 68207-217, 2002.2.24.)고 한다.

관련 판례

어느 사업체 내에서 근로조건 등과 관련하여 일정한 취급 내지 처리가 노사간에 아무런 이의 없이 오랫동안 반복적으로 행하여짐으로써 그 노사간에 취급 내지 처리가 당연한 것으로 받아들여져 하나의 묵시적 규범으로 인식되어 정착되기에 이르렀다면 그러한 취급 내지 처리는 이른바 노동관행으로서 근로기준법과 단체협약 등에 반하지 아니하고, 그러한 취급 내지 처리가 오히려 근로자에게 유리한 근로계약의 내용이 되어 개별근로관계를 규율하는 효력이 있다 할 것이어서, 취업규칙의 변경에 준하여 근로자의 과반수로 조직된 노동조합의 동의를 얻었다는 등의 특별한 사정이 없는 한 사용자가 일방적으로 그러한 노동관행에 반하여 근로자에게 불리한 조치를 취할 수는 없다 할 것이다.
임금을 소급 인상하는 단체협약 체결 전 퇴직자에 대해서도 임금을 추가 지급하는 이른바 노동관행이 성립되어 있는 경우 그 관행을 중단하려면 근로자 과반수로 조직된 노동조합의 동의를 얻는 등의 절차를 거쳐야 할 것인데, 그러한 절차를 거치지 않았다면 퇴직자들에게도 임금인상분 차액과 퇴직금 인상분 차액을 지급해야 한다(서울고법 2000.8.10, 2000나8009).

1-5. 판례와 행정해석의 문제

사용자든 근로자든 자신의 주장에 맞는 근거를 제시할 때 많이 활용되는 것이 판례와 행정해석이다. 그런데 법을 해석하는 주체에 따라 유권해석 의견이 다를 수 있어 실무상 혼란을 야기한다. 유권해석은 법을 해석하고 적용할 권한이 있는 기관에 의한 해석이며, 학리해석은 법학자 등이 학리적 사고를 통해 법이 의미하는 내용을 확정하는 것을 말한다. 학리해석은 영향력은 있으나 구속력(실질적 효력)은 없는 반면, 유권해석은 국가기관에 의해 공식적으로 이루어지기 때문에 구속력이 있다. 유권해석은 입법해석, 사법해석, 행정해석으로 구분된다.

가. 법령해석 유형

- **주체**
  - **유권해석**
    - **입법해석**: 입법기관(국회)의 해석
    - **행정해석**: 행정기관(고용노동부)의 해석
    - **사법해석**: 사법기관(법원)의 해석
  - **학리해석** — 설득적 권위

(1) 입법해석

입법해석은 법령(자치법규 포함) 자체에 정의 규정("이 법에서 ㅇㅇ이라 함은 ... 을 말한다."), 다른 법률과의 관계 규정, 해석 규정 등을 두는 것을 말한다.

(2) 사법해석

사법해석이란 재판기관(법원, 헌법재판소)이 하는 법 해석이며 일반적으로 판(결)례라고 한다. 법원은 원칙적으로 법률상의 쟁송(爭訟)을 심판하는 기관이므로(법원조직법 제2조1항), 사법해석 역시 쟁송을 전제로 한다. 즉 사법해석은 실제 사건이 있어야 나올 수 있는 것이고, 구체적인 사건 없이 추상적인 법령만 놓고는 이루어지지 않는다.

(3) 행정해석

행정해석이란 행정기관이 하는 법 해석을 말한다. 개인·법인 또는 단체가 법령에 관하여 행정기관의 해석을 요구하는 경우 '질의 민원'에 해당한다(민원사무처리에 관한 법률 제2조1호가목2).

관련 법령

행정절차법 제5조【투명성】 행정청이 행하는 행정작용은 그 내용이 구체적이고 명확하여야 하며, 행정작용의 근거가 되는 법령 등의 내용이 명확하지 아니한 경우 상대방은 해당 행정청에 그 해석을 요청할 수 있다. 이 경우 해당 행정청은 특별한 사유가 없으면 그 요청에 따라야 한다.

제20조【처분기준의 설정 · 공표】 ③ 당사자등은 공표된 처분기준이 명확하지 아니한 경우 해당 행정청에 그 해석 또는 설명을 요청할 수 있다. 이 경우 해당 행정청은 특별한 사정이 없으면 그 요청에 따라야 한다.

(4) 정부유권해석

행정기관 사이에서도 정부 전체의 법령 해석의 통일을 기하여야 할 필요성이 있는데, 이를 위해 대통령령으로 마련된 제도가 정부유권해석이다.

(가) 법률에 규정된 행정해석 사항

관련 법령
노동위원회법 제24조 【중앙노동위원회의 지시권 등】 중앙노동위원회는 지방노동위원회 또는 특별노동위원회에 대하여 노동위원회의 사무 처리에 관한 기본방침 및 법령의 해석에 관하여 필요한 지시를 할 수 있다.
감사원법 제49조 【회계 관계법령 등에 대한 의견 표시 등】
② 감사원의 감사를 받는 회계사무 담당자가 그 직무를 집행하면서 회계 관계 법령의 해석상 의문점에 관하여 감사원에 의견을 구할 경우 감사원은 이에 대하여 해석·답변하여야 한다.
개인정보보호법 제8조 【보호위원회의 기능 등】 ① 보호위원회는 다음 각 호의 사항을 심의·의결한다.
4. 개인정보보호에 관한 법령의 해석·운용에 관한 사항

(나) 정부유권해석

중앙행정기관의 장은 지방자치단체의 장 또는 민원인으로부터 법률적 판단이 필요한 질의를 받는 등 법령을 운영·집행하는 과정에서 해석상 의문이 있는 경우에는 행정 운영의 적법성과 타당성을 보장하기 위하여 법령해석 업무를 관장하는 기관에 법령 해석을 요청하여야 한다(법제업무운영규정 제26조1항).

이러한 법령해석기관은 법무부와 법제처가 있으며, 법무부는 민사·상사·형사, 행정소송, 국가배상 관계 법령 및 법무부 소관 법령과 다른 법령의 벌칙조항에 대한 해석 권한을 갖고, 법제처는 그 밖의 모든 행정 관계 법령의 해석에 대한 권한을 갖는다.

나. 노동법의 법원(法源)

노동법의 법원은 노동법상의 분쟁을 해결하기 위하여 법관이 재판규범으로 삼아야 할 법의 존재 형식(법적 근거)이 되는 것을 말한다. 일반적으로 노동법의 법원이라고 하면 노동관계법령, 단체협약, 취업규칙, 근로계약 등이 있다.

노동법의 법원 중에서 가장 우선적인 효력을 가지는 것은 노동관계법령이다. '법령'은 법률과 명령을 모두 포함하는 개념으로, 근로기준법은 '법률', 근로기준법 시행령은 '명령'에 해당한다. 단체협약, 취업규칙, 조합규약, 근로계약은 그 적용

을 받는 사용자와 근로자의 권리와 의무에 대한 규범(계약)이라는 점에서 노동법의 법원으로 인정된다.

노동법의 법원에는 여러 유형이 있어 법원 간의 내용이 서로 다를 경우 '상위법 우선의 원칙'이 적용된다. 즉, 법률, 명령, 단체협약, 취업규칙과 조합규약, 근로계약의 순으로 적용순서를 가지며 상위규범에 저촉되는 하위규범은 효력을 가질 수 없다. 다만, 근로기준법보다 근로계약이 근로자에게 유리하면 근로계약이 우선 적용되고 취업규칙보다 근로계약이 근로자에게 유리하면 근로계약이 우선 적용되는데 이를 유리조건 우선의 원칙이라고 한다.

다. 판례와 행정해석

실무에서 판례와 행정해석 중 판례가 더 상위규범으로서 우선하는 효력을 갖는다고 생각하는 경우가 있다. 하지만 양자 간의 효력순위를 결정하는 법적 근거나 기준은 없다. 또한 판례와 행정해석은 분쟁의 판단기준인 법원(法源)이 될 수 없다. 판례와 행정해석에 법원성을 부여하면 삼권분립에 어긋날 수 있으며, 법관은 다른 판결 사례와 관계없이 법을 해석·적용할 수 있기 때문이다. 판례는 법원(法院)이 특정 소송사건에 대해서 법을 해석·적용하여 내린 판단·판(결)례이고, 행정해석은 국가기관이 행하는 유권해석 가운데 행정기관에 의한 법의 해석이다. 즉, 판례는 법원(法院)이 법을 해석한 것이고, 행정해석은 행정기관이 법을 해석한 것일 뿐이다. 법원 판례와 행정기관 행정해석은 법의 해석과 적용에 관한 각 기관의 의견으로서 양자 중 어느 것이 더 우선하는 것이라고 볼 수 없고 얼마든지 법원은 행정해석과 다른 판례를, 행정기관은 판례와 다른 행정해석을 제시할 수 있는 것이다. 하지만 판례든 행정해석이든 사회적 비용을 최소화하고 법적 안정성을 높일 수 있어야 한다.

(1) 판례와 행정해석의 중요성

그럼에도 불구하고 실질적으로 판례와 행정해석이 매우 중요하게 다루어지는 이유는 법원이나 행정기관의 '관행성'으로 인해 영향력을 미치기 때문이다. 즉, 법원과 행정기관에서 법의 판단 및 해석을 담당하는 사람이 종래 판례와 행정해석을 존중하여 그 경향에서 크게 벗어나지 않는 결론을 내리는 경우가 많기 때문에 판례와 행정해석이 사실상 법원의 역할을 하게 된다.

이론상 법관은 앞선 판결 사례와 관계없이 판단할 수 있으나 현실적으로는 그 축적된 상급심의 판례에 영향을 받지 않을 수 없다. 예를 들어, 해고에 관련된 사건이 발생했는데 유사한 사실관계에서 이미 판결이 있다면 법관은 사례(판례)를 예로 들면서 판결을 하게 된다. 왜냐하면 법은 만인에게 획일적으로 적용되어야 하기 때문에 동일한 사안에서 법 해석을 다르게 할 수는 없다. 사회적 변화 등에 따라 법 해석을 다르게 해야 하는 경우에는 대법원 전원합의체에서 기존의 판례를 변경할 것인지를 판단한다.

(2) 실무상 유의점

판례와 행정해석은 노동법의 법원으로 인정되는 것은 아니지만 실제 노동분쟁에서는 둘다 중요한 판단기준이 된다. 다만 판례와 행정해석이 다를 경우, 이론적 성격이나 구분에 집착할 것이 아니라 실제로 다루어지는 사안의 내용과 형태, 대응해야 할 기관의 성격 등을 고려하여 유연하게 대응할 필요가 있다.

예를 들어, 일상적인 인사 실무나 근로감독관의 지도.점검에 대응하는 경우라면 우선적으로 행정해석을 고려하는 것이 바람직하겠지만 노동분쟁이 발생하여 노동위원회나 법원의 소송 단계로 이어지는 경우에는 법원 판례와 다른 행정해석의 입장을 계속 고수하는 것은 실제 문제 해결에 유리하게 작용하지 않을 것이다.

라. 판례와 행정해석의 불일치 사례

실무상 행정해석은 대법원 판결례를 참고한다. 판결례가 없거나, 있더라도 법의 취지, 기본 개념에 합당한지를 고려하여 해석한다. 그럼에도 판례와 행정해석이 불일치하는 경우가 있는데, 이럴 경우 인사노무 담당자는 법 문언에 충실한지, 법의 취지에 맞는지, 개념이나 원리에 합당한지를 비판적으로 사고하며 수용할 필요가 있다.

(1) 통상임금에 산입되는 기간

1996년에 대법원은 1년에 한두 차례 지급되는 수당도 통상임금에 포함된다는 판단 적이 있으나 행정해석은 1개월을 초과하는 기간마다 지급되는 것은 통상임금에 포함될 수 없다는 태도를 고수해 왔다. 2012년 금아리무진 판결(대법원 2012.3.29, 2010다91046)에서 정기상여금도 통상임금에 포함된다고 하고, 2013년 갑을오토텍 판결(대법원 2013.12.18, 2012다89399, 94643 전원합의체)에서 통상임금의 1임금지급기(당해 근로자의 임금계산기간으로 주급의 경우 1주, 월급의 경우 1월을 의미한다)에 대한 논란은 일단락되었으며, 이후 행정해석도 1개월을 초과하는 기간마다 지급되더라도 정기·일률·고정성을 갖춘다면 통상임금이라고 해석하고 있다.

(2) 1주 40시간을 초과하는 휴일근로

판례는 1주 전체에 대해 40시간을 초과하는 경우 휴일근로에 대해서도 연장근로수당의 중복가산을 인정하는 반면, 행정해석은 8시간을 초과하는 휴일근로에 대해서만 연장근로수당과의 중복가산을 인정하였다. 즉 1주 40시간을 근로하더라도 토요일이나 일요일에 근로한 것은 1일 8시간까지는 휴일근로에 해당하여 50%를 가산하고, 8시간을 초과할 경우 연장근로수당을 중복하여 가산하였다. 그러나 이러한 논란은 근로기준법 개정을 통해 해결하였는데, 현행법은 휴일에 근로를 할 경우 휴일근로와 연장근로의 중복가산을 인정하되 8시간 이내는 50% 가산, 8시간 초과는 100% 가산하도록 명시하였다.

(3) 복리후생비의 임금성

구분		내용
행정해석		근로의 대가로 보기 어려운 순수한 의미의 복리후생비는 임금이라고 할 수 없다. 그러나 비록 지급되는 금품이 복리후생비라 할지라도 그 지급근거가 단체협약 · 취업규칙 등에 의해 정하여져 있거나 또는 관행에 따라 전(全) 근로자에게 정기적 · 일률적으로 지급하는 경우라면 이는 순수한 의미 복리후생비로 볼 수 없으므로 법상의 임금으로 보아야 한다(임금근로시간정책팀-261, 2008.01.25).
판례	임금성 부정	자가운전보조비 명목의 금원을 일정 직급 이상의 직원 중 자기차량을 보유하여 운전한 자에 한하여 지급, 하기휴가비가 하기휴가를 실시한 종업원에게만 지급한 사안에서 임금성을 부정하였다(대법원 1995.5.12, 94다55934, 대법원 1996.5.14, 95다19256, 대법원 1999.5.12, 97다5015 등).

구분		내용
판례	임금성 긍정	설 · 추석상여금, 하기 휴가비, 선물비, 생일자지원금, 개인연금지원금, 단체보험료는 재직 중인 자에게만 지급되는데 이 역시 근로자들에게 정기적 · 일률적으로 지급되고 단체협약 등에 의해 사용자에게 지급의무가 있다는 점에서 임금이다(대법원 2013.12.18, 2012다94643 전원합의체). 근로자에게 지급하는 가족수당이 단체협약 등에 의하여 사용자에게 그 지급의무가 지워져 있고 일정한 요건에 해당하는 근로자에게 일률적으로 지급하게 되어 있다면 이는 근로자에게 지급되는 근로의 대가의 성질을 가지는 것으로서 임금에 해당된다 할 것이고 가족수당이 부양가족이 있는 근로자에게만 지급되는 것이라 하여 임금이 아니라고 할 수는 없다(대법원 2002.5.31, 2000다18127). 부양가족이 있는 근로자에게만 지급되는 가족수당과 같이 소정근로의 가치 평가와 무관한 사항을 조건으로 하여 지급되는 임금은 그것이 그 조건에 해당하는 모든 근로자에게 지급되었다 하더라도 일률성을 인정할 수 없어 통상임금이 아니다(대법원 2013.12.18, 2012다89399 전원합의체). 이 사건에서 지급된 특별상여금(하계 체력단련비, 설 세찬비, 추석 특별상여금)은 지급 당시 재직 중인 직원을 대상으로 근로의 대가로서 정기적 · 계속적으로 지급되어 왔고 그 지급에 관하여 회사와 근로자들 사이에 그 지급이 당연히 여겨질 정도의 관례가 형성되어 노동관행에 의하여 회사에게 그 지급의무가 있다고 인정되는 임금이다(대구지법 2014.2.21, 2013가합8360).

(4) 성과급의 임금성

구분		내용
행정해석		월 기본운행횟수를 초과하는 운행횟수 1회당 20,000원씩 계산하여 지급하기로 정하고 정기적으로 지급되는 금품이라면 지급명칭과는 상관없이 개인의 업무실적에 따라 차등 지급되는 업적급 성격의 금품으로 근로의 대가인 임금에 산입된다(근로조건지도과-3859, 2008.09.18).
판례	임금성 부정	영업 직원 개인의 실적에 따라 결정되는 성과급은 지급조건과 지급시기가 단체협약 등에 정하여져 있다고 하더라도 지급조건의 충족여부는 근로자 개인의 실적에 따라 달라지는 것으로서 근로제공 자체의 대상이라고 볼 수 없으므로 임금에 해당된다고 할 수 없다(대법원 2004.5.14, 2001다76328).
판례	임금성 긍정	회사가 해마다 미리 지급기준과 지급비율을 정하고 그에 따라 계산된 포상금을 지급하는 것인 이상 직원들이 그 요건에 맞는 실적을 달성하였다면 그 실적에 따른 포상금의 지급을 거절할 수 없을 것이므로 개인포상금은 평균임금에 포함된다(대법원 2002.5.31, 2000다18127). 지급 대상기간에 이루어진 근로자의 근무실적을 평가하여 이를 토대로 지급 여부나 지급액이 정해지는 임금은 일반적으로 고정성이 부정되어 통상임금이 아니다. 그러나 근무실적에 관하여 최하 등급을 받더라도 일정액을 지급하는 경우와 같이 최소한도의 지급이 확정되어 있다면, 그 최소한도의 임금은 고정적 임금이고 통상임금이다(대법원 2013.12.18, 2012다89399).

구분	내용
※ 판례는 지급된 금품이 근로의 대가인지 여부를 판단할 때에 계속성 · 정기성 · 일률성 · 지급의무의 존재를 그 징표로 삼고 있는데, 그중 지급의무의 존재는 주된급부의무를 넘어서 부수적 주의의무에까지 확장한 것이라는 점에서 문제가 있고, 기본적으로 지급된 금품이 임금인지 여부를 판단할 때 급부의 목적과 동기 등에 대한 당사자 간의 합의된 의사가 무엇인지 여부를 규명하는 것이 필요한데 이러한 점이 일관되지 않다는 평가가 있다.	

(5) 휴업수당의 임금성

구분	내용
행정해석	근로기준법 제38조2항에서 정한 최종 3개월분의 임금이란 동법 제2조의 임금의 정의 규정에 따라 사용자가 근로의 대가로 근로자에게 지급하는 임금, 봉급 등의 일체 금품을 말하는데, 휴업수당은 사용자의 귀책사유로 근로자가 근로를 할 수 없는 경우에 근로자의 생활보장을 목적으로 지급하는 금품이므로 최종 3개월분의 임금에 포함된다고 할 수 없다. 다만, 근로기준법 제38조1항 그 밖에 근로관계로 인한 채권은 근로자와 사용자 사이의 채권적인 성격을 갖는 금전적 청구권을 포함하는 것으로 볼 수 있으므로 휴업수당은 우선변제 대상에는 해당한다(근로기준과-49, 2010.1.5). 근로제공과 관련이 없는 손해보상성은 근로의 대가를 판단하는데 부정적 요소로 작용한다. 휴업수당은 손해보상의 성격을 가지므로 임금이 아니다 반면 유급휴일수당, 유급휴가수당과 이들을 사용하지 않고 근로를 한데 대한 보상으로 지급되는 휴일근로임금 및 가산수당과 휴가미사용보상금은 손해보상적인 성격이 아닌 근로의 대가로 본다(하갑래, 근로기준법 209p. 중앙경제 2018년)
판례	근로기준법 제2조 제1항 제5호는 "임금이란 사용자가 근로의 대가로 근로자에게 임금, 봉급, 그 밖에 어떠한 명칭으로든지 지급하는 일체의 금품을 말한다."라고 규정하고 있는데, 근로기준법 제46조 제1항에서 정한 "사용자의 귀책사유로 휴업하는 경우"에 지급하는 휴업수당은 비록 현실적 근로를 제공하지 않았다는 점에서는 근로 제공과의 밀접도가 약하기는 하지만, 근로자가 근로 제공의 의사가 있는데도 자신의 의사와 무관하게 근로를 제공하지 못하게 된 데 대한 대상(代償)으로 지급하는 것이라는 점에서 임금의 일종으로 보아야 하므로 휴업수당 청구권은 채무자회생법에서 정한 공익채권에 해당한다(대법원 2013.10.11, 2012다12870). 사용자의 귀책사유로 휴업하는 경우 사용자가 지급하여야 할 휴업수당은 위험부담자로서의 사용자가 근로의 대가로 지급하는 것으로서 임금에 해당한다(최은배, 근로기준법주해 269p. 박영사 2020년).

(6) 연차유급휴가미사용수당의 평균임금 산입범위

구분		내용
행정해석	입장	퇴직전전년도 출근율에 의하여 퇴직 전년도에 발생한 연차유급휴가 중 미사용하고 근로한 일수에 대한 연차유급휴가 미사용수당액의 3/12을 퇴직금 산정을 위한 평균임금 산정 기준 임금에 포함한다(임금근로시간정책팀-3295, 2007.11.5).

<table>
<tr><th colspan="2">구분</th><th>내용</th></tr>
<tr><td>행정
해석</td><td>산정
예시</td><td>퇴직 전 기 지급된 연차유급휴가미사용수당의 3/12을 임금총액에 포함한다.
근로기간이 2018.1.1~2020.4.1이고, 2018년 출근율 80퍼센트를 충족하여 연차유급휴가 15일 발생, 2019년 15일 휴가 중 5일 사용하고 미사용한 10일은 2020.1. 미사용수당 100만원을 지급받았고, 2019년 출근율 80퍼센트에 대해 2020년에 발생한 연차유급휴가 15일은 2020.4.1 퇴직하면서 미사용수당 150만원 지급받은 경우 퇴직 전 기 지급된 연차유급휴가미사용수당 100만원 중 3/12을 평균임금 산정시 3개월 임금총액에 산입한다.</td></tr>
<tr><td rowspan="2">판례</td><td>임금성
부정</td><td>연차유급휴가미사용수당이 평균임금 산정사유 발생일 3개월 내의 근로에 대한 대가가 아니면 평균임금에 산입할 수 없다는 입장으로 1년간 개근한 후 연차유급휴가청구권이 발생한지 3개월 미만이 되는 시점에 휴가를사용하지 못한 상태에서 퇴직하는 경우에 그 연차유급휴가미사용수당을 12월로 나누어 3개월분만 산입하면 된다(대법원 2011.10.12, 2009다86246).</td></tr>
<tr><td>임금성
긍정</td><td>연차유급휴가 산정대상기간(즉, 1년)의 일부가 평균임금 산정대상기간(즉, 3개월)에 포함되어야 하고 그 포함된 부분에 해당하는 수당만이 3개월 임금총액에 산입된다.
근로자의 연차유급휴가 산정기간이 2019.4.1~2020.3.31이고 퇴직일이 2020.4.1인 경우 평균임금 산정기간은 2020.1.1~2020.3.31이 된다. 따라서 퇴직 전 3개월(2020.1.1~3.31)에 해당하는 연차유급휴가미사용수당을 평균임금 산정시 임금총액에 산입한다.
반면 근로자의 연차유급휴가 산정기간이 2019.4.1~2020.3.31이고 퇴직일이 2020.6.1.인 경우 평균임금 산정기간은 2020.3.1~2020.6.30이 된다. 따라서 퇴직 전 3개월(2020.3.1~6.30) 중 평균임금 산정기간에 포함되는 1개월(2020.3.1~3.31)에 해당하는 연차유급휴가미사용수당을 평균임금 산정시 임금총액에 산입한다.</td></tr>
<tr><td colspan="3">※ 판례는 3개월에 중점을 둔 반면 행정해석은 1년에 중점을 둔 해석인데 연차유급휴가는 1년간의 근로에 대한 대가로 볼 수 있고, 연차유급휴가미사용수당도 1년에 한번 지급되는 점을 고려한다면 행정해석의 논리가 타당성이 높다.</td></tr>
</table>

(7) 연차유급휴가의 대체

근로기준법 제62조 연차유급휴가의 대체와 관련된 판례는 없다. 다만 행정해석은 근로자대표와의 서면합의가 없어도 취업규칙 불이익변경을 통해 도입한다면 가능하다고 해석하다가 반드시 필요하다는 해석으로 변경하였다. 취업규칙 불이익변경은 근로자 과반의 동의를 얻어야 가능하므로 근로자들의 의견이 충분히 반영되었다고 판단한 것이다. 하지만 근로기준법 제62조에는 명시적으로 "근로자대표와의 서면합의에 따라"라고 규정하고 있어 법의 취지를 벗어난 해석이라는 판단으로 이를 변경한 것이다.

구분	내용
변경 전 행정해석	사용자는 근로자대표와의 서면합의에 따라 제60조에 따른 연차유급휴가일을 갈음하여 특정한 근로일에 근로자를 휴무시킬 수 있다. 근로자대표와 서면합의함이 원칙이나, 유급휴가 대체에 대한 내용을 취업규칙에 규정하도록 취업규칙의 변경절차(불이익 변경으로서 과반노조나 근로자 과반수의 동의를 거친 경우를 말한다)를 거친 경우 별도의 서면합의가 없어도 유급휴가 대체규정은 유효하다(근기-68207-1585, 2000.5.24).
변경 후 행정해석	사용자는 근로기준법 제62조에 따라 근로자대표와 서면으로 합의한 경우 제60조에 따른 연차유급휴가일에 갈음하여 특정한 근로일에 근로자를 휴무시킬 수 있다. 연차유급휴가 대체를 할 때 근로자대표와의 서면 합의는 법에서 정하고 있는 요건이므로 근로자대표와 서면 합의가 없다면 무효이다. 취업규칙 변경 시 사용자측의 개입이나 간섭이 배제된 상태에서 전 직원의 자유로운 의사에 따른 서면 동의를 받는 등 근로기준법 제94조에 따른 적법한 취업규칙 변경절차를 거쳐 연차유급휴가 대체를 취업규칙에 규정하였다고 하더라도 근로자대표와 서면합의가 없다면 적법한 연차유급휴가 대체로 볼 수 없다(임금근로시간과-687, 2019.7.9).

(8) 근로자대표의 선정 단위

유연근무제 도입, 연차유급휴가의 대체, 정리해고 협의 등을 할 때 근로자대표와 서면합의 또는 협의가 필요하다. 그런데 근로기준법에는 근로자대표의 개념이나 근로자대표와의 서면합의에 대한 정의 등이 규정되어 있지 않아 행정해석과 판례가 다른 입장이다.

구분	내용
행정해석	근로기준법 제38조2항에서 정한 최종 3개월분의 임금이란 동법 제2조의 임금의 정의 규정에 따라 사용자가 근로의 대가로 근로자에게 지급하는 임금, 봉급 등의 일체 금품을 말하는데, 휴업수당은 사용자의 귀책사유로 근로자가 근로를 할 수 없는 경우에 근로자의 생활보장을 목적으로 지급하는 금품이므로 최종 3개월분의 임금에 포함된다고 할 수 없다. 다만, 근로기준법 제38조1항 그 밖에 근로관계로 인한 채권은 근로자와 사용자 사이의 채권적인 성격을 갖는 금전적 청구권을 포함하는 것으로 볼 수 있으므로 휴업수당은 우선변제 대상에는 해당한다(근로기준과-49, 2010.1.5). 근로제공과 관련이 없는 손해보상성은 근로의 대가를 판단하는데 부정적 요소로 작용한다. 휴업수당은 손해보상의 성격을 가지므로 임금이 아니다 반면 유급휴일수당, 유급휴가수당과 이들을 사용하지 않고 근로를 한데 대한 보상으로 지급되는 휴일근로임금 및 가산수당과 휴가미사용보상금은 손해보상적인 성격이 아닌 근로의 대가로 본다(하갑래, 근로기준법 209p. 중앙경제 2018년)

구분	내용
판례	근로자 중 주로 4급 이상의 직원을 감원하기로 하는 경우 4급 이상 직원들의 이해관계를 대변할 수 있는 근로자대표와의 협의도 필요하다고 해야 할 것인데, A병원이 정리해고와 관련하여 협의하였다고 하는 근로자대표는 甲을 제외하고는 모두 5급 이하의 직원, 고용원, 기능직 직원들로 구성되어 있고, 근로자의 과반수를 넘지 않고, 주로 5급 이하의 근로자로 구성된 노동조합의 조합원은 대부분 정리해고 대상자가 아니어서 이 사건 정리해고와 거의 이해관계를 갖고 있지 아니하고, 근로자대표의 선출도 공정하게 이루어졌다고 보기 어렵다(대법원 2005.9.29, 2005두4403).
	사용자가 근로자들 중의 일부 직급을 대상으로 정리해고를 실시하려면 특별한 사정이 없는 한, 그 대상이 되는 근로자들을 대표할 수 있는 자와 정리해고에 관한 협의를 진행하여야 할 것이고, 대표성을 지니지 못한 노동조합과 협의를 진행할 수는 없다 할 것이다. 만약 이와 달리 해석한다면, 일부 계층의 근로자들로 하여금 자신들의 의사와 이익을 제대로 반영할 수 없는 자에게 운명을 맡기는 것을 감수하도록 하는 결과가 될 것이다(서울행정법원 2000.8.22, 99구27292).
	여러 근로자 집단이 하나의 근로조건 체계 내에 있어 비록 취업규칙의 불이익변경 시점에는 어느 근로자 집단만이 직접적인 불이익을 받더라도 다른 근로자 집단에게도 변경된 취업규칙의 적용이 예상되는 경우에는 일부 근로자 집단은 물론 장래 변경된 취업규칙의 적용이 예상되는 근로자 집단을 포함한 근로자 집단이 동의의 주체가 되고, 그렇지 않고 근로조건이 이원화되어 있어 변경된 취업규칙이 적용되어 직접적으로 불이익을 받게 되는 근로자 집단 이외에 변경된 취업규칙의 적용이 예상되는 근로자 집단이 없는 경우에는 변경된 취업규칙이 적용되어 불이익을 받는 근로자 집단만이 동의의 주체가 된다(대법원 2009.5.28, 2009두2238).

※ 동일 사업 또는 사업장 내에서 직군 또는 부서에 따라 근로조건이 이원화되어 있는 경우가 있다. 이에 대해 행정해석은 사업 또는 사업장 단위로 선정해야 한다고 하고 판례는 대상이 되는 근로자들을 대표해 의사를 반영할 수 있어야 한다고 한다. 근로자대표의 선정단위는 근로자대표와의 서면합의를 요구하는 각 규정의 내용, 제도의 취지, 근로조건 분리 가능 여부 등 구체적인 사실관계에 따라 유연하게 판단할 필요가 있다.

(9) 최저임금보다 통상임금이 낮은 경우 연장근로수당 계산

예를 들어 2020년에 상시 5인 이상 사업장에서 근로자가 월급여로 기본급 1,500,000원, 교통비 100,000원, 식비 100,000원을 지급받는다고 가정할 때, 이 근로자가 4시간의 연장근로를 한 경우 연장근로수당은 얼마일까? 월급여가 1,822,480원보다 낮아 최저임금법 위반이다. 최저임금에 미달하므로 연장근로수당을 계산할 때 최저임금을 기준으로 수당을 계산(4시간×1.5×8,720원)하면 된다고 생각하기 쉽다. 이는 통상임금이나 최저임금이나 모두 소정근로시간에 대해 지급하는 임금이어서, 통상임금이 최저임금에 미치지 못하면 최저임금액이 통상임금액의 하한이 된다고 판단하기 때문이다. 하지만 행정해석과 판례는 이와 다르다.

구분	내용
행정해석	연장근로나 야간근로 및 휴일근로에 대한 기본임금과 가산임금을 구분하고, 기본임금은 최저임금 이상 지급하여야 하나 연장과 야간 및 휴일근로에 대한 가산임금에 대해서는 시급으로 정한 통상임금이 최저임금에 미달한다고 하여 최저임금을 기초로 지급하여야 할 필요는 없다고 한다(근로개선정책과-3589, 2011.10.14). 즉 4시간의 연장근로에 대해 4시간은 최저임금으로 계산하고, 가산된 2시간은 통상임금으로 계산한다는 논리이다.
판례	각종 수당의 산정기준이 되는 통상임금이 최저임금보다 적으면 최저임금을 새로 반영한 통상임금을 기준으로 수당을 재산정한 뒤 지급해야 한다. 최저임금을 기준으로 기본급, 근속수당, 주휴수당 등을 증액한 비교 대상 임금을 먼저 산정해야 한다. 이어 비교 대상 임금에 속하는 항목 중 기본급과 근속수당만 통상임금에 해당한다며 두 항목을 기준으로 다시 산정한 통상임금을 토대로 계산된 연장 · 야간근로수당과 실제 지급된 각 수당의 차액을 지급하도록 명했어야 한다(대법원 2017.12.28, 2014다49074).

※ 행정해석은 대법원 판례의 논리를 따라 ① 최저임금법을 위반하지 않은 경우 통상임금과 최저임금은 별개의 개념이므로 시간급 통상임금이 시간급 최저임금보다 낮더라도 통상임금을 기준으로 연장근로에 대한 임금 및 가산수당을 산정하고, ② 최저임금법을 위반한 경우 법정 최저임금액에 미달하는 경우 해당 근로자의 임금은 최저임금이 되어야 하므로, 이에 따라 비교대상 임금에 산입된 개개의 임금항목도 증액되고, 그 증액된 개개의 임금항목 중 통상임금에 해당하는 임금항목들이 있는 경우 새롭게 산정된 통상임금을 기준으로 재산정한다(근로기준정책과-6245, 2019.12.11)고 변경하였다.

(10) 월급근로자의 최저임금적용기준시간수

월급근로자의 최저임금법 위반 여부를 판단할 때 209시간으로 계산할지 174시간으로 계산할지에 대해 행정해석과 판례가 다르다. 대법원은 실제근로시간인 174시간, 고용노동부는 실제근로시간과 유급주휴시간을 포함한 209시간으로 계산을 하는데, 이에 대한 논란은 최저임금법시행령 제5조의 문구로 인한 것이다. 월 단위로 정해진 임금은 그 금액을 소정근로시간수로 나누라고 하는데 소정근로시간은 근로하기로 약정한 시간 즉 174시간으로 해석되기 때문이다. 월급에 주휴수당이 포함되어 있음에도 판례는 일률적으로 174시간을, 행정해석은 주휴를 포함한 209시간을 기준으로 계산한 것이다. 이런 논란은 2019.1.1 최저임금법시행령을 개정하여 소정근로시간과 유급주휴시간을 포함한 시간으로 계산하도록 명시하면서 일단락되었다. 그러므로 월급근로자의 경우 유급주휴시간까지 포함한 시간으로 계산하면 되는데, 정확한 계산을 위해서는 209시간이 아닌 208.57시간으로 하는 것이 좋다.

208.57=(주당 소정근로시간 40시간+유급주휴시간 8시간)÷7일×365일÷12개월

구분	내용
행정해석	주휴수당이 최저임금에 산입되는 점을 감안하여 유급주휴시간이 1주 또는 1개월의 소정근로시간에 포함된다(임금정책과-3074, 2004.8.21).
판례	최저임금적용을 위한 임금을 시간급으로 환산할 경우 1주 또는 월의 소정근로시간에 주휴수당 관련 근로시간을 고려할 필요가 없다(대법원 2007.1.11, 2006다64245).

여기서 잠깐! 소정근로시간과 관련된 규정 변화

구 분	약정휴일
1987년 최저임금법시행령 제정	최저임금법시행령 제5조2호(최저임금의 적용을 위한 임금의 환산) 제정 : 주(週) 단위로 정해진 임금: 그 금액을 1주의 소정근로시간 수(주에 따라 소정근로시간 수가 다른 경우에는 4주간의 1주 평균 소정근로시간 수)로 나눈 금액
1997년 이전	소정근로시간에 대한 규정이 없었으며, 행정해석과 판례는 실제근로시간과 유급휴일에 해당하는 시간을 소정근로시간으로 인식
1997년	근로기준법에 소정근로시간 정의 규정이 신설 : 이 법에서 "소정근로시간"이라 함은 제49조, 제67조 본문 또는 산업안전보건법 제46조의 규정에 의한 근로시간의 범위 안에서 근로자와 사용자간에 정한 근로시간을 말한다.
	근로기준법시행령 제6조3호(통상임금) 신설 : 주급 금액으로 정한 임금은 그 금액을 1주의 통상임금산정기준시간수(1주의 소정근로시간과 소정근로시간 외에 유급으로 처리되는 시간을 합산한 시간)로 나눈 금액
2019년	최저임금법시행령 제5조2호(최저임금의 적용을 위한 임금의 환산) 개정 : 주(週) 단위로 정해진 임금: 그 금액을 1주의 최저임금 적용기준 시간 수(1주 동안의 소정근로시간 수와 근로기준법 제55조1항에 따라 유급으로 처리되는 시간 수를 합산한 시간 수를 말한다)로 나눈 금액

(11) 임금피크제 도입

구분	내용
행정해석	임금피크제를 도입하기 위해서는 취업규칙 또는 단체협약 등 임금 관련 규정의 개정이 있어야 한다. 취업규칙의 변경에 관하여는 근로기준법 제97조에 의하여 당해 사업 또는 사업장에 근로자의 과반수로 조직된 노동조합이 있으면 그 노동조합, 과반수 노조가 없는 경우에는 근로자 과반수의 의견을 들어야 하고, 불이익하게 변경하는 경우에는 그 동의를 얻어야 한다. 근로자 과반수 이상으로 조직된 노동조합이 있는 경우, 조합원과 비조합원에게 공통적으로 적용되는 보수규정(취업규칙)을 개정하여 모든 근로자가 일정 연령(또는 특정 직위)에 도달하면 임금이 삭감되도록 불이익하게 변경하는 경우라면, 변경 시점에서 일정 연령(또는 특정 직위)에 도달한 근로자뿐만 아니라 전체 근로자에게 적용되는 것으로 보아야 하며, 그 취업규칙의 불이익변경을 위해서는 전체 근로자 과반수로 조직된 노동조합의 동의를 받아야 한다(근기 68207-890, 2003.7.16).
판례	근로자와 사용자가 기본연봉을 정한 연봉계약으로 근로계약을 체결한 후 사용자가 소속 근로자의 과반수로 조직된 노동조합의 동의를 받아 취업규칙인 임금피크제 운용세칙을 제정·공고하였는데, 위 취업규칙은 연봉계약이 정하는 기본연봉에 복리후생비를 더한 총연봉을 임금피크 기준연봉으로 정하고, 정년이 2년 미만 남아 있는 근로자에게는 임금피크 기준연봉의 60%, 정년이 1년 미만 남아 있는 근로자에게는 임금피크 기준연봉의 40%를 지급하도록 규정하였고, 이에 대해 근로자가 임금피크제의 적용에 동의하지 아니한다는 의사를 표시하였으나 사용자가 근로자에게 취업규칙에 따라 삭감된 임금을 지급하였다. 이럴 경우 취업규칙에 대하여 과반수 노동조합의 동의를 받았더라도 기존의 근로계약은 유효하게 존속하고, 취업규칙에 따라 기존의 근로계약에서 정한 연봉액을 삭감할 수 없다(대법원 2019.11.14, 2018다200709). 즉 근로기준법 제94조에서 정한 집단적 동의를 받아 근로자에게 불리한 내용으로 취업규칙이 변경된 경우, 변경된 취업규칙의 기준에 따라 그보다 유리한 근로조건을 정한 기존의 개별 근로계약의 내용은 변경되지 않으며, 근로자의 개별적 동의가 없는 한 취업규칙보다 유리한 근로계약의 내용이 우선하여 적용된다.

※ 근로기준법 제94조에 따른 취업규칙 불이익 변경을 적법하게 하기 위해서는 근로자 과반수를 대표하는 노동조합이 있는 경우에는 그 노동조합의 동의, 그러한 노동조합이 없는 경우에는 근로자의 과반수의 동의를 받아 불이익한 근로조건을 변경할 수 있다. 그러나 개별 근로자의 근로계약서에 명시된 부분이 있는 경우에는 취업규칙의 불이익 변경조건이 적법하게 변경됐다고 하더라도 불리하게 변경된 취업규칙에 반대하는 소수 근로자의 근로계약은 계속적으로 유효하게 유지된다. 판례는 근로계약에 연봉이 확정되어 있었고, 근속수당이 명시되어 있었던 사안에서 근로계약서에 기재된 유리한 근로조건이 취업규칙의 불이익 변경 절차를 통해 적법하게 변경된 경우라도 계속 유지된다는 의미이다. 그렇지 않을 경우에는 행정해석의 논리대로 취업규칙 불이익 변경을 통해 임금피크제 도입를 도입하더라도 유효하다.

2. 근로계약서 개괄: 5W1H

근로계약서 작성에 대해 육하원칙(5W1H)에 따라 정리하였다. 근로계약서가 무엇인지 왜 쓰는지 누구와 언제 어디에서 어떻게 쓰는지에 대해 알아보도록 하자.

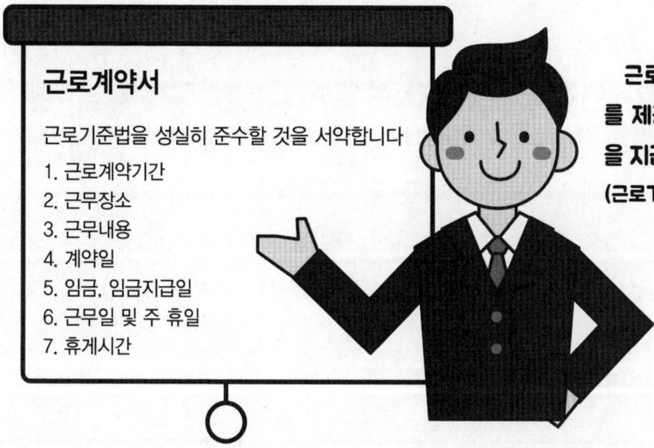

근로계약이란 근로자가 사용자에게 근로를 제공하고 사용자는 이에 대하여 그 임금을 지급하는 것을 목적으로 체결된 계약이다(근로기준법 제2조1항4호).

2-1. What 무엇인가

근로계약이란 쉽게 표현하면 회사에 들어가 어떤 조건(기간, 장소, 근무일, 시간 등)으로 무슨 일을 하고, 얼마의 임금을 받을 것인가 하는 계약이다.

법률적 용어로 설명하면 근로자와 사용자간의 근로관계를 형성시키는 계약으로 근로자의 근로제공에 대해 사용자가 임금을 지급하는 채권적 교환관계인 동시에 근로자와 사용자의 지위를 형성하는 계약이다. 청약과 승낙으로 성립하는데, 이 청약과 승낙의 의사 표시는 서면 외에 그 밖의 명시나 묵시의 방법으로도 가능하다.

근로계약은 권리·의무관계를 형성하므로 서면계약이 원칙이나, 사실상의 사용종속관계가 존재하는 경우도 보호 대상이므로 반드시 특별한 형식을 갖춰야 하는 것은 아니다. 구두합의로도 근로계약은 성립될 수 있다는 것이다. 다만, 구두계약의 경우 다툼 발생시 사실관계에 대한 입증책임의 문제가 있기 때문에 근로기준법에서는 사용자에게 주요한 근로조건을 서면으로 작성하고 근로자에게 교부하도록 강제하고 있다. 이를 위반하면 500만원 이하의 벌금형을 받게 된다.

근로계약을 서면으로 체결한 경우 근로계약서는 처분문서(증명하고자 하는 법률상의 행위가 그 문서 자체에 의하여 이루어진 경위의 문서)이기 때문에 그 진정 성립(그 문서가 작성 명의자의 의사에 기하여 작성된 것)이 인정되는 이상 반증이 있거나 이를 믿을 수 없는 합리적인 이유가 없는 한, 그 기재한 내용대로 법률행위의 존재를 인정하게 된다. 다툼이 생기면 근로감독관은 근로계약서를 먼저 살펴보게 되는데 당사자가 약속한 근로조건이 어떤 것이었는지 알기 위해서이다.

근로기준법에 정한 기준(최저기준)에 미치지 못하는 근로조건을 정한 근로계약은 그 부분에 한하여 무효로 하며, 무효로 된 부분은 이 법에 정한 기준을 따르게 된다(근로기준법 제15조). 위반된 부분만 무효가 되므로 근로계약 자체는 그대로 존속하고, 사용자는 일부 무효를 이유로 근로계약을 해지할 수 없다.

또한 근로기준법에 정한 기준에 달하지 못하는 근로계약을 정한 근로계약은 그 부분에 한하여 무효이므로 그것이 단체협약에 의한 것이라거나 근로자들의 승인을 받은 것이라고 하여 유효로 볼 수 없다(대법원 1990.12.21, 90다카24496).

여기서 잠깐! **근로계약서 반드시 써야하나**

반드시 "문서로 남겨야 하느냐?", "근로계약은 구두로도 가능하다는데 왜 문서로 쓰라고 하느냐?"라는 질문을 많이 받는다.

대답은 "문서로 써야한다"이다. 근로기준법이 명시적으로 규정하고 있기 때문이다.

계약 성립은 구두로도 물론 가능하다. 하지만 근로기준법은 근로조건 중 중요한 내용을 서면으로 명시하고 교부하라고 한다. 중요한 근로조건은 임금, 근로시간, 휴일과 휴가 등에 대한 것인데, 결국은 계약 체결을 서면으로 하라는 의미이며, 이를 이행하지 않으면 벌칙을 부과한다.

여기서 잠깐! **고용, 위임, 도급은 어떤 차이가 있나**

〈고용계약〉

당사자 일방이 상대방에 대하여 노무를 제공할 것을 목적으로 체결된 계약(민법 제655조)으로 대등한 관계에서의 노무제공을 말한다. 예를 들어 가사사용인 등의 계약을 말한다. 근로계약은 사용종속관계에서 근로를 제공한다는 점에서 차이가 있다.

일반적으로 고용이란 노무를 제공하는 노무자에 대하여 사용자가 보수를 지급하기로 하는 계약을 의미하므로 보수는 고용 계약의 본질적 부분을 구성하고 보수 지급을 전제로 하지 않는 고용 계약은 존재할 수 없으며 고용에는 보수에 관한 약정이 반드시 필요하다(대법원 2002.2.26, 2000다39063).

〈위임계약〉

당사자 일방이 상대방에 대하여 사무 처리를 위탁하고 수임인은 위임의 본지에 따라 선량한 관리자의 주의로서 위임 사무를 처리함을 목적으로 체결된 계약(민법 제680조, 제681조)으로 위임에 따라 자주적으로 업무를 처리한다는 특징이 있다.

위임계약은 위임인이 위탁하는 일정한 사무의 처리(소송 사건의 해결, 질병의 치료 등)를 그 목적으로 한다. 사무가 처리되어 일정한 결과를 얻는 것(소송에서의 승소, 질병의 치유 등) 자체를 목적으로 하지 않는다. 도중에 위임이 종료되어도 수임인은 이미 수행한 부분에 상응하는 보수를 받을 수 있다.또한 노무의 제공 그 자체를 목적으로 하지 않는다. 위탁된 목적을 위하여 사무를 처리하는 것이고 그 목적의 범위 내에서 수임인은 재량권을 갖는다.

〈도급계약〉

당사자 일방이 어느 일의 완성을 약정하고 그 상대방이 그 일의 결과에 대하여 보수를 지급할 것을 약정한 계약(민법 제664조)으로 도급 계약에 따라 자주적으로 일을 완성한다는 특징이 있다.

고용계약이나 근로계약과 달리 도급 계약은 노무제공 그 자체를 계약의 목적으로 하지 않는다. 약정된 일의 완성이라는 결과가 발생하여야 계약의 목적이 달성된다. 따라서 어떠한 방법으로 일을 완성할 것인가는 전적으로 수급인의 권한과 재량에 속하는 사항이다. 일의 완성 이전에 발생하는 위험도 전적으로 수급인 스스로 부담한다. 수급인이 노무를 제공하였다고 하더라도 일의 완성이라는 결과가 발생하지 않으면 수급인은 도급인에게 보수를 청구할 수 없다.

도급계약의 수급인을 근로기준법상 근로자로 볼 수 없는 경우는 ① 어떤 일을 완성할 것을 약정하고 그 일의 결과에 대하여 보수를 지급하는 형태로 계약을 체결하고, ② 일정기간 동안 일정량의 물량에 대하여 사용자의 지휘 감독 없이 작업자가 재량에 따라 작업을 완료함을 목적으로 하며, ③ 작업시한 이전에 작업을 완료한 경우에도 동일한 보수를 지급하여 작업 수행시 독립성과 자주성이 보장되는 등의 요건을 갖추어야 한다(근기 68207-585, 2000.2.5).

〈참고〉 도급비 산정방식

도급비 산정방식에는 물량도급(생산 물량 비례 도급 방식), 임률도급(임율과 작업시간 기준, 생산공정 업무), 단위도급(임율과 계약시간 기준, 청소·경비업무), 보전도급(임률과 표준시간 기준, 수리·보전업무), 일용도급(임률도급과 유사, 돌발작업·한시작업) 등이 있다.

전형적인 도급계약의 경우 주로 물량도급 방식을 사용하게 된다. 예를 들어 회사가 자신이 디자인한 상품의 제조를 외부 제조업체에 도급시키는 경우, 수급업체가 제조한 물량에 따라 도급비가 계산되는 방식이다. 즉 단가(필요 소요경비/예정물량단가)×물량으로 계산한다. 그러나 임률도급의 경우 임률(근로자 1인당 총 소요비용/계획 작업시간=시간당 노무비)×근로시간으로 도급비가 계산된다.

구 분	내 용	해당업무(예)
물량 도급	생산물량 비례도급 방식(물량 단위)	선적, 포장, 출고 등
임률 도급	임률과 작업시간 기준(투입인원 단위)	생산 공정
단위 도급	임률과 계약시간 기준(작업면적 단위)	청소, 경비
보전 도급	임률과 표준시간 기준	수리, 보전
일용 도급	임률 도급과 유사	돌발작업, 한시투입

〈출처 : 불법파견 형태의 사내하도급 문제해결을 위한 참여정부의 노력과 과제(2007)〉

2-2. why 왜 써야하나

이 책은 지방노동청에서 실무를 담당하는 저자가 근로계약서 한 장이 회사와 직원 간의 분쟁을 줄이는 가장 중요한 수단이라고 느낀 데서 출발했다. 실무에서 진정 사건을 접하면서 "근로계약서를 작성해 두었더라면 이런 다툼은 없었을 텐데." 하는 아쉬움이 많았다.

사업주는 근로계약서라는 것에 반감을 갖는다. "우리가 남도 아니고 항상 얼굴 보며 일을 하고 가족처럼 서로 잘 알고 지내는데, 굳이 이런 계약서를 쓰지 않아도 아무 문제가 없다."라고 하면서 작성을 회피한다. 정말 아무 문제가 없을까?

300만원을 주기로 했는지 500만원을 주기로 했는지, 언제부터 일을 한 건지, 식대를 별도로 주기로 한 건지 등등 지방노동청 사무실은 종일 이런 언쟁들이 오고간다. 사장님과 직원은 서로 욕을 하기도 하고, 근로감독관은 증거자료가 있느냐, 증인은 있느냐, 대화를 녹음해 두기는 했느냐 라며 누구 말이 맞는지 알기 위해 계속 물어본다. 그러면 왜 감독관이 한쪽 편만 드느냐면서 싸움이 생기기도 한다. 또 어떤 사람은 감독관은 무조건 근로자 편을 들어야 하는 거 아니냐고 따진다.

근로자는 회사에 봉사하러 가는 것이 아니다. 일을 하고 합당한 임금을 받기 위해 매일 약속된 시간에 출근을 한다. 가족처럼 사이좋게 일을 하는 것은 좋으나 분명히 해 둘 것은 분명히 하자는 게 저자의 생각이다.

계약은 서로 대립하는 두 개 이상의 이해관계가 협의를 통하여 합치되었을 경우 성립하는 법률관계다. 근로계약은 구두로도 가능하지만 시간이 지나면 서로 생각이 달라질 수 있고 그 진정성을 증명할 방법이 없는 경우도 많다. 이것을 악용하여 그런 약속을 한 적이 없다고 하면서 계약을 지키지 않는 경우를 많이 보게 된다.

근로계약서의 작성은 향후 상대방이 근로계약의 체결이나 내용을 부인하는 경우에 발생하는 분쟁을 예방할 수 있는 효율적인 수단이다. 귀찮고 불편해도 꼼꼼히 확인하고 명확하게 정리해야 한다. 근로계약서 작성과 교부는 근로자와 사용자가 서로를 존중하는 길이다.

여기서 잠깐! 근로계약서의 기능에 대해 알아보기

> 근로계약서는 근로자에게는 자신의 근로조건을 명확하게 알게 되어 안심하고 일할 수 있고, 내부 룰을 명확히 알게 되며, 자신의 권리 의무에 대해서도 알게 된다. 또한, 근로자는 안정적인 생활 설계를 할 수 있게 되며, 자의적인 인사처분 등 부당한 업무 명령으로부터 자신을 보호할 수 있게 된다.
> 근로계약서는 사용자에게는 직장 질서를 확립하고 당해 근로자가 지켜야 할 룰이 제시되어 있어 원활한 기업 운영을 할 수 있게 된다. 또한 노사간의 권리·의무에 대한 분쟁을 방지할 수 있게 된다.

2-3. Who 누가 쓰나

근로기준법 제4조에는 '근로조건은 근로자와 사용자가 동등한 지위에서 자유의사에 따라 결정한다.'고 명시되어 있다. 즉 근로자와 사용자가 작성한다.

근로자라면 누구나 쓴다고 보면 된다. 수습 직원도 쓰고 아르바이트생도 쓰고, 일·학습병행 근로자도 쓰고, 단시간근로자, 초단시간근로자, 기간제근로자도 쓰고, 회사 임원도 근로자라면 써야 한다. 또한 미성년자라도 미성년자 본인의 이름으로 근로계약을 체결해야 한다. 부모라도 대신 체결해 줄 수 없다. 다만 친권자 동의가 필요하다.

이러한 근로계약서는 회사의 대표자 즉 사장님하고 체결하면 된다. 구체적인 체결 행위는 노무관리 담당자(인사부장, 점장, 매니저 등)가 할 수 있으나 그 명의는 반드시 대표자여야 한다.

2-4. When 언제 써야 하나

"근로계약을 체결할 때"쓴다. 근로계약을 체결할 때 임금, 근로시간, 휴일, 휴가 등에 관한 사항을 명시해야 한다. 쉽게 생각하면 일 시작하기 전에 계약서부터 쓰고 일을 시작하라는 것이다. 일하는 것 좀 지켜보다가 일 잘하면 계약서를 쓸 생각이라든가, 수습이 끝나면 쓸 생각이었다는 사업주가 많으나 이는 잘못이다.

근로계약의 성립시기는 원칙적으로 근로계약의 체결일이 된다. 채용내정의 경우 채용내정에 의하여 근로계약은 성립되지만, 효력 발생시기는 채용내정에 의하여 정하여진 취업 개시일이라고 보아야 한다.

2-5. Where 어디서 쓰나

장소적 제약은 없다. 회사 사무실이나 매장 한 구석 등 실제 취업이 이루어지는 장소에서 작성하는 경우가 많다. 실무에서는 인사 노무 담당자가 서류 한 장을 제시하며 읽어보고 서명하라는 방식이 보통이다. 주의할 점은 근로자가 이를 제대로 확인하지 않고 나중에 몰랐다고 해서 근로계약서 효력이 부정되지 않는다는 점이다. 꼼꼼하게 읽어보고 이해가 되지 않으면 물어봐야 한다.

2-6. How 어떻게 쓰나

근로자와 사용자가 근로조건에 대해 합의를 하였다면 근로조건을 서면으로 명시하고 당사자가 각각 서명 날인한다. 한부는 사용자가, 한부는 근로자가 보관하게 된다.

다만, 계약서 작성시 몇 가지 주의사항이 있다.

① 정확하고 간결, 명료한 문구를 사용하고 계약 내용이 특정되도록 한다.

② 분쟁의 소지가 될 사항은 사용자와 근로자가 충분히 논의하여 작성한다.

③ 정정은 가입, 삭제한 자수를 그 행의 한쪽에 기재하고 당사자가 날인을 해두어야 한다(예: "2020년 → 2021년"으로 수정하고, 빈 공간에 '가5자 삭5자'라고 쓴 후 당사자가 서명한다).

④ 명시 대상 항목이 누락되지 않도록 주의한다.

〈주요 확인 사항〉

① 근로계약서를 작성하였는지 여부
② 근로계약서에 중요 근로조건(임금, 근로시간, 휴일, 휴가 등)을 모두 기재하였는지 여부
③ 중요 근로조건이 변경된 경우 근로계약서를 다시 작성하여 교부하였는지 여부
④ 1부는 근로자에게 서면으로 교부하고, 1부는 사업장에 보관하고 있는지 여부
⑤ 근로계약 체결 후 단체협약 또는 취업규칙이 변경되어 근로계약서상의 임금, 근로시간, 휴일 및 휴가가 변경되었는지 여부
⑥ 변경된 사항이 명시된 근로계약서를 근로자가 요구한 경우, 근로계약서를 재교부하였는지 여부

〈주요 위반 사례〉

① 임금의 구성항목이 변경되었으나, 근로자의 임금총액이 동일하다는 이유로 사업주가 근로계약서를 서면으로 교부하지 않은 경우

② 법령 개정(예를 들어 최저임금 인상 등)으로 인해 근로조건이 변경되어 근로자가 근로계약서를 요구함에도 교부하지 않은 경우

③ 입사 후 즉시 근로계약서를 작성하지 않은 경우

④ 근로계약서에 반드시 기재되어야 할 사항을 누락한 경우

⑤ 근로계약서를 작성하였으나 근로자에게 교부하지 않은 경우

2-7. 일반적 명시와 서면명시 사항

근로조건의 명시는 일반적인 명시 대상과 서면명시 대상 항목이 있고, 명시된 근로조건의 교부는 의무적 교부와 요구시 교부로 구분된다.

가. 일반적인 명시 사항

사용자는 근로계약을 체결할 때에 근로자에게 ① 임금, ② 소정근로시간, ③ 주휴일, ④ 연차유급휴가, ⑤ 취업장소와 종사업무, ⑥ 취업규칙의 필수적 기재사항, ⑦ 기숙사 규칙을 명시해야 하며, 근로계약 체결 후 위 사항을 변경하는 경우에도 명시해야 한다(근로기준법 제17조1항). 취업규칙의 필수적 기재사항에는 근로조건 및 복지에 관한 사항과 당해 사업장 근로자 전체에 적용될 사항이 포함되어 있으므로(근로기준법 제93조) 사실상 해당 근로자에게 적용될 모든 근로조건과 복지 내용이 명시사항이다.

근로계약에는 임금, 종사업무, 취업장소 등 개인적인 사항만 명시하고, 근로시간, 주휴일, 연차유급휴가, 징계사유 등 통일적인 근로조건에 대해서는 취업규칙이나 단체협약 등에 따른다고 규정하는 경우가 일반적이다. 이 경우 근로계약에 명시되어 있지 않은 사항이라도 취업규칙에 명시되어 있고, 이를 해당 근로자에게 주지시키면 명시 의무를 이행한 것으로 인정된다(근로기준팀-5809, 2007.8.7).

나. 서면명시 사항과 교부의무

사용자는 임금의 구성항목·계산방법·지급방법, 소정근로시간, 주휴일, 연차유

급휴가에 대해서는 근로계약 체결시 그 사항이 명시된 서면을 근로자에게 교부하여야 한다(근로기준법 제17조2항). 즉 서면으로 명시도 해야 하고 교부도 해야 한다.

근로기준법 제17조2항의 서면이란 종이로 된 문서를 의미하며 전자 문서는 회사가 전자결재 체계를 완비하여 전자문서로 모든 업무를 기안, 결재하고 시행 과정을 관리하는 경우 예외적으로 가능하다고 볼 수 있다. 따라서 개인 이메일을 통한 서면명시는 이메일 외에는 서면명시를 이행하기 어려운 특별한 사정이 없는 한 근로기준법 제17조2항의 의무를 이행하였다고 보기 어렵다(근로개선정책과-1128, 2012.2.7).

2012.1.1 법 개정으로 임금의 구성항목·계산방법·지급방법, 소정근로시간, 주휴일, 연차유급휴가에 대해서는 근로계약 체결시 그 사항이 명시된 서면을 근로자에게 교부하도록 의무화시켰다. 그러므로 단지 서면으로 명시하는 것만으로는 되지 않고, 명시된 서면을 근로자에게 교부까지 해야한다.

근로계약서를 작성하거나 회사의 관련 서류에 명시하여 언제든지 열람할 수 있게 하거나, 근로자에게 개방된 사이트에 등재하는 방법은 서면명시의 방법에는 해당하지만 교부한 것으로 볼 수 없으므로 계약서를 교부하거나 회사가 증명하는 문서를 제공하거나 근로자가 지정한 전자우편에 등재하는 후속 조치가 있어야 한다.

실무에서는 근로계약서를 작성한 후 근로자에게 1부를 교부하고도 교부한 근거를 남기지 않아 추후 교부 여부를 둘러싸고 다툼이 생기는 경우도 있다. 계약서상에 교부하였다는 내용을 직접 명시하거나 계약서에 간인을 하거나 별도의 교부대장을 만들어 서명이나 날인을 받는 등 교부 근거를 확보하는 것이 바람직하다.

여기서 잠깐! 서면근로계약 내용 및 위반시 벌칙에 대해 알아보기

구 분	서면명시 대상	적용대상	벌 칙
일반 근로자	① 임금 구성항목, 계산방법, 지급방법 ② 소정근로시간 ③ 주휴일 ④ 연차유급휴가	1명 이상 모든 사업장 (②, ④는 5인 이상 사업장만 적용)	500만원 이하 벌금(근기법 제17조1항 명시의무 및 제17조2항 교부의무 위반)

<table>
<tr><th>구 분</th><th>서면명시 대상</th><th>적용대상</th><th>벌 칙</th></tr>
<tr><td>기간제 근로자</td><td>① 근로계약기간
② 근로시간, 휴게
③ 임금 구성항목, 계산방법, 지급방법
④ 휴일, 휴가
⑤ 취업장소와 종사업무</td><td rowspan="2">5명 이상 사업장
(계약기간, 휴게, 임금, 휴일, 취업장소와 종사업무에 관한 사항은 4명 이하 사업장에도 적용)</td><td rowspan="2">500만원 이하 과태료(기간제법 제17조 명시의무 위반),
500만원 이하 벌금(근기법 제17조2항 교부의무 위반) 병과 가능</td></tr>
<tr><td>단시간 근로자</td><td>① 근로계약기간
② 근로시간, 휴게
③ 임금 구성항목, 계산방법, 지급방법
④ 휴일, 휴가
⑤ 근로일 및 근로일별 근로시간</td></tr>
<tr><td colspan="4">근로기준법 제17조에서의 휴일, 휴가는 주휴일과 연차유급휴가를 의미하지만, 기간제및단시간근로자보호등에관한법률(이하 기간제법) 제17조에서의 휴일 휴가는 주휴일, 연차유급휴가에 한정하는 것이 아니므로 다른 휴일(근로자의날, 공휴일 등), 휴가(생리휴가, 약정휴가 등) 등도 포함된다.</td></tr>
</table>

2-8. 근로계약서 세부항목 별 Check Point

가. 계약의 당사자

보통 근로계약서의 처음 부분에 양 당사자를 표시한다. 일반 계약서는 당사자를 갑과 을로 표시하지만 근로계약서에서는 사업주와 근로자로 표시할 것을 권한다.

〈예시〉 양 당사자

주식회사 □□ 대표이사 조○○(이하"사업주"라고 칭함) 과 강△△(이하 "근로자"라고 칭함)은 다음과 같이 근로계약을 체결한다.

<table>
<tr><td rowspan="2">사업주</td><td>사업장명</td><td></td><td>대표이사</td><td></td></tr>
<tr><td>소 재 지</td><td colspan="3"></td></tr>
<tr><td rowspan="2">근로자</td><td>성 명</td><td></td><td>생년월일</td><td></td></tr>
<tr><td>주소(연락처)</td><td colspan="3"></td></tr>
</table>

성명, 주소, 주민등록번호 등 인적 사항을 확인한다. 미성년자인지, 신원을 속이고 취업을 하는 것인지 등 계약 체결 능력 여부를 확인한다.

나. 근로계약기간

〈예시〉 (근로계약기간)
2020년 1월 1일부터 2021년 2월 28일까지
2020년 1월 1일부터 　　년 월 　일까지

계약기간을 정할 때에는 근로개시일과 근로 종료일을 정한다. 그리고 중도 해지 사유 및 갱신 거부 사유를 명확히 한다.

근로계약에는 기간을 정하여 체결하는 유기(기간제) 근로계약과 기간의 정함이 없는 무기 근로계약이 있다. 근로계약기간을 정하지 않은 경우 근로 개시일 만 기재하면 된다.

기간제법 시행 이후 근로계약기간을 정하는 방법은

① 기간의 정함이 없는 근로계약(무기계약 또는 정년제 계약)

② 사업의 완료 또는 특정한 업무의 완성에 필요한 기간을 정한 경우 등 기간제법 제4조1항 단서 각 호의 특례에 해당하는 계약

③ 2년 이내의 기간을 정한 근로계약 등이 가능하다.

여기서 ②, ③의 형태가 기간제근로자이다. 기간을 정한 사유, 기간의 장단, 명칭(계약직, 촉탁직, 일용직, 임시직, 계절근로자, 계약사원, 아르바이트, 촉탁사원, 파트타임사원 등) 등에 관계없이 기간을 정한 근로계약을 체결하여 고용된 근로자를 총칭한다.

다만, 근로계약기간이 정해져 있더라도 동 기간의 만료가 근로계약의 종료의 의미가 아닌 동일한 임금 결정 단위를 연간으로 설정한 기간(연봉계약기간 등)과 같은 의미로 해석되는 경우에는 기간제 근로계약으로 볼 수 없다.

근로계약기간에는 정당한 이유 없이 근로자를 해고할 수 없으므로 그 기간 중 고용이 보장되는 기능(고용보장기능), 근로계약기간 중 부득이한 사유가 없는 한 근로자도 자유로이 해약 사직할 수 없는 기능(인신구속기능), 기간 만료에 따라 해고 규제의 대상이 아니므로 근로계약이 종료된다는 기능(자동종료기능)이 있다.

근로계약기간은 갱신기대권이 있는 경우 상당한 제약을 받는다. 갱신기대권은 근로계약기간이 만료되더라도 근로관계가 종료되지 않을 것으로 기대하는 것이다. 기간제근로자가 다음 계약이 다시 체결될 것을 기대하는 것, 2년이 지난 시점에 기간의 정함이 없는 근로자로 되기를 기대하는 것, 정년이 지난 다음 촉탁직으로 재고용되기를 기대하는 것, 촉탁직근로자가 촉탁근로계약이 갱신될 것을 기대하는 것 등을 말하는데, 이 경우 실무에서는 해고의 정당성이 문제가 된다.

다. 수습기간

회사마다 수습기간을 두는 경우도 있다.

〈예시〉 (수습)

① 수습기간은 2021년 1월 1일부터 2021년 3월 31일까지 3개월로 한다.

② 수습기간 중 월 급여는 당초 월급여의 90%로 한다.

③ 전조의 근로계약기간은 수습기간의 만료시 갱신의 의사표시가 있는 경우에만 적용되며, 수습기간은 계약직에 해당하고, 수습기간의 만료시 갱신의 의사표시가 없는 경우에는 수습기간의 만료로 근로관계는 자동 종료한다.

수습이란 확정적으로 근로계약을 체결한 후 일정기간 근로자의 작업 능력이나 사업장에서의 적응 능력을 키워주기 위해 학습이나 훈련 등을 받게 하는 근로형태이다. 수습은 정식 채용을 전제로 하는 것이므로 수습계약을 별도로 체결해야 하는 것은 아니다. 근로계약이나 취업규칙 등에 수습에 대한 근거 규정이 없다면 정식 사원으로 채용된 것으로 보아야 한다(서울행정법원 2002.6.25, 2002구합6309).

근로기준법에서는 수습기간에 대해 규정하고 있지 않으므로 당해 직무의 성질을 감안하여 사회 통념상 인정되는 범위 내에서 단체협약 또는 취업규칙 등으로 정할 수 있다.

수습 근로자에게도 노동관계법이 전면 적용된다. 다만, 계속 근로기간이 3개월 미만인 경우 해고예고가 적용되지 않는다.

수습 사용한 날로부터 3월 이내인자에 대하여는 시간급 최저임금액에서 100분의 10을 감한 금액을 시간급 최저임금액으로 한다. 단, 근로계약기간이 1년 이상인 자에 한해 적용된다. 근로계약기간을 1년 미만으로 정한 근로자에게는 감액 규정이 적용되지 않는다. 다만, 수습근로자라고 하더라도 단순노무 업무로서 고용노동부장관이 고시한 직종에 종사하는 근로자는 10% 감액규정이 적용되지 않는다.

수습근로자의 임금은 근로계약, 취업규칙 등을 통해 정규 근로자보다 낮게 정할 수 있기 때문에 수습기간은 평균임금 산정기간에 포함시키지 않는다. 그러나 수습기간 전체는 퇴직금이나 연차유급휴가 등을 산정할 때 계속근로기간에는 포함된다.

〈실무 쟁점〉

① 수습인지 시용인지에 대한 다툼이 있다. 시용은 평가를 통해 정식으로 근로계약을 체결하기 전까지는 불안정한 지위에 있으나 수습은 이미 정식으로 근로계약을 체결한 근로자 지위에 있어 해고의 정당성을 다툴 경우 차이가 있다.

② 최저임금 감액 적용 관련한 다툼이 있다. 입사 후 3개월은 무조건 수습이라고 하면서 최저임금 10%를 감액하는 경우가 많으나 1년 이상의 근로계약이 존재하고 서면으로 명시해야 하며, 단순노무 업무가 아니어야 가능하다.

③ 차별 문제가 있다. 수습기간이라 하더라도 기간제법이나 파견법상의 차별적 처우가 하여서는 안된다.

라. 취업 장소와 종사 업무

〈예시〉 (담당업무 및 취업의 장소)

① 근로자의 주된 업무는 전산 개발 등이고, 부수적 업무는 주된 업무를 위해 필요한 업무(상기에 준하는 업무)에 한정한다.

② 근로자의 취업 장소는 사용자의 사업장과 담당업무에 필요한 장소이며 업무상 변경될 수 있다. 변경시 상호 협의를 거친다.

근로계약서에 근로자가 가지고 있는 구체적 전문 능력을 특정하여 명시하는 것이다. 예를 들어 전산 개발 엔지니어 등으로 고용한다는 것을 명확히 하여야 한다.

사업 또는 사업장에서의 담당업무를 될 수 있는 한 상세히 기재하고 직무 분석이 명확하게 이루어지지 않았다면 '상기에 준하는 직무'라는 일반 조항도 기재하는 것이 바람직하다.

주의할 점은 18세 미만자에 대해서는 종사 업무에 대한 제한이 있다는 점이다. 도덕상, 보건상 유해하거나 위험한 사업에 사용하지 못한다(근로기준법 제65조).

또한 18세 미만자에 대하여는 그 연령을 증명하는 가족관계기록사항에 관한 증명서, 친권자 또는 후견인의 동의서를 사업장에 갖추어 두어야 한다(근로기준법 제66조).

〈실무 쟁점〉
취업의 장소와 업무의 내용과 관련하여 실무에서는 전보나 전직의 정당성 문제되는 경우가 많다. 특히나 ① 육아휴직자나 업무상 재해로 요양중인 사람의 대체근로자를 채용한 경우 휴직자가 복직할 때 같은 자리로 복귀할 수 없어 유사 다른 업무로 발령낼 때, ② 직장 내 성희롱이나 괴롭힘으로 인해 피해자나 가해자를 다른 업무나 다른 부서로 발령낼 때, ③ 징계 등을 다투는 근로자가 부당징계 판정을 받고 복귀해야 하는데 사업장에서는 이미 다른 근로자를 채용하여 같은 자리로 복직시킬 수 없을 때 다툼이 많이 발생하게 된다.
대부분의 사업장은 직무분석을 통해 직무 중심으로 업무가 부여되는 구조가 아니기 때문에 업무나 장소 변경시 당사자와 충분히 협의나 합의하는 게 다툼을 줄이는 방법이다.

여기서 잠깐! **연소자가 일할 수 없는 곳과 있는 곳은 어디인가**

〈연소자(18세 미만자)가 일할 수 없는 곳〉
유흥주점, 단란주점, 비디오방, 노래방, 전화방, 숙박업, 안마실을 설치한 목욕장업, 만화대여업, 술을 판매하는 소주방·호프·카페, 무도장업, 사행행위영업 등과 고압작업 및 잠수 작업, 유류(주유업무 제외), 양조의 업무, 소각·도살업무, 교도소·정신병원에서의 업무 등

〈연소자(18세 미만자)가 일할 수 있는 곳〉
제조업체, 패스트푸드점, 술을 판매하지 않는 일반 음식점, 편의점, 주유소 등

마. 소정근로시간

〈예시〉 (소정근로시간)
근로자의 근로시간은 09:00부터 18:00까지로 한다.

〈주요 확인 사항〉
① 법정근로시간, 소정근로시간, 연장근로시간, 야간근로시간, 휴일근로시간의 개념을 구분하여 인지하고 있는지 여부
② 사용자의 지휘감독 아래 있는 대기시간이 근로시간임을 알고 있는지 여부
③ 법정근로시간을 준수하고 있는지 여부

소정근로시간이란 법정기준근로시간의 범위 내에서 근로자와 사용자간에 정한 근로시간(예를 들어 1주 40시간, 1일 8시간)을 말한다(근로기준법 제2조1항).

소정근로시간은 취업규칙의 필수적 기재사항으로(근로기준법 제93조1호), 일반적으로 회사의 취업규칙 등에서 정하고 있는 시업시간부터 종업시간(휴게시간은 제외)까지의 근로시간이다.

근로기준법 제50조(1일 8시간, 1주40시간), 제69조(미성년자 1일7시간, 1주 35시간)에서 정한 근로시간은 법정기준근로시간으로 당사자간에 근로시간을 정함에 있어 법정기준근로시간의 범위 내에서 근로시간을 정해야 하며, 이를 초과하여 근로시간을 정한 경우에는 법정기준근로시간에 따라 소정근로시간을 정한 것으로 해석한다.

단시간근로자의 1일 소정근로시간은 4주간의 소정근로시간을 그 기간의 통상 근로자의 총소정근로일수로 나누어 산출된 시간수로 한다(비정규직대책팀-4349, 2007.12.10). 또한, 주중 특정 근무일의 근로시간이 다를 경우에는 정상 근로일의 근로시간을 기준으로 한다.

여기서 잠깐! **1일 소정근로시간은 어떻게 산정하나**

1일 소정근로시간 산정방법

① 월~금까지 1일 8시간으로 정한 경우: 8시간
② 월~금은 1일 7시간, 토는 5시간으로 정한 경우: 7시간(정상 근로일의 근로시간을 기준으로 판단함.)
③ 월~토까지 1일 6시간 40분으로 정한 경우: 6시간 40분
④ 월, 수, 금 주3일 근무하면서 1일 6시간으로 정한 경우(통상근로자 주5일 근무): 3.6시간(6시간×3일×4주)/(5일×4주)=3.6시간

18세 미만자의 근로시간은 1일 7시간, 1주일에 35시간을 초과하지 못한다. 다만 당사자 사이의 합의에 따라 1일 1시간, 1주 5시간을 한도로 연장할 수 있다.

임산부와 18세 미만자를 오후10시부터 오전6시까지 시간 및 휴일에 근로를 시키지 못한다. 18세 미만자의 동의가 있는 경우, 산후 1년이 지나지 아니한 여성의 동의가 있는 경우, 임신 중의 여성이 명시적으로 청구하는 경우로서 고용노동부

장관의 인가를 받으면 야간근로가 가능하다.

회사에 따라 연장·야간·휴일근로가 상시화 되어 있거나 탄력적근로시간제 및 간주 근로시간제를 운영하기 위해 근로계약서에 "소정근로시간 외에 사업장의 필요에 따라 연장·야간·휴일근로를 할 수 있음을 인지하고 동의하며, 약정한 연장·야간·휴일 외에 추가 근무시에는 보상휴가제도의 운영에 따라 수당 또는 보상휴가로 부여할 수 있으며, 2주 단위의 탄력적근로시간제 및 간주근로시간제 적용이 있음을 인지하고 동의한다."라고 명시하는 경우가 있다.

하지만 3월 이내의 탄력적근로시간제(근로기준법 제51조2항), 3개월 초과하는 탄력적 근로시간제(근로기준법 제51조의2), 선택적근로시간제(근로기준법 제52조)등을 실시하려면 근로자 대표와의 서면 합의가 필요하며 개별 근로자에게 아무런 설명도 없이 근로계약서에 명시만 하고 서명을 받았다고 될 문제가 아니다.

〈실무 쟁점〉

① 임금꺾기의 문제와 휴업수당의 문제가 있다. 소정근로시간보다 더 많은 근로를 제공할 경우(업무 종료 후 뒷정리, 출근 전 친절교육 등) 근로시간으로서 임금이 발생하며, 손님이 없거나 일감이 없어 조퇴 등을 실시하게 되면 부분휴업으로서 휴업수당이 발생한다.

② 상시근로자 5인 미만 사업장, 단시간근로자 등의 소정근로시간 산정이 문제가 된다. 특히 영세 사업장에서 근로시간을 특정하지 않고 필요에 따라 그날 그날 근로시간을 정하는 경우 소정근로시간 확인이 어려울 수 있고, 주휴수당이나 연차유급휴가미사용수당을 계산할 때 다툼이 발생한다.

③ 소정근로시간과 맞물려 각종 수당의 성격이 소정근로의 대가인지 아닌지에 대한 다툼이 많다. 소정근로의 대가라면 최저임금이나 통상임금에 산입이 되지만 그렇지 않을 경우 원칙적으로 제외되는 문제가 있기 때문이다.

④ 근로시간인지 대기시간인지 휴게시간인지에 대한 다툼은 고전이 된 지 오래다. 사용자의 지휘감독으로 볼 수 있다면 근로시간이거나 대기시간이며, 근로자가 자유롭게 활용할 수 있다면 휴게시간이다. 하지만 주52시간과 맞물리면서 회식시간, 담배 피는 시간, 티타임, 해외출장을 위해 공항에서 출 · 입국하는 시간 등을 근로로 볼 것인지가 다툼이 되었는데, 중요한 것은 노사간에 충분한 협의나 합의 과정을 거쳐 내부 기준을 정립하여 명문화하는 게 필요하다.

여기서 잠깐! 근로자대표와 사용자의 합의가 필요한 경우는 언제인가

근로자대표와의 서면 합의	① 3월 이내 탄력적 근로시간제(근기법 제51조2항), 3월 초과 탄력적 근로시간제(근기법 제51조의2) ② 선택적근로시간제(근기법 제52조) ③ 외근근로시간제의 예외(근기법 제58조2항) ④ 휴일 대체(근기법 제55조2항) ⑤ 재량근로시간제(근기법 제58조) ⑥ 근로시간 및 휴식시간의 특례(제59조) ⑦ 보상휴가제(근기법 제57조) ⑧ 연차유급휴가의 대체(근기법 제62조)
근로자대표와의 협의	① 경영상 이유에 의한 해고 제한(근기법 제24조3항) ② 연소자와 임산부의 야간근로(근기법 제70조3항)
과반수 노조(없으면 근로자 과반수)의 의견 청취, 동의	① 취업규칙의 작성과 변경(근기법 제94조1항) ② 퇴직급여제도의 설정 변경(근퇴법 제4조)
근로자 과반수의 의견청취, 동의	① 단시간근로자의 취업규칙의 작성, 변경: 단시간근로자 과반수의 의견청취 또는 동의 ② 기숙사 규칙의 작성, 변경: 기숙근로자 과반수를 대표하는 자의 동의(근기법 제99조2항)

여기서 잠깐! 개별 근로자의 동의가 필요한 경우는 언제인가

금품청산(근기법 제36조)	당사자 합의
연장근로(근기법 제53조1항)	당사자 합의
특별연장(근기법 제53조3항)	근로자의 동의+고용노동부장관의 인가
연소자의 연장근로(근기법 제69조)	당사자 합의
야간·휴일근로의 제한(근기법 제70조)	18세 이상 여성: 근로자의 동의 연소자 및 산부: 근로자의 동의+고용노동부장관의 인가 임부: 근로자의 청구+고용노동부장관의 인가

바. 연장·휴일·야간근로 및 연장근로의 제한

〈주요 확인 사항〉

① 연장, 야간, 휴일근로의 개념에 대해 알고 있는지 여부
② 연장, 야간, 휴일근로에 따른 가산임금을 지급하고 있는지 여부
③ 연장, 야간, 휴일근로에 따른 가산임금의 산정방법을 알고 있는지 여부
④ 단시간근로자(아르바이트 등)는 1일 8시간이 되지 않더라도 소정근로시간을 초과하여 근무하면 연장근로수당을 지급하는지 여부
⑤ 1일 7시간 근무하는 연소근로자가 7시간을 초과하여 근무할 경우, 초과하는 시간에 대해 연장근로수당을 지급하는지 여부
⑥ 8시간을 초과한 휴일근로에 대해 통상임금의 100%를 추가로 지급하는지 여부
⑦ 감시단속적 근로종사자가 야간근로를 하는 경우 가산수당을 지급하고 있는지 여부
⑧ 연장근로시간을 산정하는 기준을 알고 있는지 여부
⑨ 근로자와 합의하고 연장근로를 시키는지 여부
⑩ 1주 연장근로를 최대 12시간까지만 시키고 있는지 여부
⑪ 유연근무제도를 도입하고 있는지 여부

(1) 연장·야간·휴일근로

연장근로는 법정근로시간을 초과한 근로에 대해 사용자는 연장근로의 대가인 연장근로수당과 연장근로에 대한 가산수당인 연장근로가산수당을 지급해야 한다. 야간근로는 오후 10시부터 다음날 오전 6시까지 근로를 제공하는 경우를 말하며, 야간근로 자체에 대한 대가인 야간근로수당과 야간근로에 대한 가산임금인 야간근로가산수당을 포함하여 지급해야 한다. 휴일근로는 휴일에 근로한 경우를 말하는데 휴일로 정해진 날이지만 일을 했으므로 근로에 대한 대가로서 지급되는 휴일근로수당과 휴일근로에 대한 가산임금인 휴일근로가산수당을 지급해야 한다. 이때 유급휴일에 근무한 경우 휴일수당(예를 들어 주휴수당)과 근로의 대가로 지급되는 휴일근로수당과 휴일근로가산수당이 별개로 지급되어야 한다. 휴일과 연장근로가 겹칠 때 8시간까지는 통상임금의 50%를, 8시간을 초과한 시간에 대해 통상임금의 100%를 가산한다.

(2) 연장근로의 제한

연장근로시간은 실근로시간을 기준으로 1일 기준 8시간, 1주 기준 40시간을 초과하는 근로시간을 의미하며, 휴가일이 있는 경우에는 휴가일을 제외하고 실제 근로한 시간만을 산정하여 연장근로를 판단한다. 지각한 근로자가 지각시간만큼 종업시간 이후 근로를 제공한 경우 지각으로 근로하지 못한 시간을 보전하는 것이므로 연장근로에 해당하지 않으나 지각한 시간을 초과하여 근로를 제공한 경우에는 연장근로가 된다. 단시간근로자의 경우 소정근로시간을 초과하여 제공한 근로를 연장근로라 한다.

연장근로는 근로자와 개별 합의가 필요하며, 연장근로에 관한 합의는 연장근로를 할 때마다 그때 그때 할 필요는 없고 근로계약 등으로 미리 약정하는 것도 가능하다.

사용자는 특별한 사정이 있으면 고용노동부장관의 인가와 근로자의 동의를 받아 1주간 12시간을 초과하여 연장근로가 가능하게 된다. 이 경우 사용자는 근로자의 건강보호를 위해 적절한 조치를 취해야 한다.

상시 5인 이상 사업장의 경우 1주간 근로시간이 40시간으로 정해져 있다. 다만, 당사자간에 합의하면 12시간을 한도로 연장이 가능하다. 탄력적근로시간으로 근로할 경우에도 1주간 12시간을 한도로 연장할 수 있고, 선택적근로시간으로 근로할 경우 정산기간을 평균하여 1주간에 12시간을 초과하지 않는 범위에서 근로시간을 연장할 수 있다.

사용자는 특별한 사정이 있으면 고용노동부장관의 인가와 근로자의 동의를 받아 1주간 12시간 한도의 연장근로 시간을 추가로 연장할 수 있다. 다만, 사태가 급박하여 고용노동부장관의 인가를 받을 시간이 없는 경우에는 사후에 지체 없이 승인을 받아야 한다.

〈실무 쟁점〉

① 탄력적 근로시간제나 선택적 근로시간제의 연장근로시간 계산하는 문제가 있다.
② 주52시간 적용 사업장의 경우 연장근로가 관성화되어 있다면 이를 개선하기 위한 대책 마련이 필요하다.
③ 단시간근로자의 연장근로, 연소자의 연장근로, 임산부의 연장근로 등 연장근로가 제한적이므로 이에 대한 규정을 숙지하여 준수하여야 한다.

사. 휴게시간

〈예시〉 (휴게시간)
휴게시간은 12:00부터 13:00로 한다.
휴게시간은 14시부터 18시 중 자유롭게 1시간을 이용한다.

〈주요 확인 사항〉
① 근로시간이 4시간인 경우 30분 이상의 휴게시간을 부여하고 있는지 여부
② 근로시간이 8시간인 경우 1시간 이상의 휴게시간을 부여하고 있는지 여부
③ 휴게시간을 근로시간 도중에 부여하고 있는지 여부
④ 근로자는 휴게시간을 자유롭게 이용할 수 있는지 여부
⑤ 대기하면서 틈틈이 쉬는 개인 휴식을 근로시간으로 간주하고 있는지 여부

휴게시간은 사용자의 지휘나 명령으로부터 이탈되는 시간이므로 작업상의 사정으로 대기하는 대기시간과는 다르다. 사용자의 지휘 감독 아래에 있는 대기시간은 휴게시간으로 볼 수 없고 근로시간이다. 4시간 근로에 30분 이상, 8시간 근로에 1시간 이상의 휴게시간을 주어야 한다(근로기준법 제54조1항). 따라서 4시간 미만일 때에는 휴게시간이 부여되지 않는다.

휴게시간은 시업시간과 종업시간 중간에 주어야 하므로, 일하기 전이나 일이 끝난 후에는 줄 수 없다. 휴게시간을 분할하여 주어도 무방하나, 너무 짧게 나누어 주는 것은 근로자의 생존권을 침해하는 것이므로 허용될 수 없다(근기 01254-884, 1992.6.25). 위의 예시처럼 휴게시간을 지정하지 않고 특정시간의 구간 내에서 휴식을 취하도록 하는 경우가 있는데, 근로자가 업무상 이유로 휴게시간을 이용하지 못하였다면 이는 휴게시간을 부여하지 않은 것이 되며, 위반책임은 사용자에게 있다. 한편 근로시간 도중에 장시간의 휴게시간을 정하는 경우 이것이 업무상 형편에 의해 필요하다면 일정한 조건 아래 허용될 수 있다(근기 01254-1344, 1992.8.11).

근로기준법 제63조(근로시간, 휴게와 휴일 규정 적용제외)에 규정한 사업(① 토지의 경작, 개간, 식물의 재식, 재배 채취 사업, 그 밖의 농림 사업, ② 동물의 사육, 수산 동식물의 채포, 양식사업, 그 밖의 축산, 양잠, 수산 사업, ③ 감시 또는 단속적 근로에 종사하는 자로서 사용자가 고용노동부장관의 승인을 받은 자, ④ 사업의 종류에 관계없이 관

리 감독업무 또는 기밀을 취급하는 업무에 종사하는 자)과 근로자에 대해서는 적용되지 않는다.

아. 근무일

〈예시〉 (근무일)
월요일부터 금요일로 한다. 매주 5일 근무하기로 한다.
〈주의할 사항〉 단시간근로자의 경우 근로일 및 근로일별 근로시간을 명시하여야 한다.

구 분	( )요일	( )요일	( )요일	( )요일	( )요일	( )요일
근로시간						
시 업						
종 업						
휴게시간						

자. 주휴일

〈예시〉 (주휴일)
① 근로자의 주휴일은 매주(일)요일로 하고, 근로자의날제정에관한법률에 따른 근로자의 날(5.1)은 유급휴일로 한다.
② 1주간 소정근로일에 개근시 일요일을 유급 주휴일로 부여하고, 토요일은 무급 휴무로 부여한다.
③ 휴일 대체에 따라 휴일이나 휴무일을 근로자의 선택으로 다른 일로 정한 경우에는 그 특정일을 휴일이나 휴무일로 본다.

〈주요 확인 사항〉
① 1주 평균 1회 이상의 휴일을 부여하고 있는지 여부
② 근로자가 소정근로일을 개근한 경우, 주휴일을 유급으로 부여하고 있는지 여부
③ 주휴수당의 산정방법(소정근로시간과 통상임금의 곱)을 알고 있는지 여부
④ 1주 15시간 이상 근무하는 경우 단시간근로자에게도 주휴수당을 지급하고 있는지 여부

사용자는 근로자에게 1주일에 평균 1회 이상의 유급 휴일을 주어야 한다(근로기준법 제55조). 단 1주간의 소정근로일수를 개근한 경우에 부여한다.

휴일이란 근로자가 근로의 의무뿐만 아니라 사용자로부터 일체의 구속에서 벗

어나는 날이다. 휴일 부여가 의무적이냐에 따라 법정휴일과 약정휴일로 나뉘고, 임금지급 여부에 따라 유급휴일과 무급휴일로 나뉜다.

여기서 잠깐! **법정휴일과 약정휴일은 어떻게 다른가**

구 분	법정휴일	약정휴일
의 의	법에 근거하여 의무적으로 부여된다.	부여여부나 부여조건 등이 단체협약이나 취업규칙 등을 통해 결정되며 임금지급 여부도 결정하는 바에 따른다.
휴 일	① 주휴일(유급) ② 근로자의날(유급) ③ 관공서공휴일, 대체휴일 (개정법에 따라 기업규모별 적용시기가 다르다)	① 공휴일(상시4인 이하 사업장) ② 기타 사용자가 휴일로 정한 날(창립기념일, 노조설립일 등)

휴일과 휴가가 중복되는 경우 유급휴일은 휴가일수에서 제외되고, 무급휴일은 휴가일수에 포함되며, 주휴일과 다른 유급 휴일이 중복될 경우 특별한 정함이 없는 한(예를 들어 이 경우 그 다음날을 휴일로 한다) 1일의 유급휴일로 계산한다. 또한 주휴는 1일 근무 1일 휴무의 격일제 근무나 2일 휴무를 되풀이하는 교대제근무에도 적용된다. 즉, 휴무일 중 1일을 지정하여 유급휴일수당을 지급해야 한다.

주휴일은 반드시 일요일에 주지 않아도 되지만 주중의 일정한 날을 미리 지정해서 규칙적으로 주휴일을 쉴 수 있도록 해야 한다. 근로기준법 제63조에 명시된 적용 제외 근로자에게는 주휴일이 적용되지 않으므로 1주일에 1회 이상의 휴일을 부여하지 않아도 법 위반이 아니다.

공휴일이란 관공서공휴일에 관한 규정에 따라 관공서가 쉬는 날을 의미한다. 2020.1.1부터 기업 규모에 따라 유급휴일의 적용을 받는다. 그 동안은 단체협약이나 취업규칙에 휴일로 명시한 경우에 휴일로 인정이 되었으며, 유급인지 무급인지 여부도 당사자가 정하도록 하고 있었다. 약정휴일로서 회사창립기념일, 노조설립기념일 등 단체협약이나 취업규칙 등에서 회사의 휴일로 정한 날이 있다. 이러한 휴일은 단체협약이나 취업규칙 등 관련 규정에서 정한대로 유급 여부가 결정된다.

18세 이상 여성을 휴일에 근로시키려면 그 근로자의 동의를 받아야 한다. 임산부를 휴일에 근로시키려면 산후 1년이 지나지 아니한 여성인 경우 동의가 있거나, 임신 중인 여성의 경우 명시적인 청구가 있어야 하며, 18세 미만자의 경우 동의가 있어야 한다. 고용노동부장관의 인가도 필요하다.

여기서 잠깐! **관공서공휴일이 법정휴일인지**

근로기준법 개정을 통해 **관공서공휴일과 대체휴일이 유급휴일이 된다.** 기업규모별로 적용 시기가 다르며, 상시근로자 4인 이하의 경우 적용제외이다.

	4인 이상	5인 이상	30인 이상	50인 이상	100인 이상	300인 이상
관공서공휴일, 대체휴일 등 유급휴일	×	2022.1.1	2021.1.1	2021.1.1	2021.1.1	2020.1.1

차. 연차유급휴가

〈예시〉 연차유급휴가
연차유급휴가 및 생리휴가는 근로기준법에 정하는 바에 따른다.

〈예시〉 단시간근로자 연차유급휴가
연차유급휴가 및 생리휴가는 근로기준법에 정하는 바에 따른다.
통상근로자의 근로시간에 비례하여 연차유급휴가를 산정하되, 연차유급휴가를 부여할 때에는 다음 방식으로 계산한 시간 단위로 하며, 1시간 미만은 1시간으로 간주한다.
통상근로자의 연차유급휴가일수×(단시간근로자의 소정근로시간÷통상근로자의 소정근로시간)×8시간
1주 평균 소정근로시간이 15시간 미만인 자의 경우에는 연차유급휴가를 부여하지 아니한다.

〈주요 확인 사항〉
① 연차유급휴가를 부여하고 있는지 여부
② 1년간 80퍼센트 이상 출근한 근로자에게 15일의 연차유급휴가를 부여하고 있는지 여부
③ 3년 이상 계속하여 근로한 근로자에게 가산휴가를 부여하고 있는지 여부
④ 입사 1년차인 근로자에게도 1개월 개근시 1일의 유급휴가를 부여하고 있는지 여부
⑤ 육아휴직 후 복직한 근로자에게도 연차유급휴가를 부여하고 있는지 여부
⑥ 연차유급휴가를 근로자가 자유롭게 사용할 수 있는지 여부

⑦ 단순히 업무가 바쁘다는 이유로 근로자가 청구한 시기에 연차유급휴가 사용을 제지하고 있지는 않은지 여부
⑧ 연차유급휴가를 미사용할 경우 수당으로 지급하는지 여부
⑨ 계약기간이 1년인 근로자에게도 연차유급휴가미사용수당을 지급하고 있는지 여부
⑩ 사용촉진할 경우 촉진기한 등 절차를 준수하는지 여부

연차유급휴가란 1년을 단위로 하여 근로자에게 휴가를 부여함으로써 근로자에게 정신적 육체적 휴양을 제공하여 노동의 재생산을 도모하고 근로자가 일과 가정을 양립할 수 있도록 하는 제도를 말한다. 보상적 성격을 갖는 법정휴가로서 유급휴가이다.

연차유급휴가는 입사일 기준으로 1년이 되기 전까지 월단위로 개근한 월별로 1일의 유급휴가를 부여하고, 1년이 되는 시점에 지난 1년간의 출근율을 따져 80퍼센트가 넘으면 15일의 유급휴가를 부여하며, 3년 이상 계속 근로하게 되면 유급휴가일수가 가산되어 최장 25일까지 부여된다. 출근율을 계산할 때 업무상 부상 또는 질병으로 휴업한 기간, 출산전후휴가 또는 육아휴직기간은 출근한 것으로 간주된다.

연차유급휴가는 근로자가 청구한 시기에 사용이 가능한 것이고 사용자의 별도 승낙을 요하는 것은 아니다. 다만 사용자는 사업 운영에 막대한 지장이 있는 경우 그 시기를 변경할 수 있을 뿐이다.

사용자는 연차유급휴가 사용촉진을 할 수 있는데, 1년 이상 근무자에게 발생한 15일의 유급휴가 뿐만 아니라 1년 미만자에게 발생한 11일의 유급휴가에 대해서도 사용촉진을 할 수 있는데, 1년 미만자의 경우 입사일로부터 1년이 되는 시점에 유급휴가 사용권이 소멸하게 된다. 적법한 사용촉진을 통해 사용자는 미사용수당 지급 의무를 면하게 된다.

연차유급휴가는 단시간근로자에게도 적용되며 통상근로자의 근로시간에 비례하여 유급휴가를 보장한다.

관리의 편의를 위해 회계연도를 기준으로 부여할 수 있으며, 이 경우 근로자의 퇴직 시점에 근로자에게 불리하지 않게 해야 하므로 입사일 기준으로 정산하는 과정이 필요하다.

〈주요 위반 사례〉

① 근로자가 연차유급휴가를 청구하였으나, 단순히 업무가 많다는 이유로 연차유급휴가를 사용하지 못하게 한 경우
② 근로자대표와의 서면합의 없이 공휴일에 연차유급휴가를 사용한 것으로 간주한 경우
③ 1년간 육아휴직을 사용한 근로자에게 휴직을 하였다는 이유로 연차유급휴가를 부여하지 않은 경우
④ 입사 1년차 근로자에게 유급휴가를 부여하지 않거나, 1개월 개근마다 1일씩 연차유급휴가를 부여하나 1년 근무 후 발생하는 연차유급휴가에서 이를 공제하는 경우
⑤ 근로계약기간 1년 만료와 동시에 퇴직하는 기간제근로자에게 연차유급휴가미사용수당을 지급하지 않은 경우
⑥ 연차유급휴가를 모두 소진하지 않은 미사용 휴가에 대해 임금으로 보상하지 않은 경우

여기서 잠깐! 법정휴가와 약정휴가는 어떻게 다른가

구 분	법정휴가	약정휴가
의 의	법에 근거하여 의무적으로 부여된다.	부여여부 부여조건 등이 단체협약 취업규칙 등을 통해 결정되며 임금지급 여부도 결정하는 바에 따른다.
휴 가	① 연차유급휴가(유급) ② 생리휴가(무급) ③ 출산전후휴가(무급이 원칙) ④ 배우자출산휴가(일부유급)	경조휴가, 하계휴가, 포상휴가 등

여기서 잠깐! 연차유급휴가를 달력의 빨간 날에 쉬도록 대체할 수 있나

〈유급휴가의 대체〉

사용자는 근로자대표와의 서면합의에 따라 제60조에 따른 연차유급휴가일을 갈음하여 특정한 근로일에 근로자를 휴무시킬 수 있다. 실무에서는 “관공서 공휴일에 쉬기로 하며 연차유급휴가로 대체한다.”고 근로계약서에 명시하고 서명을 받는 경우가 있다. 연차유급휴가의 대체는 근로자대표와 서면합의 사항이며 개별 근로자와 동의하였다고 하여 적법한 대체가 되는 것은 아니다.

여기서 잠깐! **단시간근로자의 휴가는 어떻게 부여하나**

〈단시간근로자의 휴가〉

사용자는 단시간근로자에게 법 제60조에 따른 연차유급휴가를 주어야 한다. 이 경우 유급휴가는 다음의 방식으로 계산한 시간단위로 하며, 1시간 미만은 1시간으로 본다.

$$\text{통상근로자의 연차유급휴가일수} \times \frac{\text{단시간근로자의 소정근로시간}}{\text{통상근로자의 소정근로시간}} \times \text{8시간}$$

사용자는 여성인 단시간근로자에 대하여 법 제73조에 따른 생리휴가 및 법 제74조에 따른 산전후 휴가를 주어야 한다.

카. 임 금

〈예시〉 (임금)

임금은 시간급(일급, 월급) 7,000원, 법정수당(연장근로수당, 야간근로수당, 휴일근로수당 등) 등으로 구성하며, 그 구체적인 사항은 관련 규정 및 취업규칙에 따른다.

임금은 매월 10일에(매월 1일부터 매월 말일까지 산정) 근로자에게 직접(현금, 또는 근로자 명의의 예금계좌) 지급한다.

〈주요 확인 사항〉

① 근로자에게 임금을 통화로 지급하고 있는지 여부

② 임금을 근로자에게 직접 지급하고 있는지 여부

③ 임금을 임의로 공제하지 않고 전액 지급하고 있는지 여부

④ 매월 1회 이상 일정한 기일을 정하여 임금을 지급하고 있는지 여부

⑤ 근로자가 사망 또는 퇴직한 경우 14일 이내에 임금, 보상금, 그 밖의 일체의 금품을 지급하는지 여부

⑥ 임금, 퇴직금 뿐만 아니라 업무상 지출경비 등 근로자에게 지급하기로 한 일체의 금품을 지급하였는지 여부

⑦ 불가피한 사정으로 지급이 지연될 때, 퇴직일로부터 14일 이내에 지급기일 연장에 대한 당사자 간 합의를 했는지 여부

⑧ 당사자와 합의로 지급이 지연된 경우 지연된 기간만큼의 지연이자도 지급했는지 여부

⑨ 근로자에게 최저임금 이상의 임금을 지급하고 있는지 여부

⑩ 수습을 시작한지 3개월이 지난 근로자에게 최저임금 이상의 임금을 지급하고 있는지 여부

⑪ 단순노무직에 종사하는 근로자에게는 수습기간이더라도 최저임금 100%를 지급하고 있는지 여부

⑫ 사용자 귀책사유로 휴업한 적은 있는지 여부
⑬ 휴업기간 동안 평균임금의 70% 이상을 지급하는지 여부
⑭ 평균임금의 개념을 알고 있는지 여부

임금은 사용자가 근로의 대가로 근로자에게 임금, 봉급, 그 밖에 어떠한 명칭으로든지 지급하는 일체의 금품을 말한다. 즉, 사용자가 근로의 대가로 근로자에게 지급하는 일체의 금품으로서 근로자에게 계속적·정기적으로 지급되고 단체협약, 취업규칙, 급여규정, 근로계약, 노동관행 등에 의해 사용자에게 그 지급의무가 지워져 있는 것을 의미한다. 사용자가 사용종속관계에 있는 근로자에게 근로에 대한 대가로 지급하는 것이면 그 명칭과 관계없이 임금이다(예: 임금, 급여, 봉급, 수당, 보수 등).

근로계약서에는 임금의 구성항목, 계산방법, 지급방법을 구체적으로 명시하여야 한다. 실무에서는 포괄임금 등의 형식으로 규정하는 경우가 많으나 임금 구성이 불분명할 수 있으니 주의가 필요하다.

한편, 2021.4.29 근로기준법 개정(2021.11.19 시행)으로 사용자가 근로자에게 임금을 지급하는 경우, 임금의 구성항목·계산방법 등 대통령령으로 정하는 사항을 적은 임금명세서를 서면 또는 전자문서법에 따른 전자문서로 교부하여야 한다.

여기서 잠깐! **단시간근로자는 임금을 어떻게 계산하나**

<단시간근로자의 임금 계산방법>

단시간근로자의 임금 산정 단위는 시간급을 원칙으로 하며, 시간급 임금을 일급 통상임금으로 산정할 경우에는 1일 소정근로시간수에 시간급 임금을 곱하여 산정한다.
단시간근로자의 1일 소정근로시간수는 4주 동안의 소정근로시간을 그 기간의 통상근로자의 총소정근로일수로 나눈 시간수로 한다.

〈주요 위반 사례〉

(1) 최저임금 산정 오류

① 임금총액은 높으나 구성항목 중 최저임금 미산입 금품이 있어 최저임금 위반이 생긴 경우 예를 들어, 임금 총액은 200만원이지만 임금구성이 기본급 160만원, 고정 OT 20만원, 식비 10만원, 교통비 10만원으로 구성되어 있어 최저임금 위반한 경우

② 낮은 기본급, 높은 판매수당의 임금구조를 가진 회사에서 근로자의 판매실적이 없는 월의 임금 지급 시 소정근로시간 대비 최저임금 차액을 보전하지 않은 경우

(2) 평균임금 산정 오류

① 평균임금 산정 시 연차미사용수당이나 상여금 등을 누락하거나 금액을 잘못 반영한 경우

② 결근 등으로 평균임금이 낮아져 퇴직금액이 적어 근로자에게 불이익함에도 통상임금으로 재산정하지 않은 경우

(3) 통상임금 산정 오류

① 식대, 교통비, 차량유지비를 매월 10만원씩 고정적으로 지급하면서 통상임금 산정에서 누락한 경우

② 직책, 연구, 위험수당을 고정적으로 지급하면서 통상임금은 기본급만을 기준으로 산정하는 경우

③ 통상임금산정기준시간수를 계산할 때 유급휴일에 대한 임금이나 근로시간을 누락한 경우 예를 들어, 취업규칙상 '토요일 유급휴일로 하되 근로시간 4시간을 통상임금에 반영한다.'라고 규정하면서 실제로는 8시간을 통상임금산정기준시간수에 반영하여 통상시급을 낮게 책정한 경우

(4) 제수당의 오류

① 기본급 250만원, 고정OT 20만원, 제수당 20만원인 근로자가 연장근로 30시간을 했음에도 연장근로수당 차액을 지급하지 않은 경우(주 40시간 가정)

(5) 연차유급휴가미사용수당 산정 오류

① 근로계약 당시 연차유급휴가 대체합의가 있다는 이유로 연차미사용수당을 지급하지 않은 경우(연차 대체합의는 근로자대표와 서면합의가 있어야 유효함)

② 1년간 근로에 대해 연차유급휴가 26개가 발생한 상태로 퇴직했음에도 이를 보상하지 않은 경우(연차유급휴가 미사용수당은 주휴수당과 달리 계속 근로를 전제로 하지 않으므로 1년간 근로 후 퇴직하더라도 발생함)

타. 퇴직금

〈예시〉 법정퇴직금
법정퇴직금은 관계 법령에 따른다.
취업규칙에 따라 퇴직연금제도에 가입하여 운영한다.

〈주요 확인 사항〉
① 평균임금을 기준으로 퇴직금을 계산하였는지 여부
② 비과세 항목을 포함하여 퇴직금을 계산하였는지 여부
③ 퇴직금을 지급사유 발생일로부터 14일 이내에 지급하였는지 여부
④ 퇴직금을 임금과 별도로 지급하고 있는지 여부
⑤ 4대보험에 가입한 기간 이외에 모든 계속근로기간에 대해 퇴직금을 지급하였는지 여부
⑥ 법에 규정된 중간정산 사유에 해당하는지 여부
⑦ DC의 경우 매 사업연도 말 기준 최소 적립금을 납입했는지 여부
⑧ DC의 경우 사용자가 퇴직연금사업자(은행 등)가 지급한 급여수준이 부족한 경우 14일 이내에 그 부족한 금액을 근로자에게 지급하였는지 여부
⑨ DB의 경우 연간 임금총액의 12분의 1 이상에 해당하는 부담금을 납입하는지 여부
⑩ DB의 경우 자급사유가 발생한 때에 그 가입자(근로자)에 대한 부담금이 미납된 경우 사용자가 사유 발생일로부터 14일 이내에 부담금과 지연이자를 지급했는지 여부

기존의 근로기준법에 규정되어 있던 퇴직금 관련 조항을 모두 모아 2005년 근로자퇴직급여보장법(이하 근퇴법)을 제정하고 퇴직연금제도를 도입하였으며, 퇴직급여제도에는 퇴직(일시)금제도와 확정급여형 퇴직연금제도, 확정기여형 퇴직연금제도가 있다.

퇴직금은 사용자가 계속근로기간 1년에 대하여 30일분 이상의 평균임금을 퇴직금으로 퇴직 근로자에게 지급하는 제도이며, 퇴직연금제도는 사용자가 매월 또는 매년 퇴직연금사업을 하는 금융기관에 일정한 금액 이상을 적립하고 근로자는 퇴직한 후 매월 또는 매년 연금을 받거나 일시금을 받을 수 있는 제도이다.

사용자는 주택구입 등 대통령령으로 정하는 사유로 근로자가 요구하는 경우에는 근로자가 퇴직하기 전에 해당 근로자의 계속근로기간에 대한 퇴직금을 미리 정산하여 지급할 수 있다. 이 경우 미리 정산하여 지급한 후의 퇴직금 산정을 위한 계속근로기간은 정산 시점부터 새로 계산한다(근퇴법 제8조2항). 중간정산을 하

더라도 퇴직금 계산을 위한 근속기간 외에 연차유급휴가의 산정, 경력증명이나 내부 승진, 기타 인사 관리정책상 인정되는 계속근로기간은 최초의 입사시부터 그대로 인정된다.

파. 근로계약서 교부

사용자는 근로계약을 체결함과 동시에 본 계약서를 근로자의 교부 요구와 상관없이 근로자에게 교부하여야 한다(근로기준법 제17조2항 이행 여부를 확인한다).

하. 근로관계의 종료

〈예시〉 (근로관계의 종료 등)
① 근로자의 정년은 만 60세가 되는 해의 말일로 하며, 정년 도래시 별도의 정함에 따라 촉탁직으로 근로하게 할 수 있다.
② 근로자는 근로관계 종료 30일 전까지 서면으로 사직서를 제출하여야 하며, 사직서가 수리될 때까지 성실히 담당업무를 수행해야 하고, 일방적 근로관계 해지로 인해 사용자가 업무상 손해를 입은 경우 이를 배상한다.

근로관계 종료 사유로는 ① 해고(징계해고, 경영상 이유에 의한 해고(정리해고), 통상해고 등), ② 퇴직(임의퇴직, 합의퇴직, 정년퇴직, 명예퇴직, 당연퇴직 등), ③ 자동소멸(계약기간만료, 사업완료, 근로자 사망, 기업소멸 등)이 있다.

근로자는 물론 사용자도 언제든지 고용계약을 해지할 수 있다. 고용기간을 정하지 않은 경우에는 해지통고를 받은 날부터 1개월이 경과하면 해지의 효력이 생기고(원칙적으로 해지의 의사표시에 특별한 제한을 받지 않는다), 기간으로 보수를 정한 경우에는 해지통고를 받은 날이 속한 해당기간이 지난 후 1기를 경과함으로써 해지의 효력이 발생한다(민법 제660조).

예를 들어 월급제이고 임금 산정기간이 매월 1일부터 말일까지인 경우 근로자가 2017.4.20에 사직서를 제출하였는데 회사가 수리를 거부한다면 사직의 효력은 사직서 제출일이 속한 월의 임금 산정기간인 4.1~4.30이 지난 후 다음 임금 산정기간인 5.1~5.31을 경과한 다음 날인 2017.6.1에 발생한다.

그러나 근로기준법은 사용자의 민법에 따른 고용 계약의 해지 즉, 해고에 대해 근로자의 실직을 예방하고 근로의 기회 및 근로조건 보호를 위해 해고 사유와 시기, 절차 등에 일정한 제한을 두고 있다. 여기서 해고란 사용자의 일방적인 의사표시에 의하여 근로계약 내지 근로관계를 장래에 향하여 그 효력을 소멸시키는 법률행위이다.

사용자는 근로자를 해고(경영상 이유에 의한 해고를 포함한다)하려면 적어도 30일 전에 예고를 하여야 하고, 30일 전에 예고를 하지 아니하였을 때에는 30일분 이상의 통상임금을 지급하여야 한다. 다만, 계속 근로기간이 3개월 미만인 경우, 천재·사변, 그 밖의 부득이한 사유로 사업을 계속하는 것이 불가능한 경우 또는 근로자가 고의로 사업에 막대한 지장을 초래하거나 재산상 손해를 끼친 경우로서 고용노동부령으로 정하는 사유에 해당하는 경우에는 그러하지 아니하다.

거. 위약금과 손해배상금

근로관계가 종료되면 정산의 문제가 남는다. 대표적인 것이 근로자가 일을 잘못해서 혹은 아직 계약기간이 남아 있는데 근로자가 일을 그만두는 바람에 회사가 손해를 입었으니 월급에서 공제하고 차액을 지급하겠다는 경우이다. 하지만 근로기준법은 이를 금지하고 있다. 사용자는 근로계약 불이행에 대한 위약금 또는 손해배상액을 예정하는 계약을 체결하지 못한다(근로기준법 제20조). 위반시 500만 원 이하의 벌금형에 처한다. 위약금이란 계약 위반(채무불이행)에 대한 제재로서 위반자가 상대방에게 지불하는 금전을 말하는데 위약금의 부담자는 근로자 본인뿐만 아니라 친권자, 신원보증인 또는 제3자가 될 수도 있다. 손해배상액의 예정이란 계약 위반뿐만 아니라 불법 행위의 경우를 포함하여 현실의 손해 발생 유무나 손실 정도에 관계없이 미리 일정액을 정하여 두는 것을 말한다. 손해가 발생했다고 하더라도 임금에서 일방적으로 공제하는 것은 위법이며 손해에 대한 입증책임은 사업주에게 있다. 근로자 과실에 의한 사고로 발생된 차량수리비는 그 성격상 손해배상청구 등 민사절차에 의한 방법으로 변제받아야 할 사항으로서 당해 근로자의 가불 신청절차에 의한다고 하더라도 이를 임금에서 공제한 것은 손해배상금과의 상계를 행한 것으로 보아야 한다(임금 68207-104, 2000.5.23).

〈금지하는 계약〉

① 근로계약 불이행에 대한 위약금을 예정하는 계약
② 근로계약 불이행에 대한 손해 배상액을 예정하는 계약

또한 사용자는 전차금이나 그 밖에 근로할 것을 조건으로 하는 전대채권과 임금을 상계하지 못한다(근로기준법 제21조). 이를 위반하면 500만원 이하의 벌금을 받게 된다. 전차금은 취업한 후에 임금에서 변제할 것을 예정하여 근로계약 체결시에 사용자가 근로자 또는 친권자에게 대부하는 금전을 말하며 근로할 것을 조건으로 하는 전대채권은 전차금 이외에 전차금에 추가해서 근로자 또는 그 친권자 등에게 지급되는 금전으로서 전차금과 동일한 목적을 가지는 것을 말한다. 실무에서는 근로계약을 지키지 못할 경우를 대비해서 미리 위약금을 정하거나 실제 손해액과 상관없이 일방적으로 배상금액을 정하는 서약서를 작성하는 경우가 있다. 이는 명백히 위법이며 만일 근로자가 서명했다고 하더라도 무효이다.

〈부당한 서약 사례〉

① 다음 근무자를 구하지 않으면 그만둘 수 없음.
② 1개월 이내에 그만둘 경우 급여 없음.
③ 1일 결근시 일당 3배 손해 배상해야 함.
④ 식당 음식을 먹다가 들키면 10배 배상해야 함.
⑤ 지각하면 벌금 1만원을 내야 함.

다만, 지각, 조퇴, 무단결근 등이 있는 경우에 그 시간에 대한 임금을 삭감하도록 정하거나 근로기준법 제98조(제재 규정의 제한) 범위 내에서 징계의 수단으로 임금을 삭감하는 것은 근로기준법 제20조 위반이 아니다. 또한, 손해배상의 예정이 금지되는 것은 근로계약이 유지되는 기간에 한정한다. 퇴직 후 동종 비밀취급 업체에 취업을 일정기간 금지하고 위반시 일정액의 손해배상을 하도록 한 영업비밀보호계약에 대해 손해배상을 예정한 주된 목적이 근로관계를 강제하는데 있지 않고 영업 비밀을 보호하는데 있으므로 근로기준법 제20조 위반이 아니다.

2-9. 전자근로계약서

전자문서 형태의 근로계약서 작성이 많아지면서 전자문서 형태의 근로계약서가 근로기준법상의 서면 명시 및 교부 의무를 다한 것인지에 대해 실무상 다툼이 존재하였다. 이에 대해 근로기준법 개정을 통해 2021.1.5부터 전자문서 형태의 근로조건 명시 및 교부가 가능하도록 명문화하였다.

관련 법령

근로기준법 제17조【근로조건의 명시】

② 사용자는 제1항1호와 관련한 임금의 구성항목·계산방법·지급방법 및 제2호부터 제4호까지의 사항이 명시된 서면(전자문서 및 전자거래기본법 제2조1호에 따른 전자문서를 포함한다)을 근로자에게 교부하여야 한다. 다만, 본문에 따른 사항이 단체협약 또는 취업규칙의 변경 등 대통령령으로 정하는 사유로 인하여 변경되는 경우에는 근로자의 요구가 있으면 그 근로자에게 교부하여야 한다.

전자문서 및 전자거래 기본법 제2조【정의】

1. “전자문서”란 정보처리시스템에 의하여 전자적 형태로 작성·변환되거나 송신·수신 또는 저장된 정보를 말한다.
2. “정보처리시스템”이란 전자문서의 작성·변환, 송신·수신 또는 저장을 위하여 이용되는 정보처리능력을 가진 전자적 장치 또는 체계를 말한다.
3. “작성자”란 전자문서를 작성하여 송신하는 자를 말한다.
4. “수신자”란 작성자가 전자문서를 송신하는 상대방을 말한다.

가. 전자근로계약서 구조 및 예시

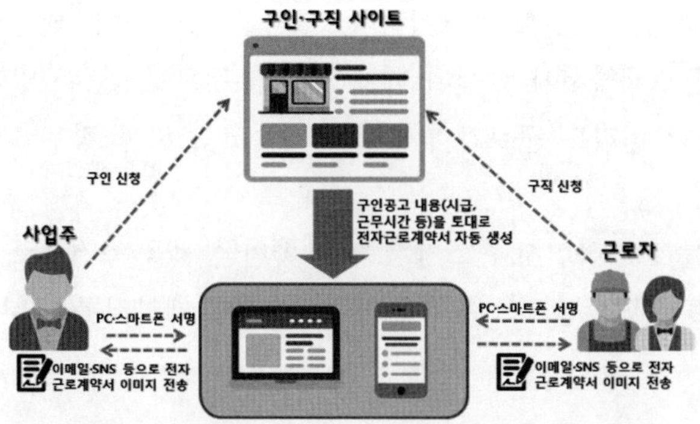

〈출처: 고용노동부 보도자료 2017.8.4〉

나. 개 념

전자근로계약서란 근로자가 사용자에게 근로를 제공하고 사용자는 이에 대해 임금을 지급하기로 하는 근로기준법상의 근로계약이 체결되었음을 증명하는 출력이 가능한 전자문서를 말한다. 전자적 형태로 되어 있지만 문서로서의 효력이 인정된다.

사내 전산망, 인터넷 구인·구직 사이트 등에 마련된 근로계약서 작성 프로그램을 이용하여 작성하거나 수기, 한글프로그램 등으로 작성한 근로계약서를 PDF, 사진 파일등으로 전자화하여 저장하는 경우 전자근로계약서로 인정을 받는다.

다. 교부방법

(1) 근로자가 전자근로계약서를 수신할 정보처리시스템을 지정한 경우 해당 정보처리시스템 서버에 전자근로계약서가 수신된 때에 교부한 것으로 볼 수 있다. 다른 정보처리시스템에 입력하더라도 근로자가 이를 확인하고 출력한 경우 교부한 것으로 볼 수 있다.

(2) 사용자가 근로계약서를 교부하면서 근로자가 수신 확인할 것을 조건으로 하는 경우 사용자가 근로자로부터 수신확인 통지를 받은 때 근로계약서를 교부한 것으로 볼 수 있다.

라. 보 관

해당 근로자와의 근로관계가 유지되고 있는 동안 뿐 아니라 근로관계 종료 후에도 3년까지 보존하여야 한다.

여기서 잠깐! **보관해야 할 서류와 보존기간의 시작일**

번호	항목	보존기간(3년) 시작일
1	근로자명부	근로자가 해고되거나 퇴직 또는 사망한 날
2	근로계약서	근로관계가 끝난 날
3	임금대장	마지막으로 작성한 날
4	임금의 결정, 지급방법과 임금계산의 기초에 관한 서류	마지막으로 작성한 날
5	고용, 해고, 퇴직에 관한 서류	근로자가 해고되거나 퇴직한 날
6	승급, 감급에 관한 서류	승급, 감급이 완료된 날
7	휴가에 관한 서류	휴가를 완료한 날
8	탄력 · 선택적 근로시간제, 근로시간특례 합의 등에 따른 근로자대표 서면합의 서류	서면 합의한 날
9	18세 미만 연소자 고용 시 연령을 증명하는 가족관계 기록사항에 관한 증명서와 친권자 또는 후견인의 동의서	근로자가 18세가 되는 날(18세가 되기 전에 해고되거나 퇴직 또는 사망한 경우에는 그 해고되거나 퇴직 또는 사망한 날)

여기서 잠깐! **전자근로계약서에 서명했다면 교부한 것으로 간주하나**

전자근로계약서 서명시 근로기준법 제17조 의무를 다한 것인지 여부(근로기준정책과-6384, 2016.10.12)

1. 사용자와 근로자는 전자근로계약서를 작성하는 방법으로 근로계약을 체결할 수 있다. 이 경우 근로계약에 관한 분쟁을 사전에 예방할 수 있도록 가급적 당사자의 서명을 포함한 문서를 전자화하거나 전자서명법에 의한 전자서명을 하는 등의 방법으로써 해당 계약 당사자 쌍방의 의사가 합치하여 전자근로계약서에 명시된 내용대로 근로계약을 체결하였음을 명확히 하여야 한다.
   또한 최종 작성 또는 서명 이후에 어느 일방이 임의로 수정할 수 없도록 위변조 방지를 위한 장치를 마련하여야 한다(근로기준정책과-5455, 2016.9.1, 전자근로계약서 활성화를 위한 가이드라인).
2. 회사가 근로기준법 제17조에 맞게 근로계약의 내용이 입력된 전자장치를 마련하여 근로자는 사원 인증 후 스마트 폰으로 전자서명을 하게한다면 유효한 근로계약 체결로는 볼 수 있으나, 이러한 전자근로계약서가 비록 근로자가 스스로 출력할 수 있는 상황이라 하더라도 회사 서버에만 저장되어 있다면 사용자의 교부의무를 다하였다고 볼 수는 없을 것이며, 근로자가 전자근로계약서를 수신할 정보처리시스템을(e메일 등) 지정하게 하고 사용자가 해당 정보처리시스템에 전자근로계약서를 입력(발송)한 때 사용자가 근로계약서를 교부한 것으로 볼 수 있을 것이다. 만약 근로자가 정보처리시스템으로의 수신에 동의하지 않을 경우 사용자는 근로계약서를 직접 교부하여야 한다.

3. 근로계약 당사자의 권리와 의무

근로감독관으로서 사건을 조사하다 보면 "너가 일이나 똑바로 했으면 월급을 주지 왜 안주겠냐?"라는 말과 "사장님이 직원들한테 함부로 말하고 물건 취급하니까 일 못하겠어요."라는 말을 듣는 경우가 있다. '서로의 권리만을 생각한 채 의무는 잊어버린 것은 아닌가'라고 되묻고 싶은 순간이다. 근로관계는 당사자인 사용자와 근로자의 인격과 인격이 만나는 것이며, 서로에게 권리도 있고 의무도 있다는 사실을 잊으면 안 된다.

〈근로계약 관계에서의 권리와 의무의 체계〉

구분	사용자	근로자
노동력의 제공과 보상	업무지휘권(업무명령권)	근로제공 의무
	임금지불 의무	임금청구권

구분	사용자	근로자
근로계약 당사자의 권리	인사권(인사명령권)	(근로자에게 채용, 배치, 평가, 승진, 징계, 해고 등 발생)
	업무명령권	
	기업질서 유지와 징계권	
근로계약 당사자의 의무	안전배려 의무	성실의무, 청렴의무
	그 밖의 배려 의무	비밀유지 의무
	해고회피 노력 의무	경업금지 의무

가. 근로계약 당사자의 권리

(1) 사용자의 권리

근로관계가 성립되면 사용자는 인사권을 갖게 된다. 채용, 배치, 평가, 승진, 해고 등 근로자 지위의 변동과 처우에 관한 권한인 인사명령권(협의의 인사권), 업무수행 전반에 대해 근로자에게 지시와 명령을 내릴 수 있는 업무명령권, 조직의 질서를 유지하기 위해 징계해고, 정직 감봉 등에 처할 수 있는 징계권을 갖는다(임무송, 노동법실무 30p. 중앙경제 2017).

(가) 인사권

사용자는 경영권에 기초하여 인사권 행사, 근로자는 복종의무, 이를 근거로 인사이동명령이 가능하다. 기업경영과 근로계약의 본질상 사용자에게 인정된다. 채용, 직무부여, 노무제공명령, 인사배치·승진·승급, 정직·징계·교육, 인사고과·근무평정·해고 등 인사조치 권한 등이 있다.

관련 판례

인사권은 사용자의 고유권한으로 그 범위에 속하는 징계권 역시 기업운영 또는 근로계약의 본질상 당연히 사용자에게 인정되는 권한이기 때문에 징계규정이 강행법규나 단협에 반하지 않는 한 사용자는 그 내용을 자유롭게 정할 수 있다(대법원 1994.9.30, 94다21337).

(나) 징계권

판례는 기본적으로 사용자의 징계권을 '기업질서의 정립 및 유지에 관한 고유한 권리'로 이해하되, 취업규칙에 명시적 근거가 있어야 행사할 수 있는 권한으로 보고 있다. 이와 같은 사용자의 고유한 권리는 '기업질서를 확립하고 유지하는 데 필요하고도 합리적인 것으로 인정되는 한'에서만 승인되는 것이므로 그 범위를 넘어서는 사용자의 징계권의 구체화는 징계권의 남용으로 볼 수 있다(대법원 1994.6.14, 93다26151). 근로자는 근로계약의 체결과 더불어 취업규칙 등에서 정한 복무규율을 준수해야 할 의무를 부담하고, 사용자는 취업규칙과 사용자의 정당한 명령·지시를 거부하거나 위반하는 근로자에 대하여 취업규칙에서 정한 바에 따라 제재로서 징계처분을 할 수 있다고 본다. 즉 사용자의 징계권을 기업질서의 정립 및 유지권의 일환으로 파악하면서 동시에 그 제재가 취업규칙에 명시됨으로써 비로소 위 권한을 행사할 수 있는 것이다.

(2) 근로자의 권리

근로자는 근로계약에 따라 제공한 근로의 대가로서 사용자에게 임금을 청구할 수 있는 권리를 갖는다. 임금은 근로자의 생계 유지를 위한 중요한 재원으로 일정액 이상의 임금이 지체없이 근로자에게 지급되어야 하고, 임금체불시에도 우선적으로 보호된다. 임금은 통화로 직접 근로자에게 전액을 지급하여야 하며, 매월 1회 이상 일정한 날짜를 정하여 지급해야 한다.

나. 근로계약 당사자의 의무

근로계약은 근로자가 사용자에게 근로를 제공하고 사용자는 이에 대해 임금을 지급하는 것을 목적으로 체결된 계약이다. 근로자와 사용자의 주된 의무는 근로제공과 임금 지급이다. 근로자는 근로계약서에 기재된 업무를 정해진 시간과 장소에서 성실하게 제공해야 하는데 근로자의 귀책사유로 근로 제공 의무를 이행하지 못하게 되면, 사용자는 근로자에게 손해배상을 청구하거나 근로계약을 해지할 수 있다. 반면 사용자가 근로자의 근로를 수용하지 못한 경우에도 임금 전액을 지급해야 한다.

이러한 근로계약의 주된 의무와 함께 근로자는 근로관계에 있어 사용자의 이익을 침해하는 행위를 하지 않고 그 이익을 보호해야 하는 성실의무가 있고, 사용자도 근로관계에 있어 근로자의 이익을 보호해야 하는 보호의무가 있다.

(1) 사용자의 의무

사용자는 근로자의 이익을 보호하고 배려해야 할 의무를 지는데 안전배려 의무, 파견근로자에 대한 사용사업주의 의무, 직장내성희롱 및 괴롭힘 예방 의무, 해고회피 노력 의무, 그 밖의 배려의무 등을 부담한다.

(가) 안전배려 의무

사용자가 사업시설, 기계, 기구 등의 위험으로부터 근로자의 생명과 신체를 안전하고 건강하게 보호할 의무를 말하며, 이는 사용자가 근로자의 안전과 건강을 침해하지 않을 소극적 의무 뿐만 아니라 예상되는 위험으로부터 보호하기 위하여 필요한 조치를 적절히 강구할 적극적 의무도 포함된다. 이러한 의무를 위반하여 근로자에게 손해를 입은 경우 채무불이행으로 인한 손해배상책임을 진다.

(나) 파견근로자에 대한 사용사업주의 의무

근로자파견관계에서 근로계약이 없는 파견근로자가 사용사업주의 업무를 수행하다가 업무상 사고를 당한 경우 사용사업주는 그 재해를 당한 파견근로자에 대해 사용자 책임을 진다.

사용사업주가 파견회사와의 근로자 파견계약에 따라 파견근로자를 인수하여 사용함으로써 사용사업주와 근로자 사이에는 안전배려의무를 다하겠다는 묵시적 합의가 있다고 봐야 한다. 따라서 사용사업주는 근로자에 대해 묵시적 합의에 따른 보호 의무 또는 안전배려의무의 위반을 원인으로 하는 채무불이행에 기한 손해배상책임을 진다.

(다) 직장내 성희롱 및 괴롭힘 예방 의무

사용자는 직장내 성희롱이나 괴롭힘이 없는 직장 생활을 보장해야 한다. 직장내 성희롱이나 괴립힘이 발생한 경우, 필요한 조치를 통해 성희롱이나 괴롭힘의 가해자에 대해 적합한 징계 등과 더불어 재발 방지를 위해 노력해야 하고, 피해자에게도 구제 노력과 2차 피해가 가지 않도록 노력해야 한다.

(라) 해고회피 노력 의무

사용자가 근로자를 정리해고하려고 할 경우 해고회피 노력 의무가 있고, 해고를 피하기 위한 방법과 기준 등에 대해 근로자대표에게 해고하려고 하는 날의 50일 전까지 통보하고 성실하게 협의해야 할 의무가 있다.

(마) 그 밖의 배려 의무

근로제공 과정에서 근로자의 인격 침해 방지 조치, 근로자에 대한 균등처우 조치, 근로자가 일을 하기 위해 사업장에 가지고 들어오는 물건의 도난 훼손 방지 조치 등이 포함된다. 특히 근로자의 인격 침해 방지는 사용자의 신의칙상 배려의무로서 근로자의 명예와 사생활 등 인격을 존중해야 할 의무이다.

(2) 근로자의 의무

근로자는 근로관계에서 사용자의 이익을 침해하는 행위를 하지 않고 그 이익을 보호해야 하는 신의칙상 의무, 즉 성실의무 또는 충실의무가 있다. 구체적으로 영업비밀유지 의무, 경업금지 의무, 사고대처 의무, 청렴 의무 등이 있다.

(가) 영업비밀유지 의무

근로자가 근로를 제공하면서 알게 된 사용자의 영업비밀을 재직 중 또는 퇴직 후에 누설하지 않을 의무로서 근로계약에 의무사항으로 명시하지 않더라도 신의성실의 원칙 또는 묵시적으로 그러한 의무를 부담하기로 약정했다고 본다. 영업비밀이란 공공연히 알려져 있지 않고 독립된 경제적 가치를 가지는 것으로 합리적인 노력에 의해 비밀로 유지된 생산방법, 판매방법, 그 밖에 영업활동에 유용한 기술상 경영상의 정보를 말한다. 회사의 영업비밀을 이용해 개인의 이득을 취하는 경우에도 영업비밀유지 의무위반에 해당한다.

예를 들어, 교육서비스업과 교육자료 제작 판매업 등을 하는 회사의 회원 정보는 공공연히 알려져 있지 아니하고 독립된 경제적 가치를 가지는 것으로 상당한 노력에 의해 비밀로 유지된 영업활동에 유용한 경영상의 정보인 영업비밀에 해당하는데, 이러한 회원정보를 이용해 휴회 회원들 중 일부 회원들을 대상으로 개인적으로 수업(과외 등) 영업행위를 했다면, 영업비밀유지 의무 위반이 된다.

(나) 경업금지 의무

근로자가 재직 중 또는 퇴직 후에 사용자와 경쟁관계에 있는 동종 영업을 설립·경영하거나 치업하는 등의 행위를 하지 않는 부작위 의무를 말한다. 경쟁업체로의 전업 또는 전직 금지, 경쟁사업 겸업 금지를 포함한다. 경업을 금지하는 것은 직업선택의 자유와 자유로운 경쟁을 제한할 수 있으므로 경업금지약정의 유·무효 여부를 판단할 때 보호할 가치가 있는 사용자의 이익, 근로자의 퇴직 전 지위, 경업제한 기간·지역·직종, 근로자에 대한 대가의 제공 유무, 근로자의 퇴직 경위, 공공의 이익 등 여러 사정을 종합적으로 고려한다.

근로자가 다른 사업장에 겸직하는 것은 근로자 개인능력에 따른 사생활의 범주에 속하는 것이므로 기업질서나 노무제공에 지장이 없는 겸직까지 전면적, 포괄적으로 금지하는 것은 부당하다. 그러나 노무제공에 지장을 줄 정도의 장시간의 겸직, 경쟁회사의 이사로 취임하는 경우 등은 금지의 대상이 될 수 있다.

(다) 사고대처 의무

근로자는 작업 현장에 가까이 있기 때문에 작업시설·설비·원료 등에 결함이 발견된 경우에는 지체없이 사용자에게 알려 대책을 강구하도록 하고, 급박한 경우에는 고장이나 사고 예방을 위한 응급조치를 취하여 사용자의 이익을 보호해야 한다.

(라) 청렴 의무

근로자는 업무와 관련하여 뇌물을 받거나 횡령을 하지 않을 의무인 청렴 의무를 가진다. 근무하는 동안 신의칙에 반하는 다음과 같은 행위를 할 경우에는 징계의 대상이 되며, 해고예고 없이 즉시해고 대상이 된다.

① 납품업체로부터 금품 또는 향응을 제공받고 불량품을 납품받아 생산에 차질을 가져온 경우
② 영업용 차량을 임의로 타인에게 대리운전하게 해 교통사고를 일으킨 경우
③ 사업의 기밀 기타 정보를 경쟁관계에 있는 다른 사업자 등에 제공해 사업에 지장을 가져온 경우
④ 허위사실을 날조-유포하거나 불법 집단행동을 주도해 사업에 막대한 지장을 가져온 경우
⑤ 영업용차량 운송수입금을 부당하게 착복하는 등 직책을 이용해 공금을 착복-장기유용-횡령하거나 배임한 경우
⑥ 제품 또는 원료 등을 절취 또는 불법 반출한 경우
⑦ 인사-경리-회계담당 직원이 근로자의 근무상황 실적을 조작하거나 허위서

류 등을 작성해 사업에 손해를 끼친 경우

⑧ 사업장의 기물을 고의로 파손해 생산에 막대한 지장을 가져온 경우

⑨ 기타 사회통념상 고의로 사업에 막대한 지장을 가져오거나 재산상 손해를 끼쳤다고 인정되는 경우

4. 근로계약을 둘러싼 다툼

가, 서면명시 및 교부의무를 이행하지 않은 사업주 책임

지방노동청에 제기된 진정사건을 살펴보면 근로계약서를 작성하지 않아 발생하는 사례가 대부분이라 해도 과언이 아닐 정도로 근로계약서와 관련된 다툼은 빈번하다. 근로계약서에 근로와 관련한 주요사안을 정확히 명시하지 않아 그 사실관계를 다투는 분쟁뿐만 아니라, 나아가 '근로계약서를 작성하지 않고, 교부하지도 않았다'는 사실 자체를 문제 삼는 경우도 많다. 그렇기 때문에 사업주는 노무관리를 철저히 해야만 불필요한 비용을 지불하거나 기업 이미지를 손상시키는 일이 없을 것이라는 점을 기억해야 한다.

(1) 일반근로자의 경우

근로계약 체결 및 변경이 될 때 사용자가 명시하여야 할 내용은 임금이나 소정근로시간, 주휴일, 연차유급휴가, 그 밖에 대통령령으로 정하는 근로조건이다. 특히 임금의 구성항목, 계산방법, 지급방법과 소정근로시간, 주휴일, 연차유급휴가는 서면으로 명시하고 근로자에게 교부를 반드시 하도록 하고 있다. 만약 근로계약서에 서면으로 반드시 기재하여야 할 항목이 기재되지 않았을 경우 원칙적으로 근로자는 지방노동청에 근로계약서 미 작성으로 진정이나 고소를 제기할 수 있다. 또한 작성은 했는데 교부하지 않은 경우도 처벌대상이다.

(2) 기간제 및 단시간근로자의 경우

기간제근로자이거나 단시간근로자는 해당 근로자를 보호하는 특별법에 따라 명시대상을 별도로 규정하고 있는데, 임금, 근로시간, 휴게시간, 휴일 및 휴가, 근로

일 및 근로일별 근로시간을 명시하고 근로계약서를 교부하여야 한다.

실무에서는 기간제법 제17조의 경우 근로기준법 제17조와는 달리 교부의무가 명시되어 있지 않아, 근로계약서를 교부하지 않을 경우 처벌내용에 대해 논란이 있는 경우가 있는데, 이 경우 근로기준법과 기간제법은 일반법과 특별법 관계로서 법해석에 있어 처벌조항이 보충적으로 적용된다. 즉, 기간제법 제17조에 교부의무가 명시되어 있지 않아도 그 모법에 해당하는 근로기준법 제17조2항의 교부의무 위반시 벌금 조항이 적용될 수 있다.

나. 근로조건의 변경과 근로계약서 교부

근로기준법은 근로조건을 서면으로 명시하여 교부하도록 강제하고 있다. 최저임금이나 연봉액의 인상, 근로시간 변경 등 근로조건이 변경되는 상황이 발생한다. 그럴 때마다 근로계약서를 다시 써야 하나요? 라는 질문을 받는다. 근로계약서를 다시 작성해야 하는 것은 아니며, 변경되는 사항만 별도로 명시하여 서명·날인 후 교부하여도 된다.

법령, 단체협약, 취업규칙이 변경되어 근로조건이 변경된 경우라면 근로자의 요구가 있어야 교부 의무가 생기며, 당사자 간 협의로 인해 근로조건이 변경된 경우 예를 들어, 연봉액이 변경되거나 소정근로시간이 변경되는 등의 경우에는 근로자의 요구가 없더라도 교부 의무가 생긴다.

다. 근로조건 위반에 대한 손해배상청구권(근로기준법 제19조2항)

명시된 근로조건이 사실과 다를 경우 근로자는 근로조건 위반을 이유로 손해배상을 청구할 수 있으며, 그 청구를 노동위원회에 할 수 있다. 근로조건 위반을 이유로 손해배상을 청구할 수 있다는 것은 민법상 채무불이행의 법리를 재확인 한 것에 불과할 수도 있을 것이나, 이 규정은 손해배상 청구를 민사소송이라는 소송절차 이외에 노동위원회에도 할 수 있도록 권리구제 방식의 폭을 확장한 것으로서 의미가 있다.

노동위원회에 대한 손해배상 신청은 근로계약 체결시 명시된 근로조건(임금, 근로시간, 취업의 내용과 근로장소, 휴일 및 휴가에 관한 사항 등)을 위반한 경우에만 할 수 있는데, 부당해고로 입은 손해배상에 대하여서는 노동위원회에 신청할 수 없다(대법원 1989.2.28, 87누496). 실무적으로 손해배상을 청구하여야 할 때는 관할

지방노동위원회에 기존의 근로계약서와 근로조건이 사실과 다르다는 것을 입증할 수 있는 자료를 첨부하여 제출하면 된다.

손해배상의 내용은 일반적으로 사용자가 명시된 근로조건을 이행하였더라면 근로자가 받게 될 이익과 그 조건을 이행하지 않음으로써 발생된 상태와의 차액분이 해당된다. 이러한 손해배상청구권의 소멸시효에 대하여 대법원은 근로자를 신속히 구제하려는 취지에 비추어 손해배상청구권의 소멸시효는 임금채권에 준하여 3년이라고 해석된다(대법원 1997.10.10, 97누5732).

다만, 근로기준법 제19조1항에서 근로계약 체결시 명시된 근로조건이 다를 경우 사업장에 근무하는 근로자의 수와 상관없이 모든 사업장이 적용받는 규정으로써 근로자가 손해배상청구를 할 수 있다고 규정하면서도, 제19조2항에서는 노동위원회에 구제신청하려면 5인 이상 근로자를 고용하는 사업장에 근무하였던 근로자로 그 적용범위를 제한하고 있다.

라. 근로계약서 서명 거부의 문제

근로기준법은 근로조건은 근로자와 사용자가 동등한 지위에서 자유의사에 따라 결정하여야 한다고 명시하고 있다. 따라서 사용자가 일방적으로 근로계약서를 작성하여 근로자에게 서명 또는 날인을 강제로 요구하는 것은 강행규정인 근로기준법 제4조(근로조건의 결정)를 위반하여 무효가 된다.

이와 관련해 주로 문제가 되는 것이 바로 근로조건 변동에 대하여 사용자가 근로계약서에 명시하여 서명을 요구하고 근로자가 이를 '거부'하는 경우이다. 판례(서울행정법원 2007.10.4, 2006구합45067)는 "근로자가 회사에 입사할 당시 근로기간에 관하여 별다른 약정이 없었던 이상 당사자간 체결된 근로계약은 기간의 정함이 없는 계약으로 추정이 되기에, 이러한 무기계약을 기간제 근로계약으로 전환하기 위해서는 계약 당사자 사이에 자유로운 의사에 기한 합의가 성립하여야 한다."고 하면서 "회사가 근로자에게 기간제 근로계약의 체결 청약을 근로자가 거절하였을 경우 그 효력이 없다"고 보았다. 나아가 "일방적인 서명 요구를 거부하였다는 이유로 근로자를 해고한 것 역시 부당하여 무효"라고 판시하였다. 즉, 회사가 일방적으로 변경된 근로조건에 서명할 것을 요구할 수는 없다.

그렇다면, 만약 회사가 근로자와 새롭게 연봉체결을 매년 1회 맺어오는데, 만약 근로자가 회사가 제시한 연봉금액을 받아들일 수 없어 계약서 서명을 거부할 경우 회사는 근로자가 연봉체결이 되지 않음을 이유로 근로계약을 해지하는 것이 가능한 지가 문제된다. 연봉을 새롭게 협상하는 과정에서 근로자 개인의 성과평가든 조직의 성과부진에 따른 결과이든 만약 연봉이 삭감되어 새로운 근로계약을 맺어야 한다면 이는 기존의 근로조건이 저하되는 것이기에 근로자의 '동의'를 얻어야 한다. 취업규칙 등에 연봉제를 준용한다는 규정이 있다고 하여 연봉 삭감에 대해 근로자가 동의하였다고 볼 수는 없어 개별 동의를 받아야 하는데, 만약 근로자의 동의를 받지 못하였다면 해당 근로자에게는 삭감된 연봉이 근로조건으로 적용될 수 없어 회사는 기존에 적용되었던 연봉을 계속 지급하여야 한다.

만약 회사가 근로자가 연봉계약을 계속 거부하는 것을 이유로 해당 근로자와 근로계약을 해지할 것을 통보한다면 이는 '해고'에 해당(근로기준팀-973, 2005.11.4)한다. 해고는 정당한 이유가 있어야 하는데 단순히 근로자가 연봉계약에 동의하지 않았다는 이유만으로는 해고의 정당한 이유가 있다고 인정되지 않는다(중노위 2006부해756, 2007.1.24).

하지만 근로자가 연봉삭감에 불만을 품고 무단결근을 하는 등 근무태만이 발생하여 이러한 사정을 사유로 징계하거나 해고하는 것은 취업규칙 등의 규정에 따라 가능할 수 있다. 회사는 연봉체결시 다툼을 예방하기 위하여 근로자가 연봉에 동의하지 않을 경우에 대비하여 별도의 조치를 마련하여 실무상 연봉제 규정 및 이의제기절차 등을 마련하는 것이 도움이 된다.

마. '근로계약기간', '업무내용 및 근무장소'변경 등에 대한 분쟁

근로자가 일하면서 임금이 체불되었거나 근로계약서를 작성하지 않은 경우 관할노동청에 진정을 제기해서 권리구제를 받을 수 있다. 한편, 부당하게 해고를 당했거나 차별을 받았다면 노동위원회에 도움을 요청할 수 있다.

노동위원회는 노사관계에서 발생하는 분쟁을 전문적으로 처리하기 위하여 설치된 독립성을 지닌 행정기관으로, 노사공익을 대표하는 사람들로 구성되어 부당해고 등 분쟁에 대해 위원들 간에 합의를 거쳐 판정을 내린다. 만일, 근로자가 부당하게 해고를 당하거나 부당한 인사발령 등을 겪게 되면 노동위원회에 부당해고 구제신청을 통해 권리구제를 받을 수 있다. 노동위원회의 심판업무 대상이 되는

'부당해고 등'에는 정당한 이유 없는 해고, 휴직, 정직, 전직, 감봉, 그 밖의 징벌에 대한 구제 명령 등이 포함되기 때문이다.

다툼이 발생하면 당사자간에 근로조건을 사전에 어떻게 정하였는지가 중요하다. 즉 근로계약서의 내용이 노동위원회 판정 결과에 중요한 영향을 미치는 것이다. 근로계약서 내용 중에서도 특히 '근로계약기간 명시 및 갱신기대권 성립 여부', '수습이나 시용 근로기간 명시 여부', '업무내용 및 근무장소 특정 여부'가 노동위원회 심판사건의 판정을 가르는 중요한 근거가 된다. 위 내용에 대해 근로자와 사용자가 사전에 어떻게 약속하였는지에 따라, 판정 결과가 달라진 주요 사례를 살펴보자.

(1) 수습이나 시용 근로기간 명시 여부

'시용'이란 정식채용(본채용) 전에 일정기간 동안 정식 근로자로서의 적격성 유무 및 본채용 여부를 판단하기 위한 시험적 사용을 의미한다. 반면 '수습기간'은 정식채용 이후 근로자의 작업능력 향상이나 교육을 목적으로 설정된 기간을 의미한다. 수습은 이미 정식채용이 되었고, 본채용 여부를 결정하는 적정성 평가가 별도로 예정되어 있지 않다는 점에서 시용과 구별된다. 시용과 수습은 개념적으로 구분되지만, 사업장의 인사규정이나 일부 판례 등에서는 수습과 시용을 구분하지 않고 혼용하는 경우가 많다. 이런 이유로 수습기간을 사전에 설정했는지에 대한 다툼이 발생한다. 근로계약서상 수습기간이 명시되어 있지 않다면, 다툼이 생겼을 때 원칙적으로 수습기간을 인정받기 어렵다. 판례는 근로계약에 시용기간을 적용할 것인가 여부를 명시하지 아니한 이상 원고는 시용근로자가 아닌 정식 사원으로 채용된 근로자로 인정된다(대법원 1999.11.12, 99다30473)고 판시하였다.

또한 수습기간이 명시되어 있다 하더라도 수습기간 중 근로자를 자유롭게 해고할 수 있다는 의미는 아니다. 시용의 경우에는 정식채용 여부에 대한 적정성 평가를 거쳐 정식채용을 전제하는 것이므로 통상의 해고보다 해고의 정당성 판단을 넓게 인정하는 것이 다수설이나, 수습의 경우에는 통상의 해고와 동일한 기준을 적용한다. 다만, 앞서 설명한 대로 실무적으로는 '수습'과 '시용'의 용어를 엄밀하게 구분하여 사용하지 않기 때문에 정식채용 여부나 시점, 적정성 평가 등에 대한 내용을 근로계약서에 명시하여 다툼의 소지를 없애는 것이 바람직하다. 또한 용어를 구분하여 명시한다면 더욱 좋을 것이다.

(2) 근로계약기간 명시와 갱신기대권 성립 여부

기간제근로자의 계약기간에 대한 갱신기대권은 근로계약서 내용에 따라 달라진다. 기간제 근로계약의 경우 "근로계약이나 취업규칙 등에서 계약갱신 의무나 갱신절차 또는 요건에 대한 근거규정이 있는지 여부"가 갱신기대권 유무를 가르는 중요한 판단기준이 된다. 판례는 "임용의 근거가 된 법령이나 근로계약 등에서 사용자에게 재임용할 의무를 지우거나 재임용 절차 및 요건 등에 관한 근거 규정을 두고 있는 경우 재임용에 대한 정당한 기대권이 인정된다(대법원 2005.7.8, 2002두8640)."고 판시하였다. 따라서 기간을 정하여 근로계약을 체결한 근로자라도 근로계약서 내용에 따라 갱신기대권이 인정될 수 있다.

(3) 업무내용과 근무장소 특정 여부

근로계약서를 작성할 때 업무내용과 근무장소는 필수 기재사항이다. 근로계약서에 업무의 내용과 근무할 장소가 특정되어 있는데, 이를 변경하는 전직이나 전보명령을 하려면 근로자의 동의가 필요하다. 근로자의 동의는 반드시 명시적인 동의에만 한정되는 것은 아니고 묵시적인 동의로도 가능하다. 최초에 업무내용과 근무장소를 어떻게 정하였는지가 전직이나 전보명령의 정당성을 가르는 중요한 판단기준이 된다.

판례는 "입사 당시 작성된 근로계약서에 직종 부분이 비워져 있고 이력카드에도 신입사원으로 채용되었지만, 근로자가 조리사 면허증을 제출하면서 식음료 분야에 지원하였고 실제 조리업무와 밀접한 관련이 있는 업무만을 장기간 담당한 경우, 업무내용을 '조리업무'로 특정하는 근로계약이 체결되었다(서울고등법원 2011.7.14, 2010누30408)."고 판시하였다. 만약 회사가 근로자의 업무내용을 변경하는 전직이나 전보명령을 하려면 근로자의 동의가 있어야 하며 동의 없이 전직이나 전보명령 할 경우 인사권 남용이 될 수 있다.

한편 판례는 "입사할 당시 근로계약서에 업무내용을 정했지만, 이후 다른 업무로 발령되어 근로자가 아무런 이의를 제기하지 않고 약 3년 8개월 동안 다른 업무를 수행한 경우, 최초 근로계약에서 정한 업무내용이 아닌 다른 업무를 담당하는 것에 묵시적으로 동의한 것으로 볼 수 있다(서울고등법원 2015.1.30, 2014누

40922)."고 판시하였다. 근로계약서에 업무내용을 특정하였다가 변경할 경우 근로계약서 재작성 여부와는 별도로, 부당전보를 다투는 사건에서 그 실질을 보고 '묵시적인 동의가 있었다.'고 판단한 점이 중요하다.

실무에서 업무내용이 변경될 수 있는 상황이라면 근로계약을 체결할 때 포괄적 동의규정을 두어 근로자에게 내용을 주지시키고 근로계약서에 명시할 필요가 있다.

바. "이 계약에 정함이 없는 사항은 근로기준법에 의한다." 라는 특약의 의미

보통 근로계약서를 작성하면서 "이 계약에 정함이 없는 사항은 근로기준법에 의함."이라는 문구를 넣는다. 근로기준법 적용제외 사항이라하더라도 근로계약서에 위 내용이 포함된 경우 근로기준법 제반 규정을 적용해야 한다는 게 법원의 판단이다.

원고(근로자)는 피고 회사가 정당한 이유 없이 해고하였고, 해고사유와 해고시기를 서면으로 통지하지 않는 등 해고에 절차적 하자가 있음을 이유로 해고무효의 확인을 구하고, 해고일부터 복직일까지의 급여 상당액의 지급을 구한 사건에서 법원은, 피고 회사는 상시 4인 이하의 근로자를 사용하는 사업 또는 사업장에 해당하지만, 근로계약에 해고 등에 관하여는 근로기준법에 따르기로 하는 특약을 한 이상 피고는 원고를 해고하려면 근로기준법에서 정한 내용을 따라야 하고 이를 위반한 경우 해고는 무효에 해당하는데, 피고의 원고에 대한 해고는 정당한 이유가 없고 해고사유와 해고시기를 서면으로 통지하지 않는 등 근로기준법 제23조, 제26조, 제27조에 위반되므로 무효이고, 따라서 피고는 원고에게 해고일 다음 날부터 복직일까지 급여 상당액을 지급할 의무가 있다고 판단하였다(울산지법 2017.10.19, 2017가합298).

관련 판례

"근로기준법상 상시 4인 이하의 근로자를 사용하는 사업 또는 사업장에 대해서는 사업자가 정당한 이유 없이 근로자를 해고하지 못한다는 근로기준법 제23조 제1항이 적용되지 않고, 이 경우 근로계약이 기간의 정함이 없는 것이라면 민법 제660조 제1항이 적용되어 사용자는 사유를 불문하고 언제든지 근로계약의 해지를 통지할 수 있다. 그러나 민법 제660조 제1항은 당사자의 의사에 의하여 적용을 배제할 수 있는 임의규정이므로, 상시 4인 이하의 근로자를 사용하는 사업 또는 사업장의 사용자가 근로자와 기간의 정함이 없는 근로계약을 체결하면서 근로계약에서 정하지 않은 사항은 근로기준법에 따르기로 하는 특약을 하였다면, 근로자에 대한 해고는 근로기준법에 따른 규정에 따라야 하고, 이러한 제한을 위반한 해고는 무효이다(대법원 2008.3.14, 2007다1418 등).

사. 근로계약 취소와 소급효 제한

근로자가 허위 이력서를 제출해 채용됐다면 회사는 근로계약을 취소할 수 있지만, 그 같은 취소의 의사표시를 하기 전까지는 임금을 지급해야 한다.

법원은 "근로계약은 근로자가 사용자에게 근로를 제공하고 사용자는 이에 대한 임금을 지급하는 것을 목적으로 체결된 계약으로서 기본적으로 사법(私法)상 계약"이라며 "따라서 계약 체결에 무효 또는 취소 사유가 있으면 상대방은 이를 이유로 근로계약의 무효 또는 취소를 주장해 그에 따른 법률효과의 발생을 부정하거나 소멸시킬 수 있다"면서 "다만 그와 같이 근로계약의 무효·취소를 주장할 수 있다 하더라도 근로계약에 따라 그동안 행해진 근로자의 노무제공의 효과를 소급해 부정하는 것은 타당하지 않다" 면서 "이미 제공된 근로자의 노무를 기초로 형성된 취소 이전의 법률관계까지 효력을 잃는다고 봐서는 안 되고, 취소의 의사표시 이후 장래에 관하여만 근로계약의 효력이 소멸된다고 봐야 한다(대법원 2017.12.22, 2013다25194)."고 판시했다.

아. 개별 근로계약에서 정한 유리한 근로조건은 취업규칙에 우선한다(유리조건 우선의 원칙).

취업규칙은 근로자의 근로조건과 복무규율에 관한 기준을 집단적·통일적으로 설정하기 위하여 사용자가 일방적으로 작성한 것인데 반해, 근로계약은 사용자와 근로자의 합의에 기초한 것이므로, 어떠한 근로조건에 관해 취업규칙과 근로계약이 각각 다르게 정하고 있다면, 취업규칙이 근로자에게 보다 유리하다는 등의 특별한 사정이 없는 이상, 근로계약이 우선 적용된다(대법원 2017.12.13, 2017다261387).

근로기준법 제97조 '취업규칙에서 정한 기준에 미달하는 근로조건을 정한 근로계약은 그 부분에 관하여는 무효로 한다. 이 경우 무효로 된 부분은 취업규칙에 정한 기준에 따른다.'는 규정은 취업규칙의 보충적 효력을 규정한 것이다. 그러나 실무에서는(믿기지 않겠지만) 사용자가 근로자 과반수로 조직된 노동조합의 동의 또는 근로자 과반수의 동의를 얻어 근로자에게 불리한 내용(임금 삭감하거나 수당을 폐지하는 등)으로 취업규칙을 개정하는 경우도 발생한다. 취업규칙을 개정하여 개별 근로조건이 변경된다면 근로기준법 제17조에 따라 변경된 근로조건을 서면으로 명시하고 근로자 요구가 있을 경우 교부하여야 한다. 만일 취업규칙만 개정하고 개별 근로자의 근로계약 내용을 변경하지 않는다면 근로자는 보다 유리한 근로계약을 근거로 사용자에게 임금, 수당 등의 지급을 요구할 수 있게 된다.

자. 영업양도와 근로관계

일반적으로 근로관계는 사용자와 근로자의 근로계약 체결로 성립하여 일정한 사유로 소멸할 때까지 존속하게 되고, 이러한 근로관계는 당사자간의 해지에 의해 소멸함이 원칙이다. 그러나 당사자간의 힘의 불균형으로 인해 사용자의 해지의 자유에 일정한 제한을 하고 있는데, 특히 영업양도의 경우 경영의 주체가 변경되어 근로자들의 생존권 침해와 실업문제를 야기할 수 있다.

실무적으로 영업양도와 관련하여 영업이 양도된 경우 기존의 근로관계가 양수인에게 당연히 이전하는가의 문제와 영업양도 전후에 계속근로연수와 관련하여 임금 및 퇴직금, 연차유급휴가의 문제 등이 발생한다.

(1) 영업양도의 개념

① 영업양도

영업이란 사업주의 영업활동, 영업재산의 물적시설(자산)과 인적조직(노동)의 3요소를 포함하는 개념이다. 영업의 전부 뿐만 아니라 영업의 일부도 양도의 대상이 될 수 있지만, 양도되는 영업부문만으로 일정한 영업목적을 달성하는데 충분할 정도로 유기적으로 결합된 조직체를 이루고 있어야 한다. 영업이 아닌 기계나 설비 등 단순한 영업용 자산의 양도나 상호만의 양도(자산양수도, 자산매매계약 등)는 영업양도로 볼 수 없다.

② 동일성 유지 판단

영업의 동일성이 유지되고 있는지 여부는 기존의 고객관계 유지 여부, 생산시설, 생산수단, 생산목적이 동일한지 여부, 자산과 부채가 어느 정도 이전되었는지 여부, 지적재산관 영업권 등이 이전되었는지 여부, 근로자의 상당수가 양수인에게 계속 고용되었는지 여부, 경영조직의 유지 여부 등을 종합적으로 고려해야 한다.

〈동일성 판단 기준〉
양도인과 양수인 사이에 명시적 또는 묵시적 영업양도 계약이 존재하는지 여부
양도계약에서 양도범위를 어떻게 정하였는지 여부
고용승계 여부에 관한 규정이 양도계약에 있는지 여부
종전 기업의 인적 조직을 그대로 활용하였는지 여부
주된 자산 이외에 부수적인 자산까지 양도하였는지 여부
양도회사 직원의 선별채용의 경위가 양수인의 영업을 위한 것이 아니라 근로자들의 이익을 배려한 것에 기인하였는지 여부

(2) 영업양도와 자산(시설)양도의 구별

영업양도는 일정한 영업 목적에 의하여 조직화된 업체 즉, 인적·물적 조직을 그 동일성을 유지하면서 일체로서 이전하는 것으로서 영업의 일부만의 양도도 가능하고 이러한 영업양도가 이루어진 경우에는 원칙적으로 해당 근로자들의 근로관계가 양수하는 기업에 포괄적으로 승계된다. 여기서 영업의 동일성 여부는 일반 사회관념에 의하여 결정되어져야 할 사실 인정의 문제이기는 하지만 문제의 행위(양도 계약 관계)가 영업의 양도로 인정되는지 여부는 단지 어떠한 영업재산이 어느 정도로 이전되어 있는가에 의하여 결정되어져야 하는 것이 아니고 거기에 종래의 영업조직이 유지되어 그 조직이 전부 또는 일부로서 기능할 수 있는가에 의하여 결정되어져야 한다. 예컨대 영업재산의 전부를 양도했어도 그 조직을 해체하여 양도했다면 영업의 양도는 되지 않는 반면에 그 일부를 유보한 채 영업시설을 양도했어도 그 양도한 부분만으로도 종래의 조직이 유지되어 있다고 사회관념상 인정되면 그것을 영업의 양도라 볼 수 있다(대법원 2002.3.26, 2000다3347).

반면, 양수인이 근로관계의 포괄적 승계라는 법적효과가 수반되지 않는 단순한 자산양도 방식의 거래인 경우, 그 거래와 관련한 계약 시 거래가 영업양도가 아닌 자산양도임을 명확하고 명시적으로 규정하여야 하고, 양도의 범위에 인적 조직은 포함되지 않음을 명확히 하고, 일체의 고용승계가 없다는 명시적 조항이 규정되어야 할 것이고, 일부 인력 조직이 양수인에게 승계되었다 하더라도 그 인력 조직을 그대로 사용하지 말고 해체하여 재조직할 필요가 있으며, 집기나 시설물 등 부수적인 재산은 양도의 대상에서 가급적 제외시킨다는 명시적 규정이 있어야 한다.

(3) 영업양도와 근로관계

근로관계의 승계와 관련하여 영업양도를 논할 때 영업의 개념을 근로관계를 포함한 조직적 일체로 보아 양도 대상에 포함해야 한다. 즉 노동법에서 영업양도란 영업 목적에 의해 조직화된 총체, 즉 인적 물적 조직을 그 동일성을 유지하면서 일체로서 이전하는 행위로서, 영업양도인가의 판단은 동일성의 유지에서 찾는다.

영업이 포괄적으로 양도되면 반대의 특약이 없는 한 양도인과 근로자간의 근로관계도 원칙적으로 양수인에게 포괄적으로 승계되는 것으로 본다(대법원 1994.6.28, 93다33173). 따라서 영업양수인은 양도인과 근로자 사이에 형성된 종전의 근로계약, 취업규칙, 단체협약을 통하여 정하여진 근로조건에 따라 임금을 지급하고 근로시간을 정하는 등 사용자로서의 의무를 부담하고, 근로자도 종전과 동일한 내용의 근로관계상의 의무를 부담한다(대법원 1991.8.9, 91다15225). 영업양도인이 종래 근로자에 대하여 부담하고 있는 근기법상의 재해보상책임은 영업양수인이 인수하는 것으로 보아야 하고, 영업양도 이후의 퇴직으로 인한 퇴직금 지급부분에 대한 책임도 영업양수인에게 있다. 근로자의 근속연수에 관하여는 양도시점 이전의 기간까지 포함하는 것으로 보며, 근로관계의 이전 시점은 양도계약의 체결시점이 아니라 양수인이 양도인으로부터 현실적으로 영업을 인수하여 사실상 운영할 수 있을 때부터이다.

(4) 영업양도시 근로관계 승계 요건

(가) 영업양도 계약 존재

양도인과 양수인 사이에 '영업을' 그 동일성을 유지한 채로 '양도'함으로써 경영주체의 변경이 생기게 할 것을 목적으로 하는 '계약'이 있어야 한다. 따라서 영업이 아닌 영업용 재산의 양도에 있어서는 사업의 경영 주체에 변경이 생기는 것이 아니므로 근로관계 승계가 문제될 여지가 없고, 외형상으로는 영업양도의 형식을 취하지 않았더라도 회사의 설립을 위하여 영업의 전부 또는 일부를 현물 출자하거나, 회사설립 후 신주발행 당시에 영업의 전부 또는 일부를 현물 출자하는 것은 실질적으로 영업양도에 준하여 판단해야 한다. 양도 전후에 영업의 동일성이 유지되어야 하므로 종래의 영업조직이 유지되어 그 조직이 전부 또는 중요한 일부로서 기능할 수 있어야 하고, 조직을 일단 해체한 후 재결합하는 것은 영업의 양도에 해당하지 않으며, 영업양도를 목적으로 하는 한 계약의 형태가 매매, 교환, 증여, 신탁 등의 어느 것이든 상관없다.

(나) 근로관계 승계 합의

① 근로관계의 포괄승계에 관한 합의가 인정된 경우

영업양도 역시 채권계약이므로 당사자 사이에 근로관계의 승계에 관한 합의가 있어야 한다. 영업양도의 계약 내용에 그에 관한 명시적인 약정이 있는 경우는 물론이고, 명백한 합의가 없거나 불분명할 경우라 하더라도 영업양도를 전후하여 영업이 그 동일성을 유지하면서 계속 운영되고 있다면 원칙적으로 그 영업양도 계약 당시 근로관계의 포괄승계에 관한 합의가 있는 것으로 해석하여야 한다.

② 근로관계의 일부 또는 전부에 대한 승계 배제의 특약이 있는 경우

근로관계의 포괄승계에 관한 합의가 아니라 영업양도 당사자 사이에 근로관계의 일부를 승계의 대상에서 제외하기로 하는 특약이 있는 경우 근로관계의 승계가 이루어지지 않을 수 있다. 그러나 이러한 반대의 특약은 승계의 대상에서 제외되는 근로자에 대하여는 실질적으로 해고와 같은 결과가 발생하므로 근로자에게 정당한 이유없는 해고 등 불이익 처분을 하는 것을 제한하고 있는 근로기준법 제23조1항에 의해 그 유효성 여부에 대한 통제를 받는데, 영업양도 그 자체만을 이유로 근로자를 해고하는 것은 정당한 이유가 있는 경우에 해당하지 아니한다.

따라서 양도인에 의한 근로자의 해고 등에 있어서 양수인이 양도인으로부터 기존의 근로자 중 일정수의 근로자만을 인수하기로 합의하고 이를 지키기 위해 양도인이 해고한 경우는 정당한 이유없이 해고하는 것을 금지하고 있는 근로기준법 제23조 위반이며, 노동조합 활동을 활발히 하는 특정 근로자를 인수의 대상에서 제외하는 조건을 제시하여 합의한 후 양도인이 적당한 사유를 들어 특정 근로자를 해고하는 경우에는 부당노동행위를 금지하고 있는 노동조합및노동관계조정법 제81조 위반이다. 다만 영업의 일부 양도의 경우 그 영업부분에서 근무하다가 해고됨으로써 양도인과 양수인 사이의 영업양도 약정상 승계의 범위에서 제외되어 그 해고가 무효라 하더라도 남은 영업부분에서 근로가 불가능하지 않은 한 근로관계는 승계되지 않고 양도인과 사이에 근로관계가 존속하는 것으로 보아야 한다.

(다) 영업조직체의 현실적 인수

근로관계의 승계는 영업양도의 계약체결일에 곧바로 생기는 것이 아니라 영업양수인이 영업양도인으로부터 경영조직을 사실상 인수인계한 시점을 기준으로 승계의 효과가 생긴다. 따라서 영업양도 계약을 체결한 것만으로는 근로관계의 승계가 있다고 할 수 없고 근로자에 대한 관계에서 영업양도인과 영업양수인이 이행하여야 할 책임의 발생 시점도 영업양수인이 현실적으로 영업을 인수받은 때를 기준으로 판단한다. 즉, 영업양도 계약체결일과 근로관계 승계일은 반드시 일치하는 것이 아니며 영업양도 당사자 사이에 계약체결일 이외의 날로 근로관계 승계일을 정할 수도 있다.

(4) 근로관계 승계에 있어서 근로자의 동의 문제

사용자는 노무자의 동의 없이 그 권리를 제3자에게 양도하지 못한다는 노무제공의무의 전속성에 대한 규정이 민법 제657조1항에 있다. 영업양도의 경우 외형상 근로자에 대한 양도인의 권리를 양도하는 것이지만 영업양도가 영업의 유기적 일체로서 양도되는 점에서 위 조항의 해석과 관련하여 근로관계의 승계에 있어서 근로자의 동의없이 가능한가에 대해 견해가 나뉜다. 영업양도는 반드시 영업전부를 대상으로 하는 것이 아니고 영업일부의 양도도 가능하다는 점에서 영업의 일부가 양도되는 경우에는 근로자로서 양도의 목적으로 되지 않는 나머지 영업부문에서 계속 근로할 수 있는 가능성이 남아있음에도 불구하고 근로자로 하여금 근로관계의 승계여부에 대해 영업양도 당사자의 의사에 따라 일단 승계되도록 함으로써 근로자의 선택의 기회를 박탈하게 된다. 이럴 경우 근로자의 동의 여부에 따라 근로자가 어느 기업에서 근로할 것인지 선택할 자유를 보장하는 것이 근로자의 직업선택의 자유 존중과 생존권 보호에 적합하다. 이러한 근로자의 동의는 반드시 명시적일 필요는 없고 근로자가 별다른 이의를 제기하지 않고 영업양수인에게 근로를 제공하고 있다면 묵시적 동의가 있었다고 볼 수 있다.

5. 근로계약, 근로관계의 일반 원칙

가. 최저 근로조건의 보장의 원칙

관련법령
근로기준법 제3조【근로조건의 기준】 이 법에서 정하는 근로조건은 최저기준이므로 근로관계 당사자는 이 기준을 이유로 근로조건을 낮출 수 없다.

근로기준법에서 정하는 근로조건은 최저기준이므로, 근로관계 당사자는 이 기준을 이유로 기존의 근로조건을 낮출 수 없다. 예를 들어 1일 소정근로시간이 7시간인 사업장에서 법정기준근로시간을 이유로 소정근로시간을 8시간으로 변경하는 것은 근로기준법 제3조 위반이다.

여기서 근로조건이란 '사용자와 근로자 사이의 근로관계에서 임금·근로시간·후생·해고 기타 근로자의 대우에 관하여 정한 조건'을 말하며, 채용에 대한 기준은 근로조건에 관한 기준은 아니다. 근로조건을 낮춘 이유가 법정근로조건을 이유로 한 것이라면 법 위반이 되나, 근로조건을 낮춘 이유가 근로기준법의 기준 때문이 아니라 사회적·경제적인 사정의 변화처럼 객관적인 타당성이 있어 근로자의 동의를 받은 것이라면 법 위반이 아니다.

나. 근로조건 대등결정의 원칙

관련법령
근로기준법 제4조【근로조건의 결정】 근로조건은 근로자와 사용자가 동등한 지위에서 자유의사에 따라 결정하여야 한다.

근로자와 사용자는 형식적으로나 실질적으로 동등한 지위에서 자유의사에 따라 근로조건을 결정해야 한다. 사용자가 근로자의 개인적인 동의 없이 근로조건을 낮추거나 낮출 우려가 있는 근로형태를 변경시키는 것은 근로기준법 제4조 위반으로 효력이 인정되지 않는다. 근로조건이 불리해지더라도 근로자가 동의하면 법령이나 집단규범에 위반되지 않은 한 효력이 인정된다.

다. 균등처우의 원칙

관련법령

근로기준법 제6조【균등한 처우】 사용자는 근로자에 대하여 남녀의 성(性)을 이유로 차별적 대우를 하지 못하고, 국적 · 신앙 또는 사회적 신분을 이유로 근로조건에 대한 차별적 처우를 하지 못한다.

균등처우는 채용 전의 사항까지 적용되는 것이 아니라 채용 후의 근로조건 즉, 근로시간·임금·기타 안전·보건에 관해 차별적 대우를 금지하는 것이다. 모집, 채용에서의 '성별'을 이유로 한 차별적 처우는 남녀고용평등법에, 기간제·단시간 근로자에 대해서는 '기간제 및 단시간근로자 보호등에 관한 법률'에서 규율한다. 근로기준법 제6조에서 금지하고 있는 것은 임금·근로시간 등의 근로조건에 대한 일체의 차별을 의미하는 것으로 승급, 배치전환, 휴가, 안전보건, 재해보상 등을 모두 포함한다.

합리적인 이유가 없는 차별로 성별, 국적, 신앙, 사회적 신분만을 이유로 한 차별이 금지되고, 그 이외의 합리적 이유(노동력 평가, 근속연수, 직무의 종류와 내용, 성과, 책임이나 권한 등)가 있어 행하여진 차별은 근로기준법 위반이 아니다. 차별적 대우란 당해 사업장의 다른 근로자에 비하여 불이익 또는 유리한 대우를 하는 것을 말한다.

국적이란 '국민이 되는 자격'을 의미하는 것으로 인종과 다른 개념으로 국적법상의 지위를 말하는데, 내국인과 외국인, 외국인간, 이중국적자, 무국적자, 불법체류자임을 이유로 한 차별을 금지하는 것을 의미한다.

신앙이란 종교적 신념을 의미하는 바, 적극적으로 특정종교를 갖고 있는 근로자를 차별하는 경우뿐만 아니라 소극적으로 특정의 종교를 갖지 않은 근로자를 차별하는 것도 위반이다. 다만 경향사업과 같이 특정 사상이나 신조와 불가분의 관계를 갖는 사업적 특성이 있는 경우 이를 이유로 한 차별은 예외적으로 허용된다.

사회적 신분이란 사회에서 장기간 점하는 지위로 일정한 사회적 평가를 수반하는 것이거나 자기 의사로 회피할 수 없는 사회적 분류를 말한다.

사회적 신분

① 헌법재판소에서 '사회적 신분'에 대하여 내린 일반적인 정의는 '사회에서 장기간 점하는 지위로서 일정한 사회적 평가를 수반하는 것'이다(헌법재판소 1995.2.23, 93헌바43).

② 근로기준법 제6조에서 차별의 근거로 들고 있는 항목 중 문언 자체가 비교적 명확한 개념인 '성별', '국적', '신앙'과 달리, '사회적 신분'이라는 개념은 학계에서도 그 개념이 포섭하는 범위에 관하여 입장이 나뉘고 있는바, 근로기준법 제6조 위반에 대하여서는 형사적 처벌을 전제로 한 벌칙조항이 있는 만큼 예측 가능성이 있도록 해석되어야 할 것이다. 그런 점에서 근로기준법 제6조에서 들고 있는 '사회적 신분' 이라고 보려면, 같은 조항에서 차별의 근거로 들고 있는 다른 항목들과 대등하다고 할 수 있을 정도의 특성, 즉 쉽게 변경할 수 없다는 의미에서의 고정성이 전제되어야 할 것이다(서울고법 2018.5.25, 2017나2039724).

(1) 성을 이유로 한 차별적 대우

① 여성 근로자들이 전부 또는 다수를 차지하는 분야의 정년을 다른 분야의 정년보다 낮게 정한 것은 여성에 대한 불합리한 차별에 해당한다. 근로기준법 제6조에서 말하는 '남녀의 차별'은 합리적인 이유 없이 남성 또는 여성이라는 이유만으로 부당하게 차별대우하는 것을 의미한다. 사업주나 사용자가 근로자를 합리적인 이유 없이 성별을 이유로 부당하게 차별대우를 하도록 정한 규정은, 규정의 형식을 불문하고 강행규정인 남녀고용평등법 제11조1항과 근로기준법 제6조에 위반되어 무효라고 보아야 한다. 그리고 여성 근로자들이 전부 또는 다수를 차지하는 분야의 정년을 다른 분야의 정년보다 낮게 정한 것이 여성에 대한 불합리한 차별에 해당하는지 여부는, 해당 분야 근로자의 근로내용, 그들이 갖추어야 하는 능력, 근로시간, 해당 분야에서 특별한 복무규율이 필요한지 여부나 인력수급 사정 등 여러 사정들을 종합적으로 고려하여 판단하여야 한다(대법원 2019.10.31, 2013두20011).

② 취학전 아동이 있는 여성에게만 보육수당을 지급하고 남성에게는 비록 취학전 아동이 있다하더라도 보육수당을 지급하지 않는 것은 성별만을 직접적인 기준으로 보육수당 지급 여부를 결정하는 것으로써 합리성이 없는 차별에 해당한다고 할 것이므로, 이는 임금 외에 근로자의 생활 보조적 금품의 지급에 있어 남

녀 차별을 금하는 남녀고용평등법 제9조에 위반될 뿐만 아니라 남녀의 성을 이유로 한 차별적 대우를 금지하는 근로기준법 제6조(균등처우)에도 위반된다(여성고용과-46, 2008.3).

③ 남녀고용평등법 제6조의2 제1항에는 '사업주는 동일한 사업내의 동일가치노동에 대하여는 동일한 임금을 지급하여야 한다'라고 규정하고 있으며, '동일가치노동'이란 노동수행에서 요구되는 기술·노력·책임·작업조건 기타의 기준에서 볼 때 서로 비교되는 남녀간의 노동이 동일하거나, 거의 같은 성질인 노동 또는 두 업무가 다소 다르더라도 직무평가 등의 방법에 의해 본질적으로 동등한 가치가 인정되는 노동을 말하는 것으로, 여성근로자가 회사에 대졸신입사원 자격으로 채용되었고, 회사규정에도 대졸신입사원은 5급 1호봉으로 규정하고 있으며, 회사에서 남자직원과 같은 동일가치의 노동을 제공하고 있다면 남자직원과 동일한 5급 1호봉의 임금을 지급 받아야 한다(근감-80983, 2000.9.29).

(2) 국적에 따른 차별

① 근로기준법은 근로자의 국적에 관계없이 사업 또는 사업장 단위로 적용되며, 사용자는 국적을 이유로 근로조건에 대한 차별적 처우를 할 수 없으므로, 근로자가 외국영주권을 취득한 것을 이유로 해고 기타 근로조건에 대한 차별적 처우를 할 수는 없다(근로기준과-3258, 2004.6.29).

② 내국인 남성직원은 수염을 기르지 않도록 정하고 있는 원고의 임직원 근무복장 및 용모규정 제5조1항2호는 합리적 이유 없이 내국인과 외국인 직원을 국적을 기준으로 차별함으로써 헌법 제11조 및 근로기준법 제6조가 규정한 평등원칙에 위배된다. 나아가 이 사건 조항은 수염의 정돈 상태나 형태 등을 기준으로 이를 부분적으로 제한할 수 있음에도 내국인은 수염을 기르는 것 자체를 전면적으로 금지하여 내국인 근로자의 일반적 행동자유권을 과도하게 침해함으로써 과잉금지원칙에 위배 되므로 그 정도에 있어서도 합리적인 이유가 있는 차별이라고 보기 어렵다. 따라서 '국적'을 기준으로 내국인이 수염을 기르는 것을 전면적으로 금지한 이 사건 조항은 헌법과 법률에 위반되어 무효이므로, 참가인이 무효인 이 사건 조항의 준수의무를 위반하였음을 전제로 하는 이 사건 비행 정지는 위법하다(대법원 2018.9.13, 2017두38560).

(3) 사회적 신분에 따른 차별

① 사용자는 근로자에 대하여 성별·국적·신앙 또는 사회적 신분을 이유로 근로조건에 대한 차별적 처우를 하지 못한다. 여기에서 '차별적 처우'란 사용자가 근로자를 임금 및 그 밖의 근로조건 등에서 합리적인 이유 없이 불리하게 처우하는 것을 의미하고, '합리적인 이유가 없는 경우'라 함은 당해 근로자가 제공하는 근로의 내용을 종합적으로 고려하여 달리 처우할 필요성이 인정되지 아니하거나 달리 처우하는 경우에도 그 방법·정도 등이 적정하지 아니한 경우를 말한다. 근로기준법 제6조에서 정하고 있는 균등대우원칙이나 남녀고용평등법 제8조에서 정하고 있는 동일가치노동 동일임금 원칙 등은 어느 것이나 헌법 제11조1항의 평등원칙을 근로관계에서 실질적으로 실현하기 위한 것이다. 그러므로 국립대학의 장으로서 행정청의 지위에 있는 피고로서는 근로계약을 체결할 때에 사회적 신분이나 성별에 따른 임금 차별을 하여서는 아니 됨은 물론 그밖에 근로계약상의 근로 내용과는 무관한 다른 사정을 이유로 근로자에 대하여 불합리한 차별 대우를 해서는 아니 된다. 따라서 시간강사를 전업(專業)과 비전업으로 구분하여 시간당 강의료를 차등지급하는 것은 부당한 차별적 처우에 해당한다(대법원 2019.3.14, 2015두46321).

② 회사가 서울 지역 근로자들에게만 일률적으로 보다 많은 임금을 지급함으로써 헌법 제11조, 근로기준법 제6조, 남녀고용평등법 제8조1항을 위반하였다며 차액 상당 미지급 임금의 지급을 구한 사안에서, 우선 합리적 사유 없는 차별이 있더라도 민법상 불법행위에 기한 손해배상 청구가 아닌 헌법 제11조 위반을 이유로 미지급 임금의 지급을 구할 수는 없고, 다음으로 근무지역은 근로기준법 제6조에서 규정하는 '사회적 신분'에 포함되지 않으며, 마지막으로 남녀 근로자의 관계에 관한 위 법률이 본건에 적용 된다고 볼 수 없다(청주지법 2014.11.13, 2014가합1338).

③ 단체협약 내용 중 직위별로 정년을 달리하는 제도는 성별·국적·신앙·사회적 신분을 이유로 한 차별적 대우가 아니므로, 근로기준법 제6조의 균등처우에 반하는 것은 아니다(근기 68207-1043, 1994.6.29).

④ 근로기준법상 균등처우 원칙은 헌법의 평등이념으로부터 파생된 점을 고려

할 때, 헌법재판소는 자신의 법적 지위 개선이 아닌 타인의 수혜를 제거하는데 그치는 경우는 평등위반의 다툼은 허용되지 않는다고 보고 있고(헌재 1990.6.25. 89헌마107), 근로기준법 제6조는 위반 시 형사처벌(500만원 이하의 벌금)을 규정하고 있으므로, 근로자에 대한 우대적 조치(처우)까지 형사처벌의 대상에 포함된다고 보기 어려운 점 등을 종합적으로 고려할 때, 근로자에 대한 수익적 조치(처우)까지 '차별적 처우'에 포함된다고 보기는 어려울 것이다. 따라서 사용자가 재벌가 자녀 등 특정 근로자를 초고속으로 승진시킨 것은 인사권한의 남용 논란은 별론으로 하더라도 근로기준법 제6조에서 말하는 '차별적 처우'에 해당하지 않으므로 균등처우 위반 여부를 판단할 수 있는 대상이 되지 않는다(근로기준정책과-4460, 2018.7.11).

라. 강제근로 금지의 원칙

관련법령

근로기준법 제7조【강제 근로의 금지】 사용자는 폭행, 협박, 감금, 그 밖에 정신상 또는 신체상의 자유를 부당하게 구속하는 수단으로써 근로자의 자유의사에 어긋나는 근로를 강요하지 못한다.

'법률과 적법한 절차에 의하지 아니하고는 강제노역을 당하지 아니한다'는 헌법 제12조1항의 취지를 근로관계에서 구체적으로 규정한 것으로, 사용자는 폭행·협박·감금 그 밖에 정신상 또는 신체상의 자유를 부당하게 구속하는 수단을 사용하여 근로자 자유의사에 어긋나는 근로를 강요하지 못한다.

(1) 강제근로 의미

근로자가 처벌의 위협 하에서 강요받거나 자유의사에 따라 자발적으로 제공하는 것이 아닌 모든 근로를 말한다. 강제 근로는 일반적으로 근로 제공을 전제로 하지만 반드시 사용자가 의도하는 근로가 실행되는 것을 요건으로 하는 것은 아니며, 강제근로를 금지하는 취지는 근로자 의사에 어긋나는 근로를 금지하는데 있으므로 폭행, 협박, 감금이 아니더라도 근로자를 정신적으로나 신체적으로 구속하여 강제하는 근로는 모두 금지된다.

(2) 강제근로의 유형

① 이직을 강제로 제한하는 경우
② 정당한 이유 없이 다른 직종의 근로를 강요하는 경우
③ 기숙사에서 인격의 자유를 제한하는 경우
④ 연장근로·휴일근로를 강요하는 경우
⑤ 장기근로계약·사표수리거부의 경우

(3) 관련 사례

① 해외연수자가 연수 후 일정기간 의무적으로 재직하지 않는 경우, 해당 교육비용의 전부 또는 일부를 상환토록 한 규정은 정신 또는 신체상의 자유를 부당하게 구속하는 수단 즉, 근로자의 자유의사에 반하는 근로를 강요하는 것은 아니다(대법원 1992.2.25, 91다26232).

② 근로기준법은 사용자와 근로자간 경제적 지위의 차이로 인해 야기될 수 있는 전근대적인 노사관계를 극복하고 근로자의 인격존중 및 실현이라는 관점에서 헌법의 취지에 의거하여 강제근로를 직·간접적으로 금지하고 있는데, 사업경영상 영업비밀을 보호해야 할 필요성에 따라 근로자와 영업비밀보호 계약을 체결하고 근로자에게 영업 비밀을 보장할 의무를 부과하는 것이 부정경쟁행위와 타인의 영업비밀을 침해하는 행위를 방지하여 건전한 거래질서를 유지함을 목적으로 하고 있는 부정경쟁방지법의 입법 취지로 보아 근로기준법 강제 근로금지의 기본 취지에 어긋나거나 이에 직접 위반되고 있다고 볼 수는 없을 것이다(근기 01254-1732, 1992.10.17).

③ 시험문제의 인쇄 등 특히 기밀이 보장되어야 하는 업무의 수행을 위하여 특정 기간 중 출입을 통제하는 것은 강제근로에 해당하는 것으로 볼 수 없다(근기 1455-36726, 1981.12.12).

④ 18세 이상의 여자근로자를 1일 13시간 이상 근로시킬 때에는 근로기준법 제57조의 위반이 되는 것이며, 근로기준법 제7조 강제근로의 여부는 근로자와 구체적인 사례에 따라 판단되어야 할 것이나 단순히 불만스러운 근로조건하에서의 근로라는 이유만으로는 강제근로라고는 단언할 수 없다(근기 1455-8252, 1971.8.4).

마. 폭행 금지의 원칙

관련법령

근로기준법 제8조【폭행의 금지】 사용자는 사고의 발생이나 그 밖의 어떠한 이유로도 근로자에게 폭행을 하지 못한다.

폭행의 금지 규정은 사용자가 업무명령을 빙자하여 근로자에게 폭력을 행사하는 것을 저지하여 근로자의 신체의 자유를 확보하고, 사용자의 물리적인 구속으로부터 근로자를 보호하여, 인간의 존엄과 가치를 보장하려는 취지가 있다. 근로기준법이 금지하는 '폭행'은 사용자의 지휘명령 아래에서 이루어지는 업무 등 근로관계에서 발생하는 폭행 또는 구타행위를 말한다.

(1) 폭행의 의미

사람의 신체에 대하여 유형력을 행사한 경우를 말하며, 단순히 물건에 대한 유형력의 행사는 폭행으로 볼 수 없다. 사람에게 돌을 던지거나 뺨을 때리거나 침을 뱉거나 손이나 옷을 잡아당기는 것은 폭행이지만 방문을 발로 차는 것은 폭행이 아닌 것이다. 즉, 삿대질의 하거나 물건 등에 유형력을 행사하는 것이 신체에 한 것으로 볼 수 있는 경우에는 폭행의 금지 위반죄에 해당할 수 있다. 신체에 공간적으로 근접하여 고성으로 폭언이나 욕설을 하면서 동시에 손발이나 물건을 휘두르거나 던지는 행위는 폭행으로 볼 수 있으나 단순히 욕설을 하는 것만으로는 유형력의 행사라 볼 수 없다(대법원 1991.1.29, 90도2153). 전화 등으로 고성이나 소리를 듣게 하는 경우에는 특수한 방법으로 수화자의 청각기관을 자극하여 수화자로 하여금 고통스럽게 느끼게 할 정도의 음향을 이용한 경우에는 유형력 행사로 볼 수 있다(대법원 2003.1.10, 2005도5716).

(2) 형법과의 관계

근로기준법 폭행죄는 형법 제260조에서 정한 폭행죄보다 처벌이 더 무겁다. 이는 사업장에서 어떠한 폭력도 발생하지 않도록 하기 위함이다.

구분	형법	근로기준법
내용	• 사용종속관계를 전제로 하지 않음 • 형벌이 2년이하의 징역 또는 500만원 이하의 벌금, 구류 또는 과료 • 반의사불벌죄	• 사용자와 근로자와의 사용종속관계를 전제로 함 • 형벌이 5년이하의 징역이나 5천만원 이하의 벌금 • 근로자의 의사와 관계없이 처벌

(3) 사용자 책임의 범위(양벌규정)

폭행을 한 자가 당해 사업의 근로자에 관한 사항에 대하여 사업주를 위하여 행위한 대리인·사용인 기타의 종업원인 경우에는 사업주에 대하여도 벌금형을 부과한다. 단, 사업주가 그 위반행위를 방지하기 위하여 해당 업무에 관해 상당한 주의와 감독을 게을리 하지 않은 경우에는 그러하지 아니한다(근로기준법 제115조).

관련 행정해석과 판례

근로기준법 제8조 폭행의 금지에서 규정한 사용자의 범위

사용자가 근로관계에서 근로자를 폭행한 한 경우에는 동 규정이 적용되며, 근로기준법 제2조1항2호에 따른 사용자란 사업주 또는 사업경영담당자, 그 밖에 근로자에 관한 사항에 대하여 사업주를 위하여 행위 하는 자를 말한다. '사업경영담당자'란 사업경영 일반에 관하여 책임을 지는 자로서 사업주로부터 사업 경영의 전부 또는 일부에 대하여 포괄적인 위임을 받고 대외적으로 사업을 대표하거나 대리하는 자를 말하며(대법원 2008.4.10, 2007도1199), '근로자에 관한 사항에 대하여 사업주를 위하여 행위 하는 자'라 함은 근로자의 인사 · 급여 · 후생 · 노무관리 등 근로조건의 결정 또는 업무상 명령이나 지휘 · 감독을 하는 등의 사항에 대하여 사업주로부터 일정한 권한과 책임을 부여받은 자를 말한다(대법원 2008.10.9, 2008도5984). 따라서, 근로관계에서 사용자의 지위에 있는 자가 근로자를 폭행한 경우에는 근로기준법에 따른 사용자로서 폭행의 책임을 물을 수 있다(근로기준정책과-4442, 2016.7.15). 업무명령에 따르지 않는다는 이유로 경비반장이 근로자를 폭행하는 경우 근로기준법 위반이다(근기 68207-1329, 1994.8.24).

바. 중간착취 금지의 원칙

관련법령

근로기준법 제9조【중간착취의 배제】 누구든지 법률에 따르지 아니하고는 영리로 다른 사람의 취업에 개입하거나 중간인으로서 이익을 취득하지 못한다.

중간착취(kick back pay)란 취업과정이나 취업기간 중에 노사의 중간에 개입하여 이익을 얻는 것을 말하고, 민법상의 고용계약에 한하지 않고 넓은 의미로 근로관계에 제3자가 어떤 인과관계를 가지고 관여하는 것을 말한다. 즉, 중간착취의 배제는 근로관계 당사자에 제3자가 개입하는 것을 금지하는 규정이다. 타인의 취업에 있어서 소개·알선을 조건으로 소개료·중개료·수수료 등의 명목으로 이득을 취하거나 취업 후에 중개인·작업반장·감독자 등의 지위를 이용하여 근로자의 임금의 일부를 착취하는 봉건적인 악습을 방지하기 위함이다.

(1) 중간착취의 구성요건

근로기준법이 금지하는 중간착취가 되기위해서는 주체, 목적, 구체적 행위의 존재 등의 요건이 충족되어야 한다.

① 행위의 주체: 근로자 및 사용자 여부에 관계없이 타인의 취업에 개입하여 이득을 얻는 모든 자(법인도 포함)가 해당된다.

② 목적: 중개행위를 반복하여 영업으로 이를 행하는 것을 금지하려는 데 목적이 있으므로 영리를 목적으로 하는 한 주업, 부업을 따지지 않고 지속할 의사가 있는 경우도 포함된다.

③ 구체적 행위: 타인의 취업에 개입하는 것으로, 취직을 조건으로 하는 근로관계의 개시에 관한 개입과 취업 후 근로관계의 존속·유지에 관한 개입을 포함한다. 다만, 직업안정법(직업소개업, 근로자공급사업), 파견근로자보호등에관한법률 등에 근거하여 개입 또는 중개하는 행위는 적용이 제외된다.

관련 판례

영리로 타인의 취업에 개입하는 행위의 의미

제3자가 영리로 타인의 취업을 소개 · 알선하는 등 노동관계의 성립 또는 갱신에 영향을 주는 행위 또는 중간인으로서 이익을 취득하는 행위는 근로계약관계 존속 중에 사용자와 근로자 사이에 중간에서 근로자의 노무제공과 관련해 사용자 또는 근로자로부터 법률에 의하지 아니하는 이익을 취득하는 행위를 의미한다(대법원 2007.8.23, 2007도3192).

(2) 관련 사례

① 배달프로그램과 연결된 의뢰 업주의 연락을 받고 해당 업체를 방문하여 오토

바이 배달을 대행하는 행위의 경우 배달대행 업체와 배달원간의 계약형태가 불분명하고, 배달대행 업체가 배달원과 판매점 업주간의 근로관계의 개시나 또는 존속 등에 관여 하였다고 볼 만한 명확한 내용이 없어 근로기준법 제9조 중간착취 배제 조항의 적용 여부를 판단하기 어렵다(고용차별개선과-2618, 2014.12.19).

② 근로기준법 제9조는 "누구든지 법률에 의하지 아니하고는 영리로 타인의 취업에 개입하거나 중간인으로서 이익을 취득하지 못한다."고 규정하고 있는데, 여기서 '영리로 타인의 취업에 개입'한다고 함은 제3자가 영리로 타인의 취업을 소개 또는 알선하는 등 근로관계의 성립 또는 갱신에 영향을 주는 행위를 말한다(대법원 2007.8.23, 2007도3192). 그리고, 제3자가 타인의 취업에 직접·간접으로 관여하여 근로자를 착취하는 행위를 방지하고자 하는 위 규정의 입법 취지와, 위 조항에 의하여 원칙적으로 금지되고 있는 타인의 취업에 개입하는 행위 중 허용되는 행위의 유형과 절차에 관하여 상세히 정하고 있는 직업안정법 등의 관련 법률 조항들을 종합적으로 고려해 볼 때, 위 조항의 '영리로 타인의 취업에 개입'하는 행위, 즉 제3자가 영리로 타인의 취업을 소개 또는 알선하는 등 근로관계의 성립 또는 갱신에 영향을 주는 행위에는 취업을 원하는 사람에게 취업을 알선해 주기로 하면서 그 대가로 금품을 수령하는 정도의 행위도 포함된다고 볼 것이고, 반드시 근로관계 성립 또는 갱신에 직접적인 영향을 미칠 정도로 구체적인 소개 또는 알선행위에까지 나아가야 한다고 볼 것은 아니다. 같은 취지에서 원심이, 회사의 노동조합 간부로 상당기간 근무하였기 때문에 회사의 취업자 선정에 관하여 사실상 영향력을 미칠 수 있는 지위에 있는 피고인인 구직자들로부터 그 회사에 취업할 수 있도록 알선해 달라는 부탁을 받고 이를 승낙하면서 그 대가로 금원을 교부받은 피고인의 행위가 근로기준법 제9조에서 금지하는 행위에 해당한다고 판단한 것은 정당하다(대법원 2008.9.25, 2006도7660).

③ 아들이 OO자동차에 입사하도록 OO자동차에 다니는 사람의 추천을 받을 수 있게 도와 달라"는 부탁을 받고 OO자동차 노동조합 사무국장을 지낸 피고인의 처남으로 하여금 아들을 추천하도록 하고 피고인의 형으로부터 취업사례금 명목으로 300만원을 교부받은 사례는 중간인으로서의 이익을 취득하는 행위에 해당하지 않음. 또한 위 규정으로 처벌하기 위해서는 '영리로' 타인의 취업에 개입하여야 하는데 여기에서의 '영리로'의 의미는 '경제적인 이익을 취득할 의사'를 말하는 것

이라 할 것이므로, 단순히 돈을 건네받았다는 것만으로 그것이 '영리로' 한 것이라고 볼 수 없다(대법원 2007.8.23, 2007도3192).

사. 공민권 행사 보장의 원칙

관련법령

근로기준법 제10조【공민권 행사의 보장】 사용자는 근로자가 근로시간 중에 선거권, 그 밖의 공민권(公民權) 행사 또는 공(公)의 직무를 집행하기 위하여 필요한 시간을 청구하면 거부하지 못한다. 다만, 그 권리 행사나 공(公)의 직무를 수행하는 데에 지장이 없으면 청구한 시간을 변경할 수 있다.

사용자는 근로자가 근로시간 중에 선거권 그 밖의 공민권의 행사 또는 공(公)의 직무를 집행하기 위하여 필요한 시간을 청구하면 거부하지 못한다. 다만, 그 권리 행사나 공의 직무를 수행하는 데에 지장이 없으면 청구한 시간을 변경할 수 있다(사용자의 시기변경권이 인정된다). 예를 들어, 사용자가 근로자로 하여금 소정근로시간 이외의 시간에 투표를 하도록 하더라도 현실적으로 투표가 가능한 경우에는 위법한 것으로 볼 수 없다.

(1) 공민권

'공민권'이란 국가공무에 참여할 수 있는 자격을 갖춘 국민이 헌법이나 기타의 법률에 의해 정해진 공무에 참여할 수 있는 국민의 기본권을 말하는데, 헌법 개정의 국민투표권, 피선거권의 행사(입후보등록을 위한 행위, 본인의 선거운동), 공직선거법상의 선거 또는 당선에 관한 소송은 공민권의 행사에 포함된다. 하지만 다른 입후보자를 위한 선거운동, 사법상의 채권·채무에 관한 소송은 공민권 행사라고 볼 수 없다.

(2) 공의 직무

'공의 직무'란 법령에 의거한 공적인 성격을 가진 직무를 말한다. 국회의원·노동위원회의 위원으로서의 직무, 증인·감정인으로서의 법원에 출석하는 행위, 향토예비군 소집에 응하는 것, 군입대를 위한 신체검사 등은 공의 직무에 해당하나,

근무시간 중의 노동조합활동과 정치활동 등은 공의 직무에 해당되지 않는다. 부당징계 및 부당노동행위로 구제신청을 한 당사자가 노동위원회의 요구에 출석하는 시간은 공의직무에 해당하지 않는다(근로기준팀-5828, 2007.8.8).

(3) 임금 보장

공민권 행사·공의 직무집행에 필요한 시간을 보장할 뿐 그 시간의 급여에 관해서는 아무런 정함이 없으므로 단체협약, 취업규칙 또는 근로계약에서 임금 지급 근거 규정이 없으면 사용자의 임금 지급 의무는 없음이 원칙이다. 다만, 공직선거법, 국민투표법, 향토예비군설치법, 민방위기본법, 비상대비자원 관리법시행령 등에서는 유급으로 해석하고 있다.

공민권 행사와 임금지급 문제

(1) 근로기준법 제10조는 공민권의 행사 등에 필요한 시간의 청구를 사용자로 하여금 거부하지 못하게 하는데 있을 뿐이며, 근로를 제공하지 못한 시간동안 사용자가 임금을 지급해야 할 것인가에 대하여는 특별히 규정하고 있지 않다. 따라서, 공민권 행사나 공의 직무 집행시간에 대한 임금지급에 대하여는 단체협약·취업규칙·근로계약 등에 별도의 정함이 없는 한 사용자가 임금을 지급할 의무는 없다.

(2) 관련법에 의한 예외

① 대통령선거법 제4조, 국민투표법 제4조 및 공직선거법 제6조제3항에서 '다른 사람에게 고용된 자가 선거인명부를 열람하거나 투표하기 위하여 필요한 시간은 보장되어야 하며 이를 휴무 또는 휴업으로 보지 아니한다'고 규정하고 있으므로, 유급으로 하여야 한다고 해석한다.

② 향토예비군설치법 제10조와 민방위기본법 제23조는 '타인을 사용한 자는 그가 고용하는 자가 예비군(민방위)대원으로 동원되거나 훈련을 받는 때에는 그 기간을 휴무로 하거나 그 동원이나 훈련을 이유로 불이익한 처우를 할 수 없다'고 규정하고 있는 바, 여기에서 '휴무로 할 수 없다'는 것도 유급으로 하여야 한다는 것으로 해석한다.

※ 근로시간과 훈련시간의 일부가 중복되어 있어 훈련을 마친 후 근로제공의무가 있음에도 불구하고 전혀 근로의 제공이 없었다면, 중복된 시간에 대해 유급으로 임금을 지급하였다 하더라도 출근하지 아니한 것으로 처리함이 원칙이며(근기 01254-1077, 1992.7.28), 소정근로시간 외에 민방위훈련을 받는 경우에는 훈련으로 인하여 근로자가 충분한 휴식을 취하지 못하였다 하더라도 사용자는 동 근로자의 소정근로 의무를 당연히 면제해 주어야 할 법적 의무는 없다(근기 01254-1426, 1993.6.29).

따라서, 투표행위를 위해 필요한 시간에 대해서는 임금지급 의무가 있으며, 사용자가 임금을 지급하지 아니할 경우에는 벌칙이 적용된다(근로기준법 제36조나 제43조 위반에 해당).

※ 병역법에 의한 군복무기간이나 병역특례자의 군사훈련기간의 보수지급여부에 대해서는 관계법령에 특별히 규정되어 있지 아니하므로 사용자가 임금을 지급할 의무는 없다.

관공서 공휴일 규정의 선거일과 공민권 행사 보장간의 관계

관공서 공휴일 규정 중 공직선거법 제34조에 따른 임기만료에 의한 선거일과 근로기준법 제10조의 공민권 행사의 보장은 일부 유사하다. 다만, 공민권 행사 보장은 선거권, 피선거권, 예비군훈련, 민방공훈련 등 다양한 공의 직무 수행으로 보장범위가 광범위한 반면에 필요한 시간만큼 보장하고 있으며, 공휴일의 규정에서는 임기만료(대통령, 국회의원, 지방선거)에 의한 선거일 하루 전체를 유급휴일로 보장한다. 또한, 유급휴일로 지정된 선거일에 휴일근로를 하게 되더라도 선거권 행사에 필요한 시간은 공민권 행사 보장이 가능하므로 근로자의 권익 보호를 위한 보완적 성격으로 볼 수 있다(개정근로기준법 설명자료 2018.5.).

6. 금지되는 근로계약

가. 위약금 예정의 금지

관련법령

근로기준법 제20조【위약 예정의 금지】 사용자는 근로계약 불이행에 대한 위약금 또는 손해배상액을 예정하는 계약을 체결하지 못한다.

위약예정금지는 근로자의 계약 불이행을 이유로 사용자에게 실제 발생된 손해의 종류나 정도를 묻지 않고 일정액을 미리 정하여 근로자에게 배상하게 하는 근로계약 체결을 금지한다는 의미이다. 이를 위반할 경우 500만원 이하의 벌금에 처한다(근로기준법 제114조).

위약금이란 계약 이행을 담보하기 위해 채무를 이행하지 않는 경우에 채무자가 채권자에게 일정금액을 지불할 것을 미리 약정하는 금액이고 이는 근로자가 근로계약을 이행하지 않는 경우 사용자가 그에 대한 손해 발생의 유무에 관계없이 받을 수 있는 금전이다. 손해배상액의 예정이란 채무를 이행하지 않는 경우에 배상해야 할 손해액을 실제 손해와 관계없이 미리 정하는 것이다.

민법은 사적자치에 의해 당사자간의 채무불이행에 대한 손해배상 또는 위약금을 예정할 수 있도록 하고 있는데(민법 제398조), 근로기준법에서 위약금 등의 예정을 금지하는 것은 근로자가 실제 발생된 손해액에 비해 부당하게 배상을 강요받고 자유의사에 반하는 강제근로의 위험에 처해질 수 있기 때문이다(대법원 2004.4.28, 2001다53875).

여기서 잠깐! 신원보증계약

신원보증계약은 채무의 인수·보증 기타 명칭의 여하를 불문하고 근로자의 행위로 인하여 사용자가 받은 손해의 배상을 약정하는 계약을 말한다. 근로자가 근무 중에 고의·과실 또는 의무 불이행으로 인하여 사용자에게 손해를 발생하게 할 경우에 대비하여 사용자가 신원보증인과 단독으로 또는 신원보증인과 근로자를 연대채무자로 하여 체결하는 계약으로 현실적으로 발생한 손해에 대한 책임담보를 전제로 하는 것이므로 위약금 예정 계약은 아니다(대법원 1980.9.24, 80다1040). 또한 근로계약이 갱신되는 경우 신원보증계약도 자동으로 갱신되는 것이 아니며 새로운 합의가 필요하다(대법원 1986.2.11, 85다카2195).

(1) 현실적 손해배상

근로자의 불법행위 등으로 사용자에게 손해가 발생할 때, 사용자가 근로자에게 민사절차에 따라 손해배상을 실제로 청구하거나, 근로자의 불법행위로 사용자가 제3자에게 부담한 손해배상에 대한 구상권 행사, 이러한 취지를 근로계약 등에 정하는 것은 위약예정금지에 해당하지 않는다.

관련 행정해석

근로기준법 제20조는 위약예정을 금지하고 있고, 동법 제43조는 임금의 전액을 근로자에게 지급하도록 규정하고 있으므로 근로자가 근무 도중에 사용자에게 피해를 입힐 것을 대비하여 사고 발생 시의 실제 손해액과 관계없이 일정액을 미리 정하여 근로자에게 배상하게 하는 근로계약을 체결하거나 동 배상액을 사용자가 일방적으로 임금 또는 퇴직금과 상계할 수는 없을 것이나, 민사절차에 의해 손해배상을 청구하는 것은 근로기준법과는 무관하다 할 것이므로 손해배상의 청구 여부 및 절차는 민사법에 따라야 할 것이다(근기 01254-455, 1993.3.25).

(2) 결근과 임금삭감, 징계

지각, 조퇴, 무단결근 등에 대한 임금삭감, 징계수단으로써 감급의 제재 범위 내에서 임금삭감 등은 위약예정금지에 해당하지 않는다.

(3) 근로계약 종료 후 손해배상 예정

영업비밀보호 계약 등 퇴직 후 손해배상 예정의 목적이 영업비밀 보호에 있다면 위약예정금지에 해당하지 않는다.

① 경업금지에 대한 약정이 근로계약 불이행에 따른 위약금 또는 손해배상액을

예정한 것이 아니라 퇴직 후에 유사업종에 종사함으로써 영업비밀 유출에 대한 위약금 또는 손해배상액을 예정한 것이라면 근로기준법 제20조 위반으로 보기는 어려울 것이다. 다만, 경업금지의 약정이 과도하다면 민법상 계약의 신의성실원칙에 위반될 소지가 있다(근로개선정책과-2396, 2013.04.18).

② 영업비밀보호를 위해 회사와 근로자 사이에 퇴직후 일정기간 동안 경쟁업체에 취업하거나 특정 분야에서 개인사업을 영위하는 것을 금지하는 약정을 체결하는 것은 근로기준법상 위약예정에 해당되지 아니하며, 경업금지약정이 체결된 배경이나 내용에 있어서 합리성이 인정되고 근로자의 자유와 경쟁을 지나치게 제한하는 것이 아니라면 유효하다(대법원 2010.3.11, 2009다82244).

(4) 임금반환 약정

약정 근무기간 이전 퇴직하였다는 이유로 근로자에게 마땅히 지급되어야 할 임금을 반환하기로 하는 약정은 법 위반이다.

관련 판례

내과의원 임상병리사로 근무하는 근로자에게 매월 임금에 추가금을 지급하면서 최소 5년간 근무하지 않고 중간에 그만둘 경우 추가금을 돌려준다는 약정을 한 사례에서 추가금은 사용자의 업무상 필요와 이익에 의해 근로자에게 지급된 임금에 해당하고, 근로자의 채무불이행을 이유로 임금을 반환하기로 한 약정은 실질적으로 위약금 또는 손해배상을 예약하는 계약이므로 근로기준법 제20조에 반하여 무효이다(서울동부지법 2019.5.22, 2017가소363950).

(5) 소요경비 반환 약정

사용자가 근로자에게 교육이나 연수를 받게 한 뒤 의무 재직기간을 두고, 의무재직기간을 위반(계약불이행)했을 때 연수비용을 반환하기로 한 약정이 항상 법 위반이 되는 것은 아니다. 약정 근무기간 불이행시 임금이 아닌 '소요경비의 반환약정'은 근로계약 기간이 아니라 경비 반환채무의 면제기간을 정한 것이라면 법 위반으로 볼 수 없다. 이는 교육훈련이나 해외 연수의 성질이 순수한 연수인지 근로가 포함된 연수인지 등을 구별하여 판단한다.

〈판단기준〉

① 교육훈련이나 연수의 실질이 출장업무 등 근로제공의 성격인지
② 교육비, 연수비, 장학금 등이 임금의 성격인지, 소요경비 등 비용의 성격인지
③ 교육비, 연수비, 장학금 등이 임금과 별도로 지급되는지
④ 사용자의 업무상 필요와 이익을 위하여 본래 사용자가 부담할 성질의 비용인지, 아니면 근로자의 자발적 희망과 이익을 고려하여 근로자가 전적으로 또는 공동으로 부담해야 할 비용인지

관련 행정해석

해외파견 연수 후의 일정기간 근무약정의 문제(근기 68207-3229, 2000.10.18)

1. 해외파견 연수가 교육·훈련목적으로 이루어진 경우

① 회사에서 소속 직원에 대한 교육·훈련비용을 부담, 지출하여 위탁교육을 시키고, 이를 이수한 직원이 교육·훈련을 수료한 날부터 일정한 의무재직 기간동안 근무하지 않을 경우에는 기업체가 부담한 해당 교육 관련 비용의 전부 또는 일부를 상환하도록 하되, 의무기간 동안 근무하는 경우에는 이를 면제하기로 하는 약정은 근로기준법 제20조에서 금지하고 있는 위약금 또는 손해 배상액을 예정하는 계약이라고는 보이지 않는다(대법원 1996.12.20, 90다52222).
② 이 경우 해외파견 연수 후 의무복무토록 한 기간은 근로기준법 제17조의 규정에 의한 근로계약 기간이 아니라 경비반환 의무의 면제기간을 정한 것으로서, 동 약정은 금전소비대차에 관한 계약으로 볼 수 있으므로 민법에 의하여 판단하여야 할 것이다.
③ 다만, 이 경우에도 동 파견 연수기간 중 지급된 경비 중에 소위 기준임금이 포함되어 있는 경우에는 동 기준임금은 파견 연수비용에는 포함되지 않는 것으로 판단되며, 따라서 이를 상환하여야 할 경비에 포함시키는 것은 효력이 없는 것으로 보인다.

2. 해외파견 연수가 실제 근무를 통한 지식, 정보습득 등의 목적을 갖는 경우

① 회사의 연수규정, 근로계약 및 관련 약정 등을 종합적으로 검토하여 판단하여야 할 사항이나, 해외파견 연수에 관한 계약의 형식에 불문하고, 동 파견 연수가 실제로는 해외에 파견되어 현지에서 근로를 제공하는 것이라면, 파견 연수기간중 지급된 임금, 기타 집세 등은 원래 근로자가 부담하여야 할 비용을 회사가 우선 부담함으로써 근로자에 대하여 반환청구권을 갖는 금품이라고는 보기 어렵다고 할 것이다.
② 이 경우 근로자가 의무복무기간 이전에 퇴직할 경우 회사에서 지급한 임금 등 일체의 경비를 반환하여야 한다고 약정하는 것은 근로기준법 제20조에 의한 위약금 또는 손해배상의 예정에 해당될 수 있다고 판단된다(대법원 1996.12.6, 95다24944).

관련 판례

기업체에서 비용을 부담 지출하여 직원에 대하여 위탁교육훈련을 시키면서 일정 임금을 지급하고 이를 이수한 직원이 교육수료일자부터 일정한 의무재직기간 이상 근무하지 아니할 때에는 기업체가 지급한 임금이나 해당 교육비용의 전부 또는 일부를 상환하도록 하되 의무재직기간 동안 근무하는 경우에는 이를 면제하기로 약정한 경우, 교육비용의 전부 또는 일부를 근로자로 하여금 상환하도록 한 부분은 근로기준법 제27조에서 금지된 위약금 또는 손해배상을 예정하는 계약이 아니므로 유효하지만, 임금반환을 약정한 부분은 기업체가 근로자에게 근로의 대상으로 지급한 임금을 채무불이행을 이유로 반환하기로 하는 약정으로서 실질적으로는 위약금 또는 손해배상을 예정하는 계약이므로 근로기준법 제20조에 위반되어 무효이고, 직원의 해외파견근무의 주된 실질이 연수나 교육훈련이 아니라 기업체의 업무상 명령에 따른 근로장소의 변경에 불과한 경우, 이러한 해외근무기간 동안 임금 이외에 지급 또는 지출한 금품은 장기간 해외근무라는 특수한 근로에 대한 대가이거나 또는 업무수행에 있어서의 필요불가결하게 지출할 것이 예정되어 있는 경비에 해당하여 재직기간 의무근무 위반을 이유로 이를 반환하기로 하는 약정 또한 마찬가지로 무효라고 보아야 할 것이다.피고가 사용자의 업무명령에 따라 원고 회사의 관련 기업에서 본연의 업무에 종사한 점, 파견된 회사에서의 담당업무 내용, 해외근무기간 등에 비추어 이 사건 해외근무의 주된 실질이 연수나 교육훈련이 아니라 단순한 근로장소의 변경에 해당한다고 봄이 상당하고, 해외근무기간 동안 원고 회사가 피고와 그 동반가족을 위하여 지급 또는 지출한 부임여비 및 기타 체재비 또한 장기간의 해외근무에 대한 대가이거나 업무수행에 있어서 필요불가결하게 지출할 것이 예정되어 있는 경비에 해당하여 이는 원래 원고 회사가 부담하여야 할 성질의 것이고 피고에게는 그 반환의무가 없다고 할 것이므로, 재직기간 의무근무 위반을 이유로 근로자가 해외근무에 소요된 경비를 반환하기로 하는 이 사건 약정은 실질적으로는 위약금 또는 손해배상액을 예정하는 계약이어서 근로기준법 제20조에 위반되어 무효라고 할 것이다(대법원 2004.4.28, 2001다53875).

나. 전차금 상계의 금지

관련법령

근로기준법 제21조【전차금 상계의 금지】 사용자는 전차금(前借金)이나 그 밖에 근로할 것을 조건으로 하는 전대(前貸)채권과 임금을 상계하지 못한다.

전차금이란 근로계약을 체결할 당시나 이후에 임금 중에서 변제할 것을 약속하고 미리 근로자가 사용자로부터 차용한 금전을 말하며, 근로할 것을 조건으로 하는 전대채권이란 전차금 이외에 전차금에 추가해서 근로자 또는 그 친권자 등에게 지급되는 금전으로서 전차금과 동일한 목적을 가지는 것을 말한다. 근로기준법에서 금지하는 대상은 전차금 등의 대여 자체가 아니라 전차금 기타 근로할 것을 조건으로 하는 전대채권과 임금과의 상계이며, 상계라 함은 채권자와 채무자가 서로 같은 종류의 채권을 갖는 경우에 대등한 금액 범위 내에서 서로 소멸하게 하는 것으로서, 사용자의 상계는 금지되나 근로자의 자발적인 의사에 의한 상계는 가능하다.

전차금 등의 임금 상계를 금지하는 것은 근로자가 부당하게 신분이 구속되어 불리한 근로조건을 감수하게 되는 것을 방지하기 위한 것이므로 임금에서 채무를 공제하도록 하는 계약은 전차금상계 금지규정 위반일 뿐 아니라 임금의 전액지급 원칙 위반으로 무효이다. 이를 위반할 경우 500만원 이하의 벌금에 처한다(근로기준법 제114조).

사용자는 전차금을 근로자에게 직접 청구하거나 압류 등 임금상계 이외의 방법으로 반환받을 수 있다.

(1) 채권 상계

근로자의 자녀를 위한 학자금 대여금, 주택구입을 위한 대여금 등 사용자의 채권을 일정기간 후에 임금에서 상계하는 것은 인신구속의 위험이 없는 한 전차금 상계에 해당되지 않는다. 다만, 근로기준법 제43조 제1항에 따라 법령 또는 단체협약에서 정함이 있는 경우에 임금 공제가 가능하므로 대여금을 임금에서 공제할 수 있다는 단체협약상의 근거규정이 있어야 한다.

(2) 손해배상액 상계

근로자 과실에 의한 사고로 발생된 차량수리비는 그 성격상 손해배상청구 등 민사 절차에 의한 방법으로 변제받아야 할 사안으로서, 당해 근로자의 가불신청절차에 의한다 하더라도 이를 임금에서 공제한 것은 손해배상금과의 상계를 행한 것으로 보아야 할 것이다(임금 68207-104, 2000.5.23).

(3) 임금 가불

임금의 가불과 같이 임금의 일부를 임금지급기일 전에 지급하고 임금에서 그 상당액을 상계하는 임금가불은 임금의 일부를 지급한 것으로 볼 수 있으므로 위반이 아니다.

(4) 사납금 공제

근로기준법 제21조의 취지는 근로자와 사용자간의 금전대차관계와 근로관계를 분리함으로써 근로자의 신분이 부당하게 구속되는 것을 막고 근로자로 하여금 불리한 근로조건을 감수하게 하는 것을 방지하기 위해 전차금 또는 전대채권과 임금을 상쇄하지 못하도록 한 취지라고 보아야 할 것이므로 사납금에 대한 임금공제규정은 동조 위반이라 볼 수는 없다(근기 68207-2289, 1993.11.6).

다. 강제저축의 금지

관련법령

근로기준법 제22조【강제 저금의 금지】 ① 사용자는 근로계약에 덧붙여 강제 저축 또는 저축금의 관리를 규정하는 계약을 체결하지 못한다.

② 사용자가 근로자의 위탁으로 저축을 관리하는 경우에는 다음 각 호의 사항을 지켜야 한다.

1. 저축의 종류·기간 및 금융기관을 근로자가 결정하고, 근로자 본인의 이름으로 저축할 것
2. 근로자가 저축증서 등 관련 자료의 열람 또는 반환을 요구할 때에는 즉시 이에 따를 것

'근로계약에 덧붙여'라 함은 근로계약의 체결 또는 유지 조건을 말하며, 근로계약에 명시한 경우는 물론이고 저축계약을 취업조건으로 하는 경우도 포함된다. '강제저축의 계약'이라 함은 사용자 자신이 근로자와 계약하는 것은 물론이고 제3자인 은행·우체국·공제조합 등과 저축계약을 하도록 하는 것도 포함된다. 근로계약에 덧붙이지 않고 근로자의 자유의사에 의한 저축금을 위탁받아 관리하는 계약을 금지할 이유는 없으나 이러한 경우라도 그대로 방치해 두면 사실상 강제저축으로 작용할 우려가 있기 때문에 근로기준법에서 제한을 하고 있다. 근로자의 인신구속에 따른 강제근로와 사용자가 저축금을 경영자금으로 이용시 우려되는 금품 미청산을 방지하기 위한 것이다. 실제 사례로는 외국인 근로자의 임금에서 일부를 사용자가 저축하거나 사용자가 근로자의 통장을 직접 관리하는 경우 등이 있다.

7. 근로계약 위반과 손해배상

관련법령

근로기준법 제19조 【근로조건의 위반】 ① 제17조에 따라 명시된 근로조건이 사실과 다를 경우에 근로자는 근로조건 위반을 이유로 손해의 배상을 청구할 수 있으며 즉시 근로계약을 해제할 수 있다.

② 제1항에 따라 근로자가 손해배상을 청구할 경우에는 노동위원회에 신청할 수 있으며, 근로계약이 해제되었을 경우에는 사용자는 취업을 목적으로 거주를 변경하는 근로자에게 귀향 여비를 지급하여야 한다.

가. 의의

근로계약을 체결할 때 근로계약에 명시된 근로조건이 다른 경우 이로 인하여 근로자가 입는 피해에 대하여 손해배상의 청구 또는 계약을 해제(해지의 의미)할 수 있도록 하고 있다. 또한, 계약이 해지되었을 때에는 근로자가 취업으로 인하여 주거지를 변경하는 경우 사용자는 근로자에게 귀향여비를 지급하도록 하고 있다. 이는 근로계약 체결시에 사용자가 명시한 근로조건이 근로계약 체결 후에 사실과 다른 것을 알게 되었음에도 근로계약관계의 구속에서 벗어나기 어려운 근로자의 입장을 고려하여 취업 초기에 근로자가 원하지 않는 근로를 강제당하는 것을 방지하고 근로자를 신속히 구제하려는데 취지가 있다(서울행법 2009.5.1, 2008구합45955).

나. 청구요건

사용자가 명시한 근로조건을 위반하여 근로자에게 손해를 입힌 사실이 있어야 한다. 사용자가 근로기준법의 다른 규정을 위반하여 근로자에게 손해를 입힌 경우(예를 들어 부당해고로 인한 손해)라 하더라도 근로기준법 제19조 소정의 근로조건 위반으로 보지 않는다(대법원 1989.2.28, 87누496).

'명시된 근로조건'이란 근로기준법 제17조에 명시할 것을 강제하는 사항으로 ① 임금, ② 소정근로시간, ③ 휴일, ④ 연차유급휴가, ⑤ 취업의 장소와 종사하여야 할 업무에 관한 사항, ⑥ 근로기준법 제93조 제1호부터 제12호까지의 규정에서 정한 사항(취업규칙 사항), ⑦ 기숙사 규칙에서 정한 사항으로, 근로조건의 전부가 아니라 명시된 근로조건 중 사용자가 의무로서 이행하여야 할 근로조건으로서 그 일부의 경우에도 해당된다. 이 명시된 근로조건이 사실과 다른 경우에 그 부분에 대하여 사용자에게 손해배상을 청구할 수 있다. '사실과 다른 경우'는 근로자에게 불리한 경우를 말하며, 근로자에게 유리한 경우는 해당되지 않는다. 또한 명시된 근로조건을 이행하여야 할 의무를 위반한 것에 대한 채무불이행 손해배상을 청구할 수 있으며, 근로기준법 제17조의 명시 의무가 없는 근로조건이 사실과 다른 경우는 해당되지 않는다. 손해배상의 내용은 일반적으로 사용자가 명시된 근로조건을 이행하였더라면 근로자가 받게 될 이익과 그 조건을 이행하지 않음으로써 발생된 상태와의 차액이다.

구 분	채무불이행 손해배상	불법행위 손해배상
근 거	민법 제390조	민법 제750조
내 용	계약 당사자 사이의 문제이며, 채무자가 채무의 내용에 따라 이행을 하지 않는 것으로 채무불이행시 계약을 해지하는 것은 물론 손해배상을 청구할 수 있다. 예를 들어 해고무효 확인 및 임금청구 확정판결 후 사용자가 근로계약상의 복직의무를 이행하지 아니하였다면 채무불이행(또는 불법행위)을 구성하여 손해배상청구가 가능하게 된다(대법원 2014.1.16, 2013다69385).	계약 당사자 관계와 무관하며, 고의 또는 과실로 인해 타인에게 손해를 끼치는 행위로, 불법행위로 인해 생긴 손해는 가해자가 배상하는 것이 원칙이며 재산상 손해뿐만 아니라 정신적 손해까지 배상할 책임이 있다.

다. 청구절차 및 소멸시효

명시된 근로조건과 달라 손해를 입은 근로자는 노동위원회와 법원에 손해배상을 신청할 수 있다. 다만 노동위원회에 신청할 경우 상시근로자 5인 이상인 사업장에 한하여 가능하며, 근로자는 근로조건 위반 손해배상 청구 신청서에 근로계약서 사본, 사용자가 근로조건을 위반하였다는 사실을 증명하는 자료를 첨부하여 관할 지방노동위원회에 제출하면 된다. 근로조건 위반 손해배상 청구권 소멸시효 기간은 근로조건 내용 여부와 관계없이 임금채권에 준하여 3년으로 본다(대법원 1997.10.10, 97누5732).

라. 입증책임

근로조건 위반을 이유로 한 손해배상청구권은 채무불이행으로 인한 손해배상청구이므로 채권의 존부에 대한 입증책임은 이를 주장하는 근로자에게 있다 할 것임에도, 이 사건 근로자는 이에 대한 구체적인 입증을 전혀 하지 못할 뿐만 아니라, 이 사건 사용자가 약정된 근로조건을 위반하여 금전적·정신적인 손해가 발생하였다는 주장 역시 이를 인정할 수 있을만한 증거나 정황을 찾아볼 수 없다(중노위 2009.6.29, 2009손해2).

마. 관련 사례

① 소정의 근로조건이란 사용자가 근로계약 체결 당시 근로자에게 명시한 임금, 근로시간 및 기타의 근로조건을 말하는 것으로서 사용자가 같은법이 정하는 사항을 위반하였다고 하여 곧바로 위 법조 소정의 근로조건 위반이 된다고 할 수 없을 뿐만 아니라 위 법규정은 사용자가 근로자를 채용하면서 유리한 근로조건을 제시하고서도 그 보다 불리한 조건으로 근로시키는 폐단을 방지하고 근로계약 체결시 명시된 근로조건이 사실과 다를 경우 근로자의 해지권과 손해배상청구권을 보장하려는 취지의 규정이어서 그에 따른 근로계약의 해지는 계약체결 초기에 한하여 가능한 것이므로 취업규칙의 변경에 따라 제수당이 감액된 이후에도 근로자들이 일정한 기간 동안 아무런 이의 없이 이를 지급받아 왔다면 이와 같은 근로조건의 저하를 위 법조 소정의 계약 체결시 명시된 근로조건이 사실과 다른 경우라고 볼 수 없고 이를 이유로 근로계약을 해지할 수도 없다(서울고법 1990.3.2, 89나27081).

② 근로기준법 제19조의 소정의 근로조건이란 사용자가 근로계약 체결 시에 근로자에 대하여 명시한 임금, 근로시간 기타의 근로조건을 말하는 것으로 근로기준법의 규정 사항을 위반한 것이 모두 소정의 근로조건의 위반이 된다고는 할 수 없다(대법원 1985.11.12, 84누576).

③ 근로기준법 제19조에서 규정하는 근로조건 위반에 대한 손해배상 청구는 사용자가 처음부터 근로계약 내용과 다른 근로조건을 부여함으로써 근로자가 입은 손해를 보전하고자 하는 제도이므로 이 사건 근로자가 주장하는 연장·휴일근로수

당 등 임금미지급은 지방노동관서에서 구제받을 사항이며 노동위원회의 구제대상이 아니다(중노위 2007.8.14, 2007손해2).

④ 사용자에 의해 2006년 이후 근로계약 갱신이 거절되었고 이에 대하여 근로자는 근로계약 갱신 거절의 부당성을 주장하고 있으나 아직 확정되지 아니한 상태에 있을 뿐만 아니라, 설사 사용자가 근로기준법의 다른 규정사항(구 근로기준법 30조 제1항)상의 확정된 구제명령에 위반하여 근로자에게 손해를 입힌 경우라 하더라도, 이를 이유로 한 손해배상은 위 제19조가 예정하는 근로조건의 위반이라 볼 수 없다. 따라서 야간근로수당 및 연차수당(이 사건 근로자가 제출한 2차 추가 손해배상청구서에 기재된 내용)에 관한 부분도 실제 근무가 이행된 이후 관련 법령에 근거하여 지급되어야 할 금품의 미지급에 관한 사안이므로, 근로계약 체결 당시에 약정한 바가 실제 취업조건과 다를 경우를 대상으로 하는 근로기준법 제19조의 대상 사안으로 볼 수 없다(중노위 2008.2.25, 2007손해3).

⑤ 정부보조금으로 책정된 임금을 지급받아야 함에도 사용자의 기만에 의한 근로계약으로 적법한 임금을 지급받지 못했다며 이에 따른 기본급 차액, 연장·야간·휴일근로수당 등을 배상해야 한다고 주장하나, 근로기준법 제19조의 위반에 따른 손해배상은 근로자를 신규 채용하는 과정에서 명시된 근로조건이 취업 후 사실과 다를 경우 청구할 수 있는 것으로 동 금품은 동법 동조 규정에 의한 손해배상 청구대상이 아니다(중노위 2008.10.13, 2008손해2).

⑥ 근로기준법 제19조 소정의 손해배상청구 신청대상 사건은 사용자가 근로계약서에 명시한 근로조건을 위반하여 근로자에게 손해를 입힌 사실을 전제로 하여야 하는 것이므로, 이 사건 연월차수당 및 상여금 등 금품 미지급은 근로기준법 제19조 소정의 근로조건 위반이라고는 볼 수 없어 근로기준법 제19조 소정의 손해배상청구 신청대상 사건이 아니라 할 것이다(중노위 2009.1.19, 2008손해3).

⑦ 근로기준법 제19조의 입법취지는 사용자가 근로자를 모집할 때 유리한 조건을 제시하고 실제로는 불리한 근로조건으로 근로를 시키는 폐단을 없애기 위한 것으로 근로계약 체결시 명시된 근로조건이 취업 후 사실과 다른 경우에만 한정하여 인정되는 것이라 할 것인데, 근로자는 근로조건 위반이라고 주장만 할 뿐 근로계약 체결시 명시된 근로조건 자체에 대한 입증을 전혀 하지 못하고 있으며, 통상 음식점의 특성상 근무시간이 조정될 수 있는 여지가 큰 점, 1시간에서 20분 정

도 적게 근무한 것이 현저한 생활상 불이익을 주었다고 볼 수 없는 점, 실제 분 단위까지 급여를 계산하여 지급한 점, 또한 음식점 종사자들이 일반적으로 수행하는 업무에서 크게 벗어났다고 볼 수 없는 점, 동 사업장에서 근무하던 홀 직원들이 비슷한 업무를 수행하였다고 보이는 점 등 여러 정황을 살펴볼 때 당초 근로시간이나 담당업무를 불리하게 변경하였다고도 볼 수 없다(중노위 2009.6.29, 2009 손해2).

바. 사용자의 손해배상 청구

일반적으로 사용자가 근로자의 업무수행과 관련하여 행하여진 불법행위로 인하여 직접 손해를 입었거나 그 피해자인 제3자에게 사용자로서의 손해배상책임을 부담한 결과로 손해를 입게 된 경우에 있어서, 사용자는 그 사업의 성격과 규모, 시설의 현황, 근로자의 업무내용과 근로조건 및 근무태도, 가해행위의 발생원인과 성격, 가해행위의 예방이나 손실의 분산에 관한 사용자의 배려의 정도, 기타 제반 사정에 비추어 손해의 공평한 분담이라는 견지에서 신의칙상 상당하다고 인정되는 한도내에서만 근로자에 대하여 손해의 배상을 청구하거나 그 구상권을 행사할 수 있다(대법원 2009.11.26, 2009다59350).

8. 업종·고용형태별 근로계약서 사례 해설 30선

근로계약서는 강행법규로 정해놓은 노동관계법령을 준수하면서 사업장 형편에 맞게 기재되어야 할 내용을 변형하여 사용하면 된다. 그래서 사업장 근로조건에 따라 다양한 근로계약서 양식이 존재한다.

한편, 사업장 근로감독을 나가거나 진정사건 처리과정에서 입증 근거가 되는 근로계약서를 받아보면 법 기준에 맞게 쓰고 있는 사업장도 있지만, 상당수는 꼭 명시하여야 할 내용이 빠져있거나 강행법규에 위반되는 단서를 달아놓아 분쟁의 여지를 남긴다.

본 장에서는 실제 사업장에서 쓰이고 있는 근로계약서를 옮겨와 문제가 될 수 있는 항목이나 좀 더 주의해서 작성되어야 할 부분을 짚어본다. 사업장에서 실제 쓰고 있는 계약서 내용이기 때문에 개인정보 보호를 위해 사업장명, 임금등 정보에 대하여는 구체적으로 명시하지 않았다.

*근로계약서 사례를 직군별로 구분한 것은 실제 직군별 사업장에서 쓰이는 근로계약서를 옮겨와 예시적으로 제시하였다는 의미이다. 이는 각종 직군에서 쓰이고 있는 근로계약서를 살펴보고 사업장 형편에 맞게 직접 작성할 수 있도록 독자의 이해를 돕고자 하는 것에 불과한 것이지 본 양식이 각 직종별 근로계약서의 표준양식이 아님을 유의하기 바란다.

■ 계약서 목차

8-1. 표준근로계약서

고용노동부가 제시한 표준근로계약서 서식이다. 법정서식은 아니며 참고를 위해 작성한 것이다. 회사마다 사정을 고려하여 수정해서 작성해야 한다. 상시 4명의 근로자가 근무하는 회사에서 연차유급휴가에 대한 규정을 명시하였다면, 근로기준법상 지급하지 않아도 되는 연차유급휴가를 부여해야 하는 문제가 생길 수 있기 때문에 활용시 주의가 필요하다.

표준근로계약서

______(이하 "사업주"라 함)과(와)______(이하 "근로자"라 함)은 다음과 같이 근로계약을 체결한다.

1. 근로계약기간: ___년 ___월 ___일부터 ___년 ___월 ___일까지
   ※ 근로계약기간을 정하지 않는 경우에는 "근로개시일"만 기재
2. 근 무 장 소:
3. 업무의 내용:
4. 소정근로시간: ___시 ___분부터 ___시 ___분까지 (휴게시간: ___시 ___분~ ___시 ___분)
5. 근무일/휴일: 매주 일(또는 매일단위)근무, 주휴일 매주 요일
6. 임 금
   - 월(일, 시간)급: ___________원
   - 상여금: 있음 ( ) ___________원, 없음 ( )
   - 기타급여(제수당 등): 있음 ( ), 없음 ( )
     · ___________원, ___________원
     · ___________원, ___________원
   - 임금지급일: 매월(매주 또는 매일) ___일(휴일의 경우는 전일 지급)
   - 지급방법: 근로자에게 직접지급( ), 근로자 명의 예금통장에 입금( )
7. 연차유급휴가
   - 연차유급휴가는 근로기준법에서 정하는 바에 따라 부여함
8. 근로계약서 교부
   - 사업주는 근로계약을 체결함과 동시에 본 계약서를 사본하여 근로자의 교부요구와 관계없이 근로자에게 교부함(근로기준법 제17조 이행)
9. 기 타
   - 이 계약에 정함이 없는 사항은 근로기준법령에 의함

년 월 일

(사업주) 사업체명: (전화:)
주 소:
대 표 자: (서명)
(근로자) 주 소:
연 락 처:
성 명: (서명)

단시간근로자 표준근로계약서

______(이하 "사업주"라 함)과(와)______(이하 "근로자"라 함)은 다음과 같이 근로계약을 체결한다.

1. 근로계약기간: ___년 ___월 ___일부터 ___년 ___월 ___일까지
※ 근로계약기간을 정하지 않는 경우에는 "근로개시일"만 기재
2. 근 무 장 소:
3. 업무의 내용:
4. 소정근로시간: 시 분부터 시 분까지 (휴게시간: ___시 ___분~ ___시 ___분)
5. 근무일/휴일: 매주 일(또는 매일단위)근무, 주휴일 매주 요일

월	화	수	목	금
근로시간				
시업				
종업				
휴게				

6. 임 금
- 시간(일, 월)급: __________원(해당사항에 ○표)
- 상여금: 있음 ( ) __________원, 없음 ( )
- 기타급여(제수당 등): 있음: 원(내역별 기재), 없음 ( ),
- 초과근로에 대한 가산임금률: __________%
※ 角.9.19.부터는 소정근로시간을 초과하여 근로한 시간에 대해서는 통상임금의 100분의 50%이상으로 정하여야 함
- 임금지급일: 매월(매주 또는 매일) ___일(휴일의 경우는 전일 지급)
- 지급방법: 근로자에게 직접지급( ), 근로자 명의 예금통장에 입금( )
7. 연차유급휴가: 통상근로자의 근로시간에 비례하여 연차유급휴가 부여
8. 근로계약서 교부
- "사업주"는 근로계약을 체결함과 동시에 본 계약서를 사본하여 "근로자"의 교부요구와 관계없이 "근로자"에게 교부함(근로기준법 제17조 이행)
9. 기 타
- 이 계약에 정함이 없는 사항은 근로기준법령에 의함

년 월 일

(사업주) 사업체명: (전화:)
주 소:
대 표 자: (서명)
(근로자) 주 소:
연 락 처:
성 명: (서명)

단시간근로자의 경우 '근로일 및 근로일별 근로시간'을 반드시 기재하여야 함.

〈예시1〉 주5일, 일6시간(근로일별 근로시간 같음)
근로일: 주5일, 근로시간: 매일 6시간
시업시간: 09:00 종업시간: 16:00
휴게시간: 12시부터 13시
주휴일: 일요일

〈예시2〉 주2일, 일4시간(근로일별 근로시간 같음)
근로일: 주2일(토요일, 일요일), 근로시간: 매일 4시간
시업시간: 20시 종업시간: 24시
휴게시간: 별도 없음
주휴일: 해당 없음

〈예시3〉 주5일, 근로일별 근로시간 다름

	월	화	수	목	금
근로시간	6시간	3시간	6시간	3시간	6시간
시업	9시	9시	9시	9시	9시
종업	16시	12시	16시	12시	16시
휴게	12시~13시	-	12시~13시	-	12시~13시

주휴일: 일요일

〈예시4〉주3일, 근로일별 근로시간 다름

	월	화	수	목	금
근로시간	4시간		6시간		5시간
시업	14시		10시		14시
종업	18시		17시		20시
휴게	-		13시~14시		18시~19시

주휴일: 일요일

연소근로자(18세 미만인 자) 표준근로계약서

______(이하 "사업주"라 함)과(와)______(이하 "근로자"라 함)은 다음과 같이 근로계약을 체결한다.

1. 근로계약기간: ___년 ___월 ___일부터 ___년 ___월 ___일까지
   ※ 근로계약기간을 정하지 않는 경우에는 "근로 개시일"만 기재
2. 근 무 장 소:
3. 업무의 내용:
4. 소정근로시간: __시 __분부터 __시 __분까지 (휴게시간: __시 __분~ __시 __분)
5. 근무일/휴일: 매주 __일(또는 매일단위)근무, 주휴일 매주 요일
6. 임 금
   - 월(일, 시간)급: __________원
   - 상여금: 있음 ( ) 원, 없음 ( )
   - 기타급여(제수당 등): 있음 ( ), 없음 ( )
     · __________원, __________원
     · __________원, __________원
   - 임금지급일: 매월(매주 또는 매일) __일(휴일의 경우는 전일 지급)
   - 지급방법: 근로자에게 직접지급( ), 근로자 명의 예금통장에 입금( )
7. 연차유급휴가
   - 연차유급휴가는 근로기준법에서 정하는 바에 따라 부여함
8. 가족관계증명서 및 동의서
   - 가족관계기록사항에 관한 증명서 제출 여부:
   - 친권자 또는 후견인의 동의서 구비 여부:
9. 근로계약서 교부
   - 사업주는 근로계약을 체결함과 동시에 본 계약서를 사본하여 근로자의 교부요구와 관계없이 근로자에게 교부함(근로기준법 제17조, 제67조 이행)
10. 기타
   - 13세 이상 15세 미만인 자에 대해서는 고용노동부장관으로부터 취직인허증을 교부받아야 하며, 이 계약에 정함이 없는 사항은 근로기준법령에 의함

년 월 일

(사업주) 사업체명: (전화:)
주 소:
대 표 자: (서명)
(근로자) 주 소:
연 락 처:
성 명: (서명)

친권자(후견인) 동의서

ㅇ 친권자(후견인) 인적사항
성　명:
주민등록번호:
주　소:
연 락 처:
연소근로자와의 관계:

ㅇ 연소근로자 인적사항
성　명: (만 ___세)
주민등록번호:
주　소:
연 락 처:

ㅇ 사업장 개요
회 사 명:
회사주소:
대 표 자:
회사전화:

본인은 위 연소근로자 ________가 위 사업장에서 근로를 하는 것에 대하여 동의합니다.

년　월　일

친권자(후견인)　　　(인)

첨 부: 가족관계증명서 1부

8-2. 업종 고용형태별 근로계약서 사례 해설 30선

(1) 사무직(정규직, 월급제)

월급제 근로계약서

1. 양 당사자

사용자	성 명	
	사업체 명칭	
	소재지	
근로자	성 명	
	주민등록번호	
	주 소	

2. 근로조건

(1) 근무부서 및 담당업무: 직급:

단, 사용자는 필요시 을의 근무부서를 변경하거나 상기 이외의 업무를 근로자에게 지시할 수 있으며 근로자는 사용자의 지시에 따라야 한다.

(2) 월급 조건: 통상임금 2,300,000원(법정수당 포함)/기본급 산정

통상임금: 7,210원

법정수당 포함 월 지급 산정 내역(단위: 원)

통상 시급	기본급	연장/휴일근로수당	연차 수당	연봉월임금액
7,210	1,506,900	735,420	57,680	2,300,000

(3) 월급 내역: 월급 총액은 통상임금 외에 근로계약 시 약정되어 있는 조건에 대한 임금총액이다. 따라서 근로조건이 충족되지 않을 시에는 임금총액에서 공제할 수 있다.

① 통상 시급: 통상 시급은 기본급(통상임금)에서 월법정근로시간 209시간을 나눈 시급을 말한다.

② 기본급: 1일 8시간, 1주 40시간, 월 209시간을 기준으로 한다.

③ 기본 연장: 업무의 특성상 정상 근로시간 외 시간을 기본 연장으로 정하고 이를 월급에 포함하여 지급한다. 일 근무시간은 평균 9시간 30분으로 탄력적으로 운영한다. 단 추가 연장분에 대하여는 통상시급(기본급/209)의 150%를 지급한다.

취업의 장소와 종사하여야 할 업무에 관한 사항을 명시하여야 한다. 또한 당사자 동의나 의견 청취 없이 일방적으로 근무부서나 업무내용을 변경하는 것은 문제의 소지가 있다.

1. 2,300,000원은 임금총액이다. 연장, 휴일, 야간수당은 통상임금을 기초로 가산임금을 산정한다.
2. 연장·휴일근로수당에 해당하는 근로시간을 명시하고, 실연장근로시간보다 적게 산정되지 않도록 주의한다.

'통상시급'을 의미한다.

연차휴가수당을 미리 지급하는 것은 엄밀하게 따진다면 사전 매수행위로 볼 수 있다. 연차유급휴가는 근로자가 소정근로일에 휴식을 취할 수 있는 권리인데, 미리 연차휴가수당을 줬으니 쉬지 말고 일을 하라는 것처럼 여겨질 수 있기 때문이다. 연차유급휴가를 부여하지 않고 수당을 지급한 것으로 갈음하였다는 이유로 근로자가 연차유급휴가를 사용하겠다는 청구를 사업주가 거부할 수는 없다.

④ 급여 지급 시기: 당월 1일에서 말일을 기준으로 정산하여 익월 10일에 개인은행 계좌로 입금한다.

(4) 실근로시간: (근무일) 10:30~22:00 (휴게시간은 14:30부터 18:30 중 2시간 휴게시간)

* 회사의 업무 형편에 따라 을과 협의하여 연장, 야간, 휴일근로를 할 수 있다.

* 휴게시간은 식사 1시간과 티타임 1시간을 사용한다.

단, 사용하지 않은 식사시간과 티타임은 근로한 것으로 인정하지 않으며 휴게시간 활용을 원칙으로 한다.

(5) 계약기간: 2021년 2월 1일부터___년___월___일

3. 근로계약의 해약(효력 상실)

가. 근로자의 사정으로 퇴직일 3주 전에 서면 신청하여 결재를 득하였을 때

나. 입사 후라도 건강 진단 및 신원 조회 결과 근무에 부적절하다고 판단될 때

다. 수습(3개월) 사용 중의 근로자로서 근무에 부적당하다고 판단될 때

라. 근로자가 아래 귀책 사유로 징계 위원회에서 면직이 결정되었을 때

① 사용자의 사업장 비밀의 누설 및 입사서류, 이력서 등이 허위임이 판명될 때

② 도박, 음주 등 풍기 문란으로 직장 규율을 위반하거나 폭행, 파괴, 태업을 선동하는 행동을 하였을 때

③ 정당한 사유 없이 3일 이상 무단결근을 하였을 때

4. 휴일: 휴일은 주1회를 원칙으로 하여 사업장의 업무 상황에 따라 휴일은 변경될 수 있다. 근로자의 날(5.1) 휴무를 원칙으로 하여 사업장의 업무 상황에 따라 변경될 수 있다.

5. 연차: 1년간 8할 이상 출근한 근로자에게 15일의 유급휴가를 지급한다.

6. 손해 배상: 근로자의 귀책사유로 인해 계약기간 중 또는 계약 해지 후 사용자에게 손해를 입힐 경우 사용자는 근로자에게 손해 배상을 청구할 수 있다.

7. 기타사항: 동 계약서에 누락된 사항은 회사의 취업규칙, 급여규정 및 노동관계법에 따른다.

위와 같이 근로계약을 체결함.

년 월 일

사용자 근로자

근로계약상 징계사유에 해당되어 징계위원회의 결정이 있다고 해서 해고가 항상 정당한 것은 아니다. 근로계약을 유지할 수 없을 정도의 정당한 사유가 있어야 하며, 문언대로 3일 결근만을 이유로 해고를 하면 부당해고 다툼의 여지가 생길 수 있다.

주휴일, 근로자의 날은 법정휴일이다. 어느 날을 주휴일로 할 것인지는 당사자가 약정할 문제이며 1주일에 1일 이상 보장하면 된다. 다만 사전에 정해야 한다.

근로자의 날은 법률로서 5월 1일을 특정하여 유급 휴일로 정하고 있으므로 다른 날로 대체할 수 없다.

손해배상청구는 가능하나 입증의 문제가 남는다. 근로자가 사업주에게 손해를 입혔다는 입증이 가능하다면 청구가 가능하며, 근로계약서에 별도 기재하지 않더라도 민사상 당연히 인정되는 권리이다.

(2) 사무직(계약직, 월급제)

근로계약서(계약직)

○ ○ ○㈜ (이하 사업주라 함)과(와) △△△(이하 근로자라 함)은 다음과 같이 근로계약을 체결한다.

1. 근로계약기간: 2020년 1월 3일부터 2020년 10월 2일까지로 한다. 계약만료일에 별도의 통보가 없는 한 근로관계는 자동적으로 종료된다.
2. 근무장소:
3. 업무의 내용: 일반사무, 마케팅 등 제반업무
4. 소정근로시간: 09시00분부터 18시00분까지(휴게시간: 12시00분~13시00분)

단, 근로시간 및 휴게시간은 "사업주"의 사정에 따라 조정될 수 있다. 업무의 특성상 연장 및 휴일근로가 발생할 경우, "근로자"는 이에 동의하고, 정당한 이유 없이 거부할 수 없다.

5. 근무일/휴일: 주5일 근무/주휴일-일요일, 공휴일, 기타 취업규칙에서 정한 휴일
6. 임 금
   - 월_______원(연 원)
   - 월급여에는 연장근로수당(__시간__분) 및 휴일근로수당(__시간__분), 연차수당(______), 상여(______), 제수당(______)이 포함된 것으로 한다.
   - 임금지급: 매월 10일(휴일의 경우는 전일 지급)
   - 지급방법: 근로자 명의의 통장이나 근로자가 지정한 통장으로 이체
7. 연차유급휴가
   - 연차유급휴가는 근로기준법에서 정하는 바에 따라 부여하고 발생한 휴가를 모두 사용하는 것을 원칙으로 하며, 업무상 지장이 없는 한도 내에서 사전 결재를 득하여 사용할 수 있다. 매년말 사용하지 못한 유급휴가는 소멸되며, 별도의 대가를 지급하지 아니한다.

기간제 계약근로자라면 해당 문구를 추가하여 기간제 계약이라는 점을 명시하는 것이 다툼의 여지가 없다.

연장·휴일근로는 근로자 동의를 전제하여 별도 서명 확인서를 징구하기도 하나 본 계약서의 경우처럼 하단에 문구를 추가하여 기재하는 것으로 보완할 수 있다. 해당 조항 옆에 당사자 서명을 별도로 해 두면 더 좋다.

임금에 해당하는 금액에 별도수당 등이 포함되어 있다면, 항목별로 구분하여 작성한다. 각종 수당을 포함한 포괄임금제라면 구체적인 연장/야간/휴일근로시간 및 수당을 구분하여 작성해 두어야 한다. 그렇다하더라도 실제 근로시간보다 적게 지급된 부분이 있다면 정산하여야 한다.

발생된 연차유급휴가 전부 소진을 원칙으로 한다는 내부지침을 명시할 필요가 있다면 이정도로 주지시키는 문구를 넣을 수 있다.

근로기준법에 따른 연차휴가 사용촉진제도를 통해 적법하게 소멸하여야 효력이 있다. 근로계약서에 기재하는 것만으로는 효력이 없으므로 삭제하는 것이 적절하다.

8. 퇴직금

- 사업주는 근로자가 1년 이상 근속하는 경우 근로자퇴직급여보장법에서 정하는 바에 따라 퇴직금을 지급하며, 퇴직연금을 시행하는 경우 퇴직연금으로 퇴직금에 갈음한다.
- 구체적인 지급요건 및 산정방식은 '사업주'의 사규에서 정한 바에 따른다.

9. 근로계약서 교부

- 사업주는 근로계약을 체결함과 동시에 본 계약서를 사본하여 근로자의 교부요구와 관계없이 근로자에게 교부한다(근로기준법 제17조).

10. 기 타

- 이 계약에 정함이 없는 사항은 근로기준법령에 의한다.

위와 같이 근로계약을 체결함.

2020년 1월 3일

사업주 (인)

근로자 (인)

별도 항목으로 분리하여 퇴직연금 여부 등 관련내용을 명시하는 것이 바람직하다.

(3) 사무직 수습계약(수습근로자, 월급제)

근로계약서(수습사원)

ㅁ ㅁ ㅁ주식회사(이하 '사업주')와 ㅇ ㅇ ㅇ(이하 '근로자')은 다음과 같이 수습계약을 체결하며, '을'은 회사의 제 규정을 성실히 준수하여야 한다.

제1조【수습기간 및 의미】

① '근로자'의 수습기간은 20___.___.___부터 20___.___.___ 까지 3개월로 한다.

② 수습이라 함은 정식근로자로 채용하기 이전에 을의 업무적격성을 판단하기 위하여 일정기간 동안 근로관계를 가지는 것으로서 정식채용과는 구별된다.

제2조【수습기간 중의 평가】

① 사업주는 전 조의 수습기간 동안 근로자의 근무성적, 역량, 동료와의 관계성, 업무숙련도 등의 업무 적격성을 평가하며, 평가결과에 따라서 근로자의 정식채용여부를 결정한다.

② 본 평가는 사업주가 정한 수습근로자 평가항목 및 평가서에 따른다.

제3조【담당업무 및 근무장소】

① '근로자'의 근무장소는 ________로 하며, 담당업무는 ________로 한다.

② '사업주'는 업무상 필요에 의해서 '근로자'의 근무장소 및 부서 또는 담당업무를 변경할 수 있다.

제4조【근로시간 및 휴게시간】

① '근로자'의 근로시간은 1일 8시간, 1주 40시간을 원칙으로 하며, 구체적인 시간은 다음과 같다.

근로일	근로시간	휴게시간	비 고
월~금	09:30~18:30	12:00~13:00	

② 휴게시간은 사업장의 질서를 해치지 않는 범위에서 이를 자유롭게 사용할 수 있다. 휴게시간은 근로시간에 포함하지 아니한다.

③ 전항의 근로시간 및 휴게시간은 '사업주'의 업무 사정상 변경할 수 있다.

근로자의 정식 채용이 확정된 경우에는 수습기간은 근속기간에 포함된다. 정식채용이 결정된 경우에는 수습기간이 종료된 후 별도의 근로계약 및 연봉계약을 체결하도록 한다.

제5조【휴일】

① 1주 소정근로일을 만근하면 1일의 유급 주휴일을 부여한다.

② 5월 1일 근로자의 날은 유급휴일로 한다.

③ '사업주'는 제1항에서 정한 주휴일을 업무상의 사정으로 다른 날로 변경이 필요한 경우에는 사전에 '근로자'의 동의를 받아서 변경할 수 있다.

제6조【연차유급휴가】

근속연수가 1년 미만인 경우에는 1개월 개근 시 1일의 유급휴가를 부여한다.

제7조【임금】

① 임금은 월급제를 원칙으로 하며, 회사 사정에 따라 연봉제, 시급제 등으로 할 수 있다.

② 월 기본 근로시수는 209시간이며, 구체적인 임금 구성항목은 다음과 같다.

[기간: 월, 단위: 원]

구성항목	금 액	비 고
기본급		월 소정근로 209시간 (주휴 8시간 포함)
식 대		월 10만원
지급총액		본 내용을 확인함 (인)

③ '사업주'는 월급여를 매월 1일부터 매월 말일까지 산정하여 익월 15일에 '근로자'의 은행계좌에 입금하거나 직접 현금으로 지급한다.

④ '근로자'가 해당 월에 중도 입·퇴사한 경우에는 일할 계산하며, 결근이나 지각이 발생할 경우 월급여에서 공제하고 지급한다.

'만근'이 아닌 '개근'이라는 용어가 적절하며, 사업장 내 결근 근로자가 많은 경우라면 '결근한 주는 무급 주휴일을 부여한다'는 내용을 구체적으로 표기하여 사전 고지할 수도 있다.

수습근로자 계약서이므로 3개월 간 연차유급휴가에 대해서 한정적으로 기술하였으며, 추후 본채용이 결정된 후에는 근속기간을 합산하여 연차유급휴가가 발생된다.

근로시간 외 연장, 야간, 휴일근로가 발생할 때 기초가 되는 통상임금은 식대가 고정적/일률적/정기적으로 지급된다면 식대를 포함한 총액이 통상임금이 된다.

월급여 공제 시 실제 근무하지 않은 근로시간만큼 공제하는 것이 원칙이다. 따라서 '지각 3회 시 1일 임금 공제'는 위법이다.

제8조【수습계약의 종료】

사업주가 제1조의 수습기간 7일 전까지 정식채용에 대한 언급이 없는 경우에는 특별한 경우를 제외하고 사업주와 근로자의 근로관계는 수습기간 종료일의 다음날에 종료된다.

제9조【겸업금지 및 책임】

① 연구, 기술, 영업 관련업무의 사원의 경우 겸업을 하거나 회사의 경영, 영업, 기술, 고객정보 또는 노하우 등과 관련된 일체의 정보 또는 기밀사항을 외부에 누설하여서는 아니된다.

② 제1항에서 정한 내용을 위반한 사원은 회사의 징계를 받을 뿐만 아니라 법령상의 민·형사상의 책임을 진다.

제10조【기타】

본 계약에 정함이 없는 사항은 근로기준법 등 노동관계법령에 의한다.

20 년 월 일

사업주 (인)

근로자 (인)

수습기간 중 근로계약 해지가 일방적인 경우 해고의 일반법리가 적용된다. 한편 회사가 사직을 권고하고 근로자가 이를 수용해 퇴사하는 합의퇴직도 가능하다.

(4) 커피숍관리직(단시간계약직, 월급제)

○○커피숍 근로계약서

○○○ (이하 "사업주"라 함)과(와) ○○○(이하 "근로자"라 함)은 다음과 같이 근로계약을 체결한다.

1. 근로계약기간:_____년 ____월 ____일부터 1년
2. 근무장소:
3. 업무의 내용: 판매, 정산, 관리에 관한 일체
4. 소정근로시간: 일일 10시부터 16시, 16시부터 22시(휴게시간: 매시 50~60분)
5. 근무일/휴일: 주 2일(12시간) 근무 / 근무외 요일
6. 임 금
   - 월(일, 시간)급: 월급 원
   - 임금지급일: 매월 마지막일
   - 지급방법: 통장 입금
7. 연차유급휴가: 없음
8. 근로계약서 교부
   - 사업주는 근로계약을 체결함과 동시에 본 계약서를 사본하여 근로자의 교부요구와 관계없이 근로자에게 교부함(근로기준법 제17조 이행)
9. 기 타
   - 퇴직 희망 또는 요청은 근무일 기준 최소 4주전에는 통보

년 월 일

(사업주) 사업체명:
주 소:
대 표 자: (서명)

(근로자) 주 소:
연 락 처:
성 명: (서명)

1. 근로시간이 1개조: 10시~16시, 2개조:16시~22시로 2개조 근무형태가 운영되는 것을 망라하여 기재한 것으로 보이나 해당 근로자에게 적용되는 근로시간을 특정하거나, 근무표에 따라 변동이 예정된 경우 해당 내용을 추가로 기재하여 예측할 수 있도록 하여야 한다.

2. 휴게시간의 경우 4시간 근무시 30분을 주도록 되어 있을 뿐 휴게시간의 배치에 대하여서는 규정하고 있지 않다. 단, 본 근로계약과 같이 매 시간 10분씩 휴식을 취하는 것이 현실적으로 가능하여 근로자가 휴식을 취할 수 있다면 무방하다.

휴게시간은 무급이 원칙이다. 법을 상회하여 휴게시간까지 유급으로 반영하는 것은 문제되지 않으나, 추후 사업주가 이러한 내용을 알게 되어 법적 기준을 상회하였다는 이유로 휴게시간을 무급 처리하는 등 근로조건을 저하시킬 수는 없다.

휴일은 근로제공의 의무가 없는 날로, 법에서 정한 법정휴일과 당사자간 정한 약정휴일로 나뉘는데 법정휴일(주휴일, 근로자의 날)과 약정휴일을 근로계약서에 특정하여 기재한다.

특정 일자를 지정하는 것이 바람직하며 만약 '말일'로 부득이 결정하였다면 해당일이 휴일 등 영업일이 아닐 경우 지급을 어떻게 할 것인지에 대한 사전 합의를 하여 불필요한 분쟁을 예방할 것을 권한다.

연차유급휴가는 상시근로자수 5인 이상 사업장에서 준수하여야할 강행법규이므로 이를 당사자간 약정으로 설령 '없다'고 계약하였다 하더라도 해당 부분은 무효이다.

4주 전 통보는 근로기준법상 강행규정은 아니며 민사상 계약해지법리에 따라 통상 1달 이전 통보규정을 정해놓는 것이 일반적이다. 하지만 당사자간 합리적인 기간(인수인계 등)을 고려하여 '2주' 등 자유롭게 약정할 수 있다.

(5) 음료서비스직(단시간근로자, 월급제)

****카페 단시간근로자 근로계약서**

1. 근로자
   1) 이름(생년월일):_______________
   2) 직급/직책:___________________
   3) 근무장소:_______(단, 근무매장은 사용자 사정에 의하여 변경될 수 있다.)
2. 업무내용: 매장내 음료서비스직
3. 근로시간
   1) 소정근로시간 및 소정근로일: 일일 소정 근로시간 6시간, 주 소정근로일 5일 (주간 총 30시간)
   2) 업무의 시작과 종료 시간: 출근시간 및 요일별 근로시간은 매장 교대근무 운영계획에 맞추어 회사와 근로자 간에 사전 합의하여 정하도록 한다.
   3) 휴게시간: 1일 근로시간 4시간에 대하여 휴게시간 30분을, 8시간 이상이 되는 경우 1시간의 휴게시간을 근로시간 도중에 근로시간 외에 별도로 갖도록 한다.
   4) 연장근로: 회사의 사정에 따라 필요시에는 회사와 근로자 간의 합의에 의해 연장근로를 실시할 수 있으며, 연장근로는 1주간에 12시간을 한도로 한다.
4. 임 금
   1) 시 간 급: 6,000원 매월 5일 본인 계좌로 지급함
   2) 시간급 적용기간:____년 ___월 ___일~ ___년 ___월 ___일
   3) 임금의 계산: 임금의 산정기간에 대해 시간급을 곱한 금액을 지급함.
   4) 임금의 산정기간: 전월 1일부터 전월 말일까지의 근무 시간
   5) 기 타
      - 주휴수당: 주 소정근로일을 개근할 시 주휴수당을 지급함.
      - 야간수당: 22시~06시 사이 근무 시 야간수당을 지급함.
      - 입사 후 3개월 이내에 퇴사할 경우 시급의 90%를 지급한다.

최저시급 미만의 계약은 무효이며, 계약시점의 최저시급이 적용된다.

이는 법정가산수당이다. 근로계약서에 기재하여야 할 필수항목은 아니며 이를 기재하지 않았다고 하여 지급하지 않을 근거가 되는 것이 아니다.

해당조항은 근로자의 계약불이행에 대한 위약금 또는 손해배상액을 예정한 것으로 보인다. 하지만 근로기준법은 사용자가 근로계약의 불이행에 대한 위약금 또는 손해배상액을 예정하는 계약을 체결하지 못하도록 강행규정으로 명시하고 있다.

위약금 또는 손해배상액이 정해진 근로계약이 체결되면 근로자가 위약금이나 손해배상액을 생각하여 자유롭게 퇴직하지 못하는 결과를 초래할 수 있으며 이렇게 되면 일종의 강제근로의 성격이 있기 때문에 이를 예방하기 위해서이다. 따라서 그러한 "위약금을 특정하게 약정하는 근로계약"은 강행규정 위반이자 무효가 된다.

5. 휴일 및 휴가

1) 주휴일: 매주 1일의 주휴일을 부여한다. 단, 주휴일의 요일은 사전 협의한다.

2) 근로자의 날: 근로자의 날은 법정 (유급) 휴일임에 따라 해당일 근무 시 휴일근로수당을 별도로 지급한다.

3) 약정휴일: 관공서의 공휴일에 관한 규정 중의 일요일을 제외한 공휴일을 유급휴일로 하며, 해당일 근무시 대체휴일을 사용하거나 휴일근로수당을 별도 지급한다.

4) 연차휴가: 근로기준법에 따른다.

6. 근로계약의 해지사유

근로계약 기간 중이라 하더라도 아래와 같은 귀책사유로 인하여 근로계약을 계속 유지하기 어려운 경우에는 징계절차 없이 본 근로계약을 해지할 수 있다.

1) 도박 및 음주 등 풍기문란으로 직장규율을 위반한 경우

2) 정당한 이유 없이 계속하여 7일 이상 무단결근하거나 월간 10일 이상 결근한 경우

3) 업무를 태만히 하거나 업무수행 능력이 부족한 경우

4) 기타 본인의 귀책사유로 인하여 근로계약을 계속 유지하기 어려운 경우

7. 기 타

이 계약서에 정함이 없는 사항은 노동관계법령 및 당사의 취업규칙에 의한다.

20 년 월 일

사업주 (인)

근로자 (인)

근로계약의 해지 사유에 대해서는 취업규칙에 명시하고 있는 것이 일반적이다. 때문에 취업규칙과 동일한 내용을 규정한 것이라면 굳이 근로계약서에 이를 담을 필요는 없다.

만약 필요에 의하여 기재하고자 할 경우 사업장의 취업규칙상 내용과 상충되지 않도록 주의한다.

또한 '당연퇴직'조항으로 명시하였다 하더라도 내용에 따라 정당한 이유를 갖추어야 하는 '해고'의 일종에 해당한다는 점을 기억하자.

(6) 요식업종사직(계약직, 월급제)

포괄임금 근로계약서

<table>
<tr><td rowspan="2">사용자</td><td>사업장명</td><td></td><td rowspan="2">근로자</td><td>성 명</td><td>(인)</td></tr>
<tr><td>대 표 자</td><td>(인)</td><td>서면교부</td><td>확 인 서 명 (인)</td></tr>
</table>

'사용자'와 '근로자'는 외식사업의 근무여건을 고려하여 아래와 같은 포괄임금 근로계약을 체결함.

1. 근무장소 및 담당업무:_______________ /_______________

2. 주요근로조건

① 근무시간:_____시부터 ____시까지

② 휴게시간:

③ 휴 일: 휴일은 매주 1 회 (휴무일자는 협의 하에 별도로 정함.)

④ 휴 가: 휴가는 근로기준법에 정한 제 규정에 의함.

3. 수습기간 및 근로계약기간 (20__년__월__일부터 20__년__월__일까지)

① 계약체결일로부터 최초 3개월간은 근무적합성 등을 판단하기 위한 수습기간으로 한다.

② 수습기간 중에는 급여의 ( )%를 지급할 수 있으며, 수습 또는 수습기간 만료시 '사용자'와 '근로자'는 근로관계유지가 불가능하다고 판단될 경우에는 계약해지를 통보할 수 있다.

구 분	기 본 급	연장수당	야간수당	휴일수당	연차수당	합 계
근무시간						
급여(원)						

4. 급 여: 월급______원 (일급______원, 시급______원)

① 본 급여에는 외식업특성상 제2호에서 정한 근로조건에 의거 필연적으로 발생되는 연장 야간, 휴일근무 등 초과근로에 대한 법정 제수당 및 연차수당이 모두 포함되어 책정된 임금임을 확인하며, 포괄임금에 대한 월 임금 구성항목은 다음과 같다.

'주휴일'로 용어를 바꾸어 명시하는 것이 바람직하며, 예측 가능하도록 요일을 특정하여야 한다.

포괄임금제가 인정되는 경우는 근로형태나 업무의 성질상 근로시간과 휴게시간이 불규칙하거나 근로자가 재량을 가지고 근로시간 등을 결정할 수 있어 근로시간 측정이 곤란하거나 근로시간의 측정이 가능하더라도 근로형태상 연장·야간근로 등이 당연히 포함되어 있는 경우 또는 계산의 편의와 근무의욕 고취를 목적으로 일정액을 제수당으로 지급하는 경우라는 점을 기억하도록 한다.

또한 포괄임금으로 계산한 제수당이 실제 연장, 야간, 휴일근로가 발생하여 근로기준법에 의해 산정한 수당에 미치지 못할 경우에는 근로자가 그 차액을 청구할 수 있다.

② 급여는 매월 1일부터 말일까지 계산하여 익월 10일에 현금 또는 지정계좌로 지급한다.

③ 연차휴가는 법 규정에 의거 사용할 수 있는 조건에 해당되는 경우에 한해 승인 후 자유로이 사용할 수 있으며, 연차휴가를 사용한 경우에는 해당수당은 차감 될 수 있다.

5. 휴일 및 야간근로의 동의

사업장의 영업특성상 휴일 및 야간근무가 이루어 질수 있음을 인지하고 이에 동의하며 본 계약으로 동의서에 갈음한다.

6. 퇴직절차

'근로자'는 개인사유로 퇴직할 경우에는 적어도 30일전에 통보하고 후임자에 대한 인수인계 및 물품반납 등 퇴직절차를 완료하여야 하고, 이를 태만히 하여 '사용자'에게 손해를 입힌 경우에는 '근로자'는 그 손해를 배상하여야 한다.

7. 근로계약 해지사유 및 절차

① '근로자'에게 다음 각 호의 사유가 있을 경우에는 '사용자'는 근로관계를 해지할 수 있다.

- 잦은 결근/지각/조퇴 등 근태불량으로 월 3회 이상 지적을 받은 경우(단, 연락두절 상태로 3일 이상 무단결근한 경우에는 당연퇴직으로 간주한다.)
- 고객으로부터 친절, 음식 맛, 청결 등의 문제로 월 3회 이상 항의를 받은 경우,
- 업무외적인 질병·부상 등 일신상의 사유로 월간 7일 이상 직무수행이 불가능한 경우,
- 기타 사회 통념상 고용관계 유지가 불가능한 귀책사유를 유발한 경우,

② '사용자'는 '근로자'를 해고할 경우 30일전에 해고사유와 해고시기를 서면으로 통지하여야 한다.

8. 본 계약서에 명시하지 않은 사항은 노동관계 법령 및 노동관행에 의한다.

20 년 월 일

사용자 (인)

근로자 (인)

지각 횟수를 결근으로 간주하거나, 지각이나 조퇴 시간을 합산하여 8시간 이상이면 결근으로 간주하거나 할 수 없다. 또한 지각이나 조퇴가 있다 해도 그 주의 주휴수당은 발생한다.

당연퇴직 조치 역시 근로기준법 제23조1항에 의한 정당한 이유를 갖추어야 하는 '해고'에 해당한다. 따라서 근로자는 부당해고를 당할 경우 노동위원회에 구제신청을 할 수 있다.

(7) 미용업(정규직, 월급제)

근로계약서

○○○(이하 '갑'이라 함)과 ____________(이하 '을'이라 함)는 다음과 같은 조건으로 근로계약을 체결한다

제1조【근로계약기간】

① '을'의 근로계약기간은 20___년___월___일부터 시작된다. 단, 근로계약 체결일로부터 3개월은 수습기간으로 한다.

② '갑'은 수습기간동안 '을'의 업무숙련도, 근무성적, 동료와의 관계 등을 고려하여 채용이 부적절하거나 계속근로가 부적당하다고 인정되는 경우 본 채용을 거부할 수 있다.

제2조【근무장소 및 담당업무】

① '을'은 '갑'의 사업장 소재지(주소 명시)에서 근무함을 원칙으로 한다. 단, '갑'은 업무상 필요한 경우 근무장소를 변경할 수 있다.

② '을'은 헤어디자이너 업무를 수행하는 것으로 한다. 단, 업무상 필요한 경우 '갑'은 '을'에게 추가적인 업무지시를 할 수 있다.

제3조【근로시간】

근로일	근로시간	휴게시간	비 고
월~금	10:00~20:00	근로시간 중 1.5시간 사용	

① '을'의 근로시간은 1일 8시간, 1주 40시간을 원칙으로 하며, 구체적인 시간은 다음과 같다.

② '갑'은 업무상 필요에 의해 전항의 근로시간 및 휴게시간을 조정할 수 있으며, '을'은 사업장의 질서를 해치지 않는 범위에서 근로시간 중 휴게1.5시간을 식사시간 등으로 자유롭게 사용할 수 있다.

제4조【휴 일】

① 주휴일은 일요일로 하며, 근로자의 날은 유급으로 한다.

② '갑'이 '을'에게 대체할 휴일을 사전에 고지하는 경우 소정근무일과 제1항의 휴일을 대체할 수 있다. (※ 다만, 근로자의 날은 대체할 수 없음)

근로를 제공하고 임금을 제공받는 근로계약관계에서 '갑·을 관계'가 사회적으로 주종관계인 것처럼 갑·을 개념이 변질되었다. 이에 정부는 근로자와 기업의 계약 편의를 위해 제시하는 표준근로계약서에 '갑과 을'이 아닌 '사업주와 근로자'로 2013년부터 교체하여 쓰고 있다.

'갑'과 '을' 보다는 '사업주'와 '근로자'로 변경하여 작성할 것을 권한다.

제5조【휴 가】

'갑'은 '을'에게 3일의 하계휴가를 부여한다.

제6조【임 금】

① 월임금총액은 ○○○○(₩○○○○○원)으로 하며, 임금의 구성항목은 다음과 같다.

기본급	원	월 소정근로 209시간 분
연장근로수당	원	월 연장근로 20시간 분
월급총액	원	

② '갑'의 월급여는 4대보험료 등 각종 세금공제 전 금액이며 매월 1일부터 매월 말일까지 산정하여 익월 5일에 '을'의 은행계좌로 지급한다.

③ '을'이 해당 월에 중도 입사하거나 퇴직하는 경우 근무일수에 따라 일할하여 지급한다. 또한 '을'이 결근, 지각, 조퇴하는 경우당해 월급여에서 일할하여 공제할 수 있다.

제7조【퇴직금】

① '갑'은 '을'이 1년 이상 계속 근무한 경우 1년간 평균임금 30일에 해당하는 금액을 퇴직금으로 지급한다. 기타 자세한 사항은 근로자퇴직급여보장법에 따른다.

② 근로자들의 동의를 얻어 퇴직연금제도에 가입하는 경우 퇴직연금규약에 따른다.

제8조【기타】

① '갑'과 '을'은 법령이 정하는 바에 따라 4대보험에 가입한다.

② 본 계약에 정함이 없는 사항은 근로기준법 등 노동관계법령 및 관행에 따른다.

'갑'과 '을'은 위 계약내용에 대해 충분히 숙지하고 자유로운 의사에 따라 본 계약을 체결하였음을 확인하며, 2부를 작성하여 각각 1부씩 보관한다.

20 년 월 일

갑 (인) 을 (인)

1. 4인 이하 사업장이라면 연차유급휴가를 근로기준법에 따라 부여하지 않는다.
2. 하계휴가 사용가능 기간을 예측 가능하도록 명시하는 것이 바람직하다.

하루 연장근로시간이나 1주당 연장근로시간이 몇 시간 인지에 대하여 구체적으로 산정해놓도록 한다.

작은 사업장의 경우 통상 '실수령액' 기준으로 급여를 책정하여 근로자와 협의하는 경우가 있는데, 이 경우 세금부담 등의 문제에 있어 추후 불필요한 다툼이 발생할 수 있으므로 가능한 세전 총급여액으로 명시하도록 한다.

일하지 않은 해당 시간 수만큼 공제하는 것이 원칙이다.

근로자들이 4대보험에 가입하지 않을 것을 요청하여 사업주가 이를 부담하지 않았다가 문제가 되는 경우 등 4대보험 가입여부, 신고금액과 관련하여 다툼의 여지를 남기는 경우가 많아 이를 해당 조항에 명시하여 상호간 명확히 하는 것이 분쟁을 예방할 수 있다.

(8) 학원강사직(정규직, 월급제)

강사 계약서

○○○○(이하 "사업주")와 수업운영에 관한 용역을 제공키로 한 강사 (이하 "근로자") 은/는 상호존중과 신뢰를 바탕으로 다음과 같이 계약한다.

-다 음 -

제1조【계약기간】

① 계약기간: 20__.__.__.부터 20__.__.__.까지(개월)이다.

② "사업주"와 "근로자"는 상호협의에 의해 재계약을 할 수 있으며, 재계약은 종전 계약의 종료일 다음날로부터 시작된다.

제2조【업 무】

"사업주"는 수업을 개설하여 회원을 배정하고 "근로자"는 "사업주"가 지정하는 장소(학원 주소)에서 수업운영과 회원관리를 담당한다.

제3조【급 여】

① 별지에 책정된 기준에 따라 산정한 강의료를 1일부터 말일까지 정산하여 익월 10일에 "근로자"에게 지급한다.

② 강사료 산출시 필요한 강의시간은 주 35시간으로 한다.

(강의시수: 1일 7시간, 월~금)

제4조【손해배상】

"사업주"는 다음 각 호의 사유로 인해 금전 또는 이미지상의 손실을 입은 경우 "근로자"에게 이에 상응하는 물적 피해보상을 요구할 수 있으며, 강의료 지급보류 등으로 갈음할 수 있다.

1. "근로자"의 중대귀책사유(현저한 업무태만, 강의내용과 자질에 관한 문제)로 "사업주"의 회원이 이탈된 경우
2. 무단결강으로 "사업주"의 회원이 이탈하거나, 회원으로부터 강의료 환급 요청이 있을 경우

형식적으로 상호간 '용역'계약을 체결하는 경우가 있으나 이는 실제 '담당업무, 업무종속성, 출퇴근 여부, 업무 장소 등' 종합적인 상황의 실질을 판단하여 사용종속관계가 인정되면 '근로계약'으로 인정된다.

본 계약서는 '근로자'가 아닌 '용역'계약서로 체결하였으나 실제 사용종속관계를 인정받은 경우이다.

임금과 관련한 별지 사항은 근로조건의 주요한 내용인바, 상호간 확인 후 확인하였음을 서명 등으로 기재하여 각 1부씩 보관한다.

강사의 경우 퇴직금 진정 사례가 많다. 근로자로 인정되는 강사의 경우 퇴직금 지급이 필수이고, 사전에 근로계약서에 퇴직금에 대한 사항을 명시하여야 한다.

강사의 경우 근로자로 인정된다면 근로시간과 그에 연동한 임금이 문제되는 경우가 많은데, 이 경우 실제 강의시간이 아닌 사용자의 업무지시에 따라 강의 전에 출근하고 강의 후 부수적인 업무가 이루어지는 가가 쟁점이 된다. 만약 사용자의 업무지시가 있다면 근로시간으로 추가 인정될 수 있다. 따라서 근로시간을 사전에 명확히 확정하여 분쟁을 예방하는 것이 바람직하다.

또한 휴게시간을 명시하여 4시간 근무시 30분 이상의 휴게가 이루어질 수 있도록 계약서에 휴게시간 배치에 관한 내용을 명시하도록 한다.

휴가와 휴일에 관한 사항도 근로계약서 필수 기재 사항이므로 이에 대한 내용도 추가로 명시하여야 한다.

근로자성이 인정되는 근로계약관계에서 당사자간 동의 없는 급여지급 보류는 퇴직 후 14일내 관련 금품을 모두 청산하도록 한 근로기준법 제36조 위반이다.

제5조【기밀유지】

① "근로자"는 "사업주"의 강의시간표, 교재내용 및 운영계획 등 강의에 관한 사항을 절대 유출하지 않는다.

② "근로자"는 "사업주"의 회원정보, 교육정보, 내부규정을 외부에 절대 유출하지 않으며, 이를 어길시 "사업주"는 "근로자"에게 법적 책임을 물을 수 있다.

본 계약서는 2통을 작성하여 각각 1통씩 보관한다.

20 년 월 일

사업주 (인)

근로자 (인)

(9) 어린이집 보육교사(정규직, 월급제)

근로계약서

제1조【의무】

"근로자"는 본 어린이집(이하 "본원"또는 "원")의 근로자(이하 "보육교사")로 임용됨에 따라 아래와 같이 근로계약을 체결하며, 원의 운영 규정을 준수하고, 업무를 성실히 수행할 의무를 진다.

제2조【근무장소 및 업무내용】

① "근로자"는 "사업주"가 지정하는 장소에서 근무함을 원칙으로 한다. 다만, "사업주"는 업무상 필요한 경우 "근로자"의 근무장소를 변경할 수 있다.

② "근로자"는 "사업주"가 지시하는 업무를 수행한다. 다만, "사업주"는 업무상 필요한 경우 "근로자"의 담당업무를 변경할 수 있다.

제3조【계약기간 및 근무시간】

① 계약기간은 20___년 __월 __일부터 20___년 __월 __일까지로 한다. 계약의 갱신은 계약기간 만료 2개월 전 협의키로 하며, 만료 1개월 전까지 당사자 별도의 의사표시 또는 협의가 없는 경우 고용기간이 종료되는 것으로 한다. 단, 제 12조에 의하여 계약이 갱신된 경우는 예외로 한다.

② 입사 최초 3개월은 시용 기간으로 기능, 근무태도 등에 관하여 평가 후 본 채용여부를 결정하기로 한다.

③ 정규근로시간은 주 44시간제를 원칙으로 하며 근무시간은 다음과 같다.

평 일 08:00~19:00

토요일 08:00~14:00가 원칙이나 순환근무제를 시행할 수 있다.

휴게시간 12:00~13:00

④ 제③항에 명시된 시간외에 "사업주"는 "근로자"에게 업무상의 필요에 의하여 오전·오후 당직근무, 시간외근무, 휴일근무, 야간근무, 토요순환근무를 명할 수 있으며, "근로자"는 이를 포괄적으로 합의한 것으로 본다.

수습계약기간을 3개월을 명시한 후 추가로 수습계약을 연장할 수 있는지가 문제될 수 있다.

근로계약서나 취업규칙에 수습기간이 3개월로 정하여져 있는 이상, 수습기간의 연장은 원칙적으로 허용되지 않는다. 다만, 최초 3개월 수습기간 동안의 평가가 채용취소에 해당하나 그 점수가 합격기준에 아주 근접한 경우 근로자에게 한번 더 기회를 부여한다는 취지에서 수습기간을 연장하는 경우 등과 같이, 회사의 필요에서가 아니라 근로자에게 유리하게 하기 위해 수습기간을 연장하는 것은 허용된다.

따라서 만약 수습기간을 연장할 필요가 생길 여지가 있는 경우 계약서상 '채용 부적합 문제가 해소될 가능성이 있다고 판단되는 경우에는 해당 직원의 동의하에 수습기간을 3개월 이내에서 연장할 수 있다'는 정도로 명시해 두는 것이 바람직하다. 실제 수습기간 연장근로자가 발생할 경우 별도의 "수습기간 연장동의서"를 작성할 것을 권고한다.

5인 이상 사업장의 경우 법정근로시간이 주 40시간이나, 5인 미만사업장에 대해서는 근로시간의 제한이 없어 자유롭게 결정할 수 있다.

제4조 【보수】

① 보수는 포괄임금제도에 의한다. 단, 수습기간의 급여는 관계법령에 위반되지 않는 한도(최저임금액의 90%)에서 별도의 정함에 따른다.

② 제④항의 임금지급기에 따른 급여 구성은 다음과 같다.

구 분	내 역	월 지급액	비 고
기 본 급	소정근로시간	원	월 226시간 근로
법정제수당	연장근로수당	원	월 16시간 근로
	휴일가산수당	원	월 __시간 근로
	연 차 수 당	원	월 __시간 근로
	보 건 수 당	원	해당자에 소정근로시간지급
기타 항목	육 아 수 당	원	직책에 따라 차등
	식 대	원	실비변상적 급여
	차량 유지비	원	실비변상적 급여
총 계		원	

③ 위 급여는 세전금액으로 법정세금 및 보험료(본인부담금)는 "근로자"가 부담한다.

④ 위 급여는 매월 1일부터 말일까지 기산하여 매월 __일에 이를 본인의 구좌에 입금한다. 다만, 위 본인이 원하는 경우 직접 지급할 수 있다.

⑤ 급여명세서는 절대 기밀을 유지하며 이를 위반시는 이로 인한 모든 불이익을 감수한다.

제5조 【상여금】

① "사업주"는 원의 운영실적에 따라 1년 중 상여금을 지급할 수 있다.

② 제①항의 상여금은 경영사정 및 개별실적 등을 고려하여 "근로자"와 협의를 거쳐 결정한다.

제6조 【퇴직금】

① "사업주"는 "근로자"의 퇴직 시에 근속년수 1년에 대하여 평균임금 30일분의 퇴직금을 지급한다.

② "사업주"는 계속근속년수 1년 이상이 된 "근로자"의 신청이 있고 대통령령이 정하는 사유가 있는 경우에 퇴직금을 중간정산 할 수 있다.

실제 식대 발생분에 대하여 실비변상적으로 지급하는 금액이 아니라 고정적·정기적·일률적으로 지급되는 식대(통상 월 10만원씩 식대사용여부와 무관하게 지급되는 경우)는 통상임금으로 반영되어 가산임금 산정 시 기준임금에 산입된다.

③ "근로자"는 퇴직금 중간정산을 원하는 경우 그 사유를 명시한 퇴직금 중간정산 신청서를 제출한다.

④ 퇴직금은 퇴직한 날 이후 최초 임금지급기일에 지급하기로 하며, 중간정산 할 때는 중간정산 신청 후 도래하는 임금지급 기일에 지급하기로 한다.

제7조【연차휴가】

근로기준법에 의한다.

제8조【휴일 및 휴가】

① "사업주"는 1주일에 소정근로일수를 개근한 경우 주휴일을 부여한다.

② 주휴일과 근로자의 날(5월 1일)은 유급휴일로 한다. 단, 휴일이 중복되는 경우 1일의 휴일로 처리한다.

③ "사업주"는 보육사업의 특성상 "근로자"와의 합의에 의하여 동계와 하계에 집중적으로 유급휴가일을 사용하도록 할 수 있으며 "근로자"는 특정일로 대체하여 사용할 수 있다.

제9조【근태사항 및 복무규정】

① 출, 퇴근시간은 엄수하고 수업시작 전에 교안을 갖추어 교실에 입실하여 원활한 수업진행이 되도록 한다.

② 지각, 결석 학생은 그 사유에 대하여 파악한 후 즉시 조치를 취하여 원과 원생, 학부모의 소통을 통한 신속한 개선이 이루어질 수 있도록 한다.

③ 교직원은 원생의 교육에 필요한 교안준비, 계획, 수업진행, 평가와 원생이 원에 있는 시간동안의 식사지도, 귀가지도 등 전반적인 원생의 지도·관리에 대하여 책무를 가진다.

④ 교무·상담내용 등은 가감 없이 원장에게 보고하도록 한다.

⑤ 본원의 시설, 교구, 기계기구, 기타 비품 및 소모품은 아껴 쓰며 기타 원생에게 위험요소가 되는 것들에 대해 주의 깊게 취급하도록 한다. 물품은 사용 후 정리정돈하고 허락 없이 직무 이외의 목적에 본원의 자원을 사용하지 못한다.

⑥ 교직원은 화장이나 의복 등 외모나 언행에 있어 품위유지의 의무를 지며 직무권한을 벗어난 행동, 본원의 명예와 신뢰를 손상시키는 행동들을 하지 않아야 한다.

임금지급기일이 정해져 있다하더라도 퇴직금은 퇴직 후 14일 이내에 지급하여야 하며, 특별한 사정이 있을 경우에 한해 당사자간 합의에 의해 지급 기일을 연장할 수 있다.

⑦ 교직원은 직무에 관하여 부당한 금품의 차용이나 증여를 받는 것을 금한다.

⑧ 타인의 직무를 방해하거나 원내의 풍기와 질서를 문란하게 하는 행위를 금한다.

⑨ 업무의 특성상 잦은 지각, 조퇴, 결근은 징계 및 해고사유가 되며 급여 지급 시 감액할 수 있다.

제10조【계약갱신 및 계약해지】

① 본원은 연봉계약종료일 외 매년 2월 졸업일을 기준으로 교사의 재임용을 판단하여 결정한다.

② 차기 연봉계약은 민·형사법률 및 노동관계법률 위반, 사내규정 위반 등의 특별히 고려될만한 사정이 없는 경우 "갑"과 "을"의 합의에 의하여 그 갱신여부를 결정한다.

③ "근로자"는 계약 해지 후 퇴직일로부터 1년 이내에 본원의 통학권 내에 유사한 타원을 설립하거나 근무할 수 없으며 본원의 재원생을 유도하지 않도록 한다.

제11조【퇴직】

교직원이 개인적인 사정으로 원을 퇴직하고자 하는 경우 최소한 3개월 전에 사직서를 제출하고 후임자에게 인수인계 업무를 거치도록 한다.

제12조【기타】

기타 본 계약서상 명시되지 않은 사항은 근로기준법 및 관계법령에서 정하는 바에 따른다.

위와 같이 연봉 근로계약을 체결함.

20 년 월 일

사업주 (인)

근로자 (인)

본 계약에서는 근로자에게 '경업금지약정'을 두고 있다. 해당 약정은 근로자가 사용자와 경쟁관계에 있는 업체에 취업하거나 스스로 경쟁업체를 설립, 운영하는 등의 경쟁 행위를 하지 아니할 것을 내용으로 하는 약정이다.

위 약정이 유효한 지에 대하여 법원은 1. 영업비밀 등 구체적으로 보호할 사용자이익의 존재여부, 2. 근로자의 퇴직 전 지위 및 종전 직무와의 내용관련성, 3. 경업제한의 기간, 지역 및 대상 직종에 대한 제한의 적절성, 4. 근로자에게 지급된 경업금지의 대가, 5. 근로자의 퇴직경위 등을 종합적으로 고려하여 경업금지약정의 유효성을 판단한다. 따라서 해당 조항을 명시하였다는 것만으로 경업금지약정이 유효한 것은 아니다.

근로자는 원칙적으로 퇴사시기를 자유롭게 결정할 수 있다. 노동관계법령에 퇴사시기에 대하여는 규정이 없어 민법에 따른다. 민법 규정에 따르면 퇴사의 의사표시를 하면 1개월이 지나면 자동으로 근로관계가 해지된 것으로 볼 수 있는 것이지, 1개월 전에 반드시 해지의 통보를 하여야 한다고 볼 수는 없다.

다만, 미리 사직의 의사를 표시하여 영업에 지장이 없도록 조력할 신의칙상의 의무는 부담한다고 볼 수 있다.

따라서 회사의 내규나 취업규칙에 퇴사의 시기에 대해 규정이 되어 있다면 규정에 따르면 되는데 퇴사 전 3개월 전에 사직서를 제출하라는 것은 사회통념상 신의칙상 의무를 넘어서는 정도라 여겨지는 과도한 기간이라 여겨지므로 이를 지키지 않았다는 이유로 근로자에게 불이익 조치하게 될 경우 문제의 소지가 생길 수 있다.

(10) 시설근무 요양보호사(정규직, 월급제)

근로계약서(요양보호사)

_________(이하 "사용자")과(와) _________(이하 "근로자")은 다음과 같이 근로계약을 체결한다.

1. 근로계약기간

____년 ____월 ____일부터 ____년 ____월 ____일까지

2. 근무장소

사업장 주소 기재

3. 업무내용:

4. 근로시간 및 휴게시간

(1) 근무형태: 3교대 근무

(2) 근무시간 및 휴게시간

- 1근무조:__시__분부터 __시 __분까지(휴게시간: __시 __분~ __시 __분)
- 2근무조:__시__분부터 __시 __분까지(휴게시간: __시 __분~ __시 __분)
- 3근무조:__시__분부터 __시 __분까지(휴게시간: __시 __분~ __시 __분)

5. 근무일/휴일

매주 5일(또는 매일단위)근무, 주휴일 매주 일요일

6. 임 금

(1) 월 급:____________원

(2) 월 임금의 구성항목 및 구성내역

① 기본급:____________원

② 연장수당:____________원

③ 야간수당:____________원

④ 휴일수당:____________원

(3) 임금지급일: 매월 ____________일

요양업무의 경우 시설, 재가 등 근무장소가 다양한 경우가 있으므로 계약상황에 맞게 '요양보호사가 요양업무 제공을 위해 필요한 곳으로 한정 한다'는 의미를 명확히 명시하는 것이 바람직하다.

요양보호사 업무범위에 대한 분쟁이 제법 있는 편이다. 따라서 계약 시 업무내용은 '노인장기요양보험법 및 노인복지법에 따른 요양업무를 내용으로 함' 등 약정사항을 구체적으로 명시하는 것이 바람직하다. 만약 인사체계상 보직이 바뀔 가능성이 있다면 추후 사용자에 의하여 업무범위가 변경될 수 있음을 명시하도록 한다.

단순히 '휴일과 휴가는 취업규칙에 따른다'고 명시하는 경우들이 있는데 이는 근로계약서에 서면으로 기재하여야 할 필수사항을 기재하지 않은 것으로 볼 수 있으므로 본 근로계약서와 같이 근로일, 주휴일을 명시하여 기재하는 것이 바람직하다.

포괄임금제로 월급을 책정한 것이라면 해당 월급에 포함된 구성항목을 명시하는 것이 바람직하다. 만약 해당 항목이 명시되어 있지 않다면 월 임금 전체를 기본급으로 간주하여, 연장·야간·휴일근로수당은 별도로 지급하여야 한다.

임금지급일이 '휴일의 경우는 전일 지급 한다'는 명시를 추가로 하여 분쟁을 예방하는 것이 바람직하다.

퇴직금에 대하여도 명시하되, 퇴직연금을 가입 하였을 경우 해당내용도 구체적으로 기재한다.

7. 연차유급휴가

- 1년 미만자는 1개월 만근 시 1개의 유급연차유급휴가를 부여한다.
- 1년 이상자는 80% 이상 출근 시 15개의 연차유급휴가를, 80% 미만 출근 시 1개월 만근에 따라 1개의 연차유급휴가를 부여한다.

8. 기 타

- 이 계약에 정함이 없는 사항은 근로기준법에 의함

20 년 월 일

(사용자) 사업체명: (전화:)

주 소:

대 표 자: (서명)

(근로자) 주 소:

연 락 처:

성 명: (서명)

3년 이상 계속근로한 근로자에게는 상기 15일에 최초 1년을 초과하는 계속근로 연수 매 2년에 대하여 1일을 가산한 유급휴가를 주어야 한다.

(11) 재가요양보호사(단시간계약직, 시급제)

단시간 활동보조근로자

ㅁㅁㅁ요양보호센터(이하 "사업주"라 함)과(와) ○○○(이하 "근로자"라 함)은 다음과 같이 근로계약을 체결한다.

1. 근로계약기간: 20___년 __월 __일부터 20___년 __월 __일까지
2. 근 무 장 소: 활동보조 대상자 거주지 주소를 특정함
3. 업무의 내용: 노인장기요양보험법 및 노인복지법에 따른 요양업무를 내용으로 함.
4. 근로시간:__시 __분부터 __시 __분까지(휴게시간: __시 __분 ~ __시 __분)
5. 근무일/휴일: 매주 3일(월, 수, 목)근무, 주휴일 매주 토,일요일
6. 임 금
   - 시급:_______원
   - 방문목욕시간 시급:_______원 지급
   - 처우개선비(방문요양, 방문목욕)는 시간당 ○○○원을 지급한다.
   - 임금지급일: 매주 수요일(휴일의 경우는 전일 지급)
   - 지급방법: 근로자가 지정하는 본인계좌에 입금
7. 이 계약에 정함이 없는 사항은 근로기준법에 의함.

20　년　　월　　일

사업주　　　　(인)

근로자　　　　(인)

소정근로일 개근 시 주 1회 이상의 주휴일을 주도록 되어 있어 보통 주 1회 휴일을 제공한다. 하지만 법정 최저기준 이상 주휴일을 주는 것은 문제되지 않는다.

단시간근로자의 경우에도 1일 8시간을 초과하거나 1주 40시간을 초과한 경우 연장근로수당을 지급하고, 휴일에 근무를 하는 경우 휴일근로수당을, 22:00에서 06:00 사이의 야간근로를 하는 경우에는 야간근로수당을, 주휴 일에 근무를 하는 경우 휴일근로수당을 50% 가산하여 지급해야 한다.

연차휴가, 퇴직금에 관한 내용을 명시하도록 한다. 1주 근로시간이 15시간 이상인 근로자는 퇴직금과 주휴일 규정이 적용된다.

(12) 병의원간호사(정규직, 연봉제)

근로계약서(간호직)

ㅁㅁㅁ병원과 근로자 ○○○는/은 다음과 같이 계약기간을 정한 근로계약을 체결하고 이를 성실히 이행하기로 합의한다.

1. 계약기간

근로자는 근로계약 기간의 정함이 없는 자로 한다. 다만 연봉계약기간은 20___년 __월 __일부터 20___년 __월 __일까지로 한다.

2. 담당업무 및 근로시간

1) 근무지: 병원 간호부서

2) 담당업무: 간호사

3) 근로시간: 1주 40시간, 1일 8시간 근무를 원칙으로 하며, 구체적인 근로시간은 근로자와 사전협의 하여 매월 새롭게 작성되는 근무표에 따른다.

시·종업시간은 근무표에 따른다.

(휴게시간은 근무시간 중 4시간에 30분, 8시간에 1시간을 부여 한다.)

4) 전항에 불구하고 '병원'의 업무형편에 따른 배치전환, 보직변경 및 근무시간 변경 시 '직원'은 이에 따른다.

3. 수습기간

1) 신규 채용된 자는 채용된 날로부터 3개월간의 수습기간을 거치며 수습기간은 20 년 월 일부터 20 년 월 일까지로 한다.

2) 수습기간 중 또는 수습기간이 만료된 자로서 계속근로가 부적당하다고 인정되는 자는 근로계약을 종료할 수 있다.

3) 수습기간 동안에는 최저임금의 90%를 미달하지 않는 범위 내에서 임금을 감액하여 지급할 수 있고, 상여금을 지급하지 않을 수 있다.

4. 임금지급내역

1) 근로자의 임금지급 형태는 연봉제로 한다. '병원'은 근로자에게 매월 임금을 지급하고, 매월 임금은 기본급 및 제수당을 포함하는 포괄임금제로 한다.

근무조별 구체적인 근로시간을 별지나 하단에 기재하여 근무표에 따라 배정되는 근로시간의 배치를 예측할 수 있도록 명시하도록 한다.

특별한 사정이 없는 한 휴게시간도 근로자가 예측할 수 있도록 시간대를 특정하여 명시하는 것이 바람직하다.

해당 조항이 있다고 하여 회사가 수습근로자를 편의대로 해고할 수 있는 것은 아니며, 수습근로자 해고 시에도 해고의 사유와 절차, 양정이 정당하여야 한다는 점을 주의하도록 한다.

근로기준법은 임금에 대해 구성항목, 계산방법 및 지불방법에 대해 명시하도록 규정하고 있으므로 임금구성항목을 항목별로 기재하는 것이 적절하며 통상시급을 명시하여 표기하는 것을 권한다.

또한 병원업종의 경우 네트제 임금계약을 하는 경우가 많은데 이에 대한 주의가 필요하다. 자세한 내용은 제2장 4. 진정사례를 참고하기 바란다.

2) 근로자의 월급여는 00원으로 하고, 월급여의 구성항목은 아래와 같다.

<table>
<tr><th colspan="2">구성항목</th><th>금 액</th><th colspan="2">구성항목</th><th>금 액</th><th>비 고</th></tr>
<tr><td colspan="2">기본급</td><td></td><td rowspan="2">시간외수당</td><td>연장수당</td><td></td><td></td></tr>
<tr><td rowspan="4">제수당</td><td>면허수당</td><td></td><td>휴일수당</td><td></td><td></td></tr>
<tr><td>직책수당</td><td></td><td colspan="2">당직수당</td><td></td><td></td></tr>
<tr><td>위험수당</td><td></td><td colspan="2">건강보조비</td><td></td><td></td></tr>
<tr><td>업무수당</td><td></td><td colspan="2">건강수당</td><td></td><td></td></tr>
<tr><td colspan="2">계</td><td></td><td colspan="2"></td><td></td><td></td></tr>
</table>

3) 퇴직금: '병원'은 근로자의 계속근무연수 1년에 대하여 30일분의 평균임금을 퇴직금으로 지급할 수 있도록 퇴직금제도를 시행한다.

4) 임금지급 방법: 당월 1일부터 당월 말일까지의 금액을 익월 15일에 근로자에게 직접 또는 통장으로 지급한다.

5. 유급휴일

'병원'은 근로자가 1주간의 소정근로를 개근한 경우 유급 주휴일(매주 1회, 비번일 중 마지막 날)을 부여하며, 근로자의 날은 유급휴일로 한다.

6. 연차휴가

연차휴가는 회계연도를 기준으로 한다. 그 밖의 사항은 근로기준법 및 취업규칙에 의한다. 또한 연차사용촉진제도 시행을 원칙으로 하고, 부서 사정상 부득이 사용하지 못했다고 인정될 때 소진하지 못한 연차에 대해서는 차년도로 이월하여 사용 하는 것에 동의한다.

7. 기 타

본 계약서에서 정하지 아니한 사항은 관계법령, '병원'의 제 규정 및 기타 일반고용관행에 따르기로 한다.

20 년 월 일

병원장 (인) 근로자 (인)

각종 수당이 통상임금에 반영되는지를 두고 다툼의 여지가 커지고 있다. 제수당 각 항목이 정기성/일률성/고정성을 반영한 통상임금인지를 명확히 하여두되, 취업규칙이나 단체협약이 없는 사업장에서 불필요한 분쟁을 예방하기 위하여 가능한 임금체계를 단순화 하는 것이 바람직하다. (예: 기본급, 시간외수당)

근로기준법에서 정한 연차휴가 사용촉진제도를 거치지 않는 한 남아 있는 연차유급휴가에 대하여서는 퇴직 시 통상임금으로 정산하여 지급하여야 한다. 따라서 '남아 있는 연차유급휴가에 대하여는 퇴직 시 통상임금으로 정산하여 지급한다'는 문구를 추가하는 것이 바람직하다.

(13) 매장판매직(단시간계약직, 시급제)

근로계약서(단시간 계약직)

_________(이하 "회사"라 함)과 "회사"의 근로자인 _________(이하 "사원"이라 함)는/은 아래와 같이 단시간 계약직 근로계약을 체결한다.

1. 계약기간

1.1 "사원"의 근로계약기간은 20___년 __월 __일부터 20___년 __월 __일까지로 하며 근로계약기간이 만료되면 해당 근로관계는 당연히 종료된다.

1.2 신규 채용된 자는 채용된 날로부터 3개월간의 수습기간을 적용하며, 수습기간 중 또는 수습기간이 만료된 자로서 계속근로가 부적당하다고 인정되는 경우에는 근로계약을 종료할 수 있다.

2. 근무지 및 담당업무

2.1 근무지: ○○○○

2.2 담당업무: ○○○○

2.3 "회사"는 업무상 필요에 따라 근무지 또는 담당업무를 변경할 수 있다.

3. 근로일 및 근로일별 근로시간

3.1 "사원"은 단시간근로자로서 1주 소정근로시간은 25시간(주5일 근무)으로 하며, 근로일별 시·종업시각과 휴게시간은 다음과 같다. 휴게시간은 근무시간 도중 30분을 부여한다.

구 분	월	화	수	목	금
시업시각	14:30	14:30	14:30	14:30	14:30
종업시각	20:00	20:00	20:00	20:00	20:00
휴게시간	17:00~17:30	17:00~17:30	17:00~17:30	17:00~17:30	17:00~17:30
근로시간	5시간	5시간	5시간	5시간	5시간

3.2 전항에 의한 근로일 및 근로시간은 근무표에 따라 변동될 수 있으며, 구체적인 사항은 매장별 근무표에 의한다.

갑질 논란 등 사회적 문제가 있어 표준근로계약서에는 갑과 을이 아니라, 사업주와 근로자를 사용할 것을 권고하고 있다. 다만 이는 권고일 뿐이며 사용자와 근로자, 또는 회사와 사원 등으로 표시해도 무방하다.

만약 계약을 연장, 갱신하여 체결하게 되는 근로자가 작성하는 근로계약서라면 본 조항은 불필요하다. 또한 수습 적용을 할 때 1년 미만의 기간을 정하여 근로계약을 체결한 근로자에 대하여는 최저임금액을 해당기간 감액할 수 없으므로 주의하여야 한다.

단시간 근로계약 체결 시 '근로일'은 필수적으로 명시해야 하는 사항이다.

4. 임금 및 복리후생

4.1 "사원"의 임금형태는 시급제로 하며, 시급은 금 육천사백칠십 원(₩6,470)으로 한다.

4.2 "사원"이 1주간 소정근로일(근무표에 따라 변경된 경우에는 근무표에 명시된 근무일 기준)을 개근한 경우에는 주휴수당을 지급한다.

4.3 "사원"의 기본급은 시급에 월 근로시간을 곱하여 산정한 금액을 지급하며, 동종·유사한 업무에 종사하는 통상근무자의 근로시간에 비례하여 상여금 및 성과급을 지급한다.

4.4 급여는 매월 1일부터 말일까지 근무한데 대한 급여를 익월 5일에 근로자 명의 계좌로 지급한다.

4.5 퇴직급여는 "사원"이 1년 이상 계속 근속한 경우 취업규칙 및 근로자퇴직급여보장법에 따라 지급한다.

5. 휴일 및 연차유급휴가

5.1 "사원"의 유급휴일은 주휴일(매주 일요일) 및 근로자의 날로 한다. 주휴일은 업무사정 또는 근무스케줄에 따라 변경할 수 있다.

5.2 연차유급휴가는 취업규칙 및 근로기준법이 정한 내용에 따라 부여한다.

20 년 월 일

회사 대표이사 (인)

사 원 (인)

2017년도 최저임금: 6,470원
2018년도 최저임금: 7,530원
2019년도 최저임금: 8,350원
2020년도 최저임금: 8,590원
2021년도 최저임금: 8,720원

기간제 근로자나 단시간근로자를 대상으로 차별적 처우를 금지하고 있음으로 동종의 통상근로자에 대한 처우와 비례하여 지급함을 명시하고 있다.

(14) 배달직(단시간정규직, 일급제)

근로계약서(배달원, 단시간근로자용)

제1조【양 당사자】

사용자	사업체명	
	대 표 자	
	주 소	
근로자	성 명	
	주민등록번호	
	주 소	

제2조【계약기간】

근로자의 계약기간은 ___년 ___월 ___일부터 ___년 ___월 ___일까지로 한다.

제3조【근무장소 및 업무내용】

① 근무장소(부서)

② 업무내용: 배달

제4조【근로시간 및 휴게시간】

구 분	시업시각	종업시각	비 고
A타임	18:30	22:30	근무일수에 따라 휴일 변동
B타임	12:30	22:30	

① 근로시간은 1일(A타임: 3시간40분, B타임: 8시간)을 기본으로 시업 및 종업 시각은 다음과 같다.

② 휴게시간은 A타임 18:30~21:30 중 20분, B타임 16:30~22:30 중 1시간을 부여하며, 회사의 업무 형편에 따라 변경할 수 있다. 휴게시간은 근로시간에 포함하지 않는다.

제5조【임 금】

① 근로자의 임금은 평일 일급으로 산정하고 위 일급에는 제반 법정수당이 포함된 금액으로 정하되 세부 내역은 다음과 같다.

구 분	기본급	연장수당	주휴수당	야간수당	일급 합계
A타임					
B타임					

본 계약서의 당사자인 근로자가 적용받을 근로시간대(A타임 또는 B타임)가 얼마간의 기간 주기로 변동되는지(예: 격주 단위 근무표를 당사자간 협의하여 2주차 금요일에 배포 한다)에 대하여 명시하는 것이 바람직하다.

1주 동안 개근 여부와 상관없이 주휴 수당을 일급에 포함하여 지급하기 위해서는 근로계약서상 시급과 주휴수당이 명시적으로 구분되어 있어야 하고, 근로자의 사전 동의를 받아야 한다. 또한 금액 계산 시 근로자에게 불이익하지 않아야 한다.

② 일급에는 법정제수당(주휴수당)이 포함되어 있다.

③ 일급×근무일수를 산정하여 매월 5일에 지급하는 것을 원칙으로 하며 필요에 따라 일급 또는 주급으로 지급할 수 있다.

제6조【근로계약의 해지사유】

① 계속근로 3일 이상 또는 월 합계가 5일 이상 결근한 경우 근로의사가 없는 것으로 간주하여 자동 면직한다.

② 정당한 업무지시 불이행 및 고의 또는 중대한 과실로 사고나 손실을 야기한 경우

③ 신체 정신 장애로 해당 업무를 수행할 수 없을 경우

제7조【시용·수습기간】

① 신규 입사자(신입, 경력 불문)는 입사일로부터 2개월은 수습·시용 기간으로 한다.

② 신규입사자의 임금은 제5조①항에서 정한 월 급여(일급)의 90%를 지급할 수 있다.

③ 수습·시용기간 중에 근무 태도 및 업무 수행 능력 등을 평가하여 직원으로 부적격하다고 판단될 경우 근로관계를 종료하며 이후의 근로계약은 무효로 한다.

제8조【기 타】

① 오토바이크(자동차 포함) 배달직의 경우 배달 운행시 절대로 과속 및 동승 운전을 하지 않으며, 사전 차량 정비점검, 교통법규준수 등 안전사고 예방에(특히 10대 중과실 위반 금지) 최선의 노력을 다할 것을 확인하며 만일 이러한 사항을 위반하여 일어나는 사고에 대해여는 일체의 민·형사상 책임 사항을 회사에 추궁하지 않을 것을 서약하고 오토바이 수리비 등 회사의 금전적인 손해에 대해 전액 배상한다.

**10대 중과실: 신호 위반, 중앙선 침범, 제한속도보다 20㎞이상 과속, 앞지르기 방법위반, 철길 건널목 통과 방법 위반, 횡단보도 사고, 무면허 운전, 음주운전, 보도침범, 승객추락방지의무 위반

② 이 계약서에 정하지 아니한 사항은 근로기준법 등 노동관계법 및 본사 규정에서 정하는 바에 따른다. 갑과 을은 본인들의 자유의사에 따라 상호 대등한 관계 하에서 본 계약서를 작성하였고 본 계약서가 성립된 이후 상기 계약 사항을 충실히 준수 이행할 것을 약정하며 본 계약서에 서명 날인한다.

(근로계약서 교부받았음을 확인함. 印)

20 년 월 일

사용자 (인)

근로자 (인)

명시적으로 법 위반이라고 할 수는 없으나, 시급, 일급 등에 주휴수당을 포함하여 계산할 수 있다는 산정 근거가 없다. 근로 시간당 임금을 계산하고 주휴수당은 1일 소정근로시간을 기준으로 산정해야 함을 기억하자.

임금지급방식을 '일급' 또는 '주급'으로 사전에 명확히 정해두는 것이 바람직하다.

일정한 사유의 발생만으로 당연히 근로계약을 자동으로 종료시키거나 퇴직처분을 하는 것을 직권면직 또는 당연퇴직이라고 하는데, 이 경우 취업규칙 등 당연퇴직사유를 정하였다고 하더라도 그에 대한 당연퇴직 처리는 해고의 일종으로서 근로기준법이 정하는 해고의 정당한 이유를 갖추어야 한다.

근로자의 일신상 또는 행태상 사유로 인한 통상해고의 경우, 그 사유가 근로관계를 더 이상 지속할 수 없는 정도에 이르지 않았는데도 신의성실에 따르는 기본적인 배려 없이 근로계약을 해지한다면 권리남용에 해당된다. 기업이 자의적으로 근로제공이 불가능하다고 판단하여 해고한다면 부당해고에 해당될 수 있다.

시용과 수습은 개념적으로 구분되지만, 기업의 인사규정 및 실무에서는 수습과 시용을 별도로 구별하지 않고 혼용되어 사용하는 경우가 많다. 시용, 수습근로자가 본채용 또는 시용기간의 경과 등으로 정규 종업원이 된 경우 시용기간은 퇴직금이나 연차 휴가 계산 시 계속근로기간에 포함된다.

수습기간의 설정은 노동관계법령에 특별히 정한 바가 없어 기업 내부 특성에 따라 자율적으로 정할 수 있다. 일반적으로 3개월 이내에서 정해진다.

근로자가 수습근로자로 입사해서 근무기간이 3개월이 되지 않은 경우에는 해고예고를 하지 않아도 법위반이 되지 않는다. 하지만 해고예고를 하지 않아도 된다는 것이 해당 근로자를 자유롭게 해고할 수 있다는 의미는 아니며, 이때에도 해고의 정당성 요건을 갖추어야 한다.

(15) 건물관리직(계약직, 연봉제)

근로계약서(계약직)

□□□(사용자)과 근로자 ○○○은 다음과 같이 계약직 근로계약을 체결한다.

제1조【근로계약기간】

본 계약기간은 ○○○부터 ○○○까지(6개월)로 한다. 이 근로계약기간 종료 후 재계약이 체결되지 않을 경우 "근로자"는 근로관계가 자동 종료되며, 이에 대하여 어떠한 법적 이의도 제기하지 않는다.

제2조【근로시간 및 휴게】

① "근로자"의 근로시간은 1주 40시간, 1일 8시간(09:00부터18:00)을 원칙으로 한다.

② "사용자"는 "근로자"의 근로시간 4시간에 대하여 30분의 휴게시간을, 8시간에 대하여 1시간의 휴게시간을 부여한다.

제3조【고용형태 및 근무내용, 장소】

① 고용형태: 근로계약기간을 정하여둔 계약직 근로자

② 근무내용: 건물관리

③ 근무장소: 서울시 강남구 세곡동 ○○○ 건물

제4조【휴일 및 휴가】

① 매주 1일의 주휴일을 부여한다. 단, 주휴일의 요일은 사전 "사용자"와 "근로자"간의 합의에 의해 결정한다.

② 연차유급휴가의 부여에 관하여는 근로기준법에 따른다.

제5조【급여】

① 급여(연봉) 지급형태

- 급여는 연봉제로 하며, 그 금액은 50,000,000원으로 한다.
- 위 금액은 12등분하여 매월 15일에 균등 지급한다.

② 연봉구성 항목 중 연봉 속에는 본 계약에서 정하는 근로형태를 전제로 다음 각 호와 같은 내용의 임금이 포괄 산정되어 있음을 확인한다.

휴일과 휴가에 대한 부분은 근로계약서에 명시하여야 할 필수사항이다. 다만, 주휴일을 특정 요일로 정하여야 한다는 강행규정은 없으나 최소한 1주 전에 이를 통지함으로써 휴일을 사전에 예상할 수 있도록 하여야 한다고 해석하고 있다. 때문에 사업장 근무여건 등에 따라 불가피하게 근로계약서에 주휴일 요일을 명시하지 않은 것 자체가 문제가 되지는 않는다.

1. 소정근로시간에 대한 임금(기본급): 월 ㅇㅇㅇ원 (209시간)
2. 연차유급휴가수당: 계약기간 동안 매달 6일의 연차휴가에 해당하는 수당을 월할(ㅇㅇㅇ원)하여 지급한다.

제6조【퇴직금】

"사용자"는 "근로자"가 계속근로연수 1년 이상 근로를 제공하였을 경우에는 평균임금 30일분에 해당하는 금액을 퇴직금으로 지급하되, 지급은 관련 법령에 따른다.

제7조【기타 근로조건】

본 계약서에 정하지 않은 사항은 근로기준법 등 관련 법률에 의한다.

20 년 월 일

사용자 (인)

근로자 (인)

원칙적으로 연차수당을 월 급여에 포함하여 지급하는 포괄연봉계약 시'발생된 연차휴가를 근로자가 원하는 시기에 자유롭게 사용할 수 있는 휴가권을 보장하는 경우'에 한해 예외적으로 연차수당을 포함한 연봉근로계약 체결을 인정한다. 따라서 월급여에 연차수당을 산정하여 지급하는 것 자체가 문제되지 않는다 하여도 이를 이유로 근로자의 연차휴가청구권을 박탈할 수는 없다.

***연차수당 발생을 예정하여 선 지급 하나, 수당의 선 지급을 이유로 휴가청구권을 제한하지 않는다. (휴가사용 시 매월임금에서 연차수당을 공제함)

(16) 운수업(계약직, 시급제)

근로계약서(시내버스 운전기사)

○○버스(주)(이하 "사업주"라 함)와 ________(이하 "근로자"라 함)은 다음과 같이 근로계약을 체결하며 근로자는 회사의 제반 규정을 성실히 이행할 것을 약정한다.

1. 근로계약기간은 20__년__월__일부터 20__년__월__일까지(만 12개월)로 한다.
2. 근무부서 및 직종: ㅇㅇ버스 버스 운전기사
3. 업무의 내용: 배차업무 보조, 차량·시설 관리, 기타 관련 업무
4. 근로형태 및 근로시간
   1) 운수회사의 특수성(근로기준법 제58조 특례적용)을 감안하여 법정근로시간 주 52시간을 초과하여 연장근로를 실시한다. (1일 실근로시간 13~19.5시간으로 하여 1일 근무 1일 휴무제 또는 2일 근무 1일 휴무제 근무)
   2) 휴게시간은 각 운행노선의 배차시간표에 의하여 실시한다. (운수업의 특성상 근로시간에 미달되거나 초과되는 근로시간 분은 일단위로 계산하지 아니하고 월 단위로 기준하여 상계한다. 이 경우 근기법 제58조와 제59조 규정에 의하여 서면 합의한 것으로 한다)
5. 임 금
   - 임금은 시급으로 지급하되 임금산정 예시표에 의거 월, 근무 일수에 준하여 지급하며 연봉제로 하고 퇴직금은 별도 지급한다.
   1) 임금은 기본급, 연장근로, 야간근로, 주휴, 휴일근로 등 제수당을 포함한 포괄 임금으로 한다.
   2) 연차유급휴가는 근로기준법에 의하여 적용한다.
   3) 월 만근 19일을 근로하지 못하거나 초과근무 할 때에는 임금산정 예시표에 의거하여 근무일수에 따른 임금을 지급한다.
   4) 입사 후 운전제복을 지급받고 퇴사 시 반납한다. 미반납시 제복값을 공제한다.

근로시간뿐만 아니라 근무일과 주휴일을 명시하여야 한다.

소정근로시간을 먼저 명시하고, 추가적인 초과 연장근로에 대한 동의를 받도록 한다. 또한 1일 근무 1일 휴무제/ 2일근무 1일 휴무제에 대하여 사전에 배차시간표에 의해 예측가능함을 명시하는 것이 바람직하다.

근로기준법 제58조(근로시간 계산 특례)나 제59조(근로시간 및 휴게시간의 특례)가 유효하기 위해서는 개별 합의가 아닌 '근로자 대표와 서면 합의'를 요건으로 한다. 따라서 해당 문구만으로는 특례적용이 인정되지 않는다.

임금지급일과 지급방법(현금 또는 계좌입금)을 명시하여야 한다.

임금은 전액지급이 원칙이다. 예외적으로 근로자의 개별적이고 구체적인 동의가 있는 경우에 대해서는 공제할 수 있다고 본다. 추후 이 조항을 근거로 사용자가 근로자 퇴사 시 일방적으로 제복값을 제시하고 공제하게 될 경우 문제의 소지가 있으므로 퇴사 시 구체적인 금액 등을 명시하여 급여공제 동의서를 받는 것이 바람직하다.

6. 기 타

① "근로자"는 근로계약의 체결에 따라 "사업주"에게 성실하게 근로를 제공해야 하며 사업주의 복무규정을 준수하고 갑의 지시에 따라야 한다.

② 본 근로계약기간동안 근로자의 근무태도가 성실, 양호한 경우에는 근로계약기간을 자동 연장하되 그러하지 아니한 경우의 근로자(근무불량, 사고다발자 등)는 계약기간 만료 시 근로계약을 해지한다.

③ "근로자"는 이 계약서의 내용에 대해서도 타인에게 누설하지 않으며, 누설로 인하여 발생한 제반 문제는 "근로자"가 책임지고 이에 대한 "사업주"의 어떠한 조치에도 이의를 제기하지 않는다.

④ "근로자"는 위 제1, 2, 3항의 규정을 위반하였을 때는 관계법령의 규정에 의한 행정적, 민·형사적 책임을 진다.

7. 기 타

① "근로자"는 사직할 경우 사직일로부터 30일 전에 사직서를 제출하고, 사직서 수리일 까지 성실히 근무하여야 한다.

② 이 계약서에서 정하지 아니한 사항은 관련 규정 및 취업규칙에서 정하는 바에 따른다.

20 년 월 일

(사업주) 사업체명:

주 소:

대 표 자:

(근로자) 주 소:

주민등록번호:

성 명: (서명)

일정 평가를 거쳐 계약 갱신을 하려는 취지로 이해된다. 추후 근로계약 종료 및 갱신거부 시 발생할 수 있는 부당해고 구제신청 등 다툼을 예방하기 위하여 평가항목과 내용을 구체화하여 근로자에게 사전에 안내하는 것이 바람직하다.

1년 기간제근로계약이 거듭 반복되는 등 갱신기대권이 인정되는 경우에 근무성적을 사유로 근로계약을 해지할 경우 해고에 해당한다.

(17) 서비스 AS기사직(정규직, 시급제)

근로계약서

· 사용자: · 대표자:

· 근로자 성명: · 생년월일:

1. 계약기간

본 계약의 유효기간은 ___년 ___월 ___일 ~ ___________로 한다.

2. 근무지와 업무의 내용

① 근로자의 근무지는 갑의 사업장으로 한다.

② 근로자의 업무는 출장 AS기사로 한다.

3. 근무시간과 휴게시간

근로자의 근로시간은 1일 8시간, 1주간 40시간을 기준으로 하며, 근무일은 월~금으로 한다.

** 시업 및 종업시간: ○○:○○ ~ ○○:○○

4. 임 금

① 임금의 형태: 시급제(시급___________원)

② 상여금: 지급기간(3개월)중 15일 이상 근무한 경우 지급하되, 근무일수에 일할 계산하여 지급한다. 지급기간은 다음달 임금지급일에 지급하며, 통상임금의 년 600%를 3개월 단위로 200% 계산하여 지급.

③ 연장근로, 야간근로, 휴일근로에 대한 수당은 근로기준법과 취업규칙에서 정하는 바에 따라 통상임금에 100분의 50을 가산하여 지급한다.

④ 연차수당과 퇴직금은 근로기준법과 취업규칙에서 정하는 바에 따른다.

⑤ 결근, 지각, 조퇴, 외출 시 에는 해당 시간만큼 임금에서 공제한다.

⑥ 임금계산기간과 지급일: 매월 1일부터 매월 말일까지 계산하여 익월 5일에 근로자 명의 계좌로 지급한다.

5. 휴 일

① 회사의 휴일은 다음 각 호의 정하는 바와 같다.

'근로계약기간'과 필요시 '연봉계약기간'을 명확하게 구분하여 기재하도록 한다.

외근 등이 빈번한 근로자의 경우 근무지를 관련업무를 수행하기 위하여 필요한 영역을 포괄적으로 지정하여 명시하는 것이 바람직하다.

근무지와 업무내용에 대해 특정되어 있는 것일 경우 배치전환 시 사용자의 인사권에 일정정도 제한이 될 수는 있다. '업무상 필요가 있는 경우 사용자는 근로자의의 근무지 및 업무 등을 변경할 수 있다'고 포괄적 규정을 하는 것이 바람직하다.

구체적인 시업 및 종업시간, 휴게시간을 근로계약서에 명시할 것을 권한다. 분쟁 발생 시 근로계약서에 근로시간과 휴게시간이 특정되지 않은 것을 문제 삼는 경우도 있다.

연장근로는 1일 8시간, 1주 40시간을 초과한 근로를 의미하며, 야간근로는 22:00~다음날 06:00까지를 의미한다.

1. 법정휴일: 주휴일(일요일), 근로자의 날

2. 약정휴일

ⓐ "관공서의 공휴일에 관한 규정"에서 정한 날. 다만, 동 규정 중 '일요일'은 제외하고 동 규정이 변경될 경우 그에 따른다.

ⓑ 토요일은 유급휴일로 한다.

3. 기타 정부에서 지정하는 휴일과 회사에서 필요하다고 인정하는 날

② 전항 제1호 주휴일 및 토요일의 경우 주중에 결근이 있는 자는 무급으로 처리한다.

6. 휴 가

연차휴가와 관련된 기타사항은 취업규칙과 근로기준법에서 정한 바에 의한다.

"사용자"와 "근로자"는 위의 계약 내용에 이의가 없음을 확인하고 위와 같이 근로계약을 체결한다.

20 년 월 일

사용자 (인)

근로자 (인)

통상 토요일은 무급 휴일이나 휴무일로 정하고 있다. 만약 유급휴일로 정했다면 토요일에 대한 유급휴일수당이 월급여에 반영되어 있는지와 통상임금산정기준시간수에 포함되어 있는지에 대해 확인해 볼 필요가 있다.

(18) 생산직교대제(정규직, 시급제)

근로계약서

□□□대표 (이하 사업주)과 사원 ○○○ (이하 근로자)은 다음과 같이 근로계약을 체결하고 상호 간 성실히 이행할 것을 합의한다.

1. 계약기간: ___년 ___월 ___일부터 ___년 ___월 ___일
2. 직무: 생산직
3. 근무장소:
4. 근무시간

구 분	근로시간	연장시간	휴게시간	식사시간
주간1조	06:50~15:30	–	08:50~09:00 13:30~13:40	10:50~11:30
주간2조	15:30~00:10	00:20~01:30	17:30~17:40 22:10~22:20 00:10~00:20	19:30~20:10

※ 상기 소정근로시간은 "사업주"와 "근로자"의 합의하에 변경할 수 있음.

5. 근무일·휴일: 주 40시간 근무, 주휴일은 매주 일요일

다만, 사업장 사정에 따라 "사업주"와 "근로자"의 합의하에 변경할 수 있음.

6. "근로자"는 업무에 필요한 경우 근로기준법 및 기간제법 등에서 정한 범위 내에서 연장근로를 실시하는 것에 동의한다.

7. 임금

시급:__________원, 일급: 주간__________원, 야간__________원

1) 지급방법: 사원 "근로자"명의 예금통장에 익월 15일 지급

2) 급여기준: 시급: 연장, 야간, 휴일근로 50% 가산지급,

일급: 주휴수당 포함된 금액임.

8. 휴가: "근로자"에게 근로기준법에 의거한 연차휴가, 생리휴가 등 법정휴가 부여

9. 기타: 이 계약에 정함이 없는 사항은 취업규칙 및 근로기준법에 의한다.

20 년 월 일

사용자 (인)

근로자 (인)

교대근로가 어느 주기로 순환되는지(예: 1달 단위) 예측할 수 있도록 명시하는 것이 바람직하다.

휴게시간을 형편에 따라 나누어 배치할 수는 있다. 하지만 휴게시간을 분할하여 너무 짧게 나누어 주는 것은 근로자의 생존권을 침해하는 것이므로 문제될 수 있다.

때로 휴게시간을 지정하지 않고 특정 시간 구간 내에서 휴식을 취하도록 하는 경우가 있는데, 근로자가 업무상 이유로 휴게시간을 이용하지 못하였다면 이는 휴게시간을 부여하지 않은 것이 되며, 위반 책임은 사용자에게 있다

앞서 확인한 바와 같이 주휴 수당을 일급에 포함하여 지급하기 위해서는 근로계약서상 시급과 주휴수당이 명시적으로 구분되어 있어야 한다. 따라서 해당문구만으로는 주휴수당 포함되었다고 인정되기 어렵다. 나아가 시급에 주휴수당을 산정하는 방식은 언뜻 시급이 많게 보이기 위한 편법이거나 주휴수당을 별도로 계산하지 않아도 되는 관리의 편의성 때문으로 여겨진다. 하지만 법적 근거가 없는데다 임금산정의 최소 단위로 볼 수 있는 시급에 주휴수당을 함께 반영하는 것은 취지에도 맞지 않으므로 시급과 주휴 수당을 별도로 명시하는 것이 바람직하다.

(19) 프로젝트업무 교대제(계약직, 시급제)

일용근로 임시직계약서(3교대 근로자)

사용자:

근로자:

제1조【계약기간】

① 본 일용근로계약은 ○○○프로젝트 완수를 위한 근로계약이며 구체적인 일용근로계약기간은 제2항의 정함에 따른다.

② 일용근로계약기간은 년 월 일부터 ___년 ___월 ___일까지(총 60일)로 하며, 일용근로계약기간이 만료되면 본 계약은 자동 종료된다.

제2조【업무 등】

① "근로자"의 근무장소는 A구역이다.

② "근로자"의 담당업무는 보안담당 및 출입통제이다.

제3조【근무형태】

① 근무형태는 3교대제로 주간·야간·비번으로 근무한다.

② 소정 근무시간 및 휴게시간의 세부 내역은 아래와 같다.

근무형태	근무시간	휴게시간
주 간		
야 간		
비번/휴일	비번 또는 주휴	

③ 1항 및 2항에도 불구하고, 사용자는 "근로자"와 협의하여 "근로자"의 근무형태 및 근무시간, 휴게시간을 변경할 수 있다.

④ "근로자"는 업무상 필요시 1주 12시간 이내의 연장·야간·휴일근로에 동의한다.

제4조【임금 등】

① "근로자"의 시급은 ○○○원으로 한다.

② 임금은 주 단위(7일)로 시급에 실제 근무한 시간을 곱하여 산정한다.

일용직의 순수한 의미는 근로계약의 체결과 종료가 하루 단위로 이루어지는 계약이다. 본 계약은 '프로젝트 업무 완수를 위한 계약'이라고 명시하면서 일용근로계약이라고 모호하게 명시하였는데 실질적으로 이루어지느 업무사항을 근거로 '프로젝트 완성 목적 기간을 둔 기간제 계약'이라면 이를 명확히 하는 것이 바람직하다.

기간제 및 단시간근로자 보호 등에 관한 법률(이하 '기간제법')은 사용자가 기간제 근로자로 2년을 초과하여 사용한 경우 해당 기간제 근로자는 기간의 정함이 없는 근로계약을 체결한 근로자로 간주한다. 예외 조항으로 기간제법 제4조1항1호에서는 '사업의 완료 또는 특정한 업무의 완성에 필요한 기간을 정한 경우'로서 근로계약기간을 설정한 것에 해당하면 사용자가 근로자를 2년을 초과하여 사용하더라도 고용간주가 이루어지지 않는다고 명시하였는데, 프로젝트 계약 시 이처럼 예외조항에 적용되는지가 주로 문제된다.

행정해석은 "건설공사 등 유기사업, 특정 프로그램 개발 또는 프로젝트 완수를 위한 사업 등과 같이 한시적이거나 1회성 사업의 특성을 갖는 경우로 한정된다고 보아야 할 것"이라고 해석하고 있고 "건설회사에서 특정 발주자 등과 도급계약 등을 체결하고 해당 건설공사가 이루어지는 기간을 전제로 근로계약을 체결한 경우라면, 각각의 발주자와 맺은 도급계약기간은 기간제법 '특정한 업무의 완성에 필요한 기간을 정한 경우'로 볼 수 있을 것"이라고 그 요건을 구체적으로 명시하고 있으므로 계약 시 주의하도록 한다.

실제 근무한 시간과 유급 주휴를 계산하여 지급해야 한다.

③ "사용자"는 전항에 따라 산정한 임금을 "근로자"의 1주 근무 종료 후 익주 금요일에 "근로자"본인계좌로 이체한다.

제5조【휴일】

소정근로일의 만근 시 달력상 7일의 비번 중 하루를 유급주휴일로 부여한다.

제6조【근로자의 의무】

"근로자"는 다음 사항을 준수하여야 한다.

① 회사의 제 규정을 준수하고, 맡은 바 직무를 성실히 수행하여야 한다.

② 본 이벤트의 원활한 운영을 위하여 퇴사 시 반드시 5일전에 고지하여 대회운영에 차질을 빚지 않도록 협조한다.

제7조【계약 해지】

회사는 근로자에 대하여 사회통념상 근로관계를 유지할 수 없을 정도로 신뢰관계가 손상된 때에는 근로계약을 해지한다.

제8조【기타】

본 계약서상에 명시되지 않은 사항은 근로기준법 및 회사규정에 따른다.

20 년 월 일

사용자 (인)

근로자 (인)

'만근'은 법적 용어는 아니며 1주 동안 소정근로일을 '개근' 한 자에게 부여한다.

사용자는 고용 관계를 유지하기 어렵다고 판단한 경우 근로자에게 계약 해지 통보를 할 수 있으나 이는 해고의 문제이며 정당한 사유가 있어야 한다. 또한 30일 전에 통보해야 한다.

(20) 파견사업주와 파견근로자간 근로계약서(파견근로계약, 월급제)

근로계약서

□□□(이하"파견회사")와 근로자 ○○○(이하"소속사원")는 파견근로자 보호 등에 관한 법률 및 근로기준법 등에 근거하여 다음과 같이 근로계약을 체결, 시행키로 한다.

- 다 음 -

제1조【근로계약기간】

1. "파견회사"와 "소속사원"간의 근로계약기간은 2020년 1월 1일부터 2020년 12월 31일까지로 한다. 단, "파견회사"와 "소속사원", 그리고 "사용회사" 간의 합의에 의해 연장 또는 단축할 수 있다.
2. "파견회사"와 "소속직원"은 별도의 통보가 없는 경우에는 자동 연장하는 것으로 하며 근로계약 연장에 합의한 것으로 본다.
3. 퇴직금 등의 정산 시 최초 입사일인 2020년 1월 1일을 기산점으로 한다.

제2조【근로장소 및 업무】

근로장소는 서울시 영등포구 여의도동에 위치한 ○○은행 ○○지점이며, "파견회사"의 업무형편에 따라 "소속직원"과의 협의를 거쳐 변경할 수 있고 "소속직원"의 주 업무는 수금 및 관련사무종사자(한국표준직업분류코드: 3213)이며, 부대관련업무 및 "사용회사" 관리자의 정당한 지시 업무를 포함한다.

제3조【임금】

1. 월 급여는 기본급 00000원, 시간외수당 00000원(연장근로 20시간+휴일근로 10시간)을 포함하여 月 000원(성과급 및 추가수당은 별도)이다.
2. 급여의 지급 시기는 전월 1일부터 전월 말일까지의 근무 분을 익월 5일에 지급한다. 단, 월 소정근로일수에 미달하는 경우에는 해당월 실근로일수에 일할 계산하여 지급한다.
3. 급여는 세전 금액으로 법정 제세공과금 및 보험료 등은 "소속직원"의 부담으로 하되 "파견회사"가 공제한다.

기간제, 단시간 근로계약 체결시 근로일은 필수적으로 명시해야 하는 사항입니다. 만약 1년 기간제근로자라면 파견사업주가 파견근로자에게 제공하여야하는 취업조건고지서와는 별도로 '근로일'을 '근로계약서'에 명시하도록 한다.

본 조항에 특별히 기재하지 않더라도 퇴직금 등 근로관계로 발생되는 노동관계법상 권리의무는 실제 고용되어 일하는 시점부터 발생된다.

유효한 포괄임금계약으로 인정되기 위해서는 급여항목중 연장근무수당의 산정근거가 되는 연장근로시간에 대한 명시가 필요하다. 고용노동부는 "고정급 연장근로수당(귀 질의의 고정 O/T수당)을 월임금에 포함시켜 지급한다 하더라도, 노사당사자간에 월임금에 포함된 고정 O/T수당 금액을 명시하거나 연장근로시간(또는 그 상한)을 약정하여 시간급 임금의 산정(소위 포괄역산) 및 연장근로수당의 계산이 가능하여야"한다고 하면서 "고정 O/T수당 금액을 명시하지 아니하거나 연장근로시간(또는 그 상한)이 명확하게 표시되지 아니하여 고정 O/T수당 금액을 알 수 없는 경우에는 달리 볼 사정이 없는 한 근로기준법 제55조의 연장근로수당이 적법하게 지급된 것으로 보기 어려울 것(근로기준과-3172, 2005.06.13)"이라고 해석하고 있다.

제4조【근로시간】

1. 근로시간은 9시 30분부터 18시 30분으로 주 5일 근무이며, 토요일은 유급휴일로 처리된다. 단 근로기준법을 적용하되 업무상 변동될 수 있으며, 휴게시간(식사시간 60분)은 업무에 지장이 없도록 교대로 사용한다.
2. 업무상 필요에 따라 발생할 수 있는 주 12시간 범위내의 연장근로, 휴일, 야간근로에 동의한다. (서명:)

제5조【휴일 및 연차휴가】

1. 휴일은 근로자의 날과 주휴일이며, 주휴일은 일요일로 적용하되 "을"의 동의가 있으면 다른 날로 대체할 수 있다.
2. "소속직원"의 연차휴가는 80% 이상 근무시 15일을 부여하되, 내용은 근로기준법 및 취업규칙에 정한 기준에 따른다.

제6조【안전 및 보건】

1. "소속직원" 은 "사용회사" 및 "파견회사"가 시행하는 산업안전교육 및 성희롱교육에 응하여야 한다.
2. "소속직원"은 입사 시 "파견회사"가 지정하는 의료기관에서 건강진단을 받아 그 결과를 "파견회사"에 제출 하여야하며, 이후 "파견회사" 또는 "사용회사"가 실시하는 정기건강진단에 응하여야 한다.

제7조【퇴직금】

"파견회사"는 "소속직원"의 계속근로 년 수 1년에 대하여 30일분 이상의 평균임금을 퇴직금으로 지급한다. 단, 지급기준은 "사용회사" 기준에 따른다.

제8조【귀책사유】

"소속직원"이 다음 각 호에 해당하는 경우 "파견회사"는 "소속직원"을 징계 또는 해고할 수 있다.

1. 직무상의 의무를 위반하거나 근무에 태만하였을 때
2. "파견회사"의 이미지를 크게 손상하거나 재산상의 피해를 주었을 때
3. 업무수행 중 취득한 비밀누설 및 폭행, 파업, 등 규율과 질서를 문란케 하였을 때
4. 취업기간 중 형사상 유죄판결을 받았을 때

별도의 규정이 없다면 토요일을 무급 휴무로 하지만, 근로계약서에 유급으로 한다는 규정이 있다면 급여 계산 시 반영하여야 한다.

파견법 제35조제1항은 산업안전보건법의 적용에 관한 특례를 마련하여 파견 중인 근로자의 파견근로에 관하여는 '사용사업주'를 산업안전보건법상 사업주로 보아 사업주 책임을 부과시키고 있다. 그러므로 산업안전보건법의 대부분의 규정은 사용사업주가 사업주 책임을 진다.

산업안전보건법 제43조(건강진단)의 규정에 의한 건강진단은 일반건강진단, 특수건강진단, 임시건강진단이 있다. 이러한 건강진단 중 일반건강진단은 파견사업주가 사업주 책임을 지며(파견법 제34조제4항), 특수건강진단과 임시건강진단은 사용사업주가 사업주 책임을 진다.

근로계약상 해지사유 중 귀책사유에 대해서는 취업규칙에 명시하고 있는 것이 일반적이다. 그러므로 취업규칙과 동일한 내용을 규정한 것이라면 굳이 근로계약서에 이를 담을 필요는 없다. 취업규칙의 내용과 상충될 경우에 대한 분쟁 소지가 있으므로, 근로계약서에 거듭 주지시킬 필요가 있다면 취업규칙과 상충되지 않도록 확인하는 정도가 바람직하다.

5. 채용조건에 구비된 각종문서가 위조 또는 변조, 허위사실 등이 기재되었을 때

6. "파견회사"의 허가 없이 3일 이상 결근하였을 때

7. 무단지각, 조퇴, 외출을 월 3회 이상 하였을 때

8. 신체 및 정신상의 결함으로 업무를 수행할 수 없을 때

제9조【손해배상】

"소속직원"은 업무 수행 중 알게 된 기밀 및 정보 사항을 누설이나 개인도용으로 활용치 아니하며, 중대한 과실이나 고의로 "파견회사"에 손해를 가했을 경우 "소속직원"이 책임진다.

제10조【기타】

본 계약서에 명시되지 않은 사항은 "파견회사와 "사용회사"가 체결한 '근로자파견계약' 또는 근로기준법 및 관련법규의 규정에 따른다. 아울러 급여 및 복지시설 관련하여 협력업체와 관련된 각 사이트에 개인별 무료회원 가입은 "파견회사"가 "소속직원"을 대신하여 처리할 수 있다.

"파견회사"과 "소속직원"은 위 계약내용이 원만히 체결되었음을 상호 확인하고 각 1통씩 보관한다.

20 년 월 일

"파견회사" 주식회사 □□□ "소속직원" 성 명: (印)

대표이사 △△△ (印)

개인정보보호법 강화에 따라 별도 개인정보처리동의서를 징구하는 것이 바람직하다.

근로계약서 미교부에 대한 다툼이 생길 수 있다. 근로계약서를 현장에서 2부 작성하여 서로 나누어 가질 때 "파견회사"와 "소속직원"은 위의 계약 내용에 이의가 없음을 확인하고 "파견회사"는 본 계약서를 "소속직원"의 교부요구와 관계없이 "소속직원"에게 1부를 교부하며 "소속직원"은 이를 수령하였음을 확인한다(서명:　　).라고 명확히 해두는 것이 바람직하다.

(21) 5인이상 음식점 서비스직군 (단시간, 월급제)

근로계약서(정규직)

제1조【당사자 표시】

사용자:

근로자:

□□□(이하 “갑”이라 한다)과 근로자 ○○○ (이하 “을”이라 한다)은 상호 간에 근로기준법 및 제반규정을 성실히 준수할 것을 약정하고 다음과 같이 근로계약을 체결한다.

제2조【근로계약기간】

근로계약은 20__년 __월 __일부터 시작되며, 그 기간은 정함이 없는 것으로 한다.

제3조【취업장소 및 취업직종】

① 취업장소: “갑” 사업장 내 또는 “갑”이 지정한 장소

② 담당직무: “갑”이 운영하는 식당에서 식당 운영과 관련된 부대 업무를 수행하며, “사용자”의 업무상 필요에 의해 다른 업무를 부여·변경할 수 있다.

제4조【근로시간 및 휴게시간】

① 근로일은 주 6일이며, 근무형편에 따라 토/일요일 근무를 포함한다.

② 근로시간은 15:30~22:30, 6시간으로 하며 휴게시간은 업무 형편에 따라 4시간 근무 시 30분씩 업무도중 쉴 수 있도록 하여 근로시간 중 30분을 휴게한다(17:00~17:30).

③ 근로시간 및 휴게시간은 “갑”의 사정과 업무형편에 따라 조정될 수 있다. “갑”은 “을”과 1일 6시간 및 1주 36시간을 초과하여 업무상 발생하는 시간외근로(연장, 휴일, 야간근로)에 대해 합의하며, “갑”은 “을”에게 동 시간외근무수당을 포괄산정하여 매월 지급하기로 한다.

시간외 근로시간을 구체적으로 명시하고 그에 대한 가산임금을 지급하는 표기로서의 포괄임금계약유형은 현재 문제되지는 않는다.

제5조【휴가, 휴일】

① 주휴일: "갑"은 "을"에게 1주 소정근로일수를 개근하였을 경우 주 1일의 유급 휴일(통상 일요일)을 부여한다. 단, 주휴일은 일요일이 아닌 다른 날에 부여할 수 있다.

② 기타 휴가 및 유급휴일에 관한 사항은 근로기준법에 따른다.

제6조【임금에 관한 사항】월

급 총액 142,300원으로 하며 다음과 같은 내용의 임금이 포괄산정되어 있음을 확인한다. 월급은 매달 5일에 계좌로 지급한다.

구성항목	금 액	비 고
기본급	1,374,220 원	월 182시간 분, 주휴수당 포함
야간근로수당	49,080원	월 13시간(가산반영, 7시간분)

제7조【퇴직금】

"갑"은 "을"이 1년 이상 근속한 경우, 취업규칙 및 근로기준법이 정하는 바에 따라 퇴직금을 지급한다.

제8조【기타】

① 본 계약서에 규정된 이외의 사항에 대해서는 "갑"의 제반규정 및 노동관계법령에 따라 적용한다.

② 본 계약을 증명하기 위하여 본 계약서를 2부 작성하여 "갑"과 "을"이 각각 1부씩 보관한다.

월급을 계산하는 기간에 대해서도 명시하는 것이 바람직하다. 예를들어 '월급은 당월 1일에서 당월 말일을 기준으로 하여 산정하며, 익월 5일에 "을"에게 직접 또는 "을"이 지정한 계좌로 이체한다.'고 하는 것이 월급계산에 대한 다툼을 예방할 수 있다.

(22) 5인미만 음식점 서비스직군 (단시간, 일용직)

근로계약서(일용직)

제1조【당사자 표시】

갑:

을:

제2조【근로계약기간】

20__년 __월 __일 ~ 20__년 __월 __일

제3조【취업장소 및 취업직종】

① 취업장소: "갑" 사업장 내 또는 "갑"이 지정한 장소

② 담당직무: "갑"이 운영하는 식당에서 식당 운영과 관련된 부대 업무를 수행하며, "사용자"의 업무상 필요에 의해 다른 업무를 부여·변경할 수 있다.

제4조【근로시간 및 휴게시간】

① 근로일 및 근로시간은 갑과 을의 상호 협의하는 사정에 따라 변동될 수 있으며 출퇴근 시간 및 근무시간은 업무상 필요에 따라 조정가능하다.

② 휴게시간은 업무 형편에 따라 4시간 근무 시 30분을 업무도중 쉴 수 있도록 한다.

제5조【휴가, 휴일】

① 주휴일: 매주 ___요일(단, 주휴일은 회사 사정에 따라 변동될 수 있으며, 주14시간 이하 근무자는 부여하지 않는다)

② 기타 휴가 및 유급휴일에 관한 사항은 근로기준법에 따른다.

제6조【임금에 관한 사항】

① 임금의 형태: 시급제(기본시급 8,720원)

② 위 금액은 매일 작업 종료시 지급함을 원칙으로 하나, 지급의 편의를 위해 주나 월단위로 합산하여 지급한다. 월단위로 산정할 경우 전월 ( )일에서 당월 ( )일을 기준으로 하여 산정하며, 익월 ( )일에 "을"에게 직접 또는 "을"이 지정한 계좌로 이체한다.

일용직 근로자의 경우 매일 근로계약을 새로 체결하여, 근로계약서를 작성하는 것이 원칙이다. 일용직 근로자의 경우 하루씩 근무가 이루어진다고 하더라도 근로계약관계가 단절되지 않고 계속하여 근무하는 경우에는 계약서를 매번 새로 쓰기에 번거로운 점이 있어 내용에 '당사자의 합의에 따라 동일조건으로 계약기간 연장이 가능'하다는 내용에 따라 여타의 근로조건이 동일한 상황에서 계약기간이 연장되는 경우에는 별도의 계약서를 작성하여 활용하는 방법도 실무적으로 고려할 수 있다.

당사자가 근로시간과 휴게시간을 사전에 확정하여야 한다.

일용근로자는 계속근로가 발생되지 않는 근로유형이므로 원칙적으로 주휴수당이 발생되지 않는다, 다만 예외적으로 1주일간의 사업장 소정근로를 모두 근로제공한 사정이 있는 경우에 한해 해당 주의 주휴일을 부여한다.

제7조【퇴직금】

"갑"은 "을"이 1년 이상 근속한 경우, 취업규칙 및 근로기준법이 정하는 바에 따라 퇴직금을 지급한다.

제8조【기타】

① 본 계약서에 규정된 이외의 사항에 대해서는 "갑"의 제반규정 및 노동관계법령에 따라 적용한다.

② 본 계약을 증명하기 위하여 본 계약서를 2부 작성하여 "갑"과 "을"이 각각 1부씩 보관한다.

20 년 월 일

"갑" (사용자): (서명/인)

"을" (근로자): (서명/인)

일용근로자는 '1일의 계약기간으로 고용되어 고용당일에 근로계약이 종료'되는 근로자를 말한다. 즉 일용근로자는 사업의 필요에 따라 그 때 그 때의 필요에 의해 사용하는 근로자로서, 근로계약을 1일 단위로 체결하고 그 날의 근로가 끝나면 사용종속관계도 끝나 계속고용이 보장되지 않는 근로자이다. 그렇기 때문에 원칙적으로 일용근로자는 퇴직금 지급 요건인 계속근로기간이 발생할 수 없으나 일용직으로 1년 이상 근무하게 되는 경우가 있다면 퇴직금도 동일하게 발생한다.

(23) 운전직 감시단속적근로자 (정규직, 월급제)

근로계약서

1. 당사자 표시

당사자	갑	사업체명		대 표 자	
		소 재 지		전 화	
	을	성 명		생년월일	
		주 소			

2. 근로계약기간

20__년 ___월 ___일 ~ 20__년 ___월 ___일

3. 근로조건의 표시

1) 취업직무: 경비

2) 취업장소:

(사용자의 업무상 필요 및 원청사의 동의에 따라 근로자의 취업장소는 변경 될 수 있다.)

3) 근로유형 및 근로시간:

근로일	근로시간대	주간휴게시간	야간휴게시간	비고
격일	08:00~익일08:00	12:00 ~13:00	23:00 ~ 05:00	감시적 근로자
		18:00 ~ 19:00		

4) 임 금

① 근로형태에 따라 기본급 및 각종 제 수당을 포함하여 산출하는 포괄임금산정제로 하며, 임금구성항목은 아래 표와 같다.

기본급(243시간)	야간수당(31시간)	연차수당	식대	월간임금계

② 정하여진 월급은 매월 1 일에 기산하여 말일까지 마감하고 익월 10 일에 근로자 본인명의의 계좌이체 방법으로 지급한다.

5) 휴가 및 휴일: 연차유급휴가 등 법정휴가는 근로기준법을 준용한다.

6) 퇴직금: 법에서 정한 근로자 퇴직급여 보장법에 따른다.

4. 기 타

본 계약서상에 명시되지 않은 사항은 근로기준법 및 회사의 제규정(취업규칙)에 의한다.

24시간 격일제 교대근무를 하는 감시적근로자의 경우에도 법정 휴게시간을 반영한 실휴게시간을 근로계약서에 명시하여야 한다.

주야간 휴게시간이 다를 경우에도 조별 배정된 휴게시간을 상황에 맞추어 기재하도록 한다.

'적용제외 승인 대상이 되는 감시적 근로에 종사하는 자는 감시업무를 주 업무로 하며 상태적으로 정신적·육체적 피로가 적은 업무에 종사하는 자'를 말한다.

1) 수위·경비원·물품감시원 또는 계수기감시원 등과 같이 심신의 피로가 적은 노무에 종사하는 경우. 다만, 감시적 업무이기는 하나 잠시도 감시를 소홀히 할 수 없는 고도의 정신적 긴장이 요구되는 경우는 제외한다.
2) 감시적인 업무가 본래의 업무이나 불규칙적으로 단시간 동안 타업무를 수행하는 경우. 다만, 감시적 업무라도 타업무를 반복하여 수행하거나 겸직하는 경우는 제외한다

(24) 미화직 (정규직, 월급제)

근로계약서

□□□ 대표(이하 "갑"이라 함)와 근로자 ________(이하 "을"이라 함)는 다음과 같이 계약직 근로계약을 체결한다.

제1조【취업 장소 및 직종】□□□ 사옥, 미화직

다만, '갑'은 업무상 필요에 따라 '을'의 담당직무 및 취업 장소를 변경할 수 있다.

제2조【근로계약기간】

'을'의 근로계약기간: 20__년 __월 __일부터 20__년 __월 __일까지로 하되 계약기간이 만료되면 본 근로계약도 자동 종료된다.

제3조【근무형태 및 근무시간】

근무형태	근무시간	연장시간
주간	06:30 ~ 15:30	15:30 ~ 17:00
야간	15:30 ~ 24:30	24:30 ~ 25:00

'을'의 소정근로시간은 1주 40시간, 1일 8시간을 원칙으로 하되, "을"은 특별한 사정이 없는 한 아래의 연장근로에 동의하며, 정당한 이유 없이 연장근로를 거부할 수 없다.

제4조【임금】

① '을'의 임금은 월급 ________원으로 한다. 다만, '갑'이 지급하는 월급여 총액에는 기본급(주휴수당 포함), 연장근로수당, 야간근로수당, 휴일근로수당, 모두 포함된 것이며, 그 시간의 적정성 유무나 계산의 기초 등이 적법한 것으로 상호 인정한다.

② 임금은 매월 1일부터 매월 말일까지 계산하여 익월 5일(휴일인 경우 익일) "을"에게 직접 지급 또는 "을"이 지정한 은행계좌에 송금한다.

계약직이므로 근로계약기간을 설정하고, 계약기간 만료로 근로계약관계가 종료됨을 명시한다.

휴게시간은 필수로 근무시간 중에 부여하여야 한다. “휴게시간은 4시간 이상 근무 시 30분, 8시간 이상 근무 시 1시간을 근무시간 도중에 부여하며, 업무상 필요에 따라 변동될 수 있다”는 정도로 기재할 수 있다.

해당 조항만으로 적법성이 인정되는 것은 아니고 월급여에 포함되는 연장근로시간과 그에 대한 가산수당, 휴일근로시간과 휴일근로수당을 구체적으로 명시하도록 한다.

③ 상여금은 통상임금의 년 300%를 홀수월 1일부터 짝수월 말일까지를 지급기간으로 하여(2개월)50%씩 지급기간의 다음달 임금 지급일에 지급한다. 단, 지급기간(2개월) 중 15일 이상 근무한 경우 지급하되, 근무일수에 따라 일할계산하여 지급한다.

제5조【휴일 및 휴가】

"을"의 휴일 및 휴가는 근로기준법에 정한 바에 따른다.

제6조【준용】

본 계약서에 명시되지 않은 사항은 근로기준법과 노동관계법의 관련조항을 준용하도록 한다.

년 월 일

계약직에게는 해당사항 없는 일반조항을 계약서에 명기해놓는 경우들이 있다. 이 경우 추후 다툼의 여지가 되므로 계약직에 해당되지 않는 임금 구성항목에 대하여서는 항목에서 제외한다. 단, 동일노동에 대한 임금차별 문제가 생길 수 있으므로 주의하여야 한다.

(25) IT서비스업 엔지니어(정규직, 월급제)

근로계약서

1. 당사자 표시

(사용자)	회사명		대표이사			
	주 소					
(근로자)	성 명		연락처		주민번호	
	주 소					

2. 근로계약기간

1) 2018년 5월 14일 부터 년 월 일(6개월)은 시용기간으로 하며 이후 정규직으로 전환되었을 경우 기간의 정함이 없는 계약으로 한다.

2) 시용기간 중 근무태도, 근무성적 등을 평가하여 성적이 매우 불량하거나 직무수행능력이 없다고 판단되는 경우에는 채용을 취소할 수 있다.

3. 연봉계약기간

아래의 연봉의 계약기간은 년 월 일부터 년 월 일까지 체결한 것으로 한다.

4. 근로시간 및 휴게시간

1) 시업 및 종업시각

구 분	월요일 ~ 금요일	토요일	일요일
시업과 종업시각	09:00 ~ 18:00	무급휴일	유급휴일 (주휴일)
휴게시간	12:00 ~ 13:00		

2) 업무의 특성 및 경영상 필요에 따라 시업과 종업시각은 달리 정할 수 있다.

3) 취업규칙에 의거 연장근로, 야간근로 및 휴일근로를 명할 수 있다.

※ 위 연장근로 및 야간.휴일근로실시에 동의하는 경우 서명날인 하시오.【 (인)】

5. 근무내용과 근무장소

1) 근무내용: S/W개발

2) 근무장소: “갑”의 사업장 내, 단 업무상 필요한 경우 “갑”은 “을”의 근무장소를 변경할 수 있다.

직무수행능력이 부적합하다는 데 대한 판단을 객관적으로 제시/관리하기 위하여 시용평가제도를 시행하는 것이 바람직하다.

토요일의 경우 이를 약정휴일로 정하지 않았다면 이는 법에서 말하는 휴일이 아니라 근로제공 의무가 없는 단순 '휴무일'에 불과하다. 해당 회사의 경우 근로계약으로 토요일을 휴일로 정하였으므로 휴일근로 가산수당이 발생할 수 있다.

6. 임 금

1) 연봉내역

구분			총연봉	
기본급(연간)	제수당(연간)	비과세(연간)		
			0	원

※ 취업규칙에 의거 연봉은 소정근로에 대한 임금(기본급)과 법정수당(연장·야간·휴일 근로수당 등) 및 기타 임의수당 등 제수당을 포함한 포괄임금산정제를 적용한다.

2) 지급시기 및 지급방법

"갑"은 연봉액을 1/12한 금액을 매월 1일부터 말일까지 산정하여 익월 10일에 "을"의 개인 은행계좌로 송금한다. 다만, 신규채용, 퇴직 등의 사유로 1개월 미만 임금을 정산하는 경우에는 발령일을 기준으로 그 월액을 일할 계산하여 지급한다.

3) 월 임금의 구성항목 및 계산방법

구분		금액		비고
기 본 급			원	1일 8h, 1주 40h, 1월209h
제수당	연장근로수당		원	1주 12h, 1월 52h (수당산정 78.12h)
	차량유지비		원	
	연구개발수당		원	
	육아수당		원	
	식대		원	
총 액			원	수당산정 총 287.12h

7. 퇴직급여

1) 퇴직급여의 지급은 취업규칙 또는 근로기준법에서 정하는 바에 따라 지급하기로 한다.

2) "갑"이 지급하는 퇴직급여는 근속년수 1년에 대하여 평균임금의 30일분을 지급하며, 1년 미만의 일수에 대하여는 취업규칙에 정하는 바에 따라 처리한다.

8. 휴가 및 휴일

1) 주휴일: 1주일간의 소정근로일수를 개근한 경우 1일의 유급휴일을 준다.

2) 유급휴일: 주휴일과 근로자의 날(5.1)

3) 취업규칙에 의거 휴일을 다른 날로 대체할 수 있다.

4) 휴가는 근로기준법에 따라 부여한다.

차량유지비, 연구개발수당, 육아수당, 식대 등이 세법상 비과세 항목에 해당되어 별도 분리하여 지급하는 것은 문제되지 않으나 추후 가산임금의 기초가 되는 '통상임금'에 해당됨에도 불구하고 비과세수당을 기능적으로 통상임금에서 제외하게 될 경우 문제가될 수 있으므로 유의하여야 한다.

9. 개인정보 등

"을"은 근로기준법 및 노동관계법령의 처리를 위하여 본인의 고유식별정보(주민등록번호 등)을 수집, 이용 및 제3자 제공에 동의한다.

10. 기 타

본 계약서에 없는 사항은 노동관계법령, "갑"의 취업규칙에 따르기로 한다. 이 계약서는 2부로 작성하여 "갑"과 "을"이 1부씩 보관한다.

년 월 일

갑 주식회사***

대 표 자: (인)

을 주민등록번호:

성 명:

(26) 유연근무 시간선택제 (정규직, 월급제)

근로계약서(시간선택제)

1. 계약당사자

사용자	대 표		사업종류	
	회사명			
근로자	성 명		생년월일	
	주 소			

2. 근로조건

가. 근로계약기간: 20__년 ___월 ___일부터 20__년 ___월 ___일까지

(계약기간이 만료되면 본 근로계약은 자동종료된다)

나. 근로장소 및 업무내용

1) 근무장소(부서):

2) 업무내용(직종):

다. 근로시간 및 휴게

1) 근로시간:____시 ___분부터 ___시 ___분까지(___시간 근무)

2) 휴게시간은 근로기준법에 따라 부여한다.

라. 근로일 및 휴일

1) 근로일: 매주 월요일부터 금요일까지로 한다. 다만 토요일(무급휴무일)과 휴일은 근로일에서 제외한다.

2) 휴 일: 주휴일은 매주 일요일로 한다.

3) 교대근무자의 경우 근로일 및 휴일은 근무표에 정한 바에 따른다.

마. 휴가: 연차유급휴가 및 생리휴가는 「근로기준법」 및 「기간제 및 단시간근로자 보호 등에 관한 법률」을 따른다.

바. 임금

1) 임금은 시간급(일급, 월) ________원, 법정수당(연장근로수당, 야간근로수당, 휴일근로수당 등) 등으로 구성하며 그 구체적인 내역은 「근로기준법」에 정한 바에 따른다.

휴일은 해당 일 전체의 휴식을 목적으로 하는 것이므로, '1일 단위' 부여가 원칙(약정휴일도 동일)이며 유급휴일, 생리휴가 및 출산전후휴가의 경우 통상근로자와 동일한 기준 적용한다(시간 비례 원칙 적용 배제). 다만 연차휴가 일수, 각종 휴일 및 휴가 수당의 계산 시 비례적 평등 취급의 원칙을 적용한다.

1년간의 출근율이 80% 이상인 경우 부여하며 시간 비례 원칙을 적용하여 '시간 단위'로 산정한다.

월 급여로 지급할 경우 세부적으로 구분하도록 한다. 임금의 계산시 단시간근로자의 임금산정단위는 '시간급'을 원칙으로 한다. 일급 통상임금은 '1일 단위' 유급 수당의 지급 시 주된 지급 기준이 되는 임금으로서, 시간급 임금을 일급 통상임금으로 산정할 경우 1일 소정근로시간 수에 시간급 임금을 곱하여 산정한다.

2) 임금은 매월 1일부터 말일까지 산정하여 매월 말일에 근로자 명의의 예금 계좌로 지급하며 기준 근무일수 이하에 대하여는 월정액을 기준으로 일할 계산하여 지급한다.

3) 4대보험(건강보험,국민연금,고용보험,산재보험)가입 및 퇴직금 지급은 「근로기준법」등 「기타 관련법규」에 따라 적용한다.

사. 기타: 근로자는 근로계약 체결 이후에도 지원서류의 허위 및 위조 및 기타 신원조회결과 부적격자로 판명 될 경우 근로계약을 해지 또는 채용을 취소할 수 있으며, 고의 또는 중대한 과실로 인한 병원의손해에 대해 배상 의무를 지며, 이 경우 계약기간 만료전이라도 즉시 고용을 종료할 수 있다.

사용자와 근로자는 위 근로조건과 제반규정을 준수하고 성실하게 근무할 것을 약정하며 이에 근로계약을 체결한다.

년 월 일

사용자:

근로자:

산정기간 명시

(27) 유연근무_간주근로시간제 합의서 (정규직, 월급제)

간주근로시간제 합의서

○○○ 대표자 ________(이하 "갑"이라 한다)와 근로자대표 ________(이하 "을"이라 한다)은(는) 근로기준법 제58조에 기초하여 근로자에 대하여 사업장 밖 근로를 시키는 경우의 근로시간 산정에 관하여 다음과 같이 합의한다.

제1조【적용대상】

본 합의서는 "갑"의 배송직무를 수행하는 자로 주로 사업장 밖 업무에 종사하는 배송기사에게 적용한다.

제2조【인정근로시간】

① 제1조에 정한 직원은 1일 8시간, 주 40시간을 근로한 것으로 본다.

② 업무의 수행방법 및 시간배분의 결정은 원칙적으로 제1조에 정한 직원에게 있으며 "갑"은 구체적인 지시를 하지 아니한다.

제3조【휴게시간】

제1조에 정한 직원에 대해 취업규칙 제26조에 정한 휴게시간을 부여한 것으로 간주한다.

제4조【연장·야간·휴일근로에 대한 가산임금】

제1조에 정한 직원이"갑"의 요청으로 또는 업무상 필요에 의해 사전에 "갑"의 승인을 받고 제2조의 근로시간을 초과하여 근로한 연장·야간·휴일근로시간에 대하여는 가산임금을 지급한다.

제5조【적용해제】

"갑"의 판단으로 간주근로시간제 적용이 불가하다고 인정되는 경우에는 "갑"과 "을"의 협의를 거쳐 간주근로시간제의 적용을 해제할 수 있다.

제6조【유효기간】

본 합의서의 유효기간은 2020년 10월 1일부터 2022년 9월 30일(2년)로 하되, 유효기간 만료 1개월 전까지 일방이 별도의 의사표시를 하지 않는 경우에는 그 후 2년간 자동 갱신되는 것으로 간주하며, 그 이후에도 또한 같다.

2020년 10월 1일

"갑" (인)

"을" (인)

임금 계산의 기초가 되는 근로시간은 원칙적으로 근로자가 사용자의 지휘·감독 하에 실제 근로를 제공한 시간을 기준으로 산정하여야 하지만, 근로기준법 제58조는 근로자가 사업장 밖에서 근로하여 근로시간을 산정하기 어려운 경우 근로시간 산정에 있어 특례 규정을 두고 있다.

변형근로시간제 중 하나인 간주근로시간근무제가 법적으로 유효하려면 근로자대표와의 서면합의를 통해 간주 근로시간을 정하여야 한다. 간주근로시간제 적용에 있어 문제가 될 수 있는 부분은 해당 업무가 간주근로시간제 적용 업무에 해당하는지 여부와 간주되는 근로시간 수준이 적정·타당한지 여부인데, 법적 유효요건인 노사합의서를 통해 사용자의 자의적 기준으로 설정한 것이 아니라 근로자들의 의견을 수렴하여 합의를 하였다는 점을 확인할 수 있다.

근로계약서에 간주근로시간을 명시하여야 하는 것이 법적 의무는 아니나 해당 직종의 근로자가 간주근로시간제에 적용된다는 점을 충분히 고지하고 안내하여 이해를 구한다는 점에서 근로계약 중 '근로시간' 부분에 '해당 직무가 간주근로시간제에 적용되며 1일 8시간 주40시간 근로한 것으로 인정된다'는 내용으로 추가 기재하는 것으로 적용할 수 있다.

근로시간 산정에 대한 합의로서 가장 중요한 부분이다.

(28) 유연근무 탄력적근로시간제 합의서 (정규직, 월급제)

탄력적 근로시간제 노사합의서

주식회사 ○○○ 대표이사 ________과 근로자 대표 ________는 3월 단위 탄력적 근로시간제에 관하여 다음과 같이 합의한다.

제1조【목적】

이 합의서는 근로기준법 제51조 제2항에 따라 3월 단위 탄력적 근로시간제를 실시하는데 필요한 사항을 정하는 것을 목적으로 한다.

제2조【적용대상자】

이 합의서의 내용은 전체 생산직에 재직중인 근로자에게 적용하며, 본 합의 이후 입사하는 생산직 근로자에게도 동일하게 적용한다.

제3조【단위기간】

이 합의서의 단위기간은 매분기 둘째주부터 매분기 첫째주까지로 한다.

제4조【근로시간】

3월 단위 탄력적 근로시간제 단위기간에 있어서 1일의 근로시간, 시업시간, 종업시간 및 휴게시간은 다음과 같다.

구 분		1일 근로시간	시업시간	종업시간	휴게시간
2월	둘째주 시작일~익월 첫째주	7시간(월~금)	09:00	17:00	12:00~13:00
3월	둘째주 시작일~익월 첫째주	8시간(월~금)	09:00	18:00	12:00~13:00
4월	둘째주 시작일~익월 첫째주	9시간(월~금)	09:00	19:00	12:00~13:00

제5조【휴일】

단위기간 중 주2일(토·일요일)은 휴무하되, 휴일은 일요일로 한다.

탄력적 근로시간제는 일정한 단위기간을 평균하여 1일간 또는 1주일 간의 근로시간 법정기준근로시간을 초과하지 않으면 특정한 날 또는 특정한 주에 기준근로시간을 초과하더라도 근로시간 위반이 아니며, 초과한 시간에 대해 가산수당을 지급하지 않아도 되는 제도이다.

3개월 단위 탄력근무제는 반드시 그 단위기간과 각일,각주의 근로시간을 사전에 미리 정해야 하며 사용자가 업무의 사정에 따라 임의로 근로시간을 변경할 수 없으므로 운영 과정에서 업무량 변동으로 잔여기간의 근로일과 그 근로일별 근로시간 등을 변경할 필요가 생긴 경우에는 근로자대표와의 서면합의를 거쳐야 한다. (잔여기간의 근로일 및 근로일별 근로시간 변경은 최초 서면 합의한 단위기간 내에서만 가능하며 단위기간을 통틀어 평균 1주간의 근로시간은 최초에 서면 합의한 시간으로 해야 함)

회사 필요에 따라 부서별, 직종별, 사업장별, 근로자별로 범위를 정할 수 있으며 대상근로자로 정해진 자에게만 탄력근로시간제를 실시해야 한다.

* 3개월 단위, 6개월 이내 단위 탄력적근로시간제
연장근로: 1주 12시간까지 가능
- 주 52시간 적용 이전:80시간(52+12+16시간)
- 주 52시간 적용 이후: 64시간

* 2주이내 탄력적근로시간제
연장근로: 1주 12시간까지 가능
- 주 52시간 적용 이전: 76시간(48+12+16시간, 휴일2일)
- 주 52시간 적용 이후: 60시간

제6조【적용제외】

연소근로자(15세이상 18세미만자)와 임부(임신중인 여성근로자)에게는 본 합의를 적용하지 아니한다.

제7조【가산임금】

3월을 평균하여 1일 8시간, 1주 40시간을 초과한 경우 통상임금의 50%를 가산임금으로 지급한다. 다만, 회사사정으로 인하여 근로시간 편성에 변동사항이 발생할 경우, 회사는 사전에 통보하여 근무시간을 변경할 수 있으며, 그에 따라 연장근로수당을 계산하여 지급한다.

제8조【유효기간】

이 합의서의 유효기간은 20__년 _월 _일부터 1년간으로 하되, 유효기간 만료 1개월 전까지 개정 관련 별도 의견이 없는 경우에는 그 후 1년간 자동갱신 되는 것으로 하며, 그 이후에도 또한 같다.

20 . . .

주식회사

대표이사 (인)

근로자 대표 (인)

* 3개월 단위 가산임금: 단위기간을 평균한 1주 근로시간을 40시간으로 정한 경우 아래의 어느 하나에 해당하면 연장근로에 해당한다.
- 단위기간을 평균한 1주 간의 근로시간이 40시간을 초과
- 특정주의 근로시간이 52시간 초과, 특정일의 근로시간이 12시간을 초과
- 서면합의로 정한 단위기간의 근로일 및 근로일별 근로시간 초과

* 2주단위 탄력근무제: 단위기간을 평균한 1주 근로시간을 40시간으로 정한 경우 아래의 어느 하나에 해당하면 연장근로가 된다.
- 단위기간을 평균한 1주 간의 근로시간이 40시간을 초과
- 특정 주의 근로시간이 48시간 초과

· 3개월 이내 탄력적 근로시간제의 경우 서면합의의 유효기간을 명확히 정하여야 하므로 노사가 합의하는 한 유효기간의 길이(3개월, 6개월, 1년 등)에 대해서는 특별한 제한이 없다.

· 서면합의 서류는 서면 합의한 날로부터 3년간 보존하여야 한다.

(29) 유연근무_재량근로시간제 합의서 (정규직, 월급제)

합의서

(주)□□□ (이하 '갑'이라 한다)와 근로자대표 ________(이하 '을'이라 한다)은 근로시간 관련하여 다음과 같이 정하는 바에 따를 것을 합의하고 이를 성실히 이행한다.

- 다　　음 -

제1조【목적】

본 합의는 근로기준법 제58조 제3항(근로시간 계산의 특례) 및 동법 시행령 제31조(재량근로의 대상업무)에서 정하는 바에 따라 _____부서, _____부서 소속 근로자의 근로시간의 산정을 정하고자 함을 목적으로 한다.

제2조【대상업무】

본 합의는 _____부서, _____부서 소속에서 현재 재직중인 근로자에게 적용하며, 본 합의 이후 입사하는 근로자 및 배치전환되어 근무하는 근로자에게도 동일하게 적용한다.

제3조【근로시간의 산정】

① 본 합의의 적용 대상 근로자의 근로시간은 실제 근로시간의 장·단 여하에 불문하고 1일 8시간, 1주 40시간 근로한 것으로 본다.

② 전항에도 불구하고 근로의욕 고취 차원에서 개별 연봉 계약에 따라 고정 시간외 수당을 월 급여에 포함하여 지급한다.

제4조【"갑"의 업무상 지휘·감독】

① "갑"은 본 합의의 적용대상 근로자에게 업무의 수행 수단 및 시간 배분 등에 관하여 구체적인 지시를 하지 않는다.

② 본 합의의 적용대상 근로자는 시업 및 종업시각을 자유로이 결정한다. 다만 전단의 규정이 제3조 제1항의 근로시간 미만 근무 가능한 것으로 해석되어서는 아니된다.

재량근무제는 업무수행 방법과 시간의 배분문제를 본인의 재량에 맡기는 것이다. 실제 업무시간과 관계없이 당사자 간에 미리 합의한 시간을 근무한 것으로 인정하는 제도인데 근로시간의 배분은 물론 업무수행 방법까지 근로자의 재량에 맡기고, 실제 근무한 시간에 관계없이 근로자 대표와 서면합의한 시간을 근로한 것으로 본다. 근로기준법에서 정한 디자이너, 연구개발자 등 정해진 업무에 한하여 허용된다는 점에서 시차출퇴근제나 탄력근무제와 차이가 있다.

재량근무제를 시행하기 위해서는 근로기준법 제58조 제3항(근로시간 계산의 특례)에 따라 ① 대상업무 ② 업무의 수행수단 및 시간배분 등에 관하여 근로자에게 구체적인 지시를 하지 않는다는 내용 ③ 근로시간의 산정은 그 서면 합의로 정하는 바에 따른다는 내용을 명시하여 근로자 대표와 서면으로 합의하여야 한다. 근로시간의 산정은 서면 합의로 정한 바에 따르므로 서면합의 시 "인정하는 근로시간의 양"에 대하여도 명시하여야 한다.

재량근로 대상업무

1. 신상품 또는 신기술의 연구개발이나 인문사회과학 및 자연과학에 관한 연구업무
2. 정보처리시스템의 설계 또는 분석 업무
3. 신문·방송 또는 출판사업에 있어서 기사의 취재·편성 또는 편집업무
4. 의복실내장식·공업제품·광고 등의 디자인·고안 업무
5. 방송프로·영화 등의 제작사업에 있어서 프로듀서 또는 감독업무
6. 그밖에 고용노동부장관이 정하는 업무(회계,법률사건,납세,법무,노무관리,특허,감정평가 등의 사무에 있어 타인의 위임·위촉을 받아 상담·조언·감정 또는 대행을 하는 업무)

제5조【유효기간】

① 본 합의의 유효기간은 합의일로부터 2년으로 한다.

② 유효기간 만료시점 1개월 전까지 당사자 일방의 개·폐 요구가 없을 경우 유효기간 만료시점부터 2년의 기간 동안 자동 갱신된 것으로 본다.

제6조【기타】

본 합의 외에 근로시간에 관한 사항은 근로계약, 취업규칙, 노동관계법에서 정한 바에 따른다.

20 년 월 일

'갑'	'을'
주소:	주소:
	주민등록번호:
(주)□□□ 대표이사 ○○○ (인)	근로자대표 (인)

(30) 유연근무 재택근로제 (정규직, 월급제)

재택 근무 약정서

[회사명](이하 '갑')와 근로자 [근로자 성명](이하 '을')은 다음과 같이 재택근무에 대한 약정을 체결하고 상호 성실히 준수할 것을 서약한다.

- 다 음 -

제1조【재택 근무 중 수행할 업무의 내용】

해당 부서에서 지시하는 업무 수행 에 준한다.

제2조【근무장소】

'을'이 정하는 거주지로 한다.

제3조【근로시간】

재택 근무 특성상 출, 퇴근 시간 및 총 근무시간의 정확한 파악이 용이하지 않으므로 근로 시간은 일 8시간 근무한 것으로 한다.

제4조【근무일 및 휴일】

'을'의 근무일은 '갑'의 취업규칙 상의 근무일 및 휴일을 따르도록 한다.

제5조【재택 근무 기간】

재택 근무시작일은 [20]년 [ ]월 [ ]일부터 [20]년 [ ]월 [ ]일까지로 하고 재택근무 사유가 소멸하거나 본사 복귀 지시가 있기 전까지 재택근무를계속한다.

제6조【재택 근무 중 근로조건】

1. 현재 급여, 휴가 및 일반 복리 후생 사항에 대한 근로조건과 동일하다.
2. '을'의 재택 근무 시 업무의 원활한 수행을 위해 '갑'이 다음과 같은 필요한 지원사항을제공한다.
   - 랩탑PC 및 보안카드

제7조【업무수행에 대한 사항】

1. '을'은 업무진행상황에 대하여 '갑'이 지정한 날에 사무실을 방문하여 보고하도록 한다.

근무장소에 대해 보다 구체적으로 아래와 같이 명시할 수도 있다.

예)

① 근무장소는 근로자의 자택으로 한다. 만약 자택 이외의 장소에서 근무하고자 할 때에는 부서장에게 사전에 신고하여 허가를 얻어야 한다.

② 매월 마지막 주 월요일은 본사 사무실에서 근무하여야 한다.

근로시간대 배치에 따라 근로시각 시종을 결정하여 명시하는 것이 바람직하다.

법정근로시간을 초과해서 근로한 것으로 인정하는 것도 가능하다. 다만 근로한 것으로 인정하기로 합의한 그 기간 평균 주 40시간을 초과하는 경우에는 '연장근로'에 해당되므로 연장근로수당을 별도로 지급하여야 한다. 다만, 다툼예방을 위하여 연장,야간,휴일근로가 필요할 경우 사전에 신청하여 사용자의 허가를 받도록 절차를 마련하는 것이 바람직하다.만약 근로시간이 정보통신기기를 통해 출퇴근이 명확히 확인되는 경우라면 연장근로가 손쉽게 산정될 수 있다.

또한 콜센터상담직 등 업무특수성에 따라 야간근무가 배치되는 경우 야간(22:00~06:00)에 대한 야간근로수당을 지급하여야 한다.

재택근무 및 원격근무 근로자에게도 주휴일과 연차휴가는 통상의 근로자들과 동일하게 적용된다.

재택근무와 관련한 상호협의사항을 회사근무여건에 따라 구체적으로 명시하여 추후 다툼을 예방하고 명확히 해 두는 것이 적절하다. 단, 상위법에 위배되는 사항이 포하될 경우 그 부분에 한하여 해당 조항은 무효가 된다.

2. '을'은 그 외에 업무상 필요 시 회사 방문 요청이 있을 때 방문하여 업무를 처리한다.
3. '을'의 업무에 관한 의사소통은 이메일, 전화, 휴대폰을 이용하도록 하며 만일, '을'이 의사소통에 장애가 발생된 경우에는 타 방법을 이용하여 '갑'에게 알려야 한다.
4. '갑'은 '을'의 성실한 업무수행을 확인하기 위하여 제3조에서 정한 근로시간에 본 조 제1, 2, 3항에서 정한 방식에 의해 연락을 취할 수 있으며 '을'은 이에 성실히 응해야 한다.
5. 본 재택근무는 '갑'의 업무상 필요가 아닌 전적으로 '을'의 편의에 이루어진 것임에 따라 본 재택근무 약정 기간이 종료되면 '을'은 즉시 본사로 복귀하여야 한다.
6. '을'의 복귀가 불가능한 경우 대체인력 채용의 대비 등 '갑'의 원활한 인사관리를위해'을'은 복귀예정일인 [20]년 [ ]월 [ ]일자로 복귀가 가능한지에 관하여 재택 근무 약정 기간 종료일 [2]개월 이전인 [20]년 [ ]월 [ ]일까지 '갑'에게 통보하여야 한다.

제8조【기타】

기타사항은 '갑'의 취업규칙 및 관련 법령에 따른다.

20 년 월 일

갑(사용자)		을(근로자)	
회 사 명:		사 번:	
주 소:		주 소:	
대표이사:	(인)	성 명:	(인)

제2장

8개 키워드로 근로계약서 이해하기

KEY WORD 1
당사자(사용자, 근로자)

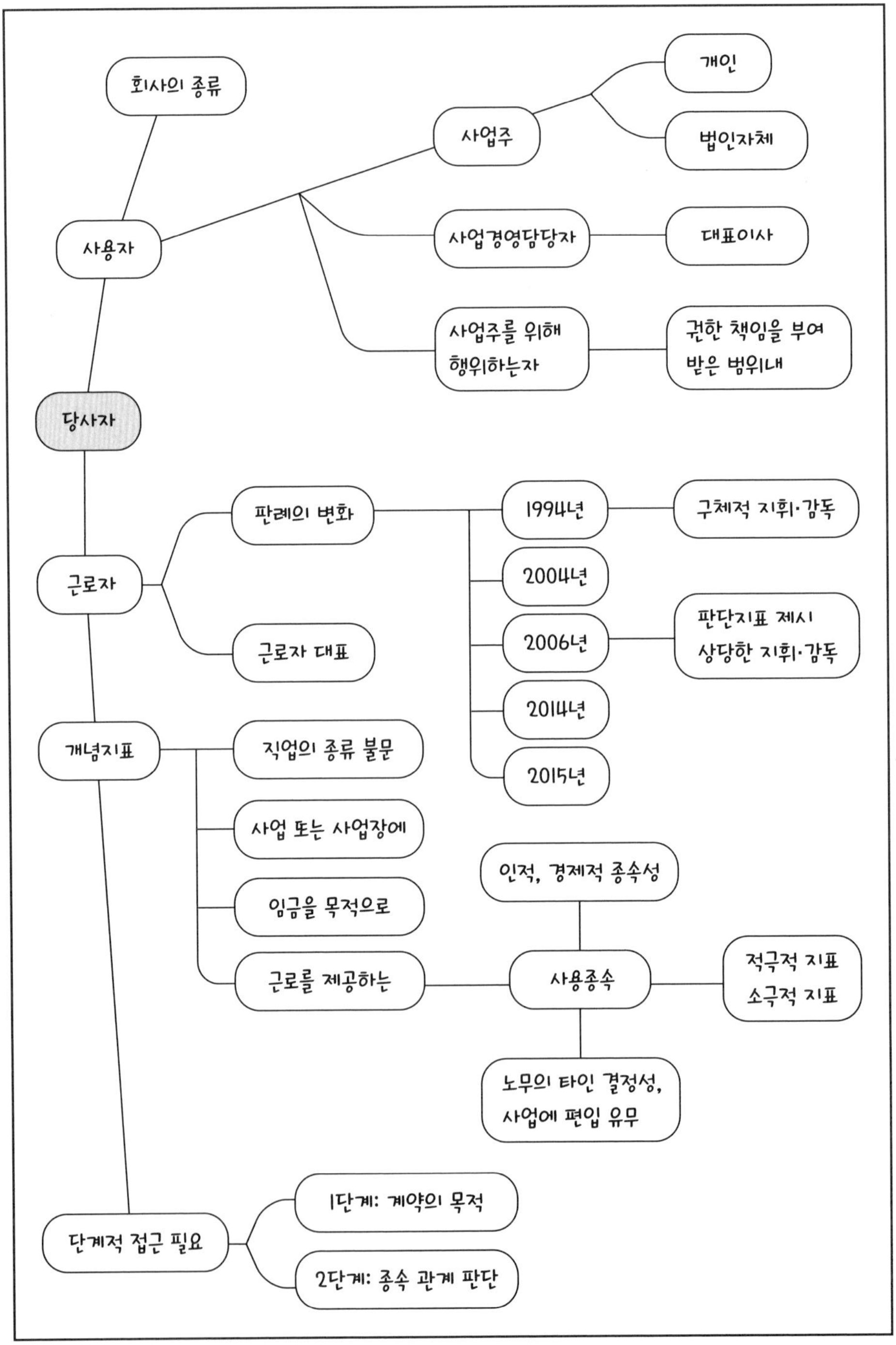

당사자
사용자
회사의 종류
사업주
개인
법인자체
사업경영담당자
대표이사
사업주를 위해 행위하는자
권한 책임을 부여 받은 범위내
근로자
판례의 변화
1994년
구체적 지휘·감독
2004년
2006년
판단지표 제시 상당한 지휘·감독
2014년
2015년
근로자 대표
개념지표
직업의 종류 불문
사업 또는 사업장에
임금을 목적으로
근로를 제공하는
사용종속
인적, 경제적 종속성
적극적 지표 소극적 지표
노무의 타인 결정성, 사업에 편입 유무
단계적 접근 필요
1단계: 계약의 목적
2단계: 종속 관계 판단

1. 당사자 (사용자, 근로자)

1-1. 누가 근로계약서를 쓰나

회사에 입사하면 사장과 근로자가 혹은 사용자의 업무를 대리하는 인사담당자와 근로자가 마주앉아 근로계약서를 작성하게 된다. 근로자는 회사에서 근로계약서를 작성하자는 말을 안 하는데, 먼저 요구해야만 작성할 수 있는 것인지 문의하는 경우가 종종 있다. 근로기준법은 사용자에게 근로계약서를 작성하는 것뿐만 아니라 근로자에게 교부하여야 할 의무까지 부담시키고 있다. 이때 근로계약은 근로자가 사용자의 지휘·명령에 따른 근로를 제공하고 사용자는 이에 교환되는 임금을 지급하는 것을 주된 내용으로 하는 계약을 말한다. 근로계약은 근로관계를 설정하고 근로관계의 내용을 정하며 당사자가 가진 권리 의무의 한계를 확정하려는데 그 목적이 있다.

근로기준법 제17조에 따라 사용자는 근로계약 체결시 임금, 근로시간, 기타의 근로조건을 명시하여야 하며, 임금의 구성항목·계산방법·지급방법 등은 서면으로 명시하여야 한다. 근로계약은 반드시 서면을 요건으로 하는 것은 아니지만 당사자 사이의 분쟁을 예방하기 위하여 계약을 서면으로 체결하고 계약내용을 명확히 하는 것이 필요하다.

우선, 당사자 문제를 얘기하기 전에 노무제공과 보수를 받는 구조의 계약 형태 즉, 민법상 고용, 위임, 도급, 파견법상의 파견 개념을 이해할 필요가 있다. 그 중 근로계약과 관련하여 채용내정, 시용, 수습의 법리를 설명하고자 한다. 근로계약의 한 축인 사용자에 대해서는 회사에 대해 먼저 이해할 필요가 있다. 법인의 종류와 구조를 통해 사용자 개념에 접근할 것이다. 또 다른 축인 근로자에 대해서는 헌법 제32조, 제33조의 근로자, 근기법, 노조법상 근로자 개념을 비교 설명, 근로자 개념에 대한 판례의 변화 과정을 알아보고, 근로자성 판단의 단계적 접근 방식을 설명하도록 하겠다.

1-2. 민사상 고용계약과 위임, 도급, 파견 구분

가. 고용계약

(1) 근로계약과 고용계약

당사자 일방이 상대방에 대하여 노무를 제공할 것을 목적으로 체결된 계약(민법 제655조)으로 대등한 관계에서의 노무 제공을 말한다. 예를 들어 가사사용인 등의 계약을 말한다. 근로계약은 사용 종속 관계에서 근로를 제공한다는 점에서 차이가 있다.

일반적으로 고용이란 노무를 제공하는 노무자에 대하여 사용자가 보수를 지급하기로 하는 계약을 의미하므로 보수는 고용 계약의 본질적 부분을 구성하고 보수 지급을 전제로 하지 않는 고용 계약은 존재할 수 없으며 고용에는 보수에 관한 약정이 반드시 필요하다(대법원 2002.2.26, 2000다39063).

근로관계는 근로자가 사용자에게 근로를 제공하고 사용자는 이에 대하여 임금 기타 급료를 지급함을 목적으로 하는 근로계약 등에 따라 성립되는 근로자와 사용자 사이의 법률관계이다. 근로관계는 채권적 계약의 한 유형으로 민법의 고용관계에 속하는 것이지만 근로자 보호를 위한 근로기준법과 기타 계약의 자유를 제한하는 여러 법령의 적용을 받는다는 점에서 특수한 법률관계라고 할 수 있다.

따라서 근로관계는 본질적으로 고용관계에 속하지만 특별법에 의한 보호를 받기 때문에 고용관계의 특수한 형태라고 볼 것이다. 또한 형식적으로 민법상의 도급 또는 위임의 외형을 취하더라도 그 노무공급의 형태가 실질적으로 사용자의 지휘·명령하에 행하여지는 경우에는 그 한도 내에서 근로관계의 존립이 인정된다.

(2) 민법 규정

고용에 대해 민법 제655조부터 제663조에 규정하고 있다.

민법 조문	내 용
제655조 【고용의 의의】	고용은 당사자 일방이 상대방에 대하여 노무를 제공할 것을 약정하고 상대방이 이에 대하여 보수를 지급할 것을 약정함으로써 그 효력이 생긴다.

민법 조문	내 용
제656조 【보수액과 그 지급시기】	① 보수 또는 보수액의 약정이 없는 때에는 관습에 의하여 지급하여야 한다. ② 보수는 약정한 시기에 지급하여야 하며 시기의 약정이 없으면 관습에 의하고 관습이 없으면 약정한 노무를 종료한 후 지체 없이 지급하여야 한다.
제657조 【권리의무의 전속성】	① 사용자는 노무자의 동의 없이 그 권리를 제삼자에게 양도하지 못한다. ② 노무자는 사용자의 동의 없이 제삼자로 하여금 자기에 갈음하여 노무를 제공하게 하지 못한다. ③ 당사자 일방이 전2항의 규정에 위반한 때에는 상대방은 계약을 해지할 수 있다.
제658조 【노무의 내용과 해지권】	① 사용자가 노무자에 대하여 약정하지 아니한 노무의 제공을 요구한 때에는 노무자는 계약을 해지할 수 있다. ② 약정한 노무가 특수한 기능을 요하는 경우에 노무자가 그 기능이 없는 때에는 사용자는 계약을 해지할 수 있다.
제660조 【기간의 약정이 없는 고용의 해지통고】	① 고용기간의 약정이 없는 때에는 당사자는 언제든지 계약해지의 통고를 할 수 있다. ② 전항의 경우에는 상대방이 해지의 통고를 받은 날로부터 1월이 경과하면 해지의 효력이 생긴다. ③ 기간으로 보수를 정한 때에는 상대방이 해지의 통고를 받은 당기후의 일기를 경과함으로써 해지의 효력이 생긴다.
제661조 【부득이한 사유와 해지권】	고용기간의 약정이 있는 경우에도 부득이한 사유 있는 때에는 각 당사자는 계약을 해지할 수 있다. 그러나 그 사유가 당사자 일방의 과실로 인하여 생긴 때에는 상대방에 대하여 손해를 배상하여야 한다.

나. 위 임

(1) 위임계약의 개념

당사자 일방이 상대방에 대하여 사무 처리를 위탁하고 수임인은 위임의 본지에 따라 선량한 관리자의 주의로서 위임 사무를 처리함을 목적으로 체결된 계약(민법 제680조, 제681조)으로 위임에 따라 자주적으로 업무를 처리한다는 특징이 있다.

위임계약은 위임인이 위탁하는 일정한 사무의 처리(소송 사건의 해결, 질병의 치료 등)를 그 목적으로 한다. 사무가 처리되어 일정한 결과를 얻는 것(소송에서의 승소, 질병의 치유 등) 자체를 목적으로 하지 않는다. 도중에 위임이 종료되어도 수임인은 이미 수행한 부분에 상응하는 보수를 받을 수 있다. 또한 노무의 제공 그 자체를 목적으로 하지 않는다. 위탁된 목적을 위하여 사무를 처리하는 것이고 그 목적의 범위 내에서 수임인은 재량권을 갖는다.

(2) 민법 규정

위임에 대해 민법 제680조부터 제692조까지 규정하고 있다. 주요 조문을 소개한다.

민법 조문	내 용
第680조 【위임의 의의】	위임은 당사자 일방이 상대방에 대하여 사무의 처리를 위탁하고 상대방이 이를 승낙함으로써 그 효력이 생긴다.
第681조 【수임인의 선관의무】	수임인은 위임의 본지에 따라 선량한 관리자의 주의로써 위임사무를 처리하여야 한다.
第682조 【복임권의 제한】	① 수임인은 위임인의 승낙이나 부득이한 사유없이 제삼자로 하여금 자기에 갈음하여 위임사무를 처리하게 하지 못한다. ② 수임인이 전항의 규정에 의하여 제삼자에게 위임사무를 처리하게 한 경우에는 제121조, 제123조의 규정을 준용한다.
第683조 【수임인의 보고의무】	수임인은 위임인의 청구가 있는 때에는 위임사무의 처리상황을 보고하고 위임이 종료한 때에는 지체없이 그 전말을 보고하여야 한다.
第684조 【수임인의 취득물 등의 인도, 이전의무】	① 수임인은 위임사무의 처리로 인하여 받은 금전 기타의 물건 및 그 수취한 과실을 위임인에게 인도하여야 한다. ② 수임인이 위임인을 위하여 자기의 명의로 취득한 권리는 위임인에게 이전하여야 한다.
第686조 【수임인의 보수청구권】	① 수임인은 특별한 약정이 없으면 위임인에 대하여 보수를 청구하지 못한다. ② 수임인이 보수를 받을 경우에는 위임사무를 완료한 후가 아니면 이를 청구하지 못한다. 그러나 기간으로 보수를 정한 때에는 그 기간이 경과한 후에 이를 청구할 수 있다. ③ 수임인이 위임사무를 처리하는 중에 수임인의 책임없는 사유로 인하여 위임이 종료된 때에는 수임인은 이미 처리한 사무의 비율에 따른 보수를 청구할 수 있다.
第687조 【수임인의 비용선급청구권】	위임사무의 처리에 비용을 요하는 때에는 위임인은 수임인의 청구에 의하여 이를 선급하여야 한다.
第688조 【수임인의 비용상환청구권 등】	① 수임인이 위임사무의 처리에 관하여 필요비를 지출한 때에는 위임인에 대하여 지출한 날 이후의 이자를 청구할 수 있다. ② 수임인이 위임사무의 처리에 필요한 채무를 부담한 때에는 위임인에게 자기에 갈음하여 이를 변제하게 할 수 있고 그 채무가 변제기에 있지 아니한 때에는 상당한 담보를 제공하게 할 수 있다. ③수임인이 위임사무의 처리를 위하여 과실없이 손해를 받은 때에는 위임인에 대하여 그 배상을 청구할 수 있다.
第689조 【위임의 상호해지의 자유】	① 위임계약은 각 당사자가 언제든지 해지할 수 있다. ② 당사자 일방이 부득이한 사유없이 상대방의 불리한 시기에 계약을 해지한 때에는 그 손해를 배상하여야 한다.

다. 도 급

(1) 도급의 개념

당사자 일방이 어느 일의 완성을 약정하고 그 상대방이 그 일의 결과에 대하여 보수를 지급할 것을 약정한 계약(민법 제664조)으로 도급 계약에 따라 자주적으로 일을 완성한다는 특징이 있다.

고용계약이나 근로계약과 달리 도급 계약은 노무제공 그 자체를 계약의 목적으로 하지 않는다. 약정된 일의 완성이라는 결과가 발생하여야 계약의 목적이 달성된다. 따라서 어떠한 방법으로 일을 완성할 것인가는 전적으로 수급인의 권한과 재량에 속하는 사항이다. 일의 완성 이전에 발생하는 위험도 전적으로 수급인 스스로 부담한다. 수급인이 노무를 제공하였다고 하더라도 일의 완성이라는 결과가 발생하지 않으면 수급인은 도급인에게 보수를 청구할 수 없다.

도급계약의 수급인을 근로기준법상 근로자로 볼 수 없는 경우는 ① 어떤 일을 완성할 것을 약정하고 그 일의 결과에 대하여 보수를 지급하는 형태로 계약을 체결하고, ② 일정기간 동안 일정량의 물량에 대하여 사용자의 지휘 감독 없이 작업자가 재량에 따라 작업을 완료함을 목적으로 하며, ③ 작업시한 이전에 작업을 완료한 경우에도 동일한 보수를 지급하여 작업 수행 시 독립성과 자주성이 보장되는 등의 요건을 갖추어야 한다(근기 68207-585, 2000.2.5).

※민법상 도급과 구별되는 '근로자성 인정되는 도급'

사용자는 도급이나 그 밖에 이에 준하는 제도로 사용하는 근로자에게 근로시간에 따라 일정액의 임금을 보장하여야 한다(근로기준법 제47조). 형식은 도급 계약이라 하더라도 실질은 근로자라면 최소한 근로시간에 비례한 임금은 보장이 되어야 한다는 내용이다.

최저임금법 조문	내 용
제5조 【최저임금액】	③ 임금이 통상적으로 도급제나 그 밖에 이와 비슷한 형태로 정하여져 있는 경우로서 제1항에 따라 최저임금액을 정하는 것이 적당하지 아니하다고 인정되면 대통령령으로 정하는 바에 따라 최저임금액을 따로 정할 수 있다.
제4조 【도급제 등의 경우 최저임금액 결정의 특례】	제4조 (도급제 등의 경우 최저임금액 결정의 특례) 법 제5조제3항에 따라 임금이 도급제나 그 밖에 이와 비슷한 형태로 정해진 경우에 근로시간을 파악하기 어렵거나 그 밖에 같은 조 제1항에 따라 최저임금액을 정하는 것이 적합하지 않다고 인정되면 해당 근로자의 생산고(生産高) 또는 업적의 일정단위에 의하여 최저임금액을 정한다.

(2) 민법 규정

도급에 대해 민법 제664조부터 제673조에 규정하고 있다. 주요 조문을 소개한다.

민법 조문	내 용
제664조 【도급의 의의】	도급은 당사자 일방이 어느 일을 완성할 것을 약정하고 상대방이 그 일의 결과에 대하여 보수를 지급할 것을 약정함으로써 그 효력이 생긴다.
제665조 【보수의 지급시기】	① 보수는 그 완성된 목적물의 인도와 동시에 지급하여야 한다. 그러나 목적물의 인도를 요하지 아니하는 경우에는 그 일을 완성한 후 지체 없이 지급하여야 한다. ② 전항의 보수에 관하여는 제656조제2항의 규정을 준용한다.
제667조 【수급인의 담보책임】	① 완성된 목적물 또는 완성전의 성취된 부분에 하자가 있는 때에는 도급인은 수급인에 대하여 상당한 기간을 정하여 그 하자의 보수를 청구할 수 있다. 그러나 하자가 중요하지 아니한 경우에 그 보수에 과다한 비용을 요할 때에는 그러하지 아니하다. ② 도급인은 하자의 보수에 갈음하여 또는 보수와 함께 손해배상을 청구할 수 있다. ③ 전항의 경우에는 제536조의 규정을 준용한다.
제668조 【동전-도급인의 해제권】	도급인이 완성된 목적물의 하자로 인하여 계약의 목적을 달성할 수 없는 때에는 계약을 해제할 수 있다. 그러나 건물 기타 토지의 공작물에 대하여는 그러하지 아니하다.
제673조 【완성전의 도급인의 해제권】	수급인이 일을 완성하기 전에는 도급인은 손해를 배상하고 계약을 해제할 수 있다.
제674조 【도급인의 파산과 해제권】	① 도급인이 파산선고를 받은 때에는 수급인 또는 파산관재인은 계약을 해제할 수 있다. 이 경우에는 수급인은 일의 완성된 부분에 대한 보수 및 보수에 포함되지 아니한 비용에 대하여 파산재단의 배당에 가입할 수 있다. ② 전항의 경우에는 각 당사자는 상대방에 대하여 계약해제로 인한 손해의 배상을 청구하지 못한다.

라. 파 견

(1) 파견의 개념

"근로자파견"이란 ① 파견사업주가 근로자를 고용한 후 그 고용관계를 유지하면서 ② 근로자파견계약의 내용에 따라 ③ 사용사업주의 지휘·명령을 받아 사용사업주를 위한 근로에 종사하게 하는 것을 의미한다(고용과 사용의 분리).

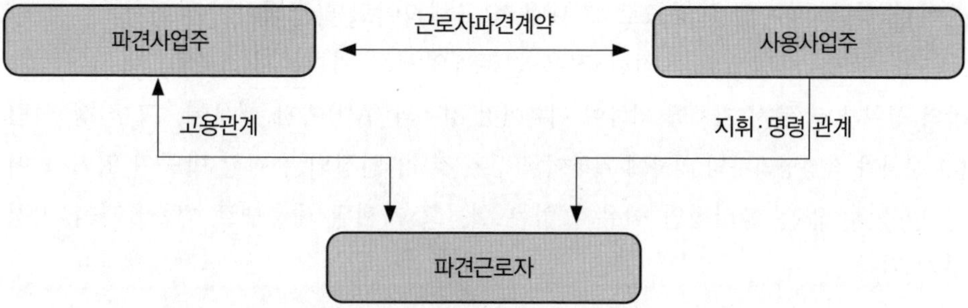

(2) 도급(용역)과의 구별

도급은 근로자파견과는 달리 수급인(용역회사)이 직접 고용한 근로자를 수급인이 직접 지휘명령하여 특정한 업무를 수행하는 것이며, 근로자의 지휘명령권은 수급인(용역회사)에게 있고, 도급인(발주회사)은 수급인의 근로자를 지휘명령하지 않는다.

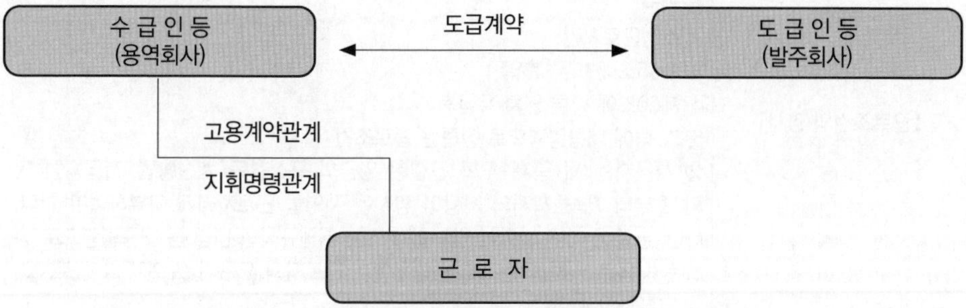

1-3. 근로계약, 채용내정, 시용, 수습의 법리

가. 근로계약

(1) 개 념

근로계약이란 근로자가 사용자에게 근로를 제공하고 사용자는 이에 대하여 임금을 지급할 것을 목적으로 체결된 계약을 말한다.

사용자의 근로계약 체결을 위한 청약의 의사표시는 이에 대한 승낙만 있으면 곧

계약이 성립될 수 있을 정도로 그 내용이 구체적이고 확정적이어야 한다.

근로계약을 서면으로 체결한 경우 근로계약서는 처분문서(증명하고자 하는 법률상의 행위가 그 문서 자체에 의하여 이루어진 경위의 문서)이기 때문에, 그 진정 성립(그 문서가 작성명의자의 의사에 기하여 작성된 것)이 인정되는 이상 반증이 있거나 이를 믿을 수 없는 합리적인 이유가 없는 한, 그 기재된 내용대로 법률효과를 인정하게 된다.

(2) 관련 법률 규정

근로기준법 조문	내 용
제15조 【이 법을 위반한 근로계약】	① 이 법에서 정하는 기준에 미치지 못하는 근로조건을 정한 근로계약은 그 부분에 한하여 무효로 한다. ② 제1항에 따라 무효로 된 부분은 이 법에서 정한 기준에 따른다.
제17조 【근로조건의 명시】	① 사용자는 근로계약을 체결할 때에 근로자에게 다음 각 호의 사항을 명시하여야 한다. 근로계약 체결 후 다음 각 호의 사항을 변경하는 경우에도 또한 같다. 〈개정 2010.5.25〉 1. 임금 2. 소정근로시간 3. 제55조에 따른 휴일 4. 제60조에 따른 연차 유급휴가 5. 그 밖에 대통령령으로 정하는 근로조건 ② 사용자는 제1항제1호와 관련한 임금의 구성항목·계산방법·지급방법 및 제2호부터 제4호까지의 사항이 명시된 서면을 근로자에게 교부하여야 한다. 다만, 본문에 따른 사항이 단체협약 또는 취업규칙의 변경 등 대통령령으로 정하는 사유로 인하여 변경되는 경우에는 근로자의 요구가 있으면 그 근로자에게 교부하여야 한다.
제19조 【근로조건의 위반】	① 제17조에 따라 명시된 근로조건이 사실과 다를 경우에 근로자는 근로조건 위반을 이유로 손해의 배상을 청구할 수 있으며 즉시 근로계약을 해제할 수 있다. ② 제1항에 따라 근로자가 손해배상을 청구할 경우에는 노동위원회에 신청할 수 있으며, 근로계약이 해제되었을 경우에는 사용자는 취업을 목적으로 거주를 변경하는 근로자에게 귀향 여비를 지급하여야 한다.
제42조 【계약 서류의 보존】	사용자는 근로자 명부와 대통령령으로 정하는 근로계약에 관한 중요한 서류를 3년간 보존하여야 한다.

(3) 근로계약의 특별한 보호

근로기준법 조문	내 용
제18조 【단시간근로자의 근로조건】	① 단시간근로자의 근로조건은 그 사업장의 같은 종류의 업무에 종사하는 통상 근로자의 근로시간을 기준으로 산정한 비율에 따라 결정되어야 한다. ② 제1항에 따라 근로조건을 결정할 때에 기준이 되는 사항이나 그 밖에 필요한 사항은 대통령령으로 정한다. ③ 4주 동안(4주 미만으로 근로하는 경우에는 그 기간)을 평균하여 1주 동안의 소정근로시간이 15시간 미만인 근로자에 대하여는 제55조와 제60조를 적용하지 아니한다.
제20조 【위약 예정의 금지】	사용자는 근로계약 불이행에 대한 위약금 또는 손해배상액을 예정하는 계약을 체결하지 못한다.
제21조 【전차금 상계의 금지】	사용자는 전차금(前借金)이나 그 밖에 근로할 것을 조건으로 하는 전대(前貸)채권과 임금을 상계하지 못한다.
제22조 【강제 저금의 금지】	① 사용자는 근로계약에 덧붙여 강제 저축 또는 저축금의 관리를 규정하는 계약을 체결하지 못한다. ② 사용자가 근로자의 위탁으로 저축을 관리하는 경우에는 다음 각 호의 사항을 지켜야 한다. 1. 저축의 종류·기간 및 금융기관을 근로자가 결정하고, 근로자 본인의 이름으로 저축할 것 2. 근로자가 저축증서 등 관련 자료의 열람 또는 반환을 요구할 때에는 즉시 이에 따를 것
제23조 【해고 등의 제한】	① 사용자는 근로자에게 정당한 이유 없이 해고, 휴직, 정직, 전직, 감봉, 그 밖의 징벌(懲罰)(이하 부당해고등이라 한다)을 하지 못한다. ② 사용자는 근로자가 업무상 부상 또는 질병의 요양을 위하여 휴업한 기간과 그 후 30일 동안 또는 산전(産前)·산후(産後)의 여성이 이 법에 따라 휴업한 기간과 그 후 30일 동안은 해고하지 못한다. 다만, 사용자가 제84조에 따라 일시보상을 하였을 경우 또는 사업을 계속할 수 없게 된 경우에는 그러하지 아니하다.
제40조 【취업 방해의 금지】	누구든지 근로자의 취업을 방해할 목적으로 비밀 기호 또는 명부를 작성·사용하거나 통신을 하여서는 아니 된다.
제39조 【사용증명서】	① 사용자는 근로자가 퇴직한 후라도 사용 기간, 업무 종류, 지위와 임금, 그 밖에 필요한 사항에 관한 증명서를 청구하면 사실대로 적은 증명서를 즉시 내주어야 한다. ② 제1항의 증명서에는 근로자가 요구한 사항만을 적어야 한다.
제41조 【근로자의 명부】	① 사용자는 각 사업장별로 근로자 명부를 작성하고 근로자의 성명, 생년월일, 이력, 그 밖에 대통령령으로 정하는 사항을 적어야 한다. ② 제1항에 따라 근로자 명부에 적을 사항이 변경된 경우에는 지체 없이 정정하여야 한다.

나. 채용 내정

(1) 개 념

채용내정이란 회사가 정한 전형절차에 의해 합격이 결정되었으나 아직 정식으로 입사하기 전의 법률관계를 말한다. 명문의 규정은 없지만 판례는 회사가 채용 응시자에게 채용내정의 통지를 한 경우에도 해약 사유를 유보한 근로계약이 성립된 것으로 본다.

(2) 관련 법 적용

채용내정이 확정된 때부터 근로기준법(근로조건 명시, 해고 등)이 적용된다. 다만, 실제 근로를 제공하기로 한 때부터 적용되는 규정(임금, 근로시간 및 휴식, 재해보상 등)은 채용내정 기간 중에는 적용되지 않는다.

채용내정의 경우에도 근로계약이 성립한 것이므로, 사용자에 의한 일방적인 채용내정의 취소 또는 정식채용의 거부는 해고에 해당되어 해고제한의 법리가 적용된다.

다. 시 용

(1) 개 념

시용이란 확정적인 근로계약을 체결하기 전에 시험적으로 근로관계를 맺는 것으로, 이는 근로자를 정식채용하기 전에 일정기간을 근무하게 하면서 근로자의 직업적성 또는 업무 능력을 판단하여 정식직원으로의 채용 여부를 결정하기 위한 제도이다. 시용관계는 사용종속관계를 전제로 하므로 근로계약으로 인정되지만, 채용의 적격성이 없다고 판단되는 경우에는 본채용을 거절할 수 있는 해약권이 유보된 근로계약이다. 근로계약 체결 시에는 시용기간이 적용된다고 명시된 경우에만 시용으로 인정되며, 그렇지 않은 경우 시용이 아닌 정식 근로계약이 체결된 것으로 보는 것이 원칙이다.

(2) 관련 법 적용

시용기간이 만료되었음에도 사용자가 본채용을 위한 근로계약 체결 없이 근로자를 사실상 계속 근로시키는 경우에는 업무적격성이 없다는 이유로 본채용을 거절할 수 없으며, 사용자가 본채용을 거부하는 것은 해고에 해당하므로 근로기준법 제23조에 따른 정당한 이유가 있어야 한다. 다만, 시용 근로관계의 특성상 해고의 정당한 사유의 범위는 상대적으로 넓게 해석될 수 있으나, 업무적격성 판단에 기초를 두어야 하며, 객관적이고 합리적인 이유가 있어야 한다.

또한, 시용기간 만료 시 본채용을 거부하는 것은 해고에 해당하므로 근로기준법 제27조1항에 따라 구체적인 해고사유와 해고시기를 서면으로 통지하여야 한다. 특히, 실질적인 해고사유를 구체적으로 기재하여야 하며, 단순히 "시용기간 만료로 해고한다."라고 통지한 것은 해고사유를 서면으로 통지한 것으로 볼 수 없다.

라. 수 습

(1) 개 념

수습이란 정식채용 즉 확정적 근로계약을 체결한 후에 작업능력이나 적응능력을 키워주기 위한 근로형태를 말한다. 수습계약의 경우에는 근로기준법 등 노동관계법이 전면 적용되지만 계속 근로한 기간이 3개월 미만인 자에 대해서는 근로기준법 제26조 해고예고의 예외 대상이며, 수습기간과 그 기간 중에 받은 임금은 평균임금 산정기준이 되는 기간과 임금총액에 포함하지 않는다.

또한 수습사용한 날부터 3개월 이내인 근로자(1년 미만의 기간을 정하여 근로계약을 체결한 근로자와 단순노무 업무 종사자는 제외됨)에 대한 시간급 최저임금액은 고시된 최저임금액의 90%가 적용된다.

인턴 등 명칭이나 계약의 형식에 관계없이 실질적으로 교육 실습 목적에 맞게 학습체험 위주로 활용되는 경우 근로기준법 재2조제2항1호의 근로자로 볼 수 없으나, 일반 근로자를 대체하거나 인력충원을 위하여 사용하는 등 교육의 목적을 벗어난 경우에는 근로자로 인정된다.

(2) 관련 법 적용

관련 법 조문	내 용
근로기준법 제35조 【예고해고의 적용 예외】	제26조는 다음 각 호의 어느 하나에 해당하는 근로자에게는 적용하지 아니한다. 5. 수습 사용 중인 근로자 ※ 2018.12.27 근기법 제35조 전체가 삭제됨.
최저임금법 제5조 【최저임금액】	② 1년 이상의 기간을 정하여 근로계약을 체결하고 수습 중에 있는 근로자로서 수습을 시작한 날부터 3개월 이내인 자에 대하여는 대통령령으로 정하는 바에 따라 제1항에 따른 최저임금액과 다른 금액으로 최저임금액을 정할 수 있다. 다만, 단순노무업무로 고용노동부장관이 정하여 고시한 직종에 종사하는 근로자는 제외한다.
최저임금법 시행령 제3조 【수습 중에 있는 근로자에 대한 최저임금액】	최저임금법(이하 법이라 한다) 제5조제2항 본문에 따라 1년 이상의 기간을 정하여 근로계약을 체결하고 수습 중에 있는 근로자로서 수습을 시작한 날부터 3개월 이내인 사람에 대해서는 같은 조 제1항 후단에 따른 시간급 최저임금액(최저임금으로 정한 금액을 말한다. 이하 같다)에서 100분의 10을 뺀 금액을 그 근로자의 시간급 최저임금액으로 한다.

1-4. 사용자

근로기준법상 근로계약 체결의 당사자가 되는 사용자와 근로자가 누구인지는 매우 중요하다. 이 문제는 추후에 '이 계약은 근로계약이 아니다.'라거나, '나는 명의만 사장이다.'라거나, '우리는 위촉계약을 체결했다.'라거나, '우리 회사는 저 직원을 고용한 적이 없다.'고 주장할 경우 다툼 해결의 첫 단추이기 때문이다.

근로계약 체결의 당사자는 사업주 또는 사업경영담당자가 됨이 원칙이나 구체적인 채용 행위는 노무관리자 등에게 위임될 수 있다. 대표자가 부서장이나 팀장 등에게 근로계약 체결권을 위임하면 부서장이나 팀장과 체결한 근로계약도 효력이 있으며 대표자는 이를 지켜야 할 의무가 있다.

이렇듯 노동관계법에서는 사용자를 단순히 대표이사나 사업주에만 국한하지 않고 그 범위를 확대하여 적용하고 있다. 특히 간접고용이 늘어감에 따라 형식상 사용자와 실질 사용자가 다르게 되는 사안이 빈번하게 발생하고 있다. 만약 사업이 여러 차례의 도급에 따라 행해지는 경우에 하수급인이 직상수급인의 귀책사유로 소속 근로자에게 임금을 지급하지 못할 때가 있다. 이럴 경우 직상수급인은 근로계약에 따른 사용자는 아니지만 그 하수급인과 연대하여 임금을 지급할 의무가 발생하게 되는데, 실질을 기준으로 근로계약의 당사자, 임금지급의 주체, 사용종속관계의 존부, 실질적인 영향력 내지 지배력 행사 여부 등 사정을 고려하여 사용자인지 여부를 판단한다.

가. 사용자

(1) 개 념

근로기준법상 사용자란 사업주 또는 사업경영담당자, 그 밖에 근로자에 관한 사항에 대해 사업주를 위하여 행위하는 자를 말한다(근로기준법 제2조).

사용자라 함은 근로자에 대하여 지휘·명령 권한을 가지며 근로기준법상의 여러 가지 사용자의 의무를 준수해야 할 지위에 있는 자를 말한다. 근로기준법이 사용자의 개념을 규정한 것은 근로계약관계에 있는 근로자의 보호를 위하여 동법에 정한 최저 근로조건을 준수할 사용자의 범위를 명확히 하기 위한 것이다. 사용자 개념의 본질적 표지에 관하여 명시적으로 규정되어 있지 않으나, 근로자의 노무에 관한 타인결정성에 대응하여 근로자의 노무에 관한 지휘감독권 내지 지시권의 귀속 여부가 그 핵심적 표지라고 할 수 있다.

근로기준법상의 사용자는 근로기준법의 근로자 보호규정을 준수해야 할 의무자로서 파악되는 반면, 노동조합법상의 사용자는 노동조합의 상대방, 단체교섭의 상대방 및 부당노동행위의 주체로서의 의미를 가진다.

최근에는 직접 채용하는 경우 외에도 파견, 도급, 용역, 아웃소싱, 외주협력화 등 다양한 형태의 노동력 활용 방안이 모색되고 실제로 2중, 3중의 단계를 거쳐서 업무를 추진하는 경우가 많아지고 있어서 사용자의 개념이 확장되고 있다.

(2) 분 류

(가) 사업주

해당 사업을 책임지고 경영하는 주체를 말한다. 개인기업의 경우에는 개인, 법인인 경우에는 법인 그 자체가 되는 것이 원칙이다.

> 법인의 산하단체로서 법인의 업무상 지도감독을 받는다고 하더라도, 규약에 근거하여 의사결정기관과 집행기관 등의 조직을 갖추고 있고, 기관의 의결이나 업무집행방법이 다수결의 원칙에 의하여 행하여지며, 구성원의 가입·탈퇴 등으로 인한 변경에 관계없이 단체 그 자체가 존속된다면, 그 산하단체는 법인과는 별개의 독립된 비법인 사단이라고 볼 수 있으며, 사단의 실질을 구비한 이상 그 조직과 활동을 규율하는 규범이 상부 단체인 법인의 것이라 하여 사단성을 상실하는 것도 아니다(대법원 2003.4.11, 2002다59337).

(나) 사업경영담당자

사업경영 일반에 관하여 책임을 지는 자로서 사업주로부터 사업경영의 전부 또는 일부에 대하여 포괄적인 위임을 받고 대외적으로 사업을 대표하거나 대리하는 자를 말한다. 원칙적으로 사업경영 일반에 관하여 권한을 가지고 책임을 부담하는 자로서 관계 법규에 의하여 제도적으로 근로기준법의 각 조항을 이행할 권한과 책임이 부여되어 있다면 이에 해당한다고 할 것이고 반드시 현실적으로 그러한 권한을 행사하여야만 하는 것은 아니다.

주식회사의 대표이사, 합명회사 및 합자회사의 업무집행사원, 유한회사의 이사와 정리회사의 공동 관리인, 지배인 등이 이에 해당하며, 민법상 제한능력자가 사업주인 경우 그 법정대리인 또는 후견인 등도 사업경영담당자에 해당한다.

관련 판례

여기에서 '사업경영담당자'란 사업경영 일반에 관하여 책임을 지는 자로서 사업주로부터 사업경영의 전부 또는 일부에 대하여 포괄적인 위임을 받고 대외적으로 사업을 대표하거나 대리하는 자를 말하는바, 구 근로기준법이 같은 법 각 조항에 대한 준수의무자로서의 사용자를 사업주에 한정하지 아니하고 사업경영담당자 등으로 확대한 이유가 노동현장에 있어서 근로기준법의 각 조항에 대한 실효성을 확보하기 위한 정책적 배려에 있는 만큼, 사업경영담당자란 원칙적으로 사업경영 일반에 관하여 권한을 가지고 책임을 부담하는 자로서 관계 법규에 의하여 제도적으로 근로기준법의 각 조항을 이행할 권한과 책임이 부여되었다면 이에 해당한다(대법원 2008.4.10, 2007도1199).

(다) 근로자에 관한 사항에 대하여 사업주를 위하여 행위하는 자

"근로자에 관한 사항"이란 근로자의 선발, 고용관리, 인사관리, 급여와 후생관리, 노무관리, 재해방지, 근로조건의 결정 등과 관련하여 구체적인 지휘명령을 내리는 것을 말한다.

근로자에 관한 사항에 대하여 사업주나 사업경영담당자로부터 일정한 권한과 책임을 부여받은 자는 그러한 권한과 책임의 범위 내에서 사용자가 되며, 권한과 책임은 업무의 성격과 근무실태로 판단하며, 부장, 과장 등의 형식적인 명칭에 구애되지 않는다. 또한 "사업주를 위하여"라 함은 반드시 사업주의 이익을 위하여로 해석되지 않으며, 행위자가 권한을 남용하여 자신의 이익을 위하여 행위한 결과 근로기준법을 위반하게 되었다면 근로기준법 위반의 책임을 지게 된다.

여기서 잠깐! 사업주를 위하여 행위하는 자의 사용자성

■ **사용자성이 인정된 사례**

① 회사의 실권자이며 실제 경영자로서 그 책임과 권한을 행사한 것이라면 형식상 대표이사가 아니었다고 하여 근로기준법상의 사용자가 아니라고 할 수는 없는 것이다(대법원1989.4.25, 87도2129).

② 학교법인이 경영하는 병원의 원장도 그 법인의 피용자이지만 그 병원의 간호사들을 병원장이 직접 채용하였다면 간호사들에 대한 관계에서는 병원장도 근로기준법상 소정의 사용자이다(대법원 1980.11.11, 80도1070).

③ 사립학교교장 또한 근로기준법상의 사용자이다(대법원 1986.7.8, 86도722).

④ 대학교 의료원장은 의료원을 대표하며 의료원 산하 각 병원 및 기관의 운영 전반을 관장하고, 의료원은 의료원 산하 각 병원의 연간 종합 예산 등의 편성·조정·통제, 각 병원별 자금운용 수지 현황 관리 등의 업무를 담당해 온 사안에서, 의료원 산하 각 병원이 독립채산제로 운영되고 해당 병원장이 전결사항으로 소속 근로자들에 대한 임금을 지급하여 왔다 하더라도, 의료원장은 의료원 산하 병원 등 소속 근로자들에 대한 관계에 있어서 근로기준법에서 정한 사용자에 해당한다(대법원 2008.4.10, 2007도1199).

⑤ 국가의 행정관청이 사법상 근로계약을 체결한 경우 그 근로계약관계의 권리·의무는 행정주체인 국가에 귀속되므로, 국가는 그러한 근로계약관계에 있어서 노조법 제2조2호에 정한 사업주로서 단체교섭의 당사자의 지위에 있는 사용자에 해당한다(대법원 2008.9.11, 2006다40935).

■ **사용자성이 부정된 사례**

① 회사 회사정리법에 의한 정리절차 개시결정을 받게 됨에 따라 동법 제53조1항에 의하여 회사사업의 경영과 재산의 관리 및 처분을 하는 권한이 회사정리법상의 관리인에게 주어진 이상, 그 회사의 대표이사는 정리절차 이후에 퇴직한 근로자에 대하여 퇴직금 등 금품의 청산을 하여야 할 의무를 부담하는 근로기준법 제36조의 사용자에 해당하지 아니한다(대법원 1986.6.24, 86도830).

② 회사정리 개시결정이 있는 경우 회사정리법 제53조1항에 따라 회사사업의 경영과 재산의 관리 및 처분을 하는 권한이 관리인에게 전속되므로 정리회사의 대표이사가 아니라 '관리인'이 근로관계상 사용자의 지위에 있게 되고, 따라서 단체협약의 사용자 측 체결권자는 대표이사가 아니라 관리인이므로 피고 회사에 대한 회사정리절차가 진행 중 소외 노조와피고회사 대표이사 사이에 이루어진 약정은 단체협약에 해당하지 아니한다(대법원 2001.1.19, 99다72422).

③ 파산선고로 인하여 법인이 해산되면 특별한 사정이 없는 한 근로관계의 일방 당사자인 사업주(법인자체)와 법인의 대표 등 사업경영담당자도 소멸되거나 그 지위가 상실된다고 보아야 할 것이며, 귀 질의와 같이 실제로도 파산선고 시점에서 근로자들이 모두 근로제공을 중지하고 사실상 해산된 것으로 볼 수 있다면 그 시점에서 근로관계가 종료된 것으로 봄이 타당하다. 법원에 의하여 선임된 파산관재인은 법원의 감독을 받아 파산재단에 속하는 재산의 관리·처분 및 환가, 채권조사, 배당 등 파산법상의 직무를 수행하는 자일뿐이므로, 파산선고 이전의 원인으로 발생한 임금채무에 대하여 근로기준법상 사용자로서의 의무를 부담한다고 보기는 어렵다(근로기준과-4091, 2004.8.10).

나. 사용자 개념의 확대

<table>
<tr><th colspan="2">구 분</th><th>사용자 유형</th></tr>
<tr><td colspan="2">원칙</td><td>사업주로서 근로계약 당사자</td></tr>
<tr><td rowspan="7">확대</td><td rowspan="2">내부</td><td>사업경영담당자</td></tr>
<tr><td>그 밖에 근로자에 관한 사항에 대하여 사업주를 위하여 행위하는 자</td></tr>
<tr><td rowspan="5">외부</td><td>파견근로자 차별시정에서 사용사업주</td></tr>
<tr><td>권리 · 의무 귀속 주체</td></tr>
<tr><td>간접고용관계에서 원청(도급인 등)</td></tr>
<tr><td>사업양도, 위수탁계약에서 양수인 또는 수탁인</td></tr>
<tr><td>모회사 · 자회사 관계에서의 모회사</td></tr>
</table>

(1) 파견근로자 차별시정에서 사용사업주

파견법 제21조3항 차별시정신청 및 그 밖의 시정절차에서의 사용자는 '파견사업주 또는 사용사업주'로 본다고 규정하여 파견근로자와 근로계약관계가 존재하지 않는 사용사업주에 대한 피신청인 적격을 인정하고 있다. 임금 등 파견사업주에게 1차적 책임이 인정되는 영역에 있어 사용사업주에게도 차별시정신청의 피신청인 적격이 인정되고 사용사업주의 차별적처우에 대한 차별시정의 제척기간은 사용사업주와의 근로관계가 종료한 날부터 기산한다(서울고법 2017.5.22, 2016누79078).

(2) 권리·의무 귀속 주체

국가의 행정관청이 사법상 근로계약을 체결한 경우 그 근로계약관계의 권리·의무는 행정주체인 국가에 귀속되므로, 국가는 그러한 근로계약관계에 있어서 노동조합 및 노동관계조정법 제2조2호에 정한 사업주로서 단체교섭의 당사자의 지위에 있는 사용자에 해당한다(대법원 2008.9.11, 2006다40935).

국립학교에서 채용한 근로자의 사업주는 국가(교육과학기술부장관)
공립학교에서 채용한 근로자의 사업주는 지방자치단체(교육감)
사립학교에서 채용한 근로자의 사업주는 재단법인(학교법인)
국가의 행정관청에서 채용한 근로자의 사업주는 국가
지방자치단체 부설 연구소에서 채용한 근로자의 사업주는 지방자치단체
법인인 회사의 지점에서 채용한 근로자의 사업주는 회사법인

(3) 간접고용관계에서의 사용자 판단

사용자가 다른 기업에 소속된 근로자를 활용하는 고용형태인 도급이나 파견근로관계에서는 위장도급 또는 불법파견 등이 문제 될 수 있다. 위장도급·불법파견 여부를 확인하기 위해서는 수급인이 사업주로서 실체성이 결여되었다면 도급인과 근로자 간에 묵시적인 근로계약관계가 성립되었다고 보고, 도급인이 근로자에게 지휘·명령을 하였다면 근로자 파견으로 본다.

① 묵시적인 근로계약관계

원고용주는 사업주로서의 독자성이 없거나 독립성을 결하여 제3자의 노무대행기관과 동일시 할 수 있는 등 그 존재가 형식적, 명목적인 것에 지나지 아니하고, 사실상 당해 피고용인은 제3자와 종속적인 관계에 있으며, 실질적으로 임금을 지급하는 자도 제3자이고, 또 근로제공의 상대방도 제3자이어서 당해 피고용인과 제3자 간에 묵시적 근로계약관계가 성립되어 있다고 평가될 수 있어야 한다(대법원 1999.11.12, 97누19946).

②도급과 근로자 파견

당사자가 붙인 계약의 명칭이나 형식에 구애될 것이 아니라, 제3자가 당해 근로자에 대하여 직·간접적으로 그 업무수행 자체에 관한 구속력 있는 지시를 하는 등 상당한 지휘·명령을 하는지, 당해 근로자가 제3자 소속 근로자와 하나의 작업집단으로 구성되어 직접 공동 작업을 하는 등 제3자의 사업에 실질적으로 편입 되었다고 볼 수 있는지, 원고용주가 작업에 투입될 근로자의 선발이나 근로자의 수, 교육 및 훈련, 작업·휴게시간, 휴가, 근무태도 점검 등에 관한 결정 권한을 독자적으로 행사하는지, 계약의 목적이 구체적으로 범위가 한정된 업무의 이행으로 확정되고 당해 근로자가 맡은 업무가 제3자 소속 근로자의 업무와 구별되며 그러한 업무에 전문성·기술성이 있는지, 원고용주가 계약의 목적을 달성하기 위하여 필요한 독립적 기업조직이나 설비를 갖추고 있는지 등의 요소를 바탕으로 그 근로관계의 실질에 따라 판단하여야 한다(대법원 2015.2.26, 2010다106436).

(4) 사업양도에서의 양도·양수인

영업양도는 포괄승계 법리가 적용되므로 근로관계 승계 기준일 이후에는 양수인이 사용자이다. 다만 구체적인 사례에 따라 양도인이 사용자로 평가되는 경우도 있다.

영업의 양도란 일정한 영업목적에 의하여 조직화된 업체, 즉 인적·물적 조직을 그 동일성을 유지하면서 일체로서 이전하는 것을 의미한다. 일반적으로 영업의 양도·양수가 있는 경우 인적·물적 조직이 그 동일성을 유지하면서 포괄적으로 양수되는 경우라면 근로자들의 근로관계도 양수하는 기업에 포괄적으로 승계되어 그 계속성이 유지된다. 예를 들어, 기업의 명의가 개인에서 법인으로 변경되거나 기업의 일부가 독립하여 별개 법인이 되는 등 조직변경 및 영업의 양도가 있더라도 기업이 그 자체가 폐지됨이 없이 동일성을 유지하는 경우 기업의 소유자 또는 경영자가 교체된 것에 불과한 것이므로, 고용관계는 새로운 경영자에게 승계되어 근로자의 근속연수도 계속근로로 인정된다. 그러나 근로자의 개별적이고 자유로운 의사로 퇴직하여 퇴직금을 수령하고 재입사하였다면 계속근로로 인정되지 않는다(근기 01254-16089, 1988.10.27).

(가) 근로자가 승계를 반대한 경우: 양도인

영업이 양도된 경우에 근로관계의 승계를 거부하는 근로자에 대하여는 그 근로관계가 양수하는 기업에 승계되지 아니하고 여전히 양도하는 기업과 사이에 존속되는 것이며, 이러한 경우 원래의 사용자는 영업 일부의 양도로 인한 경영상의 필요에 따라 감원이 불가피하게 되는 사정이 있어 정리해고로서의 정당한 요건이 갖추어져 있다면 그 절차에 따라 승계를 거부한 근로자를 해고할 수 있다(대법원 2000.10.13, 98다11437).

관련 판례

영업양도 전에 퇴직한 근로자나 영업양도 전에 이미 발생한 임금채권에 대한 형사적 책임은 양수회사에 승계되지 않는다. 사업의 일부가 양도되었음에도 근로관계의 승계를 거부하는 근로자의 근로관계는 양도기업에 존속하며, 사업 양도시 승계되는 근로관계의 범위는 사업양도계약체결일 현재 해당 사업부문에 근무하고 있던 근로자의 근로관계에 한정되므로 계약체결일 이전에 해고된 자로서 해고의 효력을 다투고 있는 근로자의 근로관계는 승계되는 것이 아니다(대법원 2002.6.14, 2002다14488).

(나) 근로관계 승계기준일 이전 양도인으로부터 해고된 경우: 양도인

양수인은 1992.9.21. 양도인으로부터 양도인 회사의 사업부문 중 일부인 호텔의 영업권을 양수하는 계약을 체결하면서 계약일 이후인 1992.10.1. 현재 재직 중인 호텔종업원 전원을 인수하기로 약정하였는데, 양도인은 위 근로관계 승계기준일 전에 위 호텔의 조리사인 근로자를 징계해고한 사실을 인정할 수 있다. 사실관계가 이러하다면 그 해고의 효력에 대하여 다투고 있더라도 근로관계 승계기준일 이전에 해고된 이상, 특별한 사정이 없는 한 근로자와 양도인 사이의 근로관계는 양수인에게 승계되지 아니한다(대법원 1995.9.29, 94다54245).

(다) 양도 · 양수인 간 승계 배제 특약: 양수인

소외 회사와 피고인간의 종업원 인계에 관한 약정을 피고가 원고를 인수하지 않는다는 특약으로 본다고 하더라도 영업양도에 의하여 영업이 이전되는 경우 양수인 단독으로 또는 양수인과 양도인이 합의하여 특정 근로자의 인수를 거절하는 것은 그 근로자에 대한 해고의 일종이라 할 것이고, (중략) 영업양도 당사자 사이에 근로관계의 일부를 승계의 대상에서 제외하기로 하는 특약이 있는 경우에는 그에 따라 근로관계의 승계가 이루어지지 않을 수 있으나, 그러한 특약은 실질적으로 해고나 다름이 없다할 것이므로 근로기준법 제23조 소정의 정당한 이유가 있어야 유효하다 할 것이며, 영업양도 그 자체만을 사유로 삼아 근로자를 해고하는 것은 정당한 이유가 있는 경우에 해당한다고 볼 수 없다(대법원 1994.6.28, 93다33173).

관련 판례

① 영업양도가 이루어진 경우에는 원칙적으로 해당 근로자들의 근로관계가 양수하는 기업에 포괄적으로 승계된다. 영업이 양도되면 반대의 특약이 없는 한 양도인과 근로자 사이의 근로관계는 원칙적으로 양수인에게 포괄적으로 승계되고, 영업양도 당사자 사이에 근로관계의 일부를 승계의 대상에서 제외하기로 하는 특약이 있는 경우에는 그에 따라 근로관계의 승계가 이루어지지 않을 수 있으나, 그러한 특약은 실질적인 해고나 다름이 없으므로 근로기준법 제23조1항 소정의 정당한 이유가 있어야 유효하며, 영업양도 그 자체만을 사유로 삼아 근로자를 해고하는 것은 정당한 이유가 있는 경우에 해당한다고 볼 수 없다(대법원 2002.3.29, 2000두8455).

② 법률의 제정, 개정 등으로 새로운 특수법인이 설립되어 종전에 동일한 기능을 수행하던 법인 등 종전 단체의 기능을 흡수하면서 그 권리의무를 승계하도록 하는 경우에 있어서, 해산되는 종전 단체에 소속된 직원들과의 근로관계가 승계되는지의 여부에 관하여 별도의 규정을 두지 아니한 채 단순히 종전 단체에 속하였던 모든 재산과 권리·의무는 새로이 설립되는 특수법인이 이를 승계한다는 경과규정만 두고 있다면, 종전 단체는 새로운 법의 시행으로 인하여사실상 존속하기가 어려워 해산될 수밖에 없는 것이므로 위와 같은 경과규정은 해산되는 단체의 재산상 권리의무를 신설 법인이 승계하도록 하여 그 해산에 따른 절차를 용이하게 함으로써 해산되는 종전 단체의 해산 및 청산절차를 특별히 규율할 목적으로 규정된 것일 뿐이고, 해산되는 단체의 직원들의 근로관계를 당연히 새로이 설립되는 특수법인에 승계하도록 하기 위한 것이 아니라고 할 것이다. 따라서 그와 같은 경과규정만으로는 당해 법률에 의하여 종전 단체에 소속된 직원들의 근로관계가 새로이 설립되는 특수법인에 당연히 승계된다고 볼 수는 없다(대법원 1995.7.25, 95다14404).

한편 위와 같이 종전 단체와의 근로관계가 새로 설립되는 특수법인에 승계되지 않는다고 하더라도 법률의 제정 등에 의하여 종전 단체의 재산과 권리·의무는 포괄적으로 승계되므로, 종전 단체의 해산시까지 발생한 근로자의 임금이나 퇴직금 등 채무도 종전 단체의 의무에 해당하여 근로관계 승계 여부에 관계없이 새로 설립되는 특수법인에 승계된다고 보아야 한다(대법원 2018.9.28, 2018다207588).

(5) 위·수탁계약에서의 위 · 수탁인

외부의 관리업체가 입주자대표회의와 아파트 관리 운영에 관한 위탁계약을 체결하고 관리사무소장 등 근로자를 고용하여 운영하는 경우라면 위탁관리업체의 대표를 사용자로 보아야 하며(근로기준팀-3765, 2006.7.28), 아파트 관리사무소에 종사하는 근로자를 입주자대표회의가 직접 고용하여 임금을 지급하고 업무수행에 대해 지휘·감독을 하는 등 직접 운영하는 경우라면 입주자대표회의의 대표를 사용자로 볼 수 있다.

아파트 입주자대표회의(C)와의 위수탁관리계약에 따라 아파트 관리업무를 수행하는 아파트 관리업체가 변경되는 경우, 관리업체 (B)는 C와 사이에 새로운 위수탁관리계약을 체결하여 C로부터 그 업무를 수탁받았을 뿐이므로, 특별한 사정이 없는 한 B가 기존 관리업체 (A) 소속 근로자인 갑의 고용을 포괄적으로 승계하거나 전원을 재고용할 의무는 없다고 할 것이다(대법원 2003.10.9, 2003두5563).

관련 행정해석

지방자치단체와 법인의 위·수탁계약이 유효한 범위 내에서는 법인이 근로기준법상 사용자의 지위에 있다. 사회복지사업을 행하는 사회복지법인이 지방자치단체와 장애인종합복지관 운영에 관한 위·수탁계약을 체결하고, 그 계약 내용에 따라 복지관을 운영하면서 법인이 포괄적인 위임을 받은 경우 복지관장이 근로자의 채용, 근로조건의 결정, 지휘·감독 등 사용자로서의 역할을 수행하고 근로의 대가로 임금을 지급하였다면, 지방자치단체와 법인의 위·수탁계약이 유효한 범위내에서는 사회복지법인이 근로기준법상의 사용자 지위에 있다(근로기준팀-2851, 2006.6.23).

(6) 모회사 자회사 관계에서의 모회사

모회사가 자회사의 근로자에 대한 근로조건을 직접 결정하고 인사노무관리를 직접 행하는 등 사실상 사용자의 권한을 행사하는 경우 그 범위 내에서 근로기준법상의 사용자 책임을 지게 된다(근기 68207-1910, 2001.6.14).

※ 법인의 종류와 의사결정 구조, 민법상 비영리법인

(1) 법 인

(가) 개 념

"법인"이란 자연인에 대비되는 용어로써 일반적으로 자연인의 힘만으로는 목적을 달성하기 어려운 사업을 수행하기 위하여 사람의 결합이나 특정한 재산에 대하여 자연인과 동일하게 법률관계 주체로서의 지위를 인정한 것을 말한다.

(나) 종 류

법인은 분류기준에 따라 크게 공법인과 사법인, 영리법인과 비영리법인, 사단법인과 재단법인, 내국법인과 외국법인 등으로 나누어진다.

(다) 법인의 성립 및 소멸

법인은 특별한 규정이 없는 한 해당 법인을 규율하는 법률에 따라 정관의 작성을 비롯한 필요한 요건을 갖추고, 주된 사무소의 소재지에서 설립등기를 함으로써 성립한다(민법 제33조, 상법 제172조 등). 법인의 소멸은 해산과 청산을 거쳐서 행하여집니다. 법인은 해산만으로는 소멸하지 않으며 청산이 사실상 종료됨으로써 소멸한다(민법 제81조).

(라) 회사의 법인성

상법에서는 회사는 영리를 목적으로 하여 설립한 법인으로 한다고 규정(상법 제169조, 제171조)하고 있어, 상법상 각종 회사는 영리법인의 가장 전형적이고 일반적인 형태이다.

(2) 영리법인 (상법)

(가) 합명회사

합명회사는 회사의 사원이 회사채권자에 대해서 직접·연대·무한의 책임(상법 제212조)을 지는 무한책임사원으로 구성된 회사이다. 합명회사의 사원은 원칙적으로 회사의 업무집행권과 대표권을 가지고 있으며(상법 제200조 및 제207조), 만일 이러한 지위를 타인에게 양도하려고 할 경우에는 다른 사원 전원의 동의를 얻어야 한다(상법 제197조 및 제218조).

합명회사의 사원은 회사채권자에 대해 직접·연대·무한의 책임을 진다는 점에서 주식회사의 주주 및 유한회사의 사원의 책임과 구별되며 무한책임을 진다는 점에서는 합자회사의 유한책임사원의 책임과 구별된다.

주로 친구, 친척 간 공동사업의 형태로 운영되며, 구성원들은 partnership, 동반자, 사업적 동반자 관계에 있다.

(나) 합자회사

합자회사는 사원이 회사채권자에 대해서 직접·연대·무한의 책임을 지는 무한책임사원과 채권자에 대해서 직접·연대책임을 지지만 출자액을 한도로 하여 유한책임을 지는 유한책임사원으로 구성되는 복합적 조직의 회사다(상법 제268조). 사업의 경영은 무한책임사원이 하며, 유한책임사원은 자본을 제공하여 사업에서 생기는 이익의 분배에 참여한다(상법 제273조). 유한책임사원은 유한의 책임을 지는 데 불과한 반면, 출자는 재산출자에만 한하고, 회사의 업무집행·대표로는 참여하지 않는다.

합자회사도 사단법인이지만 사원간의 개인적 신뢰를 기초로 하기 때문에, 실질적으로는 조합적 성격을 띠며 인적(人的) 회사에 속한다고 할 수 있다. 합자회사는 유한책임사원의 책임의 유한성에서 생기는 결과를 제외하고는, 원칙적으로 합명회사와 마찬가지로 취급할 수 있다.

주로 택시회사에서 많이 나타나는 형태로, 구성원은 limited partnership관계에 있으며, 1인이상의 무한책임사원과 1인이상의 유한책임사원으로 구성된다.

(다) 유한책임회사(Co. ltd, LLC)

유한책임회사는 인적회사와 물적회사의 중간 형태로서, 내부적으로는 인적회사의 속성을 지니고, 대외적인 책임에서는 사원이 물적회사처럼 회사 채무에 대해 직접책임을 지지 않고, 회사에 대한 출자의무 내에서 책임을 진다.

공동운영형태로 내부적인 사적 자치를 인정하며, 회사의 대표가 의사결정, 업무집행 등을 모두한다.

(라) 주식회사

주식회사는 사원인 주주의 지위가 균등한 비례적 단위인 주식의 수로 표시되고 주주는 그가 인수한 주식금액을 한도로 하여 회사에 대해서만 책임을 지고 회사채권자에 대해서는 아무런 책임을 지지 않는 회사이다(상법 제331조). 따라서 주식회사의 근본적 특색은 자본과 주식과 주주의 유한책임에 있다고 할 수 있다. 주주는 회사에 대하여 인수한 주식의 가액을 한도로 출자의무를 부담할 뿐이고, 그 밖에 아무런 의무도 부담하지 않는다(상법 제331조). 이것을 주주유한책임의 원칙이라고 하며, 특히 회사채권자에 대하여 주주는 전혀 책임을 부담하지 않는다.

또 출자의 목적물은 금전이나 그 밖의 재산이고, 신용 또는 노무의 출자는 인정되지 않는다. 주주는 주주총회의 결의에는 참가하지만, 업무집행에 당연히 참여하는 것은 아니다. 주식의 양도는 자유롭다(상법 제335조).

(마) 유한회사

유한회사는 사원이 회사에 대해 출자금액을 한도로 책임을 질 뿐, 회사채권자에 대하여 아무 책임도 지지 않는 사원으로 구성된 회사이다. 사원 전원의 책임이 간접이며 유한인 점, 분화된 기관을 가지는 점 등 많은 점에서 주식회사와 유사하나 복잡하고 엄격한 규정이 완화되고 지분의 양도가 자유롭지 못한 점이 주식회사와 다르다. 그러므로 유한회사는 폐쇄적·비공개적인 특색을 가지고 있다. 예를 들어, 구글코리아, 애플코리아 등이 있다.

상법상 유한회사는 출자 1좌의 금액은 100원 이상으로 균일하게 해야 하며, 사원의 책임은 그 출자금액을 한도로 한다(상법 제546조, 제553조). 또한 검사제도도 없으나 대신 사원의 전보책임이 인정되고 있다(상법 제551조).

(3) 비영리법인 (민법 등)

(가) 개 념

영리를 목적으로 하지 않는 법인을 비영리법인이라 한다(민법 제32조). "영리를 목적으로 하지 않는"이란 학술·종교·자선·기예·사교 등 영리 아닌 사업을 목적으로 하는 것을 말하며, 비영리사업의 목적을 달성하는데 필요하여 그 본질에 반하지 않는 정도의 영리행위는 할 수 있다.

(나) 비영리법인의 종류

민법에 의해 설립되는 비영리법인으로 사단법인과 재단법인이 있다.

그 밖에 민법 외에 개별법에 근거하여 설립되는 재단법인으로 학교법인(사립학교법), 의료법인(의료법), 사회복지법인(사회복지사업법) 등이 있다.

(4) 협동조합기본법상 협동조합

협동조합기본법은 설립 가능한 수많은 협동조합을 다음과 같은 4가지 종류로 나누고 있다(협동조합기본법 제2조).

종 류	개 념
협동조합	재화 또는 용역의 구매·생산·판매·제공 등을 협동으로 영위함으로써 조합원의 권익을 향상하고 지역 사회에 공헌하고자 하는 사업조직
협동조합연합회	협동조합의 공동이익을 도모하기 위하여 설립된 협동조합의 연합회
사회적협동조합	협동조합 중 지역주민들의 권익·복리 증진과 관련된 사업을 수행하거나 취약계층에게 사회서비스 또는 일자리를 제공하는 등 영리를 목적으로 하지 않는 협동조합
사회적협동조합연합회	사회적협동조합의 공동이익을 도모하기 위하여 설립된 사회적협동조합의 연합회

1-5. 근로자

관련 법령

근로기준법 제2조【정의】 ① 이 법에서 사용하는 용어의 뜻은 다음과 같다.

1. "근로자"란 직업의 종류와 관계없이 임금을 목적으로 사업이나 사업장에 근로를 제공하는 사람을 말한다.

가. 관련법에 규정된 개념

(1) 헌법상 근로권에서의 근로자 개념(헌법 제32조와 제33조)

(가) 헌법32조1항 "모든 국민은 근로의 권리를 가진다. 국가는 사회적 경제적 방법으로 근로자의 고용의 증진과 적정임금의 보장에 노력하여야 하며, 법률이 정하는 바에 의하여 최저임금제를 시행하여야 한다."고 한다. 이는 문언상 고용관계가 형성되기 이전에 근로자 개념이 확정되어 있어야 한다는 의미이다. 그렇지만 근로자 개념은 노동하는 형태에 따라 발생하는 개념이고 노동하는 형태와 관계없이 우선적으로 근로자 개념이 확정될 수 없기 때문에 먼저 근로권의 내용을 통해 헌법상

의 근로권상의 근로자개념을 파악하고 그 범위와 한계를 규정할 필요가 있다. 근로권의 내용을 일할 자리에 관한 권리와 일할 환경에 대한 권리로 나눈다면 전자는 고용되기 전의 문제, 후자는 고용 후의 문제에 대한 내용이라고 할 수 있다.

(나) 헌법33조1항 "근로자는 근로 조건의 향상을 위하여 자주적인 단결권, 단체교섭권 및 단체행동권을 가진다."고 한다. 노동3권은 근로자가 사용자와 대등한 지위를 갖추도록 하여 양 당사자 간의 집단적 자치를 가능하게 함으로써 집단적 사적 자치의 원칙이 구현되는 것을 목적으로 한다. 집단적 자치를 통해 이루고자 하는 것은 근로조건의 향상으로 한정된다. 결국 노동3권을 근로자가 가진다고 하는데 여기서 말하는 헌법상의 근로자와 노조법상의 근로자가 동일한 개념인지, 그리고 노조법상의 근로자가 근로기준법상의 근로자와 동일한 개념인지 다른 것인지가 문제된다.

(2) 법률에 명시된 근로자 개념

법 률	근로자 개념	사용자 개념
근로기준법	근로자란 직업의 종류와 관계없이, 임금을 목적으로, 사업이나 사업장에(에서X) 근로를 제공하는, 사람을 말함.	사용자란 사업주 또는 사업 경영담당자, 그 밖에 근로자에 관한 사항에 대하여 사업주를 위하여 행위하는 자를 말함.
노조법	근로자라 함은 직업의 종류를 불문하고 임금·급료 기타 이에 준하는 수입에 의하여 생활하는 자를 말함.	사용자라 함은 사업주, 사업의 경영담당자 또는 그 사업의 근로자에 관한 사항에 대하여 사업주를 위하여 행동하는 자를 말함.
최저임금법	이 법에서 근로자, 사용자, 및 임금이란 근로기준법 제2조에 따른 근로자, 사용자 및 임금을 말함.	
산안법	근로자란 근로기준법 제2조제1항제1호에 따른 근로자를 말함.	사업주란 근로자를 사용하여 사업을 하는 자를 말함.
임채법	근로기준법에 따른 근로자를 말함.	사용자란 근로기준법에 제2조에 따른 사용자를 말함.
근복법	근로자라 함은 직업의 종류를 불문하고 임금·급료·그 밖에 이에 준하는 수입에 의하여 생활하는 자를 말함.	사업주라 함은 근로자를 사용하여 사업을 행하는 자를 말함.
건설고용법	건설근로자란 근로기준법 제2조에 따른 근로자로서 건설업에 종사하는 자를 말함.	사업주란 근로자를 고용하여 대통령령으로 정하는 건설업을 하는 자로서 관계 법령이 따라 면허·허가·등록을 받거나 한 자를 말함.
고평법	근로자란 사업주에게 고용된 자와 취업할 의사를 가진 자를 말한다.	

나. 근로자성 판례의 변화

(1) 근로자성 판단 기준의 변화

구 분	2006년 이전	2006년 이후
사용자의 지휘·감독의 정도	구체적 개별적 지휘감독	상당한 지휘감독
사업자성에 관한 적극적 징표 제시	근로자 스스로가 제3자를 고용하여 업무를 대행하게 하는 등 업무의 대체성 유무, 비품, 원자재나 작업도구 등의 소유관계로만 설시	독립하여 자신의 계산으로 사업을 영위할 수 있는지, 노무제공을 통한 이윤창출과 손실의 초래 등 위험을 스스로 안고 있는지를 기준으로 제시
기본급이나 고정급의 유무, 근로소득세 원천징수 여부, 사회보장제도에 관하여 근로자로 인정받는지 여부	주요 판단기준으로 봄	사용자가 경제적으로 우월한 지위를 이용하여 임의로 정할 여지가 크다는 점을 고려하여 부차적인 것으로 봄

(2) 근로자성 판단 기준에 대한 판례의 변화 과정

(가) 1994년 공사 하수급업자의 근로자성 부정한 판례 – 구체적 지휘·감독

(나) 2004년 서울지역여성노동조합 사건 – 구직중인 여성의 근로자성 인정, 근기법상 근로자와 노조법상 근로자를 구별하기 시작하였다.

(다) 2006년 종합반 강사 판례 – 상당한 지휘·감독

근로기준법상의 근로자에 해당하는지 여부는 계약의 형식이 고용계약인지 도급계약인지보다 그 실질에 있어 근로자가 사업 또는 사업장에 임금을 목적으로 종속적인 관계에서 사용자에게 근로를 제공하였는지 여부에 따라 판단하여야 한다(대법원 2006.12.7, 2004다29736).

근로자성을 판단하는 기준을 제시한 대표적인 판례이다. 즉 어떤 사업주들은 자신들이 고용하고 있는 자들에 대하여 근로자성을 회피하기 위하여 각자 사업자등록을 하게하고, 기본급을 산정하기 않고 더 나아가 근로자성을 인정하게 되는 대표적인 요건인 원천징수를 하지 않음으로 인하여 근로자성을 회피하고 있으나 대상판결에서 근로자성을 인정하는 대체적인 기준을 마련한 것이다.

즉 계약의 형식보다는 그 실질에 있어 근로자가 사업 또는 사업장에 임금을 목적으로 종속적인 관계에서 사용자에게 근로를 제공하였는지 여부에 따라 판단하

여야 하는 바, 종속적인 관계가 있는 지 여부는 업무의 내용을 사용자가 정하고, 취업규칙 또는 복무(인사)규정 등의 적용을 받으며 업무 수행 과정에서 사용자가 상당한 지휘·감독을 하는지, 사용자가 근무시간과 근무 장소를 지정하고 근로자가 이에 구속을 받는지, 노무제공자가 스스로 비품·원자재나 작업도구 등을 소유하거나 제3자를 고용하여 업무를 대행케 하는 등 독립하여 자신의 계산으로 사업을 영위할 수 있는지, 노무 제공을 통한 이윤의 창출과 손실의 초래 등 위험을 스스로 안고 있는지와 보수의 성격이 근로 자체의 대상적 성격인지 등의 여부를 고려하여야 한다고 판단한 것이다.

(라) 2014년 골프장캐디 사건

업무의 종속성 및 독립종속성(경제적 종속성)의 평가 요소에 더 중점을 두어 노조법상 근로자를 판단한 판결이다.

(마) 2015년 학교배움터지킴이 판례

피고(대구광역시)가 운영하는 각 학교에 '배움터지킴이'로 위촉되어 활동한 원고들이 피고의 근로자임을 전제로 최저임금과 실제 지급한 임금의 차액 상당액, 연차유급휴가수당, 연장·휴일근무수당, 미지급 퇴직금의 지급을 청구한 사안에서, 위 '배움터지킴이'는 임금을 목적으로 종속적인 관계에서 근로를 제공한 것이 아니라 자원봉사활동의 일환으로 참가, 활동한 봉사자라는 이유로 원고들의 청구를 기각한 사건으로, 「종래 대법원이 제시한 종속적인 관계가 있는지에 대한 판단지표들은 모두 임금(금품)을 목적으로 한 근로제공임은 분명하지만 사용자와 종속적인 관계에서 근로를 제공한 것인지 여부가 문제된 사안에서 사용종속성 유무를 판단하기 위한 징표들의 내용이나 그 평가방법을 제시하였던 것일 뿐이라면서」 이 사건과 같이 일정한 활동(노동)이 행해지고 그와 관련하여 일정액의 금품이 제공되기는 하였으나 그 같은 금품제공이 근로에 대한 대가인지 여부, 즉 활동(노동) 제공자가 금품 수령을 목적으로 당해 활동(노동)에 참가하게 된 것인지가 문제되는 경우에는 적절한 기준이 되기 어렵다.

이 같은 경우에 일정한 활동(노동) 제공이 금품수령과 대가관계에 있는지 여부, 즉 활동(노동) 제공자가 금품수령을 목적으로 활동(노동)하게 된 것인지 여부는 전적으로 당사자들의 의사가 무엇이었는지에 달려 있다.

활동자(노동 제공자)가 당해 활동으로 이루어질 공익의 달성 및 그에 대한 자신의 기여를 통한 내적 성취감 및 만족감을 주된 목적으로 참가하게 된 것인지 아니면 당해 활동에 대하여 대가로 지급되는 금품을 주된 목적으로 참가하게 된 것인지, 상대방은 활동자의 어떤 의사를 기대하였는지, 일정액의 금품이 지급된 이유는 무엇이었으며 당사자들은 이를 활동(노동)에 대한 당연한 대가로 인식하고 있었는지 여부 등을 따져 그 의사가 해석되어져야 한다. 그리고 표시된 의사가 명백하지 않은 경우에는 지급되는 금품의 액수가 당해 활동(노동)의 시장가치에 상응하는 적절한 액수인지, 당해 활동을 통하여 이룩되는 성과가 공익과 관련된 것인지, 활동을 수행함에 있어 상대방과의 사이에 어느 정도로 강한 지휘감독관계에 놓이게 되는지, 당해 활동관계에서 이탈이 자유로운지, 법적 구속력 있는 의무가 부과되는지, 부과된다면 의무위반의 효과는 무엇인지 등의 여러 객관적 사정을 종합하여 그 의사를 추정해야 할 것이다.

여기서 잠깐! **2006년 판례 평석**

2006년 판결에서 대법원은 사실관계 인정에서 종전과 달리 근로자성을 인정하는 지표와 부정하는 지표를 나란히 제시하였고, 종래의 구체적이고 직접적인 지휘감독 대신에 상당한 지휘감독만을 요구하였으며, 근로자성의 실질적 징표와 부수적 징표를 구별하는 동시에 근로자성 판단에서 징표의 비등가치성을 확인하였다.

기본판결(1994년)이 사용종속관계의 인정을 위해 채용한 요소들은 지휘명령의 존재 여부를 판단하는 요소(지휘명령의 요소), 보수의 성격과 구성에 관한 요소(임금성의 요소), 및 기타의 요소 등 세 가지로 나누어 볼 수 있다.

지휘명령의 요소로 ① 근로자가 담당하는 업무의 내용이 사용자에 의해 정하여지는가 ② 취업규칙 복무규정, 인사규정 등의 적용을 받는가 ③ 업무수행과정에 있어서도 근로자가 사용자로부터 구체적이고 직접적인 지휘감독을 받는가 ④ 사용자에 의하여 근무시간과 근무장소가 지정되고 이에 구속되는가 ⑤ 근로자가 제3자를 고용하여 업무를 대행케 하는 등 업무의 대체성이 있는가 등이 검토되었다. 임금성의 요소로 ① 보수가 근로 자체의 대상적 성격을 갖고 있는가 ② 기본급이나 고정급이 정하여져 있는가, 기타의 요소로 ① 비품 원자재 작업도구 등의 소유관계 ② 근로제공관계의 계속성과 사용자에의 전속성 유무와 정도 ③ 세법이나 사회보장제도 등 다른 법령에서 근로자 지위를 인정받는지 ④ 양 당사자의 경제적·사회적 조건 등이 검토되었는데, 이러한 기본 판결의 입장이 적용되어 근로자성이 부정된 대표적인 사례가 학습지상담교사 사건이다(대법원 1996.4.26, 95다20348).

골프장경기보조원, 보험모집인, 레미콘기사, 지입차주, 지입중기차주인 기사, 양복점의 재봉공, 오토바이퀵서비스종사자, 방문판매 회사의 판매 대리인, 한국방송공사 드라마제작국에서 노무를 제공하는 외부제작요원 등도 여기에 속한다.

2006년 판결에서는 기본판결과 상당한 차이를 보인다.

첫째, 사실관계 인정에서 종전에 자주 보이던 몰아주기식 방법을 벗어나 근로자성을 긍정하는 지표와 부정하는 지표를 나란히 제시하였다. 2006년 판례에서 근로자성을 긍정하는 지표로 ① 출근시간과 강의시간 및 강의장소의 지정 ② 사실상 다른 사업장에 대한 노무제공 가능성의 제한 ③ 강의 외 부수업무 수행 ④ 시간당 일정액에 정해진 강의 시간수를 곱한 금액을 보수로 지급받았을 뿐 수강생수와 이에 따른 학원의 수입 증감이 보수에 영향을 미치지 아니한 사정 등을 제시하였고, 부정하는 지표로 ① 원피고 사이에 매년 강의용역제공계약서를 작성하였고 ② 그 계약서에는 수강생 10명 미만인 경우 강의용역 제공을 거부할 수 있고 ③ 다른 학원에 강의를 나가더라도 학원측이 이의를 제기하지 못하도록 되어 있으며 ④ 일반직원들에게 적용되는 취업규칙 등의 적용을 받지 않았고 ⑤ 보수에 고정급이 없는 등의 사실을 설시하였다.

근로자성을 긍정 부정하는 양 지표를 함께 제시함으로써 근로자성의 인정이 객관적이고 합리적인 양자의 비교형량에 의해 결정되어야 한다는 사실을 분명히 한 것이다.

둘째, 기본판결에서 사용하였던 구체적이고 직접적인 지휘감독 이라는 표현 대신에 상당한 지휘감독 이라는 표현을 사용함으로써, 지휘감독 관계의 판단에서 현대적 업무의 특성 및 업무 자체의 성격을 반영하려는 태도를 보이고 있다. 이 사건에서 원고들이 담당하였던 강의와 같은 업무에서 일반 근로자가 담당하는 업무에서 보이는 지휘감독성을 요구한다는 것 자체가 무리한 것이었다.

셋째, 실질적 징표와 부수적 징표를 구별하는 한편, 근로자성 판단에서 부수적 지표 판단의 비등가치성을 확인하였다. 기본급 유무, 근로소득세 원천징수 등의 사정은 사용자가 경제적 우월한 지위를 이용하여 임의로 정할 여지가 크므로 그러한 점들이 인정되지 않는다는 것만으로 근로자성을 쉽게 부정하여서는 안 된다. 기본판결에서는 근로자성 결정에서 중요하게 고려하여할 사실적 징표(실질적 징표)와 사용자가 경제적 사회적 지위의 우월성을 이용하여 일방적으로 결정할 수 있는 부수적 징표(형식적 징표)를 구별하지 않은 채 동등한 수준에서 검토하였던데 반해 2006년 판결에서는 이에 대한 비판을 수용하여 형식적 징표는 근로자성 판단의 여러 지표가 긍정의 방향과 부정의 방향 양 방향 모두에서 동일한 가치를 갖는 것은 아니라는 점을 일깨워 주고 있다.

근로자성 판단 지표는 긍정의 방향에서는 근로자성을 드러내는 적극적 가치를 가지며 부정의 방향에서는 근로자성을 드러내지 못하는 소극적 가치만을 가질 뿐이라는 것이다. 이는 실질적 징표/형식적 징표 이분법과는 좀 다른 관점이다. 즉 형식적 징표(고정급 유무 등)를 상대적으로 덜 중요하게 판단하는 것이 아니라 형식적 징표가 근로자성을 긍정하는 쪽으로 발현되는 경우(고정급이 있는 경우)에는 그 자체로 근로자성을 강하게 추정하게 하는 적극적 가치를 갖는다고 이해하는 식이다. 또한 실질적 징표(사용자로부터 구체적 지휘감독을 받는지)라고 하더라도 근로자성을 부정하는 쪽으로 발현되는 경우(구체적 지휘감독을 받지 않는 경우)에는 이를 상대적으로 더 중요하게 판단하는 것이 아니라 근로자성을 드러내지 못하는 소극적 가치만을 갖는다고 이해하는 식이다.

다. 근로자의 개념적 징표

인적 종속성과 경제적 종속성, 근로자성 인정의 적극적 지표와 소극적 지표, 노무의 타인결정성과 사업에의 편입여부라는 기준을 가지고 대법원이 제시한 사용종속관계 판단지표를 재해석하여 종합적으로 판단할 필요가 있다.

(1) 직업의 종류를 불문하고

근로기준법상 근로자는 직업의 종류를 묻지 않는다. 근로내용이 정신노동이든 육체노동임을 묻지 않으며, 신분이 공무원이거나 사기업체 근로자임을 묻지 않는다. 다만, 공무원이나 교원 및 청원경찰관 등 근로관계에 있어 특별법이 있는 경우 그 범위 내에서 근로기준법적용이 제한될 뿐이다.

따라서 목사, 전도사, 선교사가 본연의 목적인 종교 활동에만 전념할 경우에는 근로자가 아니나 근로계약에 기초하여 노무를 제공하고 임금형태로 보수를 받는다면 근로기준법상의 근로자로 볼 수도 있다(근기 68207-88, 2000.2.3).

또한 도급계약이든 위임계약이든 계약형식은 묻지 않으며 실질적으로 근로계약에 해당된다면 근로자에 해당된다. 근로형태가 상용근로자이든 일용근로자이든 임시직근로자이든 단시간근로자임을 달리보지 않으며 임금지급형태가 시간급이든 성과급이든 능률급이든 묻지 않고 근로자로 본다. 예를 들어 용역계약의 형식을 취하였더라도 근로의 실질관계에 있어 임금을 목적으로 근로를 제공하였다면 근로자에 해당한다.

그러나 사업주의 공장에서 작업을 하였으나 사용자의 지시·감독을 받지 않고 독자적으로 제품을 완성하여 그 작업량에 따른 보수를 지급받은 경우 갑이 을에 대하여 사용 종속관계에 있는 근로기준법상의 근로자가 아니라 단순한 도급계약의 수급인의 지위로 본다(대법원 1984.12.26, 84도2534).

한편, 국내에 거주하는 외국인도 근로기준법의 적용을 받는다. 즉, 외국인도 근로기준법 제2조1항1호의 요건을 갖추는 경우 근로자로서 근로기준법의 보호를 받게 되며 이 때 사용자는 국적을 이유로 차별적 대우를 하지 못하므로 외국인이라고 하여 근로조건에 대해 어떠한 이유로도 차별적 대우를 하지 못한다(근로기준법 제6조).

(2) 사업 또는 사업장에

사업이란 하나의 활동주체가 유기적 관련 아래 업(사회적 활동)으로서 계속적으로 (계속할 의도로) 행하는 모든 작업을 말한다. 흔히 그 작업을 통일적으로 수행하는 독립된 사업체(회사, 단체 등)와 같은 뜻으로 사용되기도 한다.

사업장이란 본사, 공장, 지점 등 그러한 작업이 행하여지는 단위 장소 또는 장소적으로 구획된 사업체의 일부분을 말한다. 사업의 목적, 허가유무, 업종 등을 불문한다.

사업이나 사업장을 근로제공의 장소로 한다는 의미가 아니라(사업 또는 사업장에서 근로를 제공하는 사람이 아님, 근로기준법조문에서 "사업 또는 사업장에"라고 규정하고 있다) 사업이나 사업장의 사용자에 고용되어 그를 위하여 근로를 제공하는 것을 의미하고, 근로계약이 존재해야 함을 뜻한다. 따라서 현실적으로 고용되어 있는 취업자만이 근로자에 해당되며, 실업자를 포함하여 현재 근로를 제공하지 않는 자는 근로기준법상의 근로자 개념에 포함되지 않는다. 또한 사업장에 근로를 제공하기위하여 체결한 고용·근로계약은 근로기준법 등 관련 법규에 위반되지 않을 것을 요건으로 하지 않고, 그 계약이 적법 유효할 것을 요구하지도 않는다. 사실상 사업 또는 사업장에 근로를 제공하는 이상 근로자이다.

(3) 임금을 목적으로

근로기준법은 임금을 사용자가 근로의 대상으로 근로자에게 임금 등의 명목으로 지급되는 일체의 금품으로 정의하고 있으므로 무엇을 임금으로 볼 것인가의 문제를 살펴볼 필요가 있다. 임금의 법적 성질과 관련된 문제로 학설과 판례를 통해 살펴본다.

(3-1) 학설

① 노동대가설(노동설)

임금을 근로자의 구체적 노동에 대하여 지급되는 대가라고 한다. 따라서 임금은 근로자가 사용자의 지휘명령을 받으며 실제로 노동을 제공한 데 대한 보수라고 본다.

② **노동관계설(임금이분설)**

임금을 구체적 노동의 대가에 국한시키지 않고 근로자가 사용자에게 전인격적인 노동력의 처분에 관한 권한을 맡긴 것에 대한 대가의 성격을 갖는다고 하면서, 가족수당이나 물가수당 등 생활보장적 임금도 포함하는 것으로 본다. 즉 임금은 노동의 대상이 아니라 노동관계에서 발생하는 대가라고 한다. 임금이 근로자로서의 취득에 따라 발생하는 생활보장적 임금과 구체적인 근로의 제공에 따라 발생하는 교환적 부분이 있다고 보아 임금 양분설이라고도 한다.

③ **노동력대가설(노동력설)**

임금을 구체적인 근로에 대한 대가가 아니고, 근로자가 그 노동력의 처분을 일정한 시간 사용자에게 맡긴데 대한 대가로 본다. 임금은 구체적인 근로에 대한 대가가 아니므로 근로자가 지휘감독 아래 있는 시간은 모두 근로시간으로 보기 때문에 현실적 근로와 직접 관계가 없이 지급되는 금품의 경우(예를들어 체력단련비나 월동보조비 등)도 소정근로 또는 종속근로에 대하여 지급되는 급부로 보아 임금에 포함되는 것으로 본다. 우리나라 다수설과 판례의 입장이다.

(3-2) 검토

임금은 사용자의 지휘명령 하에 제공한 노동의 대가일 뿐만 아니라 노동력을 사용자의 처분에 맡기는데 대한 대가라고 본다. 즉 사용자의 지휘명령이 전제되느냐의 여부와 실제 노동의 대가뿐만 아니라 노동력의 대가를 임금으로 볼 수 있다는 점이고, 이는 근로자로 판단하는 중요한 기준이 된다. 임금을 목적으로 근로를 제공하여야 하므로 무상으로 또는 임금 이외의 기술 습득과 같은 무형의 이익 등을 목적으로 근로를 제공하는 자는 근로자가 아니다. 그렇지만 교육, 훈련 등 임금 이외의 다른 이익을 목적으로 하였더라도 그것이 근로제공 목적의 전부가 아니고 일부분일 뿐이라면 그 노무제공자는 근로자라고 보아야 할 것이다. 예를 들면 특성화고 졸업예정자 신분의 위탁실습생, 외국인 산업기술연수생, 전공의, 수련의 등이 있다.

반면 임금을 받고 있지 아니하더라도 근로계약관계를 유지하고 있는 자(무급으로 휴직·정직중인 자, 파업참가 근로자, 무급의 노조전임자 등)는 근로자에 해당한다.

(4) 근로를 제공하는

근로는 정신노동과 육체노동을 모두 포함하나, 독립적인 노동이 아니라 종속적인 노동을 의미한다고 해석한다. 임금 노동자가 아닌 생산 수단을 소유하거나 소유할 가능성을 내포하면서 사업 내지 사업장에 대가를 받기로 하고 노무(업무)에 종사하는 독립 자영업자를 근로기준법의 보호대상으로 할 수 없는 이상 이러한 종속관계는 근로자 개념의 핵심적 요소이다. 근로자는 사업에 고용 사용되어 종속적 근로를 제공하는 관계에 있는 자라야 하는데, 이 점에서 민법상의 다른 노무공급자와 다르다. 도급이나 위임계약에 따라 타인에게 독립적으로 노무를 제공하는 자는 근로자가 아니다. 반면 고도의 전문지식이나 기술 보유자가 작업의 수행에 관하여는 타인에게서 구체적인 지휘감독을 받지 않고 독립하여 근로를 제공하더라도 근무체제에 편입되어 있고, 근로시간 장소에 제약이 있으며 근로시간에 따른 임금을 지급받는 경우 근로자이다.

(4-1) 인적 종속성

① 인적 종속성이라 함은 당사자의 한 쪽(근로자)이 노동력을 제공하는 방법이 다른 한 쪽(사용자)의 경영조직 속에서 그 지배 아래서 이루어지는 것을 말한다.

② 노무제공자의 노무제공과정에서의 종속성 또는 지시구속성을 중시하여 근로자성 여부를 판단하는 것으로, 노무제공자가 근로자에 해당하는지 여부는 노무내용의 타인결정성이 중요하다. 즉 노무제공자가 수행하는 업무의 시간, 장소, 내용, 방법 등에서 그 노무를 이용하는 타인의 지시(지휘감독)에 대한 구속성 여부가 종속성 판단의 핵심요소인 것이다. 이러한 노무의 타인결정성(노무제공의 시간과 장소의 타인 결정, 노무급부에 대한 지시의 준수, 타인의 노동조직에의 편입)을 일반적으로 노무의 비독립성, 인적 종속성이라고 표현한다. 판례는 골프장캐디 사건에서 근로기준법상의 근로자에 대해 단순한 사용종속성이 아니라 임금을 목적으로 한 종속성, 다시 말해 "임금종속성"을 강조하고 있는데 이는 인적 종속성을 의미한다.

(4-2) 경제적 종속성

① 경제적 종속성이란 당사자의 한 쪽이 노동력의 전체를 다른 한 쪽의 처분에 맡김으로써 그 소득을 그러한 취업관계에 의존하는 것을 말하며, 근로자가 사용

자에 대하여 경제적·사회적으로 어떠한 지위에 서는가를 중심으로 근로자성 여부를 판단한다.

② 경제적 종속성은 노무의 타인결정성이 아닌 노무의 타인유익성과 같은 경제적 요소에 따른 근로자성 판단 기준을 근로관계의 내용을 결정하는 본질적 요소로 보는데, 근로관계에서 근로자가 자신의 노동력을 사업주와 같이 자기의 책임 아래 시장에서 위험을 부담하면서 스스로 정해둔 목적에 따라 투입하는 것이 아니라 오히려 노무 급부가 타인의 이익을 위하여 사용되는 점을 근로자성 판단의 새로운 요소로 파악한다. 즉, 경제적 종속성은 근로자가 자신의 노동력 전부를 타인(사용자)의 처분에 맡김으로써 그와 같은 취업 관계가 계속되고 있는 동안은 다른 소득을 얻을 수 없다는 점이 중요하다. 판례는 골프장캐디 사건에서 노조법상의 근로자는 "사용종속관계하에서 노무에 종사하고 그 대가로 임금 등을 받아 생활하는 자"를 말하는데 여기서 말하는 사용종속관계란 임금종속성이 아니라 업무종속성을 의미한다고 판시했다. 업무종속성이란 지휘 감독의 정도 및 근로자가 독립하여 자신의 위험과 계산으로 사업을 영위할 수 있는 지 등 "업무의 종속성 및 독립사업자성"을 말한다. 이를 경제적 종속성이라고도 표현한다.

③ 경제적 종속성은 노무공급자가 노동력 판매 이외의 방식으로는 생활자원을 구할 수 없고, 통상 특정인에 대해서만 노무를 제공하고 있으며(전속성), 노무이용자에 비해 교섭력이 약하여 사실상 사용자가 일방적으로 결정하는 계약조건을 받아들일 수 밖에 없고(계약 내용 형성에서의 종속), 끊임없이 해고에 의한 실업의 위협(계약체결에서의 종속)에 노출되고 있는 등의 경제적·사회적 지위를 가지는 경우에 인정되는 종속성이다. 이러한 경제적 종속성에 대한 판단요소로는 생산수단의 소유 여부 및 생산수단과 노동력의 일체성 유무, 제3자 노동력 이용 여부, 노무제공의 계속성과 전속성 유무, 계약 내용 결정의 대등성 유무 등이 있다.

(4-3) 조직적 종속성

① 조직적 종속성설은 현대적 노동의 특징인 사업에의 편입에서 종속의 원인을 찾는다. 현대의 노동은 사업이라는 조직체에 편입함으로써 이루어지는데 근로자는 사업에 편입됨으로써 사업조직에서 요구하는 질서와 규율에 종속될 수밖에 없다는 점에 주목한다. 노무제공자에게 광범위한 업무재량이 부여되는 경우라 하더

라도 전체로서 그 노동력이 사업의 운영에 기구적으로 편입·통합되고 있는 상태를 중시하여 근로자성 여부를 판단한다.

② 조직적 종속성은 제공되는 노무가 당해 사업의 운영에 필요 불가결하거나 사업운영상 상시적으로 필요한 경우에 인정되는 종속성이다. 조직적 종속성의 판단 요소로는 공급되는 노무가 당해 사업에서 차지하는 중요성의 정도, 당해 사업 내의 다른 노무와의 관련성의 정도를 들 수 있는데, 공급되는 노무가 당해 사업의 운영에 본질적 내지 중요한 것이거나, 팀 작업의 일부를 구성하는 경우처럼 다른 노무와의 결합성이 높은 경우에는 엄격한 의미의 사용종속성이 부족한 경우라 하더라도 조직적인 측면에서 당해 노무의 종속성을 인정하여 그 노무에 종사하는 자를 근로자로 인정하여 보호할 필요가 있게 된다.

여기서 잠깐! **종속성의 의미**

근로계약관계에 있는 근로자의 노무제공은 ① 인신과 분리하여 제공될 수 없고, ② 사용자의 지배영역인 경영조직 하에서 노무를 제공하므로 인격적 보호가 필요하고, ③ 사용자는 근로자의 수급을 결정·조절할 수 있으므로 최소한의 임금수준의 보장과 해고로부터 보호가 필요하다. 특히, 근로자가 사용자의 지시·명령에 복종해야 하는 지위에 있다는 점에서 인적 종속성이, 노동력의 공급과 단절을 사용자가 정할 수 있다는 점에서 경제적 종속성이 문제된다. 인적 종속성은 근로자가 사용자의 조직 내에 편입되어 노동 분업적으로 짜인 생산과정의 틀 속에서 사용자의 기능적 지배로부터 벗어날 수 없음을 의미한다. 그러나, 오늘날 근로자들의 기술·전문지식의 개선 및 발전 등으로 사용자의 지시권의 폭이 축소되고 있으며, 재택근무 또는 이동형 사무 등 업종 또는 업무내용 및 그 실현방법에 따라 사용자의 지시권 행사의 정도는 차이를 보이고 있다. 이와 같이 사용자의 지시권 행사는 업무의 내용과 수행방법에 따라 상대적인 것이지만, 근로자는 노무제공과 관련하여 법적으로는 사용자의 지시권의 지배를 벗어날 수 없으며, 근로자와 사용자 사이의 계약에 의하여 사용자의 지시권이 배제되어 있지 않는 한 근로자는 종속적 근로관계에 있게 된다.

라. 근로자성 판단의 단계적 접근[1]

(1) 1단계: 계약의 목적(활동제공의 목적)

노무제공자의 노무제공의 목적이 무엇인지를 밝히는 것은 계약의 목적을 특정

1) 배동희, 근로자 개념의 실무적 이해, 중앙경제 2017년, 266p~283p.

하는 것으로 근로자성의 판단에 있어 가장 먼저 이루어져야 한다. 즉 계약의 형식이나 내용에 앞서 노무 활동을 제공하는 목적이 무엇인가에 따라 직접적인 당사자인 노무제공자와 노무수령자의 진정한 의사가 지향하는 계약의 목적을 파악할 수 있을 것이다. 가장 단순하게 표현하면 기본적으로 근로자의 노무제공은 그 대가로 지급되는 금품(임금)을 목적으로 하므로, 활동제공의 목적이 금품수령인지 여부에 따라 노무제공자와 노무수령자의 의사가 지향하는 계약의 목적이 법률관계인지 호의관계인지 판단할 수 있다.

학교배움터지킴이 사례(대구지방법원 2015.8.21. 2015나301869)에서 법원은 이들의 근로기준법상 근로자성을 부정했다. 임금을 목적으로 근로를 제공하는 자가 아닌 경우에는 최저임금법 및 근로기준법의 적용을 받는 근로자에 해당하지 않는다는 것이다. 일정한 활동(노동)제공자가 금품수령을 목적으로 활동하게 된 것인지 여부가 쟁점인 경우 이에 대한 판단여부는 전적으로 당사자들의 의사가 무엇이었는지에 달려 있다.

① 활동자(노무제공자)가 당해 활동으로 이루어질 공익의 달성 및 그에 대한 자신의 기여를 통한 내적 성취감 및 만족감을 주된 목적으로 참가하게 된 것인지 아니면 당해 활동에 대하여 대가로 지급되는 금품을 주된 목적으로 참가하게 된 것인지 ② 상대방이(노무수령자)은 활동자의 어떤 의사를 기대하였는지 ③ 일정액의 금품이 지급된 이유는 무엇이었으며, 당사자들은 이를 활동에 대한 당연한 대가로 인식하고 있었는지 여부 등이다.

나아가 당사자들의 표시된 의사가 명백하지 않을 경우에는 ① 지급되는 금품의 액수가 당해 활동의 시장가치에 상응하는 적절한 액수인지 ② 당해 활동을 통하여 이룩되는 성과가 공익과 관련된 것인지 ③ 활동을 수행함에 있어 상대방과의 사이에 어느 정도로 강한 지휘감독관계에 놓이게 되는지 ④ 당해 활동 관계에서 이탈이 자유로운지 ⑤ 법적 구속력 있는 의무가 부과되는지 ⑥ 부과된다면 의무위반의 효과는 무엇인지 등의 여러 객관적 사정을 종합하여 그 의사를 추정해야 할 것이다.

종래의 대법원이 제시한 판단 기준은 "모두 임금(금품)을 목적으로 한 근로제공임은 분명하지만 사용자와 종속적인 관계에서 근로를 제공한 것인지 여부가 문제된 사안에서 사용종속성 유무를 판단하기 위한 지표들의 내용이나 그 평가방법을 제시하였던 것일 뿐이므로 학교배움터지킴이의 경우와 같이 활동(노동)의 제공이 금품수령을 목적으로 한 것인지 여부가 문제된 경우에는 판단기준으로 삼기에는 적절한 기준이 되기 어렵다고 보았다.

또한 사찰 처사(處士)의 근로자성을 다툰 사건에서 사찰주지 승려에게 고용되어 근무하다가 부당하게 해고되었다고 주장한 자에 대해 근로자성을 인정하고 서면통지 위반을 이유로 부당해고라고 판단한 중노위 재심판정에 대해, 법원은 해당자는 임금을 목적으로 종속적인 관계에서 사찰에 근로를 제공하였다기보다는 종교적 수행을 위하여 사찰에 머무르며 자율적으로 사찰유지 및 관리에 필요한 일을 돕고 그에 대한 수고비의 의미로 일부 금원을 수령한 것이므로 근로기준법상에 근로자에 해당하지 않는다고 판단하여 취소한 사례가 있다(서울행정법원 2015.11.5. 2015구합6608).

(2) 2단계: 실질적 종속성 판단

핵심은 '노무의 타인 결정성'과 '사업에의 편입여부'이다.

근로자성 판단을 위한 핵심이 되는 실질적 지표는 사용자의 지휘명령에 자신의 노동력을 맡긴다는 의미의 종속성이다. 즉 타인을 위한 노동으로, 이를 달리 표현하면 노무의 타인결정성이라고 할 수 있고 이것이 근로자성 판단기준의 제1의 판단기준이 된다. 이러한 판단기준에는 근로시간 장소 업무내용 및 방법을 사용자가 지휘하고 명령하는지 여부 등의 하부 판단지표들이 있다. 노무의 타인결정성(특히 업무 내용을 사용자가 정하는지, 업무 수행과정에서 사용자가 상당한 지휘감독을 하는지) 여부는 사업에의 편입여부를 구체적으로 나타내는 하부 판단지표인 근로자가 사용자의 노동조직에 편입되어 있는지, 사용자의 업무감독 및 통제에 복종해야 하는 관계인지 여부를 종합적으로 고려할 때 실질적으로 판단할 수 있을 것이다.

사업에의 편입은 사용자의 노동조직 편입 혹은 사업시설에 조직적 편입이라고 표현하기도 한다. 이는 근로자의 근로에 의해 사용자의 사업이 운영되고 이로 인하여 그 근로와 사용자의 사업이 밀접불가분한 관계가 형성된 것을 의미하고, 이러한 노무제공자와 노무수령자와의 관계를 편입(編入)이라고 한다.

따라서 인적 종속성의 실질적 지표에서 고려하여야 할 주요 요소는 노무의 타인결정성과 사업에의 편입여부이고, 사업에의 편입여부는 노무의 타인결정성이라는 판단기준의 고려요소로 작용하므로 근로자성을 판단함에 있어 제2의 판단기준이 된다고 할 수 있다. 사업에의 편입은 노무제공자가 형식적으로는 독립한 사업주로 되어 있더라도 독자적인 노동조직이 전혀 없거나 또는 사업주로서 독자적인 노동조직까지 가지고 있는 경우라 하더라도 그것이 상대방의 노동조직에 함몰되어 독립성을 상실하는 경우, 노무제공자가 자신의 업무를 위하여 노무수령자의 작업수단 내지 동료 노무제공자와의 협력관계에 의존하지 않을 수 없는 경우, 또는 그 노무가 노무수령자 목적 수행에 상당한 정도로 결합된 경우 등에 인정된다.

이처럼 노무의 타인결정성과 사업에의 편입 여부의 판단기준 간에는 위계(位階)가 존재한다. 제1의 판단기준인 노무의 타인결정성의 그 하부 판단지표로는 ① 업무내용과 업무개시 종료를 노무수령자가 정하고 이에 노무제공자가 구속되는지 여부 ② 업무수행과정에서 노무수령자가 노무제공자에 대해 상당한 지휘 감독을 하는지 ③ 노무수령자가 정한 근무시간과 근무장소에 노무제공자가 구속되는지 여부 등이다.

다음으로 제2판단기준인 사업에의 편입의 그 하부 판단지표로는 ④ 근로자가 사용자의 노동조직에 편입되어 있는지(노무의 성격 중요도에서 당해 노무가 사업에서 없어서는 안 될 핵심적인 부분인지, 업무의 대체성이 있는지, 사업조직 업무계획 생산계획 분류에서 하나의 체계로 연결되어 있는지) ⑤ 사용자의 업무감독 및 통제에 복종해야 하는 관계인지(사용자의 업무상 요구에 응해야 하는지) 여부가 있다.

※ 사용종속관계 판단지표

	실질적 사용종속성의 판단지표	종속성 구분	판단기준
1	업무의 내용을 사용자가 정하는지	인적 종속성의 실질적 지표 (근로제공 관계의 계속성)	노무의 타인 결정성
2	업무수행 과정에서 사용자가 상당한 지휘감독을 하는지		
3	사용자가 근무시간과 근무장소를 지정하고 근로자가 이에 구속을 받는지		
4	근로자가 사용자의 노동조직에 편입되어 있는지		사업에의 편입 (노무의 타인결정성을 실질적으로 판단하기 위한 고려요소)
5	사용자의 업무감독 및 통제에 복종해야 하는 관계인지		

<table>
<tr><th></th><th>실질적 사용종속성의 판단지표</th><th>종속성 구분</th><th>판단기준</th></tr>
<tr><td>6</td><td>취업규칙 또는 복무(인사)규정 등의 적용을 받는지</td><td rowspan="3">인적 종속성의 형식적 지표</td><td></td></tr>
<tr><td>7</td><td>보수에서 기본급이나 고정급이 정하는지 및 근로소득세의 원천징수 여부</td><td>보수의 성격이 근로자체의 대상적 성격인지 여부는 부차적 지표에서 제외, 근로계약인지 판단 시 활용</td></tr>
<tr><td>8</td><td>의료보험 등 사회보험에 가입하고 보험료 등을 급여에서 공제하는지</td><td></td></tr>
<tr><td>9</td><td>노무제공자가 스스로 비품 원자재나 작업도구 등을 소유하는지</td><td rowspan="2">경제적 종속성의 지표</td><td></td></tr>
<tr><td>10</td><td>노무제공자가 스스로 제3자를 고용하여 업무를 대행케 하는지</td><td>인적종속성의 실질적 기준 중 사업에의 편입에서 노동조직에 편입여부를 판단하는 지표로서 업무의 대체성</td></tr>
<tr><td>11</td><td>독립하여 자신의 계산으로 사업을 영위할 수 있는지</td><td rowspan="4">경제적 종속성의 지표</td><td rowspan="2">독립 사업자성
(소극적 지표)</td></tr>
<tr><td>12</td><td>노무제공을 통한 이윤의 창출과 손실의 초래 등 사업운영상 위험을 스스로 안고 있는지</td></tr>
<tr><td>13</td><td>근로제공 관계의 계속성</td><td>근로제공의 계속성은 인적종속성의 실질적 판단기준을 모두 포괄하는 본질적 기준으로 봄</td></tr>
<tr><td>14</td><td>사용자에 대한 전속성의 유무와 그 정도</td><td>근로관계의 종속성과 그 정도는 근로기준법과 노조법에서 종속성의 차이로 나타남.</td></tr>
<tr><td>15</td><td>경제적 사회적 여러 조건</td><td>모든 지표</td><td>종합적 판단</td></tr>
</table>

여기서 잠깐! 사용종속성 판단 지표별 내용

사용종속관계가 있는지 여부는 ① 업무의 내용을 사용자가 정하고, ② 취업규칙 또는 복무(인사)규정 등의 적용을 받는지, ③ 업무 수행 과정에서 사용자가 상당한 지휘 감독을 하는지, ④ 사용자가 근무시간과 근무장소를 지정하고 근로자가 이에 구속을 받는지, ⑤ 노무 제공자가 스스로 비품·원자재나 작업도구 등을 소유하거나 제3자를 고용하여 업무를 대행하게 하는 등 독립하여 자신의 계산으로 사업을 영위할 수 있는지, ⑥ 노무 제공을 통한 이윤의 창출과 손실의 초래 등 위험을 스스로 안고 있는지, ⑦ 보수의 성격이 근로자체의 대상적 성격인지, ⑧ 기본급이나 고정급이 정하여졌는지, 근로소득세의 원천징수 여부 등 보수에 관한 사항, ⑨ 근로제공관계의 계속성과 사용자에의 전속성의 유무와 정도, ⑩ 사회보장제도에 관한 법령 등에서 근로자로서의 지위를 인정받는지 등 양 당사자의 경제·사회적 조건 등을 종합적으로 고려하여야 판단한다(대법원 2006.12.7, 2004다29736).

전체적으로 보아 임금을 목적으로 종속적 관계에서 사용자에게 근로를 제공하였다고 인정되는 이상, 근로자에 관한 여러 징표 중 근로조건에 관한 일부의 사정이 결여되었다고 하여 그러한 사유만으로 근로자가 아니라고 단정할 수는 없다.

이에 대해 판단 요소별로 자세히 살펴보자.

첫째, 업무의 내용을 사용자가 정하는지 여부이다.

업무의 내용이 업무 의뢰자에 의해 결정되거나 업무 의뢰자의 의뢰를 노무 제공자가 거부할 수 없는 사정(의뢰자가 상당한 권한을 갖고 있고, 그에 대한 거부는 일반적으로 징계사유에 해당하는 경우)은 사용종속관계를 인정할 수 있는 중요한 요소가 될 수 있다.

업무의 구체적 내용까지 사용자에 의해 정해지지 않는 경우에도 업무 자체의 특성이나 전문 직종의 상대적 자율성에 기인한 것이라면 근로자성을 부인해서는 안 된다.

시간강사들이 원고들로부터 강의내용이나 방법 등에 관한 구체적인 지휘 감독을 받지 않은 것은 지적 활동으로 이루어지는 강의 업무의 특성에 기인하는 것일 뿐 그들이 근로자가 아니었기 때문이라고 할 수 없다(대법원 2007.9.7, 2006도777).

둘째, 취업규칙 또는 복무규정 등의 적용 여부이다.

근로자 명부, 인사기록카드, 출근부 등 인사관리체제가 갖추어져 있고 복무 규율을 위하여 취업규칙 복무규정 등에 의해 업무 관리가 이루어지고 있거나 지시나 명령에 불응한 경우 해지나 손해배상 외에 다른 징계제도가 있는 경우 사용종속관계가 인정된다. 그러나 이는 사용자가 우월한 지위에서 사실상 임의로 정할 수도 있는 것이어서 이들 요소가 인정되지 않는다고 해서 근로자성을 부정할 수는 없다.

채권추심원에게는 정규직 직원에게 적용되는 취업규칙 복무규정 인사규정 등이 적용되지 않았고 위임직의 관리를 위하여 마련된 참가인 회사의 지침에도 통상 취업규칙 등에 포함되는 사항이 규정되어 있지 않은 점 등은 최근 급격하게 증가하는 시간제 근로자에게 일반적으로 나타나는 현상이거나 사용자인 참가인이 경제적 우월한 지위에서 사실상 임의로 정한 사정들에 불과하다(대법원 2008.5.15, 2008두1566).

셋째, 업무 수행과정에서 상당한 지휘 감독을 하는지 여부이다.

업무의 내용과 수행방법에 관하여 사용자의 구체적 직접적 지시나 명령 또는 감독을 받고 있다는 점은 사용 종속 관계를 판단하는 중요한 요소이다. 다만 업무의 특성에 따라서는 업무의 내용에 대한 구체적인 지휘 감독이 없어도 근로자성 인정에 장애가 되지 않을 수 있다. 구체적 지휘감독이 아니라 상당한 지휘 감독할 수 있는 여지가 있으면 근로자성을 인정할 수 있는 표지가 된다.

회사는 근로자로 하여금 관계법령에 의하거나 교육 등 필요한 경우 일정한 시간과 장소를 정하여 업무를 수행하게 할 수 있고 필요한 경우 그 근로자에게 업무의 효율적 수행과 관련한 지시를 할 수 있으며 회사가 요구할 경우 근로자는 그 업무 처리 상황을 즉시 회사에 통보하도록 규정하고 있었으므로 회사가 비록 근로자의 채권추심업무 수행에 관하여 구체적이고 직접적인 지휘 감독을 하지 않는다고 하더라도 참가인의 필요에 따라 적절한 방법으로 상당한 지휘 감독할 수 있는 여지가 있다(대법원 2008.5.15, 2008두1566).

넷째, 사용자가 시간과 장소를 지정하고 근로자가 이에 구속을 받는지 여부이다.

근무시간과 장소가 사용자의 지시에 따라 좌우되는 경우 사용종속관계 인정이 용이하다. 다만 최근 탄력 근로, 재택 근로 등으로 근무장소의 특성이 다를 수 있으므로 이러한 점을 고려해야 한다.

회사가 근무시간이나 근무장소에 제한을 하지 않았다고 해도 이는 채무자 면담 등을 위해 주로 출장 근무의 형식으로 이루어지는 채권 추심업무의 특성에 기인한 것으로 보일뿐이므로 이런 사정만으로 근로자성을 부인할 수 없다(대법원 2008.5.15, 2008두1566).
다섯째, 노무제공자가 스스로 비품 · 원자재나 작업도구 등을 소유하거나 제3자를 고용하여 업무를 대행하는 등 독립하여 자신의 계산으로 사업을 영위할 수 있는지, 노무제공을 통한 이윤창출과 손실 초래 등의 위험을 스스로 안고 있는지 여부이다.
원고가 운행하는 버스의 소유권 등록 명의를 학원 앞으로 하였다면 위 버스로 학원 원생들을 통학시키는 것 외에 원고가 그 버스를 운전하여 다른 영업을 할 경우 이는 여객자동차운수사업법에 정하는 여객자동차운송사업 면허 없이 영위하는 것이 되고 사고가 생겼을 때 보험금을 받지 못하게 되는 등의 사정 때문에 원고로서는 위 학원의 학원생을 통학시키는 것 외에 사실상 다른 운송 사업을 영위할 수 없었다는 점 등을 보면 원고는 버스운행업무 수행과정에서 학원으로부터 상당한 지휘감독을 받았고 학원이 지정한 근무시간과 근무장소에 구속되었으며 버스운행과 관련하여 독립하여 자신의 계산으로 사업을 영위하지 못하였고 노무 제공을 통한 이윤의 창출과 손실의 초래 등 위험을 스스로 안지 못하였다(대법원 2007.9.6, 2007다37165).
여섯째, 보수의 성격이 근로자체의 대상적 성격인지 기본급이나 고정급이 정하여졌는지 및 근로소득세의 원천징수 여부 등 보수에 관한 사항이다.
제공된 근로시간에 대응하여 대가로서 보수가 지급되거나 결근 지각의 경우 보수를 공제하거나 연장근로에 따른 별도의 수당을 지급하는 경우처럼 제공된 근로의 양에 따른 대가 관계의 비례성이 강한 경우에는 그 대가를 임금으로 볼 수 있으므로 근로자성이 인정될 수 있다.
일의 성과에 따라 보수가 지급되는 경우라 하더라도 얼마나 물건을 팔았는가(점원), 몇 통의 석탄을 캤는가(광부) 등과 같은 경우 그 대가가 일의 결과라기보다는 근로 제공 자체에 대한 대가로 지급되는 성격이 강한 경우 임금을 볼 수 있다.
최근에는 기본급 고정 여부, 근로소득세 원천징수 여부 등은 사용자가 우월한지위에서 임의로 정할 여지가 크다는 점에서 부차적인 요소로 보고 있다.
일곱째, 근로제공 관계의 계속성과 전속성 유무와 정도이다.
근로자가 2개 이상의 사업장에 동시에 근로를 제공할 수 없거나 다른 작업을 할 수 없다면 업무 전속성이 있어서 사용종속관계가 인정되기 쉽다. 다만 시간제 근로자는 계속성 전속성이 약할 수 있는데 최근 급격하게 증가하고 있는 시간제 근로자에게 나타나는 일반적 현상이므로 이를 이유로 근로자성을 쉽게 부정할 수는 없다(대법원 2007.3.29, 2005두13018).
여덟째, 사회보장제도에 관한 법령에서 근로자로서 지위를 인정받는지 여부이다.
이는 사용자가 임의적으로 조치할 수 있는 사정들에 불과하다(대법원 2007.9.7, 2006도777).

마. 쟁점 사례

(1) 학원 및 학교의 강사 및 조교 등

학원의 강사 역시 실질적으로 사용종속관계에 놓였느냐에 따라 근로자성 여부를 결정한다. 다툼이 되었던 대학입시학원 종합반 강사 사례를 살펴보면 해당 사안의 경우 강사는 학원 측과 매년 '강의용역제공계약'이라는 이름의 계약서를 작성하였고 일반 직원들에게 적용되는 취업규칙 등의 적용을 받지 않았다. 또한 보수에 고정급이 없고 부가가치세법상 사업자등록을 하고 근로소득세가 아닌 사업소득세를 원천징수 당하였고 지역의료보험에 가입하였다고 하더라도 출근시간과 강의시간 및 강의 장소의 지정, 사실상 다른 사업장에 대한 노무 제공 가능성의 제한, 강의 외 부수 업무 수행 등에 관한 사정과 그들이 시간당 일정액에 정해진 강의시간수를 곱한 금액을 보수로 지급받았을 뿐 수강생수와 이에 따른 학원의 수입 증감이 보수에 영향을 미치지 아니하였다는 사정 등에 비추어 볼 때 위 강사들이 근로기준법상의 근로자에 해당하며 갱신되거나 반복 체결된 근로계약 사이에 일부 공백 기간(매년 12월부터 다음해 2월)이 있다 하더라도 그 기간이 전체 근로계약기간에 비하여 길지 아니하고, 계절적 요인이나 방학 기간 등 당해 업무의 성격에 기인하거나 대기 기간·재충전을 위한 휴식 기간 등의 사정이 있어 그 기간 중 근로를 제공하지 않거나 임금을 지급하지 않을 상당한 이유가 있다고 인정되는 경우에는, 근로관계의 계속성은 그 기간 중에도 유지된다고 대법원은 판단하였다(대법원 2006.12.7, 2004다29736).

그러나 위 사안과 달리 만약 강사가 학원 운영자의 시설 내에서 수강생에게 강의를 하고 매월 수강료 수입금의 일정비율을 배분받기로 한 경우에는 근로자로 보기 어려울 수 있다(대법원 1996.7.30, 96도732).

행정해석은 지방자치단체운영 여성회관의 강사(근기 68207-973, 2002.8.4), 대학교 시간강사(근기 68207-201, 2003.2.17), 사립대학교 조교(근기 68207-452, 1997.4.8), 10개월간 총 120시간 과외 수업지도를 하는 회사 과외 지도교사(근로기준과-6513, 2004.12.3)를 근로자로 보았다. 이 경우에도 해당 직종이기 때문에 근로자로 인정받은 것은 아니고 그 실질 사안을 살펴 근로자성을 인정받은 경우에 한한다.

(2) 학습지 교사

가정을 방문하여 이루어지는 학습지교사에 대하여는 위탁업무수행으로 보아 노조법상으로도 근로자성을 부인하며(대법원 2005.11.24, 2005다39136), 근로기준법상 근로자성도 부인(대법원 1996.4.26, 95다20348)되는 경향이 있다.

(3) 보험 모집인

보험모집인은 업무수행이 개인의 자율과 능력에 달려있는 것이어서 회사와 종속적인 관계에서 노무를 제공하였다고 할 수 없으므로 근로자성이 부인된다(대법원 2000.1.28, 98두9219). 또한 방문판매회사 판매대리인(피라미드판매회사 종사원) 역시 근로자성이 부인된다(대법원 2002.7.12, 2001도5995). 그러나, 최근 법원은 보험회사와 위탁계약을 맺고 신용팀에서 인바운드, 아웃바운드 영업에 종사한 대출 상담 텔레마케터가 퇴사하면서 퇴직금을 청구한 소송에서 위탁계약서에 사용자로서 책임을 지지 않는다고 명시하였다고 하더라도 실질적인 관계를 보아야 한다는 취지로 판시하며 퇴직금을 지급하라고 판결(서울중앙지방법원 2017.2.9, 2014가단5355819)하는 등 근로자성 판단기준이 실질을 기준으로 좀 더 넓게 인정되고 있는 추세이다.

(4) 전화권유 판매원

피고와 섭외영업유촉계약을 체결하고 피고로부터 고객 데이터를 받아 피고의 고객에게 전화로 카드론에 대해 홍보하고 그 신청을 권유하는 업무를 수행한 원고(선정당사자) 및 선정자들이 실질적으로 피고의 지휘·감독을 받은 근로자라고 주장하며 퇴직금을 청구한 사건에서 실적이나 업무수행 불량 또는 업무운용수칙 등 위반 시 부과된 제재 또는 불이익, 업무의 성격과 내용, 근무장소가 정해져 있고 근무시간을 지키지 않을 경우 얻게 되는 실질적 불이익 등 여러 사정을 종합하면 원고들이 피고회사에 근로에 대한 대가를 목적으로 종속적인 관계에서 근로를 제공하였다고 볼 여지가 충분하다(대법원 2016.10.27, 2016다29890).

(5) 비영리법인인 종교단체 목사, 전도사, 선교사의 근로자 여부

목사, 전도사 등 종교단체에서 단체 본연의 목적인 종교 활동에만 전념하는 자에 대해서는 원칙적으로 근로자가 아니라고 본다(근기 68207-558, 2000.2.3). 나아가 종교 봉사활동 차원에서 행해지는 성격의 경우 근로관계로 보기 어려운 경우도 근로자로 보기 어렵다. 하지만 종교단체에서 운영하는 어린이집 종사자(시설장, 보육교사, 취사부가 임금을 목적으로 사용자(교회 등 종교단체))와 근로계약(서면 또는 구두)을 체결하고 종속적인 관계에서 근로를 제공하는 것이 명백한 경우에는 근로자로 볼 수 있다.

(6) 회사의 임원

주식회사 등 법인의 이사, 감사 등 등기임원은 회사로부터 일정한 사무 처리의 위임을 받고 있는 것이므로 근로자성이 부인되나 회사의 이사 또는 감사 등 임원이라고 하더라도 그 지위 또는 명칭이 형식적·명목적인 것이고 실제로는 매일 출근하여 업무집행권을 갖는 대표이사나 사용자의 지휘·감독 아래 일정한 근로를 제공하면서 그 대가로 보수를 받는 관계에 있다거나 또는 회사로부터 위임받은 사무를 처리하는 외에 대표이사 등의 지휘·감독 아래 일정한 노무를 담당하고 그 대가로 일정한 보수를 지급받아 왔다면 그러한 임원은 근로기준법상의 근로자에 해당한다(대법원 2003.9.26, 2002다64681).

임원의 근로자성 여부를 판단하는데 법인등기부에 이사로 등기되었는지 여부에 따라 판단할 것은 아니므로(대법원 2002.9.4, 2002다4429), 명목상 감사의 직함을 겸하였다 하더라도 실질적으로 기술영업부장으로서 기술 및 영업 분야의 업무에 종사하였으므로 그 범위 내에서는 근로자성을 갖는다(대법원 2002.8.23, 2001다41598). 예를 들어 회사의 공장장으로 근무하던 중 이사 대우로 승진한 후에도 매일 그 공장에 출근하여 종전부터 하여 온 공장장으로서의 업무를 처리하면서 그 대가로 일정한 보수를 받은 경우 근로기준법상의 근로자에 해당한다(대법원 2000.9.8, 2000다22591).

(7) 회사의 고문·촉탁

회사의 자문이나 고문은 사업주의 자문요청에 응하는 자로 원칙적으로 근로자성이 인정되지 않는다. 이처럼 고문, 상담역 등의 비상근 위촉계약자는 민법상의 위임관계로 근로자성이 부인되는 반면 촉탁사원으로 신규 채용된 정년퇴직자나, 기타 촉탁발령자는 사용종속관계가 있는 한 근로자성이 인정된다. 촉탁이나 고문이라는 형식에 상관없이 원칙적으로 위탁·고문·상담역이 사용종속관계가 인정된다면 근로자로서 인정받게 된다.

(8) 채용 과정 중 연수생 또는 교육생

대기업 공채사원의 경우 면접과 필기시험에 합격하고 채용건강진단을 마친 뒤 회사가 실시하는 연수기간을 15일 내외로 거치는 경우가 있다. 이 경우 해당 연수기간이 업무수행을 위한 직무교육기간으로 볼 수 있고, 소정의 교육을 마치기만 하면 채용이 확정되는 경우(근기 01254-751, 1993.4.27) 근로자로 인정된다. 또한 프랜차이즈 음식점 채용 전 본사에서 받는 교육도 문제된다. 정식 채용 전 회사에서 실시한 교육을 받는 자가 근로기준법상의 근로자에 해당하는지 여부는 ① 당해 교육이 본래의 근로에 준하는 직무교육으로서의 성격을 가지고 교육의 불참으로 인한 제재를 받는 등 강제성을 띤 경우라면 피교육자와 회사 간에 사용종속관계가 있다고 볼 수 있으므로 근로기준법상의 근로자에 해당되고 이 경우 직무교육기간은 계속근로기간에 포함되나, ② 동 교육이 향후 채용될 경우에 필요한 업무 적응능력이나 적격성 여부 판단 등을 목적으로 하면서 교육의 수료실적에 따라 채용여부를 결정하는 등 임의성을 띤 경우라면 피교육자와 회사 간에 사용종속관계가 있다고 보기 어려우므로 근로기준법상의 근로자에 해당하지 않으며 이 경우 직무교육기간은 계속근로기간에 포함되지 않는다(근기 68207-218, 2000.1.27).

(9) 산업연수생

산업연수생에 대하여 판례(대법원 2006.12.7, 2006다53627)는 국내 회사의 중국 현지법인과 출국연수약정 명목의 계약을 체결하고 입국한 해외투자법인 산업연수생에 대하여 근로자성을 인정하고 있으나, 행정해석(근기 68207-723, 1995.4.28)은 출입국관리법에 의한 산업연수 체류자격으로 국내에 입국한 산업기술연수생(이하 "연수생"이라 함)은 기술, 기능 또는 지식의 습득을 목적으로 하고 있으므로 원칙적으로 근로자성을 부인한다. 즉, 행정해석은 연수생에 대하여는 노조법이 적용되지 않으나 연수생이 현장연수의 특성상 사실상의 노무를 제공함으로써 임금·수당 등 근로의 대상을 지급받고 있는 경우에는 그 범위 내에서 근로자로서의 권리와 의무를 갖는다고 본다.

(10) 전공의, 수련의(인턴, 레지던트)

피교육자적 지위와 근로자 지위를 동시에 가지고 있는 의대전문의, 수련의는 근로자에 해당된다(대법원 2001.3.23, 2000다39513).

(11) 택시회사 일용대무운전기사, 장애인콜택시운전사

사납금을 초과한 수입은 동인들의 수입으로 하는 내용의 일용 근로계약을 하고 계약기간은 회사의 채용계획에 의하여 정식 채용 발령될 때까지로 하되, 회사의 채용계획이 있을 때에는 순번에 의하여 일급 대무기사들 중에서 우선하여 채용하기로 하였으며 회사가 지정하는 일자에 특별한 사정이 없는 한 근무하여야 하고 출근일수가 월 22일~26일 정도인 일용대무운전기사는 근로자성이 인정된다(대법원 2005.4.14, 2004도1108).

또한, 업무의 내용이 회사 측에 의하여 정해지고 콜센터의 지휘·통제에 따라 지시 받은 시간·장소·목적지에 대해 운행하며, 근무수칙과 수탁자준수사항 등이 구체적으로 정하여져 있는 등 업무수행에 있어 구체적인 지휘·감독을 받고 있으며, 근무지침상의 근무조 편성표에 따라 출·퇴근시간이 정하여지고 근무장소도 서울과 수도권 일원으로 지정되어 있는 점, 근무수칙 위반시에 경고조치 및 계약해지조치가 가능토록 하고 운행차량을 사측이 제공하고 계약목적 외의 사용이 금지되며, 제3자로 하여금 업무를 대체하지 못하도록 하며, 매월 고정적으로 일정한 대가를 정하여 지급하는 '장애인 콜택시 운전자'는 근로기준법 제2조1항1호의 임금을 목적으로 근로를 제공하는 근로자성이 인정된다(근기 68207-1043, 2003.8.21).

(12) 지입차주, 지입차주 겸 운전기사

지입차주는 사업면허를 받은 회사가 형식적으로 차량을 소유하고 차주는 회사에 보험료와 세금 등 관리비 명목의 지입료 만을 납부하면서 영업활동을 직접 수행하는 형태이다. 판례는 지입차주가 중기를 지입회사 명의로 구입하여 지입회사와 형식상의 관리계약 하에 차주 겸 운전사로서 중기임대업에 종사하여 온 경우 지입차주는 지입회사나 중기의 임차인으로부터 임금을 받을 것을 목적으로 근로를 제공하는 자라고 할 수 없고(대법원 1997.12.26, 97누16534), 화물자동차지입차주가 자기 명의로 사업자등록을 하고 사업소득세를 납부하면서 기사를 고용하여 지입차량을 운행하고 지입회사의 배차담당 직원으로부터 물건을 적재할 회사와 하차할 회사만을 지정하는 최초 배차배정을 받기는 하나 그 이후 제품운송에 대하여 구체적인 지시를 받지는 아니할 뿐만 아니라 실제 운송횟수에 따라 운임을 지입회사로부터 지급받아 온 경우, 지입차주가 지입회사의 지시·감독을 받는다거나 임금을 목적으로 지입회사에 종속적인 관계에서 노무를 제공하는 근로자라고 할 수 없수 없다고 판시하였다(대법원 2000.10.6, 2000다30240). 이에 대하여 행정해석은 화물자동차, 건설 중기, 임차택시 등으로 나누어 근로자성 여부를 판단하고 있다. 화물자동차운수사업에 있어 운수회사에 화물자동차를 지입한 후 자신의 책임아래 화물운송업에 종사하는 것으로서 지입회사에 지입료와 제세공과금을 납부하더라도 지입회사의 근로자로 볼 수 없으며, 지입차주가 고용한 근로자도 실질적인 사용자의 지위에 있는 지입차주가 사용자이다(근기 68201-695, 2000.3.10).

(13) 운반량에 비례하여 운반비를 지급받기로 한 레미콘 운전기사

레미콘 회사와 레미콘 운반량에 따라 운반비를 받도록 운반계약을 체결하였을 뿐, 레미콘 회사의 일반 근로자들에게 적용되는 취업규칙, 인사 및 급여규정 등이 적용되지 않는 레미콘차량 운전자들에 대하여 법원은 독립적 운송 사업을 하는 사업자에 해당하는 등 사용종속적인 관계에서 근로를 제공하지 않는 레미콘운전기사는 근로자로 볼 수는 없다(대법원 1997.2.14, 96누1795).

(14) 위탁판매원

위탁판매원은 회사의 직접적인 지휘감독을 받지 않으며 취업시간 및 장소에 대한 제한이 없는 등 임금에 의한 노무지휘관계에 있는 근로자로 취급하기 어려우나 회사에 출근의무가 부여되어 있고 매일 근무상황을 보고 받고 고정급을 지급받으며 회사에 대한 손해나 성적불량으로 인해 일반사원과 동일하게 제재를 받는 등 그 실태에 있어서 노무제공에 대한 구체적인 지휘·감독이 행하여지는 경우라면 근로기준법상 근로자로 볼 수 있는 것이므로 이는 개별적인 실태조사에 의하여 판단한다(법무 811-2909, 1978.1.26).

(15) 고시원총무

고시원 총무의 업무가 근무시간 내내 이어지지 않고, 정해진 업무를 하지 않는 시간에는 자유롭게 공부를 하거나 자신의 업무를 처리할 수 있었던 것으로 보이기는 한다. 그러나 이러한 사정들은 고시원 총무가 감시·단속적 근로자에 해당한다고 볼 근거는 되겠지만, 근로자성 자체를 부정할 수 있는 사유는 되지 못한다. 고시원 주인은 특별한 시간의 제약이 없이 그때그때 필요한 업무지시를 총무에게 하였고, 총무는 돌발적인 업무지시도 이행하였던 것으로 보인다. 이러한 사정들을 감안하면, 고시원 총무가 특별한 업무가 없어 휴식을 취하거나 공부를 하는 등으로 시간을 보냈다고 하더라도, 그 시간은 고시원 주인의 지휘명령으로부터 완전히 해방되고 자유로운 이용이 보장되는 휴게시간이 아니라 근로를 위한 대기시간에 해당한다고 봄이 상당하다(서울중앙지방법원 2017.6.23, 2017노922).

(16) 대학원생 행정조교

행정조교는 강의 수강, 교생 실습 등 교육을 거치는 피교육자적 지위와 함께 사용자가 정한 행정조교 업무에 따라 근로를 제공하고 그 대가로 임금을 지급받는 근로자로서의 지위를 아울러 가지고 있고, 사용자의 상당한 지휘감독 아래 노무를 제공함으로써 사용자와의 사이에 실질적인 사용종속관계가 있다(ㅇㅇ대학교 행정조교 사건 중). 고등교육법에 따른 조교라면 근로기준법상 근로자로 볼 수 있다(근로기준정책과-3627, 2017.6.12).

1-6. 근로자대표

가. 개 념

근로자대표는 근로조건의 결정이나 안전보건진단 등에 관한 사항에 대해 노동관계법령에서 특별히 규정하는 경우 합의나 협의의 주체가 되거나 참여를 요청해 근로자 과반수의 의사를 대표할 수 있는 사람을 말한다. 근로기준법에는 '그 사업 또는 사업장에 근로자의 과반수로 조직된 노동조합이 있는 경우에는 그 노동조합, 근로자의 과반수로 조직된 노동조합이 없는 경우에는 근로자의 과반수를 대표하는 자'라고 규정하고 있다.

나. 선출범위

(1) 근로자수에서 사용자수 제외

선출범위는 노동조합이 근로자의 과반수로 조직되어 있는지 여부를 판단하는 기준이 되거나 근로자대표를 선출할 경우 투표에 참여하는 근로자의 범위를 말한다.

근로자대표를 선출하는 근로자의 범위	=	근로기준법상 근로자	-	근로기준법상 사용자

(2) 이중적 지위를 가지는 근로자

근로자대표는 근로자의 과반수로 조직된 노동조합이거나 근로자의 과반수를 대표하는 자인데, 이 때 근로자의 '과반수'를 판단하는 기준이 되는 근로자의 범위를 어떻게 정할 것인지에 대해 근로기준법에 규정을 두고 있지 않다. 순수한 사용자는 물론이고 근로자와 사용자의 이중적 지위를 갖는 자도 제외하는 것에 대한 실무상 쟁점이 있다. 행정해석은 이중적 지위를 갖는 자를 제외한다는 입장이다(근로기준팀-8048, 2007.11.29). 이중적 지위를 갖는 자는 비록 합의내용의 적용을 받는다 하더라도 합의 과정에서 사용자를 위하여 행위하는 자가 될 수 있기 때문이다. 반면 근로기준법에 이중적 지위를 갖는 근로자를 근로자집단의 범위에서 제외하는 명문의 규정이 없고, 휴가와 정리해고 등에 관한 사항은 이중적 지위를 갖는 근로자에게도 적용되므로 이러한 사항에 대해서는 이해관계가 있다는 점 등을 고려할 때 사용자와 근로자의 이중적 지위에 있는 자를 근로자대표 결정을 위한 근로자집단의 범위에서 제외하기 어렵다는 의견도 있다.

(3) 전체 근로자대표와 해당 근로자대표

근로자대표가 합의하거나 협의하는 내용이 특정 직종, 직무, 직급 등 일부 근로자에 대해서만 적용되는 경우에 과반수를 판단하는 단위인 근로자집단의 범위가 해당사업 또는 사업장 전체 근로자인지 아니면 해당 근로자 집단인지도 실무상 쟁점이다. 사업 또는 사업장 전체에 적용되는 사항과 관련해 근로자대표를 정하는 경우 근로자의 과반수를 판단하는 근로자집단의 범위에는 해당 사업 또는 사업장에 소속된 근로자 전체가 포함된다. 그런데 일부 직종, 직급, 직무에 대해서 유연근로시간제를 도입하고자 하는 경우와 같이 일부 근로자 집단에 대해서만 적용되는 사항과 관련해서 근로자대표를 정할 때에도 사업 또는 사업장 근로자 전체를 기준으로 결정되는지의 문제이다.

① 이에 대해 행정해석은 근로자대표는 당해 사업 또는 사업장 단위로 결정돼야 한다(근기 68207-735, 1997.6.5.)는 입장이다. 하나의 사업이 수 개의 사업장으로 구성되어 있는 경우 유연근로시간제도를 사업 단위로 도입하고자 하면 근로자대표는 사업 단위로 선정하고, 동일 사업 또는 사업장 내의 일부 부서에만 적용하고자 하더라도 근로자대표는 반드시 사업 또는 사업장 단위로 선정해야 하며, 전체 근로자를 기준으로 과반수를 판단해야 한다는 것으로 근로자대표제도를 통일적으로 파악한다.

② 반면 판례는 어떤 제도를 도입할 때 이 제도의 적용을 받는 일부 직종이나 직급을 대표하는 자의 동의를 받아야 한다(대법원 2005.9.29., 2005두4403)는 입장이다. 근로기준법이 제도를 부분적으로 도입하는 것을 금지하고 있지 않으며, 근로조건 자율결정원칙을 감안한 것이다.

(4) 사업 또는 사업장

근로자대표는 사업 또는 사업장 단위로 선정되어야 하며, 동일한 사업 또는 사업장의 일부 부서에 대해서만 근로자대표와의 합의사항을 적용하는 경우에도 마찬가지이다. 다만, 지사, 공장, 사업소 등에 대해서는 서로 다른 취업규칙의 적용을 받거나 인사, 회계 등의 독립성을 기준으로 별개의 사업 또는 사업장인지 여부를 판단한다.

(5) 판단시점

근로자대표의 선정을 위한 근로자의 범위는 해당제도를 도입할 시점을 기준으로 판단하여야 한다. 이미 과반수노조와 같은 근로자대표가 있더라도 해당제도를 도입할 당시에 과반수요건을 갖추지 못했다면 근로자대표의 지위가 유지되기 어렵다.

다. 선정방법

(1) 과반수노동조합이 있는 경우

노동조합이 근로자의 과반수로 조직되어 있으면 근로자대표는 당연히 노동조합의 대표자 또는 노동조합으로부터 대표권을 위임받은 자가 된다.

(2) 과반수노동조합이 없는 경우

근로자과반수를 대표하는 노동조합이 없는 경우 근로자대표 선정방법에 대해 명시적 규정은 없으나, 근로자에게 대표권 행사내용을 주지시킨 상태에서 근로자 과반수의 의사를 모으는 방법으로 선출하는 것이 바람직하다. 반드시 근로자 과반수의 대표성이 인정되어야 하는데, 이 경우 직접 투표에 의하지 않아도 되지만 후보출마 등에 사용자의 간섭이 배제되어야 하고, 근로자들에게 자유로운 의사표현이 보장되어야 하며, 유연근로시간제도 등의 서면합의에 대표권을 행사하기 위한 것임을 주지시킬 것이 요구된다. 투표가 의무적인 것은 아니며, 회람을 돌려 개별적인 서명을 받는 것도 가능하며, 근로자대표는 1인 또는 복수로 선정할 수도 있다.

라. 대표권 행사

1명의 근로자대표가 선정된 경우 선정된 대표가 대표권을 행사한다. 노동조합 대표자 또는 노동조합으로부터 대표권을 위임받은 자는 대표권을 행사할 수 있다. 복수의 근로자대표가 선정된 경우, 사용자가 일방적으로 일부 근로자위원과 서면합의하면 법적 효력이 발생하지 않으며, 근로자대표들이 정한 대표권행사방법에 따라 서면합의를 해야 한다. 예를 들어 1명의 근로자대표에게 대표권을 위임하거나 과반수 찬성, 2/3 찬성과 같은 별도의 의사결정방법을 정하거나, 근로자위원 전원이 서면합의에 참여하는 방법 등으로 정할 수 있다(근기 68207-630, 1997.5.13).

마. 근로자대표와 관련된 법률 조문

근로자대표와의 서면 합의	① 3월 이내 단위 탄력적근로시간제(근기법 제51조2항) ② 선택적근로시간제(근기법 제52조) ③ 유급휴일의 대체(근기법 제55조) ④ 외근근로시간제의 예외(근기법 제58조2항) ⑤ 재량근로시간제(근기법 제58조) ⑥ 근로시간 및 휴식시간의 특례(제59조) ⑦ 보상휴가제(근기법 제57조) ⑧ 연차유급휴가의 대체(근기법 제62조)

근로자대표와의 협의	① 경영상 이유에 의한 해고 제한(근기법 제24조3항) ② 연소자와 임산부의 야간근로(근기법 제70조3항)
과반수 노조(없으면 근로자 과반수)의 의견 청취, 동의	① 취업규칙의 작성과 변경(근기법 제94조1항) ② 퇴직급여제도의 설정 변경(근퇴법 제4조)
근로자 과반수의 의견청취, 동의	① 단시간근로자의 취업규칙의 작성, 변경: 단시간근로자 과반수의 의견청취 또는 동의 ② 기숙사 규칙의 작성, 변경: 기숙근로자 과반수를 대표하는 자의 동의(근기법 제99조2항)

바. 노사협의회 근로자위원과 근로기준법상 근로자대표

노사협의회 근로자위원을 근로기준법상 근로자대표로 볼 수 있는지가 실무상 쟁점이다. 행정해석은 근로자대표의 선정방법에 대해 특별한 제한을 정하고 있지 않으나 전체 근로자에게 대표권 행사내용을 주지시킨 상태에서 근로자 과반수의 의사를 모으는 방법으로 선출하는 것이 바람직하므로 노사협의회 근로자위원이 근로시간 제도에 대한 대표권을 행사하는 것에 대하여 전체 근로자 과반수의 의사를 대표하는 자로 선정된 경우가 아니라면 근로자대표로 볼 수 없다(근로기준정책과-2872, 2015.7.1.)고 한다.

노사협의회 근로자위원의 대표와 근로기준법상의 근로자대표는 원칙적으로 구분되는 개념이므로 노사협의회 근로자위원의 대표가 근로기준법상의 근로자대표로서 각종 근로조건에 대한 합의권을 행사할 수는 없을 것이다. 또한 노사협의회 근로자위원이 민주적인 방법으로 선출되었다고 하더라도 그들의 호선으로 선출된 대표자는 근로기준법상의 근로자대표가 될 수 없다. 다만 노사협의회 근로자위원 대표가 근로기준법상의 근로자대표이 지위를 갖기 위해서는 노사협의회 위원 선출시 근로자 과반수의 지지를 얻는 최다득표자를 근로기준법상의 근로자대표로 선출한다는 공지가 명확히 된 상태에서 선출하는 것이 필요하며, 그러한 공지가 되지 않거나 과반수의 지지를 얻는 사람이 없는 경우에느 별도의 절차를 통해 근로자대표를 선출하여야 한다.

사. 노동조합, 과반수근로자대표, 노사협의회 간 불명확한 관계

현행법상 근로자대표제도는 노동조합, 과반수대표, 노사협의회라는 3가지 형태로 이루어져 있는데 이들 간의 상호 관계는 명확하지 않다. 노동조합이 해당 사업장에서 과반수조합인 경우에는, 노동조합이라는 활동에 더하여 과반수조합으로서의 권한도 행사 가능하고, 노사협의회의 근로자위원을 지명하는 것도 가능하다. 그러나 해당 사업장에서 노동조합이 근로자의 과반수를 조직하지 못하고 있는 소수조합인 경우에는 과반수대표가 되는 것도 노사협의회의 근로자위원을 지명하는 것도 불가능하다. 더구나 근로시간과 관련된 서면합의 같은 것은 근로자 과반수의 대표가 체결하는 것이기 때문에 소수조합은 노동조합이면서도 근로자대표로서의 자격과 관련하여 과반수대표에게 뒤처지게 된다. 그리고 노사협의회가 상설적인 근로자대표기관으로서 권한을 갖는 것은 노동조합의 활동 영역과 중복되며 노동조합의 기능을 침범할 가능성이 있다. 과반수근로자대표나 노사협의회제도는 각각에 대하여 부여된 목적에 따라 별개로 운영이 되는 제도이지만 노동조합과 혼재되면서 실무상 논란이 되고 있다. 근로자대표와 관련하여 2020.10.16 경사노위에서 노사정 합의문을 발표하기도 하였다.

근로자대표제도 개선에 관한 노사정 합의문(2020.10.16) 내용

① (근로자대표의 선출) 사업장의 다양한 상황에서 민주적 선출을 확보할 수 있는 방식으로 근로자대표 선출 절차와 방법, 독립된 의사결정 절차를 구체적으로 제시

구분	합의안 주요 내용
과반수 노동조합이 있는 경우	근로자대표 지위를 인정함
과반수 노동조합이 없고, 노사협의회가 있는 경우	근로자의 직접 · 비밀 · 무기명 투표로 선출된 노사협의회 근로자위원들이 '근로자위원 회의'를 구성하여 근로자대표의 지위를 가지도록 함 * 사용자가 참여하지 않는 '근로자위원 회의'내에서 독립적 의결절차 보장
과반수 노동조합과 노사협의회 근로자위원이 모두 없는 경우	근로자의 직접 · 비밀 · 무기명 투표로 근로자대표를 선출 * 근로자대표 선출에 대한 사용자의 개입이나 방해 금지

② (근로자대표의 임기) 근로자대표의 3년 임기, 노사 합의가 있으면 3년 한도에서 자율 결정

③ (근로자대표의 지위와 활동) 근로자의 고용형태, 성별 등에 따른 의견청취의무, 근로자대표 활동에 필요한 자료 요구권, 서면합의의 이행 등을 위한 협의 요구권, 근로시간 중의 근로자대표 활동 보장, 근로자대표 활동으로 취득한 비밀유지의무, 근로자대표에 대한 사용자의 불이익 취급 금지 및 개입 · 방해 금지

근로기준법상 근로자 대표의 개념과 서면합의의 효력 등에 관한 해석 기준(근로기준팀-8048, 2007.11.29)

1. 목 적

근로기준법(97.3.13)은 사용자가 근로시간제도의 변경을 하고자 하는 경우 등에 있어 일정한 사항에 대하여 근로자대표와 서면합의를 하도록 한다. 이 경우 근로자대표는 "당해 사업 또는 사업장에 근로자의 과반수로 조직된 노동조합이 있는 경우에는 그 노동조합, 근로자의 과반수로 조직된 노동조합이 없는 경우에는 근로자의 과반수를 대표하는 자"를 의미한다. 그러나 동 규정만으로 근로자대표를 선출하는 근로자의 범위, 근로자대표의 선정단위 및 선정방법, 근로자대표의 대표권 행사방법, 서면합의서의 효력 등이 명확하지 않다. 따라서 이에 관련한 문제에 대한 명확한 해석기준을 제시하여 법 해석과 운영을 둘러싼 혼선을 예방하고자 한다.

2. 해석기준

(1) 근로자의 범위 및 근로자 대표의 선정단위

① 근로자 대표를 선출하는 근로자의 범위

근로자 대표를 선출하는 근로자의 범위 즉, 노동조합이 근로자의 과반수를 조직하고 있는지 여부를 판단함에 있어 근로자의 범위와 근로자 대표를 선출함에 있어 투표에 참여하는 근로자 범위는 다음과 같이 산정한다.

※ 근로자대표를 선출하는 근로자의 범위 = 근로기준법상의 근로자(법 제2조제1호) - 근로기준법상의 사용자(법 제2조제2호)

따라서 근로자와 사용자의 이중적 지위를 갖는 자는 제외되는데, 이는 비록 이들이 근로자로서 향후 합의내용의 적용을 받더라도 노사서면 합의과정에서는 사용자를 위하여 행위하는 자로 볼 수 있기 때문이다.

② 근로자 대표의 선정단위

근로자 대표는 당해 사업 또는 사업장 단위로 선정되어야 함. 따라서 하나의 사업이 수개의 사업장으로 구성되어 있는 경우, 근로시간제도를 사업단위로 도입하고자 하면 근로자 대표는 사업단위로 선정하고, 또는 일부 사업장에만 도입하고자 하면 사업장단위로 선정해야 한다. 동일사업 또는 사업장내의 일부 부서에만 적용하고자 하더라도 근로자대표는 반드시 사업 또는 사업장 단위로 선정하여야 한다. 근로자 대표를 선정하는 범위는 반드시 노동조합의 조직범위, 노사협의회의 구성단위와 일치할 필요는 없다.

(2) 근로자대표의 선정방법

① 근로자 과반수로 조직된 노동조합이 있는 경우

노동조합이 근로자의 과반수를 조직하고 있는지 여부는 사업단위로 도입하는 경우는 사업단위에서, 사업장단위로 도입하는 경우는 사업장단위에서 판단해야 한다. 노동조합이 근로자 과반수를 조직하고 있으면 근로자대표는 노동조합의 대표자 또는 노동조합으로부터 대표권을 위임받은 자(예: 노동조합지부장)가 된다.

② 노동조합이 근로자 과반수로 조직되지 않은 경우

노동조합이 근로자의 과반수로 조직되지 않은 경우에는 근로자의 과반수를 대표하는 자를 선정하여야 한다. 이 경우 선정방법에는 특별한 제한이 없으며, 근로시간제도에 대한 대표권을 행사한다는 것을 근로자에게 주지시킨 상태에서 근로자의 의사를 모으는 적당한 방법이면 된다. 따라서 반드시 직접 투표에 의하지 않아도 되며, 1인의 대표는 물론 복수의 근로자 대표를 선정하는 것도 가능하다. 근로시간제도를 도입하고자 하는 사업 또는 사업장단위에 근로자참여및협력증진에관한법률에 의한 노사협의회가 설치되어 있으면 그 근로자위원을 근로자 대표로 볼 수 있다. 다만, 구법에 의해 근로자 과반수를 조직하고 있지 못한 노동조합이 근로자위원을 위촉한 경우는 근로자대표로 볼 수 없다.

(3) 근로자 대표의 대표권 행사방법

① 노동조합이 대표권을 행사하는 경우

노동조합의 대표자 또는 노동조합으로부터 대표권을 위임받은 자가 대표권을 행사한다. 단체협약의 부속(별도)협약으로 체결하거나, 단체협약과는 별개의 서면합의서로 작성할 수 있다.

② 노사협의회 근로자 위원이 대표권을 행사하는 경우

서면합의의 방식은 노사협의회의 근로자위원들이 정한 대표권 행사방법에 따른다. 즉, 정하는 바에 따라 1인의 대표자를 선출하거나 당해 사안에 한하여 1인의 근로자위원에 대표권을 위임하거나 별도의 의사결정방법을 설정하거나(예를 들어 과반수 이사의 찬성, 2/3 이상의 찬성 등) 근로자위원 전원이 서면합의에 참여하는 등의 모든 방법이 가능하다. 따라서 사용자가 일방적으로 일부 근로자위원과만 서면합의하는 경우 법적 효력이 발생하지 않는다.

③ 새로이 근로자 대표를 선정하는 경우

1인의 근로자 대표가 선정된 경우는 선정된 대표가 대표권을 행사하면 된다. 복수의 근로자 대표가 선정되는 경우는 노사협의회 근로자 위원이 대표권을 행사하는 방법에 준하여 대표권을 행사한다.

(4) 서면합의서의 효력

① 단체협약의 별도(부속)협약의 형식으로 체결하는 경우

노동조합의 대표자 또는 노동조합으로부터 위임을 받은 자와 단체협약의 별도(부속)협약의 형식으로 체결하는 경우에는 단체협약의 효력을 개폐하는 효력이 발생한다. 노동조합으로부터 위임을 받은 자가 단체협약의 별도(부속)협약이 아닌 단순한 서면합의 형식으로 체결하는 경우에는 기존 단체협약의 개정 효력을 인정할 수 없다.

② 노사협의회 근로자 위원과의 서면합의 형식으로 체결하는 경우

단체협약을 개폐하는 효력은 발생하지 않으므로, 단체협약에 배치되는 경우 단체협약의 적용을 받는 근로자에게도 적용하려면 별도로 단체협약의 개정 절차를 밟아야 한다. 단체협약의 적용을 받지 않는 근로자에게는 서면합의만으로도 적용 가능하다. 취업규칙과 관련해서는 반드시 기존 취업규칙의 변경이 없어도 적용이 가능하다. 다만 근로조건 규정의 통일성을 기하기 위해 기존 취업규칙을 변경하는 것이 바람직하다. 취업규칙을 변경하는 경우 별도의 취업규칙 변경절차(근로자 대표 또는 근로자 과반수의 의견청취 또는 동의)는 거치지 않아도 된다.

③ 새로이 선출된 근로자 대표와 서면합의하는 경우

노사협의회 근로자위원과의 서면합의 효력에 준하여 판단한다.

(5) 기타 노사협의회에서 근로시간과 관련하여 의결하는 경우

근로자참여및협력증진에관한법률은 노사협의회에서 '작업 및 휴게시간의 운용'에 관한 사항을 협의하거나 의결할 수 있도록 하고 있다. 이 경우 노사협의회의 의결만으로 탄력적근로시간제를 도입할 수 있는지의 여부와 의결된 사항에 대한 법적 효력이 문제가 된다.

탄력적근로시간제의 도입과 관련한 사항 등 근로기준법상 사용자가 근로자대표와의 서면합의를 하도록 한 규정은 동 제도의 도입을 위한 기본적인 법적 요건이므로 노사협의회의 의결만으로는 도입이 불가하다. 따라서 탄력적근로시간제 도입 등에 관한 사항을 노사협의회에서 의결하더라고 별도로 서면합의서를 작성하거나 취업규칙을 변경하여야 한다.

스토리텔링 노사협의회 근로자위원과 근로자대표

노사협의회 근로자위원은 반장, 근로기준법상 근로자대표는 전교회장에 비유하여 설명하는 게 이해가 쉽다. 학교의 학생들의 학습권이나 생활과 관련된 중요한 결정이 필요할 때는 학교장(A)과 전교회장(B)이 결정한다. 일반적인 생활 규칙 등을 협의할 때에는 선생님들(C)과 각급 반장(D)들로 구성된 협의체(선생님과 반장 각 3인에서 10인으로 구성)에서 논의한다. 반장은 10명 이상의 추천을 받아 직접·비밀·무기명 투표로 선출한다. 전교회장은 학생 과반이 동의하는 자로 선출하되, 동의절차나 선출절차에 대한 규정은 없다. 학생 과반이 회장으로 동의(선출)한다는 확인만 있으면 된다.

반장(D) 중에서 전체학생의 과반이 동의한 자(E)는 전교회장의 역할도 수행이 가능하다. E는 협의회에 나가 논의 과정에도 참여할 수 있고, 교장선생님(A)과 단독 합의 및 결정할 권한도 갖게 된다.

D가 선출되는 과정에서 학생 과반수의 지지를 받고, 중요한 사항에 대해 결정권도 행사한다는 내용을 학생들에게 고지가 되었다면 E의 자격도 함께 갖추게 된다.

근로기준법상의 3개월 이내 단위기간으로 정한 탄력근로시간제 서면합의, 선택근로시간제 서면합의, 유급휴일 대체 합의, 보상휴가제 서면합의, 간주근로시간제, 재량근로시간제 등의 합의 주체는 A, B(E) 이다.

협의체에서 논하고 의결할 수 있는 사항은 몇 가지로 제한되어 있다(근참법 20조, 21조). 본질적으로 노사협의회는 의논하는 기구이지 결정하는 기구가 아니다. 노사협의회에서 3개월 탄력근로도입에 대한 의논을 하고 의결을 했더라도 유효하지 않다. 만약 노사협의회 근로자위원 중에 근로자대표 지위도 갖는 자(E)가 있다면 노사협의회 회의록에는 "3개월 탄력근로 도입하기로 협의했다."고 작성하고, 탄력근로도입 합의서는 A와 E가 별도로 작성해야 한다.

노동법에서 근로자대표 관련하여 쟁점되는 것은 근로자집단을 어디까지 볼 것이냐(사용자와 근로자의 이중적 지위에 있는 자를 근로자 집단으로 분류하여 과반 유무 판단에 반영해야 하는지), 사업단위를 어디까지 볼 것이냐(본교와 분교가 여러 개 있다면 본교와 분교를 하나로 보아 선출을 해야 하는지 각각 따로 선출도 가능한지)에 대한 것이다.

근참법의 노사협의회는 쌍방의 참여와 협력을 위해 필요한 것이고 근로조건에 대한 중요한 결정을 하는 기구가 아니며, 결정에 대한 사항은 근로기준법상 근로자대표와 해야 한다.

KEY WORD 2
근로계약기간

2. 근로계약기간

가. 의의

근로자가 사용자에게 근로를 제공하고 사용자는 이에 대하여 임금을 지급함을 목적으로 체결되는 근로계약이 존속하는 기간을 근로계약기간이라고 한다. 근로계약기간은 기간의 정함이 없는 형태와 기간이 정해져 있는 형태로 나누어 볼 수 있는데, 기간의 정함이 없는 근로계약이 체결된 경우에 근로자는 사직의 자유가 보장되므로 언제든지 계약을 해지할 수 있으나 사용자는 근로기준법 제23조의 정당한 사유가 없는 한 근로계약을 해지할 수 없다.

기간의 정함이 있는 근로계약을 체결할 경우에는 일정한 사업 완료에 필요한 기간을 근로계약기간으로 정하거나 2년을 초과하지 않는 범위 내에서 정할 수 있다. 일정한 사업 완료에 필요한 기간을 근로계약기간으로 정한다는 의미는 어떤 사업이 객관적으로 일정한 기간 내에 끝날 것이 명백하여 그 사업이 끝날 때까지를 근로계약기간으로 정하는 것을 말한다.

나. 근로계약기간 만료에 의한 근로계약의 종료

기간의 정함이 있는 근로계약의 경우 그 기간의 만료에 따라 근로계약은 별도의 의사표시나 절차 없이 종료된다. 근로계약기간 만료 후 근로자가 계속하여 노무를 제공하는 경우 사용자가 상당한 기간 내에 이의를 제기하지 않을 때에는 이전 고용과 동일한 조건으로 근로계약이 묵시적으로 갱신된 것으로 본다. 사용자는 특정한 사유를 제외하고는 총 근로계약기간이 2년을 초과하지 않는 범위에서 기간의 정함이 있는 근로계약을 체결할 수 있다. 그러나 사용자가 기간제근로자의 사용기간 예외에 해당하는 사유가 없음에도 2년을 초과하여 기간제근로자를 사용한 경우에는 기간의 정함이 없는 근로계약을 체결한 것으로 간주된다. 기간제법 제4조1항 단서에 의해 2년을 초과하여 사용할 수 있는 기간제근로자 사용기간의 예외 사유는 다음과 같다.

1. 사업의 완료 또는 특정한 업무의 완성에 필요한 기간을 정한 경우

2. 휴직·파견 등으로 결원이 발생하여 당해 근로자가 복귀할 때까지 그 업무를 대신할 필요가 있는 경우
3. 근로자가 학업, 직업훈련 등을 이수함에 따라 그 이수에 필요한 기간을 정한 경우
4. 고령자고용촉진법 제2조1호의 고령자와 근로계약을 체결하는 경우
5. 전문적 지식·기술의 활용이 필요한 경우와 정부의 복지정책·실업대책 등에 따라 일자리를 제공하는 경우로서 대통령령이 정하는 경우
6. 그 밖에 제1호~제5호에 준하는 합리적인 사유가 있는 경우로서 대통령령이 정하는 경우

다. 갱신기대권-기간 만료에 의한 근로계약 종료의 예외

기간제 근로계약을 체결한 경우 원칙적으로 해당 기간이 만료됨에 따라 근로계약관계는 당연히 종료된다(대법원 2011.7.28, 2009두2665). 따라서 기간이 만료될 시점에 사용자가 계약 갱신을 거절하는 것은 기간만료에 의한 근로관계의 종료이지 해고가 아니다. 그러나 판례는 여기에 몇 가지 예외를 인정한다. ① 형식상 기간을 정하였을 뿐 실제로는 기간을 정하지 않은 경우에는 기간만료가 인정되지 않는다. ② 기간제근로자가 기간이 갱신되리라는 갱신기대권을 가지는 경우에는 사용자가 정당한 이유 없이 계약의 갱신을 거절하면 부당해고와 마찬가지로 무효이고 종전 근로계약이 갱신된 것으로 본다. ③ 기간제근로자가 기간의 정함이 없는 근로자로 전환되리라는 전환기대권을 가지는 경우에는 사용자가 정당한 이유 없이 정규직으로의 전환을 거절하며 근로계약의 종료를 통보하더라도 이는 부당해고와 마찬가지로 무효이고 그 이후의 근로관계는 기간의 정함이 없는 근로자로 전환된 것으로 본다.

(1) 기간의 정함이 형식에 불과한 경우

기간제 계약에서 기간의 정함이 형식에 불과한 경우에는 사실상 기간의 정함이 없는 근로계약을 체결한 것으로 본다.

관련 판례

기간을 정한 근로계약서를 작성한 경우 처분문서인 근로계약서의 문언에 따라 특별한 사정이 없는 한 근로자와 사용자 사이에는 기간의 정함이 있는 근로계약을 맺었다고 보아야 하고, 이 경우 근로계약기간이 끝나면 그 근로관계는 사용자의 해고 등 별도의 조처를 기다릴 것 없이 당연히 종료함이 원칙이고, 다만 기간을 정한 근로계약서를 작성한 경우에도 예를 들어 단기의 근로계약이 장기간에 걸쳐서 반복하여 갱신됨으로써 그 정한 기간이 단지 형식에 불과하게 된 경우 등 계약서의 내용과 근로계약이 이루어지게 된 동기 및 경위, 기간을 정한 목적과 채용 당시 계속 근로의사 등 당사자의 진정한 의사, 근무기간의 장단 및 갱신 횟수, 동종의 근로계약 체결방식에 관한 관행 그리고 근로자 보호법규 등을 종합적으로 고려하여 그 기간의 정함이 단지 형식에 불과하다는 사정이 인정되는 경우에는 계약서의 문언에도 불구하고 사실상 기간의 정함이 없는 근로계약을 맺었다고 볼 것이며, 이 경우 사용자가 정당한 사유 없이 갱신계약 체결을 거절하는 것은 해고와 마찬가지로 무효이다. 계약갱신을 할 때마다 임금조건 등의 근로조건에 대하여 별다른 논의 없이 갱신 근로계약서를 작성한 점, 교열업무가 정보통신기술의 발달로 그 내용과 성격이 변화하였더라도 여전히 신문제작에 필요불가결한 업무에 해당하는 점, 다른 신문사들의 교열업무 종사자들의 근로계약 형태, 회사의 다른 계약직 직원들에 대한 계약갱신 과정, 교열직내 계약직 직원들의 연봉 수준 등을 고려할 때 근로자들은 기간의 정함이 없는 근로자이고, 해고에 해당하는 근로계약의 갱신거절은 정당한 이유가 없다(대법원 2007.9.7, 2005두16901).

(2) 갱신기대권의 인정과 갱신거절의 정당한 이유

(가) 갱신기대권 인정에 대한 판단기준과 법적 효력

갱신기대권을 인정하기 위해서는 ① 근로계약이 갱신된다는 취지의 규정이 있거나 ② 근로계약이 갱신될 수 있으리라는 정당한 기대권이 존재하여야 한다. 만약 갱신기대권이 인정됨에도 정당한 이유 없이 계약 갱신을 거부하는 경우 이는 부당해고이며, 갱신된 이후의 근로관계는 종전 계약과 동일한 기간과 조건을 정한 근로관계가 된다.

관련 판례

〈갱신 기대〉

기간을 정하여 근로계약을 체결한 근로자의 경우 그 기간이 만료됨으로써 근로자로서의 신분관계는 당연히 종료되고 근로계약을 갱신하지 못하면 갱신 거절의 의사표시가 없어도 그 근로자는 당연 퇴직되는 것이 원칙이다.

그러나 근로계약, 취업규칙, 단체협약 등에서 기간만료에도 불구하고 일정한 요건이 충족되면 당해 근로계약이 갱신된다는 취지의 규정을 두고 있거나, 그러한 규정이 없더라도 근로계약의 내용과 근로계약이 이루어지게 된 동기 몇 경위, 계약 갱신의 기준 등 갱신에 관한 요건이나 절차의 설정 여부 및 그 실태, 근로자가 수행하는 업무의 내용 등 당해 근로관계를 둘러싼 여러 사정을 종합하여 볼 때 근로계약 당사자 사이에 일정한 요건이 충족되면 근로계약이 갱신된다는 신뢰관계가 형성되어 있어 근로자에게 그에 따라 근로계약이 갱신될 수 있으리라는 정당한 기대권이 인정되는 경우에는 사용자가 이에 위반하여 부당하게 근로계약의 갱신을 거절하는 것은 부당해고와 마찬가지로 아무런 효력이 없고, 이 경우 기간만료 후의 근로관계는 종전의 근로계약이 갱신된 것과 동일하다(대법원 2014.2.13, 2011두12528)

여기서 잠깐! 갱신기대권 유무의 판단기준

구분	갱신기대권 긍정	갱신기대권 부정
계약 갱신 규정 유무	- 일정 등급(점수) 이상에 해당하면 갱신된다는 규정의 존재	- 계약 갱신 규정의 부존재
근로계약의 내용과 근로계약이 이루어지게 된 동기 및 경위	- 근로자가 종사하는 복지 사업이 계속되고 있는 점	- 한시적 정부위원회의 활동 마감에 즈음하여 근로자의 담당 업무가 종료된 점
계약 갱신에 관한 요건 또는 절차의 설정 여부 및 그 실태	- 계약 갱신과 관련된 내부 기준, 절차 등의 존재 - 계약 갱신을 전제로 한 인사규정 등의 존재 - 동종 근로자에 대한 계약 갱신 관행의 존재 및 이를 뒷받침하는 사용자의 언행 - 근로조건의 변동 없이 계약 갱신이 이루어져 온 점	- 왼쪽 사정들의 부존재 (계약 갱신에 관한 사용자의 재량을 인정하는 규정이 있는 경우에는 다른 요소도 고려함)
근로자가 수행하는 업무의 내용 등	- 담당 업무가 상시적이고 해당 사업에 필수적인 점	- 대체 근무자로 근무하는 등 그 업무가 한시적인 점

(나) 기간제 근로계약과 갱신기대권

기간제법 시행 이후에도 근로계약 당사자 사이에 일정한 요건이 충족되면 근로계약기간제법 시행 이후에도 근로계약 당사자 사이에 일정한 요건이 충족되면 근로계약이 갱신된다는 신뢰관계가 형성된 경우에는 근로자에게 근로계약이 갱신될 수 있으리라는 정당한 기대권을 인정할 수 있고, 기간제법이 시행되었다고 하여 그 이후에 신규로 채용된 기간제근로자에게는 재계약이 체결될 수 있으리라는 정당한 기대권이 부정된다거나 총 사용기간이 2년이 넘지 않는 한도 내에서만 갱신기대권이 인정된다고 볼 것은 아니다. 다만, 회사는 총 사용기간을 2년 이내로 정하여 촉탁계약직을 도입하였고, 실제로 촉탁계약직 근로자가 2년을 초과하여 근무하거나 정규직으로 전환된 사례는 한 건도 없으며 근로자 역시 촉탁계약직의 최대 갱신기간이 2년임을 충분히 인식하고 있었다는 점 등을 종합하면, 근로자에게는 총 사용기간이 2년을 초과하여 재계약이 체결될 수 있으리라는 기대권은 인정될 수 없다(대법원 2018.3.15, 2017두70700).

(다) 기간제법 제4조1항 단서의 예외 사유와 갱신기대권

기간제법상 사용기간 제한의 예외인 자(고령자 등)에 대해서도 갱신기대권이 인정될 수 있는지 여부가 문제된다. 판례는 정년을 이미 경과한 상태에서 기간제 근로계약을 체결한 근로자에 대하여 갱신기대권을 인정하고 있어 기간제법 제4조1항 단서의 예외 사유에 해당한다는 이유만으로 갱신기대권에 관한 법리의 적용이 배제된다고 볼 수는 없다고 한다(대법원 2017.2.3, 2016두50563).

관련 판례

기간을 정하여 근로계약을 체결한 근로자의 경우, 그 기간이 만료됨으로써 근로자로서의 신분관계는 당연히 종료되고, 근로계약을 갱신하지 못하면 갱신거절의 의사표시가 없어도 그 근로자는 당연 퇴직되는 것이 원칙이다.
그러나 근로계약, 취업규칙, 단체협약 등에서 기간이 만료되더라도 일정한 요건이 충족되면 당해 근로계약이 갱신된다는 취지의 규정을 두고 있거나, 그러한 규정이 없더라도 근로계약의 내용과 근로계약이 이루어지게 된 동기 및 경위, 계약 갱신의 기준 등 갱신에 관한 요건이나 절차의 설정 여부 및 그 실태, 그로자가 수행하는 업무의 내용 등 당해 근로관계를 둘러싼 여러 사정을 종합하여 볼 때, 근로계약 당사자 사이에 일정한 요건이 충족되면 근로계약이 갱신된다는 신뢰관계가 형성되어 있어 근로자에게 그에 따라 근로계약이 갱신될 수 있으리라는 정당한 기대권이 인정되는 경우에는 당사자가 이에 위반하여 부당하게 근로계약의 갱신을 거절하는 것은 부당해고와 마찬가지로 아무런 효력이 없고 이 경우 기간만료 후의 근로관계는 종전의 근로계약이 갱신된 것과 동일하다고 할 것이다.
기간제법 제4조1항 단서의 예외 사유에 해당한다는 이유만으로 갱신기대권에 관한 위 법리의 적용이 배제된다고 볼 수는 없다.

앞서 본 갱신기대권 법리와 함께 기간제법 및 고령자고용법의 위 규정들의 입법 취지와 사업장 내에서 정한 정년의 의미 및 정년 이후에 기간제 근로계약을 체결하는 근로계약 당사자의 일반적인 의사 등을 모두 고려하면, 정년을 이미 경과한 상태에서 기간제 근로계약을 체결한 경우에는 앞서 본 제반 사정 외에 해당 직무의 성격에 의하여 요구되는 직무수행 능력과 당해 근로자의 업무수행 적격성, 연령에 따른 작업능률 저하나 위험성 증대의 정도, 해당 사업장에서 정년을 경과한 고령자가 근무하는 실태 및 계약이 갱신되어 온 사례 등을 종합적으로 고려하여 근로계약 갱신에 관한 정당한 기대권이 인정되는 지 여부를 판단하여야 한다(대법원 2017.2.3, 2016두50563).

(라) 갱신거절의 '정당한 이유' 판단기준

근로계약 갱신에 대한 정당한 기대권이 인정되는 경우에, 사용자의 갱신거절에는 해고제한의 법리가 유추 적용되므로, 사회통념상 상당하다고 인정될만한 '정당한 이유'가 있어야 한다. 갱신거절에 정당한 이유가 있는지 여부를 판단하기 위한 일반적 기준은 "사용자의 사업 목적과 성격, 사업장 여건, 근로자의 지위 및 담당 직무의 내용, 근로계약 체결 경위, 근로계약의 갱신에 관한 요건이나 절차의 설정 여부와 그 운용 실태, 근로자에게 책임 있는 사유가 있는지 여부 등 당해 근로관계를 둘러싼 여러 사정을 종합하여 갱신 거부의 사유와 그 절차가 사회통념에 비추어 볼 때 객관적이고 합리적이며 공정한지"를 기준으로 판단하여야 하고, 그러한 사정에 대한 증명책임은 사용자가 부담한다.

관련 판례

〈 갱신거절의 합리적 이유 〉

① 기간제 근로계약을 체결한 근로자에게 근로계약 갱신에 대한 정당한 기대권을 인정하는 취지는 기간제 근로계약의 남용을 방지함으로써 기간제근로자에 대한 불합리한 차별을 시정하고 기간제근로자의 근로조건 보호를 강화하려는 데에 있다. 그러므로 근로자에게 이미 형성된 갱신에 대한 정당한 기대권이 있음에도 사용자가 이를 배제하고 근로계약의 갱신을 거절한 데에 합리적 이유가 있는지가 문제될 때에는 사용자의 사업 목적과 성격, 사업장 여건, 근로자의 지위 및 담당 직무의 내용, 근로계약 체결 경위, 근로계약의 갱신에 관한 요건이나 절차의 설정 여부와 운용 실태, 근로자에게 책임 있는 사유가 있는지 등 당해 근로관계를 둘러싼 여러 사정을 종합하여 갱신 거부의 사유와 절차가 사회통념에 비추어 볼 때 객관적이고 합리적이며 공정한지를 기준으로 판단하여야 하고 그러한 사정에 관한 증명책임은 사용자가 부담한다(대법원 2017.10.12, 2015두44493).

② 고용기간을 정한 근로계약을 체결한 경우 고용기간이 만료되었다고 하여 사용자는 언제든지 아무런 제약 없이 근로계약의 갱신을 거절할 수 있는 것은 아니라 할 것이므로, 기간을 정한 근로계약이 연쇄적으로 계속하여 체결될 것이 예상되어 기간제 근로자에게 기간만료 후 계속 고용에 대한 합리적인 기대를 갖게 하는 특별한 사정이 있는 경우에는 사용자가 계약 갱신을 거부하기 위해서는 합리적인 갱신 거절의 사유가 존재하여야 할 것이고, 다만 그와 같은 경우라도 근로계약의 갱신 거절이 바로 통상적인 의미에 있어서의 해고 자체는 아니므로 갱신 거절의 사유는 해고사유보다는 다소 넓게 인정된다고 보아야 한다(서울행법 2007.3.22, 2006구합22088).

여기서 잠깐! **갱신거절의 합리적 이유 유무의 판단기준**

구분	합리적 이유 부정	합리적 이유 긍정
계약 갱신 규정이 있는 경우	– 평가기준을 충족하는 등급 또는 점수의 존재 – 평기기준의 객관성, 합리성 및 공정성의 흠결 – 실제 평가 과정에서 객관성과 공정성의 흠결 (위 세 요소 중 하나라도 흠결시, 합리적 이유는 부정)	– 평기기준에 미달하는 등급 또는 평가의 존재 – 평기기준의 객관성, 합리성 및 공정성의 존재 – 실제 평가 과정에서 객관성과 공정성의 존재 (위 세 요소 모두 충족시, 합리적 이유는 긍정)
사업 목적과 성격, 사업장 여건	–	– 사업 목적의 변화에 따라 담당 직무의 필요성이 감소한 점
근로자의 지위 및 담당 직무의 내용	–	– 사업장에서 담당 직무의 폐지 또는 담당 직무의 필요성이 감소했음에도 사용자의 직무 변경 조치를 거부한 점 – 정년 후 촉탁직으로 재채용된 운전기사의 신체 상태가 운행에 부적합한 점
근로계약 체결 경위	– 비전임 교원에 대한 재발령규정이 있고 실제 계약을 반복 갱신했으며 담당 직무의 계속성이 인정됨에도 담당 직무가 소멸하였다는 이유로 갱신을 거절한 점	– 임시업무처리 위해 기간제 근로자 채용했고 그 업무가 종료. – 복지 사업의 예산이 축소됨에 따라 기간제 근로자의 근무 형태를 전일제에서 시간제로 변경하는 조치를 거부한 점
근로계약의 갱신에 관한 요건이나 절차의 설정 여부와 그 운용 실태	– 갱신 관련 규정 또는 공고 등에서 정한 기준이나 절차를 위반 – 평가 과정에서 동종 근로자와 달리 취급한 점 – 평가의 객관성, 공정성 등이 훼손된 점	–

구분	합리적 이유 부정	합리적 이유 긍정
근로자에게 책임있는 사유가 있는지 여부	-	- 업무에 미숙하고 소홀하며 입주민의 민원에 적절히 대응하지 못한 점 - 입주민과의 다툼을 해결하려는 관리 소장에게 욕설을 하는 등 조직 질서를 어지럽힌 점
경영상 이유에 의한 갱신 거절시 합리적 이유의 인정기준	- 오른쪽 사정들의 부존재	- 경영상 필요성, 갱신 거절의 회피 조치 및 합리적이고 공정한 대상자 선정 기준 등의 존재

(3) 기간제 근로계약과 전환기대권

갱신기대권이 인정되어 계약이 갱신된 경우 그 이후의 근로관계는 원칙적으로 종전과 동일한 기간과 조건을 정한 근로관계가 되고, 갱신된 결과 총 계약기간이 2년을 초과하는 경우에는 기간제법 제4조2항에 따라 기한의 정함이 없는 근로계약이 된다(대법원 2014.2.13, 2011두12528). 이처럼 갱신기대권에서는 총 계약기간이 2년이 초과되어야만 기간의 정함이 없는 근로계약이 되는 반면에, 전환기대권이라 함은 기간제근로자에서 바로 기간의 정함이 없는 근로자로 전환될 수 있으리라는 정당한 기대권을 의미한다.

관련 판례

근로계약, 취업규칙, 단체협약 등에서 기간제근로자의 계약기간이 만료될 무렵 인사평가 등을 거쳐 일정한 요건이 충족되면 기간의 정함이 없는 근로자로 전환된다는 취지의 규정을 두고 있거나, 그러한 규정이 없더라도 근로계약의 내용과 근로계약이 이루어지게 된 동기와 경위, 기간의 정함이 없는 근로자로의 전환에 관한 기준 등 그에 관한 요건이나 절차의 설정 여부 및 그 실태, 근로자가 수행하는 업무의 내용 등 당해 근로관계를 둘러싼 여러 사정을 종합하여 볼 때, 근로계약 당사자 사이에 일정한 요건이 충족되면 기간의 정함이 없는 근로자로 전환된다는 신뢰관계가 형성되어 있어 근로자에게 기간의 정함이 없는 근로자로 전환될 수 있으리라는 정당한 기대권이 인정되는 경우에는 사용자가 이를 위반하여 합리적 이유 없이 기간의 정함이 없는 근로자로의 전환을 거절하며 근로계약의 종료를 통보하더라도 부당해고와 마찬가지로 효력이 없고, 그 이후의 근로관계는 기간의 정함이 없는 근로자로 전환된 것과 동일하다고 보아야 한다.

회사의 기간제근로자 고용형태 중 일반직 기간제근로자는 정규직 채용 전 검증기간이 필요하다는 인사위원회의 요청에 따라 우선 기간을 정하여 채용한 후 계약기간 만료 무렵 인사평가 등을 거쳐 기간의 정함이 없는 정규직 근로자로 전환하기 위해 마련된 것인 점, 회사의 일반직 기간제근로자들은 정규직과 동일한 업무를 수행하였고, 회사에서도 일반직 기간제근로자들에게 특별한 사정이 없는 한 정규직으로 채용될 것이라고 지속적으로 말해 온 점, 실제로 종전에 정규직 전환을 원했던 일반직 기간제근로자들은 모두 정규직으로 전환되었고, 이후에도 기간이 만료된 일반직 기간제근로자 전원에게 정규직 전환의 기회가 제공된 점, 회사는 이 사건 근로자에 대하여도 정규직 승격의 기회를 부여하기 위해 계약만료일 1개월 전에 인사평가를 실시하였던 점 등을 종합하여 볼 때, 이 사건 근로자에게는 정당한 인사평가를 거쳐 정규직으로 전환될 수 있으리라는 기대권이 인정된다(대법원 2016.11.10, 2014두45765).

여기서 잠깐! 정규직 전환기대권(무기계약직 전환기대권) 유무의 판단기준여부

구분	전환기대권 긍정	전환기대권 부정
정규직 전환 규정	– 일정 등급(점수) 이상에 해당하면 전환된다는 규정의 존재	– 정규직 전환 규정의 부존재
근로계약의 내용과 근로계약이 이루어지게 된 동기 및 경위	– 시용 목적으로 기간제 근로계약이 체결된 점 – 채용 공고에서 정규직 전환 조건을 명시한 점	– 채용공고 또는 근로계약서에 정규직 전환에 관한 내용이 존재하지 않는 점
정규직으로의 전환에 관한 기준 등 그에 관한 요건 또는 절차의 설정 여부 및 그 실태	– 정규직 전환에 관한 사용자측 규정 또는 기준, 절차의 존재 – 정규직 전환 관행의 존재 및 이를 뒷받침하는 사용자의 언행 – 정규직 전한 심사를 위한 인사평가 실시	– 정규직 전환 제도 운영 과정 또는 관련 규정 등에서 특정 범주의 근로자를 전환대상에서 배제하고 있고 해당 근로자가 여기에 포함되는 점
근로자가 수행하는 업무의 내용 등	– 정규직 근로자와 동일 업무의 수해	–

여기서 잠깐! 정규직 전환 거절의 합리적 이유 여부의 판단기준

구분	전환기대권 긍정	전환기대권 부정
정규직 전환 규정이 있는 경우	– 평가기준을 충족하는 등급 또는 점수의 존재 – 평기기준의 객관성, 합리성 및 공정성의 흠결 – 실제 평가 과정에서 객관성과 공정성의 흠결(객관적 증거가 없는 등 평가 결과를 신뢰하기 어려운 경우) (위 세 요소 중 하나라도 흠결시, 합리적 이유는 부정)	– 평기기준에 미달하는 등급 도는 평가의 존재 – 평기기준의 객관성, 합리성 및 공정성의 존재(정성평가 요소도 반영할 수 있음) – 실제 평가 과정에서 객관성과 공정성의 존재(면접위원의 주관적 평가도 가능함) (위 세 요소 모두 충족시, 합리적 이유는 긍정)

라. 실무 사례

(1) 참가인이 담당한 사고현장 출동서비스 업무의 성격상 인력 채용이 탄력적으로 이루어져야 할 필요가 크고, 종전 회사와 원고 회사도 이러한 사정을 고려하여 해당 업무에 종사하는 근로자들을 대부분 계약직 직원으로 채용한 점, 종전 회사 또는 원고 회사와 참가인 사이에 작성된 근로계약서에 참가인의 신분을 전문계약직 사원으로 정하면서 그 계약기간을 명시하고, 그 계약기간이 만료될 경우 근로계약이 자동해지된다고 규정한 점, 종전 회사가 2003년부터 2005년 사이에 참가인과 같은 업무에 종사하는 근로자들 중 일부에 대하여 근로계약의 갱신을 거절한 바 있는 점 등을 종합하여 보면, 비록 참가인이 종전 회사와 원고 회사를 통하여 5회에 걸쳐 근로계약의 갱신하였다고 하더라도 이 사건 근로계약에서 기간을 정한 것이 단지 형식에 불과하다고 볼 수 없다(대법원 2011.9.8, 2009두9765).

(2) 사용자가 갱신에 대한 정당한 기대권을 보유한 기간제 근로자들에 대하여 사전 동의 절차를 거치거나 가점 부여 등의 구체적인 기준도 마련하지 않은 채 재계약 절차가 아닌 신규채용절차를 통하여 선발되어야만 계약 갱신을 해주겠다고 주장하면서 대규모로 갱신 거절을 한 경우, 이는 근로자의 갱신에 대한 정당한 기대권을 전면적으로 배제하는 것으므로 사용자로서 그와 같은 조치를 취하지 않으면 안 될 경영상 또는 운영상의 필요가 있는지, 그에 대한 근거규정이 있는지, 이를 회피하거나 갱신 거절의 범위를 최소화하기 위한 노력을 하였는지, 그 대상자를 합리적이고 공정한 기준에 따라 선정하기 위한 절차를 밟았는지 그 과정에서 차별적 대우가 있었는지 여부 등을 종합적으로 살펴보아 그 주장의 당부를 판단하여야 한다(대법원 2017.8.18, 2017다227325).

마. 정규직과 비정규직

우리나라는 지난 경제위기 이후 소위 '비정규직'이라고 하는 기간제근로자, 단시간근로자, 파견근로자 형태의 근로계약이 늘고 있다. 우리가 흔히 말하는'정규직''비정규직'이라는 용어는 법률상 개념은 아니다. 일반적으로 정년이 보장되고 전일로 근무하는 형태를 정규직으로, 이와 반대로 기간을 정하였거나 직접고용이 아니어서 정년이 보장되지 않는 형태의 근로계약을 비정규직으로 통칭한다. 비정규직이 늘면서 정규직과 계약직을 구별하는 기준으로서 근로계약기간이 중요해졌다. 정규직은 입사일만 결정되고 근로계약 종료일이 정해지지 않아 정년이 보장되는 것이 통상적이지만 계약직의 경우에는 입사일과 종료일이 계약과 동시에 결정된다.

이른바 비정규직 인력이 늘면서 '기간제 및 단시간근로자 보호 등에 관한 법률'이 2007.7.1부터 시행되었다. 근로계약기간 설정에는 제한이 없으나 2년을 초과하여 근로자를 계속 사용한 경우에는 기간의 정함이 없는 근로자로 간주된다. 기간제법은 2년을 초과하여 근로자를 사용할 수 있는 예외조항을 일부 두고 있으나 해당 예외조항을 제외하고는 기간제근로자로 계약을 나누어 할 수 있는 경우는 최대 2년 이내가 된다. 따라서 계약서 작성시 근로계약서에 어떻게 명시되어있는지를 유념해 살필 필요가 있다. 정규직으로 입사하였다면 계약기간이 별도로 설정되어 있지 않아야 한다.

여기서 잠깐! 비정규직의 개념

비정규직 정의에 대해 국제적으로 통일된 기준은 없으나 OECD에서는 고용의 한시성을 기준으로 판단하며, 우리나라는 2002년 노사정합의에 따라 다음과 같이 분류한다.

구분		내용
한시적근로자 (고용의 지속성)		기간제근로자(고용계약기간을 정한자) 또는 비기간제근로자(계약이 반복 갱신되어 계속근로가 기대되는 자 및 비자발적 사유로 계속근무를 기대할 수 없는 자)
시간제근로자(단시간)		소정근로시간이 통상근로자보다 짧은 파트타임 근로자
비전형 근로자 (근로제공방식)	파견근로	임금을 지급하고 고용관계가 유지되는 고용주와 업무지시를 하는 사용자가 일치하지 않는 경우로 파견사업주가 근로자를 고용한 후 그 고용관계를 유지하면서 근로자 파견계약의 내용에 따라 사용사업주의 사업장에서 지휘·명령을 받아 사용사업주를 위하여 근무하는 형태
	용역근로	용역업체에 고용되어 이 업체의 지휘하에 이 업체와 용역계약을 맺은 다른 업체에서 근무하는 형태(예를 들어 청소용역, 경비용역업체 등에 근무하는 자)
	특수형태 근로종사자	독자적인 사무실, 점포 또는 작업장을 보유하지 않고 비독립적인 형태로 업무를 수행하면서도, 근로제공의 방법, 근로시간 등은 독자적으로 결정, 개인적으로 모집·판매·배달·운송 등의 업무를 통해 고객을 찾거나 맞이하여 상품이나 서비스를 제공하고 그 일을 한만큼 소득을 얻는 근무형태
	가정내근로	재택근무, 가내하청 등과 같이 사업체에서 마련해 준 공동작업장이 아닌 가정 내에서 근무(작업)가 이루어지는 근무형태
	일일(호출) 근로	근로계약을 정하지 않고, 일거리가 생겼을 경우 며칠 또는 몇 주씩 일하는 형태

KEY WORD 3
근로장소, 업무내용

3. 근로장소, 업무내용

가. 의의

근로계약서에 명시하여 할 의무 사항 중 하나가 근로하는 장소와 종사할 업무에 대한 내용이다. 근로자가 입사하여 담당하게 될 업무와 그 업무가 이루어지는 장소에 대하여 사전에 특정하게 되나, 사용자가 필요하다고 인정할 경우에는 근로장소 또는 업무내용을 변경할 수 있다.

이는 근로자에 대한 전보나 전직은 원칙적으로 인사권자인 사용자의 권한에 속하므로 업무상 필요한 범위 내에서는 사용자는 상당한 재량을 가지기 때문이다. 하지만 그 재량이 근로기준법에 위반되거나 권리남용에 해당되는 등 특별한 사정이 없어야 한다. 이처럼 근로자를 배치 전환하여 근로자와 사용자가 다툼이 생길 경우 그러한 배치전환이 업무상 필요한지와 근로자의 생활상 불이익을 비교하고, 생활상 불이익의 정도가 통상 감수하여야 할 정도를 현저히 벗어난 것인지를 살펴 판단하게 된다.

예를 들어, 매니저 등 총괄관리를 담당하는 직원이 다른 지역의 사업장을 관리하여야 할 업무상 필요성이 크다고 인정되는 경우에는 근무지 변경에 따른 주거 이전이나 가족과의 별거 등과 같은 생활상의 불이익은 근로자가 통상 감수하여야 할 범위 내의 것이기 때문에 그러한 정도의 불이익을 이유로 한 인사명령은 정당성이 인정된다고 본다. 또한 특별한 기술이나 전문적 지식을 요구하는 직종에 해당 자격을 갖춘 사람을 채용하여 종사하게 한 경우에는 근로계약상 업무의 종류나 내용을 명시하지 않았더라도 묵시적으로 특정되었다고 볼 수 있고, 해당 근로자의 동의 없이 사용자가 다른 직종으로 일방적으로 전환하는 인사명령은 무효가 된다. 다만, 업무내용을 변경하는 인사명령으로 인하여 업무의 종류나 내용이 다소 달라지더라도 해당 기술이나 지식 등이 적극 활용되고 임금 등 대우의 정도가 동등하다면 그 배치전환의 정당성 여부에 관한 판단 여부는 별도로 하더라도, 특정된 범위 내의 배치전환으로서 근로자의 동의를 필요로 하지 않을 수 있다. 한편, 업무내용이나 근로장소는 계약의 주요한 변경에 해당하기 때문에 변경시에는 근로계약 내용을 수정하여 다시 작성하는 것이 바람직하다.

나. 전직과 전보

(1) 전직·전보의 의의

전직은 인력을 사업 목적에 적합하게 배치하기 위하여 근로자의 업무내용이나 근로장소를 상당한 기간에 걸쳐 변경하는 인사처분을 말하는 것으로 그 중에서도 근로장소를 변경하는 인사명령을 일반적으로 전보(전근)라고 부른다.

근로자에 대한 전직·전보의 인사명령은 원칙적으로 인사권자인 사용자의 권한에 속하므로 업무상 필요한 범위 내에서 사용자는 상당한 재량을 가진다고 보아야 한다. 그러나 근로계약의 내용에 명시적·묵시적으로 근로의 종류·내용·장소 등을 약정하였다면 이에 대한 변경은 근로계약의 변경에 해당하므로 근로자의 동의가 필요하며, 또한 근로자가 제공하여야 할 근로의 종류·내용·장소 등에 변경을 가져온다는 점에서 불이익한 처분이 될 수 있기 때문에 근로기준법 제23조1항에 위반되거나 권리남용에 해당되는 특별한 사정이 있는지 살펴보아야 한다. 이때 근로기준법 위반 여부 및 권리남용 해당 여부는 인사명령의 업무상 필요성과 인사명령에 따른 근로자의 생활상 불이익을 비교·교량하고 인사명령 과정에서 신의칙상 요구되는 절차를 거쳤는지 여부를 종합적으로 고려하여 판단한다.

관련 판례

근로자에 대한 전보나 전직은 원칙적으로 인사권자인 사용자의 권한에 속하므로 업무상 필요한 범위 내에서 사용자는 상당한 재량을 가지며 그것이 근로기준법 등에 위반되거나 권리남용에 해당되는 등의 특별한 사정이 없는 한 무효라고 할 수 없고, 전보처분 등이 권리남용에 해당하는지의 여부는 전보처분 등의 업무상의 필요성과 전보 등에 따른 근로자의 생활상의 불이익을 비교, 교량하고 근로자 측과의 협의 등 그 전보처분 등의 과정에서 신의칙상 요구되는 절차를 거쳤는지 여부를 종합적으로 고려하여 결정하여야 할 것이다(대법원 2000.4.11, 99두2963).

(2) 전직·전보의 정당성

(가) 업무내용, 근로장소 특정시 근로자의 동의

근로계약상 근로의 내용이나 장소가 특정되어 있는 경우에 이를 변경하는 전직이나 전보명령을 하려면 근로자의 동의가 있어야 한다.

동의가 필요하다고 본 사례	사전에 포괄적 동의가 있었다고 본 사례
① 근로계약서에 근로장소가 국회 현장으로 되어 있는 근로자를 다른 곳으로 승진에 해당하는 전직명령을 한 경우 ② 인사규정에 채용분야와 다른 업무분야에 전보배치할 수 없는 것으로 규정되어 있으며, 채용공고에서 채용분야를 특정하고 임용 후 채용분야에서만 근무하게 됨을 명시하였을 뿐만 아니라, 근로계약서에도 이와 같은 사항이 기재되어 있는 경우 ③ 입사 당시 작성된 근로계약서에 직종 부분이 공란으로 되어 있고 이력카드에도 신입사원으로 채용되었지만, 근로자가 조리사 면허증을 제출하면서 식음료 분야에 지원하였고 실제 조리업무 또는 조리업무와 밀접한 관련이 있는 업무만을 20여년 담당한 경우	① 근로자가 입사 당시 희망근무지 란에 '서울'이라고 기재한 사실이 있으나, 면접에서 근로자로부터 지방 근무에 대하여 사전 동의를 받고 이를 입사원서에 기재한 경우 ② 근로계약서에 근로장소가 제주사무소로 기재되어 있고 다른 지역으로 전보발령 한 전례가 없더라도, 근로계약서에 근로장소 또는 업무를 변경할 수 있다고 명시되어 있고 근로계약 체결시 이미 제주사무소 산하 서귀포출장소가 폐쇄되어 근로계약서상 근로장소 변경의 의미를 제주사무소와 서귀포출장소 간의 이동으로 이해하기 어려운 경우

(나) 업무상 필요성

업무상 필요성은 노동력의 적정 배치, 업무의 능률 증진, 근로자의 능력 개발, 근무 의욕의 고양, 업무 운영의 활성화, 기술 혁신이나 기업 재편에 따른 인력 조정, 직장 질서의 유지·회복과 근로자 사이의 인화 등 다양한 이유에서 찾을 수 있다.

업무상 필요성을 부정하는 경우	업무상 필요성을 긍정하는 경우
① 징계처분의 후속조치로 이루어지는 전보처분에서 징계처분이 위법한 경우 ② 근로자가 권고를 거절하자 전보명령을 하고 전보 이후 근로자에게 업무를 부여하지 않는 경우 ③ 전직발령 직전에 신규직원을 채용한 경우	① 정기적으로 생활권외 전보 등을 시행하여 이례적이라고 볼 수 없는 경우 ② 영업지점의 폐쇄 내지 조직개편(통 · 폐합)으로 근무인원의 조정이 필요한 경우 ③ 근로자의 경력과 업무의 특수성을 감안하여 인원충원이 필요한 곳으로 전보한 경우 ④ 잉여인력의 고용유지를 위한 경우 ⑤ 상사와의 업무적 마찰, 동료근로자 내지 부하직원들과의 불화 해결을 위한 경우 ⑥ 직무수행과정에서 근로자의 업무능력 및 태도에 문제가 있었던 경우 ⑦ 근로자의 부상부위 악화 등으로 인한 경영상 부담을 예방하기 위한 경우

(다) 생활상 불이익

생활상 불이익은 단순히 경제적 불이익에 한정되지 않고 정신적, 육체적, 사회적 불이익 나아가 조합활동상의 불이익을 모두 포함하는 개념이다.

관련 판례

업무상의 필요성'이 있는 경우란, 인원배치를 변경할 필요성, 그 변경에 당해 근로자를 해당시킬 인원선택상의 필요성(합리성)의 쌍방을 의미하고, '생활상의 불이익'이란 경제적 이익에 한정되지 않고 정신적, 육체적, 사회적 이익 나아가 조합활동상의 이익까지도 포함하며, 위 양자는 서로 상관관계를 갖고 있다(서울고법 2010.11.4, 2010누12721).

사용자가 전직 또는 전보처분의 대상자에게 통근차량이나 숙소를 제공하였는지 여부, 특별수당 등을 지급하여 불이익 제거 또는 완화의 조치를 취하였는지 여부 등은 업무상 필요성과 함께 근로자의 생활상 불이익이 통상 감수하여야 할 정도를 현저하게 벗어난 것인지를 판단하는 요소가 될 수 있다.

판례는 ① 노동 강도의 증가 등 직무내용의 변경으로 인한 업무수행상 어려움이 막대한 경우, ② 상당한 수준(약 27%)의 임금 감소가 있는 경우, ③ 임금총액은 거의 차이가 없으나 기본급이 줄고 성과급 비중이 증가하였으며 근로자가 실적을 올리는 것이 어려운 경우, ④ 근거리 근무지에 수요가 있음에도 급여·교통비 보전 없이 원격지로 전보되어 통근에 소요되는 시간과 비용이 증가한 경우, ⑤ 장애인인 부모(내지 병환 중인 부모)와 자녀 등 가족부양의 곤란함이 인정된 경우 등에 있어 전직·전보로 인하여 근로자가 받는 생활상 불이익이 업무상 필요성보다 큰 경우에 해당한다고 판단했다.

(라) 성실한 협의절차

성실한 협의절차 또는 신의칙상 요구되는 절차란 사용자의 일방적인 전직 내지 전보처분을 제한하기 위한 절차적 정당성을 말하는 것으로 그 내용으로는 전직 또는 전보의 필요성에 대한 설명, 고려기간의 부여, 대상조치(반대급부)에의 배려 등 사용자가 근로자의 동의를 얻기 위한 노력의 정도나 동의를 얻지 못한 경우에도 본인의 가정생활상의 사정을 어디까지 고려하였는지의 사정 등을 포괄하는 개념이다.

전직 또는 전보처분 등을 할 때 근로자 본인과 성실한 협의절차를 거쳤는지 여부는 정당한 인사권 행사인지의 여부를 판단하는 하나의 요소라고 할 수는 있으나, 그러한 절차를 거치지 아니하였다는 사정만으로 전직 또는 전보처분 등이 권리남용에 해당하여 당연히 무효가 되는 것은 아니라는 것이 판례의 일관된 태도이다.

그러나 취업규칙이나 단체협약에 인사이동의 기준 및 절차를 별도로 규정하고 있거나 노동조합과의 합의 절차를 거치도록 규정되어 있다면 원칙적으로 이에 따라야 한다.

다만, 단체협약에서 사용자가 전직 또는 전보명령과 같은 인사처분을 할 때 신중을 기할 수 있도록 노동조합이 의견을 제시할 수 있는 기회를 주도록 규정한 경우에는 그 절차를 거치지 아니하였다고 하더라도 인사처분의 효력에는 영향이 없다고 할 것이고, 사용자가 단체협약에 따라 노동조합과 사전 합의를 하기 위하여 성실하고 진지한 노력을 다하였음에도 불구하고 노동조합이 협의나 합의 절차에 불응하는 등 스스로 권리를 포기한 것으로 볼 수 있는 경우에는 그러한 절차를 거치지 않았다는 이유만으로 전직 또는 전보처분의 정당성이 부정되는 것은 아니다.

관련 판례

피고 회사의 단체협약 제20조 제1항에 의하면 조합은 사원의 채용, 해고, 휴직, 배치전환, 전보, 승진, 상벌 등 제반 인사권이 회사에 있음을 인정한다고 규정하고 같은 조 제2항에 의하면 제반 인사는 협약의 기준에 따르되 조합간부의 인사는 조합과 합의하여야 한다고 규정하고 있으므로 이러한 합의를 거치지 아니한 징계처분은 원칙적으로 무효라 할 것이지만 근로자나 노동조합측에서 스스로 이러한 합의 절차를 포기하였다는 등의 특별한 사정이 있는 경우에는 그렇지 않다고 보아야 할 것이다(대법원 1992.12.8, 92다32074).

다. 전적

(1) 전적의 의의

전적은 근로자를 그가 고용된 기업으로부터 다른 기업으로 적을 옮겨 다른 기업의 업무에 종사하게 하는 것으로 종래에 종사하던 기업과 사이의 근로계약을 합의해지하고 이적하게 될 기업과 사이에 새로운 근로계약을 체결하는 것이거나 근로계약상의 사용자의 지위를 양도하는 것을 말한다. 따라서 동일 기업 내의 인사이동인 전근이나 전보와 달라 특별한 사정이 없는 한 근로자의 동의를 얻어야 유효하다.

나아가 기업그룹 등과 같이 그 구성이나 활동 등에 있어서 어느 정도 밀접한 관련성을 갖고 사회적 또는 경제적 활동을 하는 법인체 사이의 전적에 있어서 그 법인체들 내에서 근로자의 동의를 얻지 아니하고 다른 법인체로 근로자를 전적시키는 관행이 근로계약의 내용을 이루고 있다고 인정하기 위해서는, 그와 같은 관행이 그 법인체들 내에서 일반적으로 근로관계를 규율하는 규범적인 사실로서 명확히 승인되거나, 그 구성원이 일반적으로 아무런 이의도 제기하지 아니한 채 당연한 것으로 받아들여 기업 내에서 사실상의 제도로서 확립되어 있어야 한다.

(2) 전적의 정당성

(가) 근로자의 동의

전적처분은 전직 또는 전보처분과는 달리 업무내용이나 근로장소만 변경되는 것이 아니고, 사용자가 달라지는 경우이므로 사용자가 그 권리를 제3자에게 양도할 때 노무자(근로자)의 동의를 요구하고 있는 민법 제657조1항을 보더라도 원칙적으로 근로자의 동의가 필요하다.

근로자 동의를 전적의 요건으로 하는 이유는 근로관계에 있어서 업무지휘권의 주체가 변경됨으로 인하여 근로자가 받을 불이익을 방지하려는 데에 있는 것이므로 근로자 동의 없이 전적시키는 관행이 규범적으로 승인되지 아니한 상태에서 근로자가 동의하지 않은 전적은 원칙적으로 무효이다.

특히 전적에 대한 포괄적 사전 동의 가능성, 묵시적 동의 가능성, 개별동의의 대체 가능성 등이 문제가 되는데, 판례는 그룹 내의 기업에 고용된 근로자에 대한 다른 계열기업으로의 전적에서 전적할 기업을 특정하고 업무에 관한 사항 등 기본적인 근로조건을 명시하여 근로자로부터 포괄적인 사전 동의를 받은 경우에는 포괄적 사전 동의에 해당하여 '근로자 동의' 요건을 충족하는 것으로 보았고, 근로자가 전 사용자로부터 퇴직금을 수령하고 전적된 이후에 업무수행, 급여수령, 노동조합 결성 등을 한 경우에도 묵시적 동의에 해당하여 '근로자 동의' 요건을 충족한다고 보았다.

관련 판례

근로자의 동의를 전적의 요건으로 하는 이유는, 근로관계에 있어서 업무지휘권의 주체가 변경됨으로 인하여 근로자가 받을 불이익을 방지하려는 데에 있다고 할 것인바, 다양한 업종과 업태를 가진 계열기업들이 기업그룹을 형성하여 자본 · 임원의 구성 · 근로조건 및 영업 등에 관하여 일체성을 가지고 경제활동을 전개하고, 그 그룹 내부에서 계열기업간의 인사교류가 동일기업 내의 인사이동인 전보나 전근 등과 다름없이 일상적 · 관행적으로 빈번하게 행하여져 온 경우, 그 그룹 내의 기업에 고용된 근로자를 다른 계열기업으로 전적시키는 것은, 비록 형식적으로는 사용자의 법인격이 달라지게 된다고 하더라도, 실질적으로 업무지휘권의 주체가 변동된 것으로 보기 어려운 면이 있으므로, 사용자가 기업그룹 내부의 이와 같은 전적에 관하여 미리(근로자가 입사할 때 또는 근무하는 동안에) 근로자의 포괄적인 동의를 얻어 두면, 그때마다 근로자의 동의를 얻지 아니하더라도 근로자를 다른 계열기업으로 유효하게 전적시킬 수 있다고 보아야 할 것이다(대법원 1993.1.26, 92다11695).

(나) 관행의 규범적 승인 또는 사실상의 제도화

사용자의 전적처분에 있어서 근로자 동의를 첫 번째 원칙으로 보고 있으나, 기업그룹 내의 다른 계열회사로 근로자를 전적시키는 관행이 규범적인 사실로 승인되거나 사실상의 제도로 확립된 경우에는 근로자의 구체적인 동의를 얻지 않은 전적처분도 정당성이 인정한다. 다만, 단순한 관행의 수준을 넘어서 관행이 규범적인 승인 또는 사실상의 제도화의 단계에 이를 정도여야 한다.

(다) 전적이 기업분할의 형식으로 이루어지는 경우

회사 분할에 의한 근로관계의 승계는 일반적인 기업그룹 내의 전적과는 구별하여 근로자의 동의 여부를 판단해야 한다. 판례는 회사 분할에 따른 근로관계의 승계는 근로자의 이해와 협력을 구하는 절차를 거치는 등 절차적 정당성을 갖춘 경우에는 해당 근로자의 동의를 받지 못한 경우라도 신설회사에 승계되는 것이 원칙이나, 회사의 분할이 근로기준법상 해고의 제한을 회피하면서 해당 근로자를 해고하기 위한 방편으로 이용되는 등의 특별한 사정이 있는 경우에는, 해당 근로자는 근로관계의 승계를 통지받거나 이를 알게 된 때부터 사회통념상 상당한 기간 내에 반대 의사를 표시함으로써 근로관계의 승계를 거부하고 분할하는 회사에 잔류할 수 있다고 본다.

KEY WORD 4
근로시간, 휴게시간

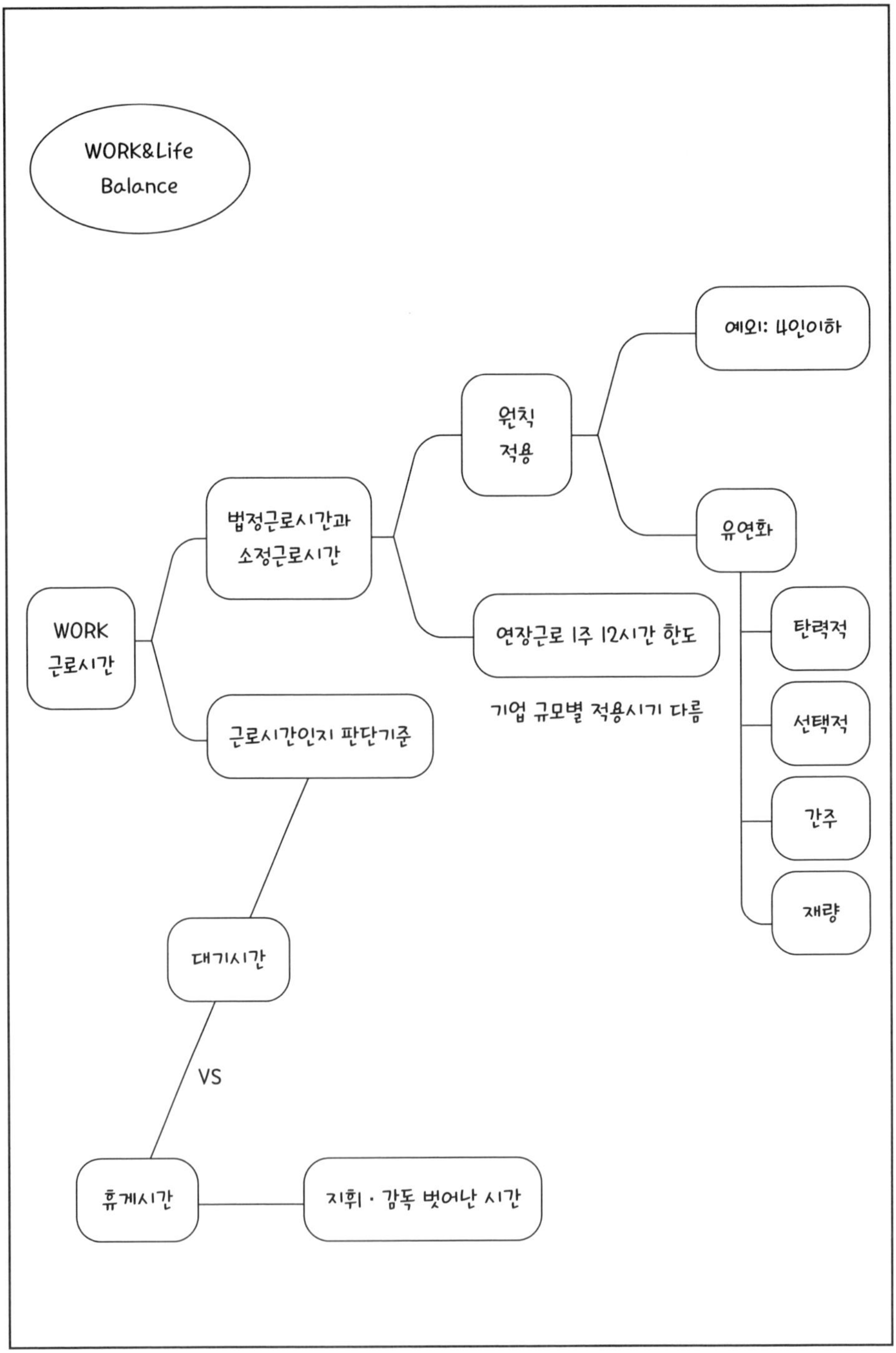
WORK&Life
Balance
WORK
근로시간
법정근로시간과
소정근로시간
원칙
적용
예외: 4인이하
유연화
탄력적
선택적
간주
재량
연장근로 1주 12시간 한도
기업 규모별 적용시기 다름
근로시간인지 판단기준
대기시간
VS
휴게시간
지휘 · 감독 벗어난 시간

4. 근로시간, 휴게시간

근로계약서에 반드시 명시해야 할 내용 중 가장 중요하다고 해도 과언이 아닌 부분이 바로 근로시간이다. 우리나라 노동법은 제조업 중심의 산업사회를 근간으로 근로시간에 비례하여 임금이 산정되도록 규정하고 있다. 흔히 주5일 근무, 주6일 근무라는 표현으로 근로시간을 두루뭉술하게 표현하기도 하지만 근로기준법에는 소정근로일이 며칠이어야 한다는 규정은 없다. 다만, 근로시간에 대해서는 하루당, 일주일당 얼마 이상 넘어서는 안된다는 제한을 두고 있다. 단시간근로자나 기간제근로자를 대상으로 한 근로계약서에는 소정근로일이 며칠인지를 명시하여야 하며, 일반적인 통상근로자를 비롯해 모든 근로자는 하루 근로시간의 시작과 끝이 어떻게 되는지 명시하여야 한다. 이 부분이 모호할 경우 임금과 관련해 다툼이 생길 여지가 크다.

4-1. 근로시간을 왜 법으로 정했나

노동법의 역사는 근로시간 단축의 역사라고도 한다. 5.1 노동절은 미국에서 1일 8시간 근로시간제를 부분적으로 확보한 1986.5.1을 기념하기 위한 행사로 시작되었다. 근로시간 상한이 1일 18시간에서 오늘날에는 1일 8시간, 1주 40시간 근로제가 일반화되어 있다.

우리나라의 경우 1953.5.10 근로기준법 제정시 주당 1일 8시간 주당 48시간에서 1989.3.29 주당 44시간으로 축소되었으며 2003.9.15 법 개정시 주당 40시간으로 축소하여 2004.7.1부터 업종 및 규모별로 단계적으로 시행하고 있다.

근로기준법은 근로자의 근로시간을 보호하기 위한 방안으로 장시간 근로 억제와 근로시간 위치에 대한 제한 규정을 두고 있다. 장시간 근로를 억제하기 위한 방법으로 근로시간의 상한선을 기준근로시간으로 설정하고 이를 초과하는 연장근로에 대해서는 벌칙규정이나 가산금 제도를 두고 있다. 인간의 생리에 맞지 않는 연장근로와 변칙적인 근로를 억제하기 위해 야간근로에 대한 가산금 제도를 두고, 특정일 또는 특정한 주에 근로시간이 편중되는 것을 방지하기 위하여 변형근로를 엄격한 요건에서 예외적으로 인정하고 있다.

근로기준법은 제4장에 근로시간과 휴식이란 장을 두어 1주 40시간, 1일 8시간의 기준근로시간 설정(법 제50조), 1주 12시간 한도 내의 연장근로(제53조), 변칙적근로시간 제한을 위해 탄력적근로시간제(2주 단위, 3월 단위, 제51조), 선택적근로시간제(제52조), 연장·야간·휴일근로를 간접적으로 제한하기 위한 가산수당 지급(제56조), 재량근로 등 근로시간 계산특례(제58조), 근로시간 및 휴게시간의 특례(제61조), 근로시간, 휴게, 휴일의 제외(제63조) 등의 규정을 두고 있다.

그 외에도 연소자의 기준근로시간을 1일 7시간, 주 35시간으로 단축하고(제69조), 연소자와 임산부의 야간·휴일근로를 제한하고 있으며(제70조), 산업안전보건법 제46조에서는 위험작업(잠수·잠함 등 고기압 하에서 행하는 작업)의 경우 1일 6시간, 1주 34시간으로 근로시간을 제한하고 있다.

4-2. 근로자 특성별 근로시간 제한 내용

근로기준법은 근로자 특성별로 법정근로시간을 다음과 같이 제한을 두고 있다.

구 분	기준근로시간		연장근로	야간근로	휴일근로
	1일	1주			
남성근로자	8시간	40시간	당사자 합의 1주 12시간	제한없음	-
여성근로자	8시간	40시간	당사자 합의 1주 12시간	본인 동의	본인 동의
산후 1년 미만 여성근로자	8시간	40시간	당사자 합의 1일 2시간 1주 6시간 1년 150시간	본인 동의 고용부장관 인가	본인 동의 고용부장관 인가
임신 중 근로자	8시간	40시간	불 가	명시적 청구 고용부장관 인가	명시적 청구 고용부장관 인가
18세 미만 근로자	7시간	35시간	당사자 합의 1일 1시간 1주 5시간	본인 동의 고용부장관 인가	본인 동의 고용부장관 인가
유해위험 작업 (고기압)근로자	6시간	34시간	불 가	-	-

4-3. 근로시간의 개념

'일하는 시간'이 근로시간이라는 사실에 반대할 사람은 없다. 다만, 노동하는 사람이 기계가 아니고, 업무가 항상 컨테이너벨트에서 물건을 완성하는 제조 노동이 아닌 이상 근로시간의 해석이 문제된다. 근로시간의 개념에 대하여 근로기준법은

“휴게시간을 제외하고“라고 정한 것 외에는 명확히 규정이 없기 때문이다.

근로시간에 대하여 판례는 “근로자가 사용자의 지휘·감독하에 근로계약상의 근로를 제공하는 시간, 즉 실근로시간을 의미한다(대법원 1992.10.9, 91다14406)”고 보고 있으며, 행정해석은 근로자가 사용자의 지휘·감독하에 근로계약상의 근로를 제공하는 시간으로서 작업의 개시로부터 종료시까지의 시간에서 휴게시간을 제외한 실근로시간을 의미한다(근기 01254-20265, 1989.12.4)고 보고 있다.

가. 사용자의 지휘·감독(구속성)

근로시간은 근로자가 사용자에게 근로를 제공함에 있어 사용자의 지휘·감독하에 있는 시간을 말한다. 사용자의 지휘·감독하에 있다는 것은 근로자가 근로제공에서 사용자로부터 지시를 받고 그 지시에 따르며 지시를 위반한 경우 제재 또는 불이익을 받는 종속된 상태 또는 구속된 상태를 말한다. 사용자의 지휘·감독을 받는 시간을 구속시간이라고 말한다. 일반적으로 사용자의 지휘·감독하에 있는 구속시간은 근로계약에서 정한 근로를 제공하는 근로시간, 취업규칙에 필요적 기재사항으로 정하고 있는 시업으로부터 종업까지의 시간, 즉 취업시간을 말한다.

사용자는 지휘·감독을 통해 근로자가 근로계약을 통해 제공하여야 할 추상적이고 개괄적인 근로의 내용을 구체적으로 특정하게 된다. 그러나 사용자의 지휘·감독을 통해서 업무내용을 구체화시키지 못하는 경우도 있고 사용자의 지휘·감독이 없는 경우라도 근로시간으로 보아야 할 때가 적지 않다.

예를 들어 사용자가 지시한 작업이 소정근로시간 내에 할 수 없다고 인정되는 경우에는 소정근로시간을 초과하여 작업을 완료하게 되더라도 근로시간에 포함해야 한다. 사용자의 지휘·감독은 명시적인 것에 한정할 필요는 없고 묵시적인 것도 포함되며 근로자의 요구에 따라 묵시적으로 허가하는 경우는 물론 묵인하는 경우도 근로시간에 포함되어야 한다.

나. 근로계약상의 근로(업무성)

근로시간은 근로계약상의 근로를 제공하는 시간이다. 업무활동에는 근로계약에서 정한 본래적 업무활동과 근로계약에서 정하지 않은 근로를 제공하는 비 본래적 업무활동으로 나눌 수 있다.

(1) 본래적 업무활동

본래적 업무활동은 근로계약에서 정한 근로를 제공하는 활동을 말하는데 근로계약 시 정한 근로제공시 필수불가결한 준비행위(교대근무자의 인수인계, 작업 전 기계점검 등)와 작업종료후의 뒷정리(기물의 정돈, 작업인계) 등 사용자의 지휘·감독이 없더라도 본래의 업무활동을 하는 시간이 모두 포함된다.

(2) 비 본래적 업무활동

비 본래적 업무활동은 근로계약에서 정한 근로가 아닌 업무를 수행하는 활동을 말한다.

여기에는 연수나 극기훈련(근기 01254-4824, 1987.3.25), 조회나 안보교육(근기 01254-4100, 1988.3.18), 체육대회나 야유회 등 행사의 참가, 사업장 수해복구 출동, 안전복의 착용, 귀가 후 사업장에 화재가 발생하여 이를 진화하기 위한 출근 등이 이에 속한다고 본다.

이러한 비 본래적 업무활동은 법령·단체협약·취업규칙·노사관행 또는 근로계약에서 근로자의 의무로 명백히 정하거나 불이행에 대한 일정한 불이익(재제나 임금감액)이 가해지는 경우에는 근로시간에 포함되나, 그러한 의무가 없고 제재나 불이익이 따르지 않는 경우에는 근로계약에 따른 본래적 업무에 필요불가결하거나 밀접한 관련이 있고 사용자에게 큰 도움이 되었는가의 여부에 따라 판단하여야 한다.

관련 판례

일·숙직(또는 당직) 근로라 함은 본래 담당업무와 별개의 근로로서 사업장 시설의 정기적 감시, 긴급문서 또는 전화의 수수, 기타 돌발사태 발생을 대비한 준비 등 경미한 내용의 근로를 단속적으로 수행하는 것을 말하며, 근로기준법에서는 특정한 당직근무 형태 및 당직수당에 대하여는 별도로 규정하고 있지 않으므로 회사의 취업규칙 등에 정하여 시행할 수 있다. 다만, 일·숙직을 하는 경우라도 본래의 일·숙직이 아닌 통상의 업무를 수행하고 그 노동 강도 또한 소정근로시간에 이루어지는 통상의 업무와 유사하거나 상당히 높을 경우에는 일·숙직이 아닌 통상근로로 보아야 할 것이다. 귀 질의와 관련 시설관리 업무를 수행하는 근로자의 당직근무가 전화수수 및 비상대기 등의 경미한 업무를 수행하는 경우라면 통상근로와 구별되는 일·숙직 근무로 볼 수도 있을 것이나, 이는 근로자의 정상적인 업무가 연장된 경우인지 및 그 내용과 질이 통상근로와 같이 평가될 수 있는지에 대하여 구체적인 업무내용, 근무실태 등에 대한 사실관계를 확인하여 판단하여야 할 것이다(근로개선정책과-3090, 2014.5.28).

4-4. 근로시간 해당여부 판단기준 및 사례

가. 판단원칙

근로시간 해당 여부는 사용자의 지시 여부, 업무 수행(참여) 의무화 정도, 업무 수행이나 참여를 거부할 경우 불이익 여부, 시간이나 장소적 제한의 정도 등 구체적 사실관계를 따져 사례별로 판단한다. 법원도 일률적으로 판단하지 않고 개별·구체적인 사안에 대해 종합적으로 판단하고 있다.

관련 판례

근로시간에서 정한 휴식시간이나 수면시간이 근로시간에 속하는지 휴게시간에 속하는지는 특정 업종이나 업무의 종류에 따라 일률적으로 판단할 것이 아니다. 이는 근로계약의 내용이나 취업규칙과 단체협약의 규정, 근로자가 제공하는 업무의 내용과 구체적 업무 방식, 휴게 중인 근로자에 대한 사용자의 간섭이나 감독 여부, 자유롭게 이용할 수 있는 휴게장소의 구비 여부, 그 밖에 근로자의 실질적 휴식을 방해하거나 사용자의 지휘·감독을 인정할 만한 사정이 있는지와 그 정도 등 여러 사정을 종합하여 개별 사안에 따라 구체적으로 판단하여야 한다(대법원 2017.12.5, 2014다74254).

나. 주요 사례

(1) 근로시간·대기시간

근로시간, 대기시간, 휴식시간을 구분하는 것은 매우 중요하다. 1주 52시간제(주 40시간 + 연장근로한도 12시간) 시행과 더불어 "시간"에 대한 인식이 높아졌으며, 정당한 노동의 대가를 산정하는 기준이 근로시간이기 때문이다. 독일의 근로시간법은 근로시간 이외에 대기근로와 근로대기, 그리고 호출대기시간을 구별하고 있다.

대기시간이란 근로자가 작업시간 도중에 실제 작업을 하지 않고 다음 작업을 위하여 기다리는 시간을 말한다. 그러나 대기시간은 일시적으로 실작업을 중단하고 다음 작업을 기다린다는 점에서 근로자의 정신적·육체적 활동이 따르는 실작업시간과 구별된다.

정신적·육체적 활동을 하지 않는다는 점에서 휴식과 유사하지만 휴식시간은 근로시간 중에 사용자의 지휘·감독으로부터 벗어나 근로자가 자유로이 이용할 것이 보장된 시간(불구속 시간)인데 반해 대기시간은 다음 작업을 기다린다는 점에서 호출대기(퇴근 후 집이나 다른 곳에서 전하 연락을 통해 작업시간이 알려지는 경우)와 유사하다.

대기시간은 사용자의 지휘·감독 아래 있으므로 그 근로자가 장소·시간 및 행동에 구속을 받지만 호출대기는 그 근로자가 장소와 행동에 구속되지 않는다는 점에서 다르다.

대기시간이 근로시간인지 휴식시간인지 다툼이 있었으나, 2012.2.1 근로기준법 제50조3항을 신설하여 "근로시간을 산정함에 있어 작업을 위하여 근로자가 사용자의 지휘·감독 아래에 있는 대기시간 등은 근로시간으로 본다."는 점을 명확히 했다.

<사례1> 휴게시간이란 휴게시간, 대기시간 등 명칭 여하에 불구하고 근로자가 사용자의 지휘감독으로부터 벗어나 자유로이 사용할 수 있는 시간을 말하므로, 현실적으로 작업은 하고 있지 않지만 단시간내에 근무에 임할 것을 근로자가 예상하면서 사용자로부터 언제 취로 요구가 있을지 불명한 상태에서 기다리고 있는 시간, 이른바 대기시간은 사용자로부터 취로하지 않을 것을 보장받고 있지 못하기 때문에 휴게시간으로 볼 수 없고 근로시간으로 보아야 한다(법무811-28682, 1980.5.15).

<사례2> 근로자가 작업시간의 도중에 현실로 작업에 종사하지 않은 대기시간이나 휴식, 수면시간 등이라 하더라도 그것이 휴게시간으로서 근로자에게 자유로운 이용이 보장된 것이 아니고 실질적으로 사용자의 지휘·감독 아래에 놓여있는 시간이라면 이는 근로시간에 포함된다고 할 것이다.
일부 경비원들이 작성한 확인서들을 근거로 하여 점심 및 저녁식사를 위한 휴게시간, 심야의 수면시간을 인정할 것이 아니라, 점심·저녁식사 및 심야시간의 근무실태에 대해 구체적으로 심리해 본 후 사용자인 피고의 지휘명령으로부터 완전히 해방되어 원고들의 자유로운 이용이 보장된 식사시간 및 수면시간이 주어진 것으로 인정되는 경우에 한하여 그 시간만을 실제 근로시간에서 제외하여야할 것이다(대법원 2006.11.23, 2006다41990).

<사례3> 고시원 총무들에게 휴게시간으로 사용할 수 있는 구체적인 시간을 미리 정하여 주지 않은 점, 방문자나 새로운 세입자가 찾아오는 것은 정해진 시간이 있는 것은 아니므로 고시원을 벗어나지 않고 자리를 지키고 있어야 하는 점, 피고인은 특별한 시간의 제약이 없이 그때그때 필요한 업무지시를 총무들에게 하였고, 총무들은 피고인의 돌발적인 업무지시를 이행하였던 점 등을 감안하면, 고시원 총무들이 특별한 업무가 없어 휴식을 취하거나 공부를 하는 등으로 시간을 보냈다고 하더라도, 그 시간은 피고인의 지휘·명령으로부터 완전히 해방되고 자유로운 이용이 보장된 휴게시간이 아니라 근로를 위한 대기시간에 해당한다고 봄이 타당하다(서울중앙지방법원 2017.6.23, 2017노922).

<사례4> 야간 휴게시간에 근무초소(경비실) 내의 의자에 앉아 가면상태를 취하면서 급한 일이 발생할 경우 즉시 반응하도록 지시한 점, 야간 휴게시간에 근무초소(경비실) 내의 조명을 켜 놓도록 한 점, 야간 휴게시간에 피고의 지시로 시행된 순찰업무는 경비원마다 매번 정해진 시간에 이루어지지 않았고, 이로 인해 나머지 휴게시간의 자유로운 이용이 방해된 것으로 보이는 점 등을 종합하여 보면, 아파트 경비원들의 야간 휴게시간은 자유로운 이용이 보장되는 휴식·수면시간으로 보기 어렵고, 혹시 발생할 수 있는 긴급 상황에 대비하는 대기시간으로 볼 여지가 충분하다(대법원 2017.12.13, 2016다243078).

(2) 교육시간

교육시간이 근로시간으로 인정되기 위해서는 사용자의 지시에 의해 이뤄지고, 근로자의 참가의무가 있어야 한다. 사용자의 지시는 근로계약상 적법한 범위 내에서 이루어져야 하며, 사용자의 지시 여부를 판단하는 지표 중 하나는 업무관련성이다. 업무관련성 여부는 사용자가 교육 참여를 지시했는지 문제와 동일한 의미이기 때문이다. 또한 교육시간에 대해 금전이 지급되는지 여부는 직접적인 판단 기준은 될 수 없다. 단순히 금전이 지급되는 교육시간이라고 해서 교육시간을 근로시간으로 볼 수는 없기 때문이다. 물론 근로시간이 아닌 교육시간에 대해 금전지급의 근거가 있다면 그에 따라 지급하는 것은 당연하다.

근로자의 참가의무가 있는지 여부는 근로자가 참가를 거부할 수 없으며, 참가하지 않았을 경우 일정한 불이익이 가해지는지 등으로 판단한다.

근로자가 개인적인 차원의 법정의무 이행에 따른 교육 또는 이수가 권고되는 수준의 교육을 받는 시간은 근로시간으로 보기 어렵다. 한편, 온라인 교육은 근로자가 교육시간, 장소를 스스로 결정하는 측면도 있지만 회사가 역량강화를 위해 필수사항으로 요구하는 경우 근로시간으로 볼 수 있다.

<사례1> 사용자가 근로시간 중 작업안전, 작업능률 등 생산성 향상 즉, 업무와 관련하여 실시하는 직무교육과 근로시간 종료 후 또는 휴일에 근로자에게 의무적으로 소집하여 실시하는 교육은 근로시간에 포함되어야 하나(근기 01254-14835, 1988.9.29), 업무 관련성이 없는 개인의 교양, 취미 등의 교육시간은 근로시간으로 볼 수 없다.

<사례2> 근로자가 회사와는 관계없는 운전면허증 소지자에 대한 소양교육과 같은 법적 이행 개인의무사항 교육이나 국가기관 등의 시책사업으로 사용자에게 협조를 요구하여 근무시간 외 또는 휴일에 회사에서 단체로 근로자에게 의무사항이 아닌 권고사항으로 시행하는 안전관계 교육, 열관리 교육, 환경미화 교육, 개인교양 교육, 국가홍보사항 교육 등은 근로시간에 포함되지 않으며, 참가가 의무화되어 있지 않은 교육은 근로시간에 포함되지 않는다(근기 1254-1137, 1998.1.28).

<사례3> 법령이나 단체협약 및 취업규칙 등에 교육시간을 유급으로 규정하고 있거나 관례적으로 임금을 지급하고 있다면 해당 시간에 대한 임금은 지급되어야 하고(근기 01254-14835, 1988.9.29), 국가기술자격법에 의한 보수교육기간은 출근한 것으로 보아 임금을 지급하여야 한다(근기 01254-8307, 1991.6.11).

<사례4> 방문건강관리사업에 종사하는 전문인력은 반드시 이수토록 되어 있는 점, 교육참석이 사용자의 지시·명령에 의해 이루어진 점 등을 고려하여, 동 교육시간은 근로시간에 포함된다(근로개선정책과-2570, 2012.5.9).

<사례5> 직원들에게 교육이수 의무가 없고, 사용자가 교육 불참을 이유로 근로자에게 어떠한 불이익도 주지 않는다면 이를 근로시간으로 볼 수는 없을 것이다. 아울러 사용자가 동 교육에 근로자의 참석을 독려하는 차원에서 교육수당을 지급하였다고 하여 근로시간으로 인정되는 것은 아니다(근로개선정책과-798, 2013.1.25).

<사례6> 외부 합숙교육이 사용자의 지시·명령에 의해 강제되는 경우에도 정상적인 근무와 달리 근로자들의 장기간 업무공백에 따른 업무 복귀시 적응훈련 및 업무능력 향상, 근로자의 자기개발 등 복합적인 목적으로 실시하는 경우에는 정상근로와는 동일하게 볼 수 없으므로 연장근로수당 지급의무가 당연히 발생한다고 보기는 어렵다(근기 68207-214, 2002.2.24). 작업시간 이외에 실시하는 극기훈련 등 역량교육을 근로시간 포함시킬 것인가의 여부는 훈련의 강제성여부, 비용부담, 불참자에 대한 재제여부 등 구체적인 기준에 따라 판단한다(근기 01254-4824, 1987.3.25).

<사례7> 온라인 교육이 근로시간인지에 대한 문제
① 온라인 교육이라 하더라도 회사에서 해당 근로자에게 필수 교육으로 진행하고 학점이수를 하지 않는 경우 불이익(평가나 승격 기준에 반영하는 등)이 있다면 근로시간에 해당한다. 설사 평가나 승격 기준에는 포함하지 않는다 할지라도, 학점이수제로 필수적으로 들어야 하는 경우라면 근로시간에 포함되는 것으로 볼 수 있다.
② 자기계발이나 근로자의 역량개발을 목적으로 자율적으로 운영되는 온라인 교육이라면 근로시간에 해당하지 않는다. 다만, 이 경우에도 자기주도학습의 명목으로 근로시간 외 교육을 의무적으로 이수해야 한다는 등의 회사의 지시나 명령등이 있다거나 평가 승격기준에 반영된다면 근로시간에 포함될 수 있다.

(3) 출장 및 이동시간

노사간의 단체협약이나 취업규칙에 별도의 규정 없이 출장 기타의 사유로 근로시간의 전부 또는 일부를 사업장 밖에서 근로하여 근로시간을 산정하기 어려운 때에는 소정근로시간을 근로한 것으로 본다. 다만, 당해 업무를 수행하기 위하여 통상적으로 소정근로시간을 초과하여 근로할 필요가 있는 경우에는 그 업무의 수행에 통상 필요한 시간을 근로한 것으로 본다.

해외 출장의 경우 해외출장(출입국절차, 비행 대기시간 및 비행시간, 현지이동 및 업무시간 등 포함)에 소요된 시간을 전부 근로시간으로 본 판례(사례5 참고)가 있으니 통상 필요한 시간에 대한 객관적 원칙을 세워 근로자대표와 서면합의하고 그에 따른 근로시간을 인정하는 것이 바람직하다.

<사례1> 근로자가 출장 등 기타의 사유로 근로시간의 전부 또는 일부를 사업장 밖에서 근로한 경우에는 노사당사자간 특약이 없는 한 소정근로시간을 근로한 것으로 본다. 따라서 사립학교법령에 별도의 규정이 없다면 교사가 학생을 인솔하여 야영이나 수학여행을 가는 경우에는 근로기준법 제58조의 규정에 의한 사업장 밖 근로에 해당한다고 볼 수 있다(근기 68207-1963, 2000.6.28).

<사례2> 귀 질의와 같이 A/S 업무를 담당하는 근로자의 경우 A/S 업무를 사업장 밖에서 근무한다면 일응 출장으로 보여진다. 출장 등의 사유로 근로시간의 전부 또는 일부를 사업장 밖에서 근로하여 근로시간을 산정하기 어려운 때에는 소정근로시간을 근로한 것으로 보며, 다만 소정근로시간을 초과하여 근로할 필요가 있는 경우에는 그 업무의 수행에 통상 필요한 시간을 근로시간으로 본다. 당해 업무에 관하여 근로자대표와의 서면합의가 있는 때에는 그 합의에서 정하는 시간을 그 업무의 수행에 통상 필요한 시간으로 본다. 귀 질의상 불분명하나 A/S 업무 수행에 통상 필요한 시간이 소정근로시간을 초과하는 경우라면 동법 제58조제2항에 의한 노사 서면합의가 없는 한 동법 제56조제1항 단서에 따라 그 업무의 수행에 통상 필요한 시간을 근로시간으로 보아야 할 것이다.
출장에 있어 통상 필요한 시간을 산정할 경우 출장지로의 이동에 필요한 시간은 근로시간에 포함시키는 것이 원칙이나 출퇴근에 갈음하여 출장지로 출근 또는 출장지에서 퇴근하는 경우는 제외할 수 있을 것이다. 다만, 장거리 출장의 경우 사업장이 소재하는 지역에서 출장지가 소재하는 지역까지의 이동시간은 근로 시간에 포함시키는 것이 타당하다(근기 68207-1909, 2001.6.14).

<사례3> 사업장 및 출장지가 소재하는 지역간 이동에 통상 소요되는 시간을 포함하여 출장 근무 수행에 통상적으로 필요한 시간이 소정근로시간을 초과한 경우라면 그 필요한 시간을 근로한 것으로 보게 되므로 그 시간에 대하여 임금을 지급해야 한다. 한편, 사용자의 지시에 의해 휴일에 출장업무를 수행한 것이 명백한 경우에는 이를 휴일근로로 볼 수 있으나, 단순히 휴일에 이동하는 경우라면 휴일근로를 한 것으로 보기는 어렵다(근기 68207-2675, 2002.8.9).

<사례4> 지정된 숙소로의 이동방법, 시간 등에 구속을 받으며, 이동 중에 사용자의 지휘명령이 있을 경우 언제든지 그것을 이행하여야 할 의무가 있는 시간이라면 근로시간으로 볼 수 있을 것이나, 전체적인 출장 업무 진행에 차질이 없는 범위 내에서 어느정도 자유로운 이용이 보장되어 있다면 근로시간으로 보기 어렵다. 다만, 그러한 사정들과 관계없이 노사간의 단체협약이나 취업규칙 등으로 그 이동시간을 근로시간으로 정하였다면 그에 따르면 될 것이다(근로기준과-5441, 2004.8.7).

<사례5> 원고가 해외출장(출입국 절차, 비행대기 및 비행, 현지 이동 및 업무 등 포함) 중 소비한 시간은 근로시간으로 보아야 한다. 원고가 2013. 1.부터 2015. 2.까지 해외출장 업무로 소정근로시간(평일 08:30~17:30)을 초과하여 연장·야간·휴일 근로한 사실을 인정할 수 있다(수원지방법원2016.11.24, 2016가단505758).

(4) 회의시간, 노사협의회 의원의 회의 참석시간

작업시작 전 업무교육이나 작업지시, 작업조 편성 등의 취업회의는 근로시간에 포함되며(대법원 1993.9.28, 93다3363), 노사협의회 위원인 근로자가 노사협의회에 참석한 시간도 근로시간에 포함된다.

(5) 접대

업무수행과 관련이 있는 제3자를 소정근로시간 외에 접대하는 경우, 이에 대한 사용자의 지시 또는 최소한 승인이 있는 경우에 한해 근로시간으로 인정이 가능하다. 법인카드를 사용한 것 자체만으로 회사의 승인을 받은 것으로 보기는 어렵고, 업무상 사유인 것이 명백하고 관리자가 접대를 승인했다는 등의 내용이 추가적으로 확인되어야 근로시간으로 인정받을 수 있다.

<사례> 휴일골프의 라운딩 대상자들, 라운딩 장소, 시간 등을 피고 회사가 아닌 원고의 상사인 상무 또는 원고 등이 임의로 선정한 점, 또한 이 사건 휴일골프 관련하여 원고 또는 상무 등 그 누구도 피고에게 별도로 출장복무서와 같은 형식으로 보고하지 않은 점, 원고의 이 사건 휴일골프 참여 당시의 지위가 부서장으로서 원고 자신의 직무를 원활히 수행하고 좋은 대내외의 평가 등을 위하여도 자발적으로 이에 참여할 동기기 있었던 것으로 보이는 점 등에 비추어 보면, 원고의 이 사건 휴일골프와 관련하여 피고가 그 업무관련성 등을 인정하여 비용 등을 계산하였고, 이 사건 휴일골프 중 상당수는 원고의 상사인 상무의 명시적·묵시적 지시에 의하여 참여한 사정만으로는 이 사건 휴일골프가 사용자의 구체적인 지휘·감독하에 이루어진 것으로 볼 수 없고 결국 근로기준법상 "근로시간"에 해당한다고 단정할 수는 없다(서울중앙지방법원2018.4.4, 2017가단5217727).

(6) 워크숍 · 세미나 · 체육행사

워크숍이나 세미나의 목적에 따라 판단하는데, 사용자의 지휘·감독 하에서 효과적인 업무 수행 등을 위한 집중 논의 목적이라면 근로시간으로 볼 수 있으며, 소정근로시간 범위를 넘어서는 시간 동안의 토의, 과제물 작성 등은 연장근로로 인정이 가능하다. 그러므로, 분임토의 등은 소정근로시간 내에 실시하는 것이 바람직하다.

다만, 워크숍 프로그램 중 직원간의 친목 도모 시간이 포함되어 있는 경우에는 이 시간까지 포함하여 근로시간으로 인정하기는 어렵다. 또한, 단순히 직원간 단합 차원의 워크숍 등은 근로시간으로 볼 수 없다.

체육행사의 경우 참석이 강제되고 불참 시에는 결근 처리하거나 경고 조치 등을 하는 경우 사용자의 지휘감독 아래 있는 근로시간으로 볼 수 있다.

<사례> 회사운영방침에 따라 근로하여야 할 날에 야유회를 실시하는 경우라면 임금은 당연히 지급되어야 하며, 유급휴일에 야유회를 실시하는 경우라면 휴일에 당연히 지급되는 임금과 당해 유급휴일의 근로(야유회)에 대한 소정의 통상임금을 지급하면 되는 것이다(근기 1455-7105, 1979.7.12). 이 경우 휴일근로가산수당도 별도로 계산되어야 한다.

(7) 회 식

회식은 근로자의 기본적인 노무제공과는 관련 없이 사업장 내 구성원의 사기 진작, 조직의 결속 및 친목 등을 강화하기 위한 차원임을 고려할 때, 근로시간으로 인정하기 어려움이 있다. 사용자가 참석을 강제하는 언행을 하였다고 하더라도 그러한 요소만으로는 회식을 근로계약상 노무제공의 일환이라고 보기 어렵다.

(8) 흡연, 커피

근무시간 중 흡연을 위해 자리를 비운 시간은 현실로 작업에 종사하지 않고 휴식한 시간은 맞지만 그렇다고 휴게시간으로서 자유로운 이용이 보장된 시간은 아니다. 만약 사업장 내에서 사용자가 근무시간 중 흡연을 허용해 왔거나 사실상 묵인한 사정이 있다면 근로시간으로 인정될 수 있다.

이에 대해 사업장에서는 흡연이나 티타임 이용에 대한 방침을 정해두는 것이 바람직하다. 만약 회사 방침상 근무시간 중에 흡연을 위해 자리를 비우는 것을 허용하지 않는데도 흡연을 위해 이석을 한다면 사용자의 지휘·명령에 반하는 것이고, 노동력을 사용자의 처분아래 두었다고 볼 수도 없기 때문에 근로시간으로 볼 수 없게 된다.

<사례> 09:00부터 다음날 09:00까지 24시간 근무 후 24시간을 쉬는 격일제 경비업무를 수행해 온 원고들이 실제로 점심, 저녁 식사시간은 물론 어떠한 휴게시간도 공식적으로 제공받지 못했고, 나아가 심야 수면을 취하지 못하도록 하는 관리 감독이 실행된 사실이 있는 등 원고들에게 1일 6시간의 휴게시간이 주어졌다고 인정하기 부족함에도 불구하고, 점심, 저녁 식사시간 2시간과 심야 4시간의 수면시간이 주어졌다고 인정하면서 이를 근로시간에서 제외한 원심 판결을 파기한 사건에서
"근로자가 작업시간의 도중에 현실로 작업에 종사하지 않은 대기시간이나 휴식-수면시간 등이라 하더라도 그것이 휴게시간으로서 근로자에게 자유로운 이용이 보장된 것이 아니고 실질적으로 사용자의 지휘감독 하에 놓여있는 시간이라면 이는 근로시간에 포함된다."고 판시했다(대법원2006.11.23, 2006다41990).

(9) 조기출근

조기 출근하더라도 원칙적으로 사업주가 시업시간으로 정한 시간부터 근로시간으로 인정된다. 다만, 조기출근을 하지 않을 경우 임금을 감액하거나 복무위반으로 제재를 가하는 권리의무관계라면 근로시간에 해당될 것이나, 그렇지 않다면

근로시간에 해당되지 않는다(근기 01254-13305, 1988.8.30).

<사례> 시업시간과 종업시간은 소정근로시간의 길이와 위치를 명확히 하기 위한 것으로 사업장이나 업종에 따라 그 시업시각은 다르므로 근로기준법 제94조(취업규칙의 작성신고)에서 사업주가 정하여 시행하도록 규정하고 있는 바, 근로시간 측정에 있어서 시업시간은 사업주가 시업시간으로 정하여 시행하는 시각부터가 근로시간이 되는 것이다.
다만, 시업시간 이전에 조기출근토록 하여 시업에 지장이 없도록 하는 것을 근로시간으로 인정하여 임금이 지급되어야 할 것인가 여부는 조기출근을 하지 않을 경우 임금을 감액하거나 복무 위반으로 제재를 가하는 권리의무관계라면 근로시간에 해당될 것이나 그렇지 않다면 근로시간에 해당되지 않는다(근기 01254-13305, 1988.8.29).

(10) 50분 강의 후 10분 쉬는 경우의 10분

매 50분 근무(강의)마다 10분씩 단속적으로 휴식시간을 부여하는 경우, 휴식시간이 근무시간과 명백히 구분될 뿐만 아니라 근로자가 사전에 휴식시간임을 알고 있고, 휴식시간 중에는 사용자의 지휘·감독하에서 벗어나 자유로이 이용할 수 있다면 근로기준법 제54조의 휴게시간으로 근로시간으로 볼 수 없으나 휴게시간이 다음 근무(강의)를 위한 준비시간으로 정해져 있고, 이를 소홀히 할 경우 제재가 가해지는 등 사용자의 지휘·감독하에서 벗어난 시간으로 볼 수 없다면 근로시간으로 보아야 한다(근기 68207-2676, 2002.8.9).

(11) 사용자의 승인이 없는 연장근로

연장근로는 당사자 간 합의로 하는 것이므로 근로자가 사용자의 요구와 관계없이 자기의 의사에 의해 연장근로를 했다면 이에 대해서는 연장근로수당을 지급할 의무가 없다. 만약, 연장근로의 승인이 없는 근로자가 자발적으로 연장근로를 하거나 연차사용촉진제도에 따른 휴가 지정일에 근로자가 출근하는 경우 연장근로수당 등의 지급문제로 다툼이 생긴다. 이에 대해 사용자가 노무수령의 거부의사를 명확하게 표현했는지가 쟁점이 된다. 노무수령 거부 의사표시가 있었는지는 업무 수행 및 근태관리에 대한 지시 및 통제가 있었는지 여부, 노무수령 거부 의사 방법의 명확성, 출근 사유가 업무수행과 긴밀한 관련성이 있는지 등의 구체적인 사실관계를 종합적으로 고려하여, 노무수령 거부의사를 해당 근로자가 인지할 수 있는 정도를 기준으로 노무수령 거부 의사표시가 있었는지를 판단한다. 예를 들어, 근로자의 책상에 노무수령 거부 통지서를 두거나 해당 근로자의 PC에 노무수령 거부 화면이 나타나도록 하는 경우에는 노무수령 거부 의사를 표시한 것으로 인정하지만, 이메일을 통한 방법의 경우 노무수령 거부의사를 근로자가 인지할 수 있는 정도가 아니라고 판단해 노무수령 거부의사를 표시한 것으로 인정하지 않는다.

(12) 기타

사용자의 지휘·감독 여부 등을 포함하여 개별 사안에 따라 구체적·종합적으로 고려하여 근로시간 여부를 판단한다.

<사례1> 사립학교 교직원이 방학기간중 출근하지 아니하는 자택연수가 근로시간에 해당되는지 여부는 일률적으로 판단하기 곤란하나 출근하지 아니하는 동 기간동안의연수내용, 과정 또는 결과에 대하여 사용자에게 구속됨이 없이 자유롭게 활용하는 것이라면 임금지급 여부에 관계없이 이는 근로시간으로 보기 어려울 것이다(근기 10831-2104, 1993.10.5).

<사례2> 근로기준법상 근로시간이라 함은 근로자가 사용자의 지휘·감독하에 근로계약상의 근로를 제공하는 시간을 말하는 것인 바, 실제 근로에 부수되는 작업시간(버스운전 근로자가 차량운행 이외 버스요금통의 반납과 재설치에 소요되는 시간)이 근로시간에 해당하는지 여부는 사실관계에 따라 판단되어지는 것이 원칙이다. 다만 버스요금통의 반납과 재설치에 관한 사항이 사용자의 지휘·명령 하에 행해지고 있다면 이에 소요되는 시간은 근로시간으로 보는 것이 타당하다(근기 68207-875, 1996.7.1).

<사례3> 일반적으로 일·숙직근로라 함은 일과 후에 업무를 종료하고 정기적 순찰, 전화와 문서의 수수, 기타 비상사태 발생 등에 대비하여 시설 내에서 대기하거나 전화 착신하여 자택에서 대기하는 경우로서 이러한 업무는 원래 근로계약에 부수되는 의무로 이행되어야 하는 것이어서 정상근무에 준하는 임금을 지급할 필요는 없으며 연장·야간·휴일근로수당 등이 지급되어야 하는 것은 아니다. 다만, 일·숙직시간 중에 수행하는 업무의 노동 강도가 본래의 업무와 유사하거나 상당히 높은 유사 일·숙직근로에 대하여는 통상의 근로에 준하여 근로기준법 제55조 소정의 가산임금을 지급하여야 할 것이다(임금근로시간정책팀-2974, 2006.10.10).

4-5. 근로시간의 계산

근로시간은 근로자가 사용자에게 소정의 근로를 제공하기 시작한 시간부터 제공을 종료한 시간까지의 총시간에서 휴게시간을 공제한 시간을 말한다.

근로기준법은 시업과 종업의 시간 및 휴게시간에 대하여 근로계약 체결시 명시하고 취업규칙에 기재하여야 할 필요적 기재사항으로 정하고 있다. 임금은 근로시간과 연동되어 달라지므로 시업시간과 종업시간을 어떻게 볼 것인가가 중요하다.

여기서 잠깐! **근로 시작과 종료는 어떻게 판단하나**

시 업	종 업
객관적으로 근로자가 어느 시점부터 사용자의 지휘·감독하에 근로를 제공하는 시기인가가 관건이 된다. 단체협약이나 취업규칙에서 정한 출근 확인 시간을 시업 시각으로 본다.	종업시간이란 근로자가 사용자의 지휘·감독을 벗어났다고 인정되는 작업 종료 시각을 말한다. 작업이 끝났다고 하더라도 사용자의 지휘·감독하에 있는 경우에는 근로시간이다(기계·기구의 정비점검, 사업장 정리·정돈 등).

가. 시업시각

근로시간에서 시업시각을 어느 때로 볼 것인지에 대하여 근로기준법상 명문의 규정이 없는데, 통설과 판례는 객관적으로 사용자의 지휘·감독하에 근로를 제공하는 시점이 어느 시점인지가 관건이 된다고 보기 때문에 단체협약이나 취업규칙에서 정한 출근 확인시간을 시업시각으로 본다.

나. 작업준비행위

시업시간 이전에 사용자가 작업준비행위를 요구할 때 작업 준비시간을 시업시각으로 인정할 것인지가 문제된다.

통설과 판례는 작업준비행위가 사용자에 의해 의무화 되어 있고, 근무를 위해 필수·불가결한 경우 근로시간으로 인정하고 있는데, 기계의 정비나 점검, 인수인계, 조회나 취업회의(대법원 1993.9.28, 93다3363), 버스 운전사의 경우 작업준비시간(차량점검, 요금통설치, 연료충전(근기 68207-3345, 2002.12.12))등이 작업준비행위에 속한다고 본다.

작업복이나 안전보호구의 착용 등을 사용자가 근로자에게 의무화한 경우 근로시간에 포함시킬 것인지 여부는 강제의 성질이나 위반에 대한 불이익 유무·정도와 업무성의 유무·정도에 따라 판단하여야 한다.

즉, 업무적 성격이 희박한 경우에는 그 행위가 취업규칙에 정해져 있을 지라도 성질상 근로시간에 포함되지 않는다. 아주 단순하고 단시간에 마칠 수 있는 옷 갈아입기(은행원 제복착용)가 이에 해당한다.

산업안전보건법상 안전보호구의 착용은 사용자 및 근로자에 대한 의무로 정해져 있고, 재해방지, 작업능률, 생산성향상, 직무질서유지 등을 위해 필요·불가결한 업무관련 행위이므로 근로시간에 포함되어야 한다.

다. 종업시각

근로시간이 끝나는 종료시각은 사용자의 지휘·감독으로부터 벗어났다고 인정되는 시간으로서 작업 종료시각이다.

그러나 소정 근로가 끝났더라도 계속하여 사용자의 지휘·감독하에 있을 때에는 구속으로부터 벗어난 시간이 종업시각이 된다. 예를 들어 사용자의 지휘·감독하에 작업 후 기계·기구의 정비·점검 및 정돈과 사업장의 청소 등이 이에 해당한다(대법원 1993.3.9, 92다 2270).

작업 후 업무에 대한 교육 실시나 소집단 활동 및 저녁 회식 등도 그 활동이 근로자의 자발적인 것이 아니고, 사용자의 지휘·감독하에 업무와 필요·불가결한 관련이 있으며 사용자에게 중대한 이해관계가 있는 경우 근로시간에 포함되고, 활동이 종료된 경우 비로소 작업이 종료되었다고 본다.

다만, 목욕과 옷 갈아입기만은 특별한 사정이 없는 한 근로시간으로 보지 않는다는 것이 통설의 입장이다. 이 경우 특별한 사정이란 단체협약이나 취업규칙 등에 목욕이나 옷 갈아입기가 의무화 되어 있거나 그 시간을 근로시간으로 정한 경우 또는 오염이 심한 작업장에서 근로한 경우 목욕을 한 뒤 비로소 사적 행동의 자유를 누릴 수 있는 경우를 말한다.

4-6. 기준근로시간(법정근로시간)

관련법령

근로기준법 제50조【근로시간】

① 1주 간의 근로시간은 휴게시간을 제외하고 40시간을 초과할 수 없다.

② 1일의 근로시간은 휴게시간을 제외하고 8시간을 초과할 수 없다.

③ 제1항 및 제2항에 따라 근로시간을 산정하는 경우 작업을 위하여 근로자가 사용자의 지휘·감독 아래에 있는 대기시간 등은 근로시간으로 본다.

근로시간을 주 단위와 1일 단위로 제한하는 것을 근로시간의 원칙 또는 기준근로시간에 대한 규정이라고 한다. 법으로 정한 근로시간의 한도를 말하므로 법정근로시간이라고도 한다. 법정기준근로시간 규정은 법이 정한 시간을 초과하여 근로시킬 수 없다는 절대적 금지 조항은 아니며, 기준을 초과하여 근로하는 경우 연장근로 가산수당을 지급하는 기준이 되는 시간을 의미한다. 다만 1주 12시간의 연장근로에 대한 제한이 있다.

가. 1주 40시간 근로

1주간의 근로시간은 휴게시간을 제하고 40시간을 초과할 수 없다. 1주란 휴일을 포함하여 7일을 의미한다.

1주 40시간 근로시간제가 반드시 주 5일 근무를 말하는 것은 아니다. 즉, 1일 8시간 근로라면 주5일 근무가 되나, 1일 7시간이거나 6시간 근로인 경우 주6일 근로가 불가피하다. 1주 5일 근무일 경우 보통 1일은 주휴일, 1일은 휴무일로 정할 수 있는데 주휴일을 언제로 정할 것인지, 휴무일을 유급으로 할 것인지는 노사간에 정할 수 있으며, 노사 간에 정함이 없다면 토요일은 무급 휴무일, 일요일은 유급 주휴일이 된다고 본다.

나. 1일 8시간 근로

1일의 근로시간은 휴게시간을 제하고 8시간을 초과할 수 없다. 1일은 원칙적으로 오전00시부터 오후12시까지 달력상의 24시간을 말한다. 다만, 계속된 근로의 중간에 오전00시가 끼어있어 2일에 걸치는 경우 비록 달력상의 일을 달리하더라도 1일 근무로 보고 시업시간이 속하는 날의 계속근로로 본다(근기 01254-1433, 1991.10.5).

예를 들어 주휴일인 일요일에 근로를 시작하여 월요일에 근로가 종료되는 경우 달력상의 월요일 근무도 휴일근로가 된다.

다. 연장근로의 제한

관련법령

근로기준법 제2조【정의】

① 이 법에서 사용하는 용어의 뜻은 다음과 같다.

7. "1주"란 휴일을 포함한 7일을 말한다.

근로기준법 제53조【연장 근로의 제한】

① 당사자 간에 합의하면 1주 간에 12시간을 한도로 제50조의 근로시간을 연장할 수 있다.

② 당사자 간에 합의하면 1주 간에 12시간을 한도로 제51조 및 제51조의2의 근로시간을 연장할 수 있고, 제52조1항2호의 정산기간을 평균하여 1주 간에 12시간을 초과하지 아니하는 범위에서 제52조1항의 근로시간을 연장할 수 있다.

③ 상시 30명 미만의 근로자를 사용하는 사용자는 다음 각 호에 대하여 근로자대표와 서면으로 합의한 경우 제1항 또는 제2항에 따라 연장된 근로시간에 더하여 1주 간에 8시간을 초과하지 아니하는 범위에서 근로시간을 연장할 수 있다〈2022.12.31까지 유효〉.

1. 제1항 또는 제2항에 따라 연장된 근로시간을 초과할 필요가 있는 사유 및 그 기간
2. 대상 근로자의 범위

④ 사용자는 특별한 사정이 있으면 고용노동부장관의 인가와 근로자의 동의를 받아 제1항과 제2항의 근로시간을 연장할 수 있다. 다만, 사태가 급박하여 고용노동부장관의 인가를 받을 시간이 없는 경우에는 사후에 지체 없이 승인을 받아야 한다.

⑤ 고용노동부장관은 제4항에 따른 근로시간의 연장이 부적당하다고 인정하면 그 후 연장시간에 상당하는 휴게시간이나 휴일을 줄 것을 명할 수 있다.

⑥ 제3항은 15세 이상 18세 미만의 근로자에 대하여는 적용하지 아니한다〈2022.12.31까지 유효〉.

⑦ 사용자는 제4항에 따라 연장 근로를 하는 근로자의 건강 보호를 위하여 건강검진 실시 또는 휴식시간 부여 등 고용노동부장관이 정하는 바에 따라 적절한 조치를 하여야 한다.

(1) 1주일의 근로시간의 한도(근로기준법 제2조1항7호, 제53조 1항, 2항)

2018.3.20 근로기준법이 개정되면서 1주일에 대한 해석을 명확히 하였다. 1주일은 휴일을 포함한 7일을 의미한다. 상식처럼 들리겠지만 그동안 1주일은 휴일을 제외한 개념으로 해석했다. 결과적으로 1주일 40시간 근로와 연장근로 한도 12시간, 그리고 휴일근로(토요일과 일요일)는 별도로 8시간씩 계산하여 1주일에 최대 68시간까지 근로가 가능했던 것이다. 그러나, 근로기준법 개정을 통해 1주일 최대 52시간제가 정립되었다. 2018.7.1부터는 1주일 40시간 법정근로와 연장근로 12시간까지만 가능하다. 다만 근로자의 소득 감소와 중소기업의 경영상 부담 등을 고려하여 기업규모별로 단계적으로 시행될 예정이다.

여기서 잠깐! **기업규모별 적용시기**

> 1주일 최대 52시간 근로제도 시행시기
> · 300인이상 및 국가, 지자체, 공공기관은 2018.7.1부터
> · 근로시간 특례업종에서 제외된 21개 업종은 2019.7.1부터
> · 50인이상 300인미만 사업장은 2020.1.1부터
> · 5인이상 50인미만 사업장은 2021.7.1부터 적용된다.

(2) 특별연장근로(근로기준법 제53조 3항부터 5항)

(가) 상시 30인미만 사업장 한시 적용

근로시간 단축(1주일 최대 52시간)은 기업규모별로 단계적으로 시행하나, 30인미만 사업장은 영세성을 고려하여 충분한 준비기간을 가지도록 1주일 8시간의 범위 내에서 특별 연장근로를 한시적으로 허용한다. 30인미만 사업장이 1주일 최대 52시간 적용을 받는 2021.7.1부터 2022.12.31까지는 1주일에 최대 60시간까지 허용한다. 단, 근로자대표와 서면합의가 있어야 하며, 18세미만 연소근로자에게는 특별연장근로가 적용되지 않는다. 합의할 사항은 "대상근로자의 범위"와 "1주일 연장근로한도인 12시간을 초과할 필요가 있는 사유 및 그 기간"이다.

(나) 특별한 사정이 있는 경우

근로기준법상 근로시간은 근로자와 합의하면 1주일에 12시간을 한도로 연장할

수 있지만, 1주일에 12시간을 초과하는 연장근로는 근로자의 동의가 있더라도 허용되지 않는다. 그러나 자연재해, 재난 등의 사고가 발생하여 이를 수습하기 위해 불가피하게 연장근로를 해야만 하는 경우도 있다. 고용부장관의 인가 절차(사후승인 가능)를 거쳐 1주일 12시간의 연장근로를 초과하여 근로를 하게 할 수 있는 제도가 '특별연장근로 인가'이다. 인가 요건과 절차는 다음과 같다.

① 자연재해, 재난 및 안전관리기본법에 따른 재난, 이에 준하는 사고가 발생하여 이를 수습하기 위한 연장근로를 피할 수 없는 경우

② 고용부장관의 인가 또는 승인

관할 지방노동청에 신청하여 사전에 인가를 받아야 하며(원칙), 다만 사태가 급박하여 인가를 받을 시간이 없는 경우에는 사후에 지체 없이 승인을 받아야 한다(예외).

③ 근로자의 동의

특별한 사유가 있어 1주일에 12시간을 초과하여 연장근로를 시키기 위해서는 '근로자 동의서'를 첨부하여 관할 지방노동청의 인가를 받아야 하며(원칙), 다만, 사태가 급박하여 인가를 받을 시간이 없는 경우에는 사후에 승인신청서와 함께 첨부 가능하다(예외).

④ 특별한 사정으로 고용노동부장관의 인가를 받아 근로시간을 연장하여 근로시키는 경우 근로자의 건강보호를 위하여 건강검진 실시 또는 휴식시간 부여 등 고용노동부장관이 정하는 바에 따라 적절한 조치를 하여야 한다.

(3) 단시간 근로자의 연장근로

관련법령

기간제법 제6조【단시간근로자의 초과근로 제한】

① 사용자는 단시간근로자에 대하여 근로기준법 제2조의 소정근로시간을 초과하여 근로하게 하는 경우에는 당해 근로자의 동의를 얻어야 한다. 이 경우 1주간에 12시간을 초과하여 근로하게 할 수 없다.

② 단시간근로자는 사용자가 제1항의 규정에 따른 동의를 얻지 아니하고 초과근로를 하게 하는 경우에는 이를 거부할 수 있다.

③ 사용자는 제1항에 따른 초과근로에 대하여 통상임금의 100분의 50 이상을 가산하여 지급하여야 한다.

(가) 단시간 근로자의 개념

단시간 근로자란 1주 동안 소정근로시간이 그 사업장에서 같은 종류의 업무에 종사하는 통상근로자의 1주 소정근로시간에 비해 짧은 근로자를 말한다.

① 같은 종류의 업무에 대한 판단

동종업무 여부는 당해 업무의 수행방법, 작업의 조건, 업무의 난이도 등을 종합적으로 고려하여 판단해야 하며, 특히 업무의 이질성으로 인해 근로조건이 현저하게 구별되어 규정되는지가 중요하다. 예를 들어, 제조업의 경우 생산직과 사무직, 판매업의 경우 관리직과 영업직, 운수업의 경우 관리직과 운전직, 학교의 경우 교원과 행정직 등으로 동종업무를 구분해 볼 수 있다.

② 통상근로자의 의미

통상근로자 여부는 소정근로시간 뿐만 아니라 당해 사업장의 고용형태, 임금체계 등을 종합적으로 고려하여 볼 때 통상적으로 근로할 것이 예정되어 있는 정규직 근로자를 말한다. 취업규칙 등에 의해 채용 및 계약기간, 임금, 호봉, 승진 등 중요한 근로조건 대부분이 직접 규율되고 있는 근로자로 볼 수 있다. 동종근로자는 통상근로자가 없는 경우 그 업무에 종사하는 가장 일반적인 형태의 근로자를 잠정적으로 통상근로자로 볼 수 있다. 즉, 해당사업장의 같은 종류의 업무에 종사하는 통상의 근로자의 소정근로시간이 8시간이라면 1시간이라도 짧게 근로하는 자는 단시간 근로자에 해당한다.

(나) 초과근로 제한

단시간근로자의 임금 산정단위는 시간급을 원칙으로 하며 시간급 임금을 일급 통상임금으로 산정할 경우에는 1일 소정근로시간수에 시간급 임금을 곱하여 산정한다. 단시간근로자의 1일 소정근로시간수는 4주 동안의 소정근로시간을 그 기간의 통상 근로자의 총 소정근로일수로 나눈 시간수로 한다. 소정근로시간을 초과한 연장근로시간에 대해서는 가산임금을 지급해야 하며, 12시간을 초과하여 연장근로를 시킬 수 없다.

라. 야간·휴일근로

관련법령

근로기준법 제56조【연장·야간 및 휴일 근로】

① 사용자는 연장근로(제53조·제59조 및 제69조 단서에 따라 연장된 시간의 근로를 말한다)에 대하여는 통상임금의 100분의 50 이상을 가산하여 근로자에게 지급하여야 한다.

② 제1항에도 불구하고 사용자는 휴일근로에 대하여는 다음 각 호의 기준에 따른 금액 이상을 가산하여 근로자에게 지급하여야 한다.

1. 8시간 이내의 휴일근로: 통상임금의 100분의 50
2. 8시간을 초과한 휴일근로: 통상임금의 100분의 100

③ 사용자는 야간근로(오후 10시부터 다음 날 오전 6시 사이의 근로를 말한다)에 대하여는 통상임금의 100분의 50 이상을 가산하여 근로자에게 지급하여야 한다.

마. 연소근로자의 근로시간 단축

관련법령

근로기준법 제69조【근로시간】

15세이상 18세미만인 자의 근로시간은 1일에 7시간, 1주에 35시간을 초과하지 못한다. 다만, 당사자 사이의 합의에 따라 1일에 1시간, 1주에 5시간을 한도로 연장할 수 있다.

근로기준법 제70조【야간근로와 휴일근로의 제한】

② 사용자는 임산부와 18세미만 자를 야간(오후 10시부터 오전 6시까지의 시간) 및 휴일에 근로시키지 못한다. 다만, 다음 각 호의 어느 하나에 해당하는 경우로서 고용노동부장관의 인가를 받으면 그러하지 아니하다.

1. 18세 미만자의 동의가 있는 경우

그 동안 18세미만 연소근로자의 법정 근로시간은 1일 7시간, 1주 40시간으로 1주 6일 근무를 하게 되는 문제가 있었다. 연소근로자의 소정근로시간이 1일 7시간을 초과할 수 없다는 점을 고려하여 1주일 간 근로시간을 35시간으로, 1주일 연장근로시간 한도를 5시간 이내로 제한되었다. 만일 연소근로자가 1일 7시간,

월요일부터 금요일까지 35시간 근무하고, 토요일(무급휴무일로 가정) 5시간을 근무할 경우 연장근로에 해당하고 50% 가산임금을 지급해야 한다. 1주일에 35시간 한도를 초과한 시간이기 때문이다. 또한, 1일 한도인 7시간을 초과하여 8시간의 근로를 할 경우 1시간은 연장근로에 해당하여 50%의 가산임금을 지급해야 한다.

4-7. 소정근로시간

소정근로시간은 근로기준법의 법정근로시간 내에서 근로자와 사용자 당사자간에 근로하기로 정한 근로시간을 말한다. 즉, "연장근로시간과 휴게시간을 제외한 법정근로시간 또는 그 이내에서 당사자들이 정한 시간"을 말한다.

취업규칙의 필수 기재사항으로 시업시간과 종업시간(휴게시간 제외)까지의 근로시간을 말하며 임금의 지급 대상인 시간을 의미한다.

통상근로자의 경우에는 1일 8시간, 1주 40시간, 15세 이상 18세 미만인 자의 근로시간은 1일 7시간, 1주일 40시간, 고기압하의 유해·위험작업근로자의 경우에는 1일 6시간, 1주 34시간 범위 내에서 근로자와 사용자 사이에 정한 근로시간을 말한다.

소정근로시간은 시간급 통상임금을 산정하는데 쓰이며 연장·야간·휴일근로수당 등을 산정할 때 필요하다. 특히 일급이나 월급을 시간급으로 환산하기 위하여 사용되는 개념으로 소정근로시간을 얼마로 볼 것인가에 따라 시간급 통상임금에 차이가 생기고, 연장 야간 근로수당 등 법정수당의 계산에도 차이가 생긴다. 탄력근로시간제, 선택근로시간제, 재량근로제, 인정근로제 등 다양한 근로시간제가 도입되어 소정 근로시간의 결정은 매우 중요하다.

소정근로시간 산정은 취업규칙과 근로계약 등에서 일하기로 정한 시간을 기준으로 한다. 단시간근로자의 1일 소정근로시간은 4주간의 소정근로시간을 그 기간의 통상근로자의 총소정근로일수로 나누어 산출된 시간수로 한다(비정규직대책팀-4349, 2007.12.10). 주중 특정 근무일의 근로시간이 다를 경우 정상 근로일의 근로시간을 기준으로 한다.

참고로 1일 소정근로시간이 8시간인 경우 지각이나 조퇴가 있다 하더라도 그 주의 실근로시간과 관계없이 소정근로시간 8시간에 대한 유급휴일수당이 지급되어야 한다. 왜냐하면 1주간의 소정근로일수를 개근한 근로자에 대하여 1주일에 평균 1회 이상의 유급휴일을 주어야 하며, 동 휴일에 대한 수당은 정상 근로일의 소정근로시간을 기준으로 산정하기 때문이다.

여기서 잠깐! **소정근로시간 산정은 어떻게 하나**

(1) 개별사업장에서의 소정근로시간 판단기준

① 1일 단위 소정근로시간은 8시간을 원칙으로 한다.

② 월 소정근로시간 계산시 1일의 소정근로시간과 월 소정근로일수에는 평균개념을 사용한다.

③ 개별 사업장의 적용에 있어 그 사업장의 취업규칙, 단체협약, 기타 노사합의 등에 따라 구체적인 내용은 다를 수 있으므로 개별적으로 판단해야 하며, 아래의 유형별 예시 시간범위 내에서 노사가 정한 경우에는 그 정한 시간이 당해 사업장의 소정근로시간이 된다.

(2) 유형별 월 소정근로시간 계산방법(최저임금 업무처리지침 기준)

① 주5일을 근로하기로 하고 2일을 유급휴일로 처리하는 경우

1주=(8시간×5일)+(8시간×2일)=56시간

1월=(56시간÷7일)×(365일÷12월)≒243시간

② 주5일을 근로하기로 하고 1일을 무급휴일로 처리하는 경우

1주=(8시간×5일)+8시간=48시간

1월=(48시간÷7일)×(365일÷12월)≒209시간

(3) 1일 소정근로시간 산정방법

① 월 금까지 1일 8시간으로 정한 경우:8시간

② 월 금은 1일 7시간, 토는 5시간으로 정한 경우:7시간(정상 근로일의 근로시간을 기준으로 판단함.)

③ 월 토까지 1일 6시간40분으로 정한 경우:6시간40분

④ 월, 수, 금 주3일 근무하면서 1일 6시간으로 정한 경우(통상근로자 주5일 근무):3.6시간=(6시간×3일×4주)÷(5일×4주)

⑤ 주5일(월 금), 1주 15시간, 2주 20시간, 3주 25시간, 4주 20시간(통상근로자 주5일 근무):4시간=(15시간+20시간+25시간+20시간)÷(5일×4주)

(4) 단시간근로자의 1일 소정근로시간 산정방법

단시간근로자의 1일 소정근로시간수는 4주 동안의 소정근로시간을 그 기간의 통상근로자의 소정근로일수로 나눈 시간수로 한다.

4-8. 휴게시간

휴게시간은 근로시간과 분리되어 근로자의 자유에 맡겨지는 휴식과 재충전을 위한 시간이다. 휴게시간은 근로시간이 아니며, 현실의 작업에 종사하지 않지만

언제 취업 명령이 있을지 모르는 상태인 대기시간과 다르다. 즉, 휴게시간이란 휴게시간, 대기시간 등 명칭 여하를 불문하고 근로자가 사용자의 지휘·감독으로부터 벗어나 자유롭게 사용할 수 있는 시간을 말한다. 시간적·장소적으로 이탈할 자유, 해방 가능성 등이 핵심 기준이 된다.

휴게시간은 근로자의 건강보호, 작업능률의 증진 및 재해 방지에 목적이 있다. 근로기준법 제54조(휴게), 제59조(근로시간 및 휴게시간의 특례), 제63조(적용제외)에서는 "휴게", 제4장의 명칭(근로시간과 휴식)에서는 "휴식"이란 용어를 사용하고 있으나 동일한 개념으로 본다.

<사례1> 근로시간에서 정한 휴식시간이나 수면시간이 근로시간에 속하는지 휴게시간에 속하는지는 특정 업종이나 업무의 종류에 따라 일률적으로 판단할 것이 아니다. 이는 근로계약의 내용이나 취업규칙과 단체협약의 규정, 근로자가 제공하는 업무의 내용과 구체적인 업무 방식, 휴게중인 근로자에 대한 사용자의 간섭이나 감독 여부, 자유롭게 이용할 수 있는 휴게장소의 구비여부, 그 밖에 근로자의 실질적 휴식을 방해하거나 사용자의 지휘·감독을 인정할 만한 사정이 있는지와 그 정도 등 여러 사정을 종합하여 개별 사안에 따라 구체적으로 판단하여야 한다(대법원 2017.12.5, 2014다74254).

<사례2> 휴게시간은 근로시간 4시간의 경우 30분 이상 근로시간 중에 근로자가 자유로이 이용할 수 있어야 하는 바, 작업의 진행상황에 따라 근로자가 미리 작업개시 전에 휴게시간을 명백히 구분할 수 있다면 휴게시간으로 보아야 할 것이나, 사용자로부터 언제 취로 요구가 있을지 불명한 상태에서 대기하는 시간은 휴게시간으로 볼 수 없고 근로시간으로 보아야 한다(근기 01254-12495, 1987.8.5).

<사례3> 국가시험 편집 및 인쇄를 담당하는 근로자의 근로시간 및 휴게시간 인정 등에 관하여 국가시험 보안상 합숙 출제 기간 중 일부 장소적 제약이 있는 경우에도 근로시간과 휴게시간이 명백히 구분되고 근로자가 독립적으로 휴게 또는 수면할 공간이 확보되어 이를 자유롭게 이용할 수 있는 시간의 경우에는 휴게시간으로 볼 수도 있을 것이다(근로기준정책과-3713, 2015.8.12).

가. 휴게시간의 양면성

휴게시간은 "직무를 수행할 의무가 없으며 자유롭게 이용할 수 있는 시간"이다. 근로자가 권리로서 직무로부터 떠나는 것을 보장받는 시간이며, 직무를 수행할 의무가 전혀 없는 시간이다. 즉, 본래 근로자가 노동력을 사용자에게 매도하지 않은 시간이므로 근로자가 휴게시간을 자유롭게 이용할 수 있다는 것은 당연한 논리다. 또 다른 의미에서 휴게시간은 "다음 직무에 대비하여 쉬고 있는 시간"이다. 휴게시간은 업무의 시작과 종료에 이르는 도중의 시간 즉, 근로시간과 근로시간 사이에 존재하여 직무에서 떠나 휴식하면서 피로를 회복하기 위한 시간이며, 다음 직무에 대비하여 쉬고 있는 시간으로서 당일의 직무가 완전히 끝나 직무에서 해방되는 퇴근 후의 시간과는 그 성질을 달리하는 것이다.

나. 휴게시간의 길이

근로시간이 4시간인 경우에는 30분 이상, 8시간인 경우에는 1시간 이상의 휴게시간을 근로시간 도중에 주어야 한다(제54조1항). 법조문상 4시간인 경우, 8시간인 경우는 실근로시간의 총계가 4시간이 되거나 8시간이 되는 경우를 말하며 근로시간 도중에 30분 이상 또는 1시간 이상의 휴게시간을 주어야 한다는 뜻이다.

실근로시간이 4시간 미만인 경우 휴게시간을 주지 않아도 되고 4시간 이상 8시간 미만인 경우에는 30분 이상, 8시간인 경우 1시간 이상 휴게시간을 주어야 한다. 근로기준법에서는 8시간을 초과하는 근로시간에 대하여 휴게시간 규정이 없으나, 연장근로시 피로가 누적되므로 연장근로 4시간이 될 때마다 30분 이상의 휴게시간을 주어야 한다. 근로자가 둘 이상의 사업장에서 근로하는 경우 근로시간 합산의 원칙에 따라 뒤에 사용하는 사업장에서 소정의 휴게시간을 줄 의무가 있다고 본다.

또한, 근로기준법에서는 휴게시간의 최단(즉, 최저)만 규정하고 있을 뿐 휴게시간의 최장시간은 규정하고 있지 않으나 휴게시간이 너무 길 경우 그만큼 사업장에 체류시간이 길어져 인간다운 생활이 부정될 우려가 있다(예를 들어, 실근로시간은 8시간인데 중간에 휴게시간이 4시간이 끼어 있어 사업장에 체류시간이 12시간인 경우이다).

행정해석은 근로기준법상 휴게시간의 상한적 규제를 명시하지 않았으므로 브레이크 타임제는 불법이라고 보기 어려우며(감독 01254-6504, 1990.11.28), 장시간의 휴식시간을 부여하는 것이 타당하기 위해서는 ① 사회통념상 필요하고도 타당성이 있다고 일반적으로 인정될 수 있는 객관적인 사유가 있어야 하고, ② 단체협약, 취업규칙, 근로계약에 휴게시간이 미리 정하여져 있어야 하며 사용자가 휴게시간을 임의로 변경할 수 없어야 하고, ③ 휴게시간은 근로자가 근로의 제공으로부터 완전히 이탈하여 자유로이 이용할 수 있도록 보장되어 육체적·정신적인 피로회복이 가능하도록 제반의 필요한 조치가 마련되어야 한다고 본다(법무 811-5124, 1979.3.2).

다. 휴게시간의 배치

휴게시간은 반드시 근로시간 도중에 주어야 한다. 예를 들어 1일 소정근로시간이 8시간이고 근무시간이 08:00~17:00인 경우 1시간 이상의 휴게를 주어야 하므로 12:00~12:30, 16:30~17:00 휴게시간을 부여하여 16:30에 퇴근하는 것은 허용되지 않으며, 설령 근로자가 원하더라도 허용되지 않는다(근기 01254-8271, 1988.6.4). 휴게시간을 주는 방식에 대하여는 아무런 규정이 없으므로 10분, 15분, 30분씩 부여해도 되며 8시간 근로에서 1시간을 일괄 부여할 수도 있다. 휴게시간을 분할하여 주는 경우 근로시간과 명백히 구분하여 휴게시간을 분할하여 부여하더라도 작업의 성질, 근로여건 등에 비추어 사회통념상 합리성이 있고 휴게제도의 취지를 벗어나지 않는다면 법위반으로 보기 어렵다(근기 68207-3307, 2002.12.2).

라. 휴게시간의 제한

휴게시간은 근로자가 자유로이 이용할 수 있는 시간을 말한다. 휴게시간이라고 하더라도 사업장내 질서를 유지하기 위하여 외출을 제한할 수 있고 조합 활동이나 정치활동을 규제할 수 있다고 본다. 행정해석은 '휴게시간이라 하더라도 작업의 특수성과 계속성을 감안, 휴게시간의 이용 장소 등 어느 정도 범위 내에서 사용자의 제약을 받는 것은 부득이한 것(해지01254-5965, 1988.4.24)'이라고 본다.

① 근로시간 도중에 있다는 점에서 근로규율상의 제약

휴게시간 중에 음주 등을 하여 다음 직무에 지장이 있게 되는 행위를 할 수 없다.

② 건물, 설비 등의 관리에 근거한 기업시설관리상의 제약

시설을 더럽히거나 회의장을 무단으로 사용하는 등의 행위를 할 수 없다.

③ 다수의 근로자에게 완전한 휴식을 준다는 점에서 기업질서유지상의 제약

휴게시간 중에 큰소리를 내거나 다른 근로자의 휴게시간을 방해하며 고스톱, 도박 등의 질서문란 행위를 할 수 없다.

마. 휴게시간 해당여부 판단

(1) 여객운송사업 등 운수회사의 경우

① 관광버스 등의 운수회사의 근로자가 출근시간에 출근하여 퇴근시까지 어느 시간에 배차가 될지 불확실하여 사업장내에서 어느 정도 자유롭게 대기하고 있으나 사용자로부터 언제 취로의 요구가 있을지 모르는 상태에서 근로자가 대기중일 경우에는 그 대기시간 중의 시간은 휴게시간이라고 볼 수 없을 것이다.

② 업무의 성질상 일정시간의 휴게시간을 미리 일률적으로 정할 수는 없으나 근무전일 혹은 근무당일에 출근과 동시에 당일의 배차시간이 명백히 정하여져서 배차시간(차량운행시간)과 대기시간의 구분이 명백하고, 근로자가 사전에 대기시간을 알고 있으며 그 대기시간 중에는 사용자의 지휘·감독을 벗어나 자유로이 이용할 수 있다면 이를 휴게시간으로 인정하여야 할 것이다.

③ 업무의 성질상 장거리 운행시에 일정한 목적지에 도착하였다가 다시 출발지점으로 돌아오게 되는 경우, 당해 목적지의 주차장에 주차시킨 후 귀환할 출발시간까지의 대기시간은 그 대기시간이 명백히 정하여져 있을 뿐만 아니라 근로자(운전기사 등)가 동 대기시간 중에 차량정비 기타 운행과 관련된 업무수행을 하지 않고 당해 근로자가 맡은 운행과 관련된 책임에서 벗어나 자유로이 이용할 수 있다면 그 시간은 근로시간으로 인정할 수 없을 것이다.

④ 시외버스 등과 같이 통상적으로 장기 운행시 당일 운행으로 돌아올 수 없어 목적지에서 숙박할 경우에는 목적지에 도착하여 당해 차량을 주차장에 주차시킨 후 차량정비 등 차량운행과 관련된 업무가 종료되고 근로자가 익일 출발시까지 자유로이 그 시간을 이용할 수 있다면 이는 휴게시간으로 보지 않고 당일 업무의 종료로 보아야 할 것이다.

(2) 감시 · 단속적근로자의 근로시간, 휴게시간

감시적근로자는 감시를 주된 업무로 하는 아파트·건물 경비원, 회사 수위, 물품

감시원 등을 말하고, 단속적근로자는 근로가 간헐적으로 이루어지는 대기시간이 많은 보일러 기사, 전용 운전원 등을 말하는데, 감시 또는 단속적으로 근로에 종사하는 자를 통칭하여 감시·단속적근로자라고 한다.

(가) 감시·단속적근로자 사례

① 야간 경비원이 1일 6시간 정도 화재예방과 외곽순찰(일 평균 6회 순찰, 1회 순찰시 20분 정도 소요) 등의 감시업무를 수행하고 나머지 시간은 대기하거나 휴식하여 이는 감시를 본래의 내용으로 하는 것으로 신체 또는 정신적 긴장이 적은 감시적 근로에 해당한다(대법원 1999.5.28, 99다2881).

② ㅇㅇ도로공사의 보안직 사원은 별정직 보안원과 2인 1조를 이루어 고속도로 정기 순찰, 교통사고 처리와 교통사고원인자부담금 부과 징수 및 사고기록카드 작성, 고장 차량 편의 제공, 제한차량 호송 등의 업무는 감시하는 것을 본래의 업무로 하여 상태적으로 신체 또는 정신적 긴장이 적은 감시적 근로에 해당한다(대법원 1996.11.22, 96다30571).

③ 건물 청소업무를 담당하는 근로자는 06:30까지 출근하여 오전 합계 3시간 20분 동안 청소하고 나머지 시간은 휴식하고 15:40 퇴근하나, 휴식 시간을 제외하고 계속 업무를 수행하고, 휴식시간에도 업무를 계속해야 하는 경우가 있는 점 등으로 육체적·정신적 피로를 회복할 수 있는 충분한 시간과 여건을 제공받고 있다고 인정하기 어려운 점 등을 고려할 때 단속적근로자에 해당하지 않는다(서울행정법원 2014.8.25, 2002구합29050).

(나) 감시·단속적근로자에게 적용되는 근로기준법

'감시 또는 단속적으로 근로에 종사하는 자로서 사용자가 고용노동부장관의 승인을 얻은 자'에게는 근로기준법 중 제4장과 제5장에서 정한 근로시간, 휴게, 휴일에 관한 규정이 적용되지 않는다. 감시·단속적 근로에 대한 적용제외 승인을 받은 후에 근로조건이 변경되어 감시·단속적 근로에 해당하지 않게 된 근로자의 경우에는 그 시점부터 승인의 효력이 상실되고, 해당 근로자에게는 근로기준법상의 근로시간·휴일·휴게에 관한 조항이 적용된다(근기 68207-1569, 1997.11.19).

감시·단속적근로자로서 고용노동부장관의 승인을 받은 경우 근로시간, 휴게시간, 휴일 등 규정이 적용되지 않으나, 야간근로(밤10시부터 다음날 아침6시) 수당 및 연차유급휴가 등은 적용된다.

구 분	적용 규정	미적용 규정
근로시간	–	주40시간, 연장12시간 한도
수 당	야간근로가산수당	연장·휴일근로가산수당, 주휴수당
휴게·휴가	연차유급휴가(15일~25일)	휴게시간

여기서 잠깐! 감시·단속적근로자의 휴게시간은 어떻게 구분하는가

감시·단속적근로자의 근로시간과 휴게시간의 구분 기준

〈감시·단속적근로자 보호를 위한 가이드라인〉

1. 일반적 기준

근로시간은 근로자가 사용자의 지휘·감독하에 근로계약상의 근로를 제공하는 시간을 말하는 것으로 명칭 여하를 불문하고 근로자가 그 노동력을 사용자의 처분 아래에 두고 있는 경우에는 근로시간으로 인정하며 작업을 위하여 근로자가 사용자의 지휘·감독하에 있는 대기시간 등은 근로시간으로 인정한다.

휴게시간은 근로자가 근로시간의 도중에 사용자의 지휘·명령으로부터 완전히 벗어나 자유로운 이용이 보장된 시간을 말한다. 다만 근로계약 및 취업규칙 등에 휴게시간을 유급으로 정한 때에는 그에 따른다.

2. 판례 및 행정해석

근로시간이라 함은 근로자가 사용자의 지휘·감독하에 근로계약상의 근로를 제공하는 시간, 즉 실근로시간을 말한다(대법원 1992.10.9, 91다14406).

근로자가 작업시간의 중도에 현실로 작업에 종사하지 않는 대기시간이나 휴식, 수면시간 등이라 하더라도 그것이 휴게시간으로서 근로자에게 자유로운 이용이 보장된 것이 아니고 실질적으로 사용자의 지휘·감독하에 놓여 있는 시간이라면 이를 당연히 근로시간에 포함시켜야 할 것이다(대법원 1993.5.27, 92다24509).

간헐적인 업무에 종사하는 근로자에 대하여는 휴게시간이 아닌 대기시간은 근로시간에 해당하므로 임금을 지급해야 한다(근기 01254-5082, 1987.3.27).

휴게시간이란 근로자가 근로시간의 도중에 사용자의 지휘·명령으로부터 완전히 해방되고 또한 자유로운 이용이 보장된 시간을 의미한다(대법원 1992.4.14, 91다20548).

3. 구체적 판단 사례

근로시간과 휴게시간의 구분은 원칙적으로 구체적인 근로실태, 단체협약, 취업규칙 등을 종합적으로 고려하여 판단하여야 한다.

(1) 근로시간으로 인정되는 경우

가. 근로계약 등에 근로시간으로 규정되어 있으며 실제 업무를 수행하는 경우

근로계약서, 취업규칙 등에 근로시간이 명시되어 있으며 경비 등 본연의 업무를 수행하는 경우

나. 업무를 수행하지 않으나, 근로계약 등에 근로시간으로 규정되어 있는 경우

취침, 휴게시간이라 하더라도 단체협약, 근로계약서, 취업규칙 등에 전부 또는 일부를 근로시간으로 규정되어 있는 경우

〈행정해석〉
단체협약, 취업규칙, 근로계약 등에서 시업시간(출근시간)과 종업시간(퇴근시간)을 정하고 작업량이 없는 시간을 별도로 정하여 '취침시간으로서 휴게시간으로 본다.'고 규정하면서 실제로 취침시간을 부여하였다면 동 취침시간은 근로시간으로 볼 수 없다고 사료됨. 다만 단체협약, 취업규칙, 근로계약 등에서 취침시간의 일부 또는 전부에 대하여 근로시간에 포함한다는 특약이 있는 경우에는 그에 따라야 할 것으로 사료된다(근기 68207-2917, 2000.9.25).

다. 근로계약 등에 근로시간으로 규정되어 있지 않더라도 근로시간으로 인정되는 경우

① 업무 수행의 책임이 부과되거나 업무 수행이 강제되는 시간

근로계약서, 취업규칙 등에 휴게시간으로 규정되어 있으나, 실제 자유롭게 이용할 수 없고 순찰 및 정비 등 업무 수행이 강제되는 시간, 조기 출근을 하지 않을 시 임금 감액이나 제재가 있는 시간

〈행정해석〉
-부수적인 업무시간을 근로자가 자유롭게 이용할 수 없고, 실제로 업무 수행 또는 부수되는 근로를 제공하는 시간이라면 이를 휴게시간으로 볼 수 없다(근로기준과-2651, 2004.5.27).
-시업시간 이전에 조기출근토록 하여 시업에 지장이 없도록 하는 것을 근로시간으로 인정하여 임금이 지급되어야 할 것인가 여부는 조기출근을 하지 않을 경우 임금을 감액하거나 복무 위반으로 제재를 가하는 권리의무관계라면 근로시간에 해당될 것이나 그렇지 않다면 근로시간에 해당하지 않는다(근기 01254-13305, 1988.8.30).

② 휴게시간 도중 돌발상황 수습을 위해 대응한 시간

휴게시간 도중 갑작스럽게 화재가 발생하여 화재 진압을 위해 대응한 시간, 야간 휴게시간 도중 학교에 무단을 외부인이 침입하여 이에 대응한 시간

돌발 상황에 대응한 시간은 예측가능성, 발생의 빈도, 업무의 강도 등을 고려하여 판단할 필요가 있다. 휴게시간 도중 일시·간헐적으로 발생될 것이 예측되고 그 업무가 휴게시간의 취지를 훼손하지 않는 범위에서 간단히 처리할 수 있는 정도라면 돌발상황에 대응한 시간으로 보지 않는다.

③ 제재나 감시·감독 등에 의해 근로장소에서 강제로 대기하는 시간

근로계약 등에 휴게시간으로 규정되어 있으나, 특정 근무장소를 벗어날 수 없고 근무장소를 벗어날 경우 임금 감액이나 제재 등 규정이 있는 등 대기가 강제되는 시간, 근로계약 등에 근무장소에서 야간 휴게시간에 수면을 취하다 적발될 경우 책임자 조치에 따른다는 규정이 있거나 실제 수면을 취하지 못하도록 감시·감독이 이루어지는 시간

〈행정해석〉
아파트 경비원으로 근무하는 근로자에 대하여 근로계약 등으로 일정 휴게시간을 부여하면서 동 휴게시간에 대하여는 근무장소를 벗어나지 않는 것을 전제로 하는 경우, 노사 당사자간에 근로계약으로 휴게시간을 설정하였지만 휴게시간 중에 근무장소를 벗어나지 않도록 강제하는 방법을 취하고 있어 실질적으로는 근로시간 및 휴게시간의 구분이 명확히 이루어지지 않은 채 사용자의 지휘·감독하에 놓여 있는 형태가 될 것이므로 근로자에게 자유로운 이용이 보장된 휴게시간으로 보기는 어려울 것으로 판단된다(임금근로시간정책팀-3208, 2007.10.24).

〈판 례〉
아파트 관리사무소가 작성한 근무 수칙에는 '야간 근무 중 계속 수면을 취하다 동대표, 관리소장, 관리반장에게 적발시는 책임자 조치에 따른다.'라고 기재되어 있을 뿐만 아니라 위 아파트 관리원 및 관리반장으로 10년간 근무한 ○○○은 원심 법정에 증인으로 출석하여 관리반장으로 재직할 때 주간에는 수시로, 야간에는 23시부터 다음날 05시까지 자전거를 타고 관리원들의 근무 초소를 순찰하면서 졸고 있거나 심야시간에 혹시라도 수면을 취하는 근무자를 적발하기 위한 감시·감독을 실행한 사실이 있다. 라고 증언하였고, 사용자인 피고의 지휘·명령으로부터 완전히 해방되어 원고들의 자유로운 이용이 보장된 식사 시간 및 수면시간이 주어진 것으로 인정되는 경우에 한하여 그 시간만을 실제근로시간에서 제외하였어야 할 것이다(대법원 2006.11.23, 2006다41990).

④ 업무와 관련된 교육이나 회의시간

업무와 관련되어 의무적으로 참여해야 하는 교육시간, 작업시작 전 작업지시 및 작업조 편성 등과 관련한 회의시간

〈행정해석〉
근로자에 대하여 업무와 관련이 있고 생산성 향상과 관련되는 전 근로자에 대한 의무적 교육은 근로시간으로 볼 수 있으나, 업무와 관련이 없는 개인의 교양 취미 등의 교육이나 국가의 홍보 사항의 교육은 근무시간으로 볼 수 없다(근기 01254-4100, 1988.3.18).

〈판 례〉
작업시작 전에 갖는 취업회의 내용인 보안 교육이나 작업지시 및 작업조의 편성은 갱내 교대근무를 위한 필요 불가결한 것으로서 사용자의 지휘·감독에 의한 구속 하에 행해질 수밖에 없으므로 실근로시간에 포함된다(대법원 1993.9.28, 93다3363).

(2) 휴게시간으로 인정되는 경우

근로자가 사전에 휴게시간을 알고 있으며, 휴게 중에는 근로행위로부터 완전히 이탈하여 자유로이 이용할 수 있는 시간은 휴게시간으로 인정된다.

· 근무장소에서 쉬더라도 근로자가 스스로 휴게장소를 선택한 경우
· 일정구역을 벗어날 수 없는 등 다소 장소적 제약이 있더라도 사용자의 지휘·감독에서 벗어나 자유로운 이용이 가능한 시간
· 긴급 상황 발생에 대비하여 비상 연락 체계를 유지하는 상태에 불과하고 사용자의 지휘·감독에서 벗어나 자유로이 쉴 수 있는 시간
· 근로자가 자유롭게 이용하는 식사시간 또는 아침 체조시간

〈행정해석〉
- 사용자가 근로자의 휴게장소를 동일 근무장소(경비초소 등)로 특정하는 경우에는 근로 및 휴게(휴식)의 구분이 곤란하므로 이를 휴게(휴식)시간으로 볼 수 없는 것이 원칙이나, 근로자가 직접 선택하는 경우에는 이를 휴게시간으로 인정한다(임금근로시간정책팀-3468, 2007.10.26).
- 근무시간 외에는 자유롭게 휴식을 취하는 대기시간(휴게시간)을 정하여 근무하여 대기시간과 근무시간의 구분이 명백하고 근로자가 사전에 대기시간을 알고 있으며 그 대기시간 중에는 사업장 밖으로 나갈 수 없지만, 사용자의 지휘·감독을 벗어나 자유로이 이용할 수 있다면 이는 휴게시간으로 인정할 수 있다고 판단된다(근로 68207-3298, 2000.10.25).

- 사용자는 근로자로 하여금 휴게시간에 대하여는 사용자의 지휘 · 감독으로부터 완전히 벗어나 자유로이 이용할 수 있도록 보장하면서 감시 · 단속 업무의 특성 상 긴급 상황 발생시 연락체계 유지가 가능한 범위에서만 사업장 밖으로 나갈 수 있도록 제한하는 것도 가능하다(임금근로시간정책팀-3208, 2007.10.24).
- 아침 체조시간이 근로자에게 자율성이 부여되어 불참으로 인한 불이익이 없고, 실제로 오전8시를 넘겨 20 30분 정도 지각을 하여도 8시 출근으로 인정해 주고 있는 경우라면 달리 볼 사정이 없는 한 오전7시45분부터 시작되는 아침 체조시간을 사용자의 지휘 · 감독하에 있는 시간으로 볼 수는 없다(근로개선정책과-994, 2011.4.26).

4-9. 유연근로시간제

유연근로시간제는 근로시간의 결정 및 배치 등을 탄력적으로 운영할 수 있는 제도를 말한다. 업무량의 많고 적음에 따라 근로시간을 적절하게 배분하거나 근로자의 선택에 맡김으로써 근로시간을 유연하고 효율적으로 운영할 수 있으며, 근로시간 산정이 어려운 경우에 있어서도 별도로 정한 근로시간을 근로시간으로 인정가능하다. 1주일 52시간 근로가 시행되면서 탄력적 근로, 선택적 근로, 사업장 밖 간주근로, 재량근로, 재택근로 등에 대한 필요성이 높아졌다. 이로 인해 3개월을 초과하는 탄력적 근로시간제, 3개월 이내의 선택적 근로시간제 등이 2021.1.5부터 제도화되었으며, 근로자의 과로를 예방하기 위해 근로일 종료 후 다음 근로 개시전에 연속 11시간의 휴식시간을 보장하도록 하였다.

가. 탄력적 근로시간제

관련 법령

근로기준법 제51조【3개월 이내의 탄력적 근로시간제】

① 사용자는 취업규칙(취업규칙에 준하는 것을 포함한다)에서 정하는 바에 따라 2주 이내의 일정한 단위기간을 평균하여 1주 간의 근로시간이 제50조1항의 근로시간을 초과하지 아니하는 범위에서 특정한 주에 제50조1항의 근로시간을, 특정한 날에 제50조2항의 근로시간을 초과하여 근로하게 할 수 있다. 다만, 특정한 주의 근로시간은 48시간을 초과할 수 없다.

② 사용자는 근로자대표와의 서면 합의에 따라 다음 각 호의 사항을 정하면 3개월 이내의 단위기간을 평균하여 1주 간의 근로시간이 제50조1항의 근로시간을 초과하지 아니하는 범위에서 특정한 주에 제50조1항의 근로시간을, 특정한 날에 제50조2항의 근로시간을 초과하여 근로하게 할 수 있다. 다만, 특정한 주의 근로시간은 52시간을, 특정한 날의 근로시간은 12시간을 초과할 수 없다.

1. 대상 근로자의 범위
2. 단위기간(3개월 이내의 일정한 기간으로 정하여야 한다)
3. 단위기간의 근로일과 그 근로일별 근로시간
4. 그 밖에 대통령령으로 정하는 사항

③ 제1항과 제2항은 15세 이상 18세 미만의 근로자와 임신 중인 여성 근로자에 대하여는 적용하지 아니한다.

④ 사용자는 제1항 및 제2항에 따라 근로자를 근로시킬 경우에는 기존의 임금 수준이 낮아지지 아니하도록 임금보전방안을 강구하여야 한다.

근로기준법시행령 제28조【탄력적 근로시간제에 관한 합의사항 등】

① 법 제51조2항 제4호에서 "그 밖에 대통령령으로 정하는 사항"이란 서면 합의의 유효기간을 말한다.

② 고용노동부장관은 법 제51조4항에 따른 임금보전방안을 강구하게 하기 위하여 필요한 경우에는 사용자에게 그 보전방안의 내용을 제출하도록 명하거나 직접 확인할 수 있다.

(1) 의 의

어떤 근로일, 어떤 주의 근로시간을 연장시키는 대신에 다른 근로일, 다른 주의 근로시간을 단축시킴으로써, 일정 기간의 평균 근로시간을 법정근로시간(1주40시간) 이내로 맞추는 근로시간제를 말한다. 탄력적근로시간제는 일정한 기간(2주, 1개월, 3개월 등)을 평균하여 1일간 또는 1주일간의 근로시간이 기준근로시간을 초과하지 않으면, 특정일 또는 특정주에 기준근로시간을 초과하더라도 근로시간 위반이 아님은 물론이고 초과시간에 대한 할증임금을 지급하지 않아도 된다(대법원 1991.6.28, 92다카14758). 예를 들어, 2주 단위 탄력적 근로시간제에서 첫째 주에 45시간(9시간×5일), 둘째 주에 35시간(7시간×5일) 근무 시 주당 평균 근로시간이 40시간이므로, 첫째주에 법정근로시간을 초과한 5시간에 대해 가산수당이 발생하지 않는다. 취업규칙으로 정하여 실시할 수 있는 2주 이내의 탄력적 근로시간제와 근로자대표와 서면합의가 필요한 ① 3개월 이내 또는 ② 3개월 초과 6개월 이내의 탄력적 근로시간제가 있다.

(2) 도입 요건

(가) 2주 이내 탄력적 근로시간제

① 취업규칙 등에 규정

취업규칙 또는 이에 준하는 것에 정하여 따라야 한다. 취업규칙 작성 의무가 없는 상시 9인 이하의 근로자를 사용하는 사업장은 취업규칙이 있는 경우에는 그 취업규칙, 취업규칙이 없는 경우에는 취업규칙에 준하는 것으로 규정하고 해당 근로자에게 주지시켜야 한다.

ㄱ. 대상 근로자

대상 근로자를 특정하거나 전체 근로자를 대상으로 제한 없이 도입이 가능하며, 대상 범위를 명확히 하여 논란이 없도록 하여야 한다.

ㄴ. 근로일별 근로시간 사전 명시

근로자가 자신의 근로를 예상할 수 있도록 근로일별 근로시간을 명시하여야 하며, 사용자가 업무의 사정에 따라 임의로 근로시간을 변경할 수 없다.

ㄷ. 유효기간

유효기간을 명시할 의무는 없으나, 그 기간을 명확히 하여 논란이 없도록 하여야 한다.

② 제 한

특정한 주의 근로시간은 48시간을 초과할 수 없다. 다만, 이 경우에도 연장·휴일근로시간은 제외하고 계산한다. 또한, 특정한 날의 근로시간에 대한 제한이 없어 철야근무 등 지나친 장시간 근로로 인해 근로자의 건강을 해칠 우려가 크므로 자제하는 것이 바람직하다.

(나) 3개월 이내 탄력적 근로시간제

① 근로자 대표와 서면 합의

사용자와 근로자 대표가 서면으로 작성하여 서명·날인하며, 아래의 사항이 포함되어야 한다. 또한, 서면합의한 서류는 근로기준법 제42조에 따라 서면합의한 날로부터 3년간 보존하여야 한다.

ㄱ. 대상근로자

합의 내용에 대상근로자의 범위를 지정하여 그들에게만 적용해야 한다. 구체적으로 대상 업무, 대상 직종 등을 정한 후 이에 속하는 근로자를 대상으로 할 수 있다. 사용자가 정당하게 탄력적 근로시간제를 실시하는 부서로 배치명령을 하면, 비록 그 기간이 일시적이라도 해당 근로자는 적용 대상이 된다.

ㄴ. 단위기간

1일 근로시간과 1주 근로시간의 평균을 내는 단위기간을 3개월 이내로 정하여야 한다. 2주, 1개월, 3개월 등으로 정할 수 있다.

ㄷ. 근로일별 근로시간

근로자가 자신의 근로를 예상할 수 있도록 근로일 및 근로일별 근로시간을 명확히 정해야 하며, 구체적인 근무표를 공표·게시하는 것이 필요하다.

ㄹ. 유효기간

서면합의의 유효기간을 명확히 정하여야 하며, 노사가 합의하는 한 유효기간의 길이(3개월, 6개월, 1년 등)에 대해서는 특별한 제한이 없다. 유효기간 내에서는 횟수 제한없이 실시할 수 있다. 다만, 3개월 단위 탄력적 근로시간제의 유효기간은 서면합의 사항이므로 그 기간이 만료된 이후에도 계속하여 실시하려면 다시 서면합의를 하여야 한다.

② 제 한

연장 및 휴일근로시간은 제외하고, 특정한 주의 근로시간은 52시간, 특정일의 근로시간은 12시간을 초과할 수 없다.

(다) 3개월 초과 6개월 이내의 탄력적 근로시간제

관련 법령

근로기준법 제51조의2【3개월을 초과하는 탄력적 근로시간제)】

① 사용자는 근로자대표와의 서면 합의에 따라 다음 각 호의 사항을 정하면 3개월을 초과하고 6개월 이내의 단위기간을 평균하여 1주간의 근로시간이 제50조1항의 근로시간을 초과하지 아니하는 범위에서 특정한 주에 제50조1항의 근로시간을, 특정한 날에 제50조2항의 근로시간을 초과하여 근로하게 할 수 있다. 다만, 특정한 주의 근로시간은 52시간을, 특정한 날의 근로시간은 12시간을 초과할 수 없다.

1. 대상 근로자의 범위
2. 단위기간(3개월을 초과하고 6개월 이내의 일정한 기간으로 정하여야 한다)
3. 단위기간의 주별 근로시간
4. 그 밖에 대통령령으로 정하는 사항

② 사용자는 제1항에 따라 근로자를 근로시킬 경우에는 근로일 종료 후 다음 근로일 개시 전까지 근로자에게 연속하여 11시간 이상의 휴식 시간을 주어야 한다. 다만, 천재지변 등 대통령령으로 정하는 불가피한 경우에는 근로자대표와의 서면 합의가 있으면 이에 따른다.

③ 사용자는 제1항제3호에 따른 각 주의 근로일이 시작되기 2주 전까지 근로자에게 해당 주의 근로일별 근로시간을 통보하여야 한다.

④ 사용자는 제1항에 따른 근로자대표와의 서면 합의 당시에는 예측하지 못한 천재지변, 기계 고장, 업무량 급증 등 불가피한 사유가 발생한 때에는 제1항2호에 따른 단위기간 내에서 평균하여 1주간의 근로시간이 유지되는 범위에서 근로자대표와의 협의를 거쳐 제1항3호의 사항을 변경할 수 있다. 이 경우 해당 근로자에게 변경된 근로일이 개시되기 전에 변경된 근로일별 근로시간을 통보하여야 한다.

⑤ 사용자는 제1항에 따라 근로자를 근로시킬 경우에는 기존의 임금 수준이 낮아지지 아니하도록 임금항목을 조정 또는 신설하거나 가산임금 지급 등의 임금보전방안을 마련하여 고용노동부장관에게 신고하여야 한다. 다만, 근로자대표와의 서면합의로 임금보전방안을 마련한 경우에는 그러하지 아니하다.

⑥ 제1항부터 제5항까지의 규정은 15세 이상 18세 미만의 근로자와 임신 중인 여성 근로자에 대해서는 적용하지 아니한다.

시행일

근로기준법 제51조의2는 2021.1.5 시행되나, 제2항의 연속 11시간 휴식시간 규정은 상시 50명 이상의 근로자를 사용하는 사업 또는 사업장은 2021.4.6 시행, 상시 5명 이상 50명 미만의 근로자를 사용하는 사업 또는 사업장은 2021.7.1 시행이다.

① 근로자대표와 서면합의

사용자와 근로자대표가 서면으로 작성하여 서명·날인하며, 아래의 사항이 포함되어야 한다. 또한, 서면합의한 서류는 근로기준법 제42조에 따라 서면합의한 날로부터 3년간 보존하여야 한다.

ㄱ. 대상근로자의 범위

회사의 필요에 따라 부서별, 직종별, 사업장별, 근로자별로 범위를 정할 수 있으며, 대상근로자로 정해진 자에게만 탄력적 근로시간제를 실시해야 한다.

ㄴ. 단위기간

실시단위기간은 3개월 초과 6개월 미만의 단위로 정할 수 있다. 예를 들어 4개월 단위, 6개월 단위 등 필요에 따라 정할 수 있다.

ㄷ. 단위기간의 주별 근로시간

단위기간이 3개월 초과 시 근로일별 근로시간을 사전에 확정하는데 어려움이 있음을 고려해서 주별로 근로시간을 정하고, 최소 2주 전에 근로일별 근로시간을 근로자에게 통보해야 한다. 다만, 서면합의 시 천재지변, 기계고장, 업무량 급증 등 불가피한 사정이 발생한 경우, 정해진 단위기간 내 1주 평균 근로시간을 유지하면서 근로자대표와의 협의를 거쳐 단위기간 내 주별 근로시간을 변경할 수 있고, 이 경우 해당 근로자와 사전에 근로일별 근로시간을 통보해야 한다.

ㄹ. 유효기간

서면합의의 유효기간을 명확히 정해야 하며, 노사가 합의하는 한 유효기간의 길이에 대해서는 특별한 제한이 없다.

ㅁ. 임금보전 방안

3개월 초과 6개월 이내의 탄력적 근로시간제 도입 시 기존에 연장근로시간이었던 부분이 소정근로시간으로 반영될 수 있어 가산임금이 감소될 수 있다. 임금수준이 낮아지지 않는 방법으로서 '임금항목을 조정 또는 신설하거나 가산임금 지급 등'의 임금보전방안을 마련하여야 하며, 고용노동부 장관에게 신고하여야 한다. 이를 위반할 경우 500만원 이하의 과태료가 부과되는데, 근로자대표와 서면합의한 경우 신고 의무는 면제된다.

② 제한

사용자는 근로자대표와의 서면합의에 따라 3개월을 초과하고 6개월 이내의 단위기간을 평균해 1주 간의 근로시간이 40시간을 초과하지 아니하는 범위에서 특정한 주에 40시간을, 특정한 날에 8시간을 초과해 근로하게 할 수 있다. 다만, 특정한 주의 근로시간은 52시간을, 특정한 날의 근로시간은 12시간을 초과할 수 없다. 다만, 2주 또는 3개월 이내 탄력적근로시간제와 마찬가지로 연장근로시간과 휴일근로시간은 이와 별도로 가능하다.

또한, 사용자는 근로일 종료 후 다음 근로일 개시 전까지 근로자에게 연속하여 11시간 이상의 휴식 시간을 주어야 한다. 다만, 천재지변 등 대통령령으로 정하는 불가피한 경우에는 근로자대표와의 서면 합의가 있으면 이에 따른다.

(3) 연장 · 야간 · 휴일근로 및 휴일휴가와의 관계

① 연장근로

탄력적 근로시간제의 도입 여부와 관계없이 당사자 간의 합의가 있는 경우 1주 12시간을 한도로 연장근로가 가능하다. 다만, 산후 1년이 지나지 않은 여성은 1일 2시간, 1주 6시간, 1년 150시간을 초과하는 연장근로를 시킬 수 없다.

근로기준법 개정(2018.3.20 공포)으로 휴일근로가 연장근로시간에 포함됨에 따라 통상 근로자의 경우 3개월 이내 탄력적 근로시간제의 1주간 최장 근로시간은 기존 80시간에서 64시간으로 축소가 되며, 이는 기업 규모별로 단계적으로 적용된다. 적용 시점은 아래 표를 참고하면 되며, 80시간은 1주 최대 52시간+ 연장 12시간+ 휴일 16시간의 합으로 구하며, 64시간은 1주 최대 52시간+ 연장 12시간의 합으로 구한다.

구 분	1주 최장 근로시간		사업장 규모	주52시간 적용 시기
	주52시간 적용 이전	주52시간 적용 이후		
2주 이내	76시간 (48+12+16)	60시간 (48+12)	300명 이상	2018.7.1
			특례 제외 21개 업종	2019.7.1
3개월 이내	80시간 (52+12+16)	64시간 (52+12)	50명~299명	2020.1.1
			5명~49명	2021.7.1

② 휴일·야간 근로

탄력적 근로시간제를 도입하더라도 야간근로나 휴일근로에 대하여는 가산수당을 지급해야 한다.

③ 휴일·휴가 부여

탄력적 근로시간제를 도입하더라도 출근율에 따라 주휴일과 연차유급휴가를 부여해야 한다.

(4) 적용제외

15세이상 18세미만의 근로자와 임신중인 여성 근로자, 취직 인허증을 보유한 15세 미만의 근로자에게는 탄력적 근로시간제를 적용할 수 없다.

(5) 임금보전 방안 강구

사용자는 탄력적 근로시간제를 도입·운영하는 경우 기존의 임금 수준이 낮아지지 않도록 임금보전방안을 마련해야 한다. 임금의 보전방법·시기·절차에 대해서는 특별한 제한이 없으며, 기본급 또는 수당의 조정, 소정근로시간 단축 등 근로자가 수용할 수 있는 방법이면 가능하다. 다만, 3개월을 초과하는 단위기간의 탄력적 근로시간제 도입 시, 사용자는 임금보전 방안을 마련하여 고용노동부 장관에게 신고하여야 하며, 신고하지 않는 경우에는 과태료가 부과되나, 근로자대표와의 서면합의로 임금보전 방안을 마련한 경우에는 신고의무가 면제된다.

(6) 탄력적 근로시간제의 법적 효과

탄력적 근로시간제가 법적 요건을 갖추어 운영되면, 특정한 날 또는 특정한 주에 법정근로시간을 초과하여 근로할 수 있으며, 초과 시간에 대한 가산수당을 지급하지 않아도 된다.

탄력적 근로시간제가 법적 요건을 갖추지 못한 채 운영되면, 근로기준법 제51조(탄력적 근로시간제)가 아닌 근로기준법 제50조(근로시간)가 적용되어 1일 8시간, 1주 40시간을 초과한 근로시간은 연장근로가 되며, 실근로시간 여부에 따라 근로시간 위반이 될 수 있다.

(7) 단위기간보다 짧게 근로한 경우 임금 정산

관련 법령

근로기준법 제51조의3【근로한 기간이 단위기간보다 짧은 경우의 임금 정산】 사용자는 제51조 및 제51조의2에 따른 단위기간 중 근로자가 근로한 기간이 그 단위기간보다 짧은 경우에는 그 단위기간 중 해당 근로자가 근로한 기간을 평균하여 1주간에 40시간을 초과하여 근로한 시간 전부에 대하여 제56조제1항에 따른 가산임금을 지급하여야 한다.

기간제근로자나 중도 입·퇴사자 등이 있어 단위기간을 채우지 못한 경우 임금 정산을 어떻게 할지의 문제이다. 사용자는 2주 단위, 3개월 이내 단위, 3개월 초과 6개월 이내 단위에 따른 단위기간 중 근로자가 근로한 기간이 그 단위기간보다 짧은 경우 그 단위기간 중 해당 근로자가 근로한 기간을 평균해 1주간에 40시간을 초과해 근로한 시간 전부에 대해 가산임금을 지급해야 한다고 규정하고 있다. 이는 탄력근로제의 최지가 단위기간을 평균해 주40시간을 근로하는 것이므로 탄력근로제 단위기간보다 근로기간이 짧은 기간제나 중도퇴사자 등이 주40시간 초과근무를 하고 퇴사하는 경우 초과근무에 대한 가산임금을 지급하는 것은 당연한 논리이다. 예를 들어 1월~3월은 10시간, 4월~6월은 6시간, 총 6개월 평균 8시간을 근로하기로 한 근로자가 1월~3월만 근로하고 중도 퇴사한 경우에는, 1월~3월 기간 평균 10시간 근로했으므로 2시간의 연장근로에 대한 수당을 추가로 지급하면 된다.

한편, 단위기간 동안에 근로시간이 지급된 월급액 보다 적은 경우는 규정하고 있지 않으나, 선택적 근로시간제도에서 약정된 시간에 미달한 임금액을 감액할 수 있다는 행정해석(유연근로시간제 가이드 2018.6) 등을 근거로 미달된 시간분에 해당하는 임금을 감액할 수 있을 것이다. 예를 들어 1월~3월은 6시간, 4월~6월은 10시간 근로하기로 정했으나, 1월~3월만 근로하고 퇴사한 경우 미달된 2시간에 대한 급여는 감액이 가능하다. 다만 다툼을 예방하기 위해 근로자대표와 서면합의할 때 내용을 기재하는 것이 바람직하다.

〈산정 방법〉

① 단위기간 도중 입·퇴사 등이 발생한 경우 단위기간 내에서 실제 근로한 기간 전체를 평균하여 1주의 근로시간을 산정한다. ② 실제 근로한 기간을 평균하여 1주 40시간을 초과한 시간에 대해서는 그 시간만큼의 임금 및 근로기준법 제56조1항에 따른 가산수당을 지급한다. 실근로기간을 평균하여 1주 40시간을 초과한 시간은 당해 기간의 총 실근로시간에서 '40시간(법정근로시간)×실제 근로한 기간의 역일수/7일'의 방식으로 계산된 시간을 제외한 시간을 의미한다. 이 경우 1일 및 1주의 연장근로로서 이미 가산수당이 지급된 시간에 대해서는 평균 주 40시간을 초과한 시간 산정시 제외하며, 제51조의3 규정에 따라 임금 및 가산수당을 산정하여야 하는 시점은 중도 퇴직자의 경우 퇴직 시점, 중도 채용자의 경우 당해 단위기간 종료 시점으로 보면 된다.

$$\begin{matrix}\text{실근로기간 평균 1주} \\ \text{40시간을 초과한 시간}\end{matrix} = \left(\frac{\text{실근로 기간의 총}}{\text{실근로시간}}\right) - \left(40\text{시간} \times \frac{\text{실근로기간의 역일수}}{7\text{일}}\right)$$

③ 예를 들어 아래 표와 같이 근로하는 도중 퇴직하거나 전환배치 등으로 탄력근로제를 적용받지 않게 된 경우(6주까지의 근로에 대해서는 이미 임금을 지급)

구분		1주	2주	3주	4주	5주	6주	7주	8주	9주	10주
	소정	46	48	52	52	52	48	50	52	46	퇴직
	연장	10	8	12	12	12	10	10	8	8	
계		56	56	64	64	64	58	60	60	54	

ㄱ. 실제 근로한 기간의 통 근로시간(A): 536시간(소정 446 + 연장 90)
ㄴ. 40 × 실제 근로한 기간의 역일수/7일(B): 360시간
ㄷ. 기왕에 가산수당이 지급된 시간(C): 64시간
∴ 퇴직시 추가적으로 가산수당이 지급되어야 할 시간(A-B-C): 112시간

(8) 연장근로시간 계산방법

① 2주 이내의 탄력적 근로시간제

ㄱ. 단위기간을 평균하여 1주간의 근로시간이 40시간을 초과하거나, ㄴ. 특정 주의 근로시간이 48시간을 초과한 경우 연장근로에 해당한다.

〈예시1〉 단위기간을 평균하여 1주간의 근로시간이 40시간을 초과한 경우

주	구분	일	월	화	수	목	금	토	합계
1주	근무표		7	7	7	7	7		35
	실제 근로		7	7	8	8	7		37
2주	근무표		9	9	9	9	9		45
	실제 근로		9	9	9	9	9		45

2주간 총 근로시간이 82시간으로 단위기간을 평균하여 1주간 40시간을 초과한 2시간이 연장근로에 해당한다.

〈예시 2〉 위기간을 평균하여 1주간 근로시간이 40시간을 초과하고, 특정주의 근로시간이 48시간을 초과한 경우

주	구분	일	월	화	수	목	금	토	합계
1주	근무표		7	7	7	7	7		35
	실제 근로		7	7	7	8	7		36

주	구분	일	월	화	수	목	금	토	합계
2주	근무표		9	9	9	9	9		45
	실제 근로		9	9	9	9	9	4	49

㉠ 2주간 총근로시간이 85시간으로 단위기간을 평균하여 1주간 40시간을 초과한 5시간이 연장근로에 해당한다.

㉡ 둘째 주의 근로시간이 49시간으로 특정주의 근로시간이 48시간을 초과한 1시간이 연장근로에 해당하는데, 이는 이미 ㉠의 연장근로에 포함되어 있다.

따라서 실제 연장근로는 ㉠과 ㉡을 합한 6시간에서 이미 계산에 포함된 1시간(㉡)을 제외한 5시간이다.

② 3개월 이내의 탄력적 근로시간제

단위기간 평균 1주의 근로시간을 40시간으로 정한 경우 ㉠ 근로일별 근로하기로 정한 시간을 초과한 시간 ㉡ 특정일, 특정주의 근로시간이 각각 12시간, 52시간을 초과한 시간 ㉢ 단위기간을 평균하여 1주간의 근로시간이 40시간을 초과한 시간은 연장근로에 해당한다.

〈예시〉 4주 단위 탄력적 근로시간제에서의 연장근로시간의 계산

주	구분	일	월	화	수	목	금	토	합계
1주	근무표		7	7	7	7	7		35
	실제 근로		7	8	7	7	7		36
2주	근무표		7	7	7	7	7		35
	실제 근로		7	7	7	7	7		35
3주	근무표		9	9	9	9	9		45
	실제 근로		9	9	9	9	9	8	53
4주	근무표		9	9	9	9	9		45
	실제 근로		9	9	9	13	9		49

㉠ 근로일별 근로하기로 정한 시간을 초과한 13시간이 연장근로에 해당한다, 1주 화요일의 1시간, 3주 토요일의 8시간, 4주 목요일의 4시간

㉡ 특정일에 12시간을 초과한 1시간(4주 목요일)이 연장근로에 해당한다(다만 ㉠에 이미 포함되어 있다). 특정주에 52시간을 초과한 1시간(3주)이 연장근로에 해당한다(다만 ㉠에 이미 포함되어 있다).

㉢ 4주간 총 근로시간이 161시간으로 단위기간을 평균하여 1주간 40시간을 초과한 1시간이 연장근로에 해당한다(다만 ㉠에 이미 포함되어 있다).

따라서, 실제 연장근로는 ㉠~㉢까지 합한 16시간에서 이미 계산에 포함된 3시간(㉡, ㉢)을 제외한 13시간이다.

여기서 잠깐! 유형별 탄력근로시간제 정리

구 분	2주 이내	3개월 이내	3개월 초과, 6개월 이내
의 의	• 2주 이내의 단위기간을 평균하여 1주간 근로시간이 40시간을 초과하지 아니하는 범위에서 특정주에 40시간, 특정일에 8시간을 초과하여 근로	• 3개월 이내의 단위기간을 평균하여 1주간의 근로시간이 40시간을 초과하지 아니하는 범위에서 특정주에 40시간, 특정일에 8시간을 초과하여 근로	• 3개월을 초과하고 6개월 이내의 단위기간을 평균하여 1주간의 근로시간이 40시간을 초과하지 아니하는 범위에서 특정주에 40시간, 특정일에 8시간을 초과하여 근로
요건 및 절차	• 취업규칙 (or 취업규칙에 준하는 것)	• 아래 사항에 대한 근로자대표와의 서면 합의 – 대상 근로자의 범위 – 단위기간 – 단위기간의 근로일과 그 근로 일별 근로시간 – 서면합의의 유효기간	• 아래 사항에 대한 근로자대표와의 서면합의 – 대상 근로자의 범위 – 단위기간 – 단위기간의 주별 근로시간 – 서면합의의 유효기간
소정근로 시간의 특정 방법	–	• 일(日)단위로 근로시간을 정함 • 근로자대표와의 서면합의로 사전에 단위기간(1개월, 3개월 등)과 근로일 및 근로일별 근로시간 등을 정하도록 되어 있음	• 주(週)별로 근로시간을 정함 • 최소 2주 전에 근로일별 근로시간을 근로자에게 통보 • 다만, 천재지변, 기계고장, 업무량 급증 등 불가피한 사정이 발생한 경우, 근로자 대표와의 협의를 거쳐 주별 근로시간을 변경할 수 있음
소정근로 시간의 상한	• 특정한 주의 근로시간은 48시간을 초과할 수 없음 (특정한 날의 근로시간 제한은 없음)	• 특정한 주의 근로시간은 52시간을, 특정한 날의 근로시간은 12시간을 초과할 수 없음	• 특정한 주의 근로시간은 52시간을, 특정한 날의 근로시간은 12시간을 초과할 수 없음
연장근로 상한	• 주 52시간 적용 이후 : 60시간(48+12시간)	• 주 52시간 적용 이후 : 64시간(52+12시간)	• 주 52시간 적용 이후 : 64시간(52+12시간)

<table>
<tr><th>구 분</th><th>2주 이내</th><th>3개월 이내</th><th>3개월 초과, 6개월 이내</th></tr>
<tr><td>근로자의 과로방지 방안</td><td>• 없음</td><td>• 없음</td><td>• 근로일 간 11시간 연속 휴식시간을 의무화
• 불가피한 경우 근로자대표와의 서면합의에 의한 예외</td></tr>
<tr><td>임금보전 방안</td><td colspan="2">• 기존의 임금 수준이 낮아지지 아니하도록 임금보전 방안을 강구해야 함
• 고용노동부장관이 필요한 경우 보정 방안의 내용을 제출하도록 명하거나 확인할 수 있음
• 별도 벌금, 과태료 등 제재조항 없음</td><td>• 기존의 임금 수준이 낮아지지 아니하도록 임금항목을 조정 또는 신설하거나 가산임금 지급 등의 임금보전 방안을 마련하여 고용노동부장관에게 신고해야 함
• 다만, 근로자대표와의 서면합의로 임금보전방안을 마련한 경우에는 신고 의무가 없음.
• 위반시 500만원 이하 과태료 부과</td></tr>
<tr><td>중도 입퇴사자 처리</td><td colspan="3">• 단위기간 중 근로자가 근로한 기간이 그 단위기간보다 짧은 경우에는 그 단위기간 중 해당 근로자가 근로한 기간을 평균해 1주간에 40시간을 초과해 근로한 시간 전부에 대해서 연장근로 가산임금을 지급해야 함</td></tr>
<tr><td>적용제외</td><td colspan="3">• 15세 이상 18세 미만의 근로자와 임신 중인 여성 근로자</td></tr>
</table>

나. 선택적 근로시간제

관련 법령

근로기준법 제52조【선택적 근로시간제】

① 사용자는 취업규칙(취업규칙에 준하는 것을 포함한다)에 따라 업무의 시작 및 종료 시각을 근로자의 결정에 맡기기로 한 근로자에 대하여 근로자대표와의 서면 합의에 따라 다음 각 호의 사항을 정하면 1개월(신상품 또는 신기술의 연구개발 업무의 경우에는 3개월로 한다) 이내의 정산기간을 평균하여 1주간의 근로시간이 제50조1항의 근로시간을 초과하지 아니하는 범위에서 1주 간에 제50조1항의 근로시간을, 1일에 제50조2항의 근로시간을 초과하여 근로하게 할 수 있다.

1. 대상 근로자의 범위(15세 이상 18세 미만의 근로자는 제외한다)
2. 정산기간
3. 정산기간의 총 근로시간
4. 반드시 근로하여야 할 시간대를 정하는 경우에는 그 시작 및 종료 시각
5. 근로자가 그의 결정에 따라 근로할 수 있는 시간대를 정하는 경우에는 그 시작 및 종료 시각
6. 그 밖에 대통령령으로 정하는 사항

② 사용자는 제1항에 따라 1개월을 초과하는 정산기간을 정하는 경우에는 다음 각 호의 조치를 하여야 한다.

1. 근로일 종료 후 다음 근로일 시작 전까지 근로자에게 연속하여 11시간 이상의 휴식 시간을 줄 것. 다만, 천재지변 등 대통령령으로 정하는 불가피한 경우에는 근로자대표와의 서면 합의가 있으면 이에 따른다.
2. 매 1개월마다 평균하여 1주간의 근로시간이 제50조1항의 근로시간을 초과한 시간에 대해서는 통상임금의 100분의 50 이상을 가산하여 근로자에게 지급할 것. 이 경우 제56조1항은 적용하지 아니한다.

시행일

근로기준법 제52조는 2021.1.5 시행되나, 제2항1호의 연속 11시간 휴식시간은 상시 50명 이상의 근로자를 사용하는 사업 또는 사업장은 2021.4.6 시행, 상시 5명 이상 50명 미만의 근로자를 사용하는 사업 또는 사업장은 2021.7.1 시행이다.

근로기준법 시행령 제29조【선택적 근로시간제에 관한 합의사항】

법 제52조6호에서 "그 밖에 대통령령으로 정하는 사항"이란 표준근로시간(유급휴가 등의 계산 기준으로 사용자와 근로자대표가 합의하여 정한 1일의 근로시간)을 말한다.

(1)의 의

(가) 개 념

1개월 이내의 일정기간 단위로 정해진 총 근로시간 범위 내에서 업무의 시작 및 종료시각, 1일의 근로시간을 근로자가 자율적으로 결정할 수 있는 제도를 말한다. 근로자는 1주 40시간, 1일 8시간의 근로시간 제한 없이 자신의 선택에 따라 자유롭게 근로시간을 결정할 수 있게 된다. 또한, 신상품 또는 신기술의 연구개발 업무의 경우에는 선택적 근로시간제의 정산기간을 3개월로 확대할 수 있다. 연구

개발 업무는 '재료, 제품, 생산·제조공정 등의 개발 또는 기술적 개선 등을 말하며, 제조업에서의 실물 제품 뿐만 아니라 소프트웨어, 게임, 금융상품 등 무형의 제품의 연구개발' 등을 포함한다.

(나) 유형

① 완전선택적 근로시간제

정산기간 중 업무의 시작 및 종료시각이 근로자의 자유로운 결정에 맡겨져 있고 사용자가 관여하지 않는 제도로서 의무적 근로시간대가 없는 것을 말한다.

② 부분선택적 근로시간제

정산기간 중 업무의 시작 및 종료시각을 근로자의 결정에 맡긴 상태에서 일정한 시간대를 정하여(의무적 근로시간대) 그 시간에는 근로자가 사용자로부터 시간적 구속과 구체적인 업무 지시를 받고 나머지 시간(선택적 근로시간대)은 근로자가 자유롭게 결정하는 제도를 말한다.

(다) 다른 제도와의 차이

선택적 근로시간제	자유출퇴근제	시차출퇴근제
근로일별 근로시간의 배분과 업무의 시작 및 종료시각을 근로자의 재량에 맡기는 제도	출근시간이 일단 설정되면 그날의 근로시간에 따라 퇴근시간이 자동으로 결정되며, 출근시각만 근로자의 재량에 맡기는 제도	회사에서 정한 시간에 근무해야 하는 제도
1일 8시간, 1주 40시간의 근로시간이 적용되지 않아 이 시간을 초과하더라도 연장근로가산수당이 발생하지 않는다.	1일 8시간, 1주 40시간의 근로시간이 적용되어 이 시간을 초과하는 경우 연장근로가산수당이 발생한다.	기존 09:00부터 18:00까지 근무했던 사업장이 1일 8시간을 유지하되, 출퇴근시간을 조정하는 경우를 말한다. 예를 들어, 08:30~17:30, 09:30~18:30 등이다.
		1일 8시간, 1주 40시간의 근로시간이 적용되어 이 시간을 초과하는 경우 연장근로가산수당이 발생한다.

(2) 도입 요건

(가) 취업규칙 등에 규정

취업규칙(10인 이상 사업장) 또는 이에 준하는 것(10인 미만 사업장)에 업무의 시작 및 종료시각을 근로자 결정에 맡긴다는 내용과 맡기기로 한 근로자를 기재하여야 한다. 취업규칙에 준하는 것은 특별한 형식을 요하는 것은 아니며, 최소한 서면으로 작성하여 제도 도입을 해당 근로자에게 주지시켜야 한다.

(나) 근로자 대표와 서면 합의

선택적 근로시간제를 도입하려면 사용자와 근로자대표는 아래의 내용(①~④)들을 서면으로 작성하여 서명 · 날인하여야 한다. 서면합의에 의해 도입 · 운영하는 한 개별 근로자의 동의는 필요하지 않으며, 서면합의한 서류는 근로기준법 제42조에 따라 서면 합의한 날로부터 3년간 보존하여야 한다.

① 대상 근로자 범위

업무의 시작 및 종료시각을 근로자의 결정에 맡기는 근로자의 범위를 정한다.

예를 들어, "선택적 근로시간제는 과장급 이상의 기획 및 관리·감독 업무에 종사하는 자를 대상으로 한다." 등으로 명시하면 된다.

② 정산기간 및 총근로시간

선택적 근로시간제도는 일 또는 주의 근로시간한도가 정해져 있지 않다. 다만, 근로시간을 정산할 정산기간과 정산기간 동안 근로해야 할 총근로시간을 정해야 한다. 정산기간은 1개월 이내에서 2주, 4주, 1개월 등으로 설정이 가능한데, 예를 들어, "정산기간은 매월 초일부터 말일까지로 한다." 등으로 명시하면 된다. 총근로시간은 각 근로일별 근로시간이나 각 주별 근로시간을 미리 정할 수 없고, 정산기간 전체를 대상으로 한 총근로시간만 정하면 된다.

정산기간의 총근로시간은 해당기간의 총소정근로시간이며, 정산기간 동안 총실제근로시간이 이에 부족할 경우 부족한 부분은 결근시간으로 처리가 가능하며, 초과할 경우에 초과분은 연장근로시간으로 처리한다. 예를 들어, "정산기간은 1일 8시간 × 해당 월의 소정근로일수(휴일, 휴무일은 제외)로 계산한다." 등으로 명시하면 된다. 또한, 총근로시간을 정하게 되면 정산기간의 총근로시간 범위 내에서 일 또는 주 단위로는 법정근로시간을 초과하여 근로하더라도 연장근로가 인정되지 않는다. 반면, 신상품 또는 신기술의 연구개발 업무의 경우로서 사용자가 1개월을 초과하는 정산기간을 정하는 경우에는 매 1개월마다 평균해 1주간의 근로시간이 40시간을 초과한 시간에 대해서는 통상임금의 50% 이상을 가산하여 근로자에게 지급하여야 한다.

여기서 잠깐! **정산기간의 총근로시간**

선택적근로시간제에서는 각 근로일 또는 주별 근로시간을 미리 정할 수 없으며, 정산기간 전체의 총 법정근로시간 이내의 범위에서 총근로시간을 정하여야 한다. 예를 들어 소정근로시간을 1일 8시간, 1주 40시간으로 정한 사업장을 기준으로, ① 정산기간 총법정근로시간 = 근로일 수(1주 최대 5일, 주중 휴(무)일 포함) × 8시간, ② 정산기간 총근로시간 = 소정근로일 수(정산기간 중 휴(무)일 포함) × 8시간, ③ 정산기간 최대 연장근로시간 = (정산기간 역일수 ÷ 7) × 12시간으로 계산하면 된다.

③ 의무적 근로시간대와 선택적 근로시간대

의무적 근로시간대는 근로자가 반드시 근로해야 할 시간대이며, 선택적 근로시간대는 근로자가 스스로의 결정에 의하여 근로 제공 여부를 결정할 수 있는 시간대를 말한다.

④ 표준근로시간대

주휴일, 연차유급휴가 등의 계산 기준으로 사용하기 위해 사용자와 근로자 대표가 합의하여 결정한 1일의 근로시간을 말한다. 표준근로시간을 8시간으로 정했다면 연차유급휴가 사용 시 1일 표준근로시간인 8시간을 사용한 것으로 간주한다.

(3) 연장 · 야간 · 휴일근로 및 휴일·휴가와의 관계

(가) 연장근로

1개월 이내의 선택적 근로시간제에서 연장근로로 계산되는 시간은 정산기간에 있어 미리 정한 총근로시간을 넘는 시간으로, 가산수당을 지급해야 하는 대상은 정산기간에 있어 총법정근로시간을 초과하는 시간이다. 반면, 1개월을 초과하는 선택적 근로시간제에서는 매 1개월마다 평균해 1주간의 근로시간이 40시간을 초과한 시간에 대해서는 통상임금의 50% 이상을 가산해 근로자에게 지급하여야 한다.

노사합의한 총근로시간	실제 근로 시간	법정 근로 시간	임금 산정 방법
154시간 (1일 7시간×근로일 수 22일)	160시간	176시간	노사 합의한 총 근로시간(154시간)을 초과한 근로시간(6시간)은 법정근로시간(176시간) 이내의 근로에 해당하여 가산수당이 발생하지 않는다. 임금은 160시간×통상임금으로 계산한다.
176시간 (1일 8시간×근로일 수 22일)	180시간		법정근로시간(176시간)을 초과한 180시간을 근로하여 가산수당이 발생한다. 임금은 (176시간+(4시간×1.5))×통상임금으로 계산한다.

선택적 근로시간제는 정산기간에 대해 총 근로시간만 정해지므로 일·주 단위로 연장근로는 계산할 수 없으며, 실제 연장근로를 하였는지 여부는 정산기간 이후에 알 수 있게 된다. 사용자가 연장근로를 지시(요청)하였거나 근로자의 연장근로 통지에 대해 사용자가 승인(동의)한 경우에만 연장근로로 인정되며, 연장근로의 한도는 정산기간을 평균하여 1주에 12시간을 초과할 수 없다.

(나) 휴일·야간근로

의무적 근로시간대가 휴일 또는 야간근로시간(22시부터 06시)에 걸쳐 있는 경우에는 그 시간에 대한 가산수당을 지급해야 한다. 또한 선택적 근로시간대가 휴일 또는 야간근로시간대에 걸쳐 있는 경우에도 그 시간대에 이루어진 근로에 대해서는 가산수당을 지급해야 한다.

다만, 선택적 근로시간대에 휴일 또는 야간근로시간이 포함되어 있지 않은 경우에 사용자의 지시(요청) 또는 승인(동의)이 있다면 가산수당을 지급해야 하며, 근로자가 사용자의 지시(요청) 또는 승인(동의)없이 자발적으로 근로한 경우 가산수당은 지급하지 않아도 된다.

(다) 휴일·연차유급휴가 부여

선택적 근로시간제를 도입하더라도 출근율에 따라 주휴일과 연차유급휴가를 부여해야 하며, 휴일·휴가수당은 표준근로시간에 해당하는 임금을 기초로 계산한다.

(라) 연속 11시간 휴식 보장

사용자가 1개월을 초과하는 정산기간을 정하는 경우에는 근로일 종료 후 다음 근로일 시작 전까지 근로자에게 연속해 11시간 이상의 휴식 시간을 줘야 한다. 다만, 천재지변 등 대통령령으로 정하는 불가피한 경우에는 근로자대표와의 서면합의가 있다면 예외가 인정된다.

(4) 적용 제외

15세이상 18세미만, 취직인허증을 보유한 15세 미만의 근로자에게는 적용할 수 없다. 임신 중인 여성에 대해서는 별도의 제한 규정이 없다.

(5) 법적 효과

정산기간을 평균한 1주간의 근로시간이 법정근로시간을 초과하지 않는 범위에서 특정한 날 또는 특정한 주에 법정근로시간을 초과하여 근로할 수 있으며, 초과시간에 대해 가산수당을 지급하지 않아도 된다. 다만, 1개월을 초과하는 정산기간을 정한 경우 매 1개월마다 평균해 1주간의 근로시간이 40시간을 초과한 시간에 대해서는 통상임금의 50% 이상을 가산해 근로자에게 지급하여야 한다.

(6) 정산기간 중 총근로시간 산정방법

1일 8시간, 1주 40시간을 근로하고 토요일은 무급휴무일, 일요일은 주휴일로 정한 사업장이 정산기간을 1개월로 하여 선택적 근로시간제를 도입한 경우 2018년 9월의 총근로시간과 지급해야 할 임금을 계산해 보자(단, 정산기간 중 총 근로시간은 근로의무가 있는 날의 근로시간을 합산하여 산정하되, 근로의무가 없는 날(휴일, 휴무일)은 제외한다. 임금산정은 정산기간 중 총 근로시간과 정산기간 중 유급휴일 및 유급휴무일을 합한 시간을 기준으로 한다).

〈2018년 9월〉

일	월	화	수	목	금	토
						1
2	3	4	5	6	7	8
9	10	11	12	13	14	15
16	17	18	19	20	21	22
23	24 (추석)	25	26 (대체공휴일)	27	28	29
30						

※ 관공서 공휴일의 유급휴일 의무화 적용 전

(1) 취업규칙 등에서 관공서 공휴일(9.24~9.26)을 유급휴일로 정한 경우

① 총 근로시간은 136시간(8시간×17일), 유급휴일은 8일(주휴일 5일+ 약정휴일 3일)이다.

② 임금은 총 근로시간 136시간과 유급휴일 64시간(8시간×8일)을 합한 총 200시간분이 지급되어야 한다.

(2) 취업규칙 등에서 관공서 공휴일을 휴(무)일이 아닌 근로일로 정한 경우

① 총 근로시간은 160시간(8시간×20일), 유급휴일은 5일(주휴일 5일)이다.

② 임금은 총 근로시간 160시간과 유급휴일 40시간(8시간×5일)을 합한 총 200시간분이 지급되어야 한다.

(3) 취업규칙 등에서 관공서 공휴일을 무급휴(무)일로 정한 경우

① 총 근로시간은 136시간(8시간×17일), 유급휴일은 5일(주휴일 5일)이다.

② 임금은 총 근로시간 136시간과 유급휴일 40시간(8시간×5일)을 합한 176시간분이 지급되어야 한다.

※ 관공서 공휴일의 유급휴일 의무화 적용 후
관공서 공휴일이 유급휴일이 되는 시점은 기업 규모에 따라 다른데, 300인 이상 사업장은 2020년 1월 1일부터, 30인 이상 300인 미만 사업장은 2021년 1월 1일부터, 5인 이상 30인 미만 사업장은 2022년 1월 1일부터 적용된다.
해당되는 사업장의 경우 '(1)'과 동일하게 총 근로시간은 136시간, 임금은 200시간분을 지급하면 된다.

여기서 잠깐! **선택적근로시간제 정리**

구분	1개월 이내 선택적 근로시간제	1개월 초과 3개월 이내 선택적 근로시간제
단위기간	• 1개월 이내	• 3개월 이내
요건 및 절차	• 취업규칙 등에 규정 필요 • 아래 사항에 대한 근로자대표와의 서면 합의 – 대상 근로자의 범위 – 정산기간(1개월 이내) – 정산기간의 총근로시간 – 반드시 근로해야 할 시간대를 정하는 경우에는 그 시작 및 종료시각 – 근로자가 그의 결정에 따라 근로할 수 있는 시간대를 정하는 경우에는 그 시작 및 종료 시각 – 표준근로시간	• 취업규칙 등에 규정 필요 • 신상품 또는 신기술의 연구개발 업무에 해당 • 아래 사항에 대한 근로자대표와의 서면합의 – 대상 근로자의 범위 – 정산기간(3개월 이내) – 정산기간의 총근로시간 – 반드시 근로하여야 할 시간대를 정하는 경우에는 그 시작 및 종료시각 – 근로자가 그의 결정에 따라 근로할 수 있는 시간대를 정하는 경우에는 그 시작 및 종료 시각 – 표준근로시간
근로자의 과로방지	• 없음	• 정산기간 1개월 초과시 연속해 11시간 이상의 휴식 시간을 부여 • 다만, 천재지변 등 대통령령으로 정하는 불가피한 경우에는 근로자대표와의 서면합의가 있으면 이에 따름
연장근로 수당산정	• 정산기간의 총근로시간을 넘는 시간×1.5	• 매 1개월마다 평균하여 1주간의 근로시간이 40시간을 초과한 시간×1.5
적용제외	• 15세 이상 18세 미만의 근로자	

다. 사업장 밖 간주 근로시간제

관련 법령

근로기준법 제58조【근로시간 계산의 특례】

① 근로자가 출장이나 그 밖의 사유로 근로시간의 전부 또는 일부를 사업장 밖에서 근로하여 근로시간을 산정하기 어려운 경우에는 소정근로시간을 근로한 것으로 본다. 다만, 그 업무를 수행하기 위하여 통상적으로 소정근로시간을 초과하여 근로할 필요가 있는 경우에는 그 업무의 수행에 통상 필요한 시간을 근로한 것으로 본다.

② 제1항 단서에도 불구하고 그 업무에 관하여 근로자대표와의 서면 합의를 한 경우에는 그 합의에서 정하는 시간을 그 업무의 수행에 통상 필요한 시간으로 본다.

(1) 의 의

(가) 개 념

근로자가 출장 그 밖의 사유로 근로시간의 전부 또는 일부를 사업장 밖에서 근로하여 근로시간을 실제적으로 산정하기 어려운 경우, 근로자가 실제 근로한 시간과 관계없이 소정근로시간, 업무수행에 통상적으로 필요한 시간, 노사가 서면으로 합의한 시간 중 어느 하나를 근로시간으로 간주하는 제도를 말한다. 사업장 밖에서 근로하더라도 근로시간 산정이 가능하면 제외된다.

(나) 탄력적·선택적 근로시간제와 차이

구 분	탄력적·선택적 근로시간제	사업장 밖 근로시간제
근로시간 형태 변경 여부	변경 있음	변경 없음
근로시간 산정	실제 근로시간으로 산정	근로시간 산정이 어려워 근로한 것으로 인정하는 시간으로 산정

(2) 도입 요건

(가) 사업장 밖의 근로일 것

사업장 밖의 근로인지는 근로의 장소적 측면과 근로수행의 형태적 측면을 종합적으로 고려하여 판단한다. 소속 사업장에서 장소적으로 이탈하여 사업장의 근로시간 관리로부터 벗어난 상황으로 근로시간 전부 또는 일부가 사업장 밖에서 이루어지는 경우도 포함되며, 사용자의 구체적인 지휘·감독을 받지 않고 근로를 수행하는 경우에 사업장 밖 근로가 인정된다.

(나) 근로시간 산정이 어려울 것

사업장 밖 근로의 시업시각과 종업시각이 해당 근로자의 자유에 맡겨져 있고, 근로자의 조건이나 업무 상태에 따라 근로시간의 장단이 결정되는 경우에 인정되며, 사용자의 구체적인 지휘·감독이 미칠 경우 적용되지 않는다.

(다) 근로한 것으로 인정하는 시간을 규정할 것

근로시간을 산정하는 방법은 소정근로시간으로 보는 경우, 업무수행에 통상 필요한 시간으로 보는 경우, 노사가 서면 합의한 시간으로 보는 경우로 구분된다.

① 소정근로시간으로 보는 경우

소정근로시간은 법정근로시간(1일 8시간, 1주 40시간)의 범위에서 노사가 정한 근로시간을 말한다. 소정근로시간은 근로계약서 필수 기재사항이며, 취업규칙(10인이상 사업장) 작성·신고할 때 소정근로시간 및 대상근로 등을 명시하여야 한다.

② 통상 필요한 시간으로 보는 경우

해당 업무를 수행하기 위해 통상적으로 소정근로시간을 초과하여 근로할 필요가 있을 경우 그 업무 수행에 통상 필요한 시간을 근로한 것으로 인정한다. 통상적으로 필요한 시간이란 근로자 개인별 필요한 시간이 다르더라도 평균적인 사람이 통상적으로 업무를 수행함에 있어 필요한 시간이 되며, 취업규칙을 통해 그 업무의 수행에 통상 필요한 시간 산정방법을 특정하는 것이 바람직하다. 통상 필요한 시간 중 법정근로시간을 초과하는 시간은 연장근로시간이 된다.

③ 노사가 서면 합의한 시간으로 보는 경우

해당 업무를 수행하기 위해 통상적으로 소정근로시간을 초과하여 근로할 필요가 있을 경우 사용자와 근로자 대표가 서면 합의한 시간을 업무 수행에 통상 필요한 시간으로 인정한다. 서면으로 정한 시간 중 법정 근로시간을 초과하는 시간은 연장근로시간이 된다.

(3) 연장 · 야간 · 휴일근로 및 휴일 · 휴가

특례를 인정하는 것은 근로시간의 산정에 관한 것이며, 연장·야간·휴일근로가 발생한 경우 가산수당을 지급하여야 하며, 휴일·휴가는 출근율에 따라 부여하여야 한다. 외근 업무의 특성상 소정근로일, 시업 및 종업시각, 소정근로시간 등에 관하여 노사가 사전에 특정하지 않은 경우에 특별한 사정이 없는 한 연차유급휴가 산정을 위한 출근율 계산 시 개근한 것으로 보아야 한다(근기 68207-287, 2003.3.13).

(4) 적용 제외

다음의 경우에는 사업장 밖 간주근로시간제가 적용되지 않는다.

① 여러 명이 그룹으로 사업장 밖에서 근로하더라도 그 구성원 중 근로시간 관리를 하는 자가 있는 경우

② 사업장 밖에서 업무를 수행하는 사람이 정보통신기기 등에 의하여 수시로 사용자의 지시를 받으면서 근무하는 경우

③ 미리 회사로부터 방문처와 귀사 시간 등 당일 업무를 구체적으로 지시받은 다음 사업장 밖에서 업무를 수행하고 사업장에 돌아오는 경우

라. 재량 근로시간제

관련 법령

근로기준법 제58조【근로시간 계산의 특례】

③ 업무의 성질에 비추어 업무 수행 방법을 근로자의 재량에 위임할 필요가 있는 업무로서 대통령령으로 정하는 업무는 사용자가 근로자대표와 서면 합의로 정한 시간을 근로한 것으로 본다. 이 경우 그 서면 합의에는 다음 각 호의 사항을 명시하여야 한다.

1. 대상 업무
2. 사용자가 업무의 수행 수단 및 시간 배분 등에 관하여 근로자에게 구체적인 지시를 하지 아니한다는 내용
3. 근로시간의 산정은 그 서면 합의로 정하는 바에 따른다는 내용

근로기준법 시행령 제31조【재량근로의 대상 업무】

법 제58조제3항 전단에서 "대통령령으로 정하는 업무"란 다음 각 호의 어느 하나에 해당하는 업무를 말한다.

1. 신상품 또는 신기술의 연구개발이나 인문사회과학 또는 자연과학분야의 연구 업무
2. 정보처리시스템의 설계 또는 분석 업무
3. 신문, 방송 또는 출판 사업에서의 기사의 취재, 편성 또는 편집 업무

4. 의복·실내장식·공업제품·광고 등의 디자인 또는 고안 업무
5. 방송 프로그램·영화 등의 제작 사업에서의 프로듀서나 감독 업무
6. 그 밖에 고용노동부장관이 정하는 업무

고용노동부 고시 제2011-44호

근로기준법 시행령 제31조제6호에서 '그 밖에 고용노동부장관이 정하는 업무'란 회계·법률사건·납세·법무·노무관리·특허·감정평가 등의 사무에 있어 타인의 위임·위촉을 받아 상담·조언·감정 또는 대행을 하는 업무를 말한다.

(1) 의 의

(가) 개 념

재량근로시간제란 업무의 성질에 비추어 업무 수행 방법을 근로자의 재량에 위임할 필요가 있는 업무로서 근로기준법 시행령 제31조 및 고시에서 정한 업무를 수행하는 근로자에 대해 사용자가 근로자 대표와 서면 합의로 정한 시간을 근로한 것으로 보는 제도를 말한다.

(나) 다른 제도와의 차이

구 분	탄력적 근로시간제	선택적 근로시간제	재량 근로시간제
개념	근로시간 배분 관련	근로시간 배분 관련	근로시간 결정 관련
적용 대상	특정 업종 제한 없음 (연소자, 임부 제외)	특정 업종 제한 없음 (연소자 제외)	시행령, 고시에서 정한 업무 6가지
운영	단위기간 (2주, 3개월 이내, 6개월 이내)	정산기간(1월 또는 3월 이내)	업무 수행방법, 시간배분에 대해 구체적 지시를 하지 않음
근로시간 제한, 산정	근로일 및 근로일별 근로시간	총근로시간	서면합의에서 정한 근로시간
서면합의 주요 내용	·대상근로자 범위 ·단위기간 (3개월 이내, 6개월 이내) ·근로일 및 근로일별 근로시간(3개월 이내), 주별 근로시간(6개월 이내) ·서면합의 유효기간	·대상근로자 범위 ·정산기간, 총근로시간 ·의무적 근로시간대 ·선택적 근로시간대 ·표준근로시간	·업무수행방법은 근로자 재량에 맡긴다는 내용 ·근로시간 산정은 서면 합의로 정한 바에 따른다는 내용

(2) 도입요건

(가) 재량근로 대상 업무에 해당할 것

① 신상품 또는 신기술의 연구개발이나 인문사회과학 또는 자연과학분야의 연구 업무

② 정보처리시스템의 설계 또는 분석 업무

③ 신문, 방송 또는 출판 사업에서의 기사의 취재, 편성 또는 편집 업무

④ 의복·실내장식·공업제품·광고 등의 디자인 또는 고안 업무

⑤ 방송 프로그램·영화 등의 제작 사업에서의 프로듀서나 감독 업무

⑥ 회계·법률사건·납세·법무·노무관리·특허·감정평가 등의 사무에 있어 타인의 위임·위촉을 받아 상담·조언·감정 또는 대행을 하는 업무

(나) 대상 업무 수행의 재량성이 인정될 것

재량근로 대상 업무에 해당하고 사용자와 근로자 대표 사이에 서면 합의가 있더라도, 업무 성질에 내재하는 재량성이 없다면 재량근로로 볼 수 없다. 업무수행수단, 시간 배분 등에 대해 구체적인 지휘감독을 받지 않아야 한다. 다만, 근로자의 동의를 얻는 경우 업무 협조 등의 필요에 의해 예외적으로 회의시각을 정하거나 업무 수행과 직접적으로 관련이 없는 직장 질서 또는 기업 내 시설관리에 관한 사항은 지시·감독이 가능하다.

(다) 근로자 대표와 서면 합의가 있을 것

재량 근로시간제를 도입하기 위해서는 사용자와 근로자 대표가 아래의 내용을 서면으로 합의해야 한다.

① 대상 업무 ② 업무의 수행수단, 시간 배분 등을 근로자의 재량에 맡긴다는 내용 ③ 근로시간의 산정은 서면 합의로 정하는 바에 따른다는 내용

(3) 연장 · 야간 · 휴일근로 및 휴일 · 휴가

서면 합의로 정한 근로시간이 법정 근로시간을 초과하는 경우 연장근로가산수당을 지급해야 한다. 휴일·야간근로는 사전에 예정되어 확정하기 어렵지만, 사용자의 허락을 얻어 휴일·야간근로가 실제로 수행되면 그에 대한 가산수당을 지급해야 한다.

휴일·휴가의 경우 기본적으로 재량근로시간제가 적용되는 기간 동안은 출·퇴근 관리를 별도로 하지 않으므로 소정근로일 전체를 출근한 것으로 보아야 하며, 이에 따라 휴일·휴가를 부여해야 한다. 다만, 소정근로일의 출근 여부에 대한 재량은 취업규칙 또는 근로자 대표와의 서면 합의에서 정하는 내용에 따라 달라질 수 있다.

(4) 법적 효과

재량 근로시간제에서 서면 합의에 명시된 간주근로시간을 근로한 것으로 본다. 다만, 법적 요건을 갖추지 못한 채 운영되거나, 업무수행 수단이나 시간 배분 등에 지시하는 등 재량 근로의 본질을 벗어난 경우 근로기준법 제50조를 적용하여 1일 8시간, 1주 40시간을 초과한 근로시간은 연장근로가 된다.

마. 재택 근무제

관련 법령

근로기준법 제58조【근로시간 계산의 특례】

① 근로자가 출장이나 그 밖의 사유로 근로시간의 전부 또는 일부를 사업장 밖에서 근로하여 근로시간을 산정하기 어려운 경우에는 소정근로시간을 근로한 것으로 본다. 다만, 그 업무를 수행하기 위하여 통상적으로 소정근로시간을 초과하여 근로할 필요가 있는 경우에는 그 업무의 수행에 통상 필요한 시간을 근로한 것으로 본다.

② 제1항 단서에도 불구하고 그 업무에 관하여 근로자대표와의 서면 합의를 한 경우에는 그 합의에서 정하는 시간을 그 업무의 수행에 통상 필요한 시간으로 본다.

(1) 개 념

재택 근무제는 근로자가 정보통신기술을 활용하여 근로의 전부 또는 일부를 사무실이 아닌 자택 등을 이용하여 업무를 수행하는 제도를 말한다.

재택근무는 대부분의 근무를 재택으로 하는 상시형 재택근무와 일주일 중 일부만을 재택근무를 하는 수시형 재택근무로 구분할 수 있다.

상시형 재택근무	근로시간 전부 재택근무 주5일 8시간 재택근무 주5일 중 4시간 사무실 근무, 4시간 재택근무 등
수시형 재택근무	주3일 재택근무/주2일 사무실 근무 주1일 재택근무/주4일 사무실 근무 등

재택근무는 독립적이면서도 개별적인 업무수행이 가능하거나, 고객과의 대면접촉이 거의 없는 직무, 특정한 장소에서 이루어지지 않아도 되는 직무 등에 적합하다.

(2) 도입 요건

재택근무 도입을 위해서는 근로자 대표와 서면 합의, 개별 근로자와 근로계약서 변경, 취업규칙 변경 절차가 필요하다.

근무 장소 변경과 근무시간 운영에 대한 내용으로 개별 근로자와 합의가 반드시 필요하고, 근무 장소와 근무시간 운영 기준이 달라질 경우 취업규칙 변경 절차를 진행해야 한다. 근로자 대표와의 합의로 업무에 필요한 시간을 정하고자 할 경우에는 근로자 대표와 서면 합의가 필요하다.

(3) 휴가, 휴식

취업규칙에서 재택근로에 종사하는 통상 근로자들에 대한 휴가 및 휴식에 대해 별도의 규정을 두고 있지 않은 경우 통상 근로자에게 적용되는 근로시간 및 휴가, 휴식에 관한 취업규칙 내용이 그대로 적용된다. 사용자는 근로시간과 비근로시간(휴가나 병가 등으로 인하여 근로하지 못하는 시간)에 관한 사항을 사전에 약정해 두는 것이 필요하다.

(4) 연장 · 야간근로

사용자의 지시에 따라 특정 업무를 수행하는데 필요한 시간이 연장·야간·휴일근로에 해당할 경우 원칙적으로 그에 대한 수당을 지급해야 한다. 다만, 일반적인 근로자가 연장·야간·휴일근로를 사전에 신청하여 사용자의 허가를 받도록 하는 유사한 절차를 마련하는 것이 바람직하다.

(5) 근태 관리

재택근무에 종사하는 근로자도 근로기준법상의 근로시간 및 휴식에 대한 규정이 적용된다. 다만, 재택근무는 그 성질상 근로자의 근무시간대와 일상 생활시간대가 혼재될 수 있는 근로형태이며, 소정근로시간에 성실히 업무에 전념하였는지를 관리감독하기 어려움이 있다.

결국, 소정근로시간 동안의 근로제공 의무나 직무 전념의무 이행여부는 근로자에게 맡겨질 수밖에 없고, 정보통신기기를 통한 온라인 출퇴근 기록 등으로 재택근무자의 근로시간을 관리하는 것은 가능할 것이다.

4-10. 근로시간 및 휴게시간의 특례

관련 법령

근로기준법 제59조【근로시간 및 휴게시간의 특례】 ① 통계법 제22조1항에 따라 통계청장이 고시하는 산업에 관한 표준의 중분류 또는 소분류 중 다음 각 호의 어느 하나에 해당하는 사업에 대하여 사용자가 근로자대표와 서면으로 합의한 경우에는 제53조1항에 따른 주 12시간을 초과하여 연장근로를 하게 하거나 제54조에 따른 휴게시간을 변경할 수 있다.

1. 육상운송 및 파이프라인 운송업. 다만, 여객자동차운수사업법 제3조1항1호에 따른 노선 여객자동차운송사업은 제외한다.
2. 수상운송업
3. 항공운송업
4. 기타 운송관련 서비스업
5. 보건업

② 제1항의 경우 사용자는 근로일 종료 후 다음 근로일 개시 전까지 근로자에게 연속하여 11시간 이상의 휴식 시간을 주어야 한다.

근로시간 및 휴게시간 특례제도란 일반 공중의 생활상 불편을 초래하거나 사업목적의 달성이 어렵게 되는 경우 근로자대표와 서면합의를 통해 예외적으로 연장근로한도(1주일 12시간)를 초과하여 근로할 수 있게 하거나 휴게시간을 변경할 수 있게 하는 제도를 말한다. 또한 특례제도를 도입한 사업장은 근로 종료 후부터 다음 근로 개시 전까지 최소한 11시간 연속 휴식시간을 부여해야 한다. 특례유지업종(5개)이라도 특례를 도입하지 않은 사업장은 해당하지 않는다.

가. 적용 대상자

근로기준법 제59조는 사업에 대해 근로시간 및 휴게시간의 특례를 규정하고 있으며, 근로자 직무별로 적용 여부를 규정하고 있지 않다. 그러므로 특례업종 5개에 해당하는 사업은 소속 근로자의 직무와 관계없이 근로자 전체를 대상으로 특례규정을 적용할 수 있고, 근로자대표와 서면합의 후 일부 직무의 근로자만 별도로 적용할 수 있다. 예를 들어, 수상운송업 사업장에서 운송 업무가 아닌 사무직 근로자의 경우 사용자와 근로자대표가 적용 대상자 범위를 어떻게 정했는지에 따라 달라진다. 근로자 전체를 대상으로 특례 적용하기로 합의한 경우 사무직이라도 적용 대상이 되며, 운송업무 종사자만 특례 적용하기로 합의한 경우 사무직은 적용 제외된다.

만일 400인 이상 수상운송업 사업장에서 운송업무 종사자에게만 특례제도를 도입했다면 그 외의 직종 근로자에게는 2018.7.1부터 1주일 최대 52시간 근로가 적용된다.

나. 최대 근로시간 비교

구 분		~ 2018.6.30	2018.7.1~ 2019.6.30	2019.7.1~ 2019.12.31	2020.1.1~ 2021.6.30	2021.7.1~
특례제외 업종 21개	300인 이상	제한없음	68시간	52시간	52시간	52시간
	50~299인	제한없음	68시간	68시간	52시간	52시간
	5~49인	제한없음	68시간	68시간	68시간	52시간
특례유지업종 5개		제한없음	제한없음	제한없음	제한없음	제한없음

다. 연속 11시간의 휴식시간 부여

근로자대표와 서면합의를 통해 특례를 적용받기로 한 근로자만 해당이 되며, 특례업종에 해당이 되어도 서면합의가 없다면 적용할 수 없다. 또한, 근무 계획상 연장근로가 1주일 12시간을 초과하도록 수립되어 있거나, 실제로 연장근로가 1

주일에 12시간을 초과할 경우에 적용되며, 특례적용에 합의하였더라도 연장근로시간이 1주일 12시간을 초과하지 않는다면 연속휴식시간이 적용되지 않는다.

(1) 근로일 종료 후 다음 근로일 개시 전

'근로일 종료'란 해당 근로일의 근로가 종료된 때를 의미한다. 해당 근로일의 근로가 이어져 다음날로 넘어 가더라도 계속된 근로는 해당 근로가 종료될 때까지는 해당 근로일의 근로로 보아야 한다. 다만, 해당 근로일의 근로가 다음 날 소정근로시간대까지 계속되는 경우에는 다음날 시업 시간 이후의 근로는 해당근로일 근로의 연장으로는 볼 수 없다.

'다음 근로일 개시'는 해당 근로일의 근로 종료 후 익일 소정근로의무를 이행하기 위해 근무를 시작한 때를 말한다.

(2) 연속 11시간 이상

'연속'은 끊이지 않고 이어지는 것을 말하므로, 휴식시간 도중에 사용자가 일시 근로를 시켰다면 휴식이 단절되어 연속된 것으로 볼 수 없으므로, 일시 근로가 종료된 이후 다시 기산하여 11시간 이상을 연속하여 휴식을 부여해야 한다.

KEY WORD 5
휴 일

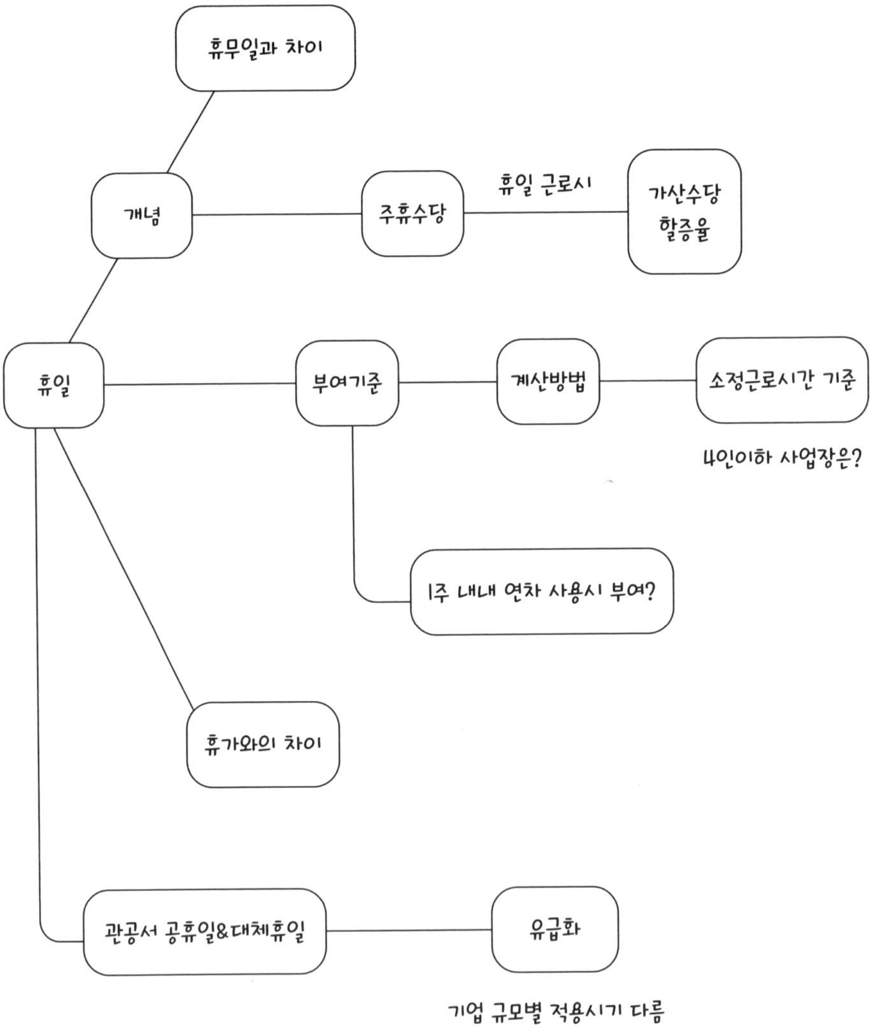
휴무일과 차이
개념
주휴수당
휴일 근로시
가산수당
할증율
휴일
부여기준
계산방법
소정근로시간 기준
4인이하 사업장은?
1주 내내 연차 사용시 부여?
휴가와의 차이
관공서 공휴일&대체휴일
유급화
기업 규모별 적용시기 다름

5. 휴 일

사용자는 근로자에게 1주일에 평균 1회 이상의 유급휴일을 주어야 한다. 이를 주휴일이라고 하는데, 주휴일은 사용자의 모든 구속으로부터 벗어나는 날을 보장함으로써 계속된 5일 또는 6일의 근로에서 생긴 피로를 회복하여 건강을 유지하고, 24시간의 여가를 이용하여 사회적·문화적 활동에 참가하여 시민생활을 누리도록 보장하려는데 취지가 있다. 근로기준법에서는 휴일을 보장하기 위하여 법 제55조에서 주휴일을 정함과 동시에 근로계약 체결시에 이를 명시하고, 취업규칙의 필요적 기재사항으로 정하고 나아가 벌칙규정을 두어 이행을 강제하고 있다.

관련 법령

근로기준법 제55조【휴일】

① 사용자는 근로자에게 1주에 평균 1회 이상의 유급휴일을 보장하여야 한다.

근로기준법 시행령 제30조【휴일】

① 법 제55조제1항에 따른 유급휴일은 1주 동안의 소정근로일을 개근한 자에게 주어야 한다.

5-1. 주휴일의 의의 및 부여 기준

(1) 개 념

근로기준법 제55조는 "사용자는 근로자에게 1주에 평균 1회 이상의 유급휴일을 보장하여야 한다."고 규정하고 있다. 또한 근로기준법 시행령 제30조에 "유급휴일은 1주 동안 소정근로일을 개근한 자에게 주어야 한다".고 규정한다. 즉 근로자가 1주간의 소정근로일을 개근한 경우 1일의 유급휴일인 주휴일을 부여한다는 의미이다.

(2) 부여기준

① 1주 소정근로시간이 15시간 이상인 근로자가 1주의 소정근로일을 개근(만근×)한 경우 주휴일을 부여하되 주휴수당이 발생하는 주 이후에 계속근로가 예정되어 있는 경우만 주휴일을 부여하게 된다.

② 주휴일 부여시 1주일이라는 기간은 연속된 7일을 의미하며(근기 68207-3309, 2002.12.2), 반드시 달력상 월요일부터 일요일일 필요는 없으며, 화요일부터 월요일까지로 하여도 무방하다(근기 68207-1540, 2001.5.12). 즉, 주휴일을 반드시 일요일로하거나 7일 간격으로 부여할 필요는 없고(근기 68207-3309, 2002.12.2), 단체협약이나 취업규칙 등으로 특정일을 정하여 부여하면 된다(근로기준과-2580, 2004.5.24). 또한 주휴일에서 1일은 상오 0시부터 하오 12시까지 달력에 의한 1일뿐만 아니라 계속 24시간만 확보되면 무방하다고 보는 것이 통설이다(근기 68207-690, 2002.2.21).

따라서 1주일에 하루라도 결근한 자에게는 유급휴일청구권이 주어지지 않으며, 결근 근로자는 무급휴일 청구권만 주어진다(즉, 주휴일을 무급으로 쉬게 하면 된다).

③ 결근은 소정근로일에 출근하지 않은 것을 뜻하므로 일단 출근한 자가 조퇴·외출하거나 지각 등으로 소정근로일의 근로시간 전부를 근로하지 않은 경우에는 결근한 것으로 보지 않으며, 지각, 조퇴, 외출 3회를 결근 1일로 취급하여 주휴에 영향을 미치는 것은 부당하다(근기 1451-21279, 1984.10.20).

④ 주 5일 근무제 등에서 휴무일이 2일 이상인 경우 이중 하나를 유급주휴일로 할 수 있으며(근기 68207-1540, 2001.5.12), 계속적으로 휴식상태에 있는 휴업기간 중에는 주휴를 주지 않아도 된다(근기 1455.9-1455, 1971.7.12).

⑤ 휴일은 매일 연속적으로 근로를 제공하는 경우에 한하지 않고 24시간 휴무를 되풀이하는 격일제 근무제에 있어서도 휴일규정이 적용되는데(대법원 1991.5.14, 90다16245), 24시간의 휴무를 전제로 24시간의 근로를 제공하는 것이므로 1주간 비번일 중 1일을 유급 처리하는 경우라면 주휴일을 부여한 것으로 본다(근기 68207-2663, 2002.8.8). 근무일에 결근한 경우 익일의 비번일을 포함하여 1일의 결근이 아닌 2일의 결근으로 봐도 무방하며(근기 68207-880, 1997.7.4), 근무일 이후 휴무일은 처음부터 근로의무가 없는 휴일과는 다르므로 이러한 휴무일에 근로한 경우 근로기준법상 휴일근로수당이 발생하지 않는다.

⑥ 당사자가 합의하여 월단위로 출근의무일수(만근일수)를 정해놓고 이를 모두 출근하면 소정의 휴일을 주휴일에 대신하여 부여하는 경우, 이러한 합의는 근로자에게 불이익이 없는 한 준수되어야 하고, 노사간에 이견이 있을 때에 실역일수에 의하여 주 단위로 주휴일을 계산하는 것이 타당하다(근기 01254-265, 1989.1.7).

5-2. 주휴수당

가. 개 념

주휴일과 근로자의 날은 근로하지 않더라도 유급 처리하여 통상임금을 지급하여야 한다. 일반적으로 근로자에 대한 임금을 월급금액으로 지급할 경우 특별한 사정이 없는 한 월급 통상임금에는 주휴일에 대한 임금도 포함되어 있다. 여기서 월급금액이라 함은 임금이 월 단위로 결정되어 월의 근로일수나 근로시간의 많고 적음에 관계없이 일정한 임금이 지급되는 임금 형태를 의미한다(근기 68207-1876, 2002.5.9).

즉, 매월 고정적인 임금을 지급받는 월급제 근로자에게는 월의 소정근로일수나 유급 휴일수 또는 근로자의 날이 월요일에서 일요일 사이의 어느 날에 속하는지 여부와 관계없이 소정의 월급금액을 지급하면 된다(근로기준과-848, 2004.4.29).

약정휴일이나 약정휴가의 경우 노사당사자간에 유급으로 하기로 하였다면 근로를 하지 않아도 유급으로 처리하여야 한다.

나. 계산방법 및 산정 사례

(1) 계산방법

주휴수당은 소정근로시간 1일분을 지급하면 되고 정상근로일의 소정근로시간을 기준으로 지급한다. 즉, 월요일부터 금요일까지는 8시간 근무하는 주 40시간제 사업장에서 주휴수당은 8시간 기준이며, 평일 7시간, 토요일 5시간인 근무형태에서는 7시간이 기준이 된다. 또한, 단시간근로자에게도 유급휴일을 주어야 하며 단시간근로자는 4주간의 소정근로시간을 그 기간의 총일수로 나눈 시간수를 1일 소정근로시간수로 산정하여 지급하면 된다. 다만, 1주간 소정근로시간이 15시간 미만인 근로자에 대하여는 법 제55조를 적용하지 않으므로 주휴일 및 주휴수당을 지급할 필요가 없다.

한편, 근로계약이 1일 단위로 체결되어 1주간 소정근로일수를 산정할 수 없는 일용근로자에게는 원칙적으로 주휴일을 부여할 수 없으나 일용근로자가 계속적으로 근로한다면 소정근로일수 대신 실근로일수를 기준으로 1주일에 6일을 개근하면 주휴일을 부여해야 한다(근기 68207-424, 1997.4.2).

(2) 산정 사례

주휴수당은 일당으로 계산한다. 1일의 소정근로시간 × 통상시급이 주휴수당이 된다.

(가) 1일 8시간, 주6일을 근무하는 것으로 계약한 경우

1일 8시간으로 정했으므로 1일 소정근로시간은 8시간이고 소정근로일은 5일, 나머지 1일은 연장근로에 해당한다. 8시간에 대한 주휴수당 발생한다. 이 경우 소정근로일을 6일로 하여 40시간/6일=6시간40분으로 계산하여 주휴수당을 계산하는 것은 타당하지 않다.

(나) 1일 10시간, 주6일 근무하는 것으로 계약한 경우

소정근로시간은 법정근로시간 내에서 정하는 것이므로 1일 소정근로시간은 8시간이며 소정근로일은 5일이 된다. 8시간에 대한 주휴수당이 발생한다. 상시근로자수가 5인 미만인 경우 법정근로시간(1일8시간, 1주40시간)에 대한 적용을 받지 않지만 소정근로시간 산정의 경우 근로기준법 제2조 정의 규정에 따라 1일 8시간 범위 안에서 소정근로시간을 판단한다.

다. 주휴수당 쟁점 사례

1주 소정근로일을 개근하였으나 다음 근무가 예정되지 않은 경우 주휴수당이 발생하는지가 쟁점이다. 즉, 이번 주까지 정상근로를 하였고, 다음 주부터 출근하지 않게 된 경우(예를 들어, 사직, 해고, 근로계약 만료, 휴직, 방학, 휴가 등) 다음과 같은 상황을 예상해 볼 수 있다.

(1) 근로관계가 종료되는 경우(사직, 해고, 기간만료 등)

주휴일은 계속적인 근로를 전제로 주단위의 휴식을 부여하는 것이므로, 사직 등으로 다음주 소정근로일 전부 근무가 예정되어 있지 않다면 비록 마지막 주를 개근하더라도 주휴 자체가 발생하는 대상이 아니라고 보아 유급주휴도 발생하지 않는다. 12.31(일)까지 근로계약 기간을 정한 상태에서 12.29(금)까지 근무한 경우 근무기간은 12.31(일)까지 보더라도 12.31인 일요일의 주휴수당은 발생하지 않는다. 다만, 월 또는 연 소정근로일수를 정하고 이를 정상 근무함을 전제로 월급이나 연봉을 정한 경우라면 주휴수당이 발생하는 것으로 봐야 한다. 예를 들어 월 20일 이상 근무한 경우 월급 300만원을 지급한다고 정한 경우 20일을 근무하고 퇴사한 경우라면 12.31. 일요일인 주휴수당이 포함된 월급 300만원을 지급해야 한다.

(2) 근로관계가 종료되지 않지만 근로자의 귀책사유(휴직, 정직, 병가 등) 또는 미리 정해진 제도(방학 등)에 따라 일정기간 동안 근로제공의무가 면제되는 경우

위 (1)과 같이 처리한다. 즉 병가기간 중에 포함된 유급주휴일에 대해 단협이나 취업규칙 등에서 병가기간 중 임금지급에 대한 규정이 있거나 당사자 사이의 약정, 관행이 있다고 인정되지 않는 이상 임금(주휴수당 등)을 지급할 이유는 없다. 또한 파업기간 중에 포함된 유급휴일에 대한 임금도 지급을 구할 수 없다.

(3) 근로관계가 종료되지 않지만 법에서 보장된 근로자의 권리를 행사하거나 (연차유급휴가 등) 당초 근로제공의무가 없는 날로 정해진 (휴일 등) 경우

휴일 휴가 등의 사용으로 1주 소정근로일 중에서 단 하루도 출근하지 않더라도 이것은 위 (1)의 경우처럼 근로관계가 종료된 것도 아니고 (2)의 경우처럼 근로자의 귀책사유나 미리 예정된 제도에 의한 것도 아니므로 달리보아야 한다. 즉, 이번 주를 개근하였고 다음 주 근로를 제공하지 않은 사유가 근로자의 권리행사나 근로제공의무가 없는 날임에도 불구하고 이를 이유로 유급 주휴일을 부인한다면 유급주휴일 취지에 어긋난다.

여기서 잠깐! 1주일 내내 연차유급휴가를 사용하면 주휴수당은 없나요

1주간의 소정근로일 전부를 연차유급휴가로 사용한 경우에는 주휴일을 유급처리하지 않고 무급휴일로 처리하더라도 법 위반이 아니다. 연차유급휴가는 근로자의 신청에 의해 사업주로부터 근로제공의 의무를 면제받은 것이기 때문이다.

반면, 휴업으로 인해 1주간 소정근로일 전부 출근을 하지 못했다면 주휴일도 휴업수당을 지급해야 한다. 휴업은 회사의 귀책사유로 인해 근로자가 근로제공을 할 수 없었던 것이기 때문이다.

그리고, 1주의 소정근로일(월,화,수,목,금) 중 일부(월,화,수)만 휴업하였다면 휴업기간은 1주의 소정근로일에서 제외하고 다른 소정근로일(목,금)에 대한 개근 여부를 따져 유급 주휴일 부여를 판단해야 한다. 즉 목, 금에 출근을 하였다면 1주의 소정근로일을 개근한 것이므로 유급주휴일을 부여해야 한다.

<참고 행정해석(근기 68207-1138, 1998.6.5)>

사용자의 귀책사유에 의한 휴업과 관련하여

1주간의 소정근로일 전부를 휴업하지 아니한 경우 휴업한 날을 제외한 소정근로일 전부를 개근하였다면 유급주휴일을 부여해야 하며,

1주간의 소정근로일 전부를 휴업한 경우에는 그 소정근로일 개근시 부여하는 유급주휴일도 휴업기간에 포함하여 휴업수당을 산정해야 하며,

1월의 소정근로일 전부를 휴업한 경우 월차유급휴가는 발생하지 않으며, 1월의 소정근로일 중 일부만 휴업한 경우에는 휴업일을 제외한 1월의 소정근로일을 개근하였다면 월차유급휴가를 부여해야 한다.

<참고: 병가와 주휴수당>

1주를 개근하면 1일 이상의 유급 주휴일을 부여받을 수 있지만 병가의 경우에는 출근하지 못했기 때문에 휴직기간이 속한 유급 주휴일은 발생하지 않는다. 병가기간 중에 포함된 유급 주휴일에 대해 단체협약이나 취업규칙 등에 규정이 있거나 당사자 사이의 약정이나 관행이 있다고 인정되지 않는 한 임금을 지급할 수 없다(근로개선정책과-3833, 2014.7.8).

5-3. 휴일과 휴가의 차이점

휴일은 사용자의 모든 지휘·감독에서 벗어난다는 점에서 연차유급휴가 또는 생리휴가 등 휴가와 그 기능이 유사하다. 그러나 휴가는 근로제공의 면제일로서 면제할 소정근로일이 있는 것을 전제로 하고 있는 점에서 처음부터 근로제공의 의무가 없는 휴일과 다르다(근로기준과-1186, 2005.3.3).

또한 원래 근로 의무가 없는 날이라는 점에서는 휴무일과 같으나, 휴일은 법(근로기준법, 근로자의 날에 관한 법률)에 의해 강제되는 반면, 휴무일은 법에 의해 강제되지 않고 노사가 자율적으로 시행한다는 점에서 차이가 있다.

휴일에는 법에서 정한 법정휴일과 노사 당사자간에 정한 약정휴일로 나뉘며 법

에서 정한 휴일은 주휴일(법 제55조)과 관공서공휴일에관한규정에 따른 공휴일, 근로자의 날이 있다.

근로자의 날은 근로자의 날 제정에 관한 법률에 "5월 1일을 근로자의 날로 하고 이 날을 근로기준법에 의한 유급휴일로 한다."고 규정하고 있으므로 법정유급휴일이나 법정공휴일에 해당되지 않는다(근로기준과-4968, 2004.7.23).

법에 의하여 정해진 법정휴일(주휴일, 관공서 공휴일, 근로자의 날)과 달리 약정휴일과 약정휴가는 노사 당사자간에 단체협약이나 취업규칙 등에 따라 부여되며(근기 68207-2989, 2000.9.28), 약정휴일과 약정휴가는 근로제공의 의무가 없는 근로기준법상의 휴일과는 달리 근로제공의 의무가 있는 날임에도 불구하고 노사간 특약에 의하여 사용자가 근로제공의무를 면제해 준 것으로(근기 68207-883, 1999.12.15), 유급 처리할 것인지 무급 처리할 것인지는 노사 당사자간에 자율적으로 정하면 된다(근기 68207-1052, 2000.4.6).

법정공휴일은 '국경일에 관한 법률 또는 관공서의 공휴일에 관한 규정에서 공휴일로 정하여진 날'로 관공서가 휴무하는 날이며, 국가가 정한 임시공휴일(대통령이나 국회의원 선거일 등)은 관공서의 공휴일에 관한 규정에 의하여 정부가 선거일을 임시공휴일로 지정하여 관공서가 휴무하는 날이므로 일반사업장에서는 특별한 정함이 없으면 근무일이 되나, 단체협약 등에 별도로 규정되어 있으면 휴일로 될 수 있지만 유급 처리할 것인지 무급 처리할 여부는 노사당사자간에 정하면 된다(근기 68207-1052, 2000.4.6). 다만, 관공서 공휴일은 2018.3.20. 법 개정을 통해 법정휴일이 되었으며, 기업규모별로 순차적으로 적용된다.

여기서 잠깐! **휴무일이 뭐지**

휴무일 (또는 휴무)의 해석에 대해서는 견해가 나뉜다. 첫째, 소정근로일이 아닌 날을 모두 휴일로 보는 견해에 따르면 휴일과 휴무를 구분하지 않고 모두 휴일로 본다. 예를 들어 주5일제(월~금 소정근로일) 사업장에서 일요일이 주휴일이라면 토요일은 약정휴일이 되며, 토요일 근무는 연장근로가 아니라 휴일근로에 해당하게 된다.

둘째, 소정근로일이 아닌 날을 휴일과 휴일이 아닌 날로 구분하여 후자를 휴무일로 보는 견해가 있다. 이 견해에 따르면 주5일제(월~금 소정근로일) 사업장에서 일요일이 주휴일이라면 토요일은 휴무일이 되며, 토요일 근무는 주40시간을 초과하는 경우 연장근로에 해당한다. 행정해석은 휴무일을 휴일과 구분하여 휴일이 아닌 날의 의미로 사용한다(근로기준과-2325, 2004.5.10).

또한 휴무일은 근로시간이 편성되지 않은 날이므로 소정근로일에서 제외된다.

행정해석에 따라 토요일의 법적성격을 구분하면 다음과 같다. 노사가 별도로 정하지 않은 경우 무급휴무일은 휴일이 아닌 것이다.

구 분		주요 내용
무급 휴무일	토요일 근무시	연장근로에 해당하여 연장근로수당 발생
	산정 예시	토요일 4시간 근무시 시급 8,000원인 경우 (4시간×8천원)+(4시간×8천원×50%)=48,000원
무급 휴일	토요일 근무시	휴일근로에 해당하여 휴일근로수당 발생
	산정 예시	(4시간×8천원)+(4시간×8천원×50%)=48,000원
유급 휴일	토요일 근무시	휴일근로에 해당하여 휴일근로수당 발생
	산정 예시	(8시간×8천원)+(4시간×8천원)+(4시간×8천원×50%)=112,000원

5-4. 관공서공휴일의 유급휴일

관련 법령

관공서공휴일에 관한 규정제2조(공휴일)

관공서의 공휴일은 다음 각 호와 같다. 다만, 재외공관의 공휴일은 우리나라의 국경일 중 공휴일과 주재국의 공휴일로 한다.

1. 일요일
2. 국경일 중 3·1절, 광복절, 개천절 및 한글날
3. 1월 1일
4. 설날 전날, 설날, 설날 다음날(음력 12월말일, 1월1일, 2일)
5. 삭제
6. 부처님오신날(음력 4월8일)
7. 5월 5일(어린이날)
8. 6월 6일(현충일)
9. 추석 전날, 추석, 추석 다음날(음력 8월14일, 15일, 16일)
10. 12월 25일(기독탄신일)

10의2. 공직선거법 제34조에 따른 임기만료에 의한 선거의 선거일

11. 기타 정부에서 수시 지정하는 날(임시공휴일)

관공서공휴일에 관한 규정 제3조(대체공휴일)

① 제2조4호 또는 9호에 따른 공휴일이 다른 공휴일과 겹칠 경우 제2조4호 또는 9호에 따른 공휴일 다음의 첫 번째 비공휴일을 공휴일로 한다.

② 제2조7호에 따른 공휴일이 토요일이나 다른 공휴일과 겹칠 경우 제2조7호에 따른 공휴일 다음의 첫 번째 비공휴일을 공휴일로 한다.

관공서 공휴일은 달력에서 일요일을 제외한 빨간색으로 표시된 날을 생각하면 된다. 이는 관공서가 쉬는 날을 의미하고, 일반 사업장에서 취업규칙 등에 별도로 정하고 있지 않은 경우 휴일로 보장된 날(법정 유급휴일)은 아니다. 그러나 2020년부터 300명 이상 사업장을 시작으로, 사업장의 규모에 따라 단계적으로 법정 유급휴일로 적용하고 있다.

2021년부터는 30명 이상 300명 미만인 사업장도 명절, 공휴일 등 관공서의 공휴일과 대체공휴일을 유급 휴일로 보장해야 합니다.

한편, 공휴일(대체공휴일 포함)에 불가피하게 근무할 수 밖에 없는 경우에는 근로자대표와 서면합의를 통해 공휴일에 근무하는 대신 다른 근로일을 특정하여 유급휴일로 부여(휴일 대체)할 수 있다. 만약 휴일 대체를 하지 않은 상태에서 근로자가 공휴일(대체공휴일 포함)에 근로를 제공했다면 휴일근로가산수당을 포함한 임금을 추가로 지급해야 한다.

5-5. 휴일의 대체 및 휴일·휴가의 중복

가. 휴일의 대체

관련 법령

근로기준법 제55조(휴일)

① 사용자는 근로자에게 1주에 평균 1회 이상의 유급휴일을 보장하여야 한다.
② 사용자는 근로자에게 대통령령으로 정하는 휴일을 유급으로 보장하여야 한다. 다만, 근로자대표와 서면으로 합의한 경우 특정한 근로일로 대체할 수 있다.

시행일(휴일 대체)

① 상시 300명 이상: 2020.1.1
② 상시 30명~299명: 2021.1.1
③ 상시 5명~29명: 2022.1.1

근로기준법 시행령 제30조(휴일)

② 법 제55조제2항 본문에서"대통령령으로 정하는 휴일"이란 관공서의 공휴일에 관한 규정 제2조 각 호(제1호는 제외한다)에 따른 공휴일 및 같은 영 제3조에 따른 대체공휴일을 말한다.

법정휴일은 법률에 따라 보장한 날이므로 사용자가 임의로 변경하거나 폐지할 수 없다. 다만, 단체협약 등에 휴일을 근로일로 하고 대신 통상의 근로일을 휴일로 교체할 수 있도록 규정을 두거나 근로자의 동의를 얻은 경우에는 휴일대체가 가능하며, 미리 근로자에게 교체할 휴일을 특정하여 고지하면 특별한 사정이 없는 한 적법한 휴일대체가 된다. 적법하게 휴일대체가 된 경우, 원래의 휴일은 통상의 근로일이 되고 그 날의 근로는 휴일근로가 아닌 통상근로가 되므로 사용자는 휴일근로수당을 지급할 의무가 없다(대법원 2000.9.22, 99다7367).

휴일대체는 주휴일, 관공서공휴일 뿐만 아니라 약정휴일도 가능한데 그 이유는 약정휴일 여부를 노사가 결정하기 때문이다. 다만, 근로자의 날은 특정사실을 기념하기 위해 특정일로 정해져 있으므로 휴일을 다른 날로 대체할 수 없다(근로기준과-848, 2004.4.29).

휴일대체의 경우 단체협약이나 취업규칙 등에서 구체적인 날짜를 정하거나 적어도 24시간 전에 근로자에게 알려주어야 하며(근기 68207-806, 1994.5.16), 이때 근로자는 합리적인 사유가 있는 경우 사전에 사용자에게 알려 동의를 거부하고 휴일을 이용할 수 있다.

여기서 잠깐! **휴일 대체와 대체 휴일 비교**

구 분	휴일대체	대체휴일
근거	근로기준법 제55조2항 "사용자는 근로자에게 대통령령으로 정하는 휴일을 유급으로 보장하여야 한다. 다만, 근로자 대표와 서면으로 합의한경우 특정한 근로일로 대체할 수 있다."	관공서공휴일에 관한 규정 제3조
내용	통상의 근로일과 휴일을 맞바꾸어 통상의 근로일은 휴일이 되고, 원래의 휴일은 통상의 근로일이 되는 제도	설 또는 추석 연휴가 다른 공휴일과 겹치는 경우나 어린이날이 토요일 또는 다른 공휴일과 겹치는 경우 연휴 다음 평일을 공휴일로 지정하는 제도
요건	근로자 대표와 서면합의를 해야 하며, 근로자에게 교체할 휴일을 특정하여 미리 고지해야 한다(24시간 전).	설, 추석, 어린이날이 토요일이나 다른 공휴일과 겹쳐야 한다.

구 분	휴일대체	대체휴일
효과	휴일근로가 아닌 통상의 근로가 되므로 휴일근로가산수당은 발생되지 않는다. 다만 이 경우에도 휴일대체 근로시간을 포함하여 주52시간 범위에서 근로해야 하며 주40시간을 넘은 경우 연장근로에 해당하여 연장근로가산수당을 지급해야 한다. 변경된(대체된) 휴일에 불가피하게 근로를 한 경우 휴일근로가산수당을 지급해야 한다.	3.1.절이나 광복절 등 국경인은 해당하지 않는다. 대체휴일은 취업규칙 등에서 공휴일을 약정휴일로 정하고 있다면 대체휴일도 휴일로 인정된다. 다만 2020년부터는 사업장 규모에 따라 법정유급휴일로 보장된다.

나. 휴일과 휴가 · 약정휴일 중복의 문제

주휴일이 회사의 유급휴일과 중복되는 경우 단체협약이나 취업규칙 등에서 그 익일을 휴일로 한다는 등의 별도 규정이 없다면 하나의 휴일만 인정된다(근기 68207-2106, 1999.8.18). 주휴일과 약정휴일이 중복된 날에 근로를 한 경우에는 주휴일근로와 약정휴일근로를 모두 실시한 것으로 볼 수 있으나 그 대가를 각각 지급해야 하는 것은 아니고 1일분만 지급하면 되며, 단체협약에 약정휴일근로에 대한 대가가 주휴일근로에 대한 대가보다 유리하게 규정되어 있다면 약정휴일에 대한 대가를 지급하여야 한다(근기 68207-1423, 2003.11.1).

유급휴가기간 중 주휴일 또는 공휴일을 휴가일수에 포함할 것인지 여부는 그 휴일이 유급휴일인 경우 휴가일수에서 제외하고 무급휴일인 경우에는 포함하여 휴가일수를 계산하는 것이 타당하다(근기 01254-3483, 1988.3.8).

여기서 잠깐! **임시공휴일에 근로한 경우**

근로조건: 2020.8.14(금) 8.17(월)까지 기간의 정함이 있는 근로자로서 1일 8시간 근무하고 최저임금 기준으로 보상을 받는 경우

(단위 :시간)

날짜	8.14 금	8.15 토	8.16 일	8.17 월	비고
실근로수당	8	8	8	8	
유급휴일수당	비해당	해당 (8시간 보장)	비해당	해당 (8시간 보장)	
휴일근로가산수당	0	4	0	4	
총유급처리 시간	8	20	8	20	56시간

8.17은 임시공휴일이다. 관공서공휴일에 관한 법률 제2조11호에 의해 정부가 수시로 지정하는 날 중 하루이므로 법정휴일로 본다. 관공서공휴일의 유급휴일이 적용되는 사업장이라면 위 근로자의 경우 총 56시간분의 임금이 보장되어야 한다.

5-6. 보상휴가제도

관련 법령

근로기준법 제57조【보상 휴가제】 사용자는 근로자대표와의 서면 합의에 따라 제51조의3, 제52조2항2호 및 제56조에 따른 연장근로 · 야간근로 및 휴일근로 등에 대하여 임금을 지급하는 것을 갈음하여 휴가를 줄 수 있다.

가. 개 념

사용자와 근로자대표가 서면합의에 따라 ① 탄력적 근로시간제에서 근로한 기간이 단위기간보다 짧아(기간제근로자 등) 임금을 정산할 때(근로기준법 제51조의3), ② 선택적 근로시간제에서 1개월 초과, 3개월 이내의 정산기간을 정한 연구개발 업무 종사자를 대상으로 매 1개월마다 연장·야간·휴일근로 등을 정산할 때(근로기준법 제52조2항2호), ③ 통상적인 근로의 경우 연장이나 야간 및 휴일 근로가 발생할 때(근로기준법 제56조) 임금을 지급하는 대신 유급휴가를 부여하는 제도이다. 유급휴가로 보상해야 할 부분은 연장·야간·휴일에 근로한 시간과 그에 대한 가산시간까지 포함된다. 보상휴가는 소정근로시간 중에 부여하여야 하며, 그 시간은 유급으로 처리하여야 한다.

예를 들어, 연장·야간·휴일근로시간이 4시간인 경우 가산시간을 포함하여 6시간분의 유급휴가로 보상하고, 연장이면서 야간근로인 시간이 2시간인 경우 각각의 가산시간을 포함하여 4시간분의 유급휴가로 보상한다.

나. 요 건

보상휴가제를 도입하기 위해서는 근로자대표와의 서면합의가 필요하며, 세부적인 내용은 자율적으로 정해 서면합의서에 반영하면 된다. 서면합의서에는 보상휴가 부여방식, 임금청구권, 보상휴가 부여기준 등에 대한 내용이 포함되도록 한다.

보상휴가 부여방식	보상휴가제를 전체 근로자에게 일률적으로 적용할 것인지, 희망하는 근로자에 한하여 적용할 것인지를 정한다.
임금청구권	휴가청구권과 임금청구권을 선택적으로 인정할 것인지, 임금청구권을 배제하고 휴가청구권만 인정할 것인지 정한다.
보상휴가 부여기준	보상휴가의 대상을 연장·야간·휴일근로에 대한 가산임금을 포함한 전체 임금으로 할지, 가산임금만으로 할지 정한다.

예를 들어, 서면합의서에 전체 근로자를 대상으로 일률적으로 적용하고, 휴가사용권만 인정하기로 할 수도 있는데, 이 경우 개별 근로자가 가산수당 지급을 청구하더라도 사용자는 이에 응할 의무가 없으며, 근로기준법 제51조의3, 제52조2항 2호, 제56조(연장·야간 및 휴일근로) 위반의 문제도 발생하지 않는다.

다. 산정방법

구 분	일	월	화	수	목	금	토	합계
출근	09시	09시	09시	09시	09시	09시	휴무	
퇴근	14시	18시	19시	18시	22시	18시	–	
휴식	1시간	1시간	1시간	1시간	2시간	1시간	–	
소정근로	–	8시간	8시간	8시간	8시간	8시간	–	40시간
연장근로	–	–	1시간	–	3시간	–	–	4시간
휴일근로	4시간	–	–	–	–	–	–	4시간

(1) 보상휴가제를 실시하지 않을 경우

소정근로시간, 연장·야간·휴일근로시간 및 가산시간을 포함하여 총52시간분의 임금을 지급한다.

소정근로시간 40h+연장근로 4h+연장가산 2h+휴일근로 4h+휴일가산 2h=52h

(2) 보상휴가제를 실시할 경우

① 연장·야간·휴일근로시간 및 가산시간에 대해 보상휴가제 실시

소정근로 40시간은 임금으로 지급하고, 연장·야간·휴일근로시간과 가산시간을 합한 12시간은 유급휴가로 보상한다.

② **연장·야간·휴일근로 가산시간에 대해서만 보상휴가제 실시**

소정근로 40시간과 연장·야간·휴일근로 8시간을 합한 48시간은 임금으로 지급하고, 연장·야간·휴일가산시간인 4시간은 유급휴가로 보상한다.

라. 휴가 미사용 시 임금 지급

(1) 임금지급 시기

보상휴가제는 임금 지급 대신에 휴가를 부여하는 제도이므로 근로자가 휴가를 사용하지 않으면 해당 임금이 지급되어야 한다. 이 경우 근로자가 임금을 청구할 수 있는 시점은 휴가를 사용할 수 없게 된 날이 확정된 날의 다음날부터이며, 사용자는 다음날부터 최초로 도래하는 임금정기지급일에 해당 임금을 지급해야 한다.

(2) 퇴직 근로자에 대한 임금 지급

근로자가 보상휴가를 사용하지 못하고 퇴직한 경우에는 퇴직 후 14일 이내에 잔여 휴가분에 대한 임금을 지급해야 한다. 또한 보상휴가에 대해서는 연차유급휴가와 달리 휴가 사용촉진조치를 통해 임금지급의무를 면제받을 수 없으며, 서면합의서에 "보상휴가 사용기간 내에 사용자의 귀책사유 없이 근로자가 사용하지 않은 보상휴가에 대해 임금지급의무가 없다."라고 합의하더라도 그러한 합의는 효력이 없다(근로기준과-6641, 2001.12.10).

마. 보상휴가 부여기간

보상휴가의 대상 근로시간과 보상휴가를 부여하는 기간에 대해서는 근로자 대표와 서면합의로 정할 수 있다. 예를 들어, 1년간의 연장·야간·휴일근로시간을 계산하여 다음 연도에 1년간 보상휴가를 사용하게 하고, 미사용한 휴가에 대하여 그 다음 연도 첫 번째 달의 임금정기지급일에 금전으로 보상하기로 합의한다하더라도 유효하다(근로기준과-779, 2005.2.14).

5-7. 휴일근로 거부

휴일근로 실시여부는 연장근로와 같이 당사자간 합의로 휴일근로를 할 수 있다.

노사 간에 체결된 단체협약에 작업상 부득이한 사정이 있거나 생산계획상 차질이 있는 등 업무상 필요가 있을 때 휴일근로를 시킬 수 있도록 규정되어 있고 관행적으로 휴일근로를 한 경우 근로자들이 자신들의 주장을 관철할 목적으로 정당한 이유없이 집단적으로 회사가 지시한 휴일근로를 거부하는 것은 회사업무의 정상적인 운영을 저해하는 것으로 노조법 소정의 쟁의행위에 해당한다(대법원 1991.7.9, 91도1051).

또한, 회사의 임시 노사협의회에서 격주 휴무제에 합의하고 관행적으로 시행되어 온 경우, 종래 통상적으로 실시되어 오던 휴일근무를 근로자들이 집단적으로 거부하였다면 업무의 정상적인 운영을 저해하는 쟁의행위에 해당한다(대법원 1995.4.7, 94다 27342).

KEY WORD 6
휴 가

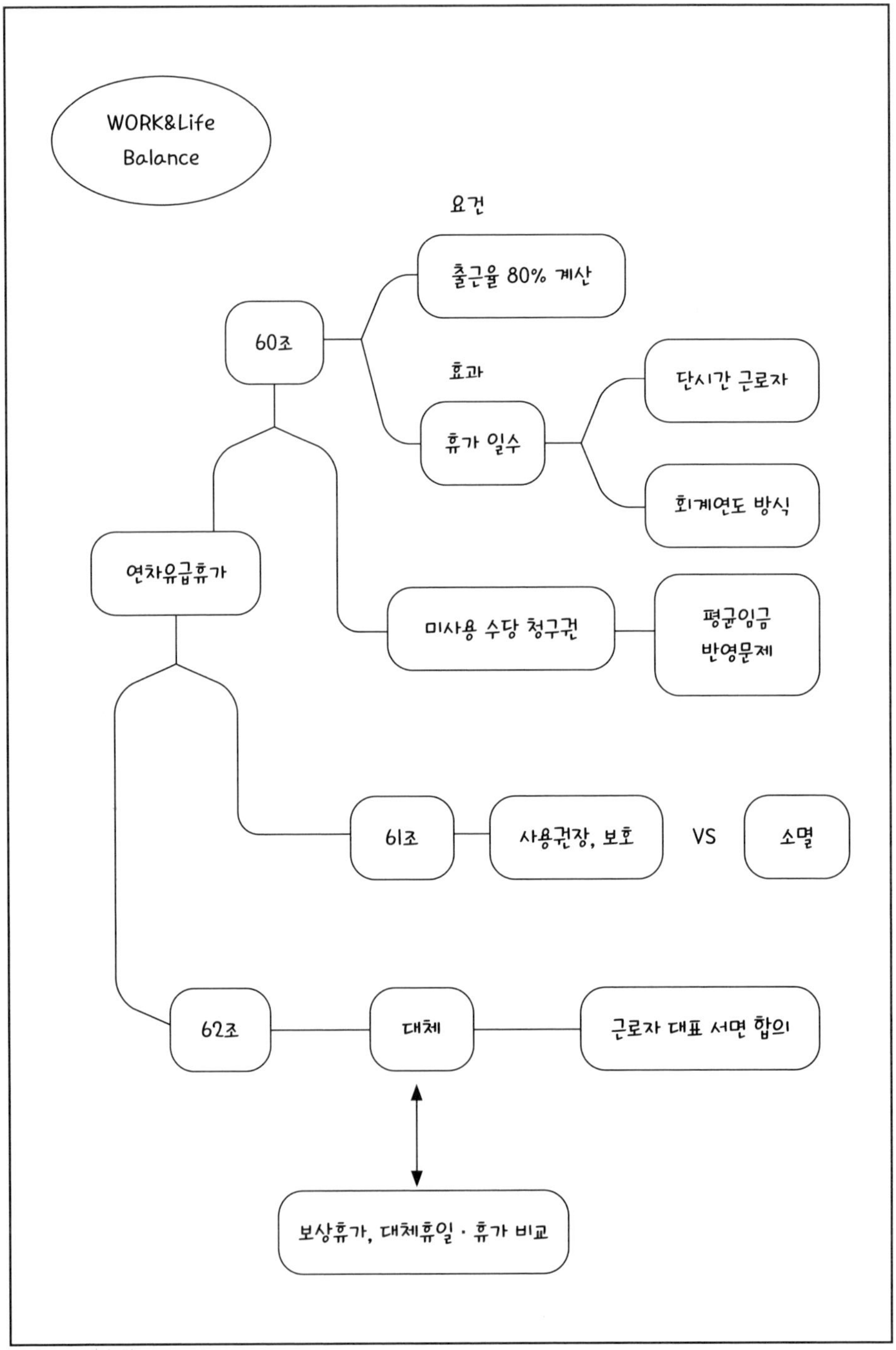
WORK&Life
Balance
요건
출근율 80% 계산
60조
효과
단시간 근로자
휴가 일수
회계연도 방식
연차유급휴가
미사용 수당 청구권
평균임금
반영문제
61조
사용권장, 보호
VS
소멸
62조
대체
근로자 대표 서면 합의
보상휴가, 대체휴일 · 휴가 비교

6. 휴 가

가. 의의

근로기준법은 법정휴가로 연차유급휴가를 규정하고 있다. 연차유급휴가는 1년간 8할 이상 개근한 근로자에 대하여 일정기간 유급으로 근로의무가 면제되는 날을 말한다. 연차유급휴가제도는 근로자에게 일정한 기간 근로의무를 면제함으로서 심신의 피로를 회복하여 건강을 유지하고 여가를 활용하여 사회·문화적 시민생활을 누릴 수 있도록 하는데 그 취지가 있다. 연차유급휴가는 기왕의 근로나 근로연수에 근거하여 산정되므로 근로에 대한 보상적 성격이 강하다. 왜냐하면 연차유급휴가는 근로 제공을 전제로 하고, 휴가 부여는 사후에 유급으로 주어질 뿐만 아니라 연차유급휴가를 사용하지 않을 경우 수당으로 보상해야 하며, 휴가 사용은 근로자 개인의 선택이 우선시되기 때문이다.

연·월차유급휴가는 1953년 근로기준법 제정시 도입되었고, 2003.9.15 근로기준법 개정시 주당 근로시간이 40시간으로 축소되면서 월차유급휴가는 폐지되고 연차유급휴가에 통합되었다.

연차유급휴가제도는 법률상 보장된 권리이므로 그 요건을 갖춘 경우 당연히 그 권리가 성립하고 근로자의 청구는 그 시기를 근로자가 임의로 선택할 권리를 행사하는데 지나지 않는다는 시기지정권설이 통설과 판례(대법원 1992.6.23, 92다7542)의 입장인데, 다만 시기의 선택에서 사용자의 시기변경권에 따른 제한을 받을 수 있다(제60조5항).

2017.11.28 법 개정시 최초 1년간의 근로에 대해 유급휴가 15일을 부여하되, 이미 사용한 연차가 있다면 공제하도록 한 규정(제60조3항)을 삭제하면서 최초 1년간의 근로에 대해 총26일의 연차유급휴가가 발생하게 되었으며, 2020.3.31 법 개정시 1년 미만 근로자에게 월별 발생하는 총 11일의 연차유급휴가는 입사일로부터 1년까지 행사하지 않으면 소멸하도록 하였다(제60조7항). 그러므로 2020.3.31부터는 입사일로부터 1년이 될 때까지 11일의 유급휴가를 사용할 수 있고 1년이 되는 시점에 11일의 유급휴가 사용청구권은 소멸하고 미사용수당청구권으로 전환되며, 새로이 15일의 유급휴가가 발생하게 된다.

관련 법령

근로기준법 제60조【연차 유급휴가】

① 사용자는 1년간 80퍼센트 이상 출근한 근로자에게 15일의 유급휴가를 주어야 한다.

② 사용자는 계속하여 근로한 기간이 1년 미만인 근로자 또는 1년간 80퍼센트 미만 출근한 근로자에게 1개월 개근 시 1일의 유급휴가를 주어야 한다.

③ 삭제

④ 사용자는 3년 이상 계속하여 근로한 근로자에게는 제1항에 따른 휴가에 최초 1년을 초과하는 계속 근로 연수 매 2년에 대하여 1일을 가산한 유급휴가를 주어야 한다. 이 경우 가산휴가를 포함한 총 휴가 일수는 25일을 한도로 한다.

⑤ 사용자는 제1항부터 제4항까지의 규정에 따른 휴가를 근로자가 청구한 시기에 주어야 하고, 그 기간에 대하여는 취업규칙 등에서 정하는 통상임금 또는 평균임금을 지급하여야 한다. 다만, 근로자가 청구한 시기에 휴가를 주는 것이 사업 운영에 막대한 지장이 있는 경우에는 그 시기를 변경할 수 있다.

⑥ 제1항 및 제2항을 적용하는 경우 다음 각 호의 어느 하나에 해당하는 기간은 출근한 것으로 본다.

1. 근로자가 업무상의 부상 또는 질병으로 휴업한 기간
2. 임신 중의 여성이 제74조제1항부터 제3항까지의 규정에 따른 휴가로 휴업한 기간
3. 남녀고용평등과 일·가정 양립 지원에 관한 법률 제19조제1항에 따른 육아휴직으로 휴업한 기간

⑦ 제1항·제2항 및 제4항에 따른 휴가는 1년간(계속하여 근로한 기간이 1년 미만인 근로자의 제2항에 따른 유급휴가는 최초 1년의 근로가 끝날 때까지의 기간을 말한다) 행사하지 아니하면 소멸된다. 다만, 사용자의 귀책사유로 사용하지 못한 경우에는 그러하지 아니하다.

나. 법적 성질

연차휴가는 근로자가 연차휴가를 청구만 하면 성립하는지 아니면 사용자의 승낙이 있어야 성립하는지에 대해 연차유급휴가청구권의 법적 성질에 관한 논의가 있다. 근로자가 사용자에게 연차유급휴가를 청구하고 사용자의 승낙이 있어야 비로소 권리가 성립된다는 청구권설, 근로자의 연차유급휴가 시기에 대한 의사표시만으로 그 권리는 성립하고 사용자의 시기변경권에 의하여 근로자의 휴가청구권

행사로 인한 형성적 효력의 발생을 소극적으로 저지하는데 지나지 않는다는 형성권설, 근로자의 연차유급휴가권은 그 요건을 갖춘 때 이미 성립하고 오직 근로자는 그 시기를 지정하는데 그친다는 시기지정권설 등이 있다. 이에 대해 판례는 연차유급휴가제도는 법률상 보장된 권리이므로 그 요건을 갖춘 경우 당연히 그 권리는 성립한다고 보아야 하고 근로자의 청구는 그 시기를 근로자가 임의로 선택할 권리를 행사하는데 지나지 않다(대법원 1972.11.28, 72다1758)며 시기지정권설이 타당하다는 입장이다.

다. 휴가의 종류

휴가는 법으로 부여가 보장되는 법정휴가와 법적 의무는 아니지만 취업규칙이나 단체협약 등에서 정한 약정휴가로 구분된다. 법정휴가는 근로자의 근로에 대한 휴식 보장을 위한 연차유급휴가, 연장·야간·휴일근로에 대해 수당 대신 부여하는 선택적 보상휴가, 모성보호나 가족 돌봄을 위한 휴가 등이 있으며, 유·무급 처리는 관련 법이나 단체협약, 취업규칙 등에 정하는 대로 따르면 된다.

<table>
<tr><th>구분</th><th colspan="2">종류</th><th>관련 근거</th><th>내용</th></tr>
<tr><td rowspan="7">법정휴가</td><td colspan="2">연차유급휴가</td><td>근로기준법 제60조</td><td>근로제공에 대한 보상으로 휴식의 기회를 제공하기 위해 부여되는 휴가</td></tr>
<tr><td colspan="2">선택적 보상휴가</td><td>근로기준법 제57조</td><td>연장 · 야간 · 휴일근로에 대해 수당을 지급하는 대신 부여하는 휴가</td></tr>
<tr><td rowspan="4">모성보호 휴가</td><td>생리휴가</td><td>근로기준법 제73조</td><td>생리중인 여성을 보호하기 위한 휴가</td></tr>
<tr><td>출산전후휴가 (유사산휴가)</td><td>근로기준법 제74조</td><td>출산전 · 후(유 · 사산한) 여성을 보호하기 위한 휴가</td></tr>
<tr><td>난임치료휴가</td><td>고평법 제18조의3</td><td>난임 치료를 목적으로 부여하는 휴가</td></tr>
<tr><td>배우자출산휴가</td><td>고평법 제18조의2</td><td>출산과 관련하여 남성에게 부여하는 휴가</td></tr>
<tr><td colspan="2">가족돌봄휴가</td><td>고평법 제22조의2</td><td>가족의 질병, 사고, 노령 등을 이유로 가족을 돌보기 위한 휴가</td></tr>
<tr><td rowspan="4">약정휴가</td><td colspan="2">경조휴가</td><td rowspan="4">단체협약, 취업규칙</td><td>애경사에 대해 부여하는 휴가</td></tr>
<tr><td colspan="2">병가</td><td>업무 외 상병에 대해 부여하는 휴가</td></tr>
<tr><td colspan="2">포상휴가</td><td>포상을 받은 근로자에게 부여하는 휴가</td></tr>
<tr><td colspan="2">기타</td><td>법정휴가 외에 취업규칙이나 단체협약 등으로 부여하는 휴가,
사용자가 근로자에게 임의로 부여하는 휴가</td></tr>
</table>

6-1. 연차유급휴가 발생(법률 요건에 대한 내용)

연차유급휴가는 계속근로연수가 1년이 되고, 소정근로일 중 80퍼센트 이상을 출근해야 하는 요건을 충족하면 효과로서 15일의 휴가가 발생한다. 또한, 계속근로연수가 1년이 안 되거나 출근율이 80퍼센트가 안된다 하더라도 월별로 소정근로일을 개근하는 요건을 충족하면 효과로서 1일의 휴가가 발생한다.

다만, 4주 평균하여 1주의 소정근로시간이 15시간 미만인 단시간근로자나, 4인 이하 사업 또는 사업장에의 근로자에게는 적용되지 않는다.

실무에서는 출근율 80퍼센트를 충족했는지, 계속근로연수가 1년 이상으로 볼 수 있는지가 주로 쟁점이 된다.

가. 출근율 계산

주휴일, 연차유급휴가 산정시 출근율을 사용하는데, 출근율은 소정근로일수에 대한 출근일수의 비율을 말한다. 즉, 주휴일은 1주 동안의 소정근로일을 전부 출근한 경우 발생하고, 연차유급휴가는 1년 동안의 소정근로일 중 출근일수가 80퍼센트 이상인 경우 발생한다.

$$\text{출근율} = \frac{\text{출근한 일수}}{\text{소정근로일수}} \times 100$$

연차유급휴가는 1년 단위기간 중 일하기로 정한 날(소정근로일)에 80퍼센트 이상으로 출근하여 근로한 자에게 주어진다. 출근이나 개근 여부 판단은 소정근로일을 기준으로 한다. 그러므로 유급주휴일이나 근로자의 날, 취업규칙 등에 의한 약정휴일과 휴가, 특별한 사유로 근로제공의무가 정지되는 날 또는 정지되는 기간 등은 소정근로일이 아니므로 제외하고, 나머지 일수를 기준으로 출근율을 산정한다. 실제 근로를 하지 않았어도 관련법에 정하여 불이익한 처우를 할 수 없거나 그 성격상 헌법상의 권리의무 이행(공선법상 선거투표일, 예비군훈련 등)과 관련되는 소정근로일은 해당일을 소정근로일에 포함하되 출근한 것으로 간주한다(임금근로시간-3228, 2007.10.25).

여기서 잠깐! **소정근로일 및 출근율 판단 방법**

1. 소정근로일에서 제외하고 나머지 근로일(분모)을 기준으로 출근율 산정

☞ 소정근로일에 대한 출근율을 계산할 때 다음에 열거한 날은 소정근로일수를 계산할 때 제외하고 나머지 소정근로일을 기준으로 출근율을 산정한다.

① 근로기준법에 의한 주휴일

② 근로자의 날 제정에 관한 법률에 의한 근로자의 날

③ 취업규칙 또는 단체협약으로 노사가 약정한 휴일

④ 기타 이에 준하여 해석할 수 있는 날 또는 기간(경조사휴가 등)

〈산정 예시〉 출근한 일수/(365일-①②③④)

2. 소정근로일에서 제외하고 나머지 근로일을 기준으로 출근율을 산정하되, 연차유급휴가일수를 계산할 때 그 제외된 기간만큼 비례하여 휴가일수를 축소 산정

☞ 특별한 사유로 근로제공의무가 정지되는 날 또는 정지되는 기간으로서 당초 단체협약이나 취업규칙 등에서 근로하기로 정했으나 근로자나 사용자가 사전에 예측할 수 없는 특별한 사유가 발생하여 근로제공의무가 정지되거나 출근의무가 부여되지 않은 경우가 있다. 이 경우 연차유급휴가일수는 사용자의 귀책사유로 인한 휴업기간, 적법한 쟁의행위기간 등을 제외한 '나머지 소정근로일수'에 대한 출근율이 80퍼센트를 넘으면 유급휴가를 부여하되, 당해 사업장의 '연간 총소정근로일수'에 대한 위의 '나머지 소정근로일수' 비율을 곱하여 산정한다.

① 사용자의 책임으로 인한 휴업기간, 직장폐쇄기간

② 적법한 쟁의행위기간(불법쟁의 기간은 소정근로일에 포함하여 결근처리)

③ 기타 이에 준하여 해석할 수 있는 날로서 부당해고기간, 업무와 관련 사업주 동의를 얻은 학업, 해외연수 휴직기간, 자택대기 휴무 등

〈산정 예시〉 적법 쟁의행위기간이 100일, 위 1(①②③④)의 기간이 100일인 경우 소정근로일은 165일(365일-100일-100일)이며 이 중 출근한 날이 80% 이상이면 연차유급휴가를 부여한다. 다만 15일의 휴가를 부여하는 것이 아니라 165일/265일×15일을 부여하며, 이때 가산일수가 3일이라면 165일/265일×(15일+3일)을 부여한다.

〈관련 판례〉

헌법과 관련 법률에 따라 근로자의 정당한 권리 행사를 보장하고, 아울러 근로자에게 정신적·육체적 휴양의 기회를 제공하고 문화적 생활의 향상을 기하려는 연차유급휴가제도의 취지를 살리는 한편, 연차유급휴가가 1년간의 근로에 대한 대가로서의 성질을 갖고 있고 현실적인 근로의 제공이 없었던 쟁의행위기간에는 원칙적으로 근로에 대한 대가를 부여할 의무가 없는 점 등을 종합적으로 고려할 때, 연간 소정근로일수에서 쟁의행위기간이 차지하는 일수를 제외한 나머지 일수를 기준으로 근로자의 출근율을 산정하여 연차유급휴가 취득요건의 충족 여부를 판단하되, 그 요건이 충족된 경우에는 본래 평상적인 근로관계에서 80% 출근율을 충족할 경우 산출되었을 연차유급휴가일수에 대하여 연간 소정근로일수에서 쟁의행위기간이 차지하는 일수를 제외한 나머지 일수를 연간 소정근로일수로 나눈 비율을 곱하여 산출된 연차유급휴가일수를 근로자에게 부여함이 합리적이라 할 것이다(대법원2013.12.26, 2011다4629).

3. 소정근로일수 계산에 포함, 출근으로 간주하는 경우

☞ 다음의 경우는 실제 근로를 하지 않았어도 관련법에 정하여 그 날 또는 그 기간을 출근한 것으로 보도록 하거나 불이익한 처우를 할 수 없는 경우, 법상의 권리의무 이행과 관련되는 등으로 인해 해당 일을 출근으로 간주하도록 규정이 있거나 그와 같은 규정이 없더라도 그 성질상 결근한 것으로 처리할 수 없는 날이거나 기간으로서, 그 날이나 기간을 소정근로일수 계산에 포함하되 출근한 것으로 본다.

① 업무상 부상 또는 질병으로 휴업한 기간(근기법 제60조6항1호)
② 산전후휴가, 유사산휴가 기간(근기법 제60조6항2호)
③ 육아휴직으로 휴업한 기간(근기법 제60조6항3호)〈2018.5.9. 이후 육아휴직을 처음으로 신청하는 자〉
④ 예비군 훈련(향토예비군설치법 제10조), 민방위 훈련기간(민방위기본법 제23조)
⑤ 공민권 행사를 위한 휴무일(공선법 제6조2항)
⑥ 연차유급휴가 기간
⑦ 생리휴가 기간
⑧ 기타 이에 준하는 것으로 해석할 수 있는 날 또는 기간

〈산정 예시〉 소정근로일 240일, 육아휴직 240일인 경우 출근율은 240일/240일로 계산한다.

4. 소정근로일수에 포함하여 결근으로 보는 경우

☞ 정직기간, 근로자 개인사정으로 인해 휴업한 기간, 개인적 부상으로 인한 결근, 형사상 구속수감기간, 개인적 사유로 휴직한 기간, 불법쟁의 기간, 개인적 목적의 해외연수 기간, 기타 개인사정으로 인한 결근 등은 그 날이나 기간을 결근으로 보아서 출근율을 산정한다. 다만, 정직기간에 대해서는 근로자의 귀책사유로 인한 징계기간은 소정근로일수에 포함하여 결근 처리하고, 이를 다투어 확정된 부당 징계기간에 한하여 소정근로일수에서 제외하고 나머지 기간에 비례하여 연차유급휴가를 부여하는 것이 타당하다(대법원 2008.10.9, 2008다41666).

5. 지각 횟수 등을 결근으로 한다는 규정이 있을 경우

☞ 지각, 조퇴, 외출 등으로 당일 소정근로시간의 일부만 근로하고 퇴근하는 경우가 있는데, 이때에도 출근율 산정시 그 날을 결근으로 처리해서는 안 된다. 단체협약, 취업규칙 등을 작성하면서 지각 3회는 결근 1일 등으로 약정했다고 해도 결근으로 처리할 수 없다. 다만, 노무를 제공하지 않은 시간만큼 임금을 공제하는 것은 무방하고, 지각 · 조퇴 · 외출이 누계 8시간에 달했을 경우 연가1일로 계산한다는 복무관리 차원의 특약도 유효하다(근기 68207-157, 2000.1.22).

나. 계속근로연수가 1년 이상인 근로자의 경우

연차유급휴가는 1년간 계속 근로한 근로자로서 80퍼센트 이상을 출근한 자에게 주어지므로, 80퍼센트 미만인 경우 연차유급휴가가 부여되지 않는다. 다만, 근로기준법 제60조2항에 따라 1개월 개근시 1일의 유급휴가는 부여된다.

(1) 1년간의 계속근로

1년간의 기산일은 근로자의 근로기간을 고려한 것이므로 근로자를 채용한 날이다. 다만, 사업자의 편의에서 연차유급휴가 산정대상기간을 1.1부터 12.31까지로 하는 등 전 근로자에게 일률적으로 기산일을 정할 수 있으며, 이 경우 근로자에게 불이익이 없도록 하여야 한다. 연차유급휴가 산정대상기간을 일률적으로 매년 1.1부터 12.31까지로 하는 경우 행정해석은 근로자의 입사일로부터 계산하여 연차유급휴가일수가 적어서는 안 되므로 퇴직시 정산하여야 한다는 입장이다.

계속근로연수는 당해 사업장에서 근로자로 계속 재직하고 있는 기간을 말한다. 퇴직금 중간정산 후 계속 근무한 경우 연차유급휴가 산정을 위한 계속근로연수는 퇴직금 중간정산과 관계없이 최초 입사일이다. 정년퇴직 후 촉탁직으로 재고용된 경우 원칙적으로 촉탁직으로 재입사한 날이 입사일이 된다. 한편, 아파트 위탁업체간 변경에 따라 새로운 업체가 관리를 담당하였을 경우 근속기간은 새로이 기산하는 것이 원칙이므로 종전 업체 소속으로 근무한 기간 동안 개근한 실적에 대한 연차유급휴가는 새로운 관리업체에 대하여 청구할 수 없다. 해직 후 재임용시 해직기간은 연차유급휴가 가산을 위한 계속근로로 인정되지 않는다. 다만 영업양도·합병 등으로 고용 승계된 경우 퇴직금이나 연차유급휴가 등에 관한 근로연수 계산에 있어서는 합산한다.

(2) 80퍼센트 이상의 출근

근로자가 1년간 소정근로일의 80퍼센트 이상 출근하여야 한다. 80퍼센트 이상 출근이란 1년간의 총일수에서 휴일(약정휴일·휴가 포함)을 제외한 소정근로일의 80퍼센트 이상 출근한 것을 뜻한다. 소정근로일수에 대한 출근율 산정시 업무상 부상 또는 질병으로 휴업한 기간과 산전후의 여성이 산전 후 보호휴가 규정에 의하여 휴업한 기간, 육아휴직기간은 출근한 것으로 본다.

다. 계속근로연수가 1년 미만인 근로자의 경우

계속근로연수가 1년 미만인 근로자의 경우 1개월간 개근시 1일의 연차유급휴가가 발생한다. 1개월간 개근이란 1개월의 소정근로일수를 개근한 경우를 말한다.

6-2. 연차유급휴가 일수(법률 효과에 대한 내용)

가. 휴가일수

① 연차유급휴가 일수는 계속 근로기간이 1년 이상인 경우와 1년 미만인 경우, 계속 근로기간이 1년 이상이라 하더라도 출근율이 80퍼센트를 충족하는 경우와 충족하지 못하는 경우로 나눠 이해할 필요가 있다. 사용자는 1년간 소정근로일수의 80퍼센트 이상을 출근한 자에게는 15일의 연차유급휴가를 주도록 규정하고 있다(제60조1항). 출근율이 80퍼센트 미만인 경우나 계속 근로기간이 1년 미만인 경우에는 1개월 개근시 1일의 유급휴가를 주어야 한다. 2020.3.31 이전 입사자의 경우 계속 근로기간이 1년이 된 경우 근로기준법 제60조2항의 규정에 의한 유급휴가 11일과 제60조1항에 의한 유급휴가 15일을 합한 총26일의 유급휴가가 발생하며, 2020.3.31 이후 입사자의 경우 입사일로부터 1년이 될 때까지 11일의 유급휴가를 사용할 수 있고 1년이 되는 시점에 11일의 유급휴가 사용청구권은 소멸하고 미사용수당청구권으로 전환되며, 새로이 15일의 유급휴가가 발생한다.

② 연차유급휴가 일수를 산정하는 경우 근로제공의무가 정지된 기간(예를 들어, 사용자의 귀책사유로 휴업한 기간)은 소정근로일수 계산시 제외하고 나머지 소정근로일수에 대한 출근율에 따라 연차유급휴가를 부여한다. 이 경우 유급휴가일수는 평상적인 근로관계에서 발생하는 유급휴가일수(근속연수에 따른 가산일수를 포함한다)에 사업장의 연간 소정근로일수에 대한 위의 나머지 소정근로일수 비율을 곱하여 산정하며, 업무상 부상 또는 질병, 산전·후 휴가 및 유·사산휴가, 육아휴직 등의 경우 휴직기간 전부를 출근한 것으로 간주하고 유급휴가를 부여해야 한다(제60조6항).

③ 육아휴직의 경우 2018.5.29 이후 최초로 사용하는 경우에만 연차유급휴가 일수 산정시 출근한 것으로 간주한다. 다만 이 경우에도 근로기준법으로 정한 육아휴직기간(1년)을 초과하는 기간을 단체협약이나 취업규칙에 정하였다고 하더라도 법정 육아휴직기간을 초과하는 휴직기간까지 출근간주 기간에 포함되는 것은 아니다. 2018.5.29 이후 육아휴직을 분할 사용한 경우에는 육아휴직기간을 제외한 나머지 소정근로일수와 연간 총 소정근로일수의 비율에 따라 산정한다.

관련 판례 및 행정해석

업무상 재해로 휴업한 기간에 대한 연차유급휴가 부여

근로기준법 제60조6항은 연차유급휴가를 부여함에 있어 각 호(업무상 부상 또는 질병, 산전후휴가, 육아휴직)의 어느 하나에 해당하는 사유로 휴업한 기간은 출근한 것으로 본다고 규정하면서 연차유급휴가부여 기준이 되는 해당 연도 전부를 휴업한 경우에는 이를 부여하지 아니한다는 예외를 정하고 있지 않다. 이는 업무상 부상 또는 질병, 산전후휴가, 육아휴직으로 휴업한 경우 근로 여부와 관계없이 해당 휴업기간을 출근한 것으로 봄으로써 연차유급휴가 부여에 있어 불이익을 받지 않도록 하는데 그 취지가 있다. 같은 벚 제1항과 제2항에 따른 연차유급휴가를 부여함에 있어 근로자가 같은 법 제6항에서 정한 각 호의 어느 하나에 해당하여 휴업한 경우 그 기간의 장단을 불문하고 소정근로일수와 출근일수에 모두 포함시켜 출근율을 계산하여야 하며, 설령 그 기간이 1년 전체에 걸치거나 소정근로일수 전부를 차지한다고 하더라도 이와 달리 볼 근거나 이유가 없다(대법원 2017.5.17, 2014다232302).

연차유급휴가의 부여 기준이 되는 해당 연도의 총 일수 전부를 출근하지 아니한 경우에는 연차유급휴가를 부여하지 않아도 되고 일부라도 출근한 경우에는 연차유급휴가를 부여하여야 한다고 해석하는 것은 벌률상의 명시적인 규정에도 맞지 않고 합리적이 근거를 찾기 어렵다. 따라서 근로자가 업무상 재해로 인해 연차유급휴가의 부여 기준이 되는 2017.7.1부터 2018.6.30까지 1년 동안의 총 소정근로일을 출근하지 아니하였다 하더라도 근로기준법 제60조6항에 따라 해당 기간을 모두 출근한 것으로 보아 연차유급휴가를 부여하여야 하고, 근로자가 연차유급휴가에 관한 권리를 취득한 후 1년 이내에 연차유급휴가를 사용하지 아니하거나 1년이 지나기 전에 퇴직하는 등의 사유로 인하여 더 이상 연차유급휴가를 사용하지 못하게 될 경우 사용자는 그 미사용 연차유급휴가일수에 상응하는 임금인 연차유급휴가수당을 지급하여야 한다(임금근로시간과-30, 2019.4.25).

〈근속연수별 휴가일수 산정 예시〉

1년 미만	1년	2년	3년	4년	5년	10년	15년	20년	21년	25년
11일	15일	15일	16일	16일	17일	19일	22일	24일	25일	25일

※ 1년 8할 이상 출근, 최초 1년간 매월 개근한 경우

나. 1년 미만 근로자의 연차유급휴가

1년 미만 근로자의 경우 근로기준법 제60조2항에 따라 매 1개월 개근시마다 1일의 연차유급휴가(최대 11일)가 개근한 월의 다음 월에 발생한다. 1년 미만 근속기간 중 발생하는 연차유급휴가는 해당 근로자의 입사일로부터 1년 동안 사용하지 않으면 소멸한다. 예를 들어 2021.1.1 입사자가 2021.1부터 2021.11까지 개

근함에 따라 발생한 연차유급휴가 11일은 2021.12.31까지만 사용이 가능하다. 만일 이 근로자가 계속근로하여 1년이 될 경우 최초 1년동안 80퍼센트 이상 출근하였다면 그 다음날(재직기간 1년이 되는 다음날)에 연차유급휴가가 15일이 발생하여 2년차에는 최초 1년간 근로에 따라 발생한 연차유급휴가 15일만 사용할 수 있게 된다.

1년 미만 근속기간 중 발생한 휴가를 사용하지 못하고 1년 미만 근속기간 중 퇴직하는 경우에는 그 미사용한 연차유급휴가에 대한 미사용수당은 최대 11일×마지막 근무월의 통상임금으로 계산한다. 1년간 근무하고 퇴직하는 경우 연차유급휴가미사용수당은 최대 26일×마지막 근무 월의 통상임금으로 계산한다.

<사례1> 2020.1.1 입사자의 1년동안 발생하는 연차유급휴가와 사용기한

발생조건	1월 미만	1월 개근	2월 개근	3월 개근	4월 개근	5월 개근	6월 개근	7월 개근	8월 개근	9월 개근	10월 개근	11월 개근	1년간 출근율 80%
발생시기	없음	2020.2.1	3.1	4.1	5.1	6.1	7.1	8.1	9.1	10.1	11.1	12.1	2021.1.1
일수	0일	1일	1일	1일	1일	1일	1일	1일	1일	1일	1일	1일	15일
누계		1일	2일	3일	4일	5일	6일	7일	8일	9일	10일	11일	15일
사용기한	2020.12.31												2021.12.31
수당발생	1년 미만 근속에 대해 발생한 11개의 연차유급휴가는 입사일로부터 1년 동안 사용하지 않으면 소멸하며, 미사용수당은 익월 급여일에 지급하게 된다.												
비고	연차유급휴가는 발생조건(1개월 개근, 1년 80% 이상 출근)을 충족하면 효과로서 휴가가 발생하는 것이므로 조건을 총족한 후 퇴직하게 된다면 사용하지 못한 휴가에 대해 미사용수당이 발생한다. 예를 들어 2020.1.1 입사한 근로자가 2020.1.31까지 근로하고 퇴직한 경우 1일의 연차유급휴가가 발생하고 퇴직하면서 연차유급휴가미사용수당을 청구할 수 있으며, 2020.1.1 입사한 근로자가 2020.12.31까지 근로하고 퇴직한 경우 최대 26일의 연차유급휴가미사용수당을 청구할 수 있다.												

<사례2> 1년 이상 근무자가 80퍼센트 미만 출근한 경우와 1년 미만 근무자가 80% 이상 출근한 경우 연차유급휴가 발생

※ 2020.1.1부터 2020.12.31까지 1년간 근로계약을 한 경우

① 1년간 80퍼센트 이상 출근한 경우 – 1년간 80퍼센트 이상 출근한 것에 대한 15일 + 입사 1년 미만에 대한 연차유급휴가 11일 = 26일 발생

② 1년간 근무하였으나 80퍼센트 미만 출근한 경우 – 정상 근무한 달에 개근 시 1일씩 발생 (예를 들어 10개월을 정상근무한 경우 10개 발생)

③ 1년 미만 근무하였으나(예를 들어, 근로계약은 2020.12.31이지만, 2020.12.30자로

퇴직한 경우) 80퍼센트 이상 출근한 경우 – 1년간 근무하지 않아 15일의 휴가는 미발생, 1년 미만 근무자에 해당하여 월 개근 시 1일씩 발생하는 휴가만 발생(전부 개근하였다면 11일)

	2020.1	2020.2	2020.3	2020.4	2020.5	2020.6	2020.7	2020.8	2020.9	2020.10	2020.11	2020.12	2021.1	2022.1	비 고
제60조1항													15	15	1년 이상, 80% 출근시
제60조2항		1	1	1	1	1	1	1	1	1	1	1			1년 미만 근무시
누계		1	2	3	4	5	6	7	8	9	10	11	15	15	

다. 1년 동안 출근율이 80퍼센트 미만인 근로자

1년 동안 출근율이 80퍼센트 미만이라고 하더라도 매월 개근 여부에 따라 연차유급휴가가 1일씩 발생한다. 80퍼센트 미만으로 출근한 해에 개근한 월의 개수만큼 다음 해에 발생한다. 예를 들어 2020.1.1~2020.12.31 출근율이 80퍼센트 미만인 근로자가 2020년 1월, 2월, 12월을 개근한 경우 연차유급휴가는 3일이 발생하며 2021.1.1부터 1년동안 사용이 가능하다.

라. 회계연도 단위 부여

연차유급휴가는 입사일을 기준으로 관리해야 함이 원칙이지만 노무관리의 편의를 위해 회계연도(1.1~12.31) 등을 기준으로 전체 근로자에게 일률적으로 적용할 수도 있다. 사용자가 연차유급휴가를 입사일 기준에서 회계연도 기준으로 변경하거나 퇴직 시점에 입사일 기준으로 재산정하도록 취업규칙을 변경하는 것은 회계연도 중에 입사한 일부 근로자에게는 연차유급휴가 일수가 줄어들게 되는 결과를 가져올 수 있으므로 근로조건의 불이익변경에 해당되어 근로자 과반수의 동의가 필요하다(임금근로시간정책팀-489, 2008.2.28).

(1) 부여 방식

2020.7.1 입사한 근로자의 경우 회계연도 기준으로 연차를 부여한다면 근로기준법 제60조2항에 따라 매월 개근에 따른 유급휴가가 1년 미만인 동안 매월 1일씩 총 11일이 발생하고, 회계연도 시작일인 2021.1.1에는 근속기간에 비례한 7.5일의 연차유급휴가가 부여된다. 계산방법은 15일×(184일÷365일)이며, 184일은 2020년도 근속기간이다.

	2020.7	2020.8	2020.9	2020.10	2020.11	2020.12	2021.1	2021.2	2021.3	2021.4	2021.5	2021.6	2022.1
제60조1항							7.5일						15일
제60조2항	0일	1일	1일	1일	1일	1일	1일	1일	1일	1일	1일	1일	
누계		1일	2일	3일	4일	5일	13.5일	14.5일	15.5일	16.5일	17.5일	18.5일	

(2) 사용 기한

일반적으로 회계연도 기준으로 1년간 사용할 수 있도록 취업규칙에 정하고 있다. 별도로 정하지 않았다면 발생일 기준으로 1년간 사용하며, 근로기준법 제60조7항에 따라 1년 미만 근로에 대해 매월 발생하는 11일의 연차유급휴가는 입사일로부터 1년동안만 사용이 가능하다.

(3) 정산 방법

회계연도 기준으로 연차유급휴가를 부여할 경우 퇴직시점에 잔여휴가일수에 대한 정산이 필요하다.

① 회계연도 기준이 입사시점을 기준으로 계산한 휴가일수보다 부족할 경우

회계연도 기준으로 휴가를 계산할 경우 퇴직시점에서 총 휴가일수가 근로자의 입사일을 기준으로 산정한 법정휴가일수에 미달하는 경우에는 그 미달하는 일수에 대하여 연차유급휴가미사용수당으로 정산해야 한다(근기68207-620, 2003.5.23). 예를 들어 2020.7.1~2021.8.31 근로하고 퇴직하는 근로자는 회계연도를 기준으로 총 18.5일의 연차유급휴가가 부여된다. 하지만 입사일을 기준으로 보면 총 26일의 연차유급휴가가 부여되어야 한다. 그러므로 근로자가 18.5일의 휴가를 전부 사용하였다고 하더라도 7.5일(26일-18.5일)에 대한 연차유급휴가미사용수당을 추가적으로 지급해야 한다.

② 회계연도 기준이 입사시점을 기준으로 계산한 휴가일수보다 많을 경우

회계연도를 기준으로 휴가를 계산할 경우 퇴직시점에서 총 휴가일수가 근로자의 입사일을 기준으로 산정한 법정휴가일수보다 많은 경우에는 그 초과하는 일수에 대해서는 퇴직시점에 입사일 기준으로 재산정한다는 별도의 단서가 없는 한 발생한 휴가일수 전체를 부여해야 한다(임금근로시간정책팀-489, 2008.2.28). 예를 들어 2020.7.1~2022.2.28 근로하고 퇴직하는 근로자는 회계연도를 기준으로 총 33.5일(18.5일+15일)의 연차유급휴가가 부여된다. 하지만 입사일을 기준으로 보면 연차유급휴가는 총 26일이 된다. 이 경우 취업규칙에서 퇴직시점에 입사일 기준으로 재산정한다는 별도의 단서가 없는 이상 연차유급휴가는 33.5일이 발생한 것으로 보고 연차유급휴가미사용수당을 지급해야 한다.

6-3. 시기지정권과 시기변경권

연차유급휴가는 근로자가 청구한 시기에 주어야 하며 근로자가 청구한 시기에 휴가를 주는 것이 사업운영에 막대한 지장이 있는 경우 사용자는 그 시기를 변경할 수 있다. 연월차유급휴가는 원칙적으로 "일"단위로 부여해야 하나 당사자간 합의로 "일"의 일부를 분할하여 부여할 수도 있다고 보나 단속적 근로자인 통근버스 기사의 대기시간을 연차유급휴가로 대체하는 것은 당사자간 합의가 있더라도 연차유급휴가를 부여한 것으로 보기 어렵다(근기 68207-934, 2003.7.23).

가. 근로자의 시기지정권

근로자가 연차유급휴가를 어떻게 이용할 것인가는 근로자의 자유이다. 근로자의 시기지정권은 사용자의 시기변경권에 우선하므로, 근로자는 희망하는 시기를 구두나 서면으로 본인이 직접하거나 제3자를 통하여 그 형식에 구애됨이 없이 특정할 수 있다. 다만, 근로자는 발생한 연차유급휴가에 대하여 언제 또는 언제부터 언제까지 사용하겠다는 시기를 지정하여야 하는데, 시기를 특정하지 않은 채 막연히 연차유급휴가를 사용하겠다고 하는 것은 적법한 시기지정이라고 볼 수 없어 그 효력이 인정되지 않는다(대법원 1997.3.25, 96다4930).

연차유급휴가를 청구하는 절차에 대하여 취업규칙 등에 명문 규정이 없는 경우 근로자가 사용자에게 전화를 하여 치료기간 중 연차유급휴가를 실시한 것으로 처리해달라고 하였다면 적법하게 연차유급휴가를 청구한 것이고, 이에 대하여 회사가 시기변경권을 행사하였다고 볼 만한 사정이 없으면 근로자가 출근하지 아니한 기간은 연차유급휴가권을 적법하게 행사한 것이어서 결근한 것이라고는 볼 수 없다(대법원 1992.4.10, 92누404).

단체협약 또는 취업규칙 등에서 "질병이나 부상외의 사유로 인한 지각·조퇴 및 외출은 누계 8시간을 연가 1일로 계산한다."라는 규정을 두는 것은 당해 사업장 근로자의 인사·복무관리 차원에서 노사 간 특약으로 볼 수 있으며, 근로자가 부여받을 수 있는 연가일수에서 공제하는 것이므로 근로기준법에 위반된다고 볼 수 없다(근기 68207-157, 2000.1.22).

나. 사용자의 시기변경권

사용자는 근로자의 청구가 있는 시기에 연차유급휴가를 주어야 하며, 근로자가 청구한 시기에 휴가를 주는 것이 사업운영에 막대한 지장이 있는 경우에는 그 시기를 변경할 수 있다. 사업운영에 막대한 지장이 있는 경우는 근로자가 지정한 시기에 휴가를 준다면 사업장의 업무능률이나 성과가 평상시보다 현저하게 저하되어 상당한 영업상의 불이익을 가져올 것이 염려되거나 개연성이 있는 경우를 말한다.

사업운영에 막대한 지장이 있는지 여부는 업무량의 증대, 사업자의 대체근로자 확보 유무, 근로자가 담당하는 업무의 성질, 다른 근로자의 시기지정과의 관계 및 연휴의 이용 등을 기준으로 판단해야 한다.

근로자의 휴가청구권에 대한 사용자의 시기변경권은 단순히 휴가 청구를 거부하는 것만으로는 부족하고 거부와 동시에 근로자가 지정한 시기와 다른 시기를 제시하여 근로자가 휴가를 이용할 수 있게 하여야 한다.

근로자가 연차유급휴가에 대하여 시기를 지정하여 청구를 하였음에도 불구하고 사용자가 적법한 시기변경권을 행사하지도 아니한 채 근로자의 연차유급휴가를 방해한 경우뿐만 아니라 사용자가 근로자의 연차유급휴가 자체를 인정하지 아니하여 시기지정권의 행사를 사전에 방해하는 것이라고 평가할 수 있을 정도에 이르면 근로자가 시기지정권을 행사하지 않고 청구를 한 경우에도 법 위반의 책임이 발생한다(대법원 2000.11.28, 99도317).

한편, 연차유급휴가 신청방법과 관련하여, 취업규칙 등에 연차유급휴가를 사용하고자 하는 경우 소속장에게 신청하여 대표이사의 승인을 얻도록 하는 것은 근로자의 휴가 시기지정권을 박탈하기 위한 것이 아니라 시기변경권의 적절한 행사를 위한 규정이므로 무효라고 볼 수 없다(대법원 1992.6.23, 92다7542).

다. 반차유급휴가

반차유급휴가란 일 단위의 연차유급휴가를 절반으로 분할하여 사용하는 것을 말하는데, 당사자 간의 합의로 소정근로일 1일의 일부를 분할하거나 단위 근무일의 한나절을 휴가로 부여할 수 있다. 이는 개인적이 사유나 업무로 인해 하루를 온전히 쓸 수 없는 경우 오전이나 오후 출근을 선택해 나머지 시간을 활용할 수 있기 때문에 근로자에게도 유리한 측면이 있다.

(1) 반차 사용과 출·퇴근시간

일반적인 사업장의 경우 시업시각 09시, 종업시각 18시이다. 오전 반차를 사용하고 오후에 출근할 경우 몇 시에 해야 하는지, 오후 반차를 사용하면 중간에 점심시간(12:00~13:00) 1시간이 포함되므로 14시까지 근로를 제공해야 하는지가 쟁점이 된다. 오전 반차의 경우 14시 출근하여 18시까지 근무하고 오후 반차의 경우09시에 출근하여 13시에 퇴근하면 좋겠지만 문제는 근로기준법 제54조에 근로시간이 4시간인 경우에는 30분 이상의 휴게시간을 근로시간 도중에 주어야 한다고 규정하고 있기 때문이다. 반차유급휴가에 대해 근로기준법에 명시하고 있지 않으므로 가장 합리적인 방법을 모색해야 한다. 오전 반차를 사용한다면 13시30분에 출근을 지시하고 18시에 퇴근을 하되 업무시간 도중에 30분의 휴게시간을 갖도록 하고, 오후 반차를 사용한다면 마찬가지로 13시30분을 퇴근시각으로 정하고 업무시간 도중에 30분의 휴게시간을 갖도록 해 두는 것이 바람직하다.

(2) 반차 사용과 연장근로

오전 반차(09시~13시)를 사용한 후 14시~20시까지 근로한 경우 연장근로가 발생하는지가 쟁점이다. 종업시각(18시)을 기준으로 18시~20시까지 연장근로로 보고 통상시급의 1.5배를 지급할 것인지가 문제인데, 연차유급휴가는 소정근로일이지만 사용자의 승인으로 근로를 제공하지 않은 시간이므로 비록 유급이라고 하더라도 근로시간에서 제외가 된다. 따라서 18시~20시까지의 근로는 연장근로가 아닌 소정근로로 보아 통상시급의 1.5배를 하지 않아도 된다.

6-4. 연차유급휴가수당과 연차유급휴가근로수당

① 연차유급휴가수당은 근로자가 연차유급휴가를 사용한 경우 사용자는 유급처리를 해야 하므로 연차유급휴가를 사용한 기간에 대해 유급 처리하는 것을 말하며, 연차유급휴가 미사용수당(또는 연차유급휴가근로수당)은 연차유급휴가를 사용하지 않고 근로하는 경우 남은 휴가일수에 대하여 금전으로 보상하는 수당을 말한다.

② 근로기준법 제61조1항을 반대 해석하면 사용자가 사용촉진제도를 통해 조치를 하였음에도 불구하고 근로자가 휴가를 사용하지 아니하여 소멸된 경우에 사용자는 그 사용하지 않은 휴가에 대해 보상할 의무가 없다고 한다면 사용자가 정당하게 사용촉진하지 않고 미사용한 휴가가 있는 경우 미사용한 휴가에 대해서는 보상 의무(연차유급휴가미사용수당)가 있다는 해석이 가능하다.

또한, 퇴직 전 1년 미만의 근로에 대한 연차유급휴가미사용수당에 대해 판례는 '유급으로 연차휴가를 사용할 권리는 근로자가 1년간 소정의 근로를 마친 대가로 확정적으로 취득하는 것이므로, 근로자가 일단 연차유급휴가권을 취득한 후에 연차유급휴가를 사용하기 전에 퇴직 등의 사유로 근로관계가 종료된 경우, 근로관계의 존속을 전제로 하는 연차휴가를 사용할 권리는 소멸한다 할지라도 근로관계의 존속을 전제로 하지 않는 연유급휴가미사용수당을 청구할 권리는 그대로 잔존하는 것이어서, 근로자는 근로관계 종료시까지 사용하지 못한 연차휴가일수 전부에 상응하는 연차유급휴가미사용수당을 사용자에게 청구할 수 있는 것이다(대법원 2005.5.27, 2003다48549)'고 하여 퇴직하는 연도(퇴직 당해연도)의 미사용한 휴가일수 전부에 대한 연차유급휴가미사용수당청구권을 인정하고 있다.

③ 사용자는 근로자가 연차유급휴가를 사용하는 기간에 대하여 취업규칙 등에 정하는 바에 따라 통상임금 또는 평균임금을 유급휴가를 주기 전 또는 준 직후의 임금지급일에 연차유급휴가수당으로 지급하여야 한다. 다만, 연차유급휴가는 근로기준법 제55조의 휴일이 아니므로 연차유급휴가일에 근로를 하더라도 가산임금이 발생하지 않는다(대법원 1991.6.28, 90다카14758).

④ 한편, 연차유급휴가보상금을 미리 일당임금이나 월급에 일정액을 포함하여 지급하는 것에 대하여 판례는 포괄임금제는 각종 수당의 지급방법에 관한 것으로서 근로자의 연차유급휴가권 행사 여부와는 관계가 없고, 근로자의 연차유급휴가권을 박탈하는 것이라고 할 수 없으므로 가능하다고 본다(대법원 1998.3.24, 96다

24699). 행정해석은 연차유급휴가에 대하여 미사용 연차유급휴가 보상금을 월급 여액 속에 포함하여 미리 지급하는 근로계약을 체결하는 것은 그 수당을 지급한 이후 해당 근로자가 연차유급휴가를 사용할 수 있도록 허용하는 경우에는 인정될 수 있다고 본다(근로기준과-7485, 2004.10.19). 다만, 일급제 근로자의 일급금액에 연차유급휴가수당은 포함되지 않는다(근로기준과-3118, 2004.6.23).

6-5. 연차유급휴가권과 미사용수당의 소멸시효

연차유급휴가는 원칙적으로 1년간 행사하지 않으면 소멸된다. 연차유급휴가권이 소멸되면 연차유급휴가근로수당청구권이 발생하며 그 청구권은 3년의 소멸시효가 적용된다(대법원 1991.2.4, 90다카24496). 휴가미사용수당의 기준임금은 최종 휴가청구권이 있는 달의 임금을 기준으로 한다(근기 01254-3999, 1990.3.19).

다만, 사용자의 귀책사유로 근로자가 연차유급휴가를 사용하지 못한 때에는 1년이 지난 뒤에도 청구할 수 있는데, 이때 "사용자의 귀책사유"는 근로자가 휴가시기를 지정하여 청구하였음에도 휴가를 주지 않든가, 사용자의 귀책사유로 인한 휴업 등으로 사실상 휴가를 청구할 수 없는 경우를 말한다.

행정해석은 사용자의 귀책사유로 인한 휴업으로 실근로일이 하루도 없게 된 경우 휴가청구권은 소멸되지 않고 시효가 중단된다고 본다(근기 68207-186,2000.1.25).

연차유급휴가를 사용하지 아니하고 퇴직한 경우의 연차유급휴가 미사용수당(또는 연차유급휴가근로수당)의 지급범위에 대하여 판례는 퇴직시 휴가를 사용할 수 있는 기간이 없었다 하더라도 유급으로 인정되는 연차유급휴가 미사용수당은 이와 상관없이 그대로 지급해야 한다고 본다(대법원 2005.5.27, 2003다48549).

한편, 취업규칙 등에 "사용자의 귀책사유로 인해 연차유급휴가를 사용치 못한 경우 연차유급휴가일수에 대한 소정의 수당을 지급한다."고 규정한 경우 이는 무효이며, 근로기준법 제60조7항의 규정에 따라 근로자의 연차유급휴가청구권은 소멸되지 않는다.

연차유급휴가근로수당은 연차유급휴가권을 취득한 근로자가 그 휴가권이 발생한 때로부터 1년간 연차유급휴가를 사용하지 않고 근로한 1년간의 근로의 대가로 발생되는 것이므로 연차유급휴가근로수당의 지급청구권은 연차유급휴가를 1년간 행사하지 아니함으로써 연차유급휴가청구권이 소멸된 날(또는 퇴직일)의 다음날에 발생되는 것으로 보아야 한다(근기 68207-772, 2001.11.8).

6-6. 연차유급휴가의 사용촉진

관련 법령

근로기준법 제61조【연차 유급휴가의 사용 촉진】

① 사용자가 제60조제1항·제2항 및 제4항에 따른 유급휴가(계속하여 근로한 기간이 1년 미만인 근로자의 제60조제2항에 따른 유급휴가는 제외한다)의 사용을 촉진하기 위하여 다음 각 호의 조치를 하였음에도 불구하고 근로자가 휴가를 사용하지 아니하여 제60조제7항 본문에 따라 소멸된 경우에는 사용자는 그 사용하지 아니한 휴가에 대하여 보상할 의무가 없고, 제60조제7항 단서에 따른 사용자의 귀책사유에 해당하지 아니하는 것으로 본다.

1. 제60조제7항 본문에 따른 기간이 끝나기 6개월 전을 기준으로 10일 이내에 사용자가 근로자별로 사용하지 아니한 휴가 일수를 알려주고, 근로자가 그 사용 시기를 정하여 사용자에게 통보하도록 서면으로 촉구할 것
2. 제1호에 따른 촉구에도 불구하고 근로자가 촉구를 받은 때부터 10일 이내에 사용하지 아니한 휴가의 전부 또는 일부의 사용 시기를 정하여 사용자에게 통보하지 아니하면 제60조제7항 본문에 따른 기간이 끝나기 2개월 전까지 사용자가 사용하지 아니한 휴가의 사용 시기를 정하여 근로자에게 서면으로 통보할 것

② 사용자가 계속하여 근로한 기간이 1년 미만인 근로자의 제60조제2항에 따른 유급휴가의 사용을 촉진하기 위하여 다음 각 호의 조치를 하였음에도 불구하고 근로자가 휴가를 사용하지 아니하여 제60조제7항 본문에 따라 소멸된 경우에는 사용자는 그 사용하지 아니한 휴가에 대하여 보상할 의무가 없고, 같은 항 단서에 따른 사용자의 귀책사유에 해당하지 아니하는 것으로 본다.

1. 최초 1년의 근로기간이 끝나기 3개월 전을 기준으로 10일 이내에 사용자가 근로자별로 사용하지 아니한 휴가 일수를 알려주고, 근로자가 그 사용 시기를 정하여 사용자에게 통보하도록 서면으로 촉구할 것. 다만, 사용자가 서면 촉구한 후 발생한 휴가에 대해서는 최초 1년의 근로기간이 끝나기 1개월 전을 기준으로 5일 이내에 촉구하여야 한다.
2. 제1호에 따른 촉구에도 불구하고 근로자가 촉구를 받은 때부터 10일 이내에 사용하지 아니한 휴가의 전부 또는 일부의 사용 시기를 정하여 사용자에게 통보하지 아니하면 최초 1년의 근로기간이 끝나기 1개월 전까지 사용자가 사용하지 아니한 휴가의 사용 시기를 정하여 근로자에게 서면으로 통보할 것. 다만, 제1호 단서에 따라 촉구한 휴가에 대해서는 최초 1년의 근로기간이 끝나기 10일 전까지 서면으로 통보하여야 한다.

연차유급휴가의 사용촉진은 근로자가 연차유급휴가를 사용하지 않음에 따라 금전보상의무를 면제받기 위해 사용자가 연차유급휴가 사용을 권유하는 것을 말한다. 근로기준법 제61조는 사용자가 근로자에게 연차유급휴가를 사용하도록 권고하여 근로자의 건강과 문화적 생활을 확보하려는데 그 취지가 있다.

사용자에게 연차유급휴가 사용촉진을 해야 할 의무가 있는 것은 아니며, 사용촉진을 할지 여부는 사용자가 선택할 사항이다. 그러므로 사용자가 법에서 규정한 사용촉진조치를 하지 아니하고, 근로자도 사용시기를 지정하지 아니하여 연차유급휴가를 사용하지 않은 경우 사용자는 미사용 연차유급휴가에 대해 수당을 지급해야 한다.

휴가사용촉진조치는 동일한 사업 또는 사업장 내의 모든 근로자를 대상으로 실시함이 바림직하나 직종 또는 근로형태 등을 감안하여 특정집단의 근로자에 대해서는 휴가사용촉진조치의 적용을 제외할 수 있으므로 교대제 근로자에게는 연차유급휴가근로수당을 지급하고 비교대근무자에게는 휴가사용촉진규정을 적용하여 휴가를 모두 소진하게 하더라도 무방하다(근로기준과-407, 2004.1.26).

연차유급휴가 사용촉진제도는 1년 이상 근무자(출근율 80퍼센트 이상인 자와 미만인 자 구분)와 1년 미만 근무자에 대해 적용되는 방식이 다르다.

가. 1년 이상 근무자(출근율 80퍼센트 이상)의 연차유급휴가 사용촉진

〈2년차에 발생한 연차유급휴가 사용촉진(1.1 입사자)〉

〈1차 촉진〉 (사용자→근로자)	(근로자→사용자)	〈2차 촉진〉 (사용자→근로자)
미사용 일수 고지 및 사용시기 지정 · 통보 요구	사용시기 지정 · 통보	근로자의 사용시기 미통보시 사용자가 사용시기 지정 · 통보
7.1~7.10 (6개월 전, 10일간)	10일 이내 (~7.20)	10.31까지 (2개월 전)

연차유급휴가 사용촉진 요건은 연차유급휴가를 사용할 수 있는 사용기간이 끝나기 6개월 전을 기준으로 10일 이내에 사용자가 근로자별로 미사용 휴가일수를 알려 주고, 근로자가 그 사용시기를 정하여 사용자에게 통보하도록 서면으로 촉구할 것, 요건을 충족한 서면촉구에도 불구하고 근로자가 촉구를 받은 때부터 10

일 이내에 미사용 휴가의 전부 또는 일부의 사용시기를 정하여 사용자에게 통보하지 아니한 경우에는 연차유급휴가 사용기간이 끝나기 2월 전까지 사용자가 미사용 휴가의 사용 시기를 정하여 근로자에게 서면으로 통보한다.

(1) 미사용 휴가일수 통보와 휴가사용시기 지정을 요구하는 서면에 의한 촉구

사용시기 촉구에서는 개별적으로 각 근로자에게 미사용 휴가일수를 통보하고, 근로자가 사용시기를 지정하여 사용자에게 통보하도록 서면으로 촉구하여야 한다. 따라서 구두에 의한 통지나 회사 게시판에 일괄 제시하는 촉구는 효력이 없다. 사용자에게 휴가사용시기 만료 6개월 전보다 앞당겨서 휴가사용시기 지정을 요구할 수 있도록 할 경우 근로자의 휴가 사용시기가 조기에 확정되어 근로자의 개인 사정 등이 발생하여 휴가를 변경해야 할 필요가 있어도 시기를 변경할 수 없어 근로자의 휴가 사용에 중대한 제약이 될 수 있으므로 사용자가 근로자의 휴가 사용을 촉진하기 위해 휴가계획을 연초부터 미리 제출 받는 것은 가능하나 휴가 사용촉진을 통한 금전 보상의무를 면제받기 위해서는 휴가사용시기 만료 6개월 전을 기준으로 10일 이내에 시기 지정 요구를 하는 경우에만 가능하다.

(2) 사용자의 휴가사용시기 지정 통보 서면에 의한 촉구

연차유급휴가 사용촉구에도 불구하고 근로자가 촉구를 받은 때부터 10일 이내에 미사용 휴가의 전부 또는 일부의 사용시기를 정하여 사용자에게 통보하지 아니한 경우에는 연차유급휴가 발생 후 10개월 즉, 사용기간 종료 2월 전까지 사용자가 미사용 휴가의 사용시기를 정하여 근로자에게 서면으로 통보하여야 한다. 예를 들어 휴가사용기간이 1.1부터 12.31까지인 경우에는 10.31이다.

촉구내용에 포함되어야 할 것은 근로자가 구체적으로 연차유급휴가를 사용할 시기를 지정하여 사용을 촉구하는 것이며, 연차유급휴가를 사용하지 않을 경우 법에 의하여 금전보상이 없다는 내용도 포함되는 정도면 무방하다.

(3) 연차유급휴가의 시기변경

휴가사용촉진조치로 사용자가 근로자로부터 휴가사용계획서를 받은 경우에도 그 시기에 휴가를 주는 것이 사업운영에 막대한 지장을 초래하는 경우에는 사용자는 시기변경권을 행사할 수 있다.

(4) 휴가사용촉진의 효력

연차유급휴가 사용촉진 조치를 한 경우 사용자는 연차유급휴가수당 지급의무를 면제받는다. 다만, 휴가를 사용하지 않아 휴가청구권이 소멸하면 연차유급휴가근로수당청구권이 발생하며 사용자의 귀책사유로 휴가를 사용하지 못한 경우 연차유급휴가권은 소멸하지 않는데, 이때 연차유급휴가권은 사용자의 귀책사유 발생일로부터 1년간 이월된다고 본다.

사용자의 연차유급휴가 사용촉진조치에 따라 연차유급휴가수당을 면제받기 위해서는 근로자가 휴가사용시기로 지정하고 출근한 경우 사용자는 노무의 수령을 거부(의사표시도 가능)할 수 있으며 노무수령 거부에도 불구하고 제공하는 근로에 대하여는 연차유급휴가근로수당 지급의무가 없다. 다만, 사용자가 노무수령 거부의 의사표시를 하지 아니한 경우에는 휴가일 근로를 승낙한 것으로 보아야 할 것이므로 연차유급휴가근로수당을 지급하여야 한다.

나. 1년 이상 근무자(출근율 80퍼센트 미만)의 연차유급휴가 사용촉진

근로기준법 개정으로 2020.3.31 이후 발생한 휴가부터 1년 이상 근무했으나 출근율이 80퍼센트 미만인 근로자에게 개근한 월마다 발생하는 연차유급휴가에 대해서도 사용촉진이 가능하다. 사용촉진 절차는 1년 이상 근무자(출근율 80퍼센트 이상)의 경우와 같다.

다. 1년 미만 근무자의 연차유급휴가 사용촉진

근로기준법 개정으로 2020.3.31 이후 발생한 휴가부터 사용촉진의 대상이 된다. 다만 최초 9일과 최종 2일을 나눠서 사용촉진해야 한다. 근로기준법 제60조2항에 따라 계속 근로기간이 1년 미만인 기간동안 월 단위로 발생(1개월 개근시 1일)한 연차유급휴가(최대 11일)는 입사일로부터 1년 동안 사용하지 않으면 소멸하고 미사용 연차유급휴가는 미사용수당청구권으로 전환되며, 2년차에는 최초 1년간의 근로에 따라 발생한 연차유급휴가 15일만 사용할 수 있게 되었다. 사용자는 미사용수당 지급 의무를 면하기 위해서는 적법한 사용촉진을 해야 한다.

〈1년차 발생한 연차유급휴가 사용촉진(1.1 입사자)〉

	〈1차 촉진〉 (사용자→근로자)	(근로자→사용자)	〈2차 촉진〉 (사용자→근로자)
	미사용 일수 고지 및 사용시기 지정 · 통보 요구	사용시기 지정 · 통보	근로자의 사용시기 미통보시 사용자가 사용시기 지정 · 통보
최초 9일	10.1~10.10 (3개월 전, 10일간)	10일 이내 (~10.20)	11.30까지 (1개월 전)
최초 9일	12.1~12.5 (1개월 전, 5일간)	10일 이내 (~12.25)	12.21까지 (10일 전)

6-7. 단시간근로자의 연차유급휴가

가. 단시간근로자의 연차유급휴가

단시간근로자는 1주 동안의 소정근로시간이 당해 사업장의 동종 업무에 종사하는 통상근로자의 1주 동안의 소정근로시간에 비하여 짧은 근로자를 말한다. 여기에서 단시간근로 업무와 통상근로 업무가 동종 업무인지 여부를 판단할 때 업무의 기능적 분류와 업무의 명칭뿐만 아니라 당해 업무의 수행작업의 조건, 업무의 난이도 등이 종합적으로 고려하여야 한다. 단시간근로자의 근로조건은 그 사업장의 동종 업무에 종사하는 통상근로자의 근로시간을 기준으로 산정한 비율에 따라 결정하는 것이 원칙이다. 단시간근로자 또는 통상근로자의 소정근로시간은 1주 동안의 소정근로시간을 기준으로 하되, 1주 동안의 소정근로시간이 불규칙한 경우에는 4주 동안의 소정근로시간을 평균한 시간으로 한다. 단시간근로자에게도 근로시간에 비례하여 휴일, 휴가를 부여해야 하고, 휴일의 경우에는 일급 통상임금, 연차유급휴가의 경우에는 시간급 통상임금을 기준으로 지급해야 한다. 이때 연차유급휴가는 다음의 방식으로 계산한 시간 단위로 하며, 1시간 미만은 1시간으로 본다.

$$\text{단시간근로자의 1일 소정근로시간수} = \frac{\text{4주 동안 소정근로시간}}{\text{4주 동안 통상근로자의 총 소정근로일수}}$$

$$\text{통상 근로자의 연차휴가일수} \times \frac{\text{단시간근로자의 소정근로시간}}{\text{통상 근로자의 소정근로시간}} \times \text{8시간}$$

(1) 1일 4시간씩 1주 5일을 근무하는 경우 연차유급휴가

① 1년간 80퍼센트 이상 출근시

$$15일 \times \frac{20시간}{40시간} \times 8시간 = 60시간$$

60시간의 연차유급휴가가 발생하고, 단시간근로자가 1주 2일의 휴가를 사용했다면 총 8시간을 사용한 것이며 잔여 연차유급휴가는 52시간이 된다.

② 1년간 80퍼센트 미만 출근시

근로기준법 제60조2항에 따라 개근한 월의 경우 연차유급휴가가 발생하며, 5개월을 개근했다면 연차유급휴가는 5일×4시간=20시간이다.

(2) 1일 8시간씩 1주 3일을 근무하는 경우 연차유급휴가

① 1년간 80퍼센트 이상 출근시

$$15일 \times \frac{24시간}{40시간} \times 8시간 = 72시간$$

72시간의 연차유급휴가가 발생하고, 단시간근로자가 1주 3일의 휴가를 사용했다면 총 24시간을 사용한 것이며 잔여 연차유급휴가는 48시간이 된다.

② 1년간 80퍼센트 미만 출근시

근로기준법 제60조2항에 따라 개근한 월의 경우 연차유급휴가가 발생하며, 5개월을 개근했다면 연차유급휴가는 5일×4.8시간=24시간이다.

나. 초단시간근로자의 연차유급휴가

단시간근로자 중 4주 동안 평균하여 1주 동안의 소정근로시간이 15시간 미만인 근로자를 초단시간근로자로 분류한다. 소정근로시간은 실근로시간이 아닌 근로하기로 약속한 시간을 의미한다. 1일 2시간씩 1주 7일을 근무하기로 약속한 상태에서 연장근로가 발생해 실근로시간이 1주 15시간이라고 하더라도 소정근로시간이 14시간이므로 초단시간근로자에 해당한다. 근로기준법 제18조에 따라 4주 동안(4주 미만으로 근로하는 경우에는 그 기간)을 평균하여 1주 동안의 소정근로시간이 15시간 미만인 근로자에 대해서는 휴일과 휴가에 대한 규정이 적용되지 않는다. 또한 기간제근로계약을 체결한 경우에도 초단시간근로를 한 기간은 기간제법 제4조2항의 2년(기간의 정함이 없는 근로계약으로 간주)에 포함되지 않는다(대법원 2014.11.27., 2013다2672).

다. 4주 평균 1주 소정근로시간이 15시간 미만과 이상을 반복하는 경우 연차유급휴가

① 예를 들어 근로계약서에 '1주와 3주차는 12시간씩, 2주와 4주차는 18시간씩 근로하기로 한다'고 명시된 경우 연차유급휴가가 존재하는지 문제가 된다. 이에 대해 행정해석은 4주 평균 1주 소정근로시간이 15시간 미만과 이상을 반복하는 경우, 1주 소정근로시간이 15시간 미만인 기간이 포함되어 있더라도 1년 전체의 평균 주소정근로시간이 주15시간 이상이고, 총소정근로일에 대한 출근율이 80퍼센트 이상이라면 근로기준법 제60조1항에 따라 15일의 연차유급휴가를 부여함이 타당하다(근로기준정책과-7315, 2017.11.22)고 한다.

② 다만 주15시간 이상인 기간이 80퍼센트 미만이라면 주15시간 이상이면서 개근한 기간에 대해서만 비례하여 연차유급휴가를 산정한다(근로기준정책과-927, 2018.2.5). 즉 1년 평균하여 소정근로시간이 주 15시간 이상이면 연차유급휴가를 부여하고, 주 15시간 이상인 기간이 1년(52주)의 80퍼센트 미만이라면 주 15시간 이상인 기간을 산정하여 15일에 대해 비례하여 계산한 기간만큼 연차유급휴가를 부여하면 된다.

③ 또한 계속하여 근로한 기간 1년 중에 한 달을 초단시간 근로한 경우에 대해 행정해석은 연차유급휴가의 발생요건으로 1년간 재직과 출근율 80퍼센트 이상일 것을 요건으로 정한 것은 근로자의 휴양의 필요성이 기본적으로는 상당기간 계속되는 근로의무의 이행과 불가분의 관계에 있는 점을 고려할 때 주 소정근로시간이 15시간 미만인 기간이 일부(1개월) 포함되어 있더라도 1년 전체의 평균 주 소정근로시간이 주15시간 이상이고 출근율이 80퍼센트 이상이라면 근로기준법 제60조1항에 따라 15일의 연차유급휴가를 부여함이 타당하다(근로기준정책과-7315, 2017.11.22)고 한다.

6-8. 유급휴가의 대체

관련 법령

근로기준법 제62조【유급휴가의 대체】 사용자는 근로자대표와의 서면 합의에 따라 제60조에 따른 연차 유급휴가일을 갈음하여 특정한 근로일에 근로자를 휴무시킬 수 있다.

사용자는 근로기준법 제62조에 따라 근로자대표와 서면으로 합의한 경우 제60조에 따른 연차유급휴가일에 갈음하여 특정한 근로일에 근로자를 휴무시킬 수 있다. 연차유급휴가 대체를 할 때 근로자대표와의 서면 합의는 법에서 정하고 있는 요건이므로 근로자대표와 서면 합의가 없다면 무효이다. 취업규칙 변경 시 사용자측의 개입이나 간섭이 배제된 상태에서 전 직원의 자유로운 의사에 따른 서면동의를 받는 등 근로기준법 제94조에 따른 적법한 취업규칙 변경 절차를 거쳐 연차유급휴가 대체를 취업규칙에 규정하였다고 하더라도 근로자대표와 서면합의가 없다면 적법한 연차유급휴가 대체로 볼 수 없다(임금근로시간과-687, 2019.7.9).

연차유급휴가의 대체는 사용자가 근로자 대표와 합의하여 시행하는 것이므로 반대하는 근로자에게도 적용된다. 적법하게 선정된 근로자대표가 아니거나, 근로자대표와의 서면합의가 아닌 개별 근로자와의 합의이거나, 근로일이 아닌 날에 휴무하게 하는 경우에는 연차유급휴가를 대체 사용한 것으로 볼 수 없다.

연차유급휴가 대체가 가능한 특정근로일의 의미

특정근로일이란 소정근로일을 말하는데, 일요일이 근기법에 의한 주휴일이라면 소정근로일이 아니므로 연차유급휴가를 대체할 수 없으며, 토요일의 경우 취업규칙이나 단체협약 등에서 휴일로 정한 경우에는 소정근로일이 아니므로 연차유급휴가를 대체할 수 없으며, 취업규칙이나 단체협약에서 휴일로 정하지는 않았으나 업무량 감소 등에 따라 휴무를 실시하는 경우라면 소정근로일에 해당되므로 연차유급휴가를 대체할 수 있다(근기6820.7-812, 2012.2.27).

관공서공휴일에 연차유급휴가 대체 가능 여부

사용자가 근로자에게 연차유급휴가일에 갈음하여 추석, 구정 등 특정일에 휴무시킬 수 있기 위해서는 먼저 그 휴무를 시키는 날들이 단체협약이나 취업규칙 등에 휴일이나 휴가로 정하여진 날이 아닌 근로일이어야 하며, 유급휴가의 대체에 대하여 근로자대표와의 서면합의가 있어야 할 것이다. 만일, 근로자대표와의 서면합의가 없거나 근로일이 아닌 날에 휴무하게 하는 경우에는 연차유급휴가를 대체 사용한 것으로 볼 수 없을 것이며, 그로 인하여 미사용휴가일수가 생기는 경우 미사용휴가일수에 대한 수당을 지급하여야 할 것이다(근기68207-1642, 2003.12.23).

다만 2021.1.1.부터 30인 이상 사업장의 경우 근로기준법 제55조2항이 시행되어 관공서공휴일이 유급으로 보장되므로, 추석이나 구정 등 공휴일이 더 이상 근로일에 해당하지 않으므로 관공서의 공휴일을 연차유급휴가로 대체하여 근로자를 휴무시킬 수 없다.

6-9. 연차유급휴가수당의 사전 지급

가. 의의

근로자가 연차유급휴가를 사용하기 전에 미사용수당을 선지급하는 경우가 있다. 연차유급휴가는 발생시점을 기준으로 1년간(1년 미만 근무자의 경우 입사일로부터 1년간)의 사용기간이 보장되어야 함에도, 사용기간을 보장하지 않거나 미발생한 연차유급휴가에 대해 수당으로 미리 지급하는 것이다. 이를 연차유급휴가의 사전매수라고 하며, 연차유급휴가에 대해 수당을 일시에 지급하는 방식과 월급여에 포함하여 분할지급하는 방식이 있다. 특히 실무에서 사전매수는 사업장에서 포괄산정임금제를 도입하면서 발생하지 않았거나 사용 기간 중에 있는 연차유급휴가에 대한 수당을 선지급하는 경우가 많아 문제가 된다.

나. 적법성 여부

(1) 판례

① 연차유급휴가권이 유효하게 존속하는 동안의 연차유급휴가의 환가는 연차유급휴가일수 20일을 초과하는 부분이 아닌 한 근로기준법에 반하여 허용될 수 없다(대법원 1995.6.29, 94다18553).

② 연차유급휴가미사용수당이 근로기준법에서 정한 기간을 근로하였을 때 비로소 발생하는 것이라 할지라도, 당사자 사이에 미리 그러한 소정기간의 근로를 전제로 하여 연차유급휴가미사용수당을 일당임금이나 매월 일정액에 포함하여 지급하는 것이 불가능한 것은 아니다(대법원 1998.3.24, 96다24699).

③ 포괄임금계약을 유효하다고 볼 경우 연차유급휴가근로수당에 대한 사전매수가 될 우려가 있고, 수당에 대한 법률상의 지급의무의 회피를 용인하여 결과적으로 근로기준법에서 정한 규정을 잠탈하게 될 것이다. 이와 같이 동기에 있어 정당성을 인정할 수도 없고, 그 체결 경위에 있어 근로자들의 자유로운 의사에 의한 것이 아니라 고용의 지속을 원하는 근로자들의 궁박한 사정을 이용하여 근로계약에 이른 것이므로 포괄임금계약 부분은 무효이다(대전지법 2007.4.26, 2005가단42764).

(2) 행정해석

연차유급휴가에 대하여 미사용 연차유급휴가보상금을 월급여액 속에 포함하여 미리 지급하는 근로계약을 체결하는 것은 그 수당을 지급한 이후에도 해당 근로자가 연차휴가를 사용할 수 있도록 허용하는 경우에만 인정될 수 있을 것이며, 휴가 사용을 허용하지 아니하는 경우에는 근로기준법상 근로자에게 인정된 연차유급휴가를 청구하여 사용할 권리를 제한하는 것이 되어 인정될 수 없다(근로기준과-2734, 2010.12.16.).

다. 선지급시 평균임금 산정

연차유급휴가미사용수당을 별도 항목으로 명시하여 미리 월급여에 포함하여 지급한 경우 이는 나중에 지급될 수당을 미리 지급한 것으로 볼 수 있으므로, 평균임금 산정시의 임금총액에 포함하지 않아도 된다.

라. 합리적 관리 방법

포괄산정임금제도는 실근로시간의 측정이 어려운 근로 형태에 도입이 가능하다. 근로자들의 연차유급휴가일수를 측정하고 그에 따른 수당을 계산하는 것이 어렵지 않으며, 근로기준법상의 휴일이나 휴가는 임금을 지급하는 것이 목적이 아니라 실질적인 휴식을 향유하게 하는 것이 목적이기 때문에 사전에 연차유급휴가의 사용 권리를 박탈하고 대신 수당의 형식으로 연차유급휴가를 포함하는 것은 근로기준법의 취지를 벗어난 것이다.

연차유급휴가수당을 매월 임금액에 포함할 경우 연차유급휴가를 사용한 경우나 사용하지 않은 경우 똑같은 임금을 받게 되는 모순이 발생하며, 근로자는 선지급받은 수당 때문에 연차유급휴가 청구가 현실적으로 제약을 받게 되어 휴가제도 자체가 무의미하게 된다.

연차유급휴가수당을 월급여액에 포함하더라도 발생된 연차유급휴가를 근로자가 원하는 시기에 자유롭게 사용할 수 있게 연차유급휴가청구권을 보장하고, 이후 임금 인상 등으로 당초 지급한 연차유급휴가수당과의 차액이 발생한 경우 이를 추가 지급하며, 사용한 휴가일수에 대한 수당은 반환하게 한다면 이를 법위반으로 보기는 어려우나, 사용자는 관리의 편의를 위해 월급여에 포함하였음에도 더 번거로운 절차를 거쳐야 한다.

그러므로 실무상 연차유급휴가미사용수당은 연차유급휴가 사용기간을 보장하고, 미사용수당이 발생한 시점에 일괄 보상하는 것이 합리적인 관리 방법이다.

6-10. 연차유급휴가의 이월과 양도

가. 이월

(1) 의의

연차유급휴가는 근로기준법 제60조7항에 따라 원칙적으로 휴가 부여 당해년도에 사용되어야 하고 당해년도에 사용하지 못한 휴가는 소멸되며 다음년도로 휴가의 이월은 허용되지 않는다. 다만 사용자의 귀책사유로 인하여 휴가를 사용하지 못하는 경우 그 미사용 휴가는 소멸되지 않고 다음년도로 이월되도록 하고 있다. 실무에서는 사용자의 귀책사유가 없음에도 이월 사용하는 경우가 있다. 이는 미사용 연차유급휴가에 대해 근로자에게 지급하는 연차유급휴가미사용수당의 지출을 줄이기 위한 대책으로 사용자의 귀책 사유가 없이 임의로 미사용 연차유급휴가를 이월시켜 주거나 사용자의 귀책 사유가 없이 노사간의 합의에 따라 미사용 연차유급휴가를 이월시켜 주는 경우 등이 있다.

(2) 사용자의 귀책 사유

사용자의 귀책사유의 범위로는 근로자가 휴가의 시기를 지정하여 청구하였음에도 불구하고 휴가를 주지 않은 경우나 경영상의 사유로 인한 휴업 등으로 사실상 휴가 청구를 할 수 없는 경우 등을 포함하여 그 범위를 넓게 해석하여야 한다. 사용자의 귀책사유를 민법상의 고의·과실에 한정할 것은 아니고 사용자의 세력권 내에서 발생한 사정은 사용자의 귀책사유로 볼 수 있다. 사용자의 귀책사유로 인하여 미사용 휴가가 이월된 경우에 근로자는 이월휴가사용청구권과 연차유급휴가미사용수당청구권을 동시에 함께 행사할 수 있다(정명현, 연차유급휴가 이월의 법적 효과, 홍익법학 제13권 제4호 2012년, 825면).

(3) 관련 행정해석

① 전년도 출근율에 의하여 발생된 연차유급휴가를 사용할 당해연도 전체를 육아 휴직한 근로자의 직무 복귀 시 연차휴가 사용에 관한 것으로 보여지며, 노사당사자는 휴가청구권이 소멸되는 미사용 휴가에 대하여 금전보상 대신 이월하여 사용하도록 합의하는 것은 가능할 것이나, 근로자의 의사에 반해 사용자가 이를 강제할 수는 없을 것이다(근로기준정책과-3079, 2015.7.13).

② 미사용 연차유급휴가에 대한 금전보상 대신 이월하여 사용토록 당사자 간 합의하는 것은 무방할 것이다(근로조건지도과-1047, 2009.2.20).

③ 노사가 1년차 때 매월 1일씩 발생한 유급휴가를 2년차 종료 시점까지 사용할 수 있도록 합의(취업규칙, 단체협약 등)한 경우라면, 1년차 때 발생한 휴가의 미사용수당 지급시점은 2년차가 종료한 다음날(2년차 연차유급휴가 사용청구권이 소멸하는 다음날)에 발생한다. 노사 간 합의된 바에 따라 연차유급휴가 사용기간이 늘어나고 미사용수당도 빠짐없이 지급되므로 근로자에게 불리함은 없다(개정근로기준법 설명자료 2018.5).

(4) 이월된 휴가의 미사용수당 청구

미사용한 휴가일수에 대한 수당청구권은 휴가사용이 이월된 연차휴가의 휴가청구권이 소멸된 직후의 임금지급일에 발생한다(근기 68207-687, 1999.11.22).

따라서 사용자가 연차유급휴가 수당의 지급을 회피할 목적으로 일방적인 방침에 따라 근로자의 잔여 연차유급휴가를 다음 해로 이월하여 사용하도록 하는 것은 허용되지 않으며, 근로자가 요구하거나 근로자와 개별적으로 합의를 한 경우에 한하여 가능하다.

또한, 이와 같은 합의를 근로자와 진행할 때, 이월된 연차의 사용기간을 어느 시점까지로 할 것인지를 합의하여야 한다. 이와 같은 합의에 따라 이월 사용하기로 합의한 연차유급휴가를 이월 사용 기한 내에 소진하지 못한 경우에는 미사용 연차유급휴가 수당으로서 정산하여 해당 근로자에게 지급하여야 한다. 또한, 이와 같이 합의한 이월 연차의 사용기한을 사용자가 일방적으로 연장할 수도 없다(근로조건지도과-1046, 2009.2.20).

(5) 이월 후 미사용한 연차수당의 평균임금 산정

연차유급휴가를 이월하여 사용하게 되면 특정 연도에는 연차유급휴가가 통상적으로 발생하는 휴가보고 더 많아질 수 있는데, 이 경우 퇴직금 계산을 위한 평균임금 산정시 퇴직전년도 분에 해당하는 15일분의 연차수당에 대해서만 평균임금 산정에 포함되는지 아니면 이월분까지 포함한 연차유급휴가 미사용수당을 평균임금에 산입해야 하는지가 쟁점인데, 퇴직금 산정을 위한 평균임금에는 퇴직 전전년도 출근율에 의하여 퇴직 전년도에 발생한 연차유급휴가 중 미사용하고 근로한 일수에 대한 연차유급휴가 미사용수당액의 3/12만 포함된다(근로조건지도과-1047, 2009.2.20).

(6) 관리상 유의할 점

① 연차유급휴가 이월 사용은 사용자의 일방적인 행위로는 인정되지 않지만 노사 당사자 간의 합의에 의해 이월하여 연차유급휴가를 사용하는 것은 가능하다. 근로자의 동의없이 사용자가 일방적으로 시행하는 것은 근로자의 연차유급휴가미사용수당청구권을 제한하므로 허용되지 않으며 이 경우 임금체불에 해당할 수 있다(근로개선정책과-4449, 2013.7.30).

② 이월 사용에 대한 합의로 이월 사용하기로 한 시점까지 휴가를 사용하지 못한 경우 사용자는 여전히 해당 휴가에 해당하는 수당을 지급하여야 한다(근로기준정책과-3079, 2015.7.13). 또한, 이월 사용에 대해 근로자의 동의서나 취업규칙 등에 이월사용의 가능 시점과 지정시기까지 휴가를 사용하지 않아 수당으로 지급할 경우 어느 시점의 통상임금을 기준으로 할 것인지 등을 명시하여야 한다. 가능한 1년의 범위 내에서 이월 사용하도록 하고, 장기간(3년간) 이월 사용을 할 경우 연차휴가 일수가 과도하게 누적되어 결국 연차휴가를 사용할 수 없는 결과를 초래하게 된다.

③ 1년 미만자의 연차유급휴가 사용 촉진은 입사일 기준으로 1년의 근로기간이 끝나기 전에 하도록 명시하고 있으므로 1년 미만 근로자의 연차유급휴가를 다음 연도로 이월하더라도 이월된 연차유급휴가(입사일로부터 1년이 지난 시점의 1년 미만자에게 발생한 유급휴가)는 사용촉진의 대상은 될 수 없고 미사용에 대한 수당을 지급해야 한다.

(7) 이월 사용에 대한 비판

연차유급휴가의 이월은 법문에 규정된 사용자의 귀책사유가 있는 경우에 한하여 가능하지만 사용자의 귀책사유가 없이 사용자가 임의로 또는 노사간의 합의에 의하여 미사용 연차유급휴가를 이월시켜 주는 경우도 있다. 사용자의 귀책사유 없는 경우로써 사용자의 임의 또는 노사간 합의로 연차유급휴가를 이월시키는 것은 휴가제도의 취지에 반하는 것으로 보아야 한다. 즉, 그 이월행위는 무효로 보아야 하고 소멸된 연차휴가는 그 휴가사용 당해년도 종료시점에 휴가근로수당청구권으로 전환된다고 보아야 한다. 따라서 근로자는 휴가이월여부와 상관없이 휴가일에 근로한 대가로서의 연차휴가근로수당청구권이 발생한다고 본다. 근로자가 연차휴가근로수당청구권을 행사하지 않고 사용자의 임의 또는 노사간 합의로 이월된 연차유급휴가를 사용한 경우 이월휴가의 사용행위는 유효하며 이때 사용된 연차휴가에 대한 근로수당청구권은 당연히 소멸한다(정명현, 연차유급휴가 이월의 법적 효과, 홍익법학 제13권 제4호 2012년, 839면).

나. 양도

연차유급휴가는 사용자가 일정한 요건에 충족된 근로자에게 부여하는 법정휴가로서, 근로자의 휴식권 보장이라는 측면에서 타인에게 양도하거나 사용자에게 반납할 수 있는 성질은 아니다. 연차유급휴가는 1년간 일정한 근무요건(80퍼센트 이상 출근)을 충족한 근로자에게 법적으로 유급휴가를 부여하여 근무 재충전 및 업무효율을 높이기 위해 부여하는 법정휴가로 취지와는 달리 다른 근로자에게 양도하여 사용하도록 하는 것은 근로기준법 제60조(연차유급휴가)의 법적 취지와는 맞지 않기 때문이다. 따라서 연차휴가청구권을 가진 근로자 A가 이를 다른 근로자 B에게 양도하는 방법으로 '휴가나누기'를 하는 것은 불가능하다.

관련 행정해석

연차유급휴가청구권의 반납 가능 여부(근기 68207-1666, 2000.5.31)
연차유급휴가는 일정한 요건에 해당하면 당연히 부여하여야 하는 것으로서 근로자가 반납을 결의하였다 하더라도 이는 강행규정에 위배되어 무효이다. 따라서 연차유급휴가의 반납이란 원칙적으로 있을 수 없으며, 실제 휴가를 사용하지 아니하고 출근하여 근무를 하였다면 휴가를 사용하지 아니하고 근로한 일수에 상응하는 유급휴가근로수당이 발생한다. 반면 연차유급휴가를 자진 반납한다는 의미가 연차유급휴가를 사용하지 아니하고 근로한 경우에 발생하는 연차유급휴가근로수당을 의미한다면 이는 근로자의 자유의사에 의하여 일부 또는 전부를 반납할 수 있다.

6-11. 연차유급휴가의 실무상 쟁점 사례

가. 연차 유급휴가 사용과 연장근로

시급제로 급여를 산정하는 사업장에서 근로자가 주중에 하루(8시간)를 연차유급휴가를 사용하고, 월~금요일 중에서 4일 근무, 즉 실근로시간이 32시간(4일 × 8시간)인데, 만약 토요일에 4시간을 근로하게 되면 토요일 근무는 연장근로에 해당하는지가 쟁점이다.

실근로가 40시간이 안되므로 연장근로수당은 발생하지 않는 것인지, 아니면 연차유급휴가를 사용한 날이 실제 근로제공은 없었지만 8시간 근로제공한 것으로 간주하여 주 40시간이 되며 토요일 4시간에 대하여 연장근로수당을 따로 지급해야 하는지가 문제가 되는데, 연장근로의 경우 실근로시간이 기준이 되므로 휴일, 휴가가 있어서 근로를 제공하지 않은 경우가 있을 때에는 그 시간을 제외하고 1주 40시간 초과여부를 판단해야 한다.

관련 판례

근로기준법 제42조 제1항에서 근로시간은 휴게시간을 제하고 1일에 8시간, 1주일에 44시간을 초과할 수 없다고 규정하고, 그 부칙 제3조 제1항에서 제42조 제1항의 규정에 의한 주당 근로시간 44시간은 300인 미만의 사업 또는 사업장 중 노동부장관이 지정하는 업종에 대하여는 1991.9.30까지, 그 이외의 사업 또는 사업장에 대하여는 1990.9.30까지 46시간으로 한다고 규정하고 있는바, 여기서 말하는 근로시간이란 근로자가 사용자의 지휘감독 아래 근로계약상의 근로를 제공하는 시간, 즉 실근로시간을 말한다고 할 것이다(대법원 1992.10.9, 91다14406).

나. 연차유급휴가일에 출근한 경우 휴일근로

① 근로자가 연차유급휴가 사용일에 휴가를 가지 않고 출근하여 근무를 하는 경우 휴일근로에 해당하여 50%의 가산임금을 지급해야 하는지의 문제이다. 근로기준법 제56조가 정하는 가산임금제도와 제60조 연차유급휴가제도는 그 취지가 상이한 제도이고, 각 법조문도 휴일과 휴가를 구별하여 규정하고 있는 점에 비추어 휴일에는 연차유급휴가가 포함되지 않는다고 봄이 상당하다(대법원 1991.7.26, 90다카11636).

결론적으로 연차휴가일에 근로자가 출근하였더라도 그 날의 근무는 휴일근로가 아니므로 가산임금을 지급할 이유는 없다. 만약 사용자가 노무수령 거부의사를 명확히 표시하지 않았거나 근로자에 대하여 업무지시 등을 하여 근로자가 실질로 근로를 제공한 경우 휴가일 근로를 승낙한 것이므로 연차유급휴가 미사용수당은 지급해야 한다(임금근로시간정책팀-285, 2005.10.21).

② 사용자가 근로기준법 제61조에서 정한 연차유급휴가 사용촉진 제도를 도입한 경우 이와 같은 조치를 하였음에도 근로자가 휴가를 사용하지 아니하여 연차유급휴가가 소멸된 경우에는 사용자는 그 사용하지 아니한 휴가에 대하여 보상할 의무가 없다. 다만, 여기에서 휴가를 사용하지 않은 것은 근로자의 자발적인 의사에 따른 것이어야 한다. 근로자가 지정된 휴가일에 출근하여 근로를 제공한 경우 사용자가 휴가일에 근로한다는 사정을 인식하고도 노무의 수령을 거부한다는 의사를 명확하게 표시하지 아니하거나 근로자에 대하여 업무 지시를 하였다면 특별한 사정이 없는 한 근로자가 자발적인 의사에 따라 휴가를 사용하지 않은 것으로 볼 수 없어 사용자는 근로자가 이러한 근로의 제공으로 인해 사용하지 아니한 휴가에 대하여 여전히 보상할 의무를 부담한다(대법원 2020.2.27, 2019다279283).

다. 기간제근로자의 연차유급휴가

기간제근로자는 근로계약기간이 사전에 정해지고 기간제법에 따라 계속하여 2년까지 사용이 가능하기 때문에 근로계약기간에 따라 연차유급휴가의 발생과 사용에 영향을 받는다.

① 근로계약기간이 1개월인 경우

근로기준법 제60조2항에 따라 계속하여 근로한 기간이 1년 미만인 근로자의 경우 입사일로부터 1개월의 소정근로일을 개근하면 1일의 연차유급휴가가 발생한다.

② 근로계약기간이 1년 미만인 경우

근로기준법 제60조2항에 따라 계속하여 근로한 기간이 1년 미만인 근로자의 경우 입사일로부터 1개월의 소정근로일을 개근하면 1일의 연차유급휴가가 발생한다. 2020.4.1 입사하여 2020.5.20 퇴사하는 경우 4.1~4.30 소정근로일을 개근하면 5.1 연차유급휴가 1일이 발생하며, 5.1~5.20의 근로는 1개월이 충족되지 않아 연차유급휴가가 발생하지 않는다. 2020.1.1~2020.12.30까지 1년 미만 근로계약이 되어 있다면 총 11일의 연차유급휴가가 발생한다.

③ 근로계약기간이 1년인 경우

근로계약기간이 2020.1.1~2020.12.31처럼 1년으로 되어 있다면 1년간의 소정근로일의 80퍼센트 이상 출근하면 15일의 연차유급휴가가 발생하고 1년간 80퍼센트 미만 출근한 경우 개근한 월에 대해 1일의 연차유급휴가가 발생한다. 1년간의 근로에 대해 발생한 연차유급휴가 외에 1년 미만인 기간동안 매월 소정근로일 개근으로 1일씩 최대 11일의 연차유급휴가가 발생하게 된다. 근로계약기간이 만료되어 연차유급휴가를 사용할 수 있는 기간이 없는 경우에도 미사용한 연차유급휴가(최대 26일)에 대해서는 수당으로 지급해야 한다.

관련 판례

① 유급으로 연차휴가를 사용할 권리는 근로자가 1년간 소정의 근로를 마친 대가로 확정적으로 취득하는 것이므로, 근로자가 일단 연차유급휴가권을 취득한 후에 연차유급휴가를 사용하기 전에 퇴직 등의 사유로 근로관계가 종료된 경우, 근로관계의 존속을 전제로 하는 연차휴가를 사용할 권리는 소멸한다 할지라도 근로관계의 존속을 전제로 하지 않는 연차휴가수당을 청구할 권리는 그대로 잔존하는 것이어서, 근로자는 근로관계 종료시까지 사용하지 못한 연차휴가일수 전부에 상응하는 연차휴가수당을 사용자에게 청구할 수 있다(대법원 2005.5.27, 2003다48556).

② 우리나라의 연차유급휴가 규정은 당해 연도가 아닌 전년도 80%의 출근율을 기준으로 함으로써 근로 보상적 시각에서 제도화되었음을 알 수 있다. 대법원도 연차유급휴가는 근로자가 전년도 출근율을 충족하면서 근로를 제공하면 당연히 발생하는 것으로서, 휴가를 사용할 당해 연도가 아니라 그 전년도 1년간의 근속 및 출근에 대한 대가로서의 성질을 지닌다고 보고 있다(대법원 2014.3.13, 2011다95519). 연차유급휴가가 전년도 1년간의 근속 및 출근에 대한 대가로서의 성질을 가진 이상, 이로 인한 사용자의 금전적 부담은 전년도에 제공받은 근로에 대한 대가를 당해 연도에 지급하는 것으로 볼 수 있다. 그럼에도 연차유급휴가의 성립에 당해 연도 출근율을 요건으로 추가한다면 이는 과거의 근로에 대한 보상이라는 연차유급휴가 제도의 취지에 반하게 될 것이다(헌재 2020.9.24, 2017헌바433).

④ 근로계약이 1년 단위로 갱신된 경우

근로계약기간 1년이 만료됨과 동시에 근로계약을 갱신하거나 동일한 조건의 근로계약을 반복하여 체결한 경우에는 갱신 또는 반복한 계약기간을 모두 합산하여 계속근로연수를 계산하는 것이 타당하다. 근로계약이 갱신될 경우 최초 1년의 근로계약이 종료하는 시점에 연차유급휴가미사용수당을 지급하는 대신 1년간의 연차유급휴가 사용기간을 보장해 주고, 2년차 근로계약이 종료하는 시점에 미사용한 연차유급휴가를 보상하면 된다. 그러므로 1년차에 발생한 26일과 2년차에 발생한 15일에 대해 미사용한 연차유급휴가를 수당으로 보상해야 한다.

라. 정년퇴직자의 연차유급휴가

회사 내규로 "정년은 만 61세가 되는 해의 12월 말일로 한다."로 정한 경우, 다른 특별한 사정이 없는 한 해당 근로자는 만 61세가 되는 12.31 정년에 도달해 근로관계가 당연히 종료된다. 따라서 근로자는 만 61세가 되는 해의 근로에 대한 대가로서 연차유급휴가에 관한 권리를 취득할 수 없다. 근로자는 만 61세가 되는 해의 12월 말일이 특별유급휴가기간(공로연수 등) 중 하루여서 근로를 한 것으로 간주 가능하고 퇴직일은 다음 해 1.1이라고 주장하였으나, 법원은 특별유급휴가는 정년퇴직을 전제로 주어진 것으로 정년퇴직일까지 특별유급휴가를 사용했다고 해서 그러한 사정만으로 퇴직일이 다음해 1.1로 미루어진다고 볼 수 없다고 한다.

결론적으로 정년퇴직자의 경우 퇴직의 효력은 정년퇴직일 당일에 발생하는 것으로 정년퇴직하는 당해 연도의 근무기간에 대한 연차유급휴가(미사용수당)는 발생되지 않으나, 정년퇴직일에도 근로를 제공하는 등 사실상의 근로관계가 단절되지 않는 특수한 경우에는 연차유급휴가가 발생한다.

마. 휴일과 휴가가 중복되는 경우

단체협약에 따른 유급휴일(노조창립일 등)과 주휴일이 겹치는 경우에는 그 중 1일에 대해 통상임금을 지급하면 된다(근로기준과-2571, 2005.5.11). 연차유급휴가기간과 약정휴일 또는 법정휴일이 겹치는 경우에도 두 가지가 중복된다고 해서 휴가기간이 연장되거나 당일의 유급임금을 중복해서 지급해야 하는 것은 아니다(근기68207-1423, 2003.11.1). 두 가지 중 근로자에게 유리한 한 가지만을 적용하더라도 법위반이 아니다.

바. 1주 내내 연차유급휴가를 사용한 경우 주휴수당 지급 문제

1주 내내 연차유급휴가를 사용한 주가 속한 주의 주휴는 발생하지 않으며, 연차유급휴가를 사용하기 전인 주의 주휴는 발생한다. 추가적인 내용은 주휴수당 부분을 참고하기 바란다.

여기서 잠깐! **연차유급휴가 사용촉진 관련 Q & A**

Q1. 연차유급휴가 사용촉진과 관련하여 사용자는 휴가사용시기 만료 6개월 전을 기준으로 10일 이내에 근로자에게 휴가사용의 시기 지정을 요구하도록 되어 있는데, '6개월 전을 기준으로 10일 이내'의 의미는 무엇인지?

A1. 연차유급휴가는 휴가가 발생한 날로부터 1년간 행사하지 아니하면 소멸되므로 회계연도를 기준으로 휴가를 부여하는 사업장의 경우 7.1~7.10 사이에 시기 지정을 요구하여야 한다.

Q2. 연차유급휴가 사용촉진과 관련하여 휴가사용시기 만료 6개월 이전 보다 앞당겨서 시기 지정을 요구할 수 있는지?

A2. 사용자에게 휴가사용시기 만료 6개월 전보다 앞당겨서 휴가사용시기 지정을 요구할 수 있도록 할 경우 근로자의 휴가사용시기가 조기에 확정되어, 근로자의 개인 사정 등이 발생하여 휴가를 변경하여야 할 필요가 있어도 시기를 변경할 수 없어 근로자의 휴가 사용에 중대한 제약이 될 수 있다. 따라서 사용자가 근로자의 휴가사용을 촉진하기 위해 휴가계획을 연초부터 미리 제출 받는 것은 가능하나, 휴가 사용촉진을 통한 금전 보상의무를 면제받기 위해서는 휴가사용시기 만료 6개월 전을 기준으로 10일 이내에 시기 지정 요구를 하는 경우에만 가능하다.

Q3. 연차유급휴가 사용촉진 규정에 따라 사용자가 휴가사용 촉진조치를 하여 제출받은 휴가계획서에 대하여 사용자가 시기변경권을 행사할 수 있는지?

A3. 휴가 사용촉진 조치로 사용자가 근로자로부터 휴가 사용계획서를 받은 경우에도 그 시기에 휴가를 주는 것이 사업운영에 막대한 지장을 초래하는 경우에는 사용자는 시기변경권을 행사할 수 있다.

Q4. 근로자가 휴가사용시기를 지정하여 사용자에게 통보하고도 당해일에 출근하여 근무할 경우 휴가근로수당을 지급하여야 하는가?

A4. 근로자가 휴가사용시기로 지정하고도 출근한 경우 사용자는 노무의 수령을 거부(의사표시도 가능)할 수 있으며, 노무수령 거부에도 불구하고 제공하는 근로에 대하여는 연차휴가근로수당 지급의무가 없다. 다만, 사용자가 노무수령 거부의 의사표시를 하지 아니한 경우에는 휴가일 근로를 승낙한 것으로 보아야 할 것이므로 연차휴가근로수당을 지급하여야 한다.

여기서 잠깐! **연차유급휴가청구권 · 수당 · 미사용수당과 관련된 행정지침 (임금근로시간정책팀, 2006.9.21)**

(1) 개정배경

○ 연차유급휴가를 사용하지 아니하고 퇴직한 경우의 연차유급휴가수당 지급범위에 대해 행정해석과 대법원 판례(대법원 2005.5.27, 2003다48549)의 입장이 서로 달랐다.

- 판례는 퇴직시 휴가를 사용할 수 있는 기간이 없었다 하더라도 유급으로 인정되는 연차유급휴가수당은 이와 상관없이 그대로 지급해야 한다는 입장이고,
- 행정해석은 사용할 수 있는 기간이 없는 경우 이를 지급할 필요가 없다는 입장이었으나, 이를 판례와 동일하게 변경하기로 한다.

○ 다만 퇴직함으로써 비로소 지급사유가 발생하는 연차유급휴가 미사용수당이 퇴직금 산정을 위한 평균임금 산정기준임금에 포함되지 않는다는 해석은 유지하기로 한다.

(2) 개 념

① 연차유급휴가청구권

연차유급휴가는 전년도에 계속근로한 근로자에 대해 정신적·육체적 휴양을 통한 노동의 재생산 유지와 문화생활의 기회를 부여하기 위해 마련된 것이다. 따라서 사용자는 근로자가 전년도에 8할 이상 출근한 경우에는 15일의 연차유급휴가를 부여하여야 하고(근로기준법 제60조1항), 근로자는 전년도의 출근율에 따라 연차유급휴가청구권이 발생하게 된다.

② 연차유급휴가수당 청구권

연차유급휴가수당청구권은 재직근로자가 전년도 근로 대가로 발생한 연차유급휴가를 사용할 경우 그 기간에 대하여 사용자에게 수당 지급을 요청할 수 있는 권리이며, 이와 같이 지급되는 연차유급휴가수당은 임금에 해당한다(근로기준법 제60조5항).

③ 연차유급휴가 미사용수당청구권

연차유급휴가 미사용수당청구권은 근로자가 전전년도의 근로의 대가로 발생한 연차유급휴가를 전년도에 사용하지 아니하고 근로를 제공한 경우 그 미사용 연차유급휴가일수에 해당하는 연차유급휴가 미사용수당을 사용자에 대하여 청구할 수 있는 권리로서 연차유급휴가청구권이 소멸된 시점에 발생한다. 또한, 퇴직 등 근로관계가 종료되는 근로자가 이로 인해 사용하지 못한 미사용 연차휴가일수에 해당하는 수당을 사용자에 대하여 청구할 수 있는 권리이다. 다만 사용자가 근로기준법에 따른 연차유급휴가 사용촉진을 한 경우 연차유급휴가 미사용수당청구권이 소멸된다(근로기준법 제61조).

(3) 연차유급휴가(미사용)수당 지급시기 및 지급범위

① 연차유급휴가수당

재직근로자의 경우 해당 근로자가 연차유급휴가를 사용할 경우 연차유급휴가수당을 지급하며, 그 범위는 취업규칙이나 그 밖의 정하는 바에 의한 통상임금 또는 평균임금으로 지급하여야 하며(근로기준법 제60조5항), 그 지급시기는 연차유급휴가를 주기 전 또는 준 직후의 임금지급일에 지급하여야 한다(근로기준법시행령 제33조).

② 연차유급휴가 미사용수당

근로자가 전전년도 근로의 대가로 발생한 연차유급휴가를 전년도에 사용하지 아니하고 근로를 제공한 경우 연차유급휴가청구권이 소멸된 다음날에 연차유급휴가 미사용수당청구권이 발생한다.

이 경우 전년도에 사용하지 않고 근로를 제공한 연차유급휴가일수에 대하여 취업규칙이나 그 밖의 정하는 바에 따라 통상임금 또는 평균임금을 지급하여야 한다.

이 경우 연차유급휴가 미사용수당은 취업규칙 등으로 연차유급휴가청구권이 소멸된 날 이후 첫 임금지급일에 지급하는 것으로 규정하여도 근로기준법 위반으로 볼 수 없다.

퇴직근로자의 경우 퇴직 전년도(예: 2005년도) 출근율에 의하여 퇴직연도(예: 2006년)에 발생한 연차유급휴가청구권이 근로관계가 종료됨에 따라 발생하며, 이 경우 사용자는 퇴직연도의 휴가사용가능일수에 상관없이 미사용한 연차유급휴가일수에 대하여 퇴직일로부터 14일 이내에 취업규칙이나 그 밖의 정하는 바에 의한 통상임금 또는 평균임금을 지급하여야 한다.

연차유급휴가 산정 기산일은 개별근로자의 입사일 등 실제로 근로제공을 개시한 날이 되는 것이 원칙이나, 노무관리의 편의상 단체협약·취업규칙 등에 의하여 전 근로자에 대하여 일률적으로 회계연도를 기준으로 연차유급휴가를 산정하는 경우 연차유급휴가 미사용수당청구권은 연차유급휴가 사용 가능년도 다음해의 첫날에 발생한다.

(4) 연차유급휴가수당의 퇴직금 산정을 위한 평균임금 포함여부

① 퇴직하기 전 이미 발생한 연차유급휴가 미사용수당

퇴직 전전년도 출근율에 의하여 퇴직 전년도에 발생한 연차유급휴가 중 미사용하고 근로한 일수에 대한 연차유급휴가미사용수당액의 3/12을 퇴직금 산정을 위한 평균임금 산정기준 임금에 포함한다.

② 퇴직으로 인해 비로소 지급사유가 발생한 연차유급휴가 미사용수당

퇴직전년도 출근율에 의하여 퇴직년도에 발생한 연차유급휴가를 미사용하고 퇴직함으로써 비로소 지급사유가 발생한 연차유급휴가 미사용수당은 평균임금의 정의상 산정사유 발생일 이전에 그 근로자에 대하여 지급된 임금이 아니므로 퇴직금 산정을 위한 평균임금 산정기준 임금에 포함되지 아니한다.

(5) 연차유급휴가의 대체

사용자는 근로자대표와의 서면합의에 의하여 연차유급휴가일에 갈음하여 특정 근로일에 근로자를 휴무시킬 수 있다(근로기준법 제62조). 여기서 특정근로일이라 함은 근로의무가 있는 소정근로일 중의 특정일을 의미한다. 따라서, 사용자는 법정휴일·휴가일뿐만 아니라 약정 휴일·휴가일에 근로기준법 제62조의 규정에 의한 휴가를 대체할 수 없다.

〈사례1〉 2000.1.1 입사하여 2006.1.10 퇴직하는 경우

Q. 퇴직 전전년(2004년)도 80퍼센트 이상 출근으로 퇴직 전년(2005년)도에 사용할 연차유급휴가가 17일 발생하였으나, 이중 6일만 사용하고 11일의 연차유급휴가를 사용하지 못했으며, 전년(2005년)도 80퍼센트 이상 출근으로 17일의 유급휴가가 발생하였으나, 2006.1.10까지 근로하고 퇴직하였다면 지급 가능한 연차유급휴가(미사용)수당은 얼마인가?

A. 우선 2004년도 80퍼센트 이상 출근으로 퇴직 전년도(2005년)에 발생한 연차유급휴가 중 사용하지 못하고, 근로한 일수에 해당하는 11일에 대한 연차유급휴가 미사용수당을 전액 지급하여야 한다. 이 경우 지급된 연차유급휴가미사용수당의 3/12은 퇴직금 산정을 위한 평균임금 산정기준 임금에 포함된다. 또한, 2005년도 80퍼센트 이상 출근으로 퇴직년도(2006년)에 발생한 연차유급휴가 17일을 사용하지 못하였다면 그 미사용한 일수인 17일에 대한 연차유급휴가 미사용수당을 퇴직연도 휴가사용가능일수에 상관없이 퇴직일로부터 14일 이내에 전액을 지급하여야 한다.

이 경우 지급된 연차유급휴가 미사용수당은 퇴직금 산정을 위한 평균임금 산정기준 임금에 포함되지 않는다.

<사례2> 2005.1.1 입사하여 2006.1.1 퇴직하는 경우

Q. 퇴직 전년도(2005년) 80퍼센트 이상 출근으로 퇴직년도(2006년)에 사용할 연차유급휴가가 15일 발생하였으나, 2006.1.1 퇴직하였다면 지급 가능한 연차유급휴가 미사용수당은 얼마인가?

A. 2005년도 80퍼센트 이상 출근으로 퇴직년도(2006년)에 발생한 연차유급휴가 중 전부(15일) 사용하지 못하였다면 그 미사용한 일수인 15일에 대한 연차유급휴가 미사용수당을 퇴직연도 휴가사용가능일수에 상관없이 퇴직일로부터 14일 이내에 전액 지급하여야 한다. 이 경우 지급된 연차유급휴가미사용수당은 퇴직금 산정을 위한 평균임금 산정기준 임금에 포함되지 않는다.

여기서 잠깐! 근로시간 등 적용제외 근로자에 대한 휴일 및 휴가 부여 기준

근로기준법 제63조에 따른 근로시간 등 적용제외 근로자에게도 근로자의 날은 유급휴일로 보장하여야 하고, 법 제60조에 따른 연차유급휴가도 부여해야 한다.

(1) 적용제외 근로자에 대한 근로자의 날 유급휴일수당

임금 감소 없이 온전히 휴식을 취할 수 있도록 하는 유급휴일의 취지를 고려할 때, 근로자의 날에 대한 유급휴일수당은 근로자의 날이 겹치는 날의 근로시간을 기준으로 지급하는 것이 타당하다. 예를 들어 월~금요일 9시간, 토요일 4시간을 근로하는 경우(1주 49시간), 근로자의 날이 월~금요일에 겹치면 9시간을, 토요일에 겹치면 4시간의 임금을 지급하여야 한다.

(2) 연차유급휴가수당 및 연차유급휴가미사용수당

연차유급휴가는 매년 5.1로 그 날짜가 사전에 확정되어 있는 근로자의 날과 달리 근로자의 선택 또는 사용자의 휴가 부여에 따라 연차유급휴가 사용일이 근로시간이 긴 날에 부여될 수도 있고, 근로시간이 짧은 날에 부여될 수도 있다. 또한 연차유급휴가를 사용하고 남은 휴가일수에 대한 미사용수당을 계산할 때에도 근로시간이 긴 날을 기준으로 할 것인지 근로시간이 짧은 날을 기준으로 할 것인지의 문제가 발생하게 된다. 이러한 문제가 발생하지 않도록 하기 위해서는 기준이 되는'1일의 근로시간'을 산정하여 일관성·통일성 있게 적용할 필요가 있는데, 이와 관련하여 현재 근로기준법 제18조 및 같은 법 시행령 제9조1항 별표2에 따라 단시간근로자의 경우 통상 근로자의 근로시간에 비례하여 연차유급휴가를 부여하는 것과 같이 적용제외 근로자의 경우에도 통상 근로자에 비해 근로시간이 긴 만큼 연차유급휴가를 늘려 부여하도록 1주 40시간에 비례 산정한 시간을'1일 근로시간'으로 하여 연차유급휴가수당과 미사용수당을 지급하는 것이 법 적용의 통일성·형평성에 부합한다.

예를 들어, 월~금요일 9시간, 토요일 4시간을 근로하는 경우(1주 49시간),'1일 근로시간'은 9.8시간<(1주 49시간/1주 40시간) × 8시간>으로 산정하여 연차유급휴가수당 및 미사용수당을 지급하여야 한다.

다시 말해서 휴가를 사용한 날의 근로시간(9시간 또는 4시간)과 관계없이 1일 9.8시간을 기준으로 연차유급휴가수당을 지급해야 하며, 만약 휴가 사용일의 근로시간(9시간 또는 4시간)에 대해서만 연차유급휴가수당을 지급했다면 잔여 휴가시간(0.8시간 또는 5.8시간)에 대해서는 해당 시간만큼 추가로 휴가를 부여하거나 미사용수당으로 지급하여야 한다(임금근로시간과-517, 2021.3.5).

KEY WORD 7
임 금

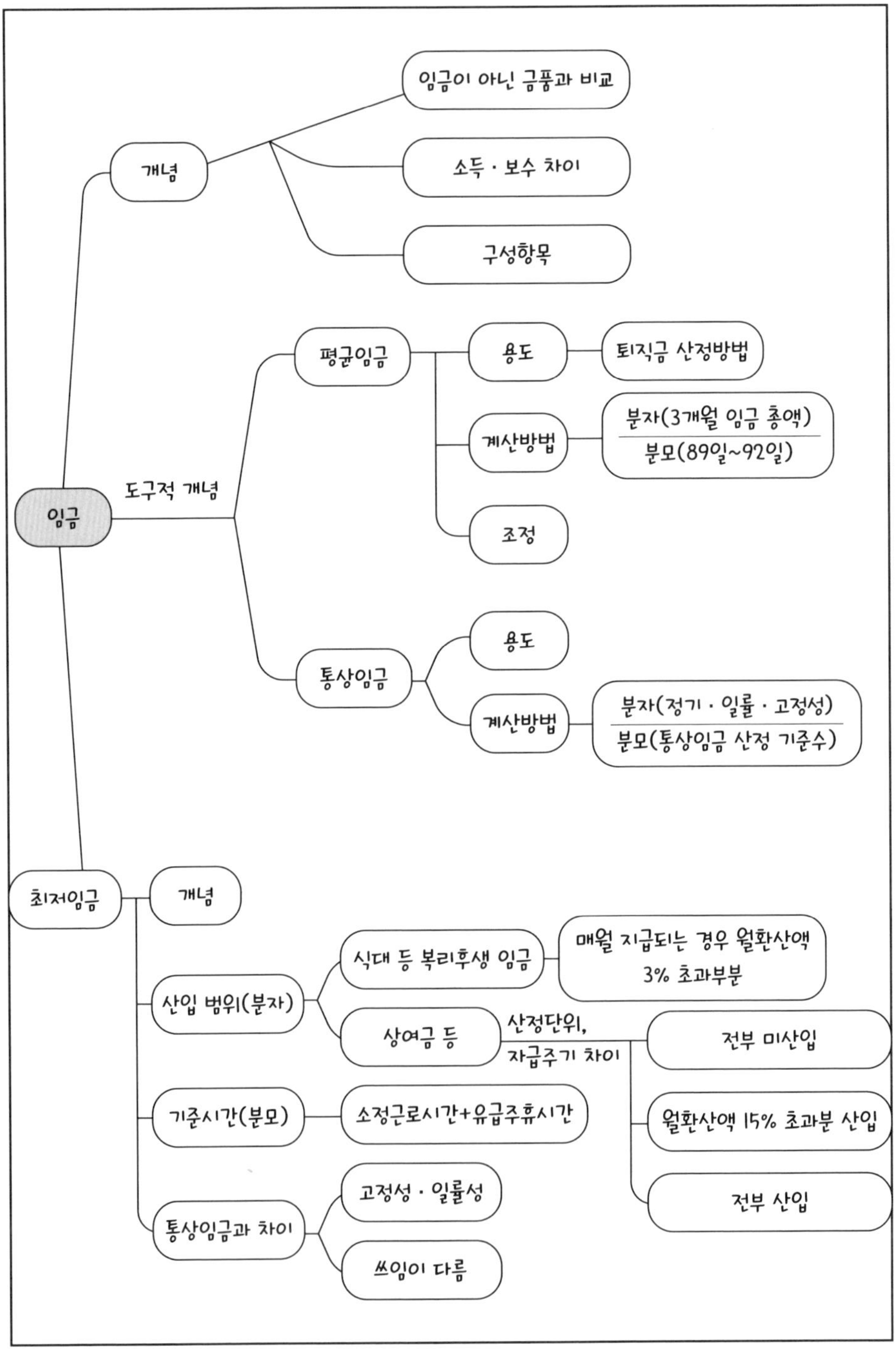
임금
개념
임금이 아닌 금품과 비교
소득 · 보수 차이
구성항목
도구적 개념
평균임금
용도
퇴직금 산정방법
계산방법
분자(3개월 임금 총액)
분모(89일~92일)
조정
통상임금
용도
계산방법
분자(정기 · 일률 · 고정성)
분모(통상임금 산정 기준수)
최저임금
개념
산입 범위(분자)
식대 등 복리후생 임금
매월 지급되는 경우 월환산액 3% 초과부분
상여금 등
산정단위, 자급주기 차이
전부 미산입
월환산액 15% 초과분 산입
전부 산입
기준시간(분모)
소정근로시간+유급주휴시간
통상임금과 차이
고정성 · 일률성
쓰임이 다름

7. 임 금

7-1. 임금 개괄

관련 법령

근로기준법 제2조【정의】 ① 이 법에서 사용하는 용어의 뜻은 다음과 같다.

5. 임금이란 사용자가 근로의 대가로 근로자에게 임금, 봉급, 그 밖에 어떠한 명칭으로든지 지급하는 모든 금품을 말한다.

근로기준법 제48조【임금대장 및 임금명세서】 ① 사용자는 각 사업장별로 임금대장을 작성하고 임금과 가족수당 계산의 기초가 되는 사항, 임금액, 그 밖에 대통령령으로 정하는 사항을 임금을 지급할 때마다 적어야 한다.

② 사용자는 임금을 지급하는 때에는 근로자에게 임금의 구성항목·계산방법, 제43조 1항 단서에 따라 임금의 일부를 공제한 경우의 내역 등 대통령령으로 정하는 사항을 적은 임금명세서를 서면(전자문서 및 전자거래 기본법 제2조1호에 따른 전자문서를 포함한다)으로 교부하여야 한다.

근로계약서를 작성하지 않아서, 혹은 근로계약서를 작성하였다고 하더라도 그 내용이 정확하지 않아서 다툼이 발생할 경우 “얼마를 받기로 했는지”다시 말해 임금이 얼마인지 확인하기 어렵다는 것이 문제이다. 근로자가 근로를 제공하고 사용자가 그에 대한 임금을 지급한다는 근로계약에 따라 근로자의 노동력이 얼마의 임금으로 환산되는가는 근로계약 내용 중 핵심이기 때문이다. 근로계약 체결시 임금은 필수기재사항이고, 임금항목이 여러 개로 나누어져 있다면, 그 임금의 성격이 무엇인지에 따라 부가적인 금품들(연장수당, 연차유급휴가수당, 퇴직금, 휴업수당 등)이 결정되므로 꼼꼼하게 따져보아야 한다.

한편, 급여명세서가 근로계약서 내용과 다른 경우가 있는데, 이는 임금대장이나 근로계약서상 임금의 구성항목을 정확히 반영하여 지급하는 것이 아니라, 단순히 세법상 편의로 지급하여 발생되는 경우가 많다. 이러한 분쟁을 예방하기 위해 2021.11.19부터 임금명세서 교부가 의무화된다(2021.4.29 개정).

가. 임금의 개념

임금이란 ① 사용자가 ② 근로의 대가로 ③ 근로자에게 임금, 봉급, 그 밖에 ④ 어떠한 명칭으로든지 ⑤ 지급하는 ⑥ 모든 금품을 말한다.

임금이란 사용자가 근로의 대가로 근로자에게 임금, 봉급, 그 밖에 어떠한 명칭으로든지 지급하는 모든 금품으로, 근로자가 사용자의 지휘를 받으며 근로를 제공하는 것에 대한 보수를 의미한다.

판례는 '임금이란 사용자가 근로의 대가로 근로자에게 지급하는 금품으로서, 근로자에게 계속적·정기적으로 지급되고 단체협약·취업규칙·급여규정·근로계약·노동관행 등에 의해 사용자에게 그 지급의무가 지워져 있는 것을 말한다(대법원 2013.4.11, 2012다48077). 그 금품의 지급의무의 발생이 근로제공과 직접적으로 관련되거나 그것과 밀접하게 관련된 것으로 볼 수 있어야 하고, 이러한 관련없이 그 지급의무의 발생이 개별 근로자의 특수하고 우연적 사정에 의해 좌우되는 경우에는 그 금품의 지급이 단체협약·취업규칙·근로계약 등이나 사용자의 방침 등에 의해 이뤄진 것이라 하더라도 그러한 금품은 근로의 대상으로 지급된 것으로 볼 수 없다'고 한다(대법원 1995.5.12, 94다55934).

임금은 근로의 대가로서 소정 근로의 양 또는 질과 관련이 있으며, 근로자에게 계속적 · 정기적으로 지급된다는 주된 특징을 가지고 있다. 그러므로 리텐션보너스나 사이닝보너스는 임금의 범위에 포함되지 않는다(근로기준과-883, 2010.4.27). 리텐션보너스는 인수 · 합병기간 등의 중요한 비즈니스 기간동안 핵심직원들의 이직을 방지하기 위해 지급되는 인센티브이며, 사이닝보너스는 유능한 인재를 스카우트하면서 일정기간 근무를 조건으로 지급하는 계약금의 일종이다.

임금이분설과 일원설

① 임금이분설(종전 판례)

임금은 근로자로서의 지위 획득에 따라 발생하는 생활보장적 임금(가족수당, 통근수당, 근속수당, 물가수당 등)과 구체적인 근로의 제공(연장 · 야간 · 휴일근로수당, 직무급, 직능급, 특수작업수당 등)에 따라 발생하는 교환적 임금으로 나뉜다(대법원 1992.3.27, 91다36307).

② 임금일원설(현재 판례)

현실의 근로를 제공하지 않고 단순히 근로자로서의 지위에 기하여 발생하는 이른바 생활보장적 임금이란 있을 수 없고, 임금을 근로의 제공 대가로 지급 받는 교환적 부분과 근로자의 지위에서 받는 생활보장적 부분으로 구별할 법적 근거가 없다(대법원 1995.12.21, 94다26721).

(1) 사용자가

임금은 사용자가 지급의 주체가 된다. 제3자가 지급하는 것은 임금이 될 수 없다. 고객이 직접 종업원에게 주는 봉사료(팁)는 원칙적으로 임금이 아니며, 학교육성회에서 매달 근로자에게 지급하는 기성회비, 대표이사의 처가 근로자에게 매월 일정 금원을 지급하였더라도 임금이 아니다. 다만 봉사료를 사용자가 고객으로부터 일괄 납부 받아 종업원에게 다시 분배하는 경우 또는 근로제공의 대가로 사용자로부터 현금대신 일정한 영업설비를 사용할 수 있는 이익을 제공받는 관계로 평가될 경우에는 예외적으로 임금에 해당할 수 있다. 한편 택시 기사의 초과운송수입금(사납금 초과 수입)은 성과급적 성격을 띤 임금으로 볼 수 있다.

(2) 근로의 대가

근로의 대가란 사용종속관계 아래서 제공되는 근로에 대한 보상으로서 근로자가 사용자의 지휘명령을 받으며 제공한 근로에 대한 반대급부를 의미한다. 어떤 금품이 근로의 대가로 지급된 임금인지를 판단하려면 그 금품지급의무의 발생이 근로제공과 직접적으로 관련되거나 그것과 밀접하게 관련된 것으로 볼 수 있어야 하며, 이러한 관련 없이 그 지급의무의 발생이 개별 근로자의 특수하고 우연한 사정에 의하여 좌우되는 경우에는 그 금품의 지급이 단체협약·취업규칙·근로계약 등이나 사용자의 방침 등에 의하여 이루어진 것이라 하더라도 근로의 대상으로 지급된 것으로 볼 수 없다. 사용자가 법률상·계약상의 의무에 따라 근로자에게 지급한 것이라도 근로의 대가성을 갖지 못할 경우에는 임금으로 볼 수 없다(대법원 1995.5.12, 94다55934). 예를 들면, 월 중도퇴사자에게도 월급 전액을 지급하는 경우(예를 들어 4.15 퇴사하더라도 4.1~4.30까지 월급 전액을 지급하는 경우) 월급 중에서 퇴직일(4.1~4.15)까지의 금품만 근로의 대상인 임금에 해당하고, 나머지 월급(4.16~4.30)은 근로의 대상으로 지급된 게 아니라고 본다. 가족수당, 주택수당도 그것이 근로시간에 직접 또는 비례적으로 대응하지 않는다는 의미에서 근로제공과의 밀접도는 약하지만, 실질은 사용자가 의도하는 근로를 근로자가 제공한 것에 대하여 그 대가로 지급된 것으로, 단순히 근로자의 지위에 근거해 지급한 것은 아니므로 임금에 해당하게 된다.

① 사용자에게 지급의무가 지워져 있어야 한다.
② 근로의 제공과 직접적 또는 밀접하게 관련된 금품이어야 한다.
③ 실비변상적 금품 등은 근로의 대상으로서 지급되는 임금에 포함되지 않는다.

(가) 판단기준

근로의 대가성은 일정한 요건에 해당하면 근로대가성이 부정되는 소극적 요건과 일정한 요건을 총족해야 근로의 대가성이 인정되는 적극적 요건으로 구분이 된다(하갑래, 근로기준법, 중앙경제 2016년, p176). 근로대가성의 소극적 요소란 지급된 금품의 성격이 근로의 대가로 보기 어려운 요소를 말하는데 실비변상적·손해보상적·복리후생적 성격을 지닌 금품이 대상이다. 근로대가성의 적극적 요소란 지급받은 금품의 지급방법과 지급내역을 기준으로 볼 때 이를 충족하면 근로대가성이 인정될 수 있는 요소를 말하는데, 지급확정성, 고정성, 일률성, 계속성, 정기성, 환가가능성, 지배·관리가능성 등이 판단기준이 된다.

1) 계속성이란 당해 금품의 지급이 1회에 그치는 것이 아니라 반복하여 계속적으로 지급되는 것을 말한다. 정기성이란 일정 단위기간을 기준으로 하여 정기적으로 지급되는 것을 말한다. 이 경우 그 시간 단위는 반드시 1임금지급기(통상 1개월) 이내일 필요는 없으며, 연간(1년)을 단위로 하여 지급되는 경우에도 인정될 수 있다. 일률성이란 모든 근로자를 대상으로 하여 지급된다는 것을 말한다. 반드시 사업장 전체 근로자에게 지급되는 경우만을 의미하는 것은 아니며 일정한 조건 또는 기준에 달한 근로자 모두에게 지급되는 경우도 포함된다. 일정한 조건이란 고정적 조건을 말하며 일시적·유동적인 조건은 제외한다.

2) 지급 의무의 존재란 그 지급 여부의 결정이 단체협약 취업규칙 근로계약 노사관행 등에 의하여 정하여져 있어 사용자가 임의로 결정할 수 없는 것을 말한다. 사용자에게 지급의무가 있다는 것은 그 지급 여부를 사용자가 임의적으로 결정할 수 없다는 것이다. 그 지급의무의 발생근거는 단체협약이나 취업규칙, 급여규정, 근로계약에 의한 것이든, 또는 그 금품의 지급이 사용자의 방침이나 관행에 따라 계속적으로 이루어져 노사 간에 그 지급이 당연한 것으로 여겨질 정도의 관례가 형성된 경우처럼 노동관행에 의한 것이든 무방하다. 반면, 사용자가 지급의무 없이 은혜적·호의적으로 지급하는 금품과 사용자의 재량에 의해 매년 그 지급시기

및 지급액을 달리하거나 지급되지 아니하는 경우에는, 사용자에게 그 지급의무가 확정되는 임금성을 갖는다고 보기 어려울 것이다.

3) 판례는 기본적으로 ① 지급형태의 계속성·정기성 ② 지급 의무가 있는지 여부에 따라 근로의 대상성 여부를 판단하는 것이다. 즉 근로의 대가로서 임금에 해당하는지 여부를 판단하기 위해 계속적·정기적으로 지급되었을 것(우발적이거나 특수하고도 우연한 사정으로 지급되었거나 실비변상적으로 지급되었다는 것과 대비된다.)과 사용자에게 지급 의무가 지워져 있을 것(은혜적으로 지급되는 것과 대비된다)을 판단 지표로 삼고 있다. 다만 "이러한 조건을 모두 갖춰야 임금이다."라고 단정할 수는 없다. 사용자가 특정한 시점에 어느 근로자가 제공한 업무 성과를 평가하고 그 결과에 따라 임금을 더 주었을 경우 그 추가 지급된 돈은 미리 정해진 지급 의무에 따라 지급된 금품은 아니지만, 이 금품은 근로자가 사용자에게 제공한 근로에 대한 대가로 받은 금품이 분명한 이상 임금의 정의 규정을 충족한다. 도급제 임금의 경우에도 성과에 따라 정해지는 것으로서 엄밀히 말하면 일률성이 없다고 말할 수 있는데, 그 일률성이 없다는 점 때문에 임금성을 부정할 수 없다. 결국 판단요소는 그 존재가 인정될 경우 임금성을 긍정하는 판단표지가 된다. 하지만 반대로 그 일부가 존재하지 않더라도 임금성을 부정해야 하는 것은 아니다(근로기준법주해 I, 2014년, p.193).

(나) 판단기준의 보완

근로의 대가에 대한 판례의 판단기준은 편면적인 판단지표이다. 이를 보완하기 위해 '근로의 유의미성'에 관한 지표를 활용하는 등 종합적으로 판단할 필요가 있다. 일정한 활동이 금품수령과 대가관계에 있는지 여부에 대해 '노동 제공자가 당해 활동으로 이루어질 공익의 달성 및 그에 대한 자신의 기여를 통한 내적 성취감 및 만족감을 주된 목적으로 참가하게 된 것인지, 아니면 당해 활동에 대한 대가로 지급되는 금품을 주된 목적으로 참가하게 된 것인지, 상대방은 활동자의 어떤 의사를 기대하였는지, 일정액의 금품이 지급된 이유는 무엇이며 당사자들은 이를 활동(노동)에 대한 당연한 대가로 인식하고 있었는지 여부 등'을 따져야 한다(대구지법 2015.8.21, 2015나301869).' 어떠한 금품이 근로에 대한 대가인지는 당사자간 의사 해석이 중요하기 때문이다. 임금은 근로에 대한 대가이므로 근로자의 임금청구권은 특별한 약정이나 관습이 없다면 근로를 제공함으로써 비로소 발생하는 것이고 근로자가 근로를 제공하지 않은 이상 임금청구권을 갖지 못한다(대법원 2002.8.23, 2000다60903). 그러므로 결근, 휴직, 쟁의, 군복무 등 근로제공이 없는 기간은 법령이나 취업규칙 등에 따로 정한 것이 없다면 임금 지급 의무는 없다. 근로기준법은 근로계약을 사용자의 임금지급의무와 근로자의 근로제공의무가 상호 견련관계에 있는 쌍무계약으로 보고 있다. 사용자가 근로자에게 지급한 제반 명목의 금품이 임금에 해당하기 위해서는 기본적으로 동 금품이 근로자로부터 제공된 근로와 쌍무적 견련성을 갖는 것이어야 한다. 그러므로 근로의 제공과 쌍무적 견련관계가 없이 지급되는 은혜적·호의적 성격의 금품이나 복리후생비 및 여비 등 실비변상적 의미를 갖는 금품은 임금이 될 수 없다.

여기서 잠깐! 임금 개념에 대한 판례 돋보기

사용자가 근로자에게 지급하는 임금은 계속적 · 정기적으로 지급되는 것이 통상적이므로 그 지급사유의 발생이 확정되어 있지 않고 일시적으로 지급되는 것은 근로의 제공과 관련 없이 지급되는 것으로 판단 받을 여지가 많기는 하지만, 그렇다고 하여 반드시 계속적 · 정기적으로 지급되어야만 근로제공과 관련된 것이고 그렇지 않은 것은 근로제공과 무관한 것이라는 논리필연적인 관계가 있는 것은 아니므로, 드물게나마 계속적 · 정기적으로 지급되는 것이 아니라 하더라도 다른 사정을 종합하여 사용자가 근로자의 근로제공과 관련하여 지급하는 것으로 볼 수 있으면 임금에 해당하고, 이와 달리 어느 금품이 계속적 · 정기적으로 지급되는 것이라 하더라도 근로의 제공과 관련 없이 지급되는 것이라면 그 금품의 지급이 단체협약, 취업규칙, 근로계약 등에 의하여 지급의무가 발생한 것이라 하더라도 임금에 포함시킬 수 없을 것이다(대법원 2006.8.24, 2004다35052).

(3) 근로자에게

임금은 근로자가 근로의 대가로 받는 것이므로 회사의 업무 집행권을 가진 이사 등 임원에게 지급되는 보수나 순수한 직업훈련연수생에게 지급되는 금품은 임금이 아니다.

(4) 어떠한 명칭으로든지

수당 정보비 및 복리후생비 등 명칭만으로 임금에 해당하는지를 판단하여서는 안 되며 구체적으로 근로에 대한 대가로 지급되었는지의 여부를 살펴보아야 한다.

(5) 지급하는

근로자가 부담하는 국민연금, 건강보험, 고용보험의 보험료, 근로소득세 등은 비록 근로자에게 실제로 지급되지는 않지만 이는 원래 임금 중에서 사용자가 원천징수한 것이므로 임금이다. 그러나 산재보험 등 보험료에 대한 사용자의 부담분이나 근로자가 받는 보험급여는 근로의 대가인 임금이 아니다.

(6) 모든 금품

금품은 현금이 원칙이지만 그 밖에도 현물, 시설이용 등 경제적 이익이 있는 것은 모두 금품으로 본다. 기술이나 예능 전수를 목적으로 근로를 제공하였다면 기술이나 예능도 임금으로 볼 수 있다.

여기서 잠깐! **임금성 판단 방법**

<table>
<tr><td>지급의무없이 지급된 금품</td><td colspan="3">임금성 부정
(장기간 반복하여 지급될 경우 구속력 있는 노사관행이 성립되어 임금성 긍정될 여지 있음)</td></tr>
<tr><td rowspan="3">지급의무 있는 금품</td><td>근로의 대가성 부정</td><td colspan="2">임금성 부정
약정금의 성격을 가지므로 근로자는 민사소송을 통해 소구할 수 있으나, 임금체불 등 임금채권에 대하여 인정되는 특별한 보호의 대상에서 제외된다.
(근로관계로 인해 발생한 것이라면 근기법 제36조의 기타금품에 해당)</td></tr>
<tr><td rowspan="2">근로의 대가성 긍정</td><td>소정근로 외 근로의 대가 및 총근로의 보상</td><td>임금성 긍정
근로기준법시행령 제23조에 해당하는 경우 정기일 지급 원칙의 배제 가능하다.</td></tr>
<tr><td>소정근로의 대가</td><td>임금성 긍정
정기일지급 원칙의 대상이므로 정기성과 일률성이 긍정되어 통상임금에 해당한다.</td></tr>
</table>

〈출처: 권오성, 통상임금 토론회 자료집, 2019년, p24〉

나. 임금의 구성항목

근로계약서에 보통 기본급, 제수당, 법정수당 등의 용어가 등장한다. 임금의 구성 항목을 말하는 것으로 이에 대한 개념을 정리해 보도록 하자.

(1) 기본급과 제수당

실무에서 자주 사용하는 개념으로 기본적이고 일률적으로 제공되는 근로에 대한 대가로서 지급되는 것인지 또는 부가적이고 개별적인 근로에 대하여 지급되는 것인지 여부에 따라 기본급과 제수당으로 구분한다.

기본급은 근로자의 작업량이나 작업 성과와는 무관하게 단순히 이행된 근로시간을 기준으로 하여 임금을 산정하여 지급하는 것으로 최초 약정된 소정근로시간 또는 소정근로일 등 기본적·일률적 근로제공에 대해 지급하는 것을 말한다.

제수당은 근로자의 부가적이고 개별적인 근로에 대하여 지급하는 것으로, 법정수당을 제외하고는 사적자치의 원칙에 따라 해당 사업장의 여러 사정들을 반영하여 다양한 명목과 내용으로 지급하는 것을 말한다. 예를 들어 정근수당, 직무수당, 직책수당, 자격수당, 교대근무수당, 출장수당, 외근수당, 해외근무수당, 가족수당, 주택수당, 통근수당, 식대 등이 있다.

(2) 고정급과 변동급

고정급이란 근로자의 근무 성적 등에 따라 지급 여부 및 지급액이 달라지지 않고 당초 정하여진 지급조건을 충족하는 근로자들에게 일정액의 금품이 고정적으로 지급되는 것을 말한다.

변동급이란 근무 성적이나 실적 등에 따라 그 지급 여부 및 지급액이 달라지는 불규칙적이고 가변적인 성격의 금품을 말한다. 예를 들어 연장 야간·휴일근로수당은 근로자가 실제 연장·야간·휴일근무를 했을 경우에 한해 지급된다는 점에서 변동적 성격의 금품에 해당한다.

(3) 월정임금과 월외임금

매월 지급되는 임금인지에 따라 월정임금과 월외임금으로 구분한다. 월정임금은 매월 1회 이상 일정한 날짜를 정하여 지급해야 하는 것을 말한다. 이에 반해 월외임금은 1개월을 초과하여 지급할 수 있는 금품을 말한다. 예를 들어 1개월을 초과하는 기간의 출근성적에 따라 지급하는 정근수당, 1개월을 초과하는 일정기간을 계속하여 근무한 경우에 지급하는 근속수당, 1개월을 초과하는 기간에 걸친

사유에 따라 산정되는 장려금, 능률수당 또는 상여금, 그 밖에 1개월을 초과하여 부정기적으로 지급되는 수당 등이 해당된다.

(4) 법정수당과 법정외수당

임금 청구권의 발생 내지 임금지급의 근거가 법령에 의한 것인지 법령 외의 사정에 의한 것인지 여부에 따라 법정수당과 법정외수당으로 구분한다.

법정수당의 예로는 법정근로시간 내지 기준근로시간을 초과하여 행하여진 연장근로에 대하여 지급되는 연장근로수당, 야간근로에 대해 지급되는 야간근로수당, 휴일근로에 대해 지급되는 휴일근로수당, 연차유급휴가일에 지급되는 연차유급휴가수당, 주휴일에 지급되는 주휴수당, 산전후 휴가기간에 지급되는 산전 후 휴가수당 및 휴업기간 중에 지급되는 휴업수당 등이 있다. 법정외수당은 사적자치에 따라 개별 사업장의 사정을 반영하여 다양한 목적과 내용으로 발생한다.

다. 임금 산정 단위에 따른 임금의 유형(시급, 일급, 월급)

(1) 기본임금의 산정주기

사용자가 근로계약을 체결할 때, 근로자에 대해 기본임금을 결정하고 이를 기초로 각종 수당을 가산하여 지급하는 것이 원칙이다(대법원 1998.3.24., 96다24699). 기본임금의 산정단위는 다양하다. 1시간 단위로 임금을 산정하는 시급, 1일을 단위로 하는 일급, 1주를 임금산정주기로 하는 주급, 1월을 단위로 하는 월급이 있다. 기본임금의 산정주기는 그 실질을 따져 판단한다. 여기서 월급이라 함은 임금이 월단위로 결정되어 월의 근로일수나 근로시간의 많고 적음에 관계없이 일정한 임금이 지급되는 임금형태를 뜻한다(대법원 1994.5.24, 93다32514).

(2) 산정주기와 지급주기의 구별

임금의 산정주기와 지급주기는 구별해야 한다. 사용자가 비록 근로자에게 월단위로 임금을 지급하였더라도, 실은 근로자별로 각 일급 임금을 책정하여 그 임금에 근로자들이 매월 실제 근로한 일수를 곱한 금액을 지급한 것이라면 이는 일급제이지 월급제가 아니다.

(3) 시급, 일급, 월급에의 주휴수당 포함 여부

(가) 시 · 일급의 경우

시급과 일급은 임금의 산정단위가 각각 1시간 또는 1일이다. 이 경우 1주간의 소정근로일에 개근하여야만 지급되는 주휴수당이 그 시급 또는 일급에 포함되었다고 단정하기 어렵다. 주휴수당은 시급이나 일급의 산정단위기간을 넘어서는 것이기 때문이다. 예를 들어, 일급 10만원으로 임금이 책정되었는데, 이 금액이 1주를 산정단위로 하여 발생하는 주휴수당까지를 포함한 것이라고 보기에는 무리이다.

물론 단체협약이나 취업규칙 등에 명시적으로 주휴수당이 이미 시급에 포함된 것으로 명시되어 있는 경우라면 예외적으로 시급과 일급에 주휴수당도 포함된 것으로 볼 수 있다.

(나) 월급의 경우

주휴수당은 1주의 소정근로일을 개근한 경우에 반드시 지급되어야 하는 법정수당이다. 1개월을 산정단위로 하는 월급의 경우 그 월급에는 근로기준법상 유급휴일에 대한 임금인 주휴수당도 포함된다고 본다. 산정단위를 1월로 하는 이상 월급을 책정할 때 사용자가 그 산정기간 중에 발생하게 되는 법정수당인 주휴수당을 함께 고려하였을 것으로 해석함이 마땅하기 때문이다. 나아가 주휴수당이 원래 소정근로일수를 개근한 근로자에 대하여만 지급되는 것으로서 고정적인 임금이라고 할 수 없어 통상임금에는 해당되지 않는다고 할 것이다. 그러므로 통상임금을 산정함에 있어서는 매월 지급받는 월 기본급과 고정수당을 합산한 월급에서 이와 같은 유급휴일에 대한 임금을 공제하여야 한다(대법원 1998.4.24, 97다28421).

라. 임금에 대한 구체적 사례

(1) 기본급 임금 등

소정근로시간 또는 법정근로시간에 대하여 지급하기로 정하여진 기본급 임금이나 고정급 수당은 임금에 해당한다. 고정급 수당은 주된 업무의 수행과 직접 관련되어 지급하는 경우가 많다. 예를 들어 ① 담당업무나 직책의 경중 등에 따라 미리 정하여진 지급조건에 의해 지급하는 수당, ② 물가변동이나 직급간의 임금격차 등을 조정하기 위하여 지급하는 수당, ③ 기술이나 자격 및 면허증 소지자, 특수작업종사자 등에게 지급하는 수당, ④ 특수지역에 근무하는 근로자에게 정기적, 일률적으로 지급하는 수당, ⑤ 버스, 택시, 화물자동차, 선박, 항공기 등에 승무하여 운행·조종·항해·항공 등의 업무에 종사하는 자에게 일정한 금액을 일률적으로 지급하는 수당, ⑥ 생산기술과 능률을 향상시킬 목적으로 매월 일정한 금액을 일률적으로 지급하는 수당 등이 있다.

금품의 명칭	임금 인정	불인정
본 봉	정기적인 것	
근속수당	1년 이상 근속 근로자에게 매 1년 단위로 일정 금액을 가산하여 지급한 경우 은혜적 배려가 아니다(대법원 2002.7.23, 2000다29370).	
기술수당	기술직 사원에게 일정액의 수당을 지급(대법원 1990.12.7, 90다카19647)	
연구수당, 학생지도수당	일반적으로 일정액을 정기적, 계속적으로 지급한 경우(대법원 1977.9.28, 77다300)	실적에 따른 실비변상의 경우

(2) 상여금, 성과급

본래적 의미의 상여는 상으로 주는 돈이나 물건이라는 의미로 근로자에게는 정기 급여와는 별도로 업적이나 공헌도에 따라 주는 돈으로 은혜적·포상적인 성격의 금품을 말한다. 다만 실무에서는 다양하게 운영되고 있어 상여금이 은혜적·포상적 성질의 것인지 또는 임금 후불적 성질의 것인지에 대해서는 획일적으로 분류할 수 없고 그 실질을 기준으로 판단해야 한다. 일부에서는 저임금을 보충하기 위한 생계비 보조적, 임금 후불적 의미에서 정기적으로 지급되는 등 이미 임금의 일부로 정착된 경우도 존재하기 때문이다.

(가) 임금으로 인정하는 경우

상여금이 계속적·정기적으로 지급되고 그 지급액이 확정되어 있다면 이는 근로의 대가로 지급되는 임금의 성질을 가지므로 이러한 '정기상여금'은 임금으로 본다.

예를 들어 ① 근로자의 근무성적·실적과 관계없이 예컨대 연간 기본급의 일정%를 특정 시기에 나누어 고정적으로 지급하는 경우(단체협약, 취업규칙 등에 지급조건, 지급액 등을 사전에 정하여 계속적으로 지급하는 경우로 근속기간, 징계 등에 따라 일정한 지급제한 사유를 두기도 한다)이거나, ② 근로자의 근무성적이나 실적을 평가하여 사전에 정해놓은 성과등급(S, A, B 등), 지급대상 범위, 지급액 등에 따라 지급하는 경우(보통 근로자 전체에게 지급하는 총액수는 미리 정해져 있고, 이를 정해진 비율에 따라 나눠 지급한다.)등이 해당한다.

관련 판례

경영평가성과급도 임금인가

행정해석은 경영평과성과급에 대해서 정부의 경영실적평가에 따라 지급여부가 결정되고, 지급률이 결정되지 않았으므로 임금에 해당되지 않아, 평균임금 (퇴직금) 산정시 제외해야 한다고 보았다.

정부산하기관에서의 인센티브성과급은 해당기관의 취업규칙이나 단체협약상에 정해진 지급조건에 정부산하기관 경영실적 따라 계속적 · 정기적으로 지급하여 지급의무가 설정되어 있는 것이 아니라, 정부산하기관 경영실적 평가결과에 따라 비로소 그 지급여부 및 지급액이 결정되고, 매년 정부에서 결정한 지급률에 근거하여 지급방침을 마련하여 지급한 것으로 보이며, 또한, 동 인센티브성과급은 배정된 예산을 재원으로 하여 정부산하기관 평가에 따라 지급해 왔던 것으로 정부의 예산반영이 이루어지지 않는 경우에는 인센티브성과급의 지급의무가 예정되어 있다고 볼 수도 없으므로, 이와 같이 지급사유의 발생이 불확정적인 금품을 근로기준법상 임금으로 보기 어려울 것이다(임금근로시간정책팀-2177, 2006.8.14).

하지만 최근 대법원은 공공기관의 경영평가성과급에 대해 대상기관의 내부 경영평가편람이 잔여성과상여금의 적용대상, 지급시기, 정부가 정한 성과급 지급률을 기초로 차등지급률을 산정하는 방법, 지급대상과 기준 등을 구체적으로 정하고 있고, 대상기관이 매년 정부가 정한 성과급 지급률을 기초로 보수규정과 내부경영평가편람에서 정한 기준과 계산방법에 따라 잔여 성과상여금을 산정하여 소속 직원들에게 지급해 온 사실을 기초로, "경영평가성과급이 계속적 정기적으로 지급되고, 지급대상, 지급조건 등이 확정되어 있어 사용자에게 지급의무가 있다면, 이는 근로의 대가로 지급되는 임금의 성질을 가지므로 평균임금 산정의 기초로 되는 임금에 포함된다고 보아야 한다. 경영실적 평가 결과에 따라 그 지급 여부나 지급률이 달라질 수 있다고 하더라도 그러한 이유만으로 경영평가성과급이 근로의 대가로 지급된 것이 아니라고 볼 수 없다(대법원 2018.10.12, 2015두36157)." 면서 평균임금에 해당한다고 판단했다.

(나) 임금으로 인정하지 않는 경우

① 기업 경영성과, 근로자 개인 및 근로자 집단의 근무성과에 따라 결정되는 이른바 '성과상여금(성과급)'은 원칙적으로 임금이 아니다. 지급조건과 지급시기가 단체협약 등에 정해져 있더라도 지급조건의 충족 여부는 각 성과에 따라 달라지는 것이므로 해당 근로자의 근로제공 자체의 대상이라고 볼 수 없기 때문이다.

② 부서 등 근로자의 집단적 성과나 기업의 경영성과에 따라 결정되어 지급하는 경우 임금으로 보기 어렵다. 그 지급사유의 발생도 불확정적이고 일시적인 경우가 일반적이며, 단순히 이러한 방식이 수차례 반복되었다고 하여 이를 지급관행이 성립된 것으로 볼 수 없기 때문이다.

③ 근로자 개인의 성과를 측정하여 지급하되, 그 지급조건, 지급액 등이 사전에 정해져 있지 않고, 계속적·정기적으로 지급된 바 없이 사용자의 재량에 의해 은혜적·일시적으로 지급하는 경우 임금으로 보기 어렵다.

그러나 일정한 기본임금 외에 주된 업무수행의 정량적 성과로 인해 산출되는 성과급(실적급)을 이미 정해진 지급조건과 지급액 등에 의해 지급하는 경우 해당 성과급(실적급)은 임금으로 볼 수 있다. 주로 실적베이스로 임금이 책정되는 영업직·판매직 근로형태에서 많이 나타난다.

(다) 판례 정리

금품 명칭	내 용	임금성격
정기상여금	임금규정은 "경영실적에 따라 연4회 1회에 통상임금의 100퍼센트 이내의 상여금을 줄 수 있다"로 규정하고 있으나 단협에 "공사는 경영실적에 따라 연4회 1회에 통상임금의 100퍼센트 이내의 상여금을 준다"고 규정하고 있고, 경영실적이 적자이거나 흑자이거나에 관계없이 1964년 이래 실제로 그 직원들에게 매3개월마다 1회 1년에 4회씩 통상임금의 100퍼센트에 해당하는 상여금을 계속 지급함으로써 그 지급이 관례화되어 있다면 근로에 상응한 대가로서 정기적, 제도적으로 지급되는 임금의 일종으로 보아야 한다(대법원 1976.10.26, 76다502).	인 정
	회사가 양호한 생산능률과 경영실적을 실현하였을 때에는 이사회 승인을 얻어 전 종업원에게 상여수당을 지급한다"고 규정하고 있으며, 피고 회사가 원고들을 포함한 소속 종업원들에게 1년에 기본 급여의 400퍼센트에 해당하는 금액을 계속 지급하여 온 경우 상여금은 경영실적에 따라 단순히 불확정적, 은혜적으로 지급된 것이 아니라 종업원에 대한 근로의 대가인 임금의 일종이다(대법원 1980.2.6, 79다2120).	인 정
업적급	월 기본운행 횟수를 초과하는 운행횟수 1회당 2만원씩 계산해 지급하기로 정하고 정기적으로 지급되는 금품이라면 지급명칭과는 상관없이 개인의 업무실적에 따라 차등 지급되는 업적급 성격의 금품(근로조건지도과-3859, 2008.9.18)	인정
	목표달성 또는 경영이익의 발생여부에 따라 지급기준, 시기, 금액이 확정되는 경우는 이익의 공유 또는 성과의 배당 성격	불인정
증권회사 영업직원의 영업실적에 따른 성과급	근로자 개인의 실적에 따라 결정되는 성과급은 지급조건과 지급시기가 단협에 정하여져 있다고 하더라도 지급조건의 충족여부는 근로자 개인의 실적에 따라 달라지는 것으로서 근로자의 근로제공 자체의 대상이라고 볼 수 없으므로 임금에 해당한다고 볼 수 없다(대법원 2004.5.14, 2001다76328).	불인정
구두회사 직원의 상품권 판매실적에 따른 개인포상금	회사가 매년 같은 시기에 같은 비율에 따라 지급하는 것이 아니라 피고가 일방적으로 정한 지급시기와 지급액수, 지급기준에 따라 지급하지만 상품권 판매는 구두류 제품 판매를 주업으로 하는 회사가 역점을 두는 사업으로 직원들이 상품권 판매를 위하여 하는 영업활동은 근로의 일부라고 볼 수 있으며 포상금은 근로의 대가로 지급되는 것으로 보아야 하고 그 지급이 해마다 지급 시기는 다르나 매년 한 두 차례 시행되는 것이 관례화되어 있고, 해마다 미리 지급기준과 지급비율을 정하고 그에 따라 계산된 포상금을 지급하여 왔다면 은혜적인 급부라고 할 수 없다(대법원 2002.5.31, 2001다18127).	인정

금품 명칭	내 용	임금성격
자동차 판매 회사 영업 사원에 대한 인센티브	인센티브 지급규정이나 영업 프로모션 등으로 정한 지급기준과 지급시기에 따라 인센티브를 지급하여 왔고, 영업사원들이 차량판매를 위하여 하는 영업활동은 회사에 대하여 제공하는 근로의 일부라 볼 수 있어 인센티브는 근로의 대가로 지급되는 것이며, 인센티브의 지급이 매월 정기적 · 계속적으로 이루어지고, 지급기준 등 요건에 맞는 실적을 달성하였다면 그 실적에 따른 인센티브의 지급을 거절할 수 없을 것이며, 인센티브를 일률적으로 임금으로 보지 않을 경우 인센티브만으로 급여를 지급받기로 한 근로자는 근로를 제공하되 근로의 대상으로서의 임금은 없는 것이 되고 퇴직금도 전혀 받을 수 없게 되는 불합리한 결과가 초래될 것인 점 등에 비추어 위 인센티브는 퇴직금 산정의 기초가 되는 평균임금에 해당한다(대법원 2011.7.14, 2011다23149).	인정
기업의 경영 성과에 따른 성과급	목표달성 성과금은 매년 노사간 합의로 그 구체적 지급조건이 정해지며 그 해의 생산실적에 따라 지급여부나 지급률이 달라질 수 있는 것이지 생산실적과 무관하게 계속적·정기적으로 지급된 것이라고 볼 수 없어 회사에 지급의무가 있는 것이 아니므로 위 성과금은 평균임금에 산입될 수 없다(대법원 2005.9.9, 2004다41217).	불인정
부서별 성과에 따른 성과급	팀별 목표 달성여부에 따라 지급여부가 정하여지는 팀 인센티브는 개인적으로 지급되는 것이 아니거나 은혜적인 급부에 불과하여 평균임금에 포함될 수 없다고 보아야 할 것이다(수원지방법원 2011.1.28, 2009나33003).	불인정

(3) 복리후생 · 생활 보조적 금품(각종 수당 등)

(가) 임금인 경우

복리후생·생활 보조적 금품이라 하더라도 계속적·정기적·일률적으로 지급되고, 단체협약·취업규칙·근로계약 및 그밖에 관련 규정에 의하여 사용자에게 그 지급의무가 지워져 있는 경우에는 근로의 대가인 임금이다.

이러한 성격의 복리후생·생활 보조적 금품은 전 근로자가 아닌 일정 요건을 충족한 일부 근로자에게 지급되거나 특정 지급조건에 따라 차등적으로 지급되더라도 임금으로 본다. 식대, 교통비, 체력단련비, 하기휴가비, 명절 귀향비, 가족수당 등 그 명칭이나 현물 지급 여부에 관계없다.

(나) 임금이 아닌 경우

① 단체협약·취업규칙·근로계약 등이나 사용자의 방침에 의하여 지급의무가 있다 하더라도 개별 근로자의 특수하고 우연한 사정에 의하여 좌우되는 경우에는 근로의 대상으로 지급되었다고 볼 수 없다. 예를 들어 결혼축의금, 조의금 등이 있다.

② 사용자가 지급 의무 없이 은혜적, 의례적, 호의적으로 근로자에게 지급하는 금품은 임금이 아니다. 예를 들어 격려금, 위로금, 포상금 등이 있다.

③ 근로자가 특수한 근무조건이나 환경에서 직무를 수행함으로 말미암아 추가로 소요되는 비용을 변상하기 위하여 지급되는 이른바 실비변상적 금품은 근로의 대상으로 지급되는 것이라고 볼 수 없어 임금이 아니다. 예를 들어 출장비, 일·숙직수당 등이 있다.

(4) 실비변상적 금품

실비변상적 금품은 근로의 대가로 지급하는 금품이 아니라, 특수한 비용이나 실제 소요된 비용을 변상하기 위해 지급하는 금품을 말한다. 예를 들어 출장을 갔을 때 발생하는 숙박비, 교통비, 식비 등에 발생하는 비용을 말하며 이를 출장비 등에 관한 규정을 마련하여 지급하는 게 보통이다. 영수증을 제출하면 실비만큼 지급하는 경우도 있고, 출장 지역별로 숙박비, 식비, 출장비 등의 금액을 정해서 지급하는 경우도 있다.

관련 판례

근로의 대상으로서 지급되는 것이 아니라 근로자가 특수한 근무조건이나 환경에서 직무를 수행함으로 말미암아 추가로 소요되는 비용을 변상하기 위하여 지급되는 실비변상적 금품은 평균임금 산정의 기초가 되는 임금 총액에 포함되지 아니한다(대법원 1999.2.9, 97다56235).

또, 해외주제원으로 발령이 되는 경우 국내 근로자에게는 지급되지 않는 주택수당을 더 지급한 경우에도 그 주택수당은 임금이 아니라 실비변상적 금품이며, 보안장비 구입비, 작업복 구입비, 판공비, 기밀비, 정보비 등도 실비변상 성격이 강하다.

관련 판례

① 임금의 의의나 평균임금제도의 근본 취지에 비추어 볼 때, 국외 주재직원으로 근무하는 동안 지급받은 급여 가운데 동등한 직급호봉의 국내직원에게 지급되는 급여를 초과하는 부분은 근로의 대상으로 지급받는 것이 아니라 실비변상적인 것이거나 해외근무라는 특수한 근무조건에 따라 국외 주재직원으로 근무하는 동안 임시로 지급받은 임금이라고 보아야 할 것이므로, 회사의 취업규칙에 국외주재직원에 대한 퇴직금의 액수를 산출함에 있어서 그 부분의 급여를 평균임금 산정의 기초가 되는 임금의 총액에 산입하지 아니하도록 규정되어 있다고 하여 그 취업규칙이 무효라고 할 수 없다(대법원 1990.11.9, 90다카4683).
② 차량유지비가 전 근로자에게 정기적·일률적으로 지급하는 경우에는 평균임금에 포함되나 출근일수에 따라 변동적으로 지급되거나 일부 근로자에게 지급하는 경우에는 근로시간과 관계없이 근로자에게 생활보조적으로 지급되는 금품으로 평균임금에 해당하지 않는다(통상임금 및 평균임금 등 판단기준 2012.9.25).

그러나 실제로는 비용을 정산하는 구조가 아니라 실적에 관계없이 계속적·정기적으로 지급된다면 이는 임금으로 보게 된다.

관련 판례

① 연구수당 및 학생지도수당은 그것이 어떤 실적에 따른 실비변상의 것이 아니라 위 대학 교원에게 일반적으로 일정액(연구수당은 교원의 직급에 따라)을 정기적 계속적으로 지급하여 왔음을 짐작할 수 있으니 이는 근로의 대가인 급여로 봄이 상당하다(대법원 1997.9.28, 77다300).

② 학술연구 및 연구비지원 운영규칙에 규정된 지급기준과는 달리 의학연구비가 실적에 따른 실비변상조로 지급되어 온 것이 아니고 병원의 과장급 의사 전원에게 매년 정기적 계속적으로 지급되어 왔다면 의학연구비는 계속적 정기적으로 지급되는 급여의 일부이다(대법원 1994.9.13, 94다21580).

③ 자가운전 보조금(차량유지비)의 경우 그것이 차량 보유를 조건으로 지급되었거나 근로자들 개인 소유의 차량을 업무용으로 사용하는데 필요한 비용을 보조하기 위해 지급된 것이라면 실비변상적인 것으로서 근로의 대상으로 지급된 것이라고 볼 수 없으나, 전직원에 대해 또는 일정한 직급을 기준으로 일률적으로 지급되었다면 근로의 대상으로 지급된 것으로 볼 수 있으므로 평균임금에 포함시켜야 한다(대법원 2002.5.31, 2000다18127).

(5) 국가 또는 지방자치단체 지원금의 임금 여부 판단

(가) 원 칙

사용자가 국가 등에서 받은 지원금을 자체 재원 등과 혼합하여 임금 등 인건비에 충당하는 것으로 볼 수 있는 경우에는 해당 임금 항목은 임금에 해당하며, 이때 국가 또는 지방자치단체의 지원금 자체를 기준으로 판단하는 것이 아니라 동 지원금을 토대로 사용자가 근로자에게 지급한 금액을 기준으로 판단한다. 만약 국가 등이 지원금을 근로자에게 직접 지원하거나, 사용자에게 지원하더라도 사용자가 근로자에게 전달하는 것에 불과한 경우에는 그 지원금은 임금으로 볼 수 없다.

(나) 임금으로 보는 경우

기본급 등 임금이 국가 등의 지원과 관계없이 근로계약, 단체협약, 취업규칙, 노동관행 등으로 정해져 있는 상황에서 국가 등이 지원금의 지급 조건으로 근로자가 아닌 사용자에게 일정한 기준을 갖출 것을 요구하지만, 해당 지원금액의 근로자 지급 여부가 사용자에게 맡겨져 있는 경우에는 그 금액은 근로의 대가로서 임금에 해당한다. 예를 들어 어린이집 교사가 연장근로, 휴일근로를 하는 경우 그에 해당하는 임금을 국가로부터 지원받아 사용자가 근로자에게 지급하는 금액은 임금에 해당한다. 또한 보육교사의 중식비, 요양보호사의 처우개선비도 임금에 해당한다.

(다) 임금으로 보지 않는 경우

지원금의 지급조건이 근로자를 기준으로 정해지고 그 지급 여부나 지급금액 등을 사용자가 임의로 변경할 수 없는 경우, 이는 사용자가 근로자에게 해당 지원금을 전달한 것일 뿐이며 임금으로 볼 수 없다.

다만, 지원금을 제외하고 사용자가 근로자에게 지급하기로 정한 임금이 최저임금액을 초과하여야 하며, 근로자의 근로 제공 등을 지원금의 지급조건으로 하는 경우에도 사용자에게 해당 금액만큼 지급의무가 없어야 한다. 예를 들어 대학의 기성회가 교수에게 증여의 형식으로 지급한 교재연구비, 보육교사의 처우개선비 등은 임금으로 보지 않는다.

(6) 그밖에 금품

(가) 법정수당 등 법에 따라 사용자에게 지급의무가 부과된 금품

근로기준법과 근로자의 날 제정에 관한 법률 등에 의하여 지급되는 연장근로수당, 야간근로수당, 휴일근로수당, 연차유급휴가미사용수당 등은 임금에 해당한다.

해고예고수당, 재해보상금, 귀향여비, 부당해고 기간 중 정상 근무했다면 받을 수 있었던 임금상당액, 휴업수당, 출산전후휴가급여 등은 현실적 근로제공 없이 사용자로부터 지급되는 것으로서, 손해보상의 성격을 갖거나 생활권 보호를 위한 부조제도의 변형이므로 임금에 해당되지 않는다.

(나) 보험료, 세금의 사용자 부담분

사회보험료의 사용자 부담분은 근로의 대상이 아니므로 임금이 아니다.

(다) 근로시간 면제자에 지급하는 급여

행정해석은 노조법 제24조2항에 따른 근로시간 면제자에 지급하는 급여는 노조전임자급여지원금지규정에 대한 예외 특례의 성질을 고려하여 임금으로 보지 않는다. 하지만 대법원은 노조전임자와 근로시간 면제자는 구분되며, 근로시간 면제자에 지급되는 급여는 임금이라고 판단했다.

관련 판례

근로시간면제자가 단체협약에 따라 지급받는 급여의 성격을 다툰 사안에서 근로시간면제자에 대한 급여는 근로시간 면제자로 지정되지 아니하고 일반근로자로 근로하였다면 해당 사업장에서 동종 혹은 유사업무에 종사하는 동일 또는 유사 직급, 호봉의 일반 근로자의 통상 근로시간과 근로조건 등을 기준으로 받을 수 있는 급여수준이나 지급기준과 비교하여 사회통념상 수긍할 만한 합리적인 범위를 초과할 정도로 과다하지 않은 한 근로시간 면제에 따라 사용자에 대한 관계어서 제공한 것으로 간주되는 근로의 대가로서 그 성질상 임금에 해당하는 것으로 봄이 타당하다. 따라서 근로시간 면제자의 퇴직금과 관련한 평균임금을 산정할 때에는 특별한 사정이 없는 한 근로시간 면제자가 단체협약에 따라 지급받는 급여를 기준으로 하되, 다만 과다하게 책정되어 임금으로서 성격을 가지고 있지 않은 초과 급여부분은 제외하여야 할 것이다(대법원 2018.4.26, 2012다8239).

여기서 잠깐! 실비변상적·복리후생적·임의적 금품의 임금성 사례

금품 명칭	임금성 긍정	임금성 부정
1. 실비변상적 금품		
출장비	매월 정액지급 혹은 운행횟수에 비례 지급시	출장업무에 실제 소요되는 비용 보전시
출장비	〈예시〉 매월 정액으로 지급한 외근여비, 운행횟수에 비례하여 지급한 운행수당	〈예시〉 화물운전자에게 운전경비로 지급한 작업출장비, 외국 근로자에게 추가로 지급한 출장식대
자가운전보조비 (차량유지비)	전직원 또는 일정직급 기준으로 일률적 지급시	차량보유를 조건으로 지급 혹은 개인차량을 업무용으로 사용할 경우 비용보조시
자가운전보조비 (차량유지비)	〈예시〉 전직원에게 직급에 따라 정액으로지급한 출퇴근 교통비, 일정직급 이상인 자에게 정액으로 지급한 차량유지비	〈예시〉 차량보유자에게만 지급한 차량보조금, 자기차량을 운전하는 일정직급 이상인 자에게만 지급한 자가운전보조비
일·숙직수당	일·숙직근무가 본래 업무의 연장인 경우로 지급시	정상근무가 아닌 순찰·전화 등 감시·단속적 성격의 업무로 근로계약에 부수되는 의무 이행으로 지급시
2. 복리후생적 금품		
식비(식사·식권)	식사를 하지 않은 근로자들에게 도 그에 상응하는 별도 비용을 지급하거나 환가 가능한 이용권 제공시	실제 근무한 근로자들에게 현물로식사를 제공하되 식사를 하지 않더라도 별도 비용이나 쿠폰 미제공시
식비(식사·식권)	〈예시〉 식사를 하지 않은 근로자에게 같은 금액의 쿠폰을 지급한 식대보조비, 근무일수에 따라 식권이나 현금으로 지급된 중식대	〈예시〉 구내식당에서 현물로 제공하는 식사, 식사를 현물로 제공하되 일부 소액만을 현금으로 환가해 주는 중식대
자녀학자금		취학 중 자녀가 있는 근로자에게 복리후생적 차원에서 지급시

금품 명칭	임금성 긍정	임금성 부정
가족수당	부양가족이 있는 근로자에게 부양가족수에 따라 차등지급시	
하계휴가비	휴가실시와 무관하게 일률적으로 지급시	휴가실시 근로자에게만 지급시 은혜적 금품
3. 임의적 금품		
경영성과급	회사의 경영실적 등과 관계없이 지급시기와 지급률 등이 사전에 확정된 경우	지급사유의 발생이 불확정적이고 일시적 지급시
	〈예시〉 정기(고정)상여금	〈예시〉 회사가 매년 설정한 목표(생산량·매출액·순이익) 달성여부에 따라 지급여부와 지급률이 달라지는 성과급, 경영성과 분배를 목적으로 하되 불황이나 노사분규발생 혹은 경영실적 악화시 미지급
생산성향상 축하금		지급사유가 미확정적이고, 지급조건을 회사가 임의로 정한 경우 〈예시〉 생산성향상축하금, 노사신뢰구축 격려금 등
4. 포상적 금품		
포상금 (인센티브)	근로자 개인이 판매실적에 따라 지급하는 포상금이나 인센티브	부서나 팀단위로 지급하는 포상금이나 인센티브
	〈예시〉 구두류 제품판매회사의 구두상품권 판매실적에 따른 포상금, 자동차영업사원의 차량 판매실적에따른 인센티브	〈예시〉 부서포상금이나 일정수의 직원만 선발하여 여행이나 상품을 포상하는 경우, 팀별 목표달성 여부에 따라 지급여부가 결정되는 팀인센티브

마. 임금의 구분

	급여≒보수≒소득		임 금		평균임금		통상임금		최저임금
개념	지급받은 금품의 총액		근로의 대가(계속·정기·지급의무)+근로의 유의미성		3개월간 지급된 임금의 평균 금액(일급 계산)		정기적·일률적·고정적으로 지급된 임금(시급 계산)		최저시급 매년 고시(2021년 8,720원)
포함·제외	경영성과급 등을 포함	〉	개인성과급, 실적급, 식대 등은 포함 축의금, 경조사비, 출장비, 작업복 구입비용 등은 제외	≒	산정사유 발생일 전 3개월 임금 총액	〉	기본임금, 기타고정수당 등 포함	⇔	소정근로대가로 매월 1회 이상 지급된 임금 포함, 복리후생, 상여금 등 별도 기준
쓰임	세금, 보험료 등 산정시 기준		근로자성 판단 지표 중 하나("임금을 목적으로")		퇴직금, 산재보상금 등 산정시 기준		시간외수당, 연차유급휴가근로수당 산정시 기준		최저생활 보장의 기준

임금은 개념의 사용목적, 근로기준법 적용조항, 일정한 요건 충족여부에 따라 통상임금과 평균임금으로 구분한다. 그 자체가 특정의 법정수당인 것은 아니며 다른 법정급부 등을 산정하기 위해 마련된 도구개념 내지 단위개념이다. 판례는 노동관계법령이 평균임금을 기초로 하여 일련의 법정급부를 산정하도록 한 것은 이를 통하여 근로자가 통상적인 생활을 할 수 있도록 보장하고자 하는 것이며, 당초 통상의 생활 임금을 사실대로 반영하는 것을 산정의 기본 원리로 하여야 한다는 견해를 제시하고 있다. 평균임금과 통상임금은 도구적 개념이며, 평균임금을 기준으로 퇴직금 등을 산정, 통상임금을 기준으로 가산임금 등을 산정한다. 최저임금은 최저 생계 보장을 위한 것이다.

여기서 잠깐! **통상임금과 평균임금**

(1) 통상임금: 정기적·일률적으로 소정근로시간 또는 총근로시간에 대하여 지급하기로 정하여진 금액

산정사유	지급률	근거
해고예고수당	30일분 이상의 통상임금	근기법 제26조
연장·야간·휴일근로수당	통상임금의 50% 이상 가산	근기법 제56조
연차유급휴가수당	연차유급휴가수당(통상임금 또는 평균임금) 및 연차유급휴가미사용수당	근기법 제60조
출산휴가수당	최초 60일분(사업주가 지급) (우선지원대상기업이 아닌 기업)	근기법 제74조
출산전후휴가급여	통상임금(고용보험에서 지급)	고보법 제76조
육아휴직급여	월 통상임금의 80%(~3개월), 50%(~종료일까지)	고보법시행령 제95조
휴업수당	평균임금의 70%가 통상임금을 초과하는 경우 통상임금으로 지급	근기법 제46조
실업급여	수급자격자의 기초일액(이직 당시 평균임금으로 함)이 평균임금이 통상임금보다 낮을 경우에는 통상임금)의 50%	고보법 제45조~제46조

(2) 평균임금: 산정사유 발생일 이전 3개월 임금총액/그 기간의 총일수

산정사유	지급률	근거
퇴직금	계속근로연수 1년에 대하여 평균임금의 30일분 이상	근퇴법 제8조
휴업수당	평균임금의 70% 이상(이 금액이 통상임금을 초과하는 경우 통상임금으로 지급)	근기법 제46조
연차유급휴가수당	평균임금 100% 또는 통상임금 100%	근기법 제60조
재해보상금	재해보상유형에 따라 다름	근기법 제78조~제85조
감급액	1회의 액이 평균임금의 1일분의 1/2를 초과하지 못함	근기법 제95조
실업급여	수급자격자의 기초일액(이직 당시 평균임금)의 60%	고보법 제45조~제46조

바. 임금, 소득, 보수 차이점

(1) 임 금

사용자가 근로의 대가로 근로자에게 임금 봉급 그 밖에 어떠한 명칭으로든지 지급하는 일체의 금품을 말한다.

(2) 소 득

소득이란 일정기간의 근로·사업·자산 등에서 얻는 수입을 총칭하는 개념으로 구체적으로는 임금, 봉급, 지대, 집세, 이자, 이윤 등을 말한다.

사용자에게 고용된 근로자에 있어서 소득이란 사용자가 근로자에게 지급한 임금, 성과급, 복리후생비, 주식, 현물 등 명칭을 불문하고 과세의 대상이 되는 모든 금품을 의미한다.

소득은 사용자가 근로자에게 지급하는 금품 중에서 과세를 기준으로 할 때 근로소득, 퇴직소득, 기타소득으로 구분된다.

소득세법상 근로소득은 근로제공으로 인해 받는 봉급 급료 보수 세비 임금 상여 수당과 이와 유사한 성질의 급여로서 지급 형태나 명칭을 불문하고 성질상 근로

의 제공과 대가 관계에 있는 일체의 경제적 이익을 포함하며, 직접적인 근로의 대가 외에도 근로를 전제로 그와 밀접히 관련되어 근로조건의 내용을 이루고 있는 급여도 포함된다(대법원 2008.12.24, 2006두4967).

퇴직소득이란 퇴직함으로써 받는 소득으로서 이에는 퇴직일시금과 불특정 다수의 퇴직자에게 적용되는 취업규칙 등(퇴직급여규정, 노사합의 등 포함)에 의해 지급되는 퇴직수당, 퇴직위로금, 기타 이와 유사한 성질의 급여가 포함된다.

기타소득은 이자소득, 배당소득 등 이외에 일시적 우발적으로 생긴 소득을 말한다.

(3) 보 수

보수는 고용보험법상 고용보험료 산정 대상이며, 소득은 소득세법상 과세 대상을 의미하는데, 근로기준법상 보호 대상은 임금을 의미한다.

즉, 보수란 소득 중에서 비과세 소득을 제외한 것을 말하며, 임금이란 소득 중에서 임금이 아닌 것을 제외한 것을 말한다. 특별상여금과 같이 보수에는 해당하지만 임금에는 해당하지 않는 것이 있고 교통비나 식대 등과 같이 임금에는 해당하지만 비과세에 해당되어 보수에는 해당하지 않는 것이 있다.

보수란 소득세법 제20조에 따른 근로소득에서 대통령령으로 정하는 금품(비과세 소득)을 뺀 금액을 말한다. 다만 휴직이나 그 밖에 이와 비슷한 상태에 있는 기간 중에 사업주 외의 자로부터 지급받는 금품 중 고용노동부장관이 정하여 고시하는 금품은 보수로 본다(고용보험법 제2조5호).

사. 임금과 다른 금품과의 차이점

근로기준법 제36조는 퇴직 후 14일 이내에 임금, 보상금, 그 밖에 일체의 금품을 지급하라고 명시하고 있는데, 실비변상적 급여 등 임금이 아닌 경우에도 퇴직 후 14일 이내에 지급하여야 할 경우가 있다. '그 밖의 일체의 금품'인 경우를 말하는 것으로 저축금, 출장비 등 명칭에 관계없이 근로관계로 인해 발생하여 근로자에게 귀속되는 금품을 말한다.

명예퇴직시 근로자에게 지급되는 특별퇴직금이나 명예퇴직금이 취업규칙이나 단체협약 등에 의하여 사용자에게 지급의무가 있는 경우, 연말정산환급금, 전근 근로자에게 지급하는 월세지원금 등이 있다. 이러한 금품은 임금이 아니지만, 사용자는 근로자가 퇴직한 후 14일 이내에 청산해야 하며, 당사자간 합의없이 지급하지 않으면 사용자는 형사처벌을 받게 된다.

반면 근로자가 사용자로부터 받는 돈이나 급여가 임금이거나 근로관계로 인해 발생한 금품이 아니라면 일반 채권에 불과하고 근로기준법에 따른 보호를 받기 어렵다. 즉 우선변제 특권이 없고 퇴직 후 14일 이내에 청산 대상이 아니며 소멸시효기간은 10년이고 이를 지급하지 않더라도 사용자는 형사처벌을 받지 않는다.

아. 임금의 감급 제한

관련 법령

근로기준법 제95조【제재 규정의 제한】 취업규칙에서 근로자에 대하여 감급(減給)의 제재를 정할 경우에 그 감액은 1회의 금액이 평균임금의 1일분의 2분의 1을, 총액이 1임금지급기의 임금 총액의 10분의 1을 초과하지 못한다.

(1) 의의

감급이란 직장규율을 위반한 근로자에 대한 징계조치의 하나로서 그 근로자가 받을 임금 중에서 일정액을 감액하는 것을 말한다. 사용자는 근로자에게 정당한 사유가 있으면 감봉을 할 수 있다(근로기준법 제23조).

(2) 감급액

감급액의 최고 한도는 1회의 금액이 평균임금 1일분의 1/2을 초과할 수 없으며, 총액이 1임금지급기의 임금총액의 1/10을 초과할 수 없다. 1임금지급기의 임금총액이란 당해 임금지급기에 대해 현실적으로 지불되는 임금총액을 말하며, 1임금지급기에 지불된 임금이 결근 등으로 인하여 소액이 되었을 때에는 그 소액으로 된 임금총액을 기초로 하여 1/10을 계산해야 한다.

지각 조퇴 결근에 대해 근로가 없었던 상당시간만큼 임금을 차감하는 것은 징계조치로 이루어진 것이 아니므로, 여기서 말하는 제재로서의 감급에 해당하지 않는다. 따라서 근로 미제공 시간에 대한 삭감액이 법정감급한도를 초과하더라도 이것을 감급한도 위반으로 볼 수 없다(근기 1451-3247, 1983.12.30).

(3) 평균임금 기준

감급제한의 대상임금은 평균임금으로 한다. 따라서 평균임금에 포함되지 않는 퇴직금, 기타 금품 등은 감급대상 임금에 해당하지 않는다. 이때 감급제한의 의사표시가 근로자에게 도달한 날을 기준으로 평균임금을 산정한다.

(4) 상여금 등의 처리

변동적인 상여금은 원칙적으로 임금에 해당하지 않으므로 감급제한의 대상이 아니며, 고정적 상여금은 평균임금에 포함되므로 감급의 총액이 상여금의 1/10을 초과할 수 없다.

(5) 산정 사례

① 1일 평균임금이 20,000원이고 1임금지급기가 월급 형태이며, 월평균임금이 600,000원일 때, 감급이 감봉 3월의 경우라면 감급 1회의 금액은 1일 평균임금 20,000원의 반액인 10,000원을 초과하지 않는 범위 내에서 3개월 동안 분할 감액할 수 있으며, 3개월간의 감급총액은 1임금지급기 임금총액의 10분의1인 60,000원을 초과하여 감액할 수 없다. 따라서 위의 예에서는 1개월(1회) 10,000원을 기준으로 3개월 동안 총 30,000원을 감액할 수 있다(근기 68207-997, 1999.12.30).

② 하나의 행위에 대해 여러 달에 걸쳐 감봉하는 경우

평균임금이 300만원인 근로자가 감봉 6개월의 처분을 받은 경우 1회의 감봉액은 평균임금 1일분(30일 기준 1일 10만원)의 1/2인 5만원 한도에서 할 수 있으며, 6개월에 걸쳐 감봉하는 경우(5만원×6회=30만원) 그 총액이 1임금지급기의 임금총액의 1/10인 30만원 한도에서 할 수 있다.

③ 1임금지급기내에서 여러번 감봉을 하는 경우

평균임금이 300만원인 근로자가 특정월에 감봉 2개월 처분을 받고 같은 달에 다른 사유로 또다시 감봉 2개월의 처분을 받은 경우 1회의 감봉액은 평균임금 1일분(30일 기준 1일 10만원)의 1/2인 5만원 한도에서 할 수 있으므로 최초 감봉처분에 대하여 5만원, 2차 감봉처분에 대하여 5만원 총 10만원 한도에서 감봉할 수 있고, 다음달에 역시 2회 10만원 한도에서 감액할 수 있다. 이 경우 전체 감액한도는 1임금지급기 임금총액의 1/10인 30만원을 초과할 수 없다.

여기서 잠깐! 임금의 반납 · 삭감 · 동결 개념 돋보기(근로기준과-797, 2009.3.26)

(1) 임금결정의 일반원칙

임금은 근로계약, 취업규칙, 단체협약 등을 통해 근로자와 사용자가 자유의사에 따라 결정하는 것으로 당사자간 적법 절차에 따라 임금을 조정하는 것은 가능하다. 다만, 최저임금법은 최저임금액에 미치지 못하는 부분은 무효로 하고, 전액 지급, 통화 지급, 직접 지급, 정기 지급하는 등 근로자의 임금채권 보호규정을 두고 있다.

일반적으로 임금의 반납, 삭감 등의 용어가 혼용하여 사용되고 있으나, 판례나 해석상 다음과 같이 구분된다.

반납: 기왕의 근로에 대하여 발생된 임금 또는 향후 근로에 대해 발생할 임금의 일부에 대한 청구권을 포기하기로 약정하고 회사에 반납하는 것을 의미한다.

삭감: 장래 일정시점 이후부터 현재와 동일한 내용의 근로제공에 대해 종전보다 임금을 낮추어 지급하는 것을 의미한다.

동결: 임금을 인상하지 않고 현재의 임금수준을 장래에도 계속 지급하는 것을 의미한다.

(2) 임금반납

임금의 반납은 적법하게 발생한 임금청구권의 포기로써 적법 절차에 의한 임금 반납은 가능(다만, 퇴직금 청구권을 사전에 포기하는 것은 무효)하다.

※ 최종 퇴직시 발생하는 퇴직금청구권을 사전에 포기하는 약정은 근로기준법 위반으로 무효이다(대법원 2002.7.26, 2000다27671).

※ 사무직 근로자들이 취업규칙상의 임금채권 중 일부를 회사의 경영이 정상화될 때까지 한시적으로 자진 반납의 형식으로 포기하는 것은 단독행위이므로 근로기준법 제97조(위반의 효력)의 규정과도 관계가 없고, 달리 직원들의 회사 갱생을 위한 자발적인 노력을 부정해야 할 아무런 합리적인 이유를 찾아보기도 어려워 당연 무효라 할 수 없다(대법원 2003.4.16, 2002나20291).

(가) 적법절차

근로기준법상 전액 지급 원칙에 의해 임금 전액에 대한 처분권은 근로자 개인에게 있으므로 그 반납 결정은 개별근로자와 사용자간의 명시적인 계약으로 해야 한다. 설사 집단적 의사결정 방식(노조 또는 근로자대표)에 의해 합의가 있었다 하더라도 개별 근로자의 동의가 필요하고, 동의하지 않는 한 근로자의 임금부분에 대한 집단적 합의는 무효이다. 다만, 임금반납에 대한 집단적 의사결정 방식이 반드시 단체협약 갱신이나 취업규칙 변경 절차에 따라야 하는 것은 아니다.

※ 임금의 반납은 권리포기에 해당되어 집단적 의사결정 방식에 따랐다 하더라도 개별 근로자의 자유의사에 기초할 때만 유효하므로 개별근로자의 동의가 필요하다(근기 68207-843, 1999.12.13).

(나) 향후 반환책임

반납분은 근로자의 소득으로 귀속되었다가 자진 반납한 것으로서 당사자간의 특약이 없는 한 향후 반환책임은 없다.

※ 채무면제(채권포기)의 의사표시에 의해 채권이 소멸되며, 의사표시에 하자가 없는 한 다시 채권을 청구할 수 없다(민법 제506조).

※ 임금채권의 일부 포기는 단독행위(채권포기)로서 다시 돌려줄 필요가 없다(서울지방법원 2003.4.16, 2002나20291).

(다) 평균임금 산정

임금 반납액에 대한 반환청구권은 없다 하더라도 반납한 임금은 기왕의 근로에 대한 임금채권이므로 평균임금 산정에 포함해야 한다.

※ IMF 관리체제 하의 어려운 회사 경영 상황을 인식하고 그 고통분담의 차원에서 단체교섭의 합의 내용에 따라 근로자가 급여의 일부를 회사에 반납한 사실이 있는 경우, 위 반납분은 그 금액만큼 근로자의 임금이 삭감된 것이 아니라, 일단 근로자의 소득으로 귀속되었다가 근로자가 자진하여 반납한 것으로 보는 것이 상당할 것이므로 위 반납분은 근로자의 일실수입 및 일실퇴직금 산정의 기초가 되는 소득에 포함되어야 할 것이다(대법원 2001.4.10, 99다39531).

(3) 임금삭감

임금삭감은 장래 일정시점 이후부터 종전보다 임금을 낮추어 지급하는 것으로서 노사가 자율적으로 결정할 사항이다.

(가) 적법절차

집단적 의사결정 방식에 의해 단체협약이나 취업규칙 변경절차에 따라 결정이 가능하며, 반드시 개별 근로자의 동의를 받아야 하는 것은 아니다. 원칙적으로 단체협약이 적용되는 경우 단체협약 갱신만으로 가능하며, 단체협약이 없거나 단체협약 비적용자에게는 취업규칙 변경(불이익 변경) 절차를 거치거나, 근로계약으로 임금수준을 정하고 있는 경우에는 근로계약을 갱신해야 한다.

(나) 삭감수준

최저임금 수준 이하로 삭감할 수 없으며(최저임금법), 근로기준법에서 정하고 있는 법정수당에 대해서는 법정기준 미만으로 삭감할 수 없다. 법정수당은 근로기준법에서 그 할증률이나 지급의무 등을 규정하고 있다(시간외수당, 야간·휴일근로수당, 주휴수당, 연월차수당 등).

(다) 평균임금 산정

삭감액은 근로자의 임금채권으로 볼 수 없어 평균임금을 산정하는 임금총액에 포함되지 않는 것이 원칙이다. 다만, 퇴직금을 계산함에 있어 삭감전의 임금으로 평균임금을 산정하기로 당사자간 약정하면 삭감전의 금액으로 퇴직금을 산정해야 한다. 이 경우 당사자의 약정을 분명히 하기 위해서는 단체협약·취업규칙 또는 근로계약에 명확히 명시할 필요가 있다.

※ 유리한 근로조건 우선의 원칙: 근로조건을 규율하는 법령과 하위규범(단체협약·취업규칙·근로계약 등) 중에서 하위규범이 근로자에게 더 유리할 때에는 하위규범이 우선 적용된다.

(라) 근로시간 단축에 의한 임금 감소

소정근로시간 이내에서 근로시간을 줄이는 경우, 근로시간 단축은 부분휴업에 해당되어 휴업수당을 지급해야 하며, 휴업을 실시하기 위해 단체협약이나 취업규칙 또는 근로계약을 별도로 갱신할 필요는 없으나, 일시적인 근로시간 단축(일시적인 휴업)이 아니라 상당기간 근로시간을 줄여야 할 경우에는 관련규정을 개정하여 소정근로시간을 단축하는 것이 바람직하다.

※ 줄어든 근로시간은 부분휴업에 해당되며, 사용자에게 귀책사유가 있으면 휴업수당이 발생하고, 부분휴업에 대하여도 평균임금 70%에 못 미치는 휴업수당을 지급하려면 노동위원회의 승인을 받아야 한다(근로기준과-387, 2009.2.13).

소정근로시간 변경 없이 연장근로시간을 단축(미실시·축소·폐지)하는 것은 생산계획, 작업물량 등에 따라 사용자가 결정할 사항으로 근로조건의 불이익 변경으로 볼 수 없고, 연장근로수당 지급의무도 없다.

※ 사용자가 경영상의 이유 등으로 법정근로시간을 초과하는 연장근로를 축소 또는 폐지하는 것은 근로조건의 불이익변경에 해당하지 않으므로 그에 따른 취업규칙 변경시 근로기준법 제94조(규칙의 작성, 변경절차) 단서에 의해 근로자의 집단적 동의를 얻을 필요가 없고 의견만 청취하면 될 것으로 사료되며, 연장근로 폐지의 의사표시를 분명히 하고 노무수령 거부 등 실제 연장근로를 시키지 않았다면 연장근로수당을 지급할 필요가 없다(근기 68207-286, 2003.3.13).

다만, 단체협약이나 취업규칙 또는 근로계약 등에 의해 고정적으로 일정한 시간을 연장근로 한 것으로 인정하여 실질적인 연장근로 발생 여부와 관계없이 연장근로수당을 지급하고 있는 경우, 연장근로수당을 지급하지 않으려면 단체협약, 취업규칙(불이익 변경) 또는 근로계약을 변경해야 한다.

(마) 교대제 개편에 따른 임금감소

교대제 근로형태의 변경이 불이익 변경인지 여부는 그 변경의 취지와 경위, 취업규칙 각 규정의 전체적인 체제 등 제반 사정을 종합적으로 고려하여 판단해야 한다.

① 통상근무자(주간 혹은 야간근무자)를 교대제로 전환하는 것은 근로자에게 불이익한 변경에 해당될 수 있으므로 단체협약, 취업규칙 또는 근로계약을 적법한 절차에 따라 변경해야 한다.

※ 취업규칙에서 통상근무자와 교대제근무자의 근무형태에 관하여만 규정하고 있는 상태에서 개별 근로계약으로 근무형태를 결정하고 장기간 근무해왔다면 개별 근로계약의 변경 없이 사용자가 일방적으로 근무형태를 변경할 수는 없다. 다만, 취업규칙 개정을 통해 직종별 근무형태를 새로이 정하여 통상근무를 하여 온 특정 직종 근로자를 교대제근무자로 변경하는 것은 가능할 것이나, 이 경우에는 생활리듬의 파괴 등을 고려할 때 근로자에게 불이익한 변경에 해당하므로 근로기준법 제94조에 의한 불이익변경절차를 거쳐야 할 것임. 다만 변경된 취업규칙의 내용이 단체협약에 반할 경우에는 효력이 없다(근기 68207-935, 2003.7.23).

② 교대제 변경(3조 3교대 → 4조 3교대)으로 실근로시간이 줄어 기존의 연장근로수당이 감소하는 경우 이를 불이익한 변경이라 할 수 없으나, 소정근로시간이 단축되어 임금이 감소한다면 불이익 변경절차를 거쳐야 한다.

※ 교대제 근로형태의 변경이 근로기준법 제94조1항 단서규정의 "근로자에게 불이익하게 변경하는 경우"에 해당하는지 여부는 그 변경의 취지와 경위, 취업규칙의 각 규정의 전체적인 체제 등 제반사정을 종합하여 구체적으로 판단되어져야 할 것이나, 교대제 근로형태를 3조 3교대제에서 4조 3교대제로 변경하는 경우, 실근로시간의 단축으로 연장근로가 줄게 되어 기존 3조 3교대제 하에서 지급받던 연장근로수당이 감소하게 되나, 소정근로시간이 단축되고 소정의 근로에 대한 기존의 임금은 감소되지 않는다면 이와 같은 제반사정을 볼 때 근로조건의 변경내용이 근로자에게 불이익한 변경에 해당하는 것으로 볼 수는 없다(근기 68207-1732, 1994.11.4).

(4) 임금동결

임금동결은 임금을 인상하지 않고 현재의 임금수준을 장래에도 계속 유지시키는 것으로써 노사가 자율적으로 결정할 사항이다.

(가) 적법절차

집단적 의사결정 방식에 의해 단체협약이나 취업규칙 변경절차에 따라 결정이 가능하며, 반드시 개별 근로자의 동의를 받아야 하는 것은 아니며, 단체협약이 적용되는 경우 단체협약 갱신만으로 가능하며, 단체협약이 없거나 단체협약 비적용자에게는 취업규칙 변경(불이익 변경) 절차를 거치면 된다(취업규칙에 정하고 있는 경우에 한한다).

(나) 임금동결 방식

① 정기 호봉승급이 명시적으로 규정된 경우 호봉승급 중지
취업규칙으로 정하고 있는 경우, 근로조건 불이익 변경에 해당하는 적법한 절차에 의해 정기 호봉승급을 중지할 수 있다. 단체협약으로 정하고 있는 경우, 단체협약 갱신이나 노동조합과 별도의 협약 등을 통해 호봉승급을 유효하게 중지할 수 있다.

② 정기 호봉승급이 명시적으로 규정된 경우 호봉승급만 인정하고 임금인상률을 동결할 경우
임금인상률 결정은 물가상승률, 기업경영 사정 등을 고려하여 사업주 재량으로 행하는 것이 원칙으로 사업주가 임금인상률을 동결하는 것은 근로조건의 불이익 변경이 아니다. 따라서 근로자가 임금인상을 요구하더라도 사업주가 이에 응할 법적 의무는 없으나, 노사화합 도모와 사기진작을 위해 노사협의를 통해 충분히 설명하는 것이 바람직하다. 노동조합이 임금인상을 위한 단체협약을 요구할 경우 경영악화를 이유로 교섭 자체를 거부하는 행위는 부당노동행위에 해당될 수 있지만, 사용자는 반드시 임금인상에 응할 의무는 없다.

③ 정기 호봉승급이 명시적으로 규정되어 있지 않은 경우 호봉승급 중지
사용자가 임금인상(호봉승급 포함)을 하지 않았다 하여 당연히 법위반으로 볼 수 없다. 매년 일정시기에 인상한 관행이 있는 경우에는 분쟁예방 차원에서 집단적 합의를 거치는 것이 바람직하다.

※ 정기호봉 승급을 동결한 경우 임금체불에 해당하는지 여부는 근로계약, 취업규칙, 단체협약 등에서 정한 바에 따라 사용자에게 지급의무가 부과되어 있는지, 그러한 정기호봉승급이 임금지급과 관련하여 관행이 형성된 것인지 여부 등을 종합적으로 고려하여 판단하여야 할 것인 바, 인사규정에서 정기승급은 매년 1월 1일과 7월 1일에 실시한다고 규정하고 매년 정기적 · 일률적으로 호봉승급을 실시하여 왔다면 이는 임금지급과 관련하여 일응 관행이 성립된 것으로 보아야할 것임. 이 경우 근로자 집단적 의사결정방식에 의한 적법절차를 거치지 아니하고 사용자가 일방적으로 정기승급을 동결하였다면 각 근로자별 정기승급이 이루어지는 달의 임금 정기지급일에 정기승급으로 인하여 가산되는 임금이 전액 지급되지 아니한 것으로 본다(임금 68200-649, 2000.12.5).

(5) 주의사항

임금의 반납, 삭감, 절감 등에 대한 정확한 이해없이 혼용하여 사용함으로써 혼선이 발생할 소지가 있으므로 용어를 정확히 사용하여야 한다. 노사협의나 합의 과정에서 반납 · 삭감의 수준 및 기간, 퇴직금(확정급여형 퇴직급여 포함) 산정방법 등에 관하여 명확히 규정하여야 한다.

※ 막연히 "경영이 정상화될 때까지 반납한다."는 등의 모호한 표기는 지양해야 한다. 임금 반납시 임금대장에 임금총액, 반납액 등을 명확히 표기하지 않으면 임금반납 여부가 불투명하여 향후 평균임금 산정 등에 있어 분쟁의 소지가 있으므로 명확히 기재하여야 한다. 특히, 임금 삭감시 노사가 합의할 경우 삭감 이전의 임금을 기준으로 퇴직금 등의 기초가 되는 평균임금이 산정될 수 있으니 동 내용 포함여부를 명확히 하여야 한다.

≪근로조건의 불이익 변경절차≫
근로계약: 근로계약만으로 임금수준을 정하고 있는 경우 근로조건을 불이익하게 변경하기 위해서는 개별 근로자의 동의를 받아 별도의 근로계약 체결, 계약갱신 등 절차가 필요하다(근로기준법 제17조).
취업규칙: 근로자 과반수로 조직된 노동조합이 있는 경우에는 그 노동조합, 근로자 과반수로 조직된 노동조합이 없는 경우에는 근로자 과반수의 동의를 받아야 한다(근로기준법 제94조).
≪노동관계 규범 상호간의 효력≫
근로기준법 제15조: 근로기준법에서 정한 기준에 미치지 못하는 근로조건을 정한 근로계약은 그 부분에 한하여 무효로 하고 무효로 된 부분은 근로기준법에서 정한 기준에 따른다.
근로기준법 제97조: 취업규칙에서 정한 기준에 미달하는 근로조건을 정한 근로계약은 그 부분에 관하여는 무효로 하고 무효로 된 부분은 취업규칙에 정한 기준에 따른다.
노조법 제33조: 단체협약에 정한 근로조건 기타 근로자의 대우에 관한 기준에 위반하는 취업규칙 또는 근로계약의 부분은 무효로 하고, 그 무효로 된 부분과 근로계약에 규정되지 아니한 사항은 단체협약에 정한 기준에 의한다.

7-2. 평균임금

평균임금은 근로자가 정상적인 근로를 하지 않거나 할 수 없는 경우 근로자의 정상적인 생활을 보장하기 위해 지급되는 통상적인 생활임금의 기준액을 의미한다. 평균임금은 퇴직금, 휴업수당, 휴업보상, 장해보상, 유족보상 등을 산정할 때 사용된다. 실무적으로는 퇴직금이나 휴업수당 계산에 주로 사용되는데 실무에서는 산정방법과 산입범위에 대한 해석 차이로 인해 다툼이 생기기도 한다. 이에 대한 정확한 이해가 필요하다.

가. 개 념

평균임금이란 이를 산정하여야 할 사유가 발생한 날 이전의 3개월 동안에 그 근로자에게 지급된 임금의 총액을 그 기간의 총일수로 나눈 금액이다. 근로자가 취업한 후 3개월 미만인 경우도 이에 준한다(근로기준법 제2조).

평균임금=사유가 발생한 날 이전 3개월 간 임금총액/사유가 발생한 날 이전 3개월간의 총일수

나. 산정방법

(1) 사유가 발생한 날

평균임금을 산정하여야 할 사유가 발생한 날이라고 함은 평균임금으로 각종 법정 급여를 산정하여야 할 사유가 발생한 날을 의미하며 퇴직금의 경우 퇴직한 날, 휴업수당의 경우 휴업을 시작한 날 등을 말한다. 또한 사유 발생일인 초일은 민법 제157조에 따라 산입하지 않는다.

여기서 잠깐! 사유 발생일이란 언제를 말하나

- 퇴직금의 경우 퇴직한 날
① 임의 퇴직의 경우 근로자가 사직원을 제출하여 사용자가 수리한 날이며, 만일 사용자가 그 수리를 거부하거나 지연하는 경우에는 민법 제660조에 따라 사표를 제출한 날부터 1개월 또는 1임금지급기가 경과한 날을 말한다.
② 휴직 중 퇴직한 경우 휴직 첫 날을 말하며 복직 후 3개월이 되지 않은 날에 퇴직한 경우 퇴직일을 말한다.

- 해고예고수당은 해고한 날
- 휴업수당은 휴업한 날
- 연차유급휴가수당은 실제로 근로자에게 연차유급휴가를 준 날을 말하며 근로자가 휴가를 청구한 날이 아니다.

(2) 3개월간 임금총액

평균임금 산정의 기초가 되는 임금은 "산정사유가 발생한 날 이전 3개월 동안에 그 근로자에게 지급된 임금의 총액"이다. 그 기간동안 실제로 지급한 임금액뿐만 아니라 아직 지급하지 않았더라도 임금채권으로 확정되어 있는 금액을 포함한다. 임금에 해당하는 금품은 평균임금의 산정에 모두 포함됨이 원칙이다.

근로자에게 지급되는 금품이 임금총액에 포함될 수 있으려면 그 명칭의 여하를 불문하고 근로의 대상으로 지급된 것인지가 중요하다. 그 금품의 지급이 단체협약, 취업규칙, 근로계약 등이나 사용자의 방침 등에 의하여 이루어진 것이라 하더라도 그 지급 의무의 발생이 근로제공과 직접적으로 관련되거나 그것과 밀접하게 관련된 것으로 볼 수 없다면 임금이 아닌 것이다.

근로기준법시행령 제2조2항에 임시로 지급된 임금, 수당, 통화 이외의 것으로 지급된 임금은 포함하지 않는다고 규정하고 있다. 임시로 지급된 임금이나 수당이란 일시적 우발적 사유로 인하여 지급되는 따위의 그 지급사유 발생이 불확정적인 것을 말하는 것이다. 돌발적 사유로 지급된 결혼수당, 일시적으로 지급된 급식비 등을 말하는 것으로, 이를 산입하지 않는다는 의미이다.

통화 이외의 현물로 지급되는 것이 단체협약, 취업규칙 등에 정하여 전체 근로자에게 일률적으로 지급되면서 명백히 통화로 환가할 수 있다면 임금총액에 포함하여야 한다. 반면 월 중도 퇴직하더라도 임금 전액을 지급한 경우 이는 회사의 정책에 따른 것이지 퇴직하는 근로자에게 실제 근무일수와 무관하게 퇴직 당해 월의 임금을 인상하여 전액 지급한다는 취지는 아니므로, 당해 월보수 전액을 평균임금 산정에 포함하는 것이 아니라 실제 근무한 일수만큼 일할 계산한 금액을 산입해야 한다.

여기서 잠깐! **평균임금산정에 포함되는 임금의 범위 돋보기(고용노동부 예규 제30호, 1981.5.7)**

다음에 기재된 임금의 예시는 임금에 포함되는 것의 전부를 망라한 것이 아니고 임금에 포함되거나 또는 포함되지 않는 예시규정이므로 실제로 임금의 실태를 고려하여 그 포함여부를 결정하여야 한다.

1. 평균임금 사정기초인 임금에 포함되는 것

가. 통화로 지급되는 것

① 기본급, ② 연, 월차 유급휴가수당, ③ 연장, 야간, 휴일근로수당, ④ 특수작업수당, 위험작업수당, 기술수당, ⑤ 임원, 직책수당, ⑥ 일, 숙직수당, ⑦ 장려, 정근, 개근, 생산독려수당 ⑧ 단체협약 또는 취업규칙에서 근로조건의 하나로서 전 근로자에게 일률적으로 지급하도록 명시되어 있거나 관례적으로 지급되는 것들로서 상여금, 통근비(정기승차권), 사택수당, 급식대(주식대보조금, 잔업식사대, 조근식사대), 월동비, 연료수당, 지역수당(냉, 한, 벽지수당), 교육수당(정기적 일률적 전 근로자에게 지급되는 경우), 별거수당, 물가수당, 조정수당, 가족수당이 독신자를 포함하여 전 근로자에게 일률적으로 지급되는 경우, "봉사료"를 사용자가 일괄 집중 관리하여 배분하는 경우 그 배분금액 등이 있다.

나. 현물로 지급하는 것

법령, 단체협약 또는 취업규칙의 규정에 의하여 지급되는 현물급여(예: 급식 등)

2. 평균임금 산정기초인 임금에 포함되지 아니하는 것

가. 성질상 임금이 아니기 때문에 포함될 수 없는 것

① 통화로 지급되는 것으로서 결혼축하금, 조의금, 재해위문금, 휴업보상금이나 실비변상적인 것(예: 기구손실금, 그 보수비, 음료대, 작업용품대, 작업상 피복제공이나 대여 또는 보수비, 출장여비 등)등이 있다.

② 현물로 지급되는 것으로서 근로자로부터 대금을 징수하는 현물급여, 작업상 필수적으로 지급되는 현물급여(예: 작업복, 작업모, 작업화 등), 복지후생시설로서의 현물급여(예: 주택설비, 조명, 용수, 의료 등의 제공, 급식, 영양식품의 지급 등) 등이 있다.
③ 기타 임금총액에 포함되지 않는 것으로서 퇴직금(단체협약, 취업규칙 등에 규정함을 불문한다)이 있다.

나. 임금이지만 총액에서 공제되는 것으로 임시로 지급되는 임금이 있다. 임시 또는 돌발적인 사유에 따라 지급되거나 지급조건은 사전에 규정되었더라도 그 사유발생일이 불확정적, 무기한 또는 희소하게 나타나는 것으로 결혼수당, 사상병수당 등을 말한다.

실무에서는 상여금과 연차유급휴가미사용수당을 평균임금에 넣어야 하는지가 쟁점이 된다. 또한 경영성과급과 개인성과급을 평균임금 계산에 넣을지도 다툼이 있으나 이에 대해서는 제2장 진정 사례8에 정리하였으니 참고하기 바란다.

(가) 상여금

정기상여금은 사유발생일 전 3개월간에 지급되었는지 여부와 상관없이 사유발생일 이전 12개월 동안 지급받은 총액을 12개월로 나눈 후 3개월분을 평균임금 계산에 반영한다(임금 68207-484, 1994.8.1). 근로월수가 1년 미만인 경우에는 그 기간 중에 지급받은 상여금 전액을 당해 근로월수로 나누어 계산하고 3개월분을 평균임금 계산에 포함한다(근기 1451-12309, 1984.5.28).

그러나 그 지급사유의 발생이 불확정적이고 일시적인 상여금이라면 임금으로 보기 어려워 평균임금에 포함되지 않는다.

여기서 잠깐! **평균임금 산정시 상여금은 어떻게 처리하나(고용노동부 예규 제96호, 2015.10.14)**

<평균임금 산정상의 상여금 취급요령>

1. 상여금이 단체협약, 취업규칙, 그 밖에 근로계약에 미리 지급되는 조건 등이 명시되어 있거나 관례로 계속 지급하여온 사실이 인정되는 경우 그 상여금의 지급이 법적인 의무로서 구속력을 가지게 되어 이 때에는 근로제공의 대가로 인정되는 것이므로 이는 임금으로 취급하여야 할 것임. 그러므로 지급되는 상여금은 지급횟수(예를 들어 연 1회 또는 4회 등)를 불문하고 평균임금 산정기초에 산입한다.
2. 상여금은 근로자가 지급받았을 당해 임금지급기만의 임금으로 취급하여 일시에 전액을 평균임금 산정기초에 산입할 것이 아니고 평균임금을 산정하여야 할 사유가 발생한 때 이전 12개월 중에 지급받은 상여금 전액을 그 기간 동안의 근로 개월수로 분할 계산하여 평균임금 산정기초에 산입한다.
3. 근로자가 근로를 제공한 기간이 1년 미만인 경우에는 그 기간 동안 지급받은 상여금 전액을 해당 근로 개월수로 분할 계산하여 평균임금 산정기초에 산입한다.

(나) 연차유급휴가미사용수당

퇴직시점에 이미 발생한 연차유급휴가 미사용수당은 청구권이 이미 발생한 임금이므로 평균임금에 포함하며, 퇴직으로 인해 발생한 연차유급휴가 미사용수당은 퇴직으로 인해 사용하지 못하고 남은 연차유급휴가에 대해 추후 정산될 수당을 퇴직으로 인해서 지급하게 된 금액이므로, 평균임금 산정에 포함하지 않는다.

① 퇴직 전전년도 출근율에 따라 퇴직 전년도에 발생한 연차유급휴가 중 미사용한 연차유급휴가미사용수당액의 3/12를 평균임금 산정의 임금총액에 포함한다. 퇴직일을 기준으로 2년 전의 출근율에 의해 발생한 연차유급휴가를 1년간 사용하지 못하여 퇴직시점에 이미 발생되어 있는 연차유급휴가미사용수당을 의미한다.

예를 들어 2018.1.1~12.31까지 80% 이상 출근하여 연차유급휴가가 15일이 발생하였고, 2019년에 15일 휴가 중 5일을 사용하고 2020년 1월에 미사용 휴가 10일에 대한 수당 90만원 지급받은 후 2020.4.1 퇴직한 경우 퇴직전 기 지급된 연차유급휴가미사용수당 90만원 중 3/12을 평균임금 산정시 3개월 임금총액에 산입하는 것이다. 즉, 퇴직 전 기 지급된 연차유급휴가미사용수당의 3/12을 임금총액에 산입하면 된다.

② 퇴직으로 인해 지급사유가 발생한 연차유급휴가미사용수당은 산정사유발생일 이전에 지급된 임금이 아니므로 평균임금 산입 범위에서 제외한다. 퇴직일이 속한 연도의 직전년도 출근율에 의해 휴가 사용권이 발생하였으나 퇴직시점까지 휴가를 사용치 못하여 발생하는 연차유급휴가미사용수당을 의미한다.

예를 들어 2018.1.1~12.31까지 80% 이상 출근하여 연차유급휴가가 15일이 발생하였고, 2019년에 15일 휴가 중 5일을 사용하고 2020년 1월에 미사용 휴가 10일에 대한 수당 90만원 지급받은 후 2019년에 80%이상 출근한 상태에서 2020.4.1 퇴직한 경우 2018년도 분 90만원은 평균임금 산정시 포함되지만 2019년도분 15일에 대한 수당은 퇴직으로 인해 지급의무가 발생한 것이므로 평균임금 산정에서 제외한다.

<실무 사례>

전제: 80퍼센트 이상 출근, 1년 미만 근무기간 중 매월 개근, 연차유급휴가 전부 미사용, 사용촉진 없음

(1) 2020.1.1~2020.12.31까지 1년을 근무하고 퇴직하는 경우

근로기준법 제60조1항에 따른 15일과 제60조2항에 따른 11일을 포함한 총 26일의 연차유급휴가는 2021.1.1 퇴직으로 인해 비로소 미사용수당으로 전환된 임금이므로 평균임금에는 전부 포함되지 않는다.

(2) 2020.1.1~2021.12.31까지 2년을 근무하고 퇴직하는 경우
① 근로기준법 제60조1항에 따라 2020년 1년간의 출근율 80퍼센트 이상인 경우 2021.1.1 발생한 연차유급휴가 15일은 2021.12.31까지 사용할 수 있고, 사용하지 않은 경우 휴가청구권은 소멸하고 2022.1.1 미사용수당청구권이 발생하는데, 2022년 1월 급여 지급일에 미사용수당에 대한 임금을 지급하게 된다. 그러므로 2022.1.1 퇴직으로 인해 지급 청구하게 되는 임금에 해당하므로 퇴직 전 3개월의 평균임금에는 포함되지 않는다.
② 근로기준법 제60조2항에 따라 2020년 매월 개근하여 발생한 연차유급휴가의 경우 월 단위로 발생하여 입사일로부터 1년간 행사하지 않을 경우 11일에 대한 휴가청구권이 소멸하며, 2021.1.1 미사용수당청구권이 발생한다. 이는 퇴직일인 2022.1.1 기준으로 기왕에 발생한 연차유급휴가미사용수당이므로 11일에 대한 3/12을 평균임금에 포함한다.

(3) 3개월간의 총일수

3개월간의 총일수란 3개월 동안의 근로일수가 아니라 달력상의 총일수(89일 내지 92일)을 말한다. 주휴일이나 약정휴일 등이 모두 포함된다.

예를 들어 4.5에 산정사유가 발생한 경우 1차월은 4.4부터 3.5까지 31일, 2차월은 3.4부터 2.5까지 28일, 3차월은 2.4부터 1.5까지 31일, 총 90일을 말한다.

(4) 평균임금 산입 범위에서 제외되는 기간과 임금

평균임금은 근로자의 통상의 생활임금을 사실대로 반영하려는데 취지가 있기 때문에 아래의 경우처럼 이 취지에 어긋하거나 근로자에게 불이익이 발생할 경우 산입 범위에서 제외하고 있다.

평균임금 산정기간 중에 ① 수습사용 중의 기간, ② 사용자의 귀책사유로 휴업한 기간, ③ 출산전후휴가기간, ④ 업무상 부상 또는 질병으로 요양하기 위하여 휴업한 기간, ⑤ 육아휴직기간, ⑥ 쟁의행위기간(적법한 경우를 의미), ⑦ 병역, 향토예비군, 민방위훈련기간(다만, 그 기간 중 임금을 지급받은 경우는 제외), ⑧ 업무외 부상 질병 기타의 사유로 사용자의 승인을 얻어 휴업한 기간이 포함되어 있는 경우 그 기간과 그 기간 중에 지급된 임금을 평균임금 산정에서 각각 제외한다(근로기준법시행령 제2조1항).

다만, 위 규정에 대해 판례는 제한적 열거 사유로 보아 그 외의 사유는 평균임금 산정대상기간 및 임금에서 제외하지 못한다고 하지만 행정해석은 열거 사유로 보아 그 외의 사유도 평균임금 산정 대상기간 및 임금에서 제외할 수 있다고 한다. 이에 대해 구체적으로 살펴보자.

(가) 징계기간의 평균임금 산정대상기간 포함여부

직위 해제, 대기 발령, 감봉 기간 등의 징계 기간에 대해 산정기간에 포함되나(대법원 1999.11.12, 98다49335), 징계가 부당한 경우 산정기간에서 제외함이 타당하다.

근로자가 정년퇴직 전 대기 발령을 받아 퇴직한 경우의 대기발령 기간에 대하여 판례는 평균임금 산정의 예외를 규정한 근로기준법시행령 제2조1항은 제한적 열거규정이므로 근로자가 정년으로 퇴직하기 전에 대기발령을 받았다가 퇴직한 경우의 대기발령은 위 사유에 해당하지 않아 그 기간의 일수와 그 기간 중에 지급받은 임금액을 평균임금 산정에서 제외할 수 없다고 한다(대법원 2003.7.25, 2001다12669).

반면 행정해석은 대기발령이 정당한 처분이라면 그 기간과 그 기간 중에 지급된 임금은 평균임금 산정기준이 되는 기간과 임금의 총액에 각각 포함하여 평균임금을 산정하고 부당한 처분이라면 그 기간과 그 기간 동안에 지급받은 임금을 평균임금 산정기준이 되는 기간과 임금의 총액에서 제외하는 것이 타당하다고 본다(임금 68207-562, 2003.7.16).

(나) 휴직기간의 평균임금 산정대상기간 포함여부

근로자의 귀책사유로 결근이나 사용자의 승인을 받지 못한 휴직기간에 대해 평균임금 대상기간에 포함한다. 다만 휴직기간이 법에 규정한 업무외 부상 질병 기타의 사유로 인하여 사용자의 승인을 얻어 휴업한 기간으로 볼 수 있는 경우에는 그 기간을 제외한 나머지 일수 및 임금을 대상으로 평균임금을 산정하여야 한다. 행정해석(근기 68207-132, 2002.2.3)에 따르면 휴직한 기간이 3개월을 초과하여 평균임금 산정기준기간이 없게 되는 경우 휴직한 첫 날을 평균임금 산정 사유발생일로 보아 이전 3개월 간을 기준으로 평균임금을 산정한다.

여기서 잠깐! **무단결근이 있는 경우 평균임금 산정은 어떻게 할까**

<사 례>

월급 300만원을 받던 직원이 2017.6.16부터 무단으로 결근하여 취업규칙 등 규정에 따라 2017.6.30자로 퇴직 처리를 한 경우 퇴직금 산정을 위한 평균임금은 어떻게 산정해야 하는지 실무에서 혼동이 된다.

<해 설>

평균임금은 (4월임금 300만원 + 5월임금 300만원 + 6월임금 150만원)을 (30일(4월 일수) + 31일(5월 일수) + 30일(6월 일수))로 나눠 계산한다. 다만, 산출된 평균임금이 통상임금보다 적은 경우 그 통상임금액을 평균임금으로 한다.

실무에서 주로 발생하는 오류는 (300만원 + 300만원 + 150만원)을 (30일 + 30일 + 15일)로 나누어 계산하는 경우가 있는데 이는 잘못된 계산이다.

여기서 잠깐! **최저임금 받는 근로자의 퇴직금 산정 문제**

2018년 최저시급 7,530원, 주40시간 근로자의 경우 월 소정근로에 대한 대가와 주휴수당을 합산하여 1,573,770원을 월급으로 수령 : 소정근로(7,530원 × 40시간 × 4.345주)+주휴수당(7,530원 × 8시간 × 4.345주)

위 근로자가 1년 재직한 경우 30일분 이상의 평균임금인 1,573,770원 가량을 퇴직금으로 수령하게 된다. 그러나, 근로기준법 제2조2항 평균임금 산출된 금액이 그 근로자의 통상임금보다 적으면 그 통상임금액을 평균임금으로 한다.는 규정에 따라 통상임금을 계산하면 7,530원 × 8시간 = 60,240원(통상일급)이며, 60,240원 × 30일 = 1,807,200원이 된다.

그러므로 위 근로자는 평균임금이 아닌 통상임금을 기준으로 퇴직금을 계산하여야 하며 1,807,200원을 수령하는 것이 타당하다.

(다) 부당해고 기간의 평균임금 산정대상기간 포함여부

부당해고 기간에 대해 근로자가 부당해고를 당하여 근로를 제공하지 못하다가 복직을 하여 3개월 이내에 퇴직한 경우 행정해석은 부당해고기간을 사용자의 귀책사유로 보아 평균임금 산정 대상기간과 임금에서 제외하고 나머지 기간에 지급된 임금으로 평균임금을 산정해야 한다고 본다(임금 68207-353, 2003.5.13).

(라) 해외 근무자 수당의 평균임금 산입여부

해외수당, 해외파견수당, 해외주재수당 등은 해외파견 근로자들에게 지급되는 특별수당이다. 이들 수당이 특수한 상황에서 지급받는 실비변상적 금품인지 평균임금에 속하는지에 대한 실무상 쟁점이 있다.

1) 실비변상적 금품으로 본 사례

근로기준법에 의하면 임금이라 함은 사용자가 "근로의 대상"으로 근로자에게 임금·봉급 기타 여하한 명칭으로든지 지급하는 일체의 금품을 말하는 것이므로, 근로자가 특수한 근무조건이나 환경에서 직무를 수행하게 됨으로 말미암아 추가로 소요되는 비용을 변상하기 위하여 지급되는 이른바 실비변상적 급여는 "근로의 대상"으로 지급되는 것이라고 볼 수 없기 때문에 임금에 포함될 수 없는 것이다. 임금의 의의나 평균임금제도의 근본취지에 비추어 볼 때, 국외 주재직원으로 근무하는 동안 지급받은 급여 가운데 동등한 직급호봉의 국내직원에게 지급되는 급여를 초과하는 부분은 근로의 대상으로 지급받는 것이 아니라 실비변상적인 것이거나 해외근무라는 특수한 근무조건에 따라 국외 주재직원으로 근무하는 동안 임시로 지급받은 임금이라고 보아야 할 것이므로, 회사의 취업규칙에 국외주재직원에 대한 퇴직금의 액수를 산출함에 있어서 그 부분의 급여를 평균임금 산정의 기초가 되는 임금의 총액에 산입하지 아니하도록 규정되어 있다고 하여 그 취업규칙이 무효라고 할 수 없다(대법원 1990.11.9, 90다카4683). 같은 이유로 해외 근무자에 대한 주재수당 및 주택수당도 평균임금에 포함되지 않는다(서울지법 1996.11.22, 96가합2298).

2) 평균임금으로 본 사례

① 이 사건 각 근로계약서에 따르면, 원고(선정당사자) 및 선정자들[이하 원고(선정당사자)와 선정자들을 합하여 '원고 등'이라고 한다]의 근무장소가 '필리핀 B 조선소 내의 사업장'으로 되어 있어 원고 등이 위 장소에서 근무하는 것을 전제로 근로계약이 체결되었을 뿐만 아니라 이 사건 각 해외지역수당은 기본연봉에 포함된 임금의 구성항목 중 일부로서 피고 회사에게 지급할 의무가 부과된 점, ② 이 사건 해외수당은 원고 등뿐만 아니라 필리핀 B 조선소에서 근무하는 피고 회사의 근로자들에게 월 1회 급여 지급일에 정기적·일률적으로 지급되어 온 점, ③ 이 사건 각 해외지역수당은 원고 등의 근무성적과 관계없이 처음 근로계약체결 시 책정된 일정금액이 고정적으로 지급되어 온 점, ④ 이 사건 각 해외지역수당이 기본급의 66%의 비율로 그 액수가 상당한데, 이 사건 각 근로계약서에 의하면, 피고 회사가 근로자의 출·입국관련 비용(항공료 등)을 부담하고, 식사, 숙소, 비품, 근무복 등을 제공하기로 되어 있어 원고 등이 이 사건 해외근무를 함에 따라 추가적

인 실비가 발생할 여지가 크지 않은 점, ⑤ 피고 회사는 원고 등에게 지급된 이 사건 각 해외지역수당은 해외근무라는 특수한 근무조건이나 환경에서 직무를 수행함으로 말미암아 추가로 소요되는 비용을 변상하기 위하여 지급되는 실비변상적인 금원이라고 주장하나, 위 해외지역수당이 필리핀 현지에서 원고 등에게 현지화폐로 지급된 것이 아니라 국내의 급여계좌에 송금되었고, 다만 급여 중 일정액이 원고 등에게 현지화폐로 지급된 점 등을 종합하여 보면, 이 사건 각 해외지역수당은 임금으로서 통상임금 및 평균임금에 해당한다. 그러므로 해외지역수당을 통상임금에 포함시키지 않고 기본급만을 통상임금액으로 확정하고 퇴직금 산정에서도 제외하기로 하는 합의가 있었다고 하더라도 그러한 합의는 무효이다(대법원 2014.10.27, 2013다59333).

3) 실무 적용

해외파견수당이라는 명칭에 구애받을 것이 아니라 해당 금품의 성격이 무엇인지를 따져보아야 한다. 즉, 국내의 동일직급 동일호봉 근로자에 비해 추가적으로 지급되는 해외파견 근로자에 대한 금품이 평균임금에 산입되어야 하는지 여부는, 해외 현지의 높은 생활비 소요를 보전해 주는 금품인지, 현지의 열악한 환경에서 근무하는 노동의 대가인지에 따라 판단해야 한다.

첫번째 판례의 경우 주재하는 해외는 국내보다 물가수준이높아 생활비가 많이 소요되고, 국내와는 별도의 주택과 차량을 구입하거나 임대해야 하는 사정이 발생하는 일본이나 서구국가이기 때문에 그 소비수요를 보전하기 위한 추가임금이 필요했다. 실비변상적인 측면이 강한 것으로, 그것을 임금으로 보지 않거나, 임금으로 보더라도 임시적인 것으로 해석할 여지가 많다. 반면, 두번째 판례의 경우 주재국은 필리핀으로 국내보다 물가수준이 현저히 낮은데다가 숙소와 식사가 제공됨으로써 오히려 실질임금 수준이 올라갈 수도 있는 상황이다. 그럼에도 불구하고 회사는 필리핀 조선소 근무자들에게 기본급의 일정 비율에 해당하는 금액을 해외지역수당으로 지급했는데, 이를 실비변상적 금품으로 보기는 어렵다는 것이다. 또한 이 수당은 계속적·고정적으로 지급된 것이므로 임시적인 임금으로 보기도 어렵다.

(마) 임금인상분의 평균임금 포함여부

임금이 소급인상되어 사유발생일 이전 3월간의 기간이 임금인상기간에 포함되

근로자를 의미하므로 이러한 경우 소급할 수 있는 기간이 없기 때문에 통상적인 평균임금 산정방법을 적용할 수 없게 된다. 이에 대해 고용노동부장관이 결정하도록 하고 있으나 현재는 별도로 정한 것은 없다. 행정해석에 따르면 일용근로자에 대한 직종별 임금은 따로 정하여진 것은 없지만 일반(상용)근로자의 경우와 마찬가지로 3개월간의 지급총액을 총일수로 나누면 된다.

(3) 평균임금을 산정할 수 없는 경우

평균임금을 산정할 수 없는 경우라 하면 산정하는 것이 기술상 불가능한 경우에만 한정할 것이 아니라 근로기준법 제2조 및 시행령 제2조와 제3조의 규정에 의하여 산정하는 것이 현저하게 부적당한 경우까지도 포함한다고 해석하여야 하며, 근로기준법시행령 제4조에서 고용노동부장관이 정하도록 하고 있어 행정부의 광범위한 결정권을 인정하고 있다.

여기서 잠깐! **평균임금 산정 특례(고용노동부고시 제2015-77호, 2015.10.14)**

평균임금을 산정할 수 없는 경우에는 고용노동부장관이 정하도록 하고 있는데(근로기준법시행령 제4조), 기술적으로 불가능한 경우뿐 아니라 근로기준법의 관계규정에 의하여 평균임금을 산정하는 것이 현저하게 부적당한 경우까지도 포함된다.

사 례	산정방법
평균임금의 계산에서 제외되는 기간이 3개월 이상인 경우	제외되는 기간의 최초일을 평균임금 산정사유가 발생한 날로 보고 평균임금을 산정한다.

사례	산정방법
근로제공의 초일에 평균임금 산정사유가 발생한 경우	그 근로자에게 지급하기로 한 임금의 1일 평균액으로 평균임금을 추산한다.
임금이 2명 이상에게 일괄적으로 지급되는 경우	근로자 2명 이상을 1개조로 하여 임금을 일괄하여 지급하는 경우 개별 근로자에 대한 배분방법을 미리 정하지 않았다면 근로자의 경력, 생산실적, 실근로일수, 기술기능, 책임, 배분에 관한 관행 등을 감안하여 근로자 1명당 임금액을 추정하여 그 금액으로 평균임금을 추산한다.
임금총액의 일부가 명확하지 않은 경우	평균임금 산정기간 중에 지급된 임금의 일부를 확인할 수 없는 기간이 포함된 경우에는 그 기간을 빼고 남은 기간에 지급된 임금의 총액을 남은 기간의 총일수로 나눈 금액을 평균임금으로 본다.
임금총액의 전부가 명확하지 않은 경우	위의 방법으로 평균임금 산정이 어려운 경우 지방고용노동관서장이 여러 사항을 감안하여 적정하다고 결정한 금액을 해당 근로자의 평균임금으로 본다.

(4) 의도적으로 평균임금을 높인 경우

평균임금 산정사유 발생일 이전 3월 간 임금이 특별한 사유로 인하여 통상의 경우보다 현저하게 적거나 많은 경우 이를 평균임금 산정기초로 삼는다면 근로자의 생활임금을 기초로 퇴직금, 재해보상금 등을 보장하려는 근로기준법의 취지에 어긋난다고 볼 수 있으나 현행법상 이를 규제할 수 있는 명시적이 규정은 없다. 다만 판례는 근로자의 의도적 행위로 평균임금이 현저하게 높아진 경우 근로자의 의도적 행위에 해당하는 금액을 계산해 내는 것이 쉽지 않으므로 그러한 행위가 있었던 기간을 뺀 직전 3개월간의 임금을 기준으로 평균임금을 산정한 사례가 있다(대법원 1995.2.28, 94다8613). 그러나 이러한 기준을 일률적으로 적용하기에는 어려움이 있다(임금 68207-314, 2003.4.24).

관련 판례

택시기사가 퇴직 직전 의도적으로 평균임금을 높이기 위해 사납금을 많이 납입한 경우

의도적 행위를 한 기간을 제외한 그 직전 3개월을 기준으로 평균임금을 산정하도록 하되, '의도적인 행위를 한 기간 동안의 동종 근로자들의 평균적인 사납금 초과 수입금의 증가율'을 곱하여 산출하고 이를 제외한 나머지 임금 항목들에 대하여는 퇴직 전 3개월 동안 지급받은 임금총액을 기준으로 평균임금을 산정함이 적절하다(대법원 2009.10.15, 2007다72519).

라. 평균임금의 조정

재해보상을 위해 평균임금을 산정함에 있어 요양기간이 길어지는 경우 등과 같이 사유 발생 일을 기준으로 하게 되면 평균임금이 보상을 받는 시점의 현실과 부합하지 않게 되는 문제점이 발생한다. 이를 해결하기 위해 같은 사업장의 동종 근로자 통상임금 변동률 등을 기준으로 평균임금을 조정할 필요가 있다.

재해 근로자가 소속한 사업 또는 사업장에서 동일한 직종의 근로자에게 지급된 통상임금의 1인당 1개월 평균액이 그 부상 또는 질병이 발생한 날이 속하는 달에 동일한 직종의 근로자에게 지급된 통상임금의 평균액의 100분의 105 이상이 되거나 100분의 95 이하로 된 경우에는 그 변동 비율에 의하여 인상 또는 인하된 금액으로 하되, 그 변동사유가 발생한 달의 다음 달부터 이를 적용한다. 다만, 제

2회 이후의 평균임금의 증감을 위한 조정은 직전회의 변동사유가 발생한 달의 통상임금을 산정기준으로 한다.

소속사업장이 폐지된 경우에는 사유발생 당시의 같은 종류나 규모의 사업장을 기준으로 하며, 동일한 직종이 없는 경우에는 유사한 직종을 기준으로 한다.

예를 들어 입사 첫날 업무상 부상을 입은 경우 근로기준법에 의해 평균임금을 산정할 수 없을 때에는 근로자의 통상의 생활임금을 사실대로 산정할 수 있는 방법에 의하되 그와 같은 방법이 없을 때에는 당해 근로자가 근로하고 있는 지역을 중심으로 한 일대에 있어서 동종의 작업에 종사하고 있는 상용 근로자의 평균임금의 액을 표준으로 삼아야 한다(대법원 1997.11.28, 97누14798).

마. 평균임금 제외 합의

단체협약이나 취업규칙에서 법정퇴직금의 계산방법과는 다르게 퇴직 금액을 계산하여 지급하는 경우가 있는데 약정퇴직금이라고 한다. 약정퇴직금이 법정퇴직금보다 근로자에게 더 유리한 것이라면 그대로 적용하여 계산하고 만약 불리한 경우에는 법정퇴직금으로 지급하여야 한다. 하지만 평균임금에 포함될 수 있는 급여를 퇴직금 산정의 기초로 하지 않기로 하는 노사 간의 합의가 있는 경우 그 효력이 문제된다.

판례는 퇴직한 근로자들에게 퇴직금을 산정 지급하면서 매월 지급되던 교통비와 휴일근로수당을 퇴직금 산정 기초가 되는 평균임금액 계산에 포함하지 않은 사건에서 퇴직금 급여에 관한 근로기준법의 규정은 사용자가 퇴직하는 근로자에게 지급하여야 할 퇴직금액의 하한을 규정한 것이므로 노사 간에 급여의 성질상 근로기준법이 정하는 평균임금에 포함될 수 있는 급여를 퇴직금 산정의 기초로 하지 아니하기로 하는 별도의 합의가 있고 그 합의에 따라 산정한 퇴직금액이 근로기준법이 보장한 하한을 상회하는 금액이라면 그 합의가 근로기준법 제34조에 위반되어 무효라고 할 수는 없으며 위와 같은 별도의 합의는 묵시적으로도 이루어질 수 있다고 판시하였다(대법원 2003.12.11, 2003다40538).

하지만 상여금 등도 임금성이 인정되는 경우에는 평균임금 산정의 기초가 되는 임금의 총액에 당연히 포함되어야 하기 때문에 퇴직금 산정시 상여금 등의 임금을 제외하고 평균임금을 산정하는 것은 강행규정인 근로기준법 위반이라는 비판이 있다.

7-3. 통상임금

가. 개 념

통상임금이란 근로자에게 정기적이고 일률적으로 소정근로 또는 총근로에 대하여 지급하기로 정한 시간급 금액, 일급 금액, 주급 금액, 월급 금액 또는 도급 금액을 말한다(근로기준법시행령 제6조1항). 소정근로란 소정근로시간에 통상적으로 제공하기로 한 근로로서 소정근로시간 외에 이루어지는 연장근로 등과 대비되는 개념이다. 총근로란 실제로 제공된 근로 전체를 의미하는 것이 아니라 근로시간과 상관없이 생산량이나 실적에 따라 임금이 결정되는 이른바 도급제 방식에 있어서 근로자가 제공하기로 한 근로를 말한다.

통상임금은 임금 그 자체가 아니라 해고예고수당(제26조), 휴업수당(제46조), 연장·야간·휴일근로가산수당(제56조), 연차유급휴가수당(제60조), 기타 법에 유급으로 표시된 보상(제55조 등)의 계산을 위한 산정단위로서 도구적 개념이다.

대법원은 통상임금을 근로자가 소정근로시간에 통상적으로 제공하는 근로인 소정근로(도급근로자의 경우에는 총근로)의 대가로 지급하기로 약정한 금품으로서 정기적·일률적·고정적으로 지급되는 임금이라고 정의한다.

여기서 잠깐! 소정근로 vs 총근로

실무상 총근로라는 말이 자주 쓰인다. 법적으로 정의된 개념은 아니며, 소정근로를 넘어서 당사자간에 약정한 연장, 휴일, 야간근로 등을 포함하는 용어로 사용된다. 이에 대한 이해가 필요하다.
소정근로시간이란 제50조(1주40시간, 1일8시간), 제69조 본문(연소자 1주35, 1일7시간) 또는 산업안전보건법 제46조(1주34시간, 1일6시간)의 범위 안에서 근로자와 사용자 사이에 정한 근로시간을 의미한다. 즉 근로기준법 제50조의 적용을 전제했을 때, 소정근로는 1주40시간, 1일 8시간의 범위에서 근로자와 사용자 사이에 정한 근로시간을 의미한다. 그리고 근로기준법 제50조 등이 규정하는 근로시간은 연장근로시간이나 야간근로시간이 포함되지 않은 것이므로 연장근로시간에 대한 합의는 포함되지 않는다.
총근로시간이란 주 또는 월의 통상임금산정 기준시간수를 의미하는 것으로 이해할 수 있다. 총근로시간은 법정 용어는 아니므로 소정근로시간과 소정근로시간 외에 유급으로 처리되는 시간을 합산한 시간이 총근로시간이라고 이해하면 된다. 판례는 이러한 논리를 뒷받침한다. "근로자가 유급휴일에 근무한 것으로 의제하여 이를 약정 근로시간과 합하여 총근로시간을 산정한 후, 유급휴일에 대한 임금의 성격을 가지는 부분과 연장·야간근로수당분이 포함된 월급 또는 고정수당을 그 총근로시간 수로 나누는 방식에 의하여 그 시간급 통상임금을 산정하여도 무방하다(대법원 2012.3.29, 2010다91046)."

즉, 총근로시간은 근로기준법 제50조 등의 법정근로시간과 함께, 연장 · 야간근로시간이 포함됨은 물론이고, 판례의 입장에 따르자면 유급주휴근로 의제시간까지도 포함되는 것으로서, 유급처리되는 산정근로시간이라고 이해 할 수 있다.

어떠한 임금이 통상임금에 속하는지 여부는 임금의 명칭이나 그 지급주기의 장단 등 형식적 기준이 아닌, 그 임금이 소정근로의 대가로 근로자에게 지급되는 금품으로서 정기적·일률적·고정적으로 지급되는 것인지를 기준으로 그 객관적인 성질에 따라 판단하여야 한다.

통상임금은 초과근로수당 산정 등을 위한 기초임금이므로 근로계약에 따른 소정근로시간에 통상적으로 제공하는 근로의 가치를 금전적으로 평가한 것이어야 한다(소정근로의 대가). 따라서 근로계약에서 정한 근로가 아닌 특별한 근로(예: 초과근로)를 제공하고 추가로 지급받은 임금은 통상임금이 아니다. 또한 통상임금에 해당하려면 근로자가 실제로 초과근로를 제공하기 전에 미리 확정되어 있어야 한다(대법원 2013.12.18, 2012다94643).

야간, 휴일, 연장근무 등 초과근로수당 산정 등의 기준이 되는 통상임금이 되기 위해서는, 초과근무를 하는 시점에서 보았을 때, 근로계약에서 정한 근로의 대가로 지급될 어떤 항목의 임금이, 일정한 주기에 따라 정기적으로 지급이 되고(정기성), '모든 근로자'나 '근로와 관련된 일정한 조건 또는 기준에 해당하는 모든 근로자'에게 일률적으로 지급이 되며(일률성), 그 지급 여부가 업적이나 성과 기타 추가적인 조건과 관계없이 '사전에 이미 확정되어 있는 것'(고정성)이어야 하는데, 이러한 요건을 갖추면 그 명칭과 관계없이 통상임금에 해당한다.

나. 통상임금의 구체적 징표

(1) 소정근로의 대가

소정근로의 대가는 "근로자가 소정근로시간에 통상적으로 제공하기로 정한 근로에 관하여 사용자와 근로자가 지급하기로 약정한 금품"을 말한다.

근로자가 소정근로시간을 초과하여 근로를 제공하여 지급받는 임금, 근로계약에서 제공하기로 정한 근로 외의 근로를 특별히 제공함으로써 사용자로부터 추가로 지급받는 임금, 소정근로시간의 근로와는 관련 없이 지급받는 임금은 소정근로의 대가로 볼 수 없다. 다만, 약정한 금품이 소정근로시간에 근무한 직후나 그로부터 가까운 시일 내에 지급되지 아니하였다고 하여 소정근로의 대가가 아니라고 할 수 없을 것이다.

(2) 정기성

정기성은 미리 정해진 일정한 기간마다 정기적으로 지급되는지 여부에 관한 것으로, 1개월을 초과하는 기간마다 지급되더라도 일정한 간격을 두고 계속적으로 지급되는 것이면 통상임금이 될 수 있다.

근로기준법시행령 제6조1항의 "시간급·일급·주급·월급 금액"등은 다양한 기간을 단위로 산정·지급되는 임금의 형태를 예시한 것으로 해석해야 한다.

(3) 일률성

일률성은 '모든 근로자'에게 지급되는 것뿐만 아니라 '일정한 조건 또는 기준에 달한 모든 근로자'에게 지급되는 것도 포함하는 개념으로, '일정한 조건 또는 기준'은 작업 내용이나 기술, 경력, 근속기간 등과 같이 소정근로의 가치 평가와 관련된 것이어야 한다.

단체협약이나 취업규칙 등에서 휴직이나 복직자, 징계대상자에 대한 지급제한 사유를 규정한 임금이라도 이는 해당 근로자의 개인적 특수성을 고려한 것일 뿐이므로 정상적인 근로관계를 유지하고 있는 근로자에 대하여 그 해당 임금의 일률성이 부정되지 않는다.

가족수당의 경우 부양가족 수에 따라 차등 지급되는 경우는 근로와 관련된 일정한 조건 또는 기준에 따른 것이라 할 수 없어 일률성이 부정되나, 기본금액을 동일하게 지급하면서 부양가족 수에 따라 추가적으로 지급하는 경우 그 기본금액은 통상임금에 해당하며, 모든 근로자에게 일정금액을 기본금액으로 지급하는 가족수당은 통상임금에 해당한다.

(4) 고정성

고정적 임금은 명칭을 묻지 않고, 소정근로시간을 근무한 근로자가 그 다음 날에 퇴직한다 하더라도 근로의 대가로 당연하고도 확정적으로 지급받게 되는 최소한의 임금을 말한다.

고정성은 초과근로를 제공할 당시에 그 지급 여부가 업적, 성과 기타 추가적인 조건과 관계없이 사전에 이미 확정되어 있는 것이어야 한다(사전확정성). 즉, 초과

근로를 제공할 당시에 그 지급 여부가 업적, 성과 기타의 '추가적인 조건에 관계없이'지급될 것이 확정되어 있는지 여부를 기준으로 판단해야 한다.

'추가적 조건'이란 '초과근무를 제공하는 시점'에 성취 여부가 불분명한 조건을 의미하며, 근로제공 이외에 추가적인 조건이 충족되어야 지급되는 임금이나, 그 충족 여부에 따라 지급액이 달라지는 임금 부분은 고정성이 결여되었다고 본다. 다만, 지급액 중 추가적인 조건에 따라 달라지지 않는 부분만큼은 고정성을 인정한다.

실제 근무성적에 따라 지급 여부나 지급액이 달라지는 성과급과 같은 임금은 고정성이 없어 통상임금이 될 수 없는 대표적인 경우이다. 다만, 이 경우에도 최소한도로 보장되는 부분만큼은 근무성적과 무관하게 누구나 받을 수 있는 고정적인 것이므로 통상임금이 될 수 있다.

특정 시점에 재직 중인 근로자에게 지급되는 임금은 초과근로를 제공하는 시점에서 보았을 때 그 근로자가 그 특정시점에 재직하고 있을지 여부가 불확실하므로 고정성이 없다.

다. 구체적 사례

(1) 근속기간에 따라 달라지는 임금(근속수당 등)

지급여부나 지급금액이 근속기간에 따라 달라지는 경우로서 통상임금에 해당한다. 예를 들어 몇 년 이상 근속해야 지급하거나, 근속기간에 따라 임금계산방법이 다르거나 지급액이 달라지는 임금을 말한다. 근속기간은 일률성 요건 중 '근로와 관련된 일정한 조건 또는 기준'을 충족하며, 초과근로를 하는 시점에서 보았을 때 그 근로자의 근속기간이 얼마나 되는지는 이미 확정되어 있어 고정성 요건도 충족한다.

(2) 근무일수에 따라 달라지는 임금

(가) 매 근무일마다 일정액을 지급하기로 한 임금은 통상임금에 해당한다. 예를 들어 근무일수에 따라 일할계산해서 지급되는 임금을 말한다. 근로자가 임의의 날에 소정근로를 제공하기만 하면 그에 대하여 일정액을 지급받을 것이 확정되어 있어 고정성 요건을 충족한다.

(나) 일정 근무일수를 채워야만 지급되는 임금은 통상임금이 아니다. 예를 들어 월 15일 이상 근무해야만 지급되는 임금을 말한다. 소정근로 제공 외에 일정 근무일 충족이라는 추가적 조건을 성취하여야 하므로, 연장·야간·휴일근로를 제공하는 시점에서 금액을 확정할 수 없기 때문에 고정성을 인정하기 어렵다.

(다) 일정 근무일수에 따라 계산방법 또는 지급액이 달라지는 임금, 예를 들어 근무일수가 15일 이상이면 특정명목의 급여를 전액 지급하고, 15일 미만이면 근무일수에 따라 그 급여를 일할 계산하여 지급하는 경우 소정근로를 제공하면 적어도 일정액 이상의 임금이 지급될 것이 확정되어 있는 최소한도의 범위에서는 고정성을 인정할 수 있다.최소한 일할 계산되는 금액 한도는 통상임금에 해당한다.

(3) 근무실적에 좌우되는 임금(성과급 등)

(가) 근무실적을 평가하여 이를 토대로 지급여부나 지급액이 정해지는 임금, 즉 일반적인 성과급은 통상임금이 아니다. 다만, 근무실적에 관하여 최하등급을 받더라도 지급받을 수 있는 그 최소한도의 임금은 통상임금에 해당한다. 예를 들어 근무실적을 A, B, C로 평가하여 최하 C등급에도 100만원의 성과급을 지급한다면, 최소 100만원은 보장되므로 100만원만큼만 통상임금에 해당된다(나머지는 통상임금이 아니다).

(나) 근로자의 전년도 업무 실적에 따라 당해 연도에 지급 여부나 지급액을 정하는 임금은 통상임금에 해당한다. 성과연봉과 같이 초과근무를 제공하는 시점인 당해 연도에는 그 성과급 등의 지급여부나 지급액이 확정되어 있는 경우 고정성이 인정된다. 반면, 보통 전년도에 지급할 것을 그 지급시기만 늦춘 것에 불과하다고 볼만한 특별한 사정이 있는 경우에는 일반적인 성과급과 마찬가지로서 고정성을 인정할 수 없다.

(4) 특정 시점에 재직 중인 근로자에게만 지급되는 임금

(가) 소정근로를 했는지 여부와는 관계없이 지급일 기타 특정 시점에 재직 중인 근로자에게만 지급하기로 정해져 있는 임금은 통상임금이 아니다. 예를 들어 설·추석상여금 등이 있다. 근로와 무관하게 재직만이 지급조건인 경우 소정근로 대가 아니다. 초과근로를 제공하는 시점에서 보았을 때 그 근로자가 그 특정 시점에 재직하고 있을지 여부는 불확실하기 때문에 고정성이 부정된다.

(나) 특정 시점에 퇴직하더라도 그 근무일수에 따라 달라지는 임금은 근무일수에 비례하여 지급되는 한도에서는 통상임금에 해당한다. 예를 들어 퇴직시 일할 계산하여 지급하기로 한 경우를 말한다. 특정 시점 전에 퇴직하더라도 그 근무일수에 비례한 만큼의 임금이 지급되는 경우에는 근무일수에 비례하여 지급되는 한도에서는 고정성이 부정되지 않는다.

관련 판례

특정시점에 재직중인 근로자에게만 지급하는 임금

단체협약 등에 의하여 정기적·계속적으로 일정 지급률에 따라 지급되는 정기상여금의 지급기일 전에 근로자가 퇴직한 경우에 그 지급조건에 관하여 특별한 다른 정함이 없는 한 이미 근무한 기간에 비례하는 만큼의 정기상여금에 대해서는 근로의 대가로서 청구할 수 있다. 이러한 정기상여금의 임금으로서의 성격을 고려하면, 단체협약이나 취업규칙 등에서 정기상여금을 특정 시점에 재직 중인 근로자에게만 지급한다는 규정을 두면서, 정기상여금에 관하여 근무기간에 비례하여 지급한다는 취지의 규정을 두고 있는 경우, 전자의 규정 문언만을 근거로 기왕에 근로를 제공했던 사람이라도 특정 시점에 재직하지 않는 사람에게는 정기상여금을 전혀 지급하지 않는 취지라고 단정할 것은 아니다. 이러한 경우에는 사업장 내에서의 정기상여금 지급 실태나 관행, 노사의 인식, 정기상여금 및 그 밖의 임금 지급에 관한 규정 내용 등을 종합하여 특정 시점 전에 퇴직하더라도 후자의 규정에 따라 이미 근무한 기간에 비례하는 만큼의 정기상여금을 지급하기로 정한 것은 아닌지를 구체적인 사안별로 신중하게 살펴야 한다(대법원 2020.4.29, 2018다303417).

(5) 특수한 기술, 경력 등을 조건으로 하는 임금(자격수당 등)

특수한 기술의 보유나 특정한 경력의 구비 등이 지급의 조건으로 부가되어 있는 경우로서 통상임금에 해당한다. 예를 들어 특정 자격증 또는 기술을 보유한 경우 지급하는 수당을 말한다. 초과근로를 제공하는 시점에서 보았을 때 특수한 기술의 보유나 특정한 경력의 구비 여부는 기왕에 확정된 사실이므로 고정성이 인정된다.

(6) 주휴수당과 통상임금의 관계

(가) 유급휴일과 주휴수당의 법적 성질

근로기준법상 휴일제도는 연속된 근로에서의 근로자의 피로회복과 건강회복, 여가의 활용을 통한 인간으로서의 사회적·문화적 생활의 향유를 위하여 필요하다. 특히 근로기준법 제55조는 사용자로 하여금 근로자에게 1주에 평균 1회 이상의 유급휴일을 보장하도록 하고 있는데, 이때 유급휴일이란 휴식을 취하더라도 통상적인 근로를 한 것처럼 임금이 지급되는 날을 말한다(대법원 2013.11.28, 2011다39946). 이처럼 주휴수당은 근로자가 휴일에 실제로 근무를 하지 않음에도 불구하고 근무를 한 것으로 간주하여 지급되는 임금이므로 그 성질상 통상임금을 기초로 산정하여 지급된다(대법원 2010.1.28, 2009다74144).

(나) 주휴수당의 통상임금 산입 여부

주휴수당은 과거 노동시장의 저임금 구조에서 근로자에게 사회·문화생활을 향유하도록 하기 위한 정책수단이었으며, 브라질이나 터키 등 몇몇 국가에서 활용되는 제도이다. 근로기준법시행령 제30조에 따라 1주 동안의 소정근로일을 개근한 자에게만 주휴수당이 지급된다. 이 때문에 판례는 주휴수당이 임금으로서의 실질을 가지지만 통상임금의 산정범위에는 속하지 않는다고 본다. 1주 동안의 소정근로일을 개근한 자에게만 지급되므로 그 지급이 사전에 확정될 수 없어서 고정성이 결여되었기 때문이다. 다시 말해 주휴수당은 통상임금에 산입되지 않지만, 통상임금을 기준으로 산정하여 지급한다.

여기서 잠깐! 임금 유형별 통상임금 정리하기

금품 명칭	특 징	통상임금 여부
기술수당	기술이나 자격보유자에게 지급되는 수당(자격수당, 면허수당 등)	통상임금○
근속수당	근속기간에 따라 지급여부나 지급액이 달라지는 임금	통상임금○
가족수당	부양가족 수에 따라 달라지는 가족수당	통상임금× (근로와 무관한 조건)
	부양가족 수와 관계없이 모든 근로자에게 지급되는 가족수당 분	통상임금○ (명목만 가족수당, 일률성 인정)
성과급	근무실적을 평가하여 지급여부나 지급액이 결정되는 임금	통상임금× (조건에 좌우됨, 고정성 인정×)
	최소한도가 보장되는 성과급	그 최소한도만큼만 통상임금○ (그 만큼은 일률적, 고정적 지급)
상여금	정기적인 지급이 확정되어 있는 상여금(정기상여금)	통상임금○
	기업실적에 따라 일시적, 부정기적, 사용자 재량에 따른 상여금 (경영성과분배금, 격려금, 인센티브)	통상임금× (사전 미확정, 고정성 인정×)

금품 명칭	특 징	통상임금 여부
특정시점 재직시 에만 지급되는 금품	특정시점에 재직 중인 근로자만 지급받는 금품 (명절귀향비나 휴가비의 경우 그러한 경우가 많음)	통상임금× (근로의 대가×, 고정성×)
	특정시점이 되기 전 퇴직 시에는 근무일수에 비례하여 지급되는 금품	통상임금○ (근무일수 비례하여 지급되는 한도에서는 고정성○)

*출처: 대법원 전원합의체 판결(2013.12.18) 보도자료

라. 산정방법

(1)기본 원칙

통상임금은 근로기준법에 따른 법정수당 등의 지급을 위한 기준임금이므로 시간급 금액으로 산정함을 원칙으로 한다. 시간급 금액으로 산정할 경우에는 근로기준법 시행령 제6조2항에서 규정한 방법에 따라 산정된 금액으로 한다.

관련 법령

근로기준법시행령 제6조2항

통상임금을 시간급 금액으로 산정할 경우에는 다음 각 호의 방법에 따라 산정된 금액으로 한다.

1. 시간급 금액으로 정한 임금은 그 금액
2. 일급 금액으로 정한 임금은 그 금액을 1일의 소정근로시간수로 나눈 금액
3. 주급 금액으로 정한 임금은 그 금액을 주의 통상임금 산정기준시간수(소정근로시간과 소정근로시간 외에 유급으로 처리되는 시간을 합산한 시간)로 나눈 금액
4. 월급 금액으로 정한 임금은 그 금액을 월의 통상임금 산정기준시간수(주의 통상임금 산정기준시간수에 1년 동안의 평균 주의 수를 곱한 시간을 12로 나눈 시간)로 나눈 금액
5. 일·주·월 외의 일정한 기간으로 정한 임금은 제2호부터 제4호까지의 규정에 준하여 산정된 금액
6. 도급금액으로 정한 임금은 그 임금 산정기간에서 도급제에 따라 계산된 임금의 총액을 해당 임금 산정기간(임금 마감일이 있는 경우에는 임금 마감 기간을 말한다)의 총근로시간수로 나눈 금액
7. 근로자가 받는 임금이 제1호부터 제6호까지의 규정에서 정한 둘 이상의 임금으로 되어 있는 경우에는 제1호부터 제6호까지의 규정에 따라 각각 산정된 금액을 합산한 금액

(2) 통상임금 산정기준시간(분모의 문제)

(가) 의의

통상임금은 시간급과 소정근로시간 또는 통상임금산정기준시간수로 산정한다. 소정근로시간이란 법정기준시간의 범위 안에서 근로자와 사용자가 근로하기로 약정한 시간을 말하며, 통상임금산정기준수란 통상시급을 산출하기 위한 기준시간을 말한다.

통상시급은 일급제의 경우 소정근로시간, 주급이나 월급제 등의 경우에는 소정근로시간에 유급처리되는 시간을 포함하여 산정하게 되므로, 유급처리되는 시간을 어떻게 포함하느냐에 따라 지급액이 달라진다.

행정해석은 유급주휴시간과 노사간 유급으로 처리하기로 약정한 시간을 모두 유급처리시간으로 보는데 법원은 사안별로 판단한다.

(나) 월통상임금 산정기준시간수 계산에서 주휴일과 휴무일의 처리

① 주휴일: 월급제 근로자의 시간급 통상임금을 산정하기 위한 월통상임금 산정근로시간에는 유급휴일 해당근로시간도 포함된다(대법원 1991.6.28, 90다카14758).

② 휴무일: 주40시간제를 도입하면서 주5일제 근무를 노사간에 합의하였고, 쉬는 토요일에 대해서는 별도의 약정이 없었다면 이는 원칙적으로 휴무일로서 월통상임금 산정기준시간에 포함되지 않고 쉬는 토요일을 무급으로 명시했을 경우에도 이와 같다. 단 쉬는 토요일을 유급으로 정한 경우에는 유급처리되는 시간을 월통상임금 산정기준시간에 포함하여야 할 것이다(근로기준과-2170, 2005.4.15).

(다) 시간급 통상임금의 산정방법(고정수당을 시간급으로 환산하기 위한 '총근로시간수'의 산정방법)

대법원은 법정 기준근로시간을 초과하는 근로시간을 약정한 근로자에게 지급된 일급 또는 월급 형태의 고정수당에 관하여 그 '시간급'을 산정하는 방식을 명확히 제시하였는데, 근로기준법이 정한 기준근로시간을 초과하는 약정근로시간에 대한 임금으로서 월급 형태로 지급되는 고정수당을 시간급 통상임금으로 환산하는 경우, 시간급 통상임금 산정의 기준이 되는 총근로시간수에 포함되는 약정근로시간수를 산정할 때는, 특별한 정함이 없는 한 근로자가 실제로 근로를 제공하기로 약정한 '시간수 자체'를 합산하여야 하며, 가산수당 산정을 위한 '가산율'을 고려한 연장근로시간수와 야간근로시간수를 합산할 것은 아니라고 한다(대법원 2020.1.22, 2015다73067).

① 당사자 사이에 다른 정함이 없는 한, 각각의 근로제공시간에 대한 급여는 같은 액수로 정해져 있다고 보는 것이 통상적인 임금 계산의 원리에 부합하고 가장 공평하며 합리적이다. 예를 들어, 1일 10시간(8시간 + 2시간) 근로에 대한 대가로 10만원의 고정수당이 지급되었는데, 위 고정수당이 통상임금에 해당한다면, 다른 정함이 없는 한 해당 고정수당의 시간급은 10만원을 10시간으로 나눈 1만원으로 구하는 것이 타당하다.

② 고정수당의 시간급을 산정하기 위해 필요한 약정근로시간수를 확정할 때 가산수당 산정을 위한 가산율을 고려해야 할 법적인 근거는 존재하지 않는다. 근로기준법은 근로시간 수에 관한 가산율을 정하고 있지 않으며, 근로기준법 제56조는 법정수당인 연장 및 야간근로'수당'을 지급할 때 준수되어야 할 가산율을 정하고 있는 것일 뿐인데, 이 규정을 '근로시간 수'를 산정할 때 가산율을 고려할 근거로 삼을 수 없다.

③ 당사자 사이에 고정수당의 시간급에 관한 의사가 형성되어 있다고 보기 어려다. 기존에 사용자가 통상임금에 포함시키지 않은 고정수당의 경우, 그 고정수당의 시간급을 정할 '이유'가 없었다. 이와 같은 상황에서 시간급 산정 방식에 관한 사용자와 근로자의 의사가 형성되어 있다고 보기는 어렵다.

④ 한편, 이러한 법리는 단체협약이나 취업규칙 등으로 '주휴수당에 가산율을 정한 경우'에도 동일하게 적용된다. 주휴수당에 150% 등의 가산율을 규정한 경우에도, 총근로시간수에 포함되어야 할 '주휴일에 근무한 것으로 의제되는 시간(=주휴근로 의제시간) 수'를 산정할 때 주휴수당에 정한 가산율을 고려할 것은 아니다.

(라) 주의할 사항

이와 같은 법리가 적용되기 위해서는 ① 고정수당에 근로기준법이 정한 기준근로시간에 대한 대가뿐만 아니라 이를 초과한 연장근로에 대한 대가도 포함돼 있어야 하고, ② 단체협약이나 취업규칙, 근로계약 등에 해당 수당을 시간급 통상임금으로 계산하는 방식이 명확하게 정해지지 않은 경우여야 한다. 즉, '어느 수당이 소정근로에 대한 대가일 뿐이라거나, 소정근로시간을 초과한 약정근로시간에 대한 대가라고 하더라도 그 계산방법이 명확히 정해져 있는 경우에는 적용될 수 없다. 다시 말해 "근로자가 지급받는 월 기본급에 근로기준법 제56조에 따라 산정된 연장근로수당이 포함되어 있는 경우에는 월 기본급을 소정근로시간, 가산율을 고려한 연장근로시간, 주휴근로 의제시간을 합산한 총근로시간수로 나누어야 월 기본급의 시간급 통상임금을 구할 수 있다. 이는 월 기본급에 가산율에 따라 계산된 연장근로수당이 이미 포함되어 있기 때문에 그 연장근로수당을 월 기본급에서 공제하기 위한 당연한 방법이다(대법원 2020.1.22, 2015다73067).'

(3) 임금지급형태별 통상임금 산정방법(기준임금/기준시간)

(가) 시간급 · 일급 · 주급 · 월급 · 도급 금액으로 정한 임금

근로기준법시행령 제6조2항 1호부터 4호, 6호에서 정한 방법에 따라 산정한다.

(나) 연간 금액으로 정한 임금

근로기준법시행령 제6조2항 5호의 규정을 준용하여 산정한다. 즉, 연간 지급총액을 연간 통상임금 산정기준시간수(주의 소정근로시간과 소정근로시간 외에 유급으로 처리되는 시간을 합산한 시간에 1년 동안의 평균 주의 수를 곱한 시간)로 나눈 금액이다.

연간 통상임금 산정기준시간수(1주 40시간, 1일 8시간 근무시)는 (주 소정근로시간 40시간+유급주휴 8시간)×52주+1일=2,504시간이다.

〈예시1〉 연간 월 기본급(200만원)의 600%를 매 짝수 월에 100%씩 나누어 지급하는 정기상여금의 경우
⇒ 12,000,000원÷2,504시간=4,792원
〈예시2〉 근무실적을 평가하여 연간 최소 200만원의 성과급을 지급하는 경우
⇒ 2,000,000원÷2,504시간=798원

(다) 분기 또는 반기 금액으로 정한 임금

근로기준법시행령 제6조2항 5호의 규정을 준용하여 산정한다. 즉, 분기 또는 반기의 지급총액을 해당 기간 통상임금 산정기준시간수(주의 소정근로시간과 소정근로시간 외에 유급으로 처리되는 시간을 합산한 시간에 1년 동안의 평균 주의 수를 곱한 시간을 분기(4) 또는 반기(2)로 나눈 시간)로 나눈 금액이다.

분기 통상임금 산정기준시간수(1주 40시간, 1일 8시간 근무시)는 (주당 소정근로시간 40시간+유급주휴 8시간)×52주+1일÷4=626시간이며, 반기 통상임금 산정기준시간수(1주 40시간, 1일 8시간 근무시)는 (주당 소정근로시간 40시간+유급주휴 8시간)×52주+1일÷2=1,252시간이다.

〈예시1〉 지급률(금액)이 연간단위로 정해져 있지 않고 매 분기에 200만원을 지급하는 정기상여금의 경우
⇒ 2,000,000원÷626시간=3,194원
〈예시2〉 지급금액이 연간 단위로 정해져 있지 않고 매 반기마다 50만원을 지급하는 경우 수당의 경우
⇒500,000원÷1,252시간=399원

(라) 근무일수에 따라 지급되는 임금

매 근무일마다 일정액을 지급하기로 정한 임금은 근로기준법시행령 제6조2항 2호의 규정을 준용하여 산정한다. 즉, 일급 금액을 1일의 소정근로시간수로 나눈 금액이다.

〈예시〉 근무일마다 1일 10,000원의 식대를 지급하는 경우
⇒10,000원÷8시간(1일 소정근로시간수)=1,250원

월급 금액으로 정해져 있으면서 근무일수에 따라 일할 계산하여 지급되는 임금은 근로기준법시행령 제6조2항 4호의 규정을 준용하여 월의 통상임금 산정기준시간수로 나눈 금액으로 한다.

〈예시〉 식대 20만원을 일할 계산하여 근무일수에 따라 지급하는 경우의 통상임금 산정방법
⇒ 월급 금액을 월의 통상임금 산정기준시간수로 나눈 금액으로 계산한다.
200,000원÷209시간=956원

(마) 최소 일할 계산하여 지급되는 임금

일정 근무일수 이상이면 전액 지급하고 일정근무 일수 미만이면 근무일수에 따라 일할 계산하여 지급하는 임금은 근로기준법시행령 제6조2항 4호의 규정을 준용하여 지급 전액을 월의 통상임금 산정기준시간수로 나눈 금액으로 한다.

〈예시〉 **근무일수가 15일 이상이면 20만원을 전액 지급하고, 15일 미만이면 근무일수에 따라 일할 지급하는 경우**

⇒ 지급 전액을 월의 통상임금 산정기준시간수로 나눈 금액으로 계산한다.
200,000원÷209시간=956원

(바) 둘 이상의 임금이 혼합되어 있는 경우

근로기준법시행령 제6조2항 7호의 규정에 따라 각각 시간급으로 산정된 금액을 합산한 금액으로 한다.

〈예시〉 **기본급 월 200만원, 연간 기본급의 600%의 정기상여금을 짝수 월에 지급, 근무일에 따라 식대 5,000원을 지급하는 경우 통상임금 산정방법**

- 기본급(월급 금액) 통상임금: 2,000,000원÷209시간=9,569원
- 정기상여금(연간 금액) 통상임금: 12,000,000÷2,504시간=4,792원
- 식대(일급 금액) 통상임금: 5,000원÷8시간=625원

⇒ 통상임금총액: 9,569원+4,792원+625원=14,986원

마. 통상임금 제외 합의(정기상여금에 관한 논의)

노사가 정기상여금을 통상임금에서 제외하기로 합의하고 이를 전제로 임금 수준을 정한 경우, 근로자가 노사합의의 무효를 주장하며 정기상여금을 통상임금에 포함하여 산정한 추가 법정수당을 청구하는 것이 신의성실의 원칙에 위배되는지 여부가 쟁점이 된 사건에서 판례는 단체협약 등 노사합의의 내용이 근로기준법의 강행규정을 위반하여 무효인 경우에 무효를 주장하는 것이 신의칙에 위배되는 권리의 행사라는 이유로 이를 배척한다면 강행규정으로 정한 입법 취지를 몰각시키는 결과가 될 것이므로, 그러한 주장이 신의칙에 위배된다고 볼 수 없음이 원칙이나 노사합의의 내용이 근로기준법의 강행규정을 위반한다고 하여 노사합의의 무효 주장에 대해 예외 없이 신의칙의 적용이 배제되는 것은 아니라고 판시하였다. 또한, 신의칙을 적용하기 위한 일반적인 요건을 갖춤은 물론 근로기준법의 강행규정성에도 불구하고 신의칙을 우선하여 적용하는 것을 수긍할 만한 특별한 사정이 있는 경우 예외적인 경우에 한하여 노사합의의 무효를 주장하는 것은 신의칙에 위배되어 허용될 수 없다(대법원 2013.12.18, 2012다94643)고 한다.

하지만 신의칙을 적용하여 실정법상의 권리를 제한하는 것은 개별적인 사안의 특수성 때문에 법률을 그대로 적용하면 도저히 참을 수 없는 부당한 결과가 야기되는 경우에 최후 수단으로 그것도 법의 정신이나 입법자의 결단과 모순되지 않는 범위 안에서만 고려해 볼 수 있는 방안에 불과하다는 것이 다수설이다.

대법원은 그간 단체협약 등 노사간 합의사항이 노동법에 위반하여 무효라고 다투는 사안에서 사용자가 신의칙을 들어 주장할 경우, 신의칙을 적용하면 강행규정인 법의 입법취지를 무색케 하는 결과가 된다는 이유로 신의칙 주장을 인정하지 않았다.

그러나 2013년 대법원의 통상임금에 대한 전원합의체 판결에서 대법원은 '노사가 합의한 임금수준을 훨씬 초과하는 예상외의 이익을 추구'하고 그로 말미암아 '사용자에게 예측하지 못한 새로운 재정적 부담을 지워 중대한 경영상의 어려움을 초래하거나 기업의 존립을 위태롭게 한다면' 등의 요건을 근거로 신의칙에 위반되기 때문에 미지급된 통상임금을 지급하지 않을 수 있다(대법원 2013.12.18, 2012다94643)는 판결을 내렸고 이는 이후 통상임금 법정 다툼시 쟁점이 되고 있다.

당시 판결을 두고 '신의칙'적용이 추후 예정되어 있던 수많은 통상임금 분쟁사건을 염두에 두고 재계와 노동계에 상당한 파장을 불러올 수 있는 민감한 사안이라는 점에서 법원이 내린 정책적 판단이라는 평가가 있었으나 근로기준법이 강행규정으로 보장한 권리를 '신의칙'요건으로서 근로자의 정당한 권리를 제한할 수는 없다는 비판을 함께 받았다.

바. 통상임금 포함 합의

근로기준법의 규정에 의한 통상임금의 범위에 포함되지 않는 금품을 노사당사자간에 단체협약이나 취업규칙 등으로 통상임금의 범위에 포함시켜 제수당의 지급기준으로 삼기로 정하였다면 그에 따라야 할 것이다. 그러나 이와 같이 근로기준법 규정에 의한 통상임금에서 제외되는 임금 및 금품을 노사당사자간에 단체협약이나 취업규칙 등으로 통상임금의 범위에 포함하기로 정하였더라도 이를 근로기준법에 의한 통상임금으로 전환되었다고 볼 수는 없다(평정 68240-335, 2003.9.18).

사. 통상임금 산정기준시간수 합의

주40시간근로제를 실시할 경우 월 통상임금을 시급 통상임금으로 환산하는 월의 통상임금 산정기준시간수는 달리 정한 바가 없으면 209시간으로 볼 수 있는데, 노사가 합의하여 이를 184시간으로 정하는 경우 이는 근로자의 통상시급을 인상시키는 효과를 가져오는 것이므로 법위반으로 볼 수 없다.

아. 통상임금이 최저임금보다 적을 경우 최저임금을 기준으로 법정수당을 산정해야하는지

최저임금이나 최저임금의 적용을 위한 비교대상 임금은 통상임금과는 그 기능과 산정방법이 다른 별개의 개념이므로, 사용자가 최저임금의 적용을 받는 근로자에게 최저임금액 이상의 임금을 지급해야 한다고 하여 곧바로 통상임금 자체가 최저임금액을 그 최하한으로 한다고 볼 수 없다(대법원 2017.12.28, 2014다49074). 통상임금이 최저임금액보다 적다고 해서 곧바로 최저임금액을 기준으로 연장근로수당 및 야간근로수당을 산정해야 하는 것은 아니라고 본다.

판례는 "최저임금이나 최저임금의 적용을 위한 비교대상 임금은 통상임금과는 그 기능과 산정방법이 다른 별개의 개념이므로, 사용자가 최저임금의 적용을 받는 근로자에게 최저임금액 이상의 임금을 지급해야 한다고 해서 곧바로 통상임금 자체가 최저임금액을 그 최하한으로 한다고 볼 수 없다"고 하면서 "다만, 비교대상 임금 총액이 최저임금액보다 적은 경우에는 비교대상 임금 총액이 최저임금액으로 증액되어야 하므로 이에 따라 비교대상 임금에 산입된 개개의 임금도 증액되고, 그 증액된 개개의 임금 중에서 통상임금에 해당하는 임금들을 기준으로 통상임금이 새롭게 산정될 수는 있다고 한다." 그러면서 "임금 총액이 최저임금액으로 증액됨에 따라 이에 포함된 기본급, 근속수당, 주휴수당도 증액되므로 증액된 개개의 임금 중 통상임금에 해당하는 기본급, 근속수당을 기준으로 통상임금을 새롭게 산정한 다음 새로 산정된 통상임금을 기준으로 연장근로수당 및 야간근로수당 등을 산정해야 한다."고 설명했다.

여기서 잠깐! **최저임금 위반 시 연장근로에 대한 임금 및 가산수당 산정방법 예시**

[예시] ■1일 8시간, 1주 40시간 근무, 1일의 주휴일 부여
■임금: 기본급 168만원(주휴수당 28만원 포함), 생산수당 5만원(재직자에 한해 지급)
① 통상임금에 포함: 기본급+주휴수당(주휴수당은 통상임금에 포함되지는 않으나, 일반적으로 현장에서는 주휴시간을 포함한 209시간으로 통상임금을 계산)
② 최저임금에 포함: 기본급+주휴수당+생산수당

(1) 최저임금 위반 여부 확인

최저임금 비교대상 임금(시급) 8,295원 < 법정 최저임금(시급) 8,720원('21년)
→ 최저임금 위반

8,295원 = (최저임금 산입 임금인 기본급 168만원 + 생산수당 5만원) ÷ 208.57시간

(2) 통상임금 재산정

① 최저임금에 위반되므로 법정 최저임금액에 미달하는 비교대상 임금 총액을 88,730원(≒8,720원×208.57 − 173만원)만큼 증액한다. 이 경우 비교대상 임금에 산입된 임금항목인 기본급 · 주휴수당 · 생산수당은 각 임금항목이 비교대상 임금 총액에서 차지하는 비율에 따라 각각 증액한다.

기본급 증액분: 71,782원 = 88,730원 × 80.9%(=140만원÷173만원×100)
주휴수당 증액분: 14,374원 = 88,730원 × 16.2%(=28만원÷173만원×100)
생산수당 증액분: 2,573원 = 88,730원 × 2.9%(=5만원÷173만원×100)

② 증액된 임금항목 중 통상임금에 해당하는 임금항목들을 기준으로 통상임금을 재산정한다. 이에 따라 통상임금에 포함되는 기본급(주휴수당 포함)은 1,766,156원으로 증액된다.

140만원(기본급) + 88,730원×80.9%(기본급 증액분) + 28만원(주휴수당) +88,730원×16.2%(주휴수당 증액분) = 1,766,156원

③ 재산정된 통상시급 8,450원(≒1,766,156원÷209h)으로 연장근로에 대한 임금(100%) 및 가산수당(50%)을 산정한다.

7-4. 가산임금

관련 법령

근로기준법 제56조【연장·야간 및 휴일근로】

사용자는 연장근로(제53조, 제59조 및 제69조 단서에 따라 연장된 시간의 근로)와 야간 근로(오후10시부터 오전6시까지 사이의 근로) 또는 휴일근로에 대하여는 통상임금의 100분의 50 이상을 가산하여 지급하여야 한다.

기간제법 제6조3항
사용자는 단시간근로자의 초과근로에 대하여 통상임금의 100분의 50이상을 가산하여 지급하여야 한다.

법정근로시간(1일 8시간, 1주 40시간)을 초과하여 야간근로, 휴일근로 또는 연장근로를 시켰을 때에 통상임금의 일정 비율을 가산하여 지급하는 금액을 가산임금이라고 한다. 근로기준법 제56조와 기간제법 제6조3항에서 규정하고 있다. 실무에서는 휴일에 근로한 경우 연장근로와 휴일근로 중복 가산을 하는지에 대해 판례와 행정해석의 차이를 이해하는 것이 중요하다. 또한 단시간근로자의 경우에 기존에는 법정근로시간 내에 초과근로가 있는 경우 가산임금지급의무가 없다고 해석하였으나 법 개정으로 단시간근로자도 소정근로시간을 초과하면 가산임금을 지급하여야 한다.

뿐만 아니라, 연소근로자의 경우도 2018.7.1부터 1일 7시간, 1주 35시간을 초과할 경우 가산임금을 지급하여야 한다.

가. 개 념

가산임금은 기준근로시간을 초과하는 연장근로와 야간근로, 휴일근로에 대하여 통상임금의 일정률을 가산하여 지급하는 임금을 말한다.

가산임금은 사용자에게 가중된 금전적 부담을 가함으로써 사전에 법정근로시간을 초과하는 근로를 억제하여 근로자를 보호하기 위함이며 사용자가 위와 같은 근로를 시킨 경우 근로자에게 시간외근로, 야간근로, 휴일근로에 따른 피로와 휴일의 자유시간을 제한한 것에 대한 경제적 보상을 해 주려는 데 있다.

나. 가산임금의 산정

(1) 연장근로와 가산임금

연장근로(시간외근로, 초과근로)란 근로기준법에서 정한 법정근로시간(1주 40시간, 1일 8시간)을 초과하는 근로를 말한다. 1주 40시간을 초과하지 않더라도 1일 8시간을 초과하는 경우, 1일 8시간을 초과하지 않더라도 1주 40시간을 초과하는 경우 연장근로에 해당한다.

사용자는 연장근로·야간근로·휴일근로에 대하여 통상임금의 50% 이상을 가산하여 지급해야 한다(근로기준법 제56조). 가산임금이란 근로자가 통상적인 근로 이외의 근로를 할 경우, 통상임금에 가산하여 지급하는 임금을 말한다.

연장근로가 달력상의 일을 달리하여 다음 날로 연결되는 경우에는 하나의 계속근로로 보며(근기 0125-20752, 1989.12.14), 1주 5일 근무인 회사에서 주40시간을 근무하더라도 1일 8시간을 초과하여 근로한 경우에는 그 초과하는 시간은 연장근로이다.

사용자는 근로자대표와 서면합의에 따라 연장근로·야간근로·휴일근로에 대해 임금을 지급하는 것을 갈음하여 휴가를 줄 수 있다(근로기준법 제57조).

(2) 야간근로와 가산임금

야간근로란 오후10시부터 익일 오전6시까지 사이의 근로를 말한다.

소정근로시간 이내의 근로일지라도 야간 근로일 경우에는 가산임금을 지급해야 한다. 근로기준법 제63조 근로시간·휴게·휴일 규정 적용제외 사업에 대해서는 연장근로·휴일근로에 대한 가산임금의 지급 문제는 발생하지 않으나, 야간 근로에 대해서는 가산임금을 지급해야 한다.

여성·연소자에 대해서는 원칙적으로 야간 근로가 금지되나, 근로자의 동의와 고용노동부장관의 인가를 얻어 야간 근로를 시킨 경우에는 가산임금을 지급해야 한다. 그러나, 경비직 야간 근로자에 대해서는 처음부터 가산임금을 포함하여 임금을 정한 것이 확실한 경우에는 별도로 가산임금을 지급하지 않을 수 있다(대법원 1983.10.25, 83도1050).

(3) 휴일근로와 가산임금

휴일이란 근로자가 근로의 의무뿐만 아니라 사용자로부터 일체의 구속에서 벗어나는 날을 말한다. 휴일 부여가 의무적이냐에 따라 '법정휴일'과 '약정휴일'로 나뉘고 임금지급 여부에 따라 '유급휴일'과 '무급휴일'로 나뉜다. 휴일근로의 경우 유급휴일, 무급휴일을 구분하지 않고 가산임금을 지급해야 한다.

(4) 연소근로자의 가산임금

제69조(근로시간) 15세 이상 18세 미만인 자의 근로시간은 1일에 7시간, 1주에 35시간을 초과하지 못한다. 다만, 당사자 사이의 합의에 따라 1일에 1시간, 1주에 5시간을 한도로 연장할 수 있다.

연소근로자의 1주 최대 근로시간을 주40시간으로 한정하고, 1일 7시간을 초과하지 못하도록 규정하였다. 1일 7시간을 넘어 근로할 경우 연장근로에 해당한다.

연소근로자가 연장 및 휴일근로를 할 경우 통상임금의 50% 이상을 가산하여 지급해야 한다. 1일 7시간 월~금(5일) 근무 후 무급 휴무일인 토요일에 5시간 근무하면 연장근로에 해당하며 50% 가산하여 임금을 지급해야 한다. 만약 유급휴일에 해당할 경우 휴일근로가산 50%를 적용한다.

(5) 가산임금의 중복

연장근로·휴일근로·야간근로가 중복된 경우 각각 가산하여 지급한다. 가산임금지급사유가 중복되어 일부 가산임금은 초과 지급되고 일부 가산임금은 과소 지급된 경우에는 초과 지급된 만큼 과소 지급된 부분에 충당한 것으로 본다(대법원 1993.10.12, 93다28737).

휴일근로를 한 경우 8시간까지는 휴일근로 가산수당만 지급하고 8시간을 초과한 시간에 대해서는 휴일근로 및 연장근로에 대한 가산수당을 각각 가산하여 지급해야 한다.

판례(대법원 1991.3.22, 90다6545)	행정해석(근기 01254-1099, 1993.5.31)
휴일근로와 연장근로가 중복되는 경우에는 휴일근로에 대한 가산임금과 연장근로에 대한 가산임금을 각각 가산하여 지급해야 한다.	휴일근로시 8시간까지는 휴일근로 가산수당만 지급하고 8시간을 초과한 시간에 대하여는 휴일근로 및 연장근로 가산수당을 중복하여 지급해야 한다.

참고로 "휴일 외에 다른 날의 근로시간이 주40시간이 넘은 상태에서 휴일근로를 한 경우 8시간을 초과했는지 여부와 관계없이 해당 근로시간 전체에 대해 휴일근로수당과 연장근로수당을 중복하여 지급해야 한다(대구지방법원 2012.1.20, 2011가합1129)."는 취지의 하급심 판결이 있다.

하지만 행정해석은 휴일근로가 연장근로에 포함되는지에 대해 법에서 연장근로와 휴일근로를 명확히 구분하여 규정하고 있으므로 휴일근로는 연장근로에 포함되지 않는다는 입장이며(근기 01254-11483, 1990.8.17), 대법원에서 휴일근로시간이 연장근로시간에 포함되는지 여부에 대해 명시적으로 판결한 사례가 없다가 얼마 전 휴일근로에 연장근로는 포함되지 않는다고 판단했다.

(6) 법 개정을 통해 휴일 · 연장근로 중복가산 문제 해결(2018.3.20)

연장근로와 휴일근로를 중복으로 인정하되 할증률만 조정한 것이다. 8시간 이내의 경우 연장 50%, 휴일 50%를 합산한 100%를 가산해야 하지만 기업의 경제적 부담을 고려해 8시간 이내의 휴일근로는 50%를 가산하고 8시간을 초과하는 경우 100%를 가산하도록 하였다.

개정법 조문
第56조【연장·야간 및 휴일근로】 ① 사용자는 연장근로(제53조·제59조 및 제69조 단서에 따라 연장된 시간의 근로를 말한다)에 대하여는 통상임금의 100분의 50 이상을 가산하여 근로자에게 지급하여야 한다. ② 제1항에도 불구하고 사용자는 휴일근로에 대하여는 다음 각 호의 기준에 따른 금액 이상을 가산하여 근로자에게 지급하여야 한다. 1. 8시간 이내의 휴일근로: 통상임금의 100분의 50 2. 8시간을 초과한 휴일근로: 통상임금의 100분의 100 ③ 사용자는 야간근로(오후 10시부터 다음 날 오전 6시 사이의 근로를 말한다)에 대하여는 통상임금의 100분의 50 이상을 가산하여 근로자에게 지급하여야 한다.

(7) 단시간 근로자의 가산임금

단시간 근로자(part time worker)란 1주간의 소정근로시간이 당해 사업장의 동종 업무에 종사하는 통상근로자(full time worker)의 1주간의 소정근로시간에 비하여 짧은 근로자를 말한다.

단시간 근로자에 대하여 소정근로시간을 초과하여 근로하게 하는 경우에는 그로자의 동의를 얻어야 하며, 이 경우에도 1주간 12시간을 초과할 수 없다. 만약, 사용자가 단시간 근로자의 동의를 얻지 않고 초과근로를 하게 하는 경우 단시간 근로자는 이를 거부할 수 있다. 소정근로시간을 초과하여 근로를 하게 할 경우 통상임금 50%이상을 가산하여 지급해야 한다.

예를 들어, 1주 소정근로시간을 20시간으로 정한 단시간 근로자가 21시간을 근무한 경우 소정근로시간을 초과한 1시간은 연장근로에 해당되어 통상임금 50% 이상의 가산수당을 지급해야 하며, 일거리가 없어서 1주 19시간을 근로하게 하였다면 나머지 1시간에 대해서는 휴업으로 보아 평균임금의 70% 이상의 휴업수당을 지급해야 한다.

4주간(4주 미만으로 근로하는 경우에는 그 주간)을 평균하여 1주간의 소정근로시간이 15시간 미만인 근로자에 대하여는 퇴직금·주휴일·연차유급휴가에 관한 규정을 적용하지 않을 수 있다(근로기준법 제18조3항, 근퇴법 제4조1항).

다. 포괄산정임금과 가산임금

일반적으로 포괄임금제란 근로계약 체결시 근로의 형태나 업무의 성질상 법정기준근로시간을 초과한 연장·야간·휴일근로 등이 당연히 예정돼 있는 경우나 계산의 편의를 위해 노사 당사자간 약정으로 연장·야간·휴일근로 등을 미리 정한 후 매월 일정액의 제수당을 기본임금에 포함해 지급하는 것을 말한다.

이러한 포괄임금제를 도입하기 위해서는 단체협약, 취업규칙 등에 그 근거가 있거나 개별 근로자의 동의가 있어야 하며, 포괄임금제로 지급되는 고정급이 당해 근로자의 실제근로시간에 따른 법정연장·야간·휴일근로수당보다 적을 때는 그 차액을 추가로 지급해야 하는 등 근로자에게 불이익이 없고 제반 사정상 정당하다고 인정되는 경우에 한해 그 유효성이 인정된다. 따라서 임금 및 수당 등이 법정기준보다 하회하지 않는 등 위 조건을 충족하고 있다면 근로계약 체결시 포괄 임금제를 약정한 것만으로 근로기준법을 위반했다고 단정할 수 없다(근로조건지도과-3072, 2008.8.6).

7-5. 휴업수당

관련 법령

근로기준법 제46조【휴업수당】

① 사용자의 귀책사유로 휴업하는 경우에 사용자는 휴업기간 동안 그 근로자에게 평균임금의 100분의 70 이상의 수당을 지급하여야 한다. 다만, 평균임금의 100분의 70에 해당하는 금액이 통상임금을 초과하는 경우에는 통상임금을 휴업수당으로 지급할 수 있다.

가. 의의

근로기준법상 휴업수당제도는 근로자의 귀책사유가 아닌 사유로 인해 근로자가 일을 할 수 없을 경우 임금 상실 위험으로부터 근로자를 보호하기 위하여 민법 제538조와 다른 휴업수당제도를 둔 것이다. 여기서 휴업이란 근로계약을 존속시키면서 사업의 전부 또는 일부를 사용자의 결정에 의하여 일정기간 정지하는 것으로, 개개인의 근로자가 근로계약에 따라 근로를 제공할 의사를 가지고 있음에도 불구하고 그 의사에 반하여 노무급부가 거부되거나 또는 불가능하게 되는 것을 말한다. 휴업수당은 근로의 대가가 아니라 손해보상적 성격이 강하므로 임금이 아니라는 견해와 사용자의 귀책사유로 근로를 제공하지 못한데 대한 보상이고 근로자의 생활보장 및 노동력대가설의 측면에서 임금에 해당한다는 견해가 있다.

나. 귀책사유

휴업수당 지급대상은 휴업수당의 대상은 사용자의 귀책사유로 인한 휴업이며, 사용자의 귀책사유는 민법(제538조)상의 귀책사유인 고의·과실 이외에도 사용자의 세력범위 안에서 발생한 경영장애까지 해당되는 것으로 넓게 보고 있다.

관련 법령

민법 제538조【채권자 귀책사유로 인한 이행불능】

① 쌍무계약의 당사자일방의 채무가 채권자의 책임있는 사유로 이행할 수 없게 된 때에는 채무자는 상대방의 이행을 청구할 수 있다. 채권자의 수령지체중에 당사자 쌍방의책임없는 사유로 이행할 수 없게 된 때에도 같다.

(1) 사용자의 세력범위

사용자의 영향력이나 지배력이 미치는 범위로서, 경영실태나 환경 등을 종합적으로 판단할 때 휴업이 발생한 경영장애가 널리 사용자의 과실이나 책임으로 돌릴만한 사유를 말한다. 부득이한 사유가 있는 경우 휴업수당의 지급 예외를 정한 것을 고려하면 휴업에 이르게 된 원인으로서 부득이한 사유에 해당하지 않으면서 사용자의 세력범위에서 발생한 사유로 볼 수 있다.

(2) 사용자의 귀책사유

원칙적으로 사용자의 세력범위 안에서 생긴 경영장애로서, 자금난, 원자재 부족, 주문량 감소, 시장불황과 생산량 감축, 모회사의 경영난에 따른 협력업체의 자재 및 자금난에 의한 조업단축 등으로 인한 휴업을 말한다. 다만 천재지변이나 전쟁 등과 같은 불가항력, 기타 사용자의 세력범위에 속하지 않는 기업 외적인 사정과 통상 사용자로서 최대의 주의를 기울여도 피할수 없는 사고 등 부득이한 사유로 인하여 사업 계속이 불가능하게 된 경우에는 사용자에게 경영위험의 책임을 물을 수 없으므로 사용자의 귀책사유로 볼 수 없다.

(3) 사용자의 귀책사유 유무

사용자의 귀책사유 인정	사용자의 귀책사유 부정
① 불황 등으로 인한 경영상 휴업 ② 원료 부족, 주문 감소 ③ 제품판매 부진, 주문 감소 ④ 사용자의 지시에 의한 정원초과 위반으로 인한 운전면허 정지기간 ⑤ 사용자의 차량정비불량으로 인한 면허정지기간 ⑥ 공장 이전·소실, 기계파손, 작업량 감소 ⑦ 모 회사 경영난에 따른 하청공장의 자재 · 자금난 ⑧ 배급유통기구의 차질에 따른 휴업 ⑨ 수방대책의 소홀로 인해 수해가 재발하여 휴업한 경우 ⑩ 회사시설 하자로 인한 정전 등	① 유일한 원료 공급원 상실 ② 전체 공장의 침수 ③ 계절적 사업인 천일염업체의 하기휴업 ④ 불법정치파업으로 인한 휴업 ⑤ 정당한 직장폐쇄 ⑥ 천재 기타 자연현상 등에 의한 휴업 ⑦ 제3자의 출근방해 ⑧ 외부적 요인에 의한 정전 ⑨ 정당한 대기발령과 출근정지기간 ⑩ 폭설로 인한 통근버스 운행정지 ⑪ 근로제공의무가 없는 방학기간 등

다. 계산방법

(1) 휴업수당

평균임금의 70% 이상을 지급해야 한다. 다만, 평균임금의 70%가 통상임금을 초과할 경우에는 통상임금을 휴업수당으로 지급할 수 있다. 즉 평균임금의 70%와 통상임금의 100% 중 적은 금액을 지급하면 된다(근로기준법 제46조).

〈산정 예시〉

① A기업이 1개월간 휴업을 실시할 경우 소속 근로자 甲의 평균임금이 200만원, 월 통상임금이 150만원이라면 휴업수당으로 140만원 지급
평균임금 200만원 × 70% = 140만원 < 통상임금 150만원
② B기업이 1개월간 휴업을 실시할 경우 소속 근로자 乙의 평균임금이 200만원, 월 통상임금이 130만원이라면 휴업수당으로 130만원 지급
평균임금 200만원 × 70% = 140만원 > 통상임금 130만원

여기서 잠깐! **근로기준법 제2조2항과 제46조1항의 해석 문제**

근로기준법 제46조는 평균임금 70%와 통상임금 100% 중 적은 금액을 지급하도록 규정하고 있다. 다만, 근로기준법 제2조2항에 따라 평균임금이 통상임금보다 적으면 그 통상임금액을 평균임금으로 한다는 규정에 따라 통상임금 70%를 지급할 수 있는지의 문제이다.

(1) '평균임금 70% > 통상임금 100%'인 경우

예를 들어 통상임금이 100만원인데, 평균임금이 200만원인 경우, 평균임금의 70%=140만원 > 통상임금 100%인 100만원보다 크게 되어 근로기준법 제46조1항에 따라 통상임금의 100%인 100만원을 휴업수당으로 지급하면 된다.

(2) '평균임금 70% < 통상임금 70%'인 경우

반대로 통상임금이 100만원인데, 평균임금이 80만원인 경우, 평균임금의 70%=56만원 < 통상임금 70%인 70만원보다 적게 된다. 이 경우에 근로기준법 제2조2항을 적용하여 통상임금의 70%를 휴업수당으로 지급하는 것이 가능한지, 근로기준법 제46조1항을 적용하여 평균임금 70%를 지급하는 것이 타당한지 해석의 문제가 남는다. 사견으로는 휴업수당은 근로자의 최저생활을 보장하려는 취지이므로 통상임금 70%를 지급하는 것이 타당하다. 더불어 평균임금이나 통상임금이 최저임금에 미달하는 경우 최저임금이 계산의 기준이 되어야 할 것이다.

(2) 휴업기간 중 임금 일부를 지급받은 경우의 휴업수당

휴업기간 중에 해당하는 평균임금에서 이미 지급된 임금을 뺀 나머지 금액에 70%를 곱하여 휴업수당으로 지급하고, 통상임금을 휴업수당으로 지급하는 경우에는 통상임금과 지급받은 임금과의 차액을 지급한다(근로기준법시행령 제26조).

〈산정 예시〉

① A기업이 1개월간 휴업을 실시하면서 임금의 일부로 100만원을 지급한 경우 소속 근로자 甲의 평균임금이 200만원, 월 통상임금이 150만원이라면 휴업수당으로 70만원 지급
평균임금 200만원 × 70% = 140만원 < 통상임금 150만원
→ 평균임금으로 휴업수당을 지급해야 하므로, 평균임금 200만원 - 지급받은 임금 100만원 = 100만원 × 70% = 70만원

② B기업이 1개월간 휴업을 실시하면서 임금의 일부로 100만원을 지급한 경우 소속 근로자 乙의 평균임금이 200만원, 월 통상임금이 130만원이라면 휴업수당으로 30만원 지급
평균임금 200만원 × 70% = 140만원 > 통상임금 130만원
→ 통상임금으로 휴업수당을 지급해야 하므로,
통상임금 130만원 - 지급받은 임금 100만원 = 30만원

(3) 중간수입이 있을 경우의 휴업수당

부당해고기간 중 근로자에게 중간수입이 있는 경우 중간수입공제는 평균임금의 70%를 초과하는 범위 내에서 가능하다(대법원 1968.9.17., 68누151). 사용자는 해고기간 중의 임금을 지급할 때 중간수입을 공제할 수 있다. 다만 근로기준법 제46조는 근로자의 최저생활을 보장하려는 취지에서 평균임금의 100분의 70이상의 수당을 지급하여야 한다고 규정하고 있고, 여기서 휴업이란 개개이 근로자가 근로계약에 따라 근로를 제공할 의사가 있음에도 불구하고 그 의사에 반하여 취업이 거부되거나 또는 불가능하게 된 경우도 포함된다고 할 것이므로, 휴업수당을 초과하는 금액만을 중간수입으로 공제하여야 한다.

(4) 근로시간단축, 유급휴일의 휴업수당

소정근로시간 이내로 근로시간을 단축하는 것은 부분휴업에 해당하고, 유급휴일은 휴업기간에 포함하여 휴업수당을 산정한다. 휴업수당은 사업장의 일부만 휴업하는 경우나 1일 근로시간 중 일부 근로시간을 단축하는 경우에도 해당된다(부분휴업).

〈산정 예시〉

소정근로시간 8시간 → 근무 4시간/단축 4시간(부분휴업) 소정근로시간은 1일 8시간으로 유지하고 실근로시간만 일시적으로 1일 4시간으로 줄이는 경우 소정근로시간 중 근무하지 않은 4시간은 휴업에 해당되어 휴업수당이 발생한다. 다만 소정근로시간 자체를 줄인 경우 휴업으로 볼 수 없다. 임금지급 = 근무 4시간분 + (근무하지 않은 4시간 × 평균임금 70%)

또한, 1주간의 소정근로일 일부를 휴업한 경우 휴업한 날을 제외한 소정근로일 전부를 개근하였다면 유급주휴일을 부여해야 하고, 1주간의 소정근로일 전부를 휴업한 경우에는 그 소정근로일 개근시 부여하는 유급주휴일도 휴업기간에 포함하여 휴업수당을 산정해야 한다(근기 68207-1138, 1998.6.5).

유급휴일(주휴수당)과 휴업수당

휴업이 발생한 경우 주휴수당 지급 기준 금액(휴업수당 또는 통상임금)은 휴업 시작일, 종료일 및 기간에 따라 다르다.

① 근로자 A의 경우 : 2020.4.6.(월)~4.10(금), 5일간 휴업
→ 근로자 A의 경우는 1주간 소정근로일 전부를 휴업했기 때문에 주휴수당 역시 휴업수당을 기준으로 지급한다.

② 근로자 B의 경우 : 2020.4.8.(수)~4.14(화), 5일간 휴업
→ 근로자 B의 경우 2주간 (소정)근로일의 일부는 모두 근무했기 때문에 주휴수당은 휴업수당이 아닌 통상임금을 기준으로 지급해야 한다.

③ 근로자 C의 경우 : 2020.4.8.(수)~4.17(금), 8일간 휴업
→ 근로자 C의 경우 2주 중 첫 번째 주 소정근로일의 일부는 근무한 반면, 두 번째 주는 소정근로일 전부를 휴업했기 때문에 첫 번째 주의 주휴수당은 통상임금을 기준으로, 두 번째 주의 주휴수당은 휴업수당을 기준으로 지급해야 한다.

라. 휴업수당 감액 신청

관련 법령

근로기준법 제46조【휴업수당】

② 제1항에도 불구하고 부득이한 사유로 사업을 계속하는 것이 불가능하여 노동위원회의 승인을 받은 경우에는 제1항의 기준에 못 미치는 휴업수당을 지급할 수 있다.

노동위원회 규칙 제85조【기준에 못 미치는 휴업수당 지급 승인】

심판위원회는 근로기준법 제46조2항에 따른 휴업수당 지급 승인을 할 때 사용자가 신청한 휴업수당 지급률을 변경할 수 없다.

사용자의 귀책사유가 있다고 하더라도 부득이한 사유로 사업계속이 불가능하여 노동위원회의 승인을 받은 경우에는 평균임금의 70%에 미달하는 휴업수당을 지급할 수 있다. 노동위원회의 승인이 없으면 객관적으로 부득이한 사유로 사업의 계속이 불가능하더라도 휴업수당을 지급하여야 한다. 노동위원회의 승인 대상은 부득이한 사유로 사업계속이 불가능한지 여부로 한정되고 감액의 정도는 승인 대상이 아니다. 근로기준법 제46조2항은 사용자의 휴업수당 지급의무의 예외를 정한 것이고, 휴업수당 지급의 하한이 별도로 정해져 있지 않기 때문에 노동위원회 승인을 받은 이상 휴업수당을 전혀 지급하지 않는 것도 가능하다. 또한 감액기간에 대한 규정도 없으므로 소급하여 감액 신청하는 것도 가능한 것으로 보인다.

7-6. 최저임금

가. 의 의

최저임금제는 노동시장의 자율적인 임금 결정기구에 의해서는 해결되지 않는 부당한 저임금을 받는 연소근로자나 미숙련근로자 등을 보호하기 위한 제도이다. 헌법 제32조1항에 따라 임금의 최저 수준을 보장하도록 하고 있어 정부가 임금의 최저수준을 정하고 그 지급을 법적으로 강제한다. 장애인이나 수습근로자에 대한 예외가 있기는 하지만 기본적으로 일을 잘하든 못하든 최소한 보장받아야 하는 시간당 임금이다. 실무에서 중요한 것은 근로자가 받는 임금이 최저임금법에 위반되는지를 판단하는 문제이며, ① 최저임금 산입범위(분자), ② 최저임금 적용기준 시간수(분모), ③ 월환산액, ④ 소정근로시간, ⑤ 법정유급휴일(유급주휴시간)이라는 용어를 익힐 필요가 있다.

나. 적용범위

최저임금은 근로자를 사용하는 모든 사업 또는 사업장에 적용되고, 근로자 1명을 시간에 관계없이 일시적으로라도 고용하면 최저임금법이 적용된다(최저임금법 제3조1항). 다만, ① 동거 친족만 사용하는 사업, ② 가사사용인, ③선원법 적용을 받는 선원과 선박소유자에 대하여는 적용하지 않는다(최저임금법 제3조1항, 2항).

다. 적용대상 근로자

(1) 원칙

최저임금이 적용되는 사업 또는 사업장에 종사하는 모든 근로자에 대하여 법이 적용된다. 여기서 근로자는 근로기준법 제2조1항1호에 의한 근로자를 의미하며, 상용근로자뿐 아니라 임시직·일용직·시간제근로자, 외국인 근로자 등 고용 형태나 국적·연령 등에 관계없이 모두 포함된다.

(2) 감액 적용

(가) 수습근로자

수습사용중에 있는 경우 3개월 이내의 수습기간 동안은 시간급 최저임금의

90%를 적용할 수 있다(최저임금법 제5조2항). 하지만 수습기간이 3개월을 초과하는 경우 초과 시점부터는 감액할 수 없다. 또한 근로계약 기간이 1년 미만인 경우, 최저임금 감액제도의 편법적 활용을 예방하기 위해 수습사용 중에 있더라도 최저임금액 10% 감액 불가능하다.

협의의 수습이나 시용 등 명칭에 관계없이 수습 사용 중에 있는 자는 모두 감액적용의 대상이나. 근로계약이나 취업규칙, 단체협약 등에 '수습으로 한다'는 등의 명시적 근거가 있어야 한다.

협의의 수습: 정식 채용 후 업무수습을 위한 근로형태 시용: 정식 채용 전 정식 채용 여부를 결정하기 위해 시험적으로 사용하는 근로형태

(나) 단순노무 근로자

숙련이 필요 없는 단순노무 업무에 종사하는 단순노무직종 근로자는 수습 사용 중에 있더라도 최저임금액 10% 감액 적용이 불가능하다. 단순노무직종은 몇 시간 또는 몇 십 분의 직업 내 훈련으로 업무수행이 가능한 업무로 기능 숙련 기간이 필요하지 않아, 최저임금을 감액지급 할 필요가 없기 때문이다.

〈한국표준직업분류 대분류 9(단순노무 종사자)〉

한국표준직업분류상 단순노무 종사자(Elementary Workers)는 주로 수공구의 사용과 단순하고 일상적이며, 어떤 경우에는 상당한 육체적 노력이 요구되고, 거의 제한된 창의와 판단만을 필요로 하는 업무를 수행한다. 대부분 직업이 몇 시간 혹은 몇 십 분의 직업 내 훈련(On the Job Training)으로 업무수행이 가능하며, 일반적으로 제1수준의 직무능력을 필요로 한다. 단순노무직 내부에서의 직업 이동은 일부 직업에서의 강도 높은 노동으로 인한 체력이 문제되는 점을 제외하고, 직무 자체로만 본다면 상대적으로 매우 용이한 편이라 할 수 있다.

중분류는 건설, 운송, 제조, 청소 및 경비, 가사 · 음식 및 판매, 농림 · 어업과 기타 서비스 관련 단순 노무직 순으로 배열되어 있다.

91 건설 및 광업 관련 단순 노무직
92 운송 관련 단순 노무직
93 제조 관련 단순 노무직
94 청소 및 경비 관련 단순 노무직
95 가사 · 음식 및 판매 관련 단순 노무직
99 농림 · 어업 및 기타 서비스 단순 노무직

(3) 적용 제외

근로자의 정신 또는 신체의 장애가 당해 근로자를 종사시키고자 하는 업무의 수행에 직접적으로 현저한 지장을 주는 것이 명백하다고 인정되는 경우 고용노동부장관의 인가를 받으면 최저임금의 적용이 제외된다(최저임금법 제7조). 반드시 고용노동부장관의 인가를 받은 경우에 한하여 적용이 제외되고, 인가 기간은 1년을 초과할 수 없다. 현저한 지장이란 동일한 또는 유사 직종의 최저임금을 적용받는 다른 근로자 중에서 가장 낮은 근로자의 평균 작업능력에도 미치지 못함을 의미한다. 다리에 장애가 있는 자가 앉아서 수작업을 주로 하는 경우와 같이, 장애와 업무가 직접 관련이 없는 경우에는 인가 대상이 아니다. 실무적으로는 한국장애인고용공단의 작업능력 평가를 거쳐 작업능력을 확인한 후 인가하게 된다.

라. 최저임금의 특례 적용

임금이 통상적으로 도급제나 그 밖에 이와 비슷한 형태로 정하여져 있는 경우로 근로시간을 파악하기 어렵거나 시간, 일, 주 또는 월 단위로 최저임금을 정하는 것이 적당하지 아니하다고 인정되는 경우에는 최저임금을 따로 정할 수 있다. 최저임금법시행령 제4조는 해당 근로자의 생산고(生産高) 또는 업적의 일정단위에 의하여 최저임금액을 정하도록 하고 있다.

마. 최저임금의 지급의무 면제

근로자가 자기 사정으로 인하여 소정의 근로시간 또는 소정의 근로일의 근로를 하지 아니한 경우, 사용자가 정당한 이유(천재지변 등으로 공장, 기계, 원료가 파손 멸실되어 근로의 제공을 수령할 수 없는 경우 등)로 근로자에게 소정의 근로일의 근로를 시키지 아니한 경우에 대해서 사용자는 최저임금 이상의 임금을 지급할 것을 강제하지는 않는다(최저임금법 제6조6항).

바. 최저임금의 효력 등

관련 법령

최저임금법 제11조【주지 의무】

최저임금의 적용을 받는 사용자는 대통령령으로 정하는 바에 따라 해당 최저임금을 그 사업의 근로자가 쉽게 볼 수 있는 장소에 게시하거나 그 외의 적당한 방법으로 근로자에게 널리 알려야 한다.

최저임금법 제6조【최저임금의 효력】
① 사용자는 최저임금의 적용을 받는 근로자에게 최저임금액 이상의 임금을 지급하여야 한다.
② 사용자는 이 법에 따른 최저임금을 이유로 종전의 임금수준을 낮추어서는 아니 된다.
③ 최저임금의 적용을 받는 근로자와 사용자 사이의 근로계약 중 최저임금액에 미치지 못하는 금액을 임금으로 정한 부분은 무효로 하며, 이 경우 무효로 된 부분은 이 법으로 정한 최저임금액과 동일한 임금을 지급하기로 한 것으로 본다.

(1) 사용자의 주지의무

사용자는 최저임금이 고시되면 최저임금액 등을 그 효력발생일 전일까지 근로자가 쉽게 볼 수 있는 장소에 게시하거나, 그 외의 적당한 방법으로 근로자에게 주지시켜야 한다.

〈주지 사항〉
① 최저임금액, ② 최저임금에 산입하지 않는 임금의 범위, ③ 최저임금의 적용제외 인가 신청 대상 근로자의 범위, ④ 효력 발생 연월일

(2) 최저임금 지급의무

사용자가 최저임금액 이상의 임금을 지급하지 않은 경우 3년 이하의 징역 또는 2천만원 이하의 벌금에 처한다.

(3)근로계약에 대한 강행적 효력

최저임금의 적용을 받는 근로자와 사용자 사이의 근로계약 중 최저임금액에 미치지 못하는 금액을 임금으로 정한 부분은 무효로 하며, 무효로 된 부분은 최저임금액과 동일한 임금을 지급하기로 한 것으로 간주된다(최저임금법 제6조3항). 근로자는 이에 근거하여 최저임금액에 미달된 임금의 지급을 청구할 수 있으며, 임금채권의 소멸시효는 3년이 적용된다(근로기준법 제49조).

(4) 임금수준의 저하 금지

사용자는 최저임금을 이유로 종전에 최저임금보다 높게 지급하던 임금을 최저임금에 맞춰 그 수준을 낮출 수 없다(최저임금법 제6조2항). 여기서 '기존의 임금수

준이 저하되지 않도록 한다'는 것은 기본급, 각종 수당, 상여금 등을 포함한 종전에 지급받아 왔던 임금의 수준을 저하시키지 않아야 한다는 것을 의미한다. 따라서 근로자의 임금이 최저임금에 미달하지 않더라도 사용자가 최저임금을 이유로 그 수준을 저하시킨 경우에는 임금수준 저하 금지 위반에 해당하여 3년 이하의 징역 또는 2천만원 이하의 벌금에 처한다(최저임금법 제28조1항).

여기서 잠깐! **종전 임금수준의 저하 및 구성항목의 조정**

최저임금이 인상됨에 따라 인건비 부담을 느낀 사업장에서는 임금 구성항목을 조정하는 일이 발생한다. 임금수준이 변동되어 근로자에게 유리한지 불리한지는 아래와 같이 판단한다. 임금총액을 그대로 유지하면서 임금의 구성항목을 조정하거나 변경하는 경우 종전 임금수준을 저하시킨 것으로 볼 수 없다. 종전의 임금수준은 임금, 상여금 등 임금총액을 기준으로 판단한다. 그러나, "기본임금은 매년 결정·고시되는 최저임금수준으로 한다."는 명문규정이 있는 경우에는 그에 따라 기본임금을 최저임금 수준으로 조정하여야 한다.

최저임금이 적용되는 2007년도 이후부터는 임금 구성항목의 조정·변경이 근로자에게 유리·불리한지 여부는 근로기준법 제97조1항에 따라 판단한다. 최저임금 범위에 포함되지 않는 금품을 최저임금 범위로 통합하는 경우 야간근로수당의 기초가 되는 임금액이 높아지는 측면에서는 근로자에게 불이익하지 않지만, 임금체계가 변동되고 지급받던 수당이 소멸하는 등의 측면에서는 불이익한 부분이 있기 때문에 취업규칙 등 변경시 주의가 필요하다. 그러므로 임금체계를 변경하는 경우, 관련 규정(단체협약, 취업규칙, 근로계약 등) 모두를 절차에 맞게 변경하는 것이 바람직하다.

사. 최저임금 산입범위(분자의 문제)

관련 법령

최저임금법 제6조【최저임금의 효력】

④ 제1항과 제3항에 따른 임금에는 매월 1회 이상 정기적으로 지급하는 임금을 산입(算入)한다. 다만, 다음 각 호의 어느 하나에 해당하는 임금은 산입하지 아니한다.

1. 근로기준법 제2조제1항제8호에 따른 소정(所定)근로시간(이하 "소정근로시간"이라 한다) 또는 소정의 근로일에 대하여 지급하는 임금 외의 임금으로서 고용노동부령으로 정하는 임금

최저임금법시행령 제2조【최저임금의 범위】

① 최저임금법(이하 "법"이라 한다) 제6조4항1호에서 "고용노동부령으로 정하는 임금"이란 다음 각 호의 어느 하나에 해당하는 것을 말한다.

1. 연장근로 또는 휴일근로에 대한 임금 및 연장 · 야간 또는 휴일 근로에 대한 가산임금

2. 근로기준법 제60조에 따른 연차 유급휴가의 미사용수당
3. 유급으로 처리되는 휴일(근로기준법 제55조1항에 따른 유급휴일은 제외한다)에 대한 임금
4. 그 밖에 명칭에 관계없이 제1호부터 제3호까지의 규정에 준하는 것으로 인정되는 임금

② 법 제6조4항2호에서 "고용노동부령으로 정하는 임금"이란 다음 각 호의 어느 하나에 해당하는 것을 말한다.

1. 1개월을 초과하는 기간에 걸친 해당 사유에 따라 산정하는 상여금, 장려가급, 능률수당 또는 근속수당
2. 1개월을 초과하는 기간의 출근성적에 따라 지급하는 정근수당

근로기준법에 따른 임금으로서 매월 1회 이상 정기적으로 지급되는 경우에는 최저임금에 산입되며, 임금이 아니거나 매월 지급되지 않는 임금은 산입되지 않는다. 또한 매월 1회 이상 지급되는 임금이라하더라도 아래에 해당(ⓐ+ⓑ+ⓒ)하는 경우 최저임금에 산입되지 않는다.

최저임금의 산입범위	=	매월 1회 이상 지급되는 임금	−	최저임금에 산입하지 아니하는 임금(ⓐ+ⓑ+ⓒ)

구 분			산입여부
매월 지급	ⓐ 소정 근로 외의 임금	① 연장·휴일근로에 대한 임금 및 연장·야간·휴일가산수당	미 산입
		② 연차 유급휴가 미사용수당	
		③ 법정 주휴일을 제외한 유급휴일에 대한 임금	
		④ 기타 ①, ②, ③에 준하는 임금 * 예: 월차휴가 미사용수당	
	ⓑ 상여금, 그밖에 이에 준하는 임금	① 산정단위가 1개월을 초과하는 상여금, 장려가급, 능률수당, 근속수당	월 환산액의 15% 초과분 산입 ('21년 기준)
		② 1개월을 초과하는 기간의 출근성적에 따라 지급하는 정근수당	
매월 지급	ⓒ 생활보조 · 복리후생성 임금	통화 이외의 것으로 지급	미 산입
		통화로 지급	월 환산액의 3% 초과분 산입 ('21년 기준)
	상기 임금을 제외한 나머지 임금		산입
1개월을 초과하여 지급하는 임금			미 산입

(1) 월환산액

관련 법령

최저임금법시행령 제5조의2【월 환산액의 산정】

법 제6조4항2호 및 같은 항 제3호나목에 따른 월 환산액은 해당 연도 시간급 최저임금액에 제5조1항3호에 따른 1개월의 최저임금 적용기준 시간 수를 곱하여 산정한다.

고용노동부 장관이 고시하는 해당연도의 최저시급에 1개월의 최저임금 적용기준 시간수를 곱한 금액을 말한다. 2021년의 경우 8,720원×209시간=1,822,480원이다. 통상 209시간으로 계산하지만, 정확한 계산을 위해서는 208.57시간으로 계산하는 것이 좋다. 208.57시간은 (40시간+8시간)×(365일/7일)÷12개월로 계산한 월급의 최저임금 적용기준 시간수이다.

【월환산액 산정 예시('21년 기준)】

▶ 월환산액 = 법정 최저시급 × 1개월의 최저임금 적용기준 시간 수

- 소정근로시간 1일 8시간, 1주 40시간, 법정 주휴일 1일인 경우 월환산액
  ⇒ 8,720원 × 208.57시간[=(40H+8H)×365일÷7일÷12월] = 1,818,730원
- 소정근로시간 1일 7시간, 1주 35시간, 법정 주휴일 1일인 경우 월환산액
  ⇒ 8,720원 × 182.5시간[=(35H+7H)×365일÷7일÷12월] = 1,591,400원

(2) 상여금의 산입 범위

최저임금 산입을 위해서는 산정단위와 지급주기에 대한 판단이 필요하다.

① 산정단위가 1개월을 초과(연, 반기, 분기별)하고, 지급주기가 격월·분기·반기 등인 상여금의 경우 최저임금에 산입하지 않는다. 예를 들어, 기본급의 연600%를 짝수 달에 나누어 지급하기로 정한 경우를 말한다.

② 산정단위가 1개월을 초과(연, 반기, 분기별)하고, 지급주기가 매월인 상여금의 경우 월환산액의 15%(2021년 기준)를 초과하는 부분은 최저임금에 산입한다. 예를 들어, 기본급의 연 600%를 매월 50%씩 지급하기로 정한 경우를 말한다. 산입비율은 2019년부터 매년감소(25%→20%→15%→10%→5%→0%)하여 2024년에는 전액 산입된다. ③ 산정단위가 매월이고, 지급주기가 매월인 상여금의 경우 전액을 최저임금에 산입한다. 예를 들어, 월 30만원을 매월 지급하거나 기본급의 10%

를 매월 지급하기로 정한 경우를 말한다.

임금항목	지급주기	산정단위	최저임금 산입여부
정기상여금 근속수당 등	매월	1개월 (예, 매월 3만원, 월 기본급의 20%)	전부 산입
		1개월 초과 (예, 기본급의 연 500%)	월환산액의 15%(2021년 기준) 초과분만 산입
	1개월 초과	무관	미 산입

【'상여금 등'의 최저임금 산입분 산정 예시('21년 기준)】

▶ 최저임금에 일부 산입되는 '상여금, 그 밖에 이에 준하는 임금'
= {산정단위가 1월을 초과하는 매월 지급(상여금+장려가급+능률수당+근속수당) + 1월 초과기간의 출근성적에 따라 매월 지급 정근수당} − 최저시급 월 환산액의 15%

- 소정근로시간 1일 8시간, 1주 40시간, 법정 주휴일 1일인 경우 월환산액
  ⇒ 8,720원 × 208.57시간[=(40H+8H)×365일÷7일÷12월] = 1,818,730원
- 소정근로시간 1일 7시간, 1주 35시간, 법정 주휴일 1일인 경우 월환산액
  ⇒ 8,720원 × 182.5시간[=(35H+7H)×365일÷7일÷12월] = 1,591,410원
- 소정근로시간: 1일 8시간, 1주 40시간, 법정 주휴일: 일요일
- 정기상여금: 기본급의 연 300%를 매월 50만원씩 지급
  능률수당: 기본급의 연 60%를 매월 10만원씩 지급
  ⇒ 최저임금 산입분:
  (정기상여금 50만원+능률수당 10만원) − {(8,720원×208.57H)×15%} = 327,191원
  └ 미 산입 월환산액: 272,809원

(3) 복리후생비의 산입범위

복리후생비에 해당하는지 여부는 근로계약 등의 내용, 직종과 근무형태, 지급배경, 명칭의 의미를 고려하여 근로자의 생활 보조나 복리후생을 위한 것인지를 기준으로 판단한다. 복리후생을 위한 임금에 해당하고, 매월 지급된다면 월환산액의 3%(2021년 기준)를 초과하는 부분을 최저임금에 산입한다. 산입비율은 2019년부터 매년 감소(7%→5%→3%→2%→1%→0%)하여 2024년에는 전액 산입된다. 복리후생비의 예로는 식비, 교통비, 숙박비, 가족수당, 처우개선비 등이 있다.

【'복리후생비'의 최저임금 산입분 산정 예시('21년 기준)】

▶ 최저임금에 산입되는 복리후생비 = 매월 통화로 지급되는 (식비+숙박비+교통비+ 가족수당 등) – 최저시급 월 환산액의 3%

- 소정근로시간: 1일 8시간, 1주 40시간, 법정 주휴일: 일요일
- 식비: 매월 10만원, 교통비: 매월 5만원

⇒ 최저임금 산입분:

(식비 10만원+교통비 5만원) – {(8,720원×208.57H)×3%} = 95,439원

└→ 미 산입 월환산액: 54,561원

여기서 잠깐! **복리후생 금품**

복리후생적으로 지급하는 금품	
↓	↓
임금인 경우	**임금이 아닌 경우**
복리후생·생활보조적 금품이라 하더라도 계속적·정기적·일률적으로 지급되고, 단체협약·취업규칙·근로계약 및 그밖에 관련 규정에 의하여 사용자에게 그 지급의무가 지워져 있는 경우 (식대, 교통비, 숙박비, 체력단련비, 가족수당 등)	① 개별 근로자의 특수하고 우연한 사정에 의하여 좌우되는 경우(결혼축의금, 조의금) ② 사용자가 지급 의무 없이 은혜적, 호의적으로 근로자에게 지급하는 경우(격려금, 위로금, 포상금)
↓	↓
매월 지급되는 경우에 한해 최저임금에 산입하되, 월 환산액의 3%(2021년 기준) 초과분만 산입	최저임금 산입 불가

※ 복지포인트: 임금성에 대한 다툼이 있으나, 복리후생적 임금으로 인정된다 하더라고 매월 지급되는 금품이 아니므로 최저임금에는 산입할 수 없다.

아. 최저임금 적용기준 시간수(분모의 문제)

주·월급을 시간급으로 환산할 때 주·월급을 나누는 시간 수를 "최저임금 적용기준 시간 수"라고 한다.

① 주급을 나누는 "1주의 최저임금 적용기준 시간수": 1주의 소정근로시간수에 유급으로 처리되는 법정 주휴시간을 합산한 시간(최저임금법시행령 제5조1항2호)
② 월급을 나누는 "1월의 최저임금 적용기준 시 수": 1주의 최저임금 적용기준 시간수에 1년 동안의 평균 주의 수를 곱한 시간을 12월로 나눈 시간수(최저임금법시행령 제5조1항3호)

최저임금 적용기준 시간수에는 유급휴일시간 중 법정 주휴시간만 포함되고, 그 외의 법정휴일 시간(근로자의 날, 일요일을 제외한 공휴일) 및 약정유급휴일 시간은 제외된다. 법정 주휴수당은 최저임금법 제6조4항 본문에 따라 소정 근로의 대가로서 최저임금에 산입하고, 최저임금 적용기준 시간 수에도 법정 주휴시간 합산한다. '유급으로 처리되는 법정 주휴시간'이 최저임금 적용기준 시간 수에 포함되므로, 결근 등으로 법정 주휴수당이 미지급된 경우에는 최저임금 적용기준 시간 수에서 제외된다. 반면, 주휴 이외의 유급휴일에 대한 임금은 최저임금에 산입하지 않고 최저임금 적용기준 시간수에서도 제외된다.

【최저임금 적용기준 시간 수 산정 예시】

▶ 1주의 최저임금 적용기준 시간 수 = 1주 소정근로시간 + 1주 주휴시간

▶ 1월의 최저임금 적용기준 시간 수 = (1주 소정근로시간 + 1주 주휴시간) × 1년 동안의 평균 주 수 (365일 ÷ 7일) ÷ 12월

- 소정근로시간 1일 8시간, 1주 40시간
  ① 주휴일 1일인 경우 최저임금 적용기준 시간수
  ⇒ (40H + 8H) × 365일 ÷ 7일 ÷ 12월 = 208.57시간
  ② 주휴일 1일, 약정유급휴일 1일 8시간인 경우 최저임금 적용기준 시간수
  ⇒ (40H + 8H) × 365일 ÷ 7일 ÷ 12월 = 208.57시간(약정유급휴일 시간 제외)
- 소정근로시간 1일 7시간, 1주 35시간
  ① 주휴일 1일인 경우 최저임금 적용기준 시간수
  ⇒ (35H + 7H) × 365일 ÷ 7일 ÷ 12월 = 182.5시간
  ② 주휴일 1일, 약정유급휴일 1일 4시간인 경우 최저임금 적용기준 시간수
  ⇒ (35H + 7H) × 365일 ÷ 7일 ÷ 12월 = 182.5시간(약정유급휴일 시간 제외)

자. 취업규칙 변경 특례

관련 법령

최저임금법 제6조의2【최저임금 산입을 위한 취업규칙 변경절차의 특례】

사용자가 제6조4항에 따라 산입되는 임금에 포함시키기 위하여 1개월을 초과하는 주기로 지급하는 임금을 총액의 변동 없이 매월 지급하는 것으로 취업규칙을 변경하려는 경우에는 근로기준법 제94조1항에도 불구하고 해당 사업 또는 사업장에 근로자의 과반수로 조직된 노동조합이 있는 경우에는 그 노동조합, 근로자의 과반수로 조직된 노동조합이 없는 경우에는 근로자의 과반수의 의견을 들어야 한다.

1개월을 초과하여 지급하던 임금을 최저임금에 산입하기 위해서 총액의 감소 없이 매월 1회 이상 지급하는 것으로 취업규칙을 변경하는 경우 과반수 노동조합이나 근로자 과반수의 의견청취만으로 가능하게 하였다. 예를 들어 기본급의 연600% 정기상여금을 짝수달에 100%씩 지급하는 규정을 기본급의 연600%를 매월 50%씩 분할 지급하는 규정으로 변경할 경우 취업규칙 불이익 변경이 아니며, 의견청취 절차만 거치면 변경이 가능하다. 임금 항목을 상여금이 아닌 기본급으로 바꾸거나 임금항목은 유지한 채 지급주기만 변경하는 경우도 포함된다.

차. 최저임금 미달여부 판단

사업장에서 지급하는 임금이 최저임금에 위반되는지 여부를 판단하려면 ① 지급 받는 임금에서 최저임금에 포함되는 임금만을 가려서 ② 이를 시간당 임금으로 환산하여 ③ 고시된 최저임금과 비교한다.

> 법령, 단체협약 등에서 일정한 금액을 임금에서 공제하기로 한 때에는 공제전의 임금을 기준으로 비교한다.
> ① 소득세법, 기타 사회보장에 관한 법률에 의하여 근로소득세, 국민연금, 건강보험료 등을 임금에서 공제하는 경우 공제전의 임금을 기준으로 판단
> ② 단체협약, 취업규칙 등에 의한 징계로 인해 감급의 제재를 받는 경우에는 감급되기 전의 임금을 기준으로 판단

① 시간급으로 임금이 지급되는 경우에는 해당 시간급과 고시된 최저임금액을 비교한다.

② 일·주·월급 등에 연장·야간근로수당 등이 포함되어 있는 경우 시간급 환산시 연장·야간근로 등에 따른 가산임금을 고려한 근로시간을 소정근로시간에 합산한 수로 나눈다.

관련 판례

원심이 최저임금법시행령 제5조1항에 따라 월 단위로 정해진 임금을 시간에 대한 임금으로 환산하면서 연장 및 야간근로에 따른 가산임금을 고려한 근로시간을 월소정근로시간에 합산한 것은 타당하다(대법원 2018.6.19, 2014다44673).

③ 임금이 시간·일·주·월급 등의 2가지 이상의 방법으로 정해진 경우 각각의 시간급(시간급을 제외한 다른 임금은 환산한 시간급을 말한다)을 합산하여 고시된 최저임금액과 비교한다.

① 시간급(시간단위로 정해진 임금): 시간급과 법정 최저시급을 비교
② 일급(일단위로 정해진 임금): 일급을 1일의 소정근로시간 수로 나누어 시간급으로 환산 후 비교
③ 주급(주단위로 정해진 임금): 주급을 "1주의 최저임금 적용기준 시간 수(1주의 소정근로시간 수 + 1주의 법정 주휴시간 수)"로 나누어 시간급으로 환산 후 비교
④ 월급(월단위로 정해진 임금): 월급을 "1개월의 최저임금 적용기준 시간 수(1주의 최저임금 적용기준 시간 수 × 365일 ÷ 7일 ÷ 12월)"로 나누어 시간급으로 환산 후 비교
⑤ 시간·일·주·월 이외의 단위로 정해진 임금의 경우: ① ~ ④의 기준에 준하여 비교
⑥ 생산고에 따른 임금 또는 기타 도급제로 정해진 임금: 임금 산정기간의 임금 총액을 그 임금 산정기간 동안의 총 근로시간으로 나누어 시간급으로 환산 후 비교

카. 최저임금 미달여부 산정

(1) 임금을 정한 단위별 산정 예시

(가) 시간급의 경우

임금이 시간급인 경우에는 고시된 최저임금액과 직접 비교한다.

【시간급의 경우】

- 1일 8시간, 1주 40시간 근무, 1일의 주휴일 부여
- 임금: 시간당 8,720원

⇒ 고시된 최저임금액과 비교: 8,720원 = 8,720원 ⇒ 최저임금법 위반 아님

- 1일 4시간, 1주 12시간 근무, 주휴일 없음
- 임금: 시간당 8,350원

⇒ 고시된 최저임금액과 비교: 8,350원 〈 8,720원 ⇒ 최저임금법 위반

(나)일급의 경우

임금이 1일 단위로 정하여진 경우 그 금액을 1일의 소정근로시간으로 나누어 시간급으로 환산 후 고시된 최저임금액과 비교한다.

【일급의 경우】

- 1일 8시간, 1주 40시간 근무, 1일의 주휴일 부여
- 임금: 시간당 80,000원

① 일급을 시간급으로 환산: 80,000원 ÷ 8시간 = 10,000원
② 고시된 최저임금액과 비교: 10,000원 〉 8,720원 ⇒ 최저임금법 위반 아님

- 1일 10시간(9:00~21:00, 휴게 2시간), 주 5일 근무, 1일의 주휴일 부여
- 임금: 1일 90,000원 * 5인 이상 사업장

① 일급을 시간급으로 환산: 90,000원 ÷ (8시간 + 2시간 ×1.5) = 8,182원
  * 연장근로시간 및 그에 대한 임금을 각각 제외하여 산정하더라도 금액은 같다.
② 고시된 최저임금액과 비교: 8,182원 〈 8,720원 ⇒ 최저임금법 위반

(다) 주급의 경우

임금이 주급으로 정하여진 경우에는 1주의 최저임금 적용기준 시간수(소정근로시간+주휴시간)으로 나누어 시간급으로 환산 후 고시된 최저임금액과 비교한다.

【주급의 경우】

- 1일 7시간, 1주 35시간 근무, 1일의 주휴일 부여
- 임금: 1주 350,000원

① 주급을 시간급으로 환산: 350,000원 ÷ (35시간 + 7시간) = 8,333원
② 고시된 최저임금액과 비교: 8,333원 〈 8,720원 ⇒ 최저임금법 위반

- 1일 10시간(9:00~21:00, 휴게 2시간), 주 5일 근무, 1일의 주휴일 부여
- 임금: 1주 600,000원 * 5인 이상 사업장

① 주급을 시간급으로 환산: 600,000원 ÷ {(8시간 + 2시간 ×1.5)×5일+8시간} = 9,524원
② 고시된 최저임금액과 비교: 9,524원 〉 8,720원 ⇒ 최저임금법 위반 아님

(라) 월급의 경우

임금이 월급인 경우에는 1개월의 최저임금 적용기준 시간수(1주의 최저임금 적용기준 시간 수 × 1년 동안의 평균 주의 수 ÷ 12월)로 나누어 시간급으로 환산 후 고시된 최저임금액과 비교한다.

【월급의 경우】

- 1일 8시간, 1주 40시간 근무, 1일의 주휴일 부여
- 임금: 월 1,700,000원

① 월급을시간급으로환산:1,700,000원÷{(40시간 + 8시간) × 365일÷7일÷12월} = 8,151원
② 고시된 최저임금액과 비교: 8,151원 〈 8,720원 ⇒ 최저임금법 위반

- 1일 10시간(9:00~21:00, 휴게 2시간), 주 5일 근무, 1일의 주휴일 부여
- 임금: 1일 90,000원 * 5인 이상 사업장

(5인 이상 사업장의 경우)
① 월급을 시간급으로 환산: 2,000,000원 ÷{(40시간 + 5시간 × 1.5 + 8시간)×365일 ÷ 7일 ÷ 12월} = 8,293원
② 고시된 최저임금액과 비교: 8,293원 〈 8,720원 ⇒ 최저임금법 위반
(4인 이하 사업장의 경우)
① 월급을 시간급으로 환산: 2,000,000원 ÷ {(45시간 + 8시간) × 365일 ÷ 7일 ÷ 12월} = 8,684원
② 고시된 최저임금액과 비교: 8,684원 〈 8,720원 ⇒ 최저임금법 위반

<사례1> 일반 월급제 근로자의 경우

□ 소정근로시간이 1주 40시간인 근로자가 2021년 1월 월급 2,405,120원에 대한 급여 명세서가 아래와 같은 경우

① 지급 받은 월급에서 최저임금에 포함되는 임금만을 추려낸다.

월급 명세서 (2021년 1월)	
기본급	1,500,000원
정기상여금	500,000원
직무수당	50,000원
시간외수당	55,120원
식대	200,000원
교통비	100,000원
급여 계 2,405,120원	

➡

최저임금에 포함되는 임금	
기본급	1,500,000원
정기상여금	227,191원
직무수당	50,000원
식대, 교통비	245,439원
임금 계 2,022,630원	

㉠ 정기상여금 산입: 월환산액 1,822,480원의 15%인 272,809원을 초과하는 부분
㉡ 식대 산입: 월환산액 1,822,480원의 3%인 54,561원을 초과하는 부분
㉢ 직무수당 전액 산입
㉣ 시간외 수당 전액 미산입

② 추려 낸 임금을 시간당 임금으로 환산한다.
시간당 임금 환산방법: 추려낸 임금÷최저임금 적용기준 시간수
208.57시간=(주당 소정근로시간 40시간+유급주휴 8시간)÷7일×365일÷12월

③ 2021년 적용 최저임금인 시간당 8,720원과 비교하여 판단한다.

2,022,630원
÷208.57시간 〉 8,720원
= 9,697원 최저임금 위반 아님.

<사례2> 24시간 격일제 근무자의 경우

□ 24시간 격일제 근무(휴게시간: 주간 2시간, 야간 3시간)한 감시적근로자가 2021년 1월 월급 2,225,000원에 대한 급여 명세서가 아래와 같은 경우

① 내가 받은 월급에서 최저임금에 포함되는 임금만을 추려낸다.

월급 명세서(2021년 1월)	
기본급	1,700,000원
상여금	200,000원
직책수당	100,000원
야간근로가산수당	250,000원
급여 계 2,250,000원	

➡

최저임금에 포함되는 임금	
기본급	1,700,000원
정기상여금	200,000원
직책수당	100,000원
임금 계 2,000,000원	

② 추려낸 임금을 시간당 임금으로 환산한다.
시간당 임금 환산방법: 추려낸 임금÷근로계약서상 소정근로시간
288.95시간≒(19시간×365일÷2)÷12월

③ 2021년 적용 최저임금 8,720원과 비교하여 판단한다.

2,000,000원
÷288.95시간 〈 8,720원
= 6,921원 최저임금 위반임.

(마) 시간 · 일 · 주 · 월급 등이 혼합된 경우

각각의 시간급을 구해서 합한 금액을 고시된 최저임금액과 비교한다.

【시간급과 월급이 혼합된 경우(1)】

- 1일 8시간, 1주 40시간 근무, 1일의 주휴일 부여
- 임금: 기본급 시간당 8,000원, 직급수당 월50,000원, 직책수당 월30,000원

① 월급을 시간급으로 환산: 80,000원 ÷ {(40시간 + 8시간) × 365일÷7일÷12월} = 384원
② 각각의 시간급 합산: 8,000원 + 384원 = 8,384원
③ 고시된 최저임금액과 비교: 8,384원 〈 8,720원 ⇒ 최저임금법 위반

【시간급과 월급이 혼합된 경우(2)】

- 1일 8시간, 1주 40시간 근무, 1일의 주휴일 부여
- 임금: 기본급 시간당 8,000원, 주휴수당 주64,000원, 직급수당 월50,000원, 직책수당 월30,000원

① 월급을 시간급으로 환산: 80,000원 ÷ {(40시간 + 8시간) × 365일÷7일÷12월} = 384원
② 각각의 시간급 합산: 8,000원 + 384원 = 8,384원
③ 고시된 최저임금액과 비교: 8,384원 〈 8,720원 ⇒ 최저임금법 위반
※ 실무에서 많이 하는 실수 중 하나는 주휴수당을 주급으로 이해하고, 1주의 최저임금 적용기준 시간수로 나눈 시간당 금액 1,333원을(64,000원÷48시간)을 추가로 합산하는 경우이다. 하지만 주휴수당은 소정근로의 대가가 아니므로 최저임금에 산입할 필요가 없으며, 만일 주휴수당을 포함하여 계산하려면 1주의 급여인 384,000원((시급 8,000원 × 8시간) × 5일 + 주휴수당 64,000원 = 384,000원)을 1주의 최저임금 적용기준 시간수인 48시간으로 나누어야 한다.

(2) 생산고 또는 도급제로 정해진 임금의 경우

생산고에 따른 임금과 도급제로 정해진 임금은 그 임금 산정기간 동안 지급받은 임금을 그 임금산정기간 동안의 총 근로시간수로 나누어 시간급으로 환산 후 고시된 최저임금액과 비교한다. 여기서 총 근로시간은 유급 처리되는 시간은 제외되는 것이 원칙이며, 임금 총액에 유급 처리되는 시간에 대한 임금이 포함된 경우에는 그 시간을 반영한다.

【생산고에 따른 임금의 경우】

- 1일 8시간, 1주 40시간 근무, 1일의 주휴일 부여
- 임금: 기본급 월 80만원, 실적에 따라 지급되는 성과급 월 70만원

① 월급을 시간급으로 환산: (80만원 + 70만원)÷{(40시간 + 8시간) × 365일÷7일÷12월} = 7,192원
② 고시된 최저임금액과 비교: 7,192원 〈 8,720원 ⇒ 최저임금법 위반

- 1일 9시간(9:00~20:00, 휴게 2시간), 주 5일 근무, 1일의 주휴일 부여
- 임금: 기본급 월 120만원, 판매실적에 따라 지급되는 판매수당 월 80만원

(5인 이상 사업장의 경우)
① 월급을 시간급으로 환산: (120만원 + 80만원)÷{(40시간 + 5시간 ×1.5+8시간) × 365일 ÷7일÷12월}=8,293원
② 고시된 최저임금액과 비교: 8,293원 〈 8,720원 ⇒ 최저임금법 위반
(4인 이하 사업장의 경우)
① 월급을 시간급으로 환산: (120만원 + 80만원) ÷ {(45시간 + 8시간) × 365일÷7일÷12월} = 8,684원
② 고시된 최저임금액과 비교: 8,684원 〈 8,720원 ⇒ 최저임금법 위반

(3-1) 약정휴일이 있는 경우

주·월급의 경우 주·월급에서 약정유급휴일에 대한 임금을 제외하고, 이를 약정유급휴일 시간을 제외한 최저임금 적용기준 시간 수로 나누어 시급으로 환산 후 고시된 최저임금액과 비교한다.

【약정휴일이 있는 경우】

- 1일 8시간, 1주 40시간 근무, 1일 약정유급휴일(8시간), 1일의 주휴일 부여
- 임금: 월 2,200,000원

① (분자) 최저임금 산입분
• 총 시간(월 통상임금 산정 시간): (40H + 8H + 8H) × 365일 ÷ 7일 ÷12월 = 243.33시간

- 1개월 약정유급휴일 시간: 8H × 365일÷7일÷12월 = 34.76시간
- 약정유급휴일 수당분(월급÷총 시간 ×1월 약정휴일시간): (220만원÷243.33H)×34.76H = 314,273원
- 최저임금 산입분(월급–약정휴급휴일 수당분): 220만원 – 314,273원 = 1,885,727원

② (분모) 최저임금 적용기준 시간 수: (40H + 8H)×365일÷7일 ÷12월 = 208.57시간
③ 환산 시간급(①÷②): 1,885,727원 ÷ 208.57H = 9,041원
④ 고시된 최저임금액과의 비교: 9,041원 〉 8,720원 ⇒ 최저임금법 위반 아님

(3-2) 약정휴일이 있는 경우

월급의 경우 법정 최저시급과의 비교를 위한 시간급 환산 시 약정유급휴일에 대한 임금·시간은 분자(최저임금 산입 임금)·분모(최저임금 적용기준 시간 수)에서 모두 제외하는 것이 원칙이다. 다만, 약정유급휴일에 대한 임금·시간을 분자·분모에서 모두 포함하여 계산하더라도 결과 값은 동일하므로, 편의상 전체 월급을 총 시간(월 통상임금 산정기준 시간수 = 소정근로시간 + 유급으로 처리되는 시간)으로 나누어 시간급으로 환산하는 것도 가능하다.

$$\frac{\text{월 급여}}{\text{월 시간}} = \frac{\text{기본급(소정근로시간 해당)} + \text{법정 주휴수당} + \text{약정유급휴일수당}}{\text{소정근로시간} + \text{법정 주휴시간} + \text{약정유급휴일시간}}$$

* (점선 상자) : 원칙, (파선 상자) : 편의상 계산 방법

【약정유급휴일이 있는 경우】
소정근로시간(1주 40H)을 초과하여 매주 약정유급휴일(8H)이 있는 경우

▶ 소정근로시간: 1일 8시간, 1주 40시간
▶ 휴일: ①법정 주휴일(매주 일요일), ②약정유급휴일(매주 토요일 8시간)
▶ 급여구성
- 기본급: 월 200만원,
- 정기상여금: 매월 15만원,
- 근속수당: 매월 5만원

※ 정기상여금, 근속수당은 매월 산정 · 지급 → 최저임금에 100% 산입

(1) (분자) 최저임금 산입분
① 총 시간(월 통상임금 산정 시간): (40H + 8H + 8H) ×365÷7÷12 = 243.33H
② 1개월 약정유급휴일 시간: 8H×365÷7÷12 = 34.76H

③ 약정유급휴일 수당분(월급÷①×②): 220만원÷243.33H×34.76H = 314,273원
↳ 월급의 전부가 최저임금에 100% 산입되므로, 전체 월급의 약정유급휴일수당분 산정
④ 최저임금 산입분(월급–③): 220만원 – 314,273원 = 1,885,727원
(2) (분모) 최저임금 적용기준 시간 수: (40H + 8H) ×365÷7÷12 = 208.57H
(3) 환산 시간급((1)÷(2)): 1,885,727원 ÷ 208.57H = 9,041원

(4) 감시·단속적 근로자의 경우

고용노동부장관의 승인을 얻은 감시·단속적 근로자는 근로기준법의 소정근로시간이 적용되지 않으므로(근로기준법 제63조3호), 감시·단속적 근로자의 일·주·월급을 시간급으로 환산할 때의 시간수는 "임금을 정한 기간의 총근로시간 수"가 된다. 다만, 감시·단속적 근로자의 경우 근로계약서에 휴게시간이 길게 규정되는 경우가 많아, 해당 시간을 본래 의미의 휴게시간으로 사용할 수 있는지는 확인이 필요하다. 감시·단속적 근로자의 월환산액은 해당연도 "임금을 정한 기간의 총근로시간수"를 곱하여 산정하면 된다.

【감시 · 단속적 근로자의 경우】

● 1일 24시간(휴게시간: 오후 2시간, 야간 6시간) 교대제근무일 경우

① 총 근로시간 수: (16시간+야간근로가산수당 환산분 1시간)×365일÷2÷12월 = 258.54시간
② 월 환산액: 8,720원×258.54시간 ≒ 2,254,468원

(5) 1주 15시간 미만 단시간 근로자의 경우

근로기준법 제18조에 따라 법정 주휴일이 발생하지 않는 단시간 근로자에 해당하여 법정 주휴수당을 지급하지 않는 경우라면, '법정 주휴일에 따라 유급으로 처리되는 시간'이 없기 때문에 최저임금 적용기준 시간수에서 주휴시간이 제외된다. 초단시간근로자의 월 환산액은 해당연도 "임금을 정한 기간의 총근로시간수"를 곱하여 산정한다.

【단시간 근로자의 경우】

● 1일 2시간, 1주 10시간 근무(약정유급휴일은 없음)

① 최저임금 적용기준 시간 수: 10H × 365일 ÷ 7일 ÷ 12월 = 43.45시간
② 월 환산액: 8,720원 × 43.45시간 ≒ 378,884원

타. 시간당 임금으로 환산하는 문제(월급제 근로와 209시간)

판례는 최저임금 적용을 위한 임금을 시간급으로 환산할 경우 1주 또는 월의 소정근로시간에 주휴수당 관련 근로시간을 고려할 필요가 없다고 판시하였다(대법원 2007.1.11, 2006다64245). 반면 행정해석은 주휴수당이 최저임금에 산입되는 점을 감안하여 유급 주휴시간이 1주 또는 월의 소정근로시간에 포함된다고 한다(임금정책과-3074, 2004.8.21).

통상임금은 시간급과 소정근로시간 또는 통상임금 산정기준시간수로 산정한다. 소정근로시간에는 일하기로 정한 시간만 포함되며 일하지 않지만 유급으로 처리되는 시간(유급휴일, 유급휴무)은 포함되지 않는데, 소정근로시간에 유급으로 처리되는 시간을 포함한 시간을 통상임금 산정기준시간이라고 한다. 월 209시간은 월 소정근로시간이 아니고 월급제 근로자의 통상임금 산정기준시간수인 것이다.

이에 반해 최저임금법은 월 단위로 정해진 임금의 경우 그 금액을 1개월의 소정근로시간수(월에 따라 소정근로시간수가 다른 경우에는 1년간의 1개월 평균 소정근로시간수)로 나눈 금액을 최저임금의 적용을 위한 시간급 임금으로 보기 때문에 통상임금 산정기준시간수인 209시간과 다를 수 있다. 최근 하급심 판례도 최저임금 산정을 위한 소정근로시간수에는 유급으로 처리되는 시간, 즉 주휴시간 등이 포함되지 않는다(서울서부지방법원 2016.2.16, 2014가소80300)고 판시한 사실이 이를 뒷받침한다. 즉, 근로를 제공하지는 않지만 유급으로 처리하는 주휴수당 등은 최저임금 산정을 위한 소정근로시간수에 포함될 수 없다고 본 것이다.

판례와 행정해석이 다르니 헷갈릴 수 있다. 월급에 유급(주휴수당 등)으로 지급되는 임금이 포함된 경우에는 유급처리되는 시간을 합산한 시간을 기준으로 산정하고(1일 8시간, 1주 40시간제의 경우 209시간), 반대로 월급 속에 유급처리된 임금이 포함되지 않은 경우에는 유급으로 처리되는 시간을 제외한 시간(1일 8시간, 1주 40시간제의 경우 174시간)으로 산정하는 것이 논리적이다. 통상적으로 월급제라고 하면 주휴수당 등을 포함한 임금이라고 해석하고 209시간으로 나눠 시간당 임금을 계산한 후 최저임금 위반 유무를 가리게 된다. 판례의 법리대로라면 월급을 무조건 174시간으로 나누라는 의미처럼 해석되는데, 월급 중에서 주휴수당 등을 제외한 임금을 별도로 계산하고 이를 174시간으로 나누는 것이 타당하다.

이에 대한 논란은 최저임금법 개정을 통해 해소되었다. 2019.1.1.부터는 월급제 근로자의 경우 소정근로시간과 법정유급휴일을 포함한 시간을 기준으로 시간당 임금을 산정하게 된다.

여기서 잠깐! **소정근로시간과 통상임금 산정기준시간 개념 돋보기**

소정근로시간이라 함은 법정기준근로시간의 범위에서 근로자와 사용자간에 정한 근로시간을 말한다. 소정근로시간에는 유급처리되는 시간(주휴일 등)이 포함되지 않는다. 소정근로시간에 유급 처리되는 시간을 포함한 시간을 통상임금 산정기준시간이라고 한다.
주 통상임금 산정기준시간수란 주 소정근로시간에 소정근로시간 이외의 유급 처리되는 시간(주휴일 등)을 합한 시간을 말하며, 월 통상임금 산정기준시간수란 통상임금 산정기준시간에 1년간의 평균 주수를 곱한 시간을 12로 나눈 시간을 말한다. 월 통상임금 산정기준시간수를 209시간으로 보는 것은 1주 40시간(주휴일 1일)을 기준으로 한 것이며, 사업장의 근무형태의 유형에 따라 월 통상임금 산정기준시간수는 달라질 수 있다.

파. 최저임금과 통상임금의 차이

최저임금에 산입되는 임금과 통상임금은 그 기능과 산정 방법이 다른 별개의 개념이다. 최저임금에 산입되는 임금은 매월 1회 이상 정기적으로 지급되는 임금에서 매월 1회 이상 지급되더라도 최저임금에 산입하지 않는 임금을 제외한 임금을 말하며, 통상임금이란 소정근로의 대가로서 정기·일률·고정적으로 지급되는 임금을 말한다.

따라서 최저임금은 그 성격상 사전적으로 확정되지 않은 임금도 포함될 수 있지만 통상임금은 연장·야간·휴일근로수당 등 계산의 기초가 되므로 사전확정이 필요하다. 예를 들어 생산고에 따른 임금(택시업종은 제외)은 최저임금의 산입범위에 포함되지만 통상임금에는 포함되지 않는다.

생산고 임금이란 일반 근로자의 경우 판매실적에 따라 받는 판매수당 등을 말하며 택시 운전 근로자의 경우 사납금제하에서 기준운송수입금을 초과하는 초과운송수입금을 말한다.

	통상임금 요건	최저임금 산입 임금
소정근로의 대가	소정근로에 대해 지급하는 임금 (소정근로에 대한 대가가 아니면 통상임금이 아니다.)	소정근로의 대가가 아닌 임금으로서 고용노동부령이 정하는 임금은 산입하지 않는다.
정기성	1개월을 초과하여 지급하더라도 일정한 간격을 두고 계속 지급한다면 포함된다.	1개월을 초과하여 지급하면 산입하지 않는다.

	통상임금 요건	최저임금 산입 임금
일률성	소정근로의 가치평가와 관련된 조건에 달한 모든 근로자에게 지급	고려 요소 아니다.
고정성	근로자가 임의의 날에 소정근로를 제공하면 추가 조건 충족여부와 관계없이 당연히 지급될 것이 확정	고려 요소 아니다.

여기서 잠깐! 통상임금과 최저임금의 비교

	내 용	최저임금	통상임금
정기성	특정주기, 특정시기에 지급	○	○
일률성	모든 근로자 뿐 아니라, 특정조건을 충족하는 근로자 대상으로 지급	X	○
고정성	재직요건 등이 있는 경우 이를 충족하는 임금, 고정적, 확정적 임금, 복리후생적이라도 일률성과 정기성을 충족한다면 임금	X	○

7-7. 포괄임금과 연봉제

가. 포괄임금

(1) 개 념

사용자가 근로계약을 체결함에 있어서는 근로자에 대하여 기본임금을 결정하고 이를 기초로 각종 수당을 가산하여 합산 지급하는 것이 원칙이다. 하지만 실무에서는 포괄하여 정했다는 말을 자주 듣게 된다. 이른바 포괄임금이라는 얘기다.

포괄임금제(포괄산정임금제도)란 기본임금을 미리 산정하지 아니한 채 각종 수당을 합한 금액을 월 급여액이나 일당 임금으로 정하거나(정액급제), 기본임금을 정하고 매월 일정액을 각종 수당으로 지급하는 내용(정액수당제)으로 임금을 정하는 계약을 말한다(대법원 2012.3.29, 2010다91046).

포괄임금은 근로시간의 측정이 가능함에도 불구하고 계산의 편의를 위해 포괄임금계약에 의해 수당을 지급하는 경우도 있고, 근로 형태의 특수성이나 업무성질상 근로시간의 산정이 어려운 경우 제수당을 미리 산정하여 포괄임금으로 지급하는 경우가 있다. 전자는 근로기준법에 의한 임금지급의 원칙이 그대로 적용되어야 하며 포괄임금에 포함된 정액수당이 법정수당에 미달하는 경우 그 차액을 지급해야 한다. 후자는 근로기준법에 의한 임금 산정의 예외가 인정될 수 있으며 법정수당과 비교하여 차액을 청구하는 것이 불가능하다.

이하에서 포괄임금제에 관한 약정이 성립하였는지에 관한 판단기준(유효 요건)과 포괄임금제에 포함되는 임금의 범위가 어디까지인지를 살펴보자.

(2) 유 형

구 분	정액급제	정액수당제
개 념	기본급을 별도로 정하지 않은 채 법정수당을 합한 금액을 월급여액 또는 일당으로 지급	기본급을 정하지만 근로시간 수에 상관없이 법정수당을 일정액으로 지급
사 례	1일 24시간씩 격일제로 근무하고, 월임금을 300만원으로 한다. 9시부터 21시까지 근무하고, 일당을 15만원으로 한다.	기본급을 200만원으로 하고, 기본급의 20%는 연장·야간·휴일수당으로 한다. 매월 연장야간휴일수당으로 20만원을 지급한다.

(3) 포괄임금제 약정이 성립하였는지 판단기준(유효성)

포괄임금제에 관한 약정이 성립하였는지는 근로시간, 근로형태와 업무의 성질, 임금 산정의 단위, 단체협약과 취업규칙의 내용, 동종 사업장의 실태 등 여러 사정을 전체적·종합적으로 고려하여 구체적으로 판단하여야 한다.

비록 개별 사안에서 근로형태나 업무의 성격상 연장·야간·휴일근로가 당연히 예상된다고 하더라도 기본급과는 별도로 연장·야간·휴일근로수당 등을 세부 항목으로 명백히 나누어 지급하도록 단체 협약이나 취업규칙, 급여규정 등에 정하고 있는 경우는 포괄임금제에 해당하지 아니하며, 단체협약 등에 일정 근로시간을 초과한 연장근로시간에 대한 합의가 있다거나 기본급에 수당을 포함한 금액을 기준으로 임금인상률을 정하였다는 사정 등을 들어 바로 위와 같은 포괄임금제에 관한 합의가 있다고 섣불리 단정할 수는 없다(대법원 2012.3.29, 2010다91046).

(가) 포괄임금제 성립에 대한 판례와 행정해석 입장

판례는 포괄임금이 유효하게 성립하려면 ① 업무의 성질상 근로시간이 불규칙적이거나 근로형태의 특수성 때문에 실근로시간을 정확하게 산정하는 것이 곤란할 것, ② 매월 일정액을 제수당으로 지급하는 것에 대한 근로자의 동의가 있을 것, ③ 근로자에게 불이익이 없을 것, ④ 제반 사정에 비추어 정당하다고 인정될 것을 요건으로 제시하고 있다.

행정해석은 ① 단체협약, 취업규칙 등에 그 근거가 있거나 개별 근로자의 동의가 있을 것, ② 포괄임금제로 지급되는 고정급이 당해 근로자의 실제근로시간에 따른 법정연장·야간·휴일근로수당보다 적을 때는 그 차액을 추가로 지급해야 하는 등 근로자에게 불이익이 없을 것, ③ 제반 사정상 정당하다고 인정되는 경우에 한해 인정하고 있다.

(나) 유효성 요건에 대한 구체적 판단

① 업무의 성질상 근로시간 산정이 어려운 경우

사업장 밖을 떠나 장거리 운행을 해야 하는 화물운송운전자나 근로와 휴식의 구분이 어려운 관광버스운전자처럼 실제근로시간수를 정확히 파악하기 어려운 경우나 감시·단속적 업무로써 24시간 휴식없이 계속 근무하는 업무가 아니지만 원칙적으로 근무장소에서 이탈할 수 없고, 한 사람이 근무하기에는 부적합한 근로형태로 그 형편과 요령에 따라 작업·휴식·수면을 반복하면서 명백히 작업시간과 휴게시간을 구별하기 어려운 경우 등을 말한다.

관련 판례

근로시간에 따른 임금지급이 원칙이지만, 감시·단속적 근로 등과 같이 근로시간의 산정이 어려운 경우가 아니라면 달리 근로기준법상의 근로시간에 관한 규정을 그대로 적용할 수 없다고 볼 만한 특별한 사정이 없는 한 근로기준법상의 근로시간에 따른 임금지급 원칙이 적용되어야 할 것이므로 이러한 경우에도 근로시간수에 관계없이 포괄임금제방식의 임금지급계약을 체결하는 것은 그것이 근로기준법이 정한 근로시간에 관한 규제를 위반하는 이상 허용 될 수 없다. 근로기준법 제15조에서는 이 법에 정한 기준에 미치지 못하는 근로조건을 정한 근로계약은 그 부분에 한하여 무효로 하면서(강행성), 그 무효로 된 부분은 근로기준법이 정한 기준에 의하도록 정하고 있으므로(보충성) 근로시간 산정이 어려운 등의 사정이 없음에도 포괄임금제방식으로 약정된 경우 그 포괄임금에 포함된 정액의 법정수당이 근로기준법에 정한 기준에 따라 산정된 법정수당에 미달하는 때에는 그에 해당하는 포괄임금제에 의한 임금지급계약 부분은 근로자에게 불이익하여 무효라고 할 것이며, 사용자는 근로기준법의 강행성과 보충성의 원칙에 의해 근로자에게 그 미달되는 법정수당을 지급할 의무가 있다(대법원 2010.5.13, 2008다6052).

② 근로형태, 업무성격 등을 이유로 하는 경우

근로계약의 체결과 종료가 하루 단위로 이루어지는 순수한 의미의 일용직 근로나 소정근로시간이 현저히 적은 단시간 근로, 격일제 근로, 일장도급제 계약운전자, 야간 근로가 정상 근로의 업무처럼 근로형태의 특수성으로 인해 기준근로시간을 초과한 연장·야간근로 등이 당연히 예상되는 근로계약의 경우를 말한다.

③ 근로자의 승낙

포괄임금의 유효성은 명시적 근로계약이 있었는지, 근로자의 사전 승낙을 받았는지, 묵시적 동의가 있었는지, 승낙의 사실을 추정할 수 있는지 여부에 따라 인정된다. 근로계약서에 임금산정방식만 제시하는 것으로 근로자가 내용을 알고 합의하였다고 보기 어렵고, 포괄임금제라는 문구가 명시되거나 법정수당이 실제 근무와 무관하게 기본급이나 정액수당에 포함되어 지급된다는 내용이 기재되어야 한다.

묵시적 합의 인정하기 위해서는 근로형태의 특수성으로 인하여 실제근로시간을 정확하게 산정하기 곤란하거나 일정한 연장야간휴일근로가 예상되는 경우 등 실질적인 필요성이 인정될 뿐 아니라 근로시간, 정하여진 임금의 형태나 수준 등 제반 사정에 비추어 사용자와 근로자 사이에 정액의 월급여액이나 일당임금 외에 추가로 어떠한 수당도 지급하지 않기로 하거나 특정한 수당을 지급하지 않기로 하는 합의가 있었다고 객관적으로 인정되는 경우이어야 한다(대법원 2016.10.13, 2016도1060).

관련 판례

근로자들이 수년 동안 이의 없이 연장근로수당이 가산되지 않은 급여를 받아온 경우 이를 묵시적으로 포괄임금제에 의한 임금약정을 했다고 볼 수 있는지 여부가 쟁점이 된 사안에서 원고들이 조합원으로 소속된 전국자동차노조연맹 서울시버스노조와 피고가 소속된 사용자 단체인 서울시 버스운송사업조합이 원고들에 대한 임금지급에 관하여 기본급과는 별도로 연장야간근로수당 등을 세부항목으로 명백히 나누어 지급하도록 하는 내용으로 단체협약과 임금협정을 체결하였을 뿐, 포괄임금제에 관하여 명시적으로 합의하였다고 인정할 증거가 없고, 원고들이 여러 해 동안 이의 없이 피고로부터 연장근로수당이 가산되지 않은 급여를 받아온 사정 등만으로는 원고들과 피고가 묵시적으로 포괄임금제에 의한 임금 약정을 하였다고 볼 수 없다(대법원 2016.8.24, 2014다5098).

④ 불이익 및 제반 사정을 고려

같은 회사 내의 동일한 업무를 수행하지만 근무시간이 다른 근로자와 비교하여 불이익이 있는지를 판단하여야 한다. 또한 근로형태의 특수성에 비추어 다른 근로자에 비하여 고액의 기본임금을 책정하는 이외에 시간외 근로 등에 대한 보상책으로 매월 고정 특근 수당과 특별수당을 지급받은 경우에는 불이익이 없다고 본다.

(다) 판례 동향 및 실무 적용

다만 최근 대법원은 포괄임금에 대해 엄격한 요건을 제시하고 있다.

관련 판례

포괄임금제에 관한 약정이 성립하였는지 판단하는 기준 및 묵시적 합의에 의한 포괄임금 약정이 성립하였다고 인정하기 위한 요건(대법원 2016.10.13, 2016도1060)에 대해

기본임금을 미리 산정하지 아니한 채 제수당을 합한 금액을 월급여액이나 일당 금액으로 정하거나 매월 일정액을 제수당으로 지급하는 내용의 포괄임금제에 관한 약정이 성립하였는지는 근로시간, 근로형태와 업무의 성질, 임금 산정의 단위, 단체 협약과 취업규칙의 내용, 동종 사업장의 실태 등 여러 사정을 종합적으로 고려하여 구체적으로 판단하여야 한다.

이때 단체협약이나 취업규칙 및 근로계약서에 포괄임금이라는 취지를 명시하지 않았음에도 묵시적 합의에 의한 포괄임금약정이 성립하였다고 인정하기 위해서는, 근로형태의 특수성으로 인하여 실제근로시간을 정확하게 산정하는 것이 곤란하거나 일정한 연장·야간·휴일근로가 예상되는 경우 등 실질적인 필요성이 인정될 뿐 아니라, 근로시간, 정하여진 임금의 형태나 수준 등 제반 사정에 비추어 사용자와 근로자 사이에 정액의 월급여액이나 일당 임금 외에 추가로 어떠한 수당도 지급하지 않기로 하거나 특정한 수당을 지급하지 않기로 하는 합의가 있었다고 객관적으로 인정되는 경우이어야 한다.

실무에서 포괄임금제는 법정수당을 정확히 계산하지 않고 계산의 편의를 위해 활용된다. 하지만 약정된 수당이 실제로 연장·야간·휴일근로 시간에 비례한 수당보다 적다면 정산하여 추가로 지급해야 하며, 취업규칙에서 포괄임금제를 규정하고 있는 사업장이라도 근로기준법 등에서 규정한 최소한의 기준에 미치지 못한다면 예외적인 경우를 제외하고는 추가 정산해야 한다.

즉, 이번 대법원 판례의 취지대로라면 포괄임금 약정은 근로시간 산정이 어렵고(유효성 요건) 당사자간 명백한 합의(성립요건)가 있어야 인정이 가능하다.

근로시간 산정이 어렵다는 사정이나 일정한 연장·야간·휴일근로가 예산된다는 사정만으로 포괄임금 약정이 묵시적으로 인정될 수 없다. 명시적 합의가 있어야 한다. 묵시적이라 하더라도 추가 지급은 없다는 합의가 객관적으로 입증이 되어야 한다.

감시·단속적 근로 등과 같이 근로시간의 산정이 어려운 경우가 아니라면 달리 근로기준법상의 근로시간에 관한 규정을 그대로 적용할 수 없다고 볼 만한 특별

한 사정이 없는 한 근로기준법상의 근로시간에 따른 임금지급의 원칙이 적용되어야 할 것이므로 이러한 경우에도 근로시간수에 상관없이 일정액을 법정수당으로 지급하는 내용의 포괄임금제 방식의 임금지급계약을 체결하는 것은 그것이 근로기준법이 정한 근로시간에 관한 규제를 위반하는 이상 허용될 수 없다(대법원 2010.5.13, 2008다6052).

근로기준법상 근로시간에 따른 임금지급의 원칙이란 사용자는 근로계약을 체결함에 있어서 기본임금을 결정하고 이를 기초로 하여 근로자가 실제로 근무한 근로시간에 따라 연장·야간·휴일근로가 있으면 그에 상응하는 법정수당을 산정하여 지급해야 함을 의미한다.

노인센터의 요양보호사들이 주야 3교대 근로를 하고 출퇴근 시간이 정해져 있고 야간에도 늘 대기상태에 있어 육체적 정신적 부담이 상당하였다는 점 등에 비추어 근로시간 산정이 어려운 경우가 아니며 포괄임금제의 효력을 인정할 수 없다(대법원 2016.10.24, 2014도8873).

(라) 포괄임금제 유효성과 근로기준법 적용

근로시간 산정이 가능한 경우 또는 근로시간 산정이 어려운 업무에 해당하나 포괄임금제에 대한 명시적 합의가 없는 경우 포괄임금약정이 존재하는 것으로 볼 수 없다. 이런 경우에는 근기법상의 실근로시간에 따른 임금이 지급되어야 하므로 포괄임금에 포함된 정액의 법정수당이 근기법에서 정한 기준에 따라 산정된 법정수당에 미치지 못하는 경우에는 그 조항은 무효이다. 노사간 합의로 실제 연장근로시간과 관계없이 일정시간을 연장근로시간으로 간주하기로 합의하였다면(고정 O/T)실제 근로시간이 합의한 시간에 미달하는 경우에도 약정한 연장수당을 지급해야 하며, 합의한 시간을 초과한 경우에는 차액을 추가로 지급해야 한다.

(4) 포괄임금제에 포함되는 임금의 범위

(가) 연장 및 야간 근로수당

포괄임금제에 연장근로수당 등을 포함시킬 수 있다. 단, 단체협약 등에서 1일 연장근로시간 및 월 소정근로일수의 한도를 정하고 그 한도 내에서 연장근로수당 등이 포함된 포괄임금을 지급하는 취지로 규정되어 있으면 그러한 한도 내에서 포괄임금제가 유효한 것이고 그러한 한도를 초과하는 연장근로수당 일체가 제한

없이 포괄임금에 포함되어 있는 것으로 볼 수 없다.

포괄임금제로 지급되는 고정급이 당해 근로자의 실제근로시간에 따른 법정연장·야간·휴일근로수당보다 적을 때는 그 차액을 추가로 지급해야 한다. 또한, 포괄임금제를 시행하더라도 법적용이 배제되는 것은 아니므로 1주 12시간의 연장근로 제한을 위반할 수는 없다.

(나) 휴일수당, 연차유급휴가수당

① 유급휴일, 유급휴가 사용에 따른 유급 임금

주휴수당이나 연차유급휴가수당이 근로기준법에서 정한 기간을 근로하였을 때 비로소 발생하는 것이라 할지라도 당사자 사이에 미리 그러한 소정기간의 근로를 전제로 하여 주휴수당이나 연차유급휴가수당을 일당 임금이나 매월 일정액에 포함하여 지급하는 것이 불가능한 것이 아니며, 포괄임금제란 각종 수당의 지급방법에 관한 것으로서 근로자의 연차휴가권의 행사 여부와는 관계가 없으므로 포괄임금제가 근로자의 연차휴가권을 박탈하는 것이라고 할 수는 없다(대법원 1998.3.24, 96다24699).

이에 대해 이미 선지급 받은 수당 때문에 근로자의 휴가 청구가 실질적으로 제약을 받음으로써 휴가제도 자체가 무의미해진다는 점에서 휴일이나 휴가를 사용하지 않았을 때의 임금, 수당의 보상까지 포괄산정임금제의 대상으로 삼는 것은 문제라는 비판이 있다.

② 연차유급휴가 미사용수당

연차유급휴가 미사용수당을 미리 포괄 산정하여 임금에 포함하는 것은 근로자의 휴가사용권을 박탈하는 것으로 무효가 될 수 있으나, 근로자가 연차유급휴가를 청구하였을 때 휴가 사용을 인정하는 경우라면 이를 무효로 볼 수는 없다. 만일 휴가를 사용하였다면 초과 지급된 연차유급휴가 미사용수당은 반납하게 할 수 있다.

행정해석은 연차유급휴가에 대해 미사용 연차유급휴가보상금을 월급여액에 포함하여 지급하는 근로계약을 체결하는 것은 그 수당을 지급한 이후에도 해당 근로자가 연차유급휴가를 사용할 수 있도록 허용하는 경우에만 인정 될 수 있을 것이며, 휴가 사용을 허용하지 아니하는 경우에는 근로기준법상 근로자에게 인정된 연차유급휴가를 청구 사용할 권리를 제한하는 것이 되어 인정될 수 없다고 한다. 결국 연차유급휴가수당을 연봉 계약시 포함하더라도 연차유급휴가수당 지급과는 별개로 발생된 연차유급휴가 사용 청구권을 제한해서는 안 되며, 만약 근로자가 연차유급휴가를 가겠다고 한다면 이를 사용자는 특별한 사유 없이는 거부할 수 없다.

각종 수당을 급여에 포함시켜 일괄 지급하는 포괄임금제로 근로계약을 체결했더라도 연차유급휴가수당의 경우 휴식을 보장하는 근로기준법 취지에 따라 포괄임금과 별도로 지급해야 한다는 판결이 있다. 포괄임금제를 인정하는 목적은 근로형태상 근로시간 측정이 어렵고 계산상의 편의 등 필요할 경우 당사자간 계약을 존중하려는데 있다며 근로자의 연차유급휴가일수와 그에 따른 수당을 계산하는 것이 어렵지 않은 경우 연차유급휴가수당을 포함한 포괄임금 계약은 무효(수원지방법원 2008.1.11, 2007나17199)라고 한다.

또한 일정한 사유가 충족되어야 발생하는 생리휴가, 출산전·후휴가 및 육아휴직을 사용하지 않는 것으로 하고, 이에 대한 보상을 포괄산정임금으로 처리하는 것은 그 사용을 처음부터 부정하는 결과를 가져오므로 법위반이다.

(다) 퇴직금

포괄임금에 퇴직금 명목의 일정 금원을 포함하여 지급하였더라도 그것은 퇴직금 지급으로서의 효력이 없다. 퇴직금이란 퇴직이라는 근로관계의 종료를 요건으로 하여 비로소 발생하는 것으로 근로계약이 존속하는 한 퇴직금 지급의무는 발생할 여지가 없기 때문이다. 다만 적법한 퇴직금 중간정산 절차를 거쳐 지급하는 것은 가능하다.

(라) 결근시 임금 공제

포괄산정임금제에서도 근로자가 결근을 한 경우 사후에 정산을 실시하면서 결근일수만큼 공제하는 것은 무방하다.

(5) 건설 일용근로자의 포괄 임금

(가) 매일매일 근로관계가 단절되어 계속 고용이 보장되지 않는 순수 일용근로자

1일단위로 발생되는 수당은 포괄임금에 포함이 가능하나, 1일 단위를 넘는 기간 근로해야 발생하는 수당은 포함할 수 없다.

여기서 잠깐! 건설 일용근로자의 임금에 포함하여 지급 가능한 수당 돋보기

구분	내용
포함 가능	연장, 야간근로수당
포함 불가능	유급주휴수당, 휴일근로수당, 연차유급휴가수당, 연차유급휴가미사용수당 ※ 매일매일 근로관계가 이루어져 결과적으로 포괄임금에 포함할 수 없는 수당의 지급요건이 충족하게 된 경우에도 포함불가능한 수당을 포괄임금에 포함할 수 없다.

(나) 일정기간 이상 사용이 예정되어 있는 일당제 일용근로자

예정되어 있는 근로기간 동안 근로할 경우 지급 요건을 충족하는 수당은 포함 가능하나 그렇지 않은 수당은 포함이 불가하다. 다만, 연차유급휴가수당 및 연차유급휴가 미사용수당은 이를 포괄임금에 포함할 경우 휴가권 박탈의 문제가 있으므로 포함할 수 없다.

(6) 최저임금 위반 여부

포괄산정임금제를 도입하더라도 최저임금법을 위반할 수는 없다. 최저임금 위반 여부의 판단은 포괄임금액을 가지고 실제근로시간을 계산하여 그에 따른 각종 법정수당과 가산임금 등을 계산하고, 수령한 금품 가운데 최저임금 산정기준에 포함되는 임금만을 가지고 이를 소정근로시간 등으로 나누어 시간급 최저임금과 비교한다.

나. 연봉제

(1) 의의

성과연봉제 도입이 공기업을 시작으로 우리사회 전반에 큰 이슈가 되기도 했다. 현재의 근로기준법은 임금의 결정단위나 임금형태로서의 연봉제를 별도로 규정하고 있지 않다. 즉, 시간급, 일급, 주급, 월급 및 도급제에 대한 규정만을 두고 있다. 그렇다면 연봉제는 어떻게 정의할 수 있을까? 연봉제는 임금을 근로자의 '능력' 또는 '실적이나 공헌도' 등을 '평가'하여 연단위로 결정하는 것으로 임금형태의 하나이다. 이때, '능력이나 실적'을 '평가'해서 차등하여 '임금수준을 결정' 한다는 것이 핵심이다. 즉, 임금을 근로자의 능력이나 업적과 연계하여 연간 임금총액을

결정하는 것이다. 실제 지급은 연봉을 12등분하여 매월 균등지급하는 것이 통상적이지만 16분의 1을 매월 지급하고 나머지 16분의 4를 상여금으로 연 2회 또는 4회 지급할 수도 있다. 즉, 연봉금액을 지급하는 방식은 기업의 사정에 따라 다양한 방식으로 나타날 수 있다. 연봉제의 유형은 아래 유형 정도로 정리해 볼 수 있는데, 사업장 특성에 맞게 변형하여 적용하면 된다.

- 단일연봉액(업적연봉): 기본급과 모든 수당을 포함한 총액을 연봉액에 포함
- 기본연봉(종합급)+업적연봉: 근무연수 · 자격 · 직무내용 및 가족수당을 포함한 금액을 기본연봉으로 하고 업무성과에 따라 업적연봉 지급
- 기본연봉(직능급)+업적연봉: 개인의 직무수행능력정도를 고려하여 기본연봉으로 정하고 업무성과에 따라 업적연봉 지급
- 기본연봉(직능급+직무급)+업적연봉: 개인의 직무수행능력 정도와 직무의 중요도 · 난이도를 고려하여 기본연봉을 정하고, 업무성과에 따라 업적연봉 지급
- 기본연봉(직능급+기초급)+업적연봉: 개인의 직무수행능력정도와 급여기본액(종래의 기본급과 제수당 포함)을 고려하여 기본연봉을 정하고 업무성과에 따라 업적연봉 지급

연봉제에서 자주 문제되는 것은 임금지급 방식과 퇴직금의 지급에 관한 것이다. 연봉제를 실시하더라도 근로기준법상의 임금의 지급원칙인 통화불, 전액불, 직접불 및 정기불의 원칙은 지켜야 한다. 특히, 임금의 정기불 원칙과 관련하여, 임금이 연간단위로 결정되더라도 그 지급은 월 1회 이상의 일정한 기일에 지급되어야 한다. 또한 연봉제의 경우에도 근퇴법의 퇴직금에 관한 규정이 동일하게 적용되기 때문에 연봉에 퇴직금을 포함하여 지급할 수 있는지가 다툼이 된다.

(2) 연봉제와 임금의 지급

연봉제는 근로자에 대한 임금의 전부 또는 상당 부분을 당해 근로자의 업적 등에 관한 목표의 달성도를 평가하여 연단위로 설정하는 제도로, 연봉을 12로 나누든 13으로 나누든 이는 법 위반 여부와 관계없는 경우가 많다. 다만, 이런 방법으로 산출된 월급여의 구성항목(기본급, 식대 등 월급여의 구성항목)이 어떻게 되는지에 따라 최저임금 등 노동관계법 위반 여부를 판단하거나, 통상임금, 평균임금 등이 달라지게 된다.

연봉으로 근로계약을 체결(연봉계약서 체결)하는 경우 해당 근로계약서를 살펴보면 총연봉액과 연봉액의 세부사항으로 월급여액(월 급여의 임금구성항목), 상여금액,

퇴직금액(퇴직연금 적립액) 등이 구별되어서 작성되어 있어야 한다. 연봉제라 하더라도 근로기준법 제43조의 '임금은 매월 1회 이상 일정한 기일을 정하여 지급하여야 한다'는 규정의 적용을 받게 되며, 최소한 12로 나눈 금액을 분할하여 월1회 이상 지급하여야 한다.

(3) 연봉 1/13 퇴직금 약정

연봉액을 13으로 나눈 경우, 1/13에 해당하는 금액이 퇴직연금(확정기여형, DC)의 적립금을 의미한다면 이는 법 위반은 아니다. 다만, 사용자가 해당 근로자의 연간 임금총액의 1/12 이상에 해당하는 금액을 적립(근퇴법 제20조)하고 있는지 확인이 필요하다.

한편, 1/13에 해당하는 금액을 퇴직금이라면서 매년 특별한 사유나 근로자의 신청이 없었음에도 회사에서 일방적으로 지급한다면 이는 퇴직금 중간정산 위반이고, 연봉액을 12로 나누어 월급여를 지급하면서 나중에 월 급여에 퇴직금이 포함되어 있었다고 하는 경우에는 퇴직금을 지급하지 않은 것으로 볼 수 있으므로, 근로자가 1년 이상 근무하고 퇴직할 경우 별도의 퇴직금을 지급하여야 한다.

여기서 잠깐! **연봉제 하에서 퇴직금 중간정산 제한 행정지침**

행정해석은 일정요건* 하에서는 연봉액에 퇴직금을 포함하여 매월 분할해서 지급하거나 연봉액의 1/13을 퇴직금으로 지급하면서 일정요건을 충족시켰을 때에는 유효한 중간정산으로 인정해 왔으나(퇴직급여보장팀-1276, 2005.12.26), 2012.7.26 이후부터는 근퇴법시행령 제3조1항 각호의 사유에 해당하는 경우에만 퇴직금을 중간정산하여 지급할 수 있으므로 위 지침(퇴직급여보장팀-1276, 2005.12.26)은 효력을 잃게 되었다.

* 연봉액에 포함될 퇴직금의 액수를 명확할 것, 매월 지급받은 퇴직금 합계가 법정퇴직금액보다 적지 않을 것, 별도의 퇴직금 중간정산 요청서가 있어야하고 중간정산금을 매월 분할 지급한다는 내용이 명확히 포함되어 있을 것, 기왕에 계속근로를 제공한 기간을 대상기간으로 할 것

(1) 유효한 중간정산으로 볼 수 있는 경우

① 근퇴법시행령 제3조1항의 각 사유에 해당하는 경우
② 연봉액에 퇴직금을 포함하여 산정한 후 퇴직금에 상당하는 금액을 퇴직연금으로 적립하는 경우: 2012.7.26부터 퇴직금 중간정산이 금지되므로 매년 연봉액에 포함된 퇴직금을 퇴직연금제도에 납입하는 것은 가능하다.

단, 연봉액에 포함된 퇴직금을 DC형 퇴직연금제도에 납입하는 경우에는 연1회 이상 연임금총액의 1/12을 상회하는 금액이어야 하며, DB형 퇴직연금제도에 납입하는 경우에는 연 1회 이상 납입하되 재직기간 중 납입한 부담금 총액이 계속근로기간 1년에 대하여 30일분의 평균임금에 상당하는 금액 이상이 되도록 하여야 한다.

(2) 유효한 중간정산으로 볼 수 없는 경우

① 연봉액에 퇴직금을 포함하여 매월 분할하여 지급하는 경우

연봉계약서와는 별도로 기왕에 근로를 제공한 기간에 대하여 퇴직금을 매월 분할 지급받는 내용으로 근로자가 매월 중간정산 신청을 하는 경우에 2012.7.25 이전에 이루어진 중간정산 신청에 대해서만 유효한 중간정산으로 볼 수 있고, 2012.7.26 이후 중간정산을 신청하는 경우에는 유효한 중간정산으로 볼 수 없다. 또한, 장래 근로기간에 대하여 발생할 예정인 퇴직금을 미리 매월 중간정산 지급받기로 중간정산 신청하여 퇴직금을 매월 분할 지급한 것은 개정된 근퇴법 시행 여부와 관계없이 유효한 중간정산으로 볼 수 없다.

② 연봉액에 당해연도 근무분을 미리 산정하여 연봉총액에 포함하여 연봉계약 만료시 지급하는 경우

장래 근로기간에 대하여 발생할 예정인 퇴직금을 미리 중간정산 신청하여 연말에 일시금으로 지급받는 것은 개정 근로자퇴직급여 보장법 시행여부와 관계없이 유효한 중간정산으로 볼 수 없다. 장래 근로기간에 대하여 발생할 예정인 퇴직금을 포함하여 산정한 연봉계약이 2012.7.26 이후 만료되는 경우, 연봉계약 만료일 이후 중간정산 요건을 갖추어 중간정산 신청하는 경우에 한해 유효한 중간정산으로 본다.

7-8. 퇴직급여제도

가. 개 념

퇴직급여제도에는 퇴직금제도와 퇴직연금제도(확정급여형, 확정기여형, 개인형)가 있다. 급여란 퇴직급여제도나 개인형 퇴직연금제도에 의하여 근로자에게 지급되는 연금 또는 일시금을 말한다.

퇴직연금제도는 사용자가 일정액의 부담금을 금융기관에 적립하면 근로자가 퇴직 시 연금으로 퇴직급여를 수령할 수 있는 제도이다. 확정급여형 퇴직연금제도, 확정기여형 퇴직연금제도, 개인형 퇴직연금제도가 있다.

확정급여형 퇴직연금제도란 근로자가 지급받을 급여의 수준이 사전에 결정되어 있는 퇴직연금제도를 말하며 확정기여형 퇴직연금제도는 급여의 지급을 위하여 사용자가 부담하여야 할 부담금의 수준이 사전에 결정되어 있는 퇴직연금제도를 말한다. 개인형 퇴직연금제도는 가입자의 선택에 따라 가입자가 납입한 일시금이나

사용자 또는 가입자가 납입한 부담금을 적립, 운용하기 위하여 설정한 퇴직연금제도로서 급여의 수준이나 부담금의 수준이 확정되지 아니한 퇴직연금제도이다.

사용자는 퇴직하는 근로자에게 급여를 지급하기 위하여 퇴직급여제도 중 하나 이상의 제도를 설정하여야 한다. 단, 계속근로기간이 1년 미만인 근로자, 4주간을 평균하여 1주간의 소정근로시간이 15시간 미만인 근로자에 대하여는 그러하지 아니하다.

여기서 잠깐! 계속근로기간이 1년 미만인 경우의 해석은 어떻게 해야 하나

근로기간이 1년 미만이라 함은 계속근로기간이 전체적으로 1년 미만인 경우를 말하는 것이지 근로기간이 몇 년, 몇 월, 며칠인 경우에 있어서 1년이 못 되는 몇 월 며칠을 뜻하는 것이 아니므로, 계속근로기간이 몇 년 며칠인 경우에 있어서는 1년 미만 단수인 몇월, 며칠에 대하여도 퇴직금을 비례하여 산정 지급해야 한다(예규 제549호, 2007.11.27 개정).

퇴직급여제도는 근로자를 사용하는 모든 사업 또는 사업장에 적용한다. 2010.12.1부터 상시근로자와 상관없이 적용된다. 다만, 동거하는 친족만을 사용하는 사업 및 가구 내 고용활동에는 적용하지 아니한다.

여기서 잠깐! 4명 이하 사업장도 퇴직금을 받을 수 있나

상시근로자가 4명 이하인 사업장도 퇴직금 규정을 적용한다.
(1) 적용시점: 2010.12.1부터
(2) 부담 비율:
① 2010.12.1부터 2012.12.31까지 법정퇴직금의 100분의 50 이상 지급
② 2013.1.1부터 정상적으로 100분의 100 지급
(3) 계속근로기간의 기준일
① 2010년 이전에 자체 퇴직급여 규정이 없던 사업장: 2010.12.1부터 계속근로연수를 기산한다. 2010.12.1이전부터 근로하였더라도 퇴직금 산정을 위한 계속근로연수는 2010.12.1부터 시작한다. 예를 들어 2008.1.1입사하여 2015.12.31까지 근로하고 퇴직한 경우
· 2008.1.1. 2010.11.30:퇴직금 산정 대상기간에 포함하지 않음
· 2010.12.1 2012.12.31:100분의 50 적용
· 2013.1.1 2015.12.31:100분의 100 적용
② 2010.12.1이전에 이미 자체적으로 퇴직급여제도를 도입하여 시행하고 있는 사업장의 경우 최초 퇴직급여제도를 도입하여 시행한 날부터 계속근로연수를 기산한다.

나. 퇴직금제도

(1) 개 념

퇴직금은 사용자가 근로자의 근로제공에 대한 임금 일부를 지급하지 아니하고 축적하였다가 이를 기본적 재원으로 하여 근로자가 1년 이상 근무하고 퇴직할 때 일시금으로 지급하는 것으로서 본질적으로 후불적 임금의 성격을 지닌다.

후불임금으로서 성격 외에도 사회보장적 급여로서의 성격과 공로보상으로서의 성격을 아울러 가지는 것으로서 징계해고시 법정퇴직금을 상회하는 부분은 감액할 수 있고 근로자가 퇴직 당시 퇴직급여 전액을 지급받았으나 퇴직 후 재직 중의 업무와 관련하여 퇴직금 감액 사유에 해당하는 경우에는 퇴직급여 중 그 감액 상당액을 반환하여야 한다(대법원 2002.9.6, 2002다29442).

(2) 산정방법

퇴직금제도를 설정하려는 사용자는 계속근로기간 1년에 대하여 30일분 이상의 평균임금을 퇴직금으로 퇴직 근로자에게 지급할 수 있는 제도를 설정하여야 한다.

(가) 법정퇴직금(단수제)=30일분의 평균임금×계속근로연수

여기서 잠깐! 법정퇴직금 산정방법 돋보기

10년 8개월 7일을 근로한 자의 퇴직금은?(누진율 없음)

- 총근로기간을 연단위로 계산하고 남은 기간은 따로 계산하여 합산한다.
- 10년에 대한 30일분 이상의 평균임금과 30일분을 12개월로 분할한 8개월분과30일분을 365일로 분할한 7일분을 각각 산정하여 합산한다.
- 따라서 퇴직금=30일분 평균임금×(10년+8개월/12개월+7일/365일)

(나) 누진퇴직금(누진제)=30일분의 평균임금×계속근로연수×(+누진율)

(3) 계속근로기간

계속근로기간이란 원칙적으로 근로자의 재직 기간을 말한다. 실근로연수 및 개근이나 출근율에 관계없이 그 사업 또는 사업장에 적을 두고 있는 한 근로기간에 포함된다. 계속근로연수는 근로계약기간으로 판단하는 것이 아니라 임시 일용 등 고용 계약기간과 관계없이 실제로 계속해서 고용 관계가 1년 이상 지속되었는지 여부로 판단해야 한다.

시용근로자가 본채용 또는 시용기간의 경과 등으로 정규 종업원이 된 경우 시용기간은 퇴직금이나 연차유급휴가 계산시 계속근로기간에 포함되며, 기업의 합병이나 사업의 양도 등으로 근로계약 관계가 다른 기업에 포괄적으로 승계된 경우에는 그 승계 이전의 근속기간도 계속근로기간에 포함된다.

관련 판례

근로계약기간이 만료되면서 다시 근로계약을 맺어 그 근로계약기간을 갱신하거나 동일한 조건의 근로계약을 반복하여 체결한 경우에는 갱신 또는 반복된 근로계약기간을 합산하여 퇴직금 지급 요건으로서의 계속근로 여부와 계속근로연수를 판단하여야 하고

갱신되거나 반복 체결된 근로계약 사이에 일부 공백기간이 있다 하더라도 그 기간이 전체 근로계약기간에 비하여 길지 아니하고 계절적 요인이나 방학기간 등 당해 업무의 성격에 기인하거나 대기기간 재충전을 위한 휴식 기간 등의 사정이 있어 그 기간 중 근로를 제공하지 않거나 임금을 지급하지 않을 상당한 이유가 있다고 인정되는 경우에는 근로관계의 계속성은 그 기간 중에도 유지된다고 봄이 상당하다(대법원 2011.4.14, 2009다35040).

(가) 기산일과 마감일

기산일은 입사일, 근로계약 체결일 등 출근 의무가 있는 날을 의미하며, 마감일은 임의퇴직, 합의퇴직, 정년퇴직, 기간만료퇴직 등 근로계약이 끝나는 날, 경영상 해고나 징계해고의 경우 해고통지가 근로자에게 도달한 날, 근로관계가 자동 소멸하는 경우 즉, 근로자 사망일, 폐업일, 파산일 등을 의미한다.

관련 행정해석

근로자의 퇴직은 근로계약의 종료를 의미하는 것으로서 퇴직일은 근로기준법 제34조에 규정한 계속근로연수에 포함하지 않는 것이 타당하다.

근로자가 당일 소정근로를 제공한 후 사용자에게 퇴직의 의사표시를 행하여 사용자가 이를 즉시 수리하였더라도 "근로를 제공한 날은 고용종속관계가 유지되는 기간"으로 보아야 하므로 별도의 특약이 없는 한 그 다음날을 퇴직일로 간주한다(근기 68201-3970, 2000.12.22).

(나) 계속근로기간 포함 여부

계속근로기간은 실제로 출근하여 근로를 제공한 기간 또는 임금을 지급받은 기간만을 말하는 것이 아니라 근로계약 관계가 중단없이 존속되는 기간을 말한다.

실제로 출근하지 않거나 임금이 지급되지 않은 기간(휴직기간, 유학이나 연수 기간, 노동조합 전임기간, 형사사건으로 구속된 기간, 정직이나 출근 정지의 기간 등)이 계속근로기간에 포함되는지 문제가 된다. 휴직하지 않은 채 유학한 기간이나 형사사건으로 구속기소되어 직위해제 되었던 기간은 계속근로기간에 포함되지만 군복무를 위한 휴직기간은 포함되지 않는다.

4주 평균 주당 15시간 미만과 이상을 반복하여 근로한 경우 미만인 기간을 빼고 나머지 기간을 합산하여 계속근로기간을 산정하며, 기간제 근로계약이나 일용직근로계약에 있어 단절된 기간의 계속근로여부는 '근로계약의 계속근로 기대법리'에 따른다. 즉 근로계약 관계가 계속 이어질 것이라는 기대가 형성되었는지를 판단해야 한다.

〈건설일용근로자 퇴직금〉

일용근로자란 1일 단위로 근로계약 체결, 해지되는 형태를 의미하며 비록 일용근로자라 하더라도 일용관계가 중단되지 않고 계속되어 온 경우에는 상용근로자로 해석되어 1년 이상 근무시 법정퇴직금이 발생하게 된다.

퇴직금 지급의 전제가 되는 근로자의 상근성, 계속성, 종속성이 요건을 갖추었다면 일용 근로자라 하더라도 1년 이상 근무시 법정퇴직금의 지급대상이 된다. 판례에 따르면 반드시 월 평균 25일 이상 근무를 해야만 퇴직금 발생요건을 충족하는 것이 아닌 최소한 1개월에 4, 5일 내지 15일 정도 계속하여 근무하였다면 위의 요건을 충족하여 법정퇴직금이 발생하는 것으로 해석하고 있다. 아울러 계속근로가 노사간에 예정되어 있음이 명백하다면(일정 기간 동안 근로를 제공하기로 근로계약을 체결하는 등) 개인적인 사유로 인하여 1개월간의 근로일수가 현저히 적다하더라도 근로관계의 단절이 발생하지 않는 것으로 해석될 여지도 있다.

여기서 잠깐! 계속근로기간 산정에 포함되는 기간

포함되는 기간	제외되는 기간
· 사업주의 귀책사유에 의한 휴업기간 · 산전후휴가 및 육아휴직기간 · 업무상 부상 또는 질병으로 요양을 위해 휴업한 기간 · 수습사용기간 · 노조전임기간 · 정당한 쟁의행위 기간 · 부당해고 기간	· 퇴직금을 미리 정산하여 지급한 기간(적법한 중간정산) · 근로계약을 체결하지 않고 실제 근로하지 않은 기간 · 고용승계되지 않은 이전의 근로기간 · 병역법상 군복무로 인한 휴직기간 · 정년 후 재입사한 경우 이전의 근로기간

(4) 지급시기 및 방법

퇴직금은 지급할 사유가 발생한 날(퇴직한 다음 날)부터 14일 이내에 지급하여야 한다. 다만 특별한 사정이 있는 경우에는 당사자간의 합의에 의하여 지급기일을 연장할 수 있다. 퇴직금도 임금의 일종으로 균등처우의 원칙, 위약예정금지, 전차금상계금지, 통화불·직접불의 원칙 등에 관한 규정이 적용된다.

(5) 중간정산

퇴직금 중간정산제도는 근로자가 퇴직하기 전에 계속근로한 기간에 대한 퇴직금을 미리 정산하여 지급하는 제도를 말한다.

1996.12.30 이전에는 별도의 퇴직금 중간정산 규정이 없었다. 1996.12.31 퇴직금 중간정산에 관한 규정이 신설되어 '근로자의 요구'라는 요건만 충족되면 퇴직금 중간정산을 허용하였다. 그러나 퇴직 후 생활보장을 위한 퇴직금을 미리 소진하게 되는 등 퇴직금제도의 취지에 맞지 않는다는 이유로 2012.7.26부터 퇴직금 중간정산을 원칙적으로 금지하고 법에 정해진 예외적인 사유에 해당하는 경우에만 허용하도록 개정되었다.

(가) 1996.12.30. 이전

법에 퇴직금 중간정산에 대한 규정이 없는 시기로, 퇴직금의 중간정산이 사용자의 일방적인 경영방침에 따라 어쩔수 없이 이루어지거나 단지 형식적으로 이루어지는 경우가 아니라 근로자 스스로의 필요나 판단에 따라 자유로운 의사에 따른 경우 효력이 인정되었다(대법원 1996.9.6, 95다29932).

(나) 1996.12.31~2012.7.25

1) 행정해석

근로자의 요구가 있는 경우 퇴직금 중간정산이 가능하였으며, 퇴직금 중간정산이 유효한지 여부를 판단하는 기준은 다음과 같다.

① 중간정산 사유

임금 68200-56호, 2002.1.30	퇴직급여보장팀-1276호, 2006.7.1 시행
1. 연봉액에 포함될 퇴직금의 액수가 명확히 정해져 있어야 한다.	1. 연봉액에 포함될 퇴직금의 액수가 명확히 정해져 있어야 하며, 매월 지급받은 퇴직금의 합계가 중간정산 시점을 기준으로 근퇴법 제8조1항의 규정에 의해서 산정된 금액보다 적지 않아야 한다.

임금 68200-56호, 2002.1.30	퇴직급여보장팀-1276호, 2006.7.1 시행
2. 퇴직금을 중간정산받고자 하는 근로자의 요구가 있어야 한다.	2. 퇴직금을 중간정산 받고자 하는 근로자의 별도(근로계약서, 연봉계약서 이외)의 요구가 있어야 하며, 중간정산금을 매월 분할하여 지급한다는 내용이 명확하게 포함되어 있어야 한다.
3. 근로계약에 의해 매월 또는 계약기간 1년이 경과한 시점에서 근로자가 미리 지급받은 퇴직금의 총액이 계약기간 1년이 경과한 시점에서 산정한 평균임금을 기초로 한 퇴직금의 액수에 미달하지 않아야 한다.	3. 중간정산 대상기간은 중간정산 시점을 기준으로 기왕에 계속 근로를 제공한 기간만 해당된다. 그러므로 1년 미만 근속 근로자는 법정 퇴직금 지급 대상이 아니므로 중간정산 대상자가 아니다.

2) 판례

① 퇴직금 중간정산은 이미 발생한 기왕의 계속근로기간을 대상으로 하여야 한다. 따라서 대법원은 근로계약서상 매월 임금에 퇴직적립금을 합산하여 지급하기로 약정하고 이후 퇴직금에 관한 일체의 이의를 제기하지 않겠다는 확약을 하며, 사전에 근로자들이 작성하여 장래의 근속기간에 대한 퇴직금을 중간정산 신청서를 받았다고 하더라도, 이에 대한 퇴직금 중간정산의 효력을 인정할 수 없다(대법원 2007.11.16, 2007도3725).

② 퇴직금 중간정산제도의 요건인 '근로자의 요구가 있는 경우'라 함은 근로자의 자유로운 의사에 따라서 이루어진 합의이면 유효한 것이고 특별한 사정이 없다면 반드시 근로자가 적극적으로 중간정산을 먼저 요구한 경우에만 유효하게 된다고 볼 것은 아니다. 다만 근로자가 요구하는 경우란 단순히 형식적으로 판단되어서는 아니 되고, 근로자의 객관적 사정이 확인될 수 있는 경우로 엄격히 해석되어야 할 것이다(대법원 2003.12.26, 2003다48891).

③ 퇴직금 중간정산이 유효하기 위해서는 근로자의 요구가 퇴직금 명목의 돈을 받고 이의 제기를 하지 않는 정도의 소극적인 방법이 아닌 개별적이고도 명시적인 방법으로 이루어져야 한다(부산지법 2008.3.18, 2007가단13288).

(다) 2012.7.26 이후

2012.7.26 이후에는 근로자의 요구뿐만 아니라 법에서 정한 요건에 해당되는 예외적인 경우에만 퇴직금을 중간정산할 수 있게 되었다. 사용자는 주택구입 등 대통령령으로 정하는 사유로 근로자가 요구하는 경우에는 근로자가 퇴직하기 전

에 해당 근로자의 계속근로기간에 대한 퇴직금을 미리 정산하여 지급할 수 있다. 이 경우 미리 정산하여 지급한 후의 퇴직금 산정을 위한 계속근로기간은 정산 시점부터 새로 계산한다.

1) 요건

퇴직금 중간정산 사유가 발생하여 근로자의 요구(청약)가 있는 경우 중간정산대상(정산시점에 계속근로기간의 퇴직금)에 대해 사용자의 승낙이 있어야 한다.

① 중간정산 사유

<table>
<tr><th>사유</th><th>퇴직금</th><th>DC</th><th>DB</th></tr>
<tr><td>㉠ 무주택자인 근로자가 본인 명의로 주택을 구입하는 경우</td><td rowspan="6">중간정산 가능</td><td rowspan="6">중도인출 가능</td><td rowspan="6">중도인출 금지</td></tr>
<tr><td>㉡ 무주택자인 근로자가 주거를 목적으로 전세금 또는 보증금을 부담하는 경우</td></tr>
<tr><td>㉢ 근로자 본인, 근로자 배우자, 부양가족 등이 6개월 이상 요양을 필요로 하여 질병이나 부상에 대한 요양비용을 근로자가 부담하는 경우</td></tr>
<tr><td>㉣ 퇴직금 중간정산을 신청하는 날부터 역산하여 5년 이내에 근로자가「채무자 회생 및 파산에 관한 법률」에 따라 파산선고를 받은 경우</td></tr>
<tr><td>㉤ 퇴직금 중간정산을 신청하는 날부터 역산하여 5년 이내에 근로자가 「채무자 회생 및 파산에 관한 법률」에 따라 개인회생절차개시 결정을 받은 경우 등</td></tr>
<tr><td>㉥ 천재지변 등으로 피해를 입는 등 고용부 장관이 고시하는 사유와 요건에 해당하는 경우</td></tr>
<tr><td>㉦ 사용자가 기존의 정년을 연장하거나 보장하는 조건으로 단체협약 및 취업규칙 등을 통하여 일정나이, 근속시점 또는 임금액을 기준으로 임금을 줄이는 제도를 시행하는 경우</td><td rowspan="4">중간정산 가능</td><td rowspan="3">중도인출 금지</td><td rowspan="4">중도인출 금지</td></tr>
<tr><td>㉧ 사용자가 근로자와의 합의에 따라 소정근로시간을 1일 1시간 또는 1주 5시간 이상 변경하여 그 변경된 소정근로 시간에 따라 근로자가 3개월 이상 계속 근로하기로 한 경우</td></tr>
<tr><td>㉨ 근로기준법 일부개정법률의 시행에 따라 근로시간 단축으로 근로자의 퇴직금이 감소되는 경우</td></tr>
<tr><td>㉩ 재난으로 피해를 입은 경우로서 고용노동부장관이 정하여 고시하는 사유에 해당하는 경우</td><td>중도인출 가능</td></tr>
</table>

② 근로자의 요구

반드시 근로자가 먼저 중간정산을 적극적으로 요구한 경우에만 퇴직금 중간정산의 합의가 유효한 것은 아니며 퇴직금 중간정산의 합의가 개별적 근로자의 자유로운 의사에 따라 이루어진 것이면 유효하다(대법원 2012.10.25, 2012다41045).

③ **중간정산 대상**

계속근로기간에 대한 퇴직금을 미리 정산하여 지급하는 것을 말하며 아직 근로하지 않은 장래의 기간에 대하여 미리 정산을 약정하는 것은 유효한 중간정산이 아니다. 근로자는 정산을 요구하는 시점에 발생한 퇴직금 전액의 정산을 요구할 수도 있고 일부 정산을 요구할 수도 있다. 또한 사용자는 반드시 근로자가 요구한 기간 모두에 대해 정산해 주어야 하는 것은 아니며 그 중 일부만 정산하기로 합의할 수 있다.

④ **사용자의 승낙**

근로자가 기왕의 계속근로기간의 전부 또는 일부에 대하여 퇴직금의 중간정산을 요구하고 사용자가 그 요구기간에 대한 중간정산을 승낙함으로써 퇴직금 중간정산 관계가 성립한다. 그러나 반드시 근로자가 시간적으로 먼저 요구하고 사용자가 이를 승낙하여야 하는 것은 아니며, 사용자의 제안에 근로자가 동의하여도 유효할 수 있다.

2) 효 과

근로자는 중간정산 퇴직금 청구권이 발생하며, 별도의 규정이나 합의가 없으면 중간정산 퇴직금 계산을 위한 평균임금의 산정시점은 근로자의 요구에 따라 사용자가 중간정산을 승낙한 때가 된다. 퇴직금 중간정산이 이루어지면 미리 정산하여 지급한 후의 퇴직금 산정을 위한 계속근로기간은 정산시점부터 새로 계산한다. 다만, 퇴직금 정산 이후 계속근로기간이 1년 미만인 경우에도 그 근로자는 전체 계속근로기간이 1년 이상이므로 퇴직금 지급대상이 되어 그 기간에 대하여는 1년간의 퇴직금에 비례하여 퇴직금을 지급하여야 한다. 요건이 갖추어지지 않았는데도 사용자가 근로자에게 중간정산하여 퇴직금을 지급한 경우에는 그 후 퇴직금 산정을 위한 계속근로기간은 정산 시점이 아니라 입사 시점부터 계산한다. 이 경우 이미 지급한 퇴직금은 부당이득으로서 사용자가 그 반환을 청구할 수 있다.

(6) 퇴직금 분할 약정

(가) 의 의

퇴직금 분할 약정이란 사용자와 근로자가 매월 지급하는 월급이나 매일 지급하는 일당과 함께 퇴직금으로 일정한 금원을 미리 지급하기로 한 약정을 말한다.

퇴직금 분할 약정은 근퇴법 제8조2항 전문 소정의 퇴직금 중간정산으로 인정되는 경우가 아닌 한 최종 퇴직시 발생하는 퇴직금 청구권을 근로자가 사전에 포기하는 것으로서 강행법규인 같은 법 제8조에 위배되어 무효이다.

한편 사용자가 근로자에게 퇴직금 명목의 금원을 실질적으로 지급하였음에도 불구하고 정작 퇴직금 지급의 효력이 인정되지 아니할 뿐만 아니라 임금지급의 효력도 인정되지 않는다면 근로자는 수령한 퇴직금 명목의 금원을 부당이득으로 사용자에게 반환하여야 한다고 보는 것이 공평하다.

다만, 퇴직금제도를 강행 법규로 규정한 입법 취지를 고려할 때, 위와 같은 법리는 사용자와 근로자 사이에 실질적인 퇴직금 분할 약정이 존재함을 전제로 하여 비로소 적용할 수 있다. 따라서 사용자와 근로자가 체결한 해당 약정이 그 실질은 임금을 정한 것에 불과함에도 사용자가 퇴직금 지급을 면탈하기 위하여 퇴직금 분할 약정의 형식만을 취한 것인 경우에는 위와 같은 법리를 적용할 수 없다. 즉, 사용자와 근로자 사이에 월급이나 일당 등에 퇴직금을 포함하고 퇴직시 별도의 퇴직금을 지급하지 않는다는 취지의 합의가 존재할 뿐만 아니라 임금과 구별되는 퇴직금 명목 금원의 액수가 특정되고 위 퇴직금 명목 금원을 제외한 임금 액수 등을 고려할 때 퇴직금 분할 약정을 포함하는 근로계약의 내용이 종전 근로계약이나 근로기준법 등에 비추어 근로자에게 불이익하지 아니하여야 하는 등 사용자와 근로자가 임금과 구별하여 추가로 퇴직금 명목으로 일정한 금원을 실질적으로 지급할 것을 약정한 경우에 위와 같은 법리가 적용된다(대법원 2010.5.20, 2007다90760 전원합의체).

(나) 상 계

계산의 착오 등으로 임금을 초과 지급한 경우에 근로자가 퇴직 후 그 재직 중 받지 못한 임금이나 퇴직금을 청구하거나 근로자가 비록 재직 중에 임금을 청구하더라도 위 초과 지급한 시기와 상계권 행사의 시기가 임금의 정산 조정의 실질을 잃지 않을 만큼 근접하여 있고 나아가 사용자가 상계의 금액과 방법을 미리 예고하는 등으로 근로자의 경제생활의 안정을 해할 염려가 없는 때에는 사용자는 위 초과 지급한 임금의 반환청구권을 자동채권으로 하여 근로자의 임금채권이나 퇴직금채권과 상계할 수 있다. 그리고 이러한 법리는 사용자가 근로자에게 이미 퇴직금 명목의 금원을 지급하였으나 그것이 퇴직금 지급으로서의 효력이 없어 사용자가 같은 금원 상당의 부당이득반환채권을 갖게 된 경우에 이를 자동채권으로 하여 근로자의 퇴직금 채권과 상계하는 때에도 적용된다. 다만 퇴직금 명목으로 지급한 금원 상당의 부당이득반환채권을 자동채권으로 하여 근로자의 퇴직금 채권을 상계하는 것은 퇴직금 채권의 2분의 1을 초과하는 부분에 해당하는 금액에 관하여만 허용이 된다(대법원 2010.5.20, 2007다90760 전원합의체).

이에 대해 민법 제742조(비채변제) 채무 없음을 알고 이를 변제한 때에는 그 반환을 청구하지 못한다는 규정을 들어 사용자는 퇴직금 분할 약정이 무효임을 알면서도 무효인 약정을 기초로 퇴직금 명목으로 일정한 금원을 급여한 것은 비채변제에 지나지 않는다면서 사용자는 강행법규인 근퇴법 제8조에 반하는 약정을 주도적으로 체결하고 그 약정이 무효임을 알면서 다시 말해 채무 없음을 알고 금원을 급여하였으므로 그 반환을 청구할 수 없다고 보아야 한다는 비판이 있다.

다. 퇴직연금제도

퇴직연금제도란 사용자가 매월 또는 매년 퇴직연금 사업을 하는 금융기관에 일정한 금액 이상을 적립하고 근로자는 퇴직한 후 매월 또는 매년 연금을 받거나 일시금을 받을 수 있는 제도이다.

퇴직연금제도(개인형 퇴직연금제도는 제외)를 설정한 사용자는 매년 1회 이상 가입자에게 해당 사업의 퇴직연금제도 운영상황 등에 관한 교육을 해야 한다. 이 경우 사용자는 퇴직연금 사업자에게 그 교육의 실시를 위탁할 수 있다.

(1) 확정급여형 퇴직연금제도(DB)

근로자가 받을 급여의 수준이 사전에 결정되어 있는 퇴직연금제도를 말한다. 사용자는 매년 부담금을 금융기관에 사외 적립하여 운용하며 근로자는 퇴직시 사전에 확정된 급여수준(퇴직금과 동일)만큼의 연금 또는 일시금을 수령한다.

(2) 확정기여형 퇴직연금제도(DC)

급여의 지급을 위하여 사용자가 부담해야 할 부담금의 수준이 사전에 결정되고 근로자가 받을 퇴직급여는 적립금 운용실적에 따라 변동될 수 있는 퇴직연금제도를 말한다. 사용자는 금융기관에 개설한 근로자 개별 계좌에 부담금(연간 임금총액의 1/12)을 납부하고 근로자는 자기 책임 하에 적립금을 운용하여 퇴직시 연금 또는 일시금으로 수령(급여수준은 운용성과에 따라 변동)한다.

적립금은 사용자로부터 독립되어 근로자 개인명의로 적립되므로 기업이 도산해도 수급권이 100% 보장되며 직장을 옮겨도 연결통산이 쉬운 장점이 있으나 투자결과에 따라 연금액이 달라질 수 있다.

(3) 개인형 퇴직연금제도(IRP)

가입자의 선택에 따라 가입자가 납입한 일시금이나 사용자 또는 가입자가 납입한 부담금을 적립 운용하기 위하여 설정한 퇴직연금제도로서 급여의 수준이나 부담금의 수준이 확정되지 아니한 퇴직연금제도를 말한다.

이직시 수령한 퇴직급여를 적립 축적하여 노후소득재원으로 활용할 수 있도록 한 통산장치로서 퇴직연금 가입 근로자가 이직시 퇴직급여를 가입자의 IRP 계정으로 이전하고 연금 수령 시점까지 적립된 퇴직급여를 과세이연 혜택을 받으며 운영하다 일시금 또는 연금으로 수령하는 제도이다.

여기서 잠깐! **퇴직급여 제도 비교**

구 분	퇴직금	확정급여형(DB)	확정기여형(DC)
개 념	계속근로기간 1년에 대해 30일 분 이상의 평균임금을 지급하는 제도로 퇴직금 수준이 사전에 확정	근로자가 받을 급여의 수준이 사전에 결정되어 있는 퇴직연금제도	급여의 지급을 위하여 사용자가 부담하여야 할 부담금의 수준이 사전에 결정되어 있는 퇴직연금제도
지급방식 (급여형태)	일시금	일시금 또는 연금 연금 : 만55세 이상, 10년 이상 가입시 /일시금 : 본인희망, 연금수급미자격자	
중간정산	법적 요건 충족시 임의 가능 (근로자신청+사용자승낙)	불가 (법정요건충족시 담보대출 50%가능)	법정요건충족시 중도인출 가능 (법정요건충족시 담보대출 50%가능)
회사 부담금	재량	적립금 운영실적에 따라 변동	연간 임금총액 1/12 이상 (근로자추가납입가능)
운용 책임	사용자	사용자	근로자

구 분	퇴직금	확정급여형(DB)	확정기여형(DC)
적립 방식	사내적립 (사외적립 가능)	일정 비율 이상 사외적립의무	전액 사외 적립
적합기업 및 근로자	도산위험이 없고 임금상승률이 높은 사업장	임금상승률이 높은 사업장, 관리능력이 있는 기업	연봉제, 체불위험이 있는 기업, 직장이동이 빈번한 근로자
급여 수준	연간 30일분의 평균임금×근속연수		운용 결과에 따라 변동
차이점		퇴직금제도와 퇴직급여수준이 동일, 근로자의 적립금 운영부담 없음, 장기근속 및 임금상승으로 퇴직급여 증가	퇴직급여수급권 100%보장, 운용수익 증가시 퇴직급여 증가

라. 퇴직금 청구권 포기 및 민사소송 부제소 특약

퇴직금은 사용자가 일정기간을 계속하여 근로하고 퇴직하는 근로자에게 그 계속근로에 대한 대가로서 지급하는 후불적 임금의 성질을 띤 금원으로서 구체적인 퇴직금 청구권은 계속근로가 끝나는 퇴직이라는 사실을 요건으로 하여 발생되는 것이다. 따라서 최종 퇴직시 발생하는 퇴직금 청구권을 사전에 포기하거나 사전에 그에 관한 민사상 소송을 제기하지 않겠다는 부제소 특약을 하는 것은 강행법규인 근로기준법에 위반되어 무효이며, 근로자의 퇴직금 청구가 신의성실의 원칙에 위배되는 것으로 볼 수 없다(대법원 2002.8.23, 2001다41568).

마. 임금, 퇴직금 등과 관련된 권리포기 및 부제소 합의의 적법성 여부

(1) 권리포기 및 부제소 합의를 부정한 사례

(가) 부제소 합의는 일정한 권리를 포기하는 합의로서 소극적 소송요건의 하나이며, 합의 당사자가 처분할 권리 있는 범위 내의 것으로서 특정한 법률관계에 한정될 때 허용되며, 그 합의시에 예상할 수 있는 상황에 관한 것이어야 유효한 것(대법원 1999.3.26, 98다63988)이므로, 근로자의 임금에 관하여 사용자와 근로자가 합의에 의하여 이를 받지 않기로 하든가 또는 이를 포기하는 일은 근로기준법에 정하여진 강행적인 근로조건을 어기는 것이 되어 무효가 된다(대법원 1976.9.28, 75다801).

(나) 외국인 조종사들이 내국인 조종사들에 비하여 높은 임금을 받은 것은 회사

의 기장 수급과, 외국인 기장의 높은 기술숙련도, 기타 제반 복지비용이 포함되었기 때문으로, 회사가 근로자들과 근로계약을 체결함에 있어서 회사로부터 지급받기로 한 임금은 일정한 근무시간을 기준으로 지급되는 월 급여, 그 근무시간을 초과하여 근무한 때에 지급되는 연장근무수당, 당번근무를 할 경우에 지급되는 일당수당, 그밖에 교통비와 휴가보상금으로 한정하기로 하며, 고용기간 종료시 회사에 대하여 여하한 추가적인 보상을 요구하지 않기로 합의하였음이 분명하다. 따라서 다른 특별한 사정이 없는 한 이 합의는 위 근로계약에서 열거한 금원 이외에 퇴직금 등 일체의 추가적 임금청구권을 포기한 것이거나 향후 이에 관한 민사상 소송을 제기하지 않겠다는 부제소 특약을 한 것으로 보아야 할 것이지만, 이와 같은 약정은 결국 강행법규인 근로기준법에 위반되어 무효라고 할 것이므로, 원고인 근로자들에게 퇴직금을 지급하여야 한다(대법원 1998.3.27, 97다49732).

(2) 권리포기 및 부제소 합의를 인정한 사례

(가) 퇴직금 산정 및 지급에 관하여 민형사상의 일체의 청구를 하지 아니하기로 한 약정은 부제소의 특약으로 인정되고 추가퇴직금 청구는 부적법하다. 근로자가 약 29년간 근무한 후 퇴직하면서 퇴직금으로 8,799만30원을 지급받았고, 그 후 회사를 상대로 법원에 퇴직금 산정시 퇴직금 지급일수 및 평균임금의 산출이 잘못되었다고 주장하면서 추가퇴직금 지급청구의 소를 제기했다. 이에 회사에서는 추가로 금 1,314만원을 지급하면서 이후 어떠한 경우에도 퇴직금 산정 및 지급에 관하여 민·형사상의 일체의 청구를 하지 아니하기로 약정한 사실을 알 수 있다. 따라서 사정이 그러하다면 위의 약정은 향후 원고들의 퇴직금 산정 및 지급과 관련하여 일체의 소송을 제기하지 아니하기로 하는 부제소의 특약이라 할 것이므로, 이에 위반하여 다시 식대보조비가 통상임금에서 제외됨으로써 퇴직금 계산에서 582만9,672원이 누락되었다고 주장하면서 위 금액에 해당하는 추가퇴직금의 지급을 구하는 이 부분 소는 권리보호의 이익이 없어 부적법하다(대법원 1996.6.14, 95다3350).

(나) 징계해고 후 퇴직과 관련해 어떤 이의도 제기 않기로 한 각서와 영수증 제출시 위 약정에는 해고무효를 전제로 소송을 제기하지 않기로 한 부제소의 합의도 포함되어 있다. 근로자가 징계해고 후 회사로부터 퇴직금과 위로금 명목의 돈을 받으면서 퇴직과 관련하여 어떠한 이의도 제기하지 않기로 하는 내용의 각서와 영수증

을 제출하였다면 이에 의한 근로자와 회사 사이의 약정에는 근로자가 해고처분의 효력을 다투고 그 무효를 전제로 금원지급을 구하는 등의 소송을 제기하지 않기로 하는 부제소의 합의도 포함되어 있다고 보아야 하며, 이 부제소 합의가 회사의 강박이나 기망으로 인하여 체결된 것으로 볼 수 없다(대법원 1991.4.26, 91다4799).

KEY WORD 8
근로관계 종료

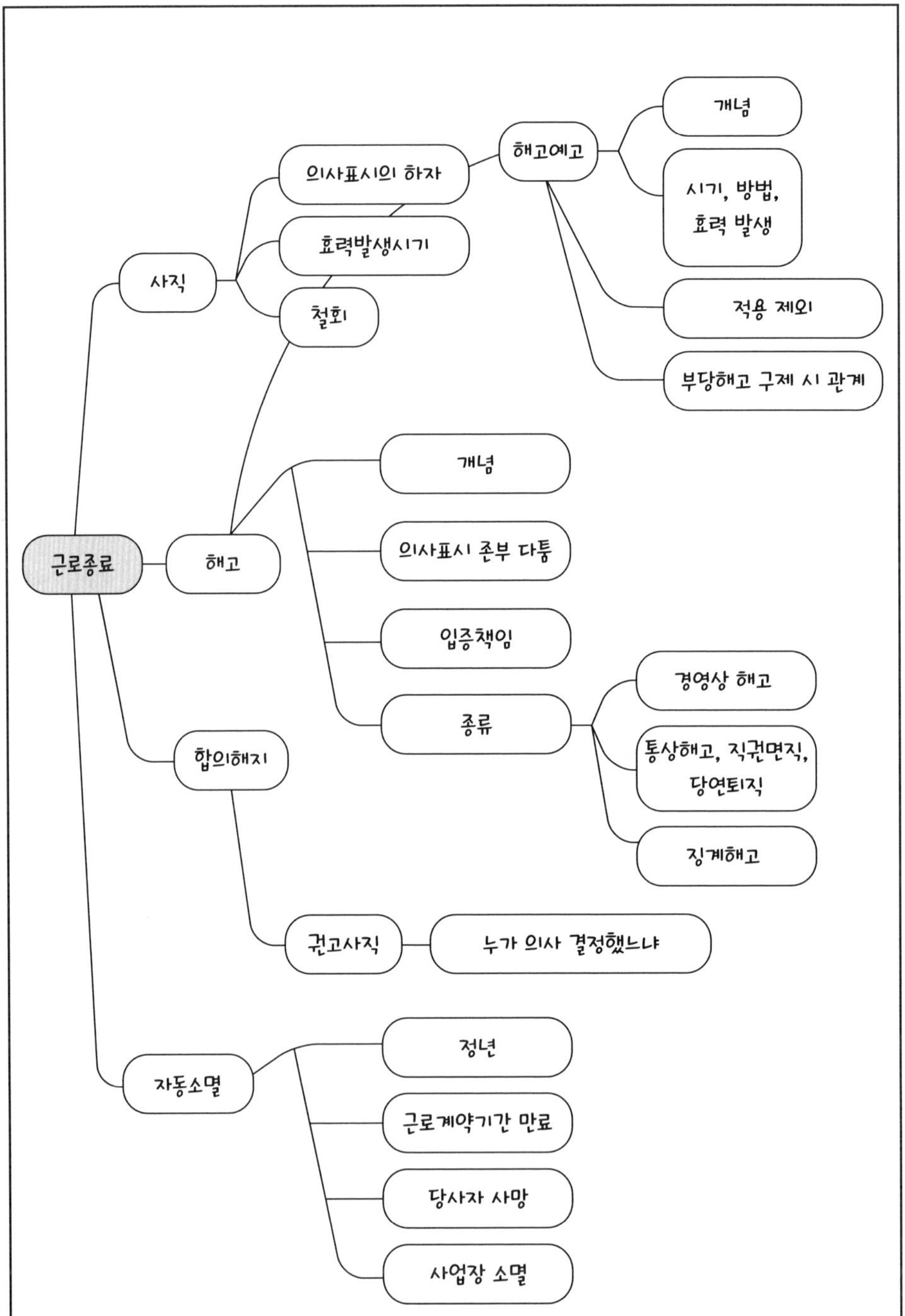
근로종료
사직
의사표시의 하자
효력발생시기
철회
해고예고
개념
시기, 방법, 효력 발생
적용 제외
부당해고 구제 시 관계
해고
개념
의사표시 존부 다툼
입증책임
종류
경영상 해고
통상해고, 직권면직, 당연퇴직
징계해고
합의해지
권고사직
누가 의사 결정했느냐
자동소멸
정년
근로계약기간 만료
당사자 사망
사업장 소멸

8. 근로관계 종료

근로계약서 말미에 흔히 "을에 대한 징계 및 해고는 근로기준법 및 복무규정을 따른다."라는 표현이 담긴다. 이는 "법에서 규정된 징계와 해고에 대해서는 근로기준법에서 정한 범위 내에서 적용된다."라는 취지의 주지 사항이다. 사용자와 근로자 사이에 벌어지는 빈번한 다툼 중 하나가 바로 '해고'이다. 특히 지방노동청에 진정으로 접수되는 해고와 관련된 다수의 사건은 '해고도 부당하지만 해고예고를 제대로 안했으니 해고예고수당을 달라'는 내용이다. 회사에서 근로자에게 일방적으로 더 이상 일하지 말라고 통보한 것이 정당한지 여부와 별개로 해고예고에 대한 규정을 어겼으니 30일 분의 통상임금을 주장하는 것이다. 해고가 정당한지에 대한 판단은 노동위원회에서 하지만, 해고예고의 문제는 지방노동청 관할이다. 사건을 조사하다보면 근로자는 해고를 주장하는 반면, 사용자는 사직 또는 합의해지를 주장하며 다툼이 일어나는데, ① 입증책임은 누구에게 있는지, ② 해고와 사직, 합의해지가 불분명한 경우 판단 기준은 무엇인지, ③ 해고라면 정당성이 있는지가 핵심이다. 이하에서는 근로관계 종료의 유형별 쟁점에 대해 '중앙노동위 주제별판례분석집'을 참고하고 저자의 경험을 더해 실무상 관리에 도움을 주고자 노력하였다.

8-1. 근로관계 종료의 유형

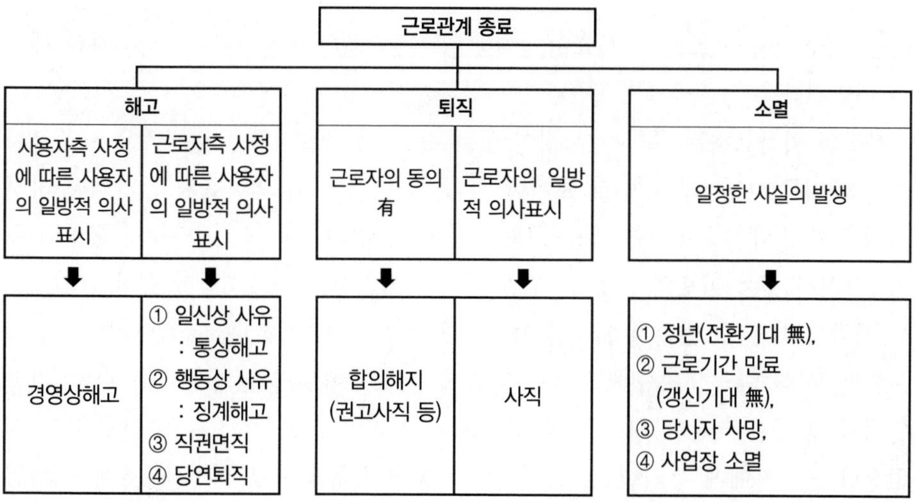

근로관계 종료의 원인은 크게 ① 근로자의 의사에 반하여 사용자의 일방적인 의사표시로 근로관계가 종료되는 '해고', ② 근로자의 의사나 동의에 따라 이루어지는 '퇴직', ③ 근로자나 사용자의 의사와는 관계없이 이루어지는 형태의 '자동소멸'(정년퇴직, 기간의 정함이 있는 근로계약에서 기간의 만료, 당사자의 사망, 사업장의 소멸 등)이 있다.

해고는 그 이유가 일신상 사유, 행동상 사유, 경영상 사유인지를 기준으로 다시 구분하면 ① 통상해고는 근로자의 일신상 사유, ② 징계해고는 근로자의 행동상 사유, ③ 경영상 해고는 사용자의 경영상 사유로 인한 해고에 해당한다. 또한 ④ 직권면직은 비위행위가 아닌 근로자의 적성이나 능력, 성격을 이유(일신상 사유)로 한다는 점에서 통상해고의 일종이고, ⑤ 당연퇴직은 근로자로서 갖추어야 할 일반적인 자격을 이유로 한다는 점에서 통상해고의 일종으로 본다(서울행법 2000.7.18, 2000구9112).

퇴직은 다시 ① 근로자의 일방적 의사표시(단독행위)에 의한 근로계약 해지를 의미하는 사직(해지통고)과 근로자와 사용자의 합의에 의한 근로계약 해지를 의미하는 합의해지로 구분된다(대법원 1993.10.26, 92다54210).

8-2. 사직

가. 개념

근로자가 일방적으로 의사표시(상대방 있는 단독행위)하는 사직은 사용자의 해고와 대비된다.

사직의 의사표시는 특별한 사정이 없는 한 당해 근로계약을 일방적으로 종료시키는 해지통고(해약의 고지)로 보아야 하며, 다만 사직의 의사표시가 기재된 사직서의 구체적 내용, 사직서 작성·제출의 동기 및 경위, 사직의 의사표시 철회의 동기, 사직서 제출 이후의 상황 등 제반 사정을 고려하여 근로계약에 대한 합의해지의 청약으로 볼 수 있는지 여부를 파악한다(대법원 2007.10.11, 2007다11668).

한편, 사직의 의사표시에 조건을 붙인 경우에도 이로써 합의해지의 청약이라고 단정할 수 있는 것은 아니고, 해약의 고지라 하더라도 원칙적으로 조건을 붙일 수 없으나 근로자에게 유리한 것으로 이미 사용자가 동의하였거나 사용자에게 특별히 불리하지 아니한 경우에는 예외적으로 조건을 붙일 수 있다(대법원 2015.1.28, 2015두55608).

사직의 의사표시를 해지통고로 본 경우	사직의 의사표시를 합의해지의 청약으로 본 경우
① 민원에 대한 책임을 인정하고 사직서를 제출하면서 근로계약의 종료일을 별도로 기재한 경우 ② 사직서에 '사직하고자 하오니 허락하여 주시기 바랍니다.'라는 기재는 되어 있으나, 근로자가 사용자의 행위로 인해 모욕감을 느껴 사직서를 제출한 경우 ③ 팀장으로 20년 이상 근무하던 근로자가 팀원으로 근무하게 되면서 어려움을 느끼고 이에 대하여 숙고한 후 사직원을 제출한 경우 ④ 대표이사가 민원인에게 사과할 것을 거듭 요구하였음에도 민원인에게 사과하느니 차라리 그만두겠다며 대표이사와 동료들에게 사직의사를 표시한 사실이 인정되고, 사직서에 결재란이 없으며, 회사의 사직처리 관행 또한 결재 없이 처리한 경우가 많은 경우	① 근로자가 순환명령휴직 대상자에 선정될 것을 예상하고 그와 같은 경우 휴직기간 경과 후 복직이 이루어지지 아니할 것을 우려하여 명예퇴직의 허락을 구하는 내용이 기재된 사직원을 제출한 경우 ② 사직서에 사용자의 허락을 구하는 문구가 기재되어 있으며, 실제로 결재권자들의 결재가 있었던 경우

나. 사직의 의사표시 존부 판단

민법에서 의사표시는 원칙적으로 불요식행위로 근로계약에 대한 사직의 의사표시 역시 특정한 방식이 요구되지 않으므로, 서면은 물론 구두나 이메일(전자문서)을 통한 의사표시도 효력이 있다. 사직의 의사표시 존재를 긍정하는 요소로는 ① 근로관계 종료가 다투어지는 시점 이전에 존재하는 사직의 의사표시, ② 동료직원과의 작별인사, ③ 개인물품의 정리 및 반납, ④ 출근 거부, ⑤ 해고의 부당성을 다투는 항의나 이의제기의 부존재, ⑥ 퇴직금·전별금·감사패 등의 이의 없는 수령, ⑦ 다른 직장에의 취업, ⑧ 권한 없는 직원으로부터의 해고 통지 후 결근 등이 있다. 다만 이 중 어느 하나에 해당한다고 하여 사직의 의사표시가 있음을 단정하는 것은 아니며, 종합적으로 고려하여 판단한다.

(1) 구두, 행동, 정황 등을 통해 사직의 의사표시를 인정한 경우

(가) 근로자가 징계 감봉 처분을 받고 급여가 적다는 이유로 2차례에 걸쳐 구두

로 사직의 의사표시를 하고 이후 업무 미배정에 대해서도 별다른 이의를 제기하지 않은 경우, 이는 합의 해지에 의해 근로관계가 유효하게 종료되었다(서울행정법원 2015.11.26, 2005구합22654).

(나) 근로자가 근로조건의 향상을 주장하면서 근로조건이 충족되지 않는다면 출근할 수 없다고 통보한 뒤 회사를 떠나 이후 출근하지 않음에 따라 회사가 사직처리를 한 것은 합의 해지되었다고 봐야 한다(서울고등법원 2008.11.7, 2008누16430).

(다) 근로자가 사용자로부터 성과급 및 퇴직일자가 기재된 감사패를 이의없이 수령하고 자신이 사용하던 열쇠를 반납하였으며 구직활동까지 한 사실이 있는 경우에는 근로계약을 종료하기로 하는 합의가 있었던 것으로 보인다(서울고등법원 2009.1.7, 2008누22787).

(라) 근로자가 그만두겠다는 의사표시를 하였으며, 사용자가 사직을 권고하자 임금을 지급받은 후 출근하지 않았으며, 사용자는 근로자가 퇴직한 후 후임 근로자를 채용한 경우 근로관계가 합의에 의하여 종료된 것이다(서울행정법원2005.10.27, 2004구합38207).

(마) 근로자가 출근하지 않은 상태에서 회사로부터의 연락에 일체 응하지 않았으며, 퇴직 후 얼마 지나지 않아 다른 회사에 취업한 것 등을 비추어 볼 때, 스스로 회사를 퇴사한 것으로 봄이 상당하다(서울행정법원 2011.2.18, 2010구합 18024).

(2) 정황으로 보아 해고처분이 있었던 것으로 볼 수 있는 경우

(가) 사용자가 근로자에게 "내일부터 나올 필요가 없다."고 말하였고, 해고한 사실이 없음을 알리는 의사표시를 하지 않았으며, 근로자가 사직의 의사표시를 하지 않았고, 근로자가 출근하지 않게 된 경위에 대해 당사자간 다툼이 있으나, 사용자가 근로자에게 출근 지시나 사직서를 제출하라는 등의 후속 조치를 한 사실이 없는 경우 이는 사용자의 일방적 의사에 의한 근로계약의 해지이다(서울행정법원 2001.1.28, 2010구합31195).

(나) 원감으로 채용한 뒤 해당 근로자를 보조 교사로 보직 변경한 후 근로자에게 급여 감액 등의 불이익을 주었고, "해고장 써 줄 테니 나가라."라는 취지의 말이 다소 흥분된 상태에서 한 것이라고 하더라도 근로자를 근무하지 못하게 하려는 의사를 드러내고, 근로자를 연금관리공단에 퇴직자로 신고한 경우 이는 근로

자를 해고한 것으로 봐야 한다(대법원 2010.3.11, 2009두28051).

(다) 인사위원회에서 사직 처리가 결정될 때까지 출근하지 않은 것은 무단 결근으로 징계 사유가 존재하나, 근로자가 해고 여부를 확인하기 위해 노력하였고, 사용자의 긍정적인 답변이 없는 상태에서 해고 통보를 받았다고 판단한 근로자로서는 계속 출근하기 어려웠을 것이며, 계속 복직을 위해 노력하였음에도 사용자는 근로자에게 소명 기회도 주지 않은 채 근로자의 사직 의사표시가 있는 것으로 간주하여 사직 처리한 경우 이는 정당한 이유 없는 부당해고이다(서울고등법원 2005.6.23, 2004누13587).

입증책임

사직 의사표시 존부가 불분명한 경우, 다수의 판결 추지에 비추어 볼 때, 근로자에 의한 사직의 의사표시가 있었음을 사용자가 증명해야 하는 것으로 보이고, 반대로 해고 처분의 존재에 대해서는 근로자가 주장 · 입증해야 한다.

① 대표이사는 근로자가 구두로 사직의 의사를 하였다고 주장하고 근로자는 부인하는 사직의 의사표시 존재 여부에 대한 다툼이 있는 상황에서 근로자가 사직을 할 합리적인 이유 및 사직에 따른 후속 조치를 취했다는 사용자의 증명이 없으므로 사직의 의사표시의 존재를 부정한다(대법원 2009.1.15, 2008두18397).

② 근로자가 원고가 되어 재심판정의 취소를 구한 사안에서 원고가 사직을 할 만한 동기가 전혀 발견되지 아니하고 근로자의 사직의 의사표시에 대한 사용자의 증명이 없으므로 사직의 의사표시의 존재를 부정하였다(서울행법 2008.5.23, 2007구합39120).

다. 사직의 의사표시 효력 발생 시기

근로자는 사직서 제출 등 일방적 의사표시를 통해 언제든지 근로관계를 종료할 수 있다. 다만, 사용자가 근로자의 사직서를 수리하지 않는 경우에 기간의 정함이 없는 근로계약은 사용자가 근로자의 사직의 의사표시를 받은 날부터 1개월이 경과하거나 기간으로 보수를 정한 근로계약의 경우에는 해지 통고를 받은 날이 속한 해당 기간이 지난 후 1기를 경과함으로써 근로계약이 종료된다. 근로자가 사용자의 승인 등을 요하는 사직의 의사표시가 아닌 근로자 일방적으로 사직을 통지하는 형식의 사직의 의사표시는 사용자에게 도달한 이상 근로자로서는 사용자의 동의 없이는 사직의 의사표시를 철회할 수 없다.

<table>
<tr><th colspan="2">퇴직의사</th><th>발생시기</th></tr>
<tr><td colspan="2">근로자가 퇴직의 의사표시(사직서 제출)를 하여 사용자가 이를 승낙(수리)한 경우</td><td>수리한 때</td></tr>
<tr><td colspan="2">단체협약, 취업규칙 등에 특약이 있는 경우</td><td>특약의 시기</td></tr>
<tr><td rowspan="2">근로자의 사직서를 회사가 수리하지 않는 경우</td><td>임금을 월급제 등 기간급으로 정한 경우
(민법 제660조3항)</td><td>사직서를 제출한 당기(월급제인 경우 그 달)후의 1임금지급기(그 다음달)가 경과하면 효력 발생

임금산정이 매월 1일부터 말일까지의 경우 근로자가 5월 15일에 사표를 제출했다면 → 사직의 효력은 7월 1일(당기 후 즉, 3월이 지나고 다시 다음 1임금지급기인 4월이 경과한 날)에 발생</td></tr>
<tr><td>임금을 기간급으로 정하지 않은 경우
(민법 제660조2항)</td><td>사용자가 근로자의 의사표시를 통고받은 날로부터 1개월이 경과될 때까지 효력이 발생하지 않음

임금산정이 매월 1일부터 말일까지의 경우 근로자가 5월 15일에 사직서를 제출했다면 → 사직의 효력은 6월 15일 발생(5월 15일로부터 1개월이 경과한 날)에 발생</td></tr>
</table>

또한 위와 같은 근로계약 해지의 효력이 생긴 후 사용자가 근로자에 대하여 근로계약 소멸의 통지는 관념의 통지에 불과하고 이를 해고라고 할 수 없다(대법원 1996.7.3, 95누7765). 근로자의 사직서 제출에 따라 근로계약의 효력이 생기는 기간을 민법 규정의 기간보다 짧은 기간을 취업규칙에 정하고 있다 하더라도, 민법 제660조는 근로자의 해약의 자유를 보장하기 위한 규정이므로 취업규칙에 정한 기간의 경과에 따라 근로계약이 유효하게 해지되어 종료된다(대법원 1997.7.8, 96누5087).

라. 사직의 의사표시 철회

(1) 사직의 의사표시의 성격에 따른 철회 가능시점

사직의 의사표시가 존재하고 그 의사표시에 아무런 하자가 없더라도, 의사표시가 있은 후 근로관계의 종료를 더 이상 원하지 않을 경우 근로자는 사직의 의사표시를 철회할 수 있다. 다만, 철회가 가능한 시점은 사직의 의사표시의 성격에 따라 달라진다.

사직의 의사표시가 근로자의 일방적인 근로계약 해지통고(해약의 고지)에 해당하는 경우 근로자는 사직의 의사표시가 사용자에게 도달한 후에는 사용자의 동의가 있는 경우를 제외하고 철회할 수 없다. 반면, 사직의 의사표시가 근로계약에 대한 합의해지 청약에 해당하는 경우 근로자는 철회로 인해 사용자에게 불측의 손해를 입히는 등 신의칙에 반하는 사정이 있는 경우를 제외하고는 사용자의 승낙이 근로자에게 도달할 때까지 청약의 의사표시를 철회할 수 있다.

구분	해지통고(해약고지)	합의해지의 청약
철회 가능 시점	(원칙) 사직의 의사표시가 사용자에게 도달하기 이전 철회 가능	(원칙) 사용자의 승낙의 의사표시가 근로자에게 도달하기 이전 철회 가능
	(예외) 사용자의 동의가 있는 경우 사직의 의사표시 도달 이후에도 철회 가능	(예외) 철회로 인해 사용자가 불측의 손해를 입는 등 신의칙에 반하는 사정이 있는 경우 철회 불가

(2) 근로계약의 종료시점과 사직의 의사표시의 철회 가능시점

근로계약의 종료시점과 사직의 의사표시 철회 가능시점은 서로 다른 개념이다. 예를 들어 사직의 의사표시가 해지통고(해약의 고지)에 해당하는 경우 근로계약의 일반적인 종료시점은 민법 제660조 소정의 기간이 경과한 때이지만, 사직의 의사표시 철회 가능 여부는 여전히 의사표시가 사용자에게 도달하였는지를 기준으로 한다. 따라서 철회 가능시점이 지났음에도 근로계약이 종료되지 않았다고 해서 사직의 의사표시를 철회할 수 있는 것은 아니다 마찬가지로 사직의 의사표시를 하면서 근로계약의 종료에 기한이나 조건을 부가한 경우 그 기한이 도래하거나 조건이 성취되는 때에 근로관계가 종료되는 것이지만, 이때 사직의 의사표시의 철회 가능 시점은 근로관계 종료시점과 관계없이 그 의사표시의 성격이 해지통고(해약의 고지)인지 합의해지의 청약인지 여부에 따라 결정된다.

의사표시의 철회

근로자가 근로계약관계 해지를 청약한 경우 사용자의 승낙의 의사표시가 근로자에게 도달하기 전에는 철회가 가능하다. 근로자가 사직원을 제출하여 근로계약관계의 해지를 청약하는 경우 그에 대한 사용자의 승낙의사가 형성되어 그 승낙의 의사표시가 근로자에게 도달하기 이전에는 그 의사표시를 철회할 수 있는 것이나, 근로자와 사용자가 근로계약관계를 해지시키기로 합의하였다면 그 합의시에 근로자의 근로계약관계 해지의 청약의 의사표시에 대하여 사용자의 승낙의 의사가 확정적으로 형성, 표시되어 해지의 의사의 합치가 있었다고 할 것이므로 이러한 경우 어느 일방 당사자가 임의로 이를 철회할 수는 없다 할 것이고, 이는 근로자와 사용자가 위 합의시 특별히 근로계약관계를 일정기간 경과 후 종료키로 약정하였다고 하여도 마찬가지라 할 것이다(대법원 1994.8.9, 94다14629).

마. 기간제 및 무기계약 근로자의 사직

(1) 기간제근로자

기간을 정한 기간제 근로계약의 경우 근로자가 근로계약기간 도중에 임의로 퇴직하였다면 사용자는 고용계약 위반을 이유로 이에 따른 민법상의 손해배상을 청구할 수 있다. 민법 제660조2항 규정의 단서 조항에도 "다만, 근로계약기간이 정해져 있는 상태에서 임의로 퇴직하였다면 사용자는 고용계약 위반을 이유로 민법상 손해배상청구가 가능하다."고 명시하고 있다.

(2) 기간의 정함이 없는(무기계약 또는 정년보장) 근로자

근로계약기간을 정하지 않은 근로자는 언제든지 사직의 통고가 가능하다. 근로계약 기간을 정하지 않는 상태에서 근로자가 임의로 퇴직한 경우 원칙적으로 퇴직의 법적 효과는 취업규칙·단체협약 등의 규정에 정한 바에 따른다. 만약에 취업규칙·단체협약 등에 임의퇴직의 규정이 없으면 민법 제660조 규정에 따라 '기간의 정함이 있는 계약'인지, '기간의 정함이 없는 계약'인지에 따라 근로관계 소멸 효력이 달라진다. 기간의 정함이 없는 근로계약에 대해 민법 제660조2항은 "근로자는 언제든지 사직의 의사표시를 할 수 있으며, 이 경우 근로자의 계약 위반에 따른 손해배상 문제는 발생하지 않는다."라고 규정하고 있다.

바. 사직의 의사표시와 하자

민법 제107조 진의 아닌 의사표시(비진의 의사표시)는 무효가 되며, 민법 제110조 사기강박에 의한 의사표시의 경우에 그 의사표시는 취소 사유가 된다. 민법 제107조는 비진의 의사표시에 의한 법률행위는 근로자의 별도의 취소행위 없이 처음부터 효력이 없는 무효가 된다. 민법 제110조는 사기 기망행위가 있다하더라도 곧바로 사직서를 제출한 행위가 효력을 잃는 것이 아니라 근로자가 사직서 제출에 법적 효력이 없다는 취소권을 행사하여야 한다.

(1) 진의 아닌 의사표시(민법 제107조)

(가) 자기의 진의와 다른 의사표시를 표의자(의사표시를 한 사람) 스스로 알면서

하는 경우를 진의 아닌 의사표시라고 한다. 민법은 제107조1항에서 진의 아닌 의사표시의 경우에도 원칙적으로 유효하고, 다만 상대방이 표의자의 진의 아님을 알았거나 알 수 있었을 경우에는 무효라고 규정하고 있다. 이때 진의는 특정한 내용의 의사표시를 하고자 하는 표의자의 생각을 말하고, 표의자가 진정으로 마음속에서 바라는 사항을 뜻하지 않으므로, 표의자가 의사표시의 내용을 진정으로 마음속에서 바라지는 아니하였다고 하더라도 당시의 상황에서는 그것을 최선이라고 판단하여 그 의사표시를 하였을 경우에는 이를 내심의 효과의사가 결여된 진의 아닌 의사표시라고 할 수 없다(대법원 2000.4.25, 99다34475).

(나) 근로자의 권고사직이 비진의 의사표시로 무효가 되기 위해서는 상대방(사용자)이 표의자(근로자)의 사직서 제출이 진의 아님을 알았거나 이를 알 수 있는 상태에 있어야 한다. 예를 들어, 근로자가 회사에 계속 다닐 마음이 있음에도 불구하고 "내일부터 회사에 나오지 않겠다."라고 하면서 사직서를 제출할 경우 그리고 사용자가 이를 수리하는 경우에는 사용자가 근로자의 사직서 제출이 진의 아님을 모르고 사직서를 수리하게 된다면 근로관계는 종료된다.

(다) 그러나 사용자가 근로자의 사직서 제출이 진의가 아님을 알고 있던 상황에서 사직서를 수리하게 된다면(즉, 일방적으로 사직 처리를 하게 된다면) 해고가 된다. 실무적으로 문제가 되는 것은 근로자의 진의에 관한 것이다. 판례에서 진의는 '특정한 내용의 의사표시를 하고자 하는 표의자의 생각'을 말하는 것이고 표의자가 진정으로 마음속에서 바라는 사항을 뜻하는 것은 아니다'라고 한다. 그렇다면 특정한 내용의 의사표시와 표의자가 진정으로 마음속에서 바라는 사항의 차이점은 무엇인가? 예를 들어 사용자가 근로자에게 사직서를 제출하고 나가면 근로자의 비위사실에 대해서는 문제 삼지 않겠지만 그렇지 않은 경우 시말서 제출과 1년간 연봉동결을 시키겠다고 하면서 사직서 제출을 강요할 때 근로자의 마음 속에서 사직을 하기 싫지만(진정으로 마음속에서 바라는 사항), 시말서 제출과 1년간 연봉동결 등의 상황을 감안하면 차라리 사직서를 제출하고 나가는 것이 나을 것 같다고 생각하여 사직서를 제출하였다면(특정한 내용의 의사표시), 근로자는 사직의 의사표시를 사용자에게 한 것이고 그것이 비진의 의사표시가 되는 것은 아니다. 즉, 당시의 상황에서는 그것이 최선이라고 판단하여 그 의사표시를 하였을 경우에는 이를 내심의 효과의사가 결여된 진의 아닌 의사표시라고 할 수 없다.

(라) 사직의 의사표시와 진의가 일치하지 않는다는 점 및 사용자가 진의 아닌 의사 표시에 해당함을 알았거나 알 수 있었다는 점에 대한 증명책임은 근로자에게 있다. 회사의 방침이나 지시에 따라 어쩔 수 없이 (일괄)사표를 제출한 경우에는 진의 아닌 의사표시로 인정되지만, 희망퇴직(명예퇴직)의 경우 또는 비위행위로 인해 징계가 예상되는 경우와 같이 근로자가 제반 상황을 종합적으로 고려하여 불이익이 예상된 결과 자발적으로 사직서 등을 제출한 때에는 진의에 의한 의사표시로 인정된다.

(2) 강요 등 기타 의사표시 하자(민법 제103조, 제110조)

(가) 사용자가 근로자에게 인사상 불이익이나 경제적 불이익, 폭언 등을 가하면서 반복적으로 사직을 종용하여 근로자의 자유의사가 침해된 상태에서 사직의 의사표시를 한 경우, 이는 강요 내지 강박에 의한 의사표시로서 실질적으로 해고에 해당한다. 그러나 법원은 인사담당자가 근로자의 비위행위에 대하여 장래 징계해고의 가능성을 시사한 것은 객관적인 상황에 대한 고지에 불과하여 강요라고 볼 수 없다고 본다(대법원 2015.1.28, 2015두55608).

(나) 한편, 사직의 의사표시가 선량한 풍속 기타 사회질서에 위반한 약정 등에서 비롯한 경우에도 의사표시의 하자가 있는 것으로, 법원은 민법 제103조에 따라 이때 사직의 의사표시를 무효라고 본다. 법원은 노동조합장 선거에 참여한 두 조합원이 선거 결과에 따라 사직하기로 하는 약정을 하고 미리 퇴직원을 제출한 후 낙선한 자의 사직서를 수리한 경우, 선거 결과에 따라 사직하기로 하는 약정은 법률상 강제할 수 없는 성질의 것이라 할 것인데, 미리 퇴직원을 제출하기로 함으로써 법률상 강제할 수 없는 의무의 내용을 실질적으로 강제하고 있으므로 이러한 사직의 합의는 민법 제103조 소정의 반사회질서행위에 해당하여 무효이고 이에 따라 제출된 퇴직원에 기한 사직의 의사표시 역시 무효에 해당한다고 보았다(대법원 2010.5.13, 2010두3275). 진의 아닌 의사표시의 경우와 마찬가지로 사직의 의사표시가 '강요 내지 강박에 의한 것'이라는 점 또는 '반사회질서 행위에 해당하는 것'이라는 점에 대한 증명책임은 근로자에게 있다.

(다) 민법 제110조의 경우 사용자에게 근로자를 착오에 빠지게 하는 고의, 착오에 의하여 근로자로 하여금 사직의 의사표시를 하게 하려는 고의 즉 2단의 고의가

있어야 하고 근로자에게 사실과 다른 생각을 가지게 하게끔 하는 기망행위가 있어야 한다. 사용자가 근로자에게 "회사가 망할 것 같다. 권고사직 처리해 줄 테니 사직서를 제출하라."라고 하는 경우 사기, 강박에 의한 의사표시가 될 수 있다. 사용자가 근로자를 적극적으로 기망하여 검사실이 곧바로 폐쇄된다는 착오에 빠뜨리게 하여 제출받은 사직서는 민법 제110조의 사기 강박에 의한 의사표시에 해당하고 근로자가 노동위원회에 구제를 신청한 날 그 사직의 의사표시를 취소한 것으로 볼 것이며, 의사표시를 취소하면 취소의 소급효로 인하여 그 행위의 시초부터 무효인 것으로 되는 것이므로, 사용자가 무효인 사직서에 터 잡아 의원면직 또는 권고사직의 형식으로 근로자와의 근로계약 관계를 종료시킨 것은 실질적으로는 사용자의 일방적인 의사에 의하여 근로자와의 근로계약 관계를 종료시킨 것이어서 부당해고에 해당한다(인천지노위 2012.9.11, 2012부해390).

(라) 사용자가 근로자로부터 사직서를 제출 받고 이를 수리하는 의원면직의 형식을 취하여 근로계약관계를 종료시킨 경우, 사직의 의사 없는 근로자로 하여금 어쩔 수 없이 사직서를 작성, 제출하게 하였다면 실질적으로 사용자의 일방적인 의사에 의하여 근로관계를 종료시키는 것이어서 해고에 해당한다 할 것이다(대법원 2002.7.26, 2002다19292).

(마) 원고가 담당하던 업무도 이미 새로운 직원에게 담당하도록 함으로써 원고가 출근하더라도 수행할 업무가 없도록 했으며, 참가인 회사의 직원이 원고가 취침하고 있던 기숙사에 들어와 욕설과 폭언을 하면서 퇴직할 것을 요구한 이른 점 등 원고가 사직서를 제출하기까지의 제반 사정에 비추어 보면 여자인 원고로서는 퇴직의 의사가 없었음에도 참가인 회사의 강요된 분위기에 위축된 상태에서 어쩔 수 없이 사직서를 제출할 수밖에 없었다고 볼 수 있다. 따라서 원고가 퇴직금과 위로금을 지급받았다는 사정만으로 사직서의 제출이 자의에 의한 것이라거나 원고가 해고의 효력을 인정한 것이라고 볼 수 없다(서울고법 2006.8.18, 2005누23413).

(바) 사용자가 근로자에게"사표를 제출하지 않으면 해고하겠다."라고 하여 어쩔 수 없이 사표를 제출하고 그것이 수리되는 경우 "권고사직", 이나 "의원면직"의 형식에 의하여 퇴직하였다고 하더라도 결국 사용자가 사표를 강요한 결과에 지나지 않은 경우 의원면직은 실질상 해고로 보아야 한다(대법원 1988.4.25, 87다카

1280). 근로자의 사직서 작성, 제출이 진의에 의한 것이 아니어서 무효라면 사용자의 사직서 수리행위는 실질적으로 사용자의 일방적인 의사에 의하여 근로계약관계를 종료시키는 것이어서 해고에 해당할 수 있다.

사. 사직과 합의해지의 구별

사용자가 근로자에게 퇴직할 것을 권유하고 근로자가 자유의사에 따라 사표를 제출하여 퇴직하는 권고사직이나 근로자가 자의에 따라 사표를 낸 다음 사용자가 이를 수리하여 퇴직하는 의원면직(의원사직) 등은 근로계약의 합의해지의 한 형태로서 해고와 구별된다. 해고는 근로자의 의사와 상관없이 사용자가 일방적으로 근로관계를 종료하는 것이므로 부당해고로부터 근로자를 보호하기 위해 강행규정인 근로기준법 제23조의 제한을 받지만, 사직과 합의해지에 관해서는 근로기준법을 비롯한 노동관계법이 별도로 규정하고 있지 않다. 따라서 사직과 합의해지는 대등한 당사자 사이의 계약관계를 규율하는 민법이 적용된다. 사직 또는 합의해지가 다툼의 쟁점이 되는 경우는 사직의 의사표시 또는 근로계약 해지의 합의가 존재하는지 여부, 근로자의 의사표시가 하자 있는 의사표시에 해당하는지 여부, 사직의 의사표시 또는 합의해지의 청약이 철회 가능한지 여부 등이다.

아. 사직과 해고의 구별

해고는 실제 사업장에서 불리는 명칭이나 그 절차에 관계없이 근로자의 의사에 반하여 사용자의 일방적인 의사에 의하여 이루어지는 모든 근로계약관계의 종료를 의미한다. 반면 사직은 (사용자에 의한) 해고와 달리 근로자에 의하여 근로관계를 종료시키는 법률행위이고 근로자의 의사나 동의에 의해 이루어진다는 점에서 퇴직으로 분류된다. 결국 해고와 사직은 의사표시를 하는 주체가 누구인지에 따라 달라질 수 있는 것이다. 사용자가 근로자와의 근로관계를 종료시키려 할 때 선택하는 방법은 두가지가 있다. 해고와 권고사직이다. 권고사직은 합의해지(퇴직)의 종류 중 하나로써 사용자가 근로자에게 퇴직할 것을 권유하고 근로자가 자유로운 의사에 따라 사표를 제출하여 퇴직하는 것을 의미한다. 권고사직과 해고는 사용자가 근로관계 종료에 관하여 언급한다는 점에서는 구별하기 어렵다. 그러나 근로계약 해지에 대한 의사표시를 누가 발하느냐에 따라 달라질 수 있다. 쉽게 해고는 사용자가 근로자에게 "그만둬라."라고 일방적으로 통보하는 것이지만(일방적 의사표시), 권고사직은 사용자가 근로자에게 그만두는 것이 어떻겠냐고 권유하고 근로자가 이에 응하여 "그만두겠다."라고 하는 것이다. 즉, 근로관계 종료에 대한 최종 결정과 의사표시의 주체가 해고는 사용자인 반면 권고사직은 근로자라는 점에서 차이가 있다.

8-3. 해고

가. 해고 일반

(1) 의의

해고란 명칭이나 절차에 관계없이 근로자의 의사와는 무관하게 사용자 측에서 일방적으로 근로관계를 종료시키겠다는 의사표시의 통지이다. 그러나 법령이나 판례에서 사용하는 해고의 실질적인 의미는 반드시 의사표시만을 의미하는 것은 아니고 다의적이다. 즉, 근로기준법 제26조의 해고예고에서의 해고는 해고의 의사표시가 아니라 효력발생으로서 사직의 사실을 의미한다. 예를 들어 사용자가 이번주 수요일에 근로자에게 "다음주 월요일부터 나오지 마세요."라는 의사표시를 했다면 해고는 다음주 월요일에 발생한 것이고 이번주 수요일은 해고를 예고한 날로서 해고일(다음주 월요일)로부터 30일 전이 아니어서 해고예고 의무를 위반한 날이 된다. 판례는 법적 규율의 대상이 되는 해고는 실제 사업장에서 불리우는 명칭이나 그 절차에 관계없이 근로자의 의사에 반하여 사용자의 일방적 의사에 의하여 이루어지는 모든 근로계약관계의 종료를 의미한다(대법원 1993.10.26, 92다54210)고 한다. 예를 들어, 근로자의 사직서 제출이 진의에 의한 것이 아니어서 무효라면 사용자의 사직서 작성·수리행위는 실질적으로 사용자의 일방적인 의사에 의하여 근로계약관계를 종료시키는 것이어서 해고에 해당하고(대법원 2002.6.14, 2001두11076), 취업규칙상 '일정한 사유가 발생하면 자연퇴직(당연퇴직)한다'는 취지의 규정을 둔 경우에도 사용자의 일방적 의사표시로 근로계약관계를 종료시키는 것인 이상 해고에 해당한다(대법원 1992.4.10, 91다43138).

또한 사용자가 근로자를 해고하기 위해서는 '정당한 이유'가 있어야 하는데, 정당한 이유란 사회통념상 근로계약을 유지시킬 수 없을 정도로 근로자에게 책임 있는 사유가 있거나 부득이한 경영상의 필요가 있는 것을 말한다.

민법은 고용관계의 해지에 관하여 근로자측의 해지와 사용자측의 해지를 구별하지 않고 똑같이 취급한다. 즉 민법상의 고용관계는 기간의 약정이 없는 경우에는 당사자 일방의 해지 의사표시에 의하여 해지통고기간의 경과로(민법 제660조), 기간의 약정이 있는 경우에는 약정기간의 경과로 당연히(민법 제661조), 그리고 기간의 약정 유무에 불구하고 즉시 해지사유(민법 제657조, 658조, 661조, 663조)가 있는 경우에는 그 즉시해지의 의사표시에 의하여 소멸한다. 그러나 근로기준법은 사용자측의 해지인 해고에 대해 근로기준법 제23조부터 제27조에서 민법 일반원칙에 제한을 가해 근로자를 보호한다. 해고는 사용자가 근로자에 대해 근로계약관계를 종료시키겠다는 뜻을 일방적으로 통지하는 것으로서, 그 법적 성질은 근로계약 해지의 의사표시로서 상대방 있는 단독행위이며, 상대방 있는 단독행위는 그 의사표시가 상대방에게 도달하는 때에 효력이 발생한다. 그 의사표시는 서면 구두 또는 전화 등 어떠한 방법으로 알려도 상관없으나 근로기준법은 2007.7.1부터 해고사유와 해고시기를 서면으로 통지하여야 해고의 효력이 발생하도록 규정하고 있다(근로기준법 제27조).

해고는 근로기준법에 정의가 규정되어 있지 않지만 대법원 판례 등을 참고하였을 때 사업장에서 실제로 불리는 명칭이나 절차에 관계없이 근로자의 의사와는 무관하게 사용자가 일방적으로 근로관계를 종료시키는 것을 의미한다(대법원 1993.10.26, 92다54210). 실무에서 근로자에게 계속근로의사(근로자 요건)가 있었는지, 사용자에게는 일방적으로 사용종속 관계를 단절시키려는 의도(사용자 요건)가 있었는지, 이 두가지 측면에서 조사하고, 요건 모두 충족되는 경우에 근로기준법상 해고라고 인정한다.

(2) 종류

(가) 해고의 사유에 따른 구분

해고의 종류에는 통상해고, 징계해고, 정리해고가 있다. 징계사유와 별개의 사유를 들어 해고하는 경우를 통상해고라고 하여 징계해고와 구분하며, 사용자가 기업경영상의 필요에 따라 감원조치를 취하여 근로자를 해고하는 경우를 정리해고라고 하여 통상해고와 구분한다. 통상해고는 사용자가 근로자에 대하여 징계사유와는 별도의 사유를 들어 해고하는 것이고, 징계해고는 근로자에게 징계사유가 있다는 이유로 징계절차에 의하여 근로관계를 종료하는 것이다. 통상해고도 징계해고와 마찬가지로 근로기준법 제23조가 적용되므로 해고에 정당한 이유가 요구된다는 점에서는 구별의 실익이 없어 보이나, 통상해고와 징계해고는 개념 자체가 다르고, 징계절차 적용 여부에서 차이가 발생하므로 구별의 실익이 있다. 통상해고는 대체로 단체협약이나 취업규칙 '인사의 장'에, 징계해고는 '징계의 장'에 규정되어 있고 징계절차를 거쳐야 하는지 여부에 따라 구분되는 것이 보통이다.

1) 통상해고

통상해고는 일반해고라고도 하며, 독일 해고제한법상 근로자의 일신상의 사유로 인한 해고와 유사한 의미이다. 통상해고는 사용자가 '근로자의 근로계약상의 근로제공 의무를 이행하지 못한 것'을 이유로 근로자를 해고하는 것으로서 일반적으로 통상해고의 근로자측 사유로는 ① 근로자의 부상·질병 등 그 밖의 건강 상태로 인하여 근로 제공의 어려움을 이유로 한 해고, ② 형사소추(구속), 유죄판결(징역·금고형) 등으로 노무제공 의무의 이행불능에 따른 해고, ③ 업무능력 결여, 근무성적 부진 등을 이유로 한 해고를 말하며, 그 밖에 사용자가 긴박한 경영상 필요 이외의 사유로 근로 제공을 받을 수 없게 되어 근로자를 해고 하는 경우 등 사용자측의 사유로는 ① 직원 수를 줄이기 위한 것이 아닌 업무 능률화를 위한 목적으로 직제규정 개정 등에 따른 직책 폐지 등으로 전보, 전적 등을 권유하였으나 이를 거절하는 경우의 해고, ② 파산선고를 받은 기업이 사업의 폐지를 위하여 청산과정에서 근로자를 해고하는 경우 등이 있다.

관련 판례

① 직원 수를 줄이기 위한 것이 아니라 기구와 인원 배치를 조정함으로써 업무의 능률화를 기하기 위한 목적으로 법인의 정관에 규정된 직제규정이 개정됨으로 말미암아 엘리베이터 주임이라는 직책이 폐지되었음에도 불구하고, 종전에 이를 담당하고 있던 근로자가 그 직책으로의 복귀만을 고집하면서 직급과 보수가 엘리베이터 주임과 동일한 경비주임으로는 근무하지 않겠다는 의사를 명백히 표시함으로써 이루어진 해고는 정당한 이유가 있는 통상해고로서 정리해고가 아니다(대법원 1991.9.24, 91다13533).
② 기업이 파산선고를 받아 사업의 폐지를 위하여 그 청산과정에서 근로자를 해고하는 것은 위장폐업이 아닌 한 기업경영의 자유에 속하는 것으로서 파산관재인이 파산선고로 인하여 파산자 회사가 해산한 후에 사업의 폐지를 위하여 행하는 해고는 정리해고가 아니라 통상해고에 해당한다(대법원 2004.2.27, 2003두902).

2) 징계해고

징계해고는 일반적으로 근로자의 행동상의 사유로 인한 해고로서 근로기준법 제23조에서 정한 해고, 휴직, 정직, 전직, 감봉 등 징계의 종류 중 가장 무거운 제재조치이다. 사용자가 '근로자의 비위행위 등 기업 질서위반 행위에 대한 제재조치 중의 하나'로서 근로자를 해고하는 사유는 일반적으로 ① 업무명령 위반으로 인한 해고, ② 근무태도 불량으로 인한 해고, ③ 기업업무에 중대한 지장을 초래한 이유로 인한 해고, ④ 회사의 명예나 신용 훼손으로 인한 해고 등이 있다.

3) 경영상해고

경영상 이유에 의한 해고는 사용자가 기업 경영상의 필요에 따라 일정한 법적 조건을 충족시키는 경우 근로자를 해고할 수 있는 제도이다. 사용자가 '경제적, 산업구조적, 기술적 변동 등에 따른 계획 등 긴박한 경영상의 필요'에 따라 기업의 유지와 존속을 전제로 근로자를 해고하는 것으로, 일반적으로 ① 기업의 도산, 영업실적의 악화, ② 경쟁력 회복 또는 증강에 대처하기 위한 작업형태, 사업조직의 변경, ③ 생산성 향상, 신기술 도입, 기술혁신에 따라 생기는 산업의 구조적 변화, ④ 경영 악화를 방지하기 위한 사업의 양도·인수·합병 등을 '긴박한 경영상 필요성'에 따른 해고로 본다.

(나) 해고의 예고를 필요로 하는지에 따른 구분

해고예고 절차를 거쳐서 하는 해고를 통상해고라 하고, 해고예고가 필요 없는 해고를 즉시해고라 한다. 통상해고에서 해고예고는 해고하고자 하는 날의 30일 전까지 하여야 한다. 그러나 예외적으로 천재·사변 그 밖에 부득이한 사유로 사업 계속이 불가능한 경우, 근로자가 고의로 사업에 막대한 지장을 초래하거나 재산상 손해를 끼친 경우로서 고용부령에서 정한 사유가 있는 경우에는 해고예고를 할 필요 없이 즉시해고를 할 수 있다.

(3) 해고의 제한

관련 법령

근로기준법 제23조【해고 등의 제한】

① 사용자는 근로자에게 정당한 이유 없이 해고, 휴직, 정직, 전직, 감봉, 그 밖의 징벌(懲罰)(이하"부당해고 등"이라 한다)을 하지 못한다.

② 사용자는 근로자가 업무상 부상 또는 질병의 요양을 위하여 휴업한 기간과 그 후 30일 동안 또는 산전(産前)·산후(産後)의 여성이 이 법에 따라 휴업한 기간과 그 후 30일 동안은 해고하지 못한다. 다만, 사용자가 제84조에 따라 일시보상을 하였을 경우 또는 사업을 계속할 수 없게 된 경우에는 그러하지 아니하다.

근로기준법 제27조【해고사유 등의 서면통지】

① 사용자는 근로자를 해고하려면 해고사유와 해고시기를 서면으로 통지하여야 한다.
② 근로자에 대한 해고는 제1항에 따라 서면으로 통지하여야 효력이 있다.

남녀고용평등과 일·가정 양립 지원에 관한 법률 제19조【육아휴직】

③ 사업주는 육아휴직을 이유로 해고나 그 밖의 불리한 처우를 하여서는 아니되며, 육아휴직기간에는 그 근로자를 해고하지 못한다. 다만, 사업을 계속할 수 없는 경우에는 그러하지 아니하다.

(가) 정당한 이유 없는 해고의 금지

사용자는 근로자에게 정당한 이유 없이 해고, 휴직, 정직, 전직, 감봉, 그 밖의 징벌(懲罰)(이하 "부당해고 등"이라 한다)을 하지 못한다. 사용자가 근로자를 해고하기 위해서는 정당한 이유가 있어야 하는데 정당한 이유란 사회통념상 근로계약을 유지시킬 수 없을 정도로 근로자에게 책임 있는 사유가 있거나 부득이한 경영상의 필요가 있는 것을 말한다.

(나) 절대적 해고의 금지

업무상 부상 또는 질병의 요양을 위한 휴업기간 동안과 그 후 30일 동안, 출산전·후휴가 기간 동안과 그 후 30일 동안, 육아휴직기간에는 해고할 수 없다. 다만, 기간의 정함이 있는 근로계약에 있어서 위 기간 중에 계약기간이 만료되는 경우에는 계약기간 만료로 근로관계는 종료된다.

1) 업무상 부상·질병 요양기간

업무상 부상 또는 질병의 요양을 위한 휴업기간과 그 후 30일 동안은 해고하지 못한다. 부상이나 질병은 업무상의 이유에 의한 것으로, 업무 외의 개인적 부상이나 질병의 요양을 위하여 휴업한 기간은 해고가 금지되지 아니한다. 해고를 제한하고 있는 취지는 근로자가 업무상의 재해로 인하여 노동력을 상실하고 있는 기간과 노동력을 회복하기에 상당한 그 후의 30일 동안은 근로자를 실직의 위협으로부터 절대적으로 보호하려는 것이다. '휴업'한 경우에 한하기 때문에 근로자가 업무상의 부상 등으로 치료중이라 하더라도 휴업하지 아니하고 정상적으로 출근하고 있는 경우 또는 업무상의 부상 등으로 휴업하고 있는 경우라도 그 요양을 위하여 휴업할 필요가 있다고 인정되지 아니하는 경우에는 해고 금지 규정이 적용되지 아니한다(대법원 1991.8.27, 91누3321).

2) 출산전후휴가 및 육아휴직기간

출산전후휴가 기간과 그 후 30일 동안, 육아휴직기간 중에는 해고가 금지된다. 남녀고용평등과 일·가정 양립 지원에 관한 법률 제19조제3항에서 "사업주는 육아휴직을 이유로 해고나 그 밖의 불리한 처우를 하여서는 아니 되며, 육아휴직 기간에는 그 근로자를 해고하지 못한다고 규정하고 있다. 다만, 사업을 계속할 수 없는 경우에는 그러하지 아니하다."라고 규정하고 있다.

3) 절대적 해고금지의 예외

사업을 계속할 수 없거나 일시 보상을 한 경우에는 해고금지 규정이 적용되지 아니한다. 즉, 사용자가 업무상 부상 또는 질병의 요양을 받고 있는 근로자에게 일시 재해보상금을 지급한 경우 또는 사업을 계속할 수 없게 된 경우에는 예외적으로 법에 따른 해고금지기간의 제한을 받지 않는다.

관련 판례

① 근로자가 업무상 부상 등을 입고 치료 중이라 하더라도 휴업하지 아니하고 정상적으로 출근하고 있는 경우 또는 업무상 부상 등으로 휴업하고 있는 경우라도 요양을 위하여 휴업할 필요가 있다고 인정되지 아니하는 경우에는 위 규정에서 정한 해고가 제한되는 휴업기간에 해당하지 아니한다. 여기서 '정상적으로 출근하고 있는 경우'란 단순히 출근하여 근무하고 있다는 것으로는 부족하고 정상적인 노동력으로 근로를 제공하는 경우를 말하는 것이므로, 객관적으로 요양을 위한 휴업이 필요함에도 사용자의 요구 등 다른 사정으로 출근하여 근무하고 있는 것과 같은 경우는 이에 해당하지 아니한다. 이때 요양을 위하여 휴업이 필요한지는 업무상 부상 등의 정도, 부상 등의 치료과정 및 치료방법, 업무의 내용과 강도, 근로자의 용태 등 객관적인 사정을 종합하여 판단하여야 한다(대법원 2011.11.10, 2009다63205).

② 근로기준법 제23조2항에 "사용자는 근로자가 업무상 부상 또는 질병의 요양을 위하여 휴업한 기간과 그 후 30일 동안 또는 산전(産前) · 산후(産後)의 여성이 이 법에 따라 휴업한 기간과 그 후 30일 동안은 해고하지 못한다."라고 규정되어 있는데, 이 사건 해고에 대하여 사용자는 근로자의 회사 비방, 직장상사에게 욕설, 성희롱 등을 이유로 해고한 것은 정당하다고 주장하나, 근로자가 해고일 1개월여 전에 사용자에게 산재요양을 요청한 사실이 확인되고, 해고일은 근로복지공단이 소급하여 승인한 산재요양기간 중이므로, 근로기준법상 해고가 금지되는 산재요양기간 중의 해고에 해당하여 부당해고이다(중노위 2015.1.13, 2014부해1141).

(다) 해고 사유 등 서면통지

1) 의의

사용자는 근로자를 해고하려면 근로기준법 제27조에 따라 해고사유와 해고시기를 서면으로 통지하여야 한다. 서면으로 통지하지 아니하는 경우에는 해고 통지의 효력이 없어 부당해고로 인정된다. 이때, 효력이 없다는 것은 해고 자체가 무효가 된다는 의미가 아니라 정당한 이유가 있는 해고로서의 효력이 없다는 뜻이므로 서면으로 통지하지 아니한 해고는 부당해고라는 의미이다. 또한, 조건부 해고통지는 허용되지 아니한다. 해고의 서면 통보 취지는 사용자가 근로자를 해고하려면 해고사유와 해고시기를 서면으로 통지하도록 하여 해고 여부를 더 신중하게 결정하도록 하기 위한 것이다. 또한 해고사유를 통지받은 근로자는 이에 대해 정당하게 대처할 수 있게 함으로써 해고를 둘러싼 분쟁이 발생한 경우 해고의 존부와 분쟁사항의 명확화, 근로자의 방어권 보장을 통해 권익을 보호하기 위한 것이다.

2) 서명통지 방법

해고의 서면통지에서 '서면'이란 '종이로 된 문서'를 의미하므로 휴대폰 문자, e-메일, 회사 홈페이지 등을 이용하여 해고를 통지한 것은 원칙적으로 해고의 서면통지로 볼 수 없다. 다만 회사가 전자결재 체계를 갖춰 전자문서로 모든 업무의 기안·결재·시행 과정을 관리하는 경우나, 근로자가 원거리에 있는 등의 사정으로 이메일을 통하여 모든 업무를 처리한 경우와 같이 장소적·기술적으로 이메일 외의 의사 연락 수단이 마땅히 없는 등의 특별한 사정이 있는 경우 이메일 등 전자문서를 이용한 해고의 서면통지를 인정할 수 있다. 해고사유 등을 서면으로 통지할 때는 근로자의 처지에서 해고사유가 무엇인지를 구체적으로 알 수 있어야 하고, 특히 징계해고의 경우에는 해고의 실질적 사유가 되는 구체적 사실 또는 비위 내용을 기재하여야 하며, 징계대상자가 위반한 단체협약이나 취업규칙의 조문만 나열하는 것으로는 충분하다고 볼 수 없다(대법원 2011.10.27, 2011다42324). 특히 해고사유만 명시하고 해고시기를 명시하지 않은 경우 해고의 효력이 인정될 수 없다. 해고의 (서면)통보는 상대방 있는 단독행위이므로 상대방(근로자)에게 도달하여야 그 효력이 발생하며, 해고의 서면통지에 기재된 해고시기와 해고의 서면통지의 도달시기가 다른 경우, 특히 기재된 해고시기를 도과하여 근로자에게 해고의 서면통지가 도달된 경우 대부분의 판례는 기재된 해고시기에 해고의 효력이 발생한다고 보고 있다. 해고의 서면통지와 형식과 방법에 관한 규정은 없으나 내용에는 해고사유와 해고시기가 구체적으로 기재되어야 하고, 사용자가 발송한 것임을 입증할만한 서명 또는 날인 등이 있어야 한다. 서면통지의 방법은 근로자에게 도달하였다는 사실이 입증될 만한 등기우편, 내용증명, 직접교부 등의 방식을 사용하는 것이 혼란을 줄일 수 있다.

관련 판례

근로기준법 제27조는 사용자가 근로자를 해고하려면 해고사유와 해고시기를 '서면'으로 통지하여야 효력이 있다고 규정하고 있는데, 여기서 '서면'이란 일정한 내용을 적은 문서를 의미하고 이메일 등 전자문서와는 구별되지만, 전자문서 및 전자거래 기본법 제3조는 '이 법은 다른 법률에 특별한 규정이 있는 경우를 제외하고 모든 전자문서 및 전자거래에 적용한다.'고 규정하고 있고, 같은 법 제4조1항은 '전자문서는 다른 법률에 특별한 규정이 있는 경우를 제외하고는 전자적 형태로 되어 있다는 이유로 문서로서의 효력이 부인되지 아니한다.'고 규정하고 있는 점, 출력이 즉시 가능한 상태의 전자문서는 사실상 종이 형태의 서면과 다를 바 없고 저장과 보관에 있어서 지속성이나 정확성이 더 보장될 수도 있는 점, 이메일(e-mail)의 형식과 작성 경위 등에 비추어 사용자의 해고의사를 명확하게 확인할 수 있고, 이메일에 해고사유와 해고시기에 관한 내용이 구체적으로 기재되어 있으며, 해고에 적절히 대응하는 데에 아무런 지장이 없는 등 서면에 의한 해고통지의 역할과 기능을 충분히 수행하고 있다면, 단지 이메일 등 전자문서에 의한 통지라는 이유만으로 서면에 의한 통지가 아니라고 볼 것은 아닌 점 등을 고려하면, 근로자가 이메일을 수신하는 등으로 그 내용을 알고 있는 이상, 이메일에 의한 해고통지도 앞서 본 해고사유 등을 서면통지하도록 규정한 근로기준법 제27조의 입법취지를 해하지 아니하는 범위 내에서 구체적 사안에 따라 서면에 의한 해고통지로서 유효하다고 보아야 할 경우가 있다. 사용자가 근로자의 대리인인 노무사의 이메일로 사용자의 대표이사 인감이 날인된 징계결과 통보서를 복사한 파일 등을 발송하였고, 근로자가 그 이메일을 수신한 경우, 이메일에 의한 해고통지가 예외적으로 유효하다(대법원 2015.9.10, 2015두41401).

나. 통상해고

(1) 의의

통상해고란 근로계약 또는 근로관계를 더 이상 존속시킬 수 없는 사유가 근로자측에 있으나 그 사유가 징계사유에는 해당하지 않는 경우에 사용자가 근로관계를 일방적으로 종료시키는 해고의 유형이다. 물론 통상해고는 조직개편을 통한 인력조정 등에서 잉여인력 처리 과정 등 사용자측의 의해서도 발생할 수 있다. 일반적으로 실무에서 '통상해고' 또는 '일반해고'라는 명확한 단어로 취업규칙이나 단체협약에 명시되어 있는 경우는 없다. 취업규칙, 단체협약 등에 어떤 사유의 발생을 당연퇴직 사유로 규정하고 그 절차를 징계해고와 달리 규정하고 있는 경우 그 당연퇴직사유가 근로관계의 자동소멸사유(사망, 정년, 근로계약기간의 만료 등)로 보이는 경우를 제외하고는 당연퇴직 사유에 의한 근로관계 종료도 해고에 해당한다. 당연퇴직 사유 중 범죄, 근무태도 등과 관련된 사항도 있지만, 업무능력과 관련된 부분이 있다. 실무에서는 업무능력 결여, 근무성적이 부진한 근로자 등이 저성과자, C-Player 등 다양한 용어로 불리며 이들에 대한 관리, 더 나아가서는 이들에 대한 해고를 둘러싼 노사분쟁과 갈등이 발생한다. 이와 관련하여 법원은 근로자의 근로제공에 대한 사용자의 임금지급이라는 근로계약의 본질적 측면을 고려하여, 근로자의 업무능력의 결여, 근무성적부진 등은 업무명령위반, 비위행위 등 별도의 징계사유가 없더라도 통상해고 사유가 될 수 있다고 본다.

(2) 정당성

해고의 정당성과 관련하여 근로기준법 제23조1항은 "사용자는 정당한 이유 없이 근로자를 해고할 수 없다"라고 규정하고 있고, 법원은 "사회통념상 고용관계를 유지할 수 없을 정도를 의미" 한다고 한다. 또한 해고 유형별로 판단요소가 조금씩 다르며 각 요소를 종합하여 개별적으로 판단하고 있다.

통상해고의 실체적 정당성은 취업규칙 등에서 통상해고 사유로 규정된 사유가 발생하였는지, 그 해고사유가 사회통념상 근로계약을 계속시킬 수 없을 정도로 근로자에게 책임 있는 사유에 해당한다고 인정되는지에 따라 판단한다. 기업질서문란 행위에 대한 책임을 묻는 징계해고에서와 같은 징계양정의 적정성을 판단하지는 않는다. 징계절차 규정은 징계해고 처분의 경우에 적용되고, 징계해고 처분이 아닌 휴직처분이나 당연퇴직 등 통상해고 처분 등의 경우에는 징계절차에 관한 규정이 당연히 적용되는 것은 아니다. 업무능력 결여, 근무성적 부진 등을 이유로 징계해고가 아닌 통상해고를 할 수 있으나 이 경우 법률과 판례에 따른 정당성 요건을 갖추어야 한다.

판례는 근로제공에 대한 임금의 지급이라는 근로계약의 본질을 고려할 때 업무능력의 결여, 근무성적이 부진하여 근로제공 의무가 불완전하게 이행되어 사회통념상 고용관계를 계속할 수 없는 경우 별도의 징계사유가 없더라도 통상해고의 사유가 된다고 판단하고 있다. 다만, 판례는 업무능력 결여, 근무성적 부진으로 인한 통상해고시 단체협약 또는 취업규칙에 업무능력 부족이 해고 사유에 해당함을 명확히 규정, 객관적·합리적 기준에 의한 공정한 평가, 교육훈련, 배치전환 등 개선의 기회 부여 여부, 업무능력의 개선의 가능성이 있는지, 업무 능력 부족으로 업무상 상당한 지장의 초래 정도 등을 판단요소로 제시하고 이를 종합적으로 고려하여 정당성을 판단한다.

(3) 통상해고의 정당성 판단요소

(가) 해고 사유 등 근거의 명확화

계약의 어느 일방 당사자의 책임으로 계약을 이행할 수 없는 경우에는 해지가 가능하므로 사용자는 원칙적으로 근로자가 근로제공 의무를 이행하지 않거나 불완전하게 이행하는 등 "정당한 이유"가 있는 경우에는 취업규칙 또는 단체협약 등에 근거 규정이 없더라도 해고할 수 있다. 그러나 근로제공 의무 이행 여부에 대한 판단, 예측가능성을 제고하고 정당성을 둘러싼 분쟁을 최소화하기 위해 취업규칙 또는 단체협약 등에 해고사유의 하나로 업무능력 결여, 근무성적 부진 등을 명시하는 것이 바람직하다. 즉 사업장의 근로조건, 복무규율 등을 통일적으로 규정한 취업규칙에, 노동조합이 있는 경우 단체협약 등에 업무능력 결여, 근무성적 부진을 이유로 한 해고의 근거를 마련, 분쟁을 사전에 예방하여야 한다. 특히, 징계해고가 근로자에게 금전적, 경제적인 불이익만 주는데 그치는 것이 아니라 징계를 받아 해고되었다는 불명예의 불이익뿐만 아니라, 재취업 등에 중대한 장애를 수반할 수 있으므로 "근무성적이 현저히 불량한 경우"는 징계해고가 아닌 통상

해고 사유의 하나로 규정하는 것이 바람직하다.

(나) 객관적이고 공정한 평가

근로자에 대한 평가는 사용자의 인사경영권으로 재량권이 인정된다. 그러나 근로자의 업무능력 또는 근무실적에 대한 평가가 해고에 대한 법적 규제를 회피하고 퇴직을 종용하는 수단으로 활용되는 등 헌법과 법률을 위반하거나 객관적이고 공정한 기준을 현저히 위반한 경우에는 사법 심사의 대상이 될 뿐 아니라 위법하게 된다. 업무능력, 근무성적 등에 대한 객관적이고 공정한 평가인지 여부는 ① 평가 기준 등의 합리적 설계, ② 평가방법의 타당성, ③ 평가 실행의 신뢰성이 담보되었는지를 종합적으로 고려하여 판단한다. 따라서 사용자는 근로자에 대한 평가의 내용, 방법 등에 있어 헌법과 법률을 준수하는 범위에서 재량권을 행사하여야 한다. 평가 및 이에 따른 해고의 정당성 여부는 합리적이고 객관적인 평가기준이 마련되었는지와 이를 토대로 공정한 평가가 이루어졌는지 여부 등에 따라 판단될 수 있다.

(다) 해고 대상자의 선정

근로자의 업무능력 결여를 이유로 한 해고의 정당성은 업무능력 부족으로 인하여 사회통념상 근로관계의 유지를 더 이상 기대할 수 없어야 한다는 관점에서 판단하여야 한다. 따라서 업무능력 결여, 업무능력 부족 등의 사유에 의한 정당성 요건이 충족된 이후 교육훈련 등의 기회를 제공했음에도 개선의 여지가 없는지, 배치전환 등을 통해 새로운 기회를 부여하였음에도 개선의 여지가 없는지, 회사 업무에 상당한 지장을초래하는지 여부 등을 종합적으로 고려하여 해고 여부를 결정해야 한다.

(라) 교육훈련의 기회 제공

업무능력 부족 등을 이유로 근로자를 해고하기에 앞서 근로자의 업무능력을 향상시키는 내용으로 교육훈련프로그램 설계 등을 통해 교육훈련의 기회를 제공하여야 한다. 근로기준법의 해고 제한의 취지, 해고의 최후 수단성을 고려할 때 객관적이고 공정한 인사평가를 통해 업무능력이 부족하거나 근무실적이 낮더라도, 사용자는 재교육, 역량향상프로그램을 시행하는 등의 업무 능력 개선을 위해 충분한 노력을 기울여야 한다. 특히, 해당 근로자가 다른 업무를 수행할 의사가 있는 경우 교육훈련 등을 통해 다른업무를 수행할 수 있도록 기회를 반드시 부여하여야 한다. 객관적이고 공정한 평가를 통해 역량향상프로그램 등의 대상자를 선정하고 근로자의 근무태도, 역량, 근무성적을 향상시킬 수 있는 다양한 교육프로그램 이수 기회를 제공한 다음 역량향상프로그램 이수 여부를 객관적인 기준에 의하여 평가한 이후에 비로소 해고여부에 대한 판단을 하여야 한다. 교육훈련프로그램의 주된 목적이 근로관계 종료보다는 근로자의 업무능력을 개선하여 현장에 재복귀 시키기 위한 방향이어야 조직의 생산성을 높이는데 바람직하다.

관련 판례

영업직 부장으로 근무하였던 근로자에게 현장직무실습이라는 명목으로 특별한 기술이나 능력이 필요하지 않은 단순노무 및 청소업무를 하게 하였는데 이는 근로자의 기존의 직무범위 또는 직무전환을 통해 담당하게 될 C/S업무의 본질적인 내용이라고 보기 어렵고, 근로자의 역량개발이나 직무전환에 직접적인 도움이 된다고 보기도 어렵다. … (중략)상당기간 근로자에 대한 추가교육이나 배치 없이 전화기와 인터넷 사용이 불가능한 상태로 방치하였는데, 이 사건 대기발령은 근로자를 퇴사시키기 위한 압박수단으로 볼 여지가 상당하다(대전고법 2015.10.15, 2015누10412).

이 사건 성과향상 프로그램은 직원의 퇴출을 목적으로 형식적으로 운영된 것이라기보다는 직무능력이 현저히 부족한 직원들에게 직무능력 향상 및 직무재배치의 기회를 부여하되, 이를 통하여도 개선의 효과가 없을 경우 해당 인원을 구조조정의 대상으로 삼아 조직의 효율성과 역량을 재고하려는 취지를 가진 제도로 보인다. 원고의 경우 위 프로그램을 통하여도 별다른 개선사항이 발견되지 아니하였던 점, 위 프로그램의 탈락자들에 대하여 인사위원회 회부가 예정되었던 이상, 탈락자들에게 희망퇴직을 권고한 참가인의 조치가 부당하다고 보기 어려운 점, 원고에 대한 업무감사에서 다수의 부적절한 업무처리사례가 적발되었던 점 등을 종합하여 보면, 원고에 대한 이 사건 해고가 사회통념상 객관적으로 명백히 부당하여 징계양정에 관한 재량권을 일탈·남용한 것이라고 할 수 없다(서울행정법원 2011.9.9, 선고 2010구합41673판결)

(마) 배치전환 등 해고회피노력

해고제한의 취지, 근로자 보호 등을 고려할 때 업무능력, 근무실적이 낮은 원인이 근로자의 적성과 업무의 불일치에 있는 경우에는 우선 근로자를 배치전환 하는 등 고용유지 노력을 하는 것이 필요하다. 예를 들어 대인관계가 원만하지 않은 근로자의 경우 영업이나 창구 업무에서 혼자서 처리할 수 있는 업무로 전환하거나 해당 업무에서 동료직원 및 상급자와의 인간관계가 원만하지 못하여 업무성과를 내지 못하는 경우에도 배치전환을 고려할 수 있다. 즉, 업무능력, 근무실적이 낮은 원인이 근로자의 적성과 업무가 불일치에서 비롯된 경우 배치전환 등을 통해 새로운 기회를 부여하는 것이 해고제한의 취지, 근로자 보호 등을 고려할 때 바람직하다. 배치전환 후의 업무 능력 향상 여부를 평가하기 위해서는 형식적인 아니라 실질적으로 업무 능력을 개선할 수 있는 여건을 조성해 주어야 한다. 또한 배치전환 등으로 새로운 업무를 부여하였음에도 개선의 여지가 없다고 하려면 배치전환 후 현실적으로 달성 가능한 목표를 부여야 하며, 근로자의 퇴출을 종용하기 위한 수단으로서 배치전환을 활용하여서는 아니 된다. 근로자에 대한 배치전환 등이 타당성을 인정받으려면 근로자의 퇴출을 종용하기 위한 것이 아니라 업무상 필요성, 즉 회사가 성과 중심의 인력운영을 통해 조직의 효율성을 제고하기 위한 방향에서 활용되어야 한다. 이와 관련 근로자에게 현실적으로 달성 가능한 목표를 부여하고 정기적으로 이를 평가하여 그 달성 정도에 따라 그에 상응하는 피드백을 제공할 필요가 있다.

다. 직권면직

사용자는 취업규칙 등에 징계해고와 구분하여 직권면직·당연퇴직의 규정을 두고 이를 근거로 근로관계를 일방적으로 종료하는 경우가 있는데 이 때 직권면직·당연퇴직의 정당성을 둘러싼 법적 다툼이 종종 발생한다. 특히, 사용자는 직권면직 사유가 동일하게 징계사유로도 규정되어 있는 경우를 제외하고는 징계절차를 거치지 않아도 된다는 점을 이용하여 직권면직 처분으로 손쉽게 근로관계를 종료하고자 하는 경향이 있다. 따라서 직권면직의 정당성에 관한 법리를 이해할 필요가 있다. 판례는 직권면직에 대하여 일반의 징계해고와 달리 아무런 절차 규정이 없는 경우에는 직권면직 사유가 동일하게 징계사유로도 규정되어 있는 경우를 제외하고는 직권면직 처분을할 때 일반의 징계절차를 거칠 필요가 없다고 한다.

(1) 의의

(가) 개념

직권면직은 단체협약·취업규칙 등에 정한 일정한 사유(유죄판결의 선고, 근로자의 파산, 무단결근, 피성년후견의 개시, 노동능력의 상실 등) 발생 시 사용자가 근로자의 동의 없이 일방적으로 근로관계를 해지하는 것을 의미한다. 직권면직은 사용자가 일방적으로 근로계약관계를 해지하는 것이라는 점에서 해고에 해당한다. 실무상 직권면직은 ① 징계의 한 종류로 규정된 경우, ② 징계사유와 별도로 규정된 경우, ③ 징계의 한 종류로 규정하면서도 별도의 규정을 따로 두는 경우 등 다양한 형태로 규정 하고 있다.

(나) 직권면직과 당연퇴직의 구별

당연퇴직은 근로자의 사망, 정년도래, 근로계약기간 만료 등 근로관계의 자동소멸 사유까지 포함된다는 점에서 직권면직과 차이가 있다. 실무상 당연퇴직 사유가 해고사유에 해당(유죄판결 선고, 휴직기간 경과 후 복직원 미제출, 자격·면허 취소 등)하는 경우는 직권면직에도 해당하므로 특별히 용어를 구별하지 않고 사용하고 있는데, 직권면직, 면직, 당연면직, 자동면직, 당연퇴직, 퇴직, 자동퇴직 등 다양한 명칭이 혼용되고 있다.

1) 직권면직

직권면직은 단체협약·취업규칙 등에 정한 일정한 사유가 발생하는 경우 사용자가 근로자의 동의 없이 일방적으로 근로관계를 해지하는 것을 의미한다. ① 직권면직 사유가 징계 사유와 별도로 규정된 경우(통상해고)와 ② 징계의 한 종류로 규정된 경우(징계해고)로 구분된다. 직권면직 사유의 예로는 ① 유죄판결의 선고, ② 무단결근, ③ 노동능력 상실, ④ 근로자의 파산, ⑤ 피한정후견·피성년후견 선고 등이 있다.

2) 당연퇴직

당연퇴직은 단체협약·취업규칙 등에 정한 일정한 사유가 발생한 경우 근로자를 퇴직 처리하는 것이다. 당연퇴직 사유에는 ① 해고 사유에 해당하는 경우와 ② 근로관계의 자동소멸 사유에 해당하는 경우로 구분된다. 당연퇴직의 사유의 예로는 아래와 같은 것들이 있다.

당연퇴직 사유 예시	
해고 사유에 해당하는 경우 • 유죄판결 선고 • 휴직기간 경과 후 복직원 미제출 • 자격 · 면허 취소 등	**자동소멸 사유에 해당하는 경우** • 근로자의 사망 • 정년의 도래 • 근로계약 기간 만료 등

(2) 법적성질과 효력발생 요건

(가) 법적성질 = 해고

근로자 사망, 정년, 기간만료 등 자동소멸 사유를 제외한 단체협약이나 취업규칙의 직권면직 처분은 사용자의 일방적 의사에 의한 근로계약관계의 종료라는 점에서 성질상 근로기준법 제23조의 제한을 받는 해고에 해당한다. 직권면직은 일반적으로 근로자의 적성이나 능력을 사유(일신상 사유)로 한다는 점에서 통상해고로 볼 수 있으나 실질적으로 징계해고의 일종으로 해석되기도 하고, 정리해고에 해당하는 경우도 있다. 예를 들어 인사규정상의 직권면직 사유가 '직제와 정원의 개폐 또는 예산의 감소 등에 의하여 폐직 또는 감원되었을 때'로 규정되어 있는 경우 정리해고로 해석될 수 있다. 당연퇴직의 경우 더 포괄적 개념이므로 기타 일정한 사실의 발생으로 인한 근로계약관계의 당연 종료의 경우로 분류되는 경우도 있을 수 있다.

관련 판례

이 사건 해고가 정리해고의 요건을 갖추었는지 여부…(중략)…원고는 정부와 서울특별시의 공기업 경영혁신 정책의 일환으로 연구용역을 실시한 후 그 연구 결과에서 제시된 의견에 따라 장기적인 경비 절감과 인력의 효율적, 탄력적 운영을 위하여 청원경찰 직군을 폐지하고 해당 업무를 외주 용역화하기로 결정하였다.…(중략)…이 사건 해고가 세부시행계획상 외주 용역화 계획에 따른 청원경찰 직원들의 일괄 해고이어서 원고로서는 이들 중 해고 대상 인원을 선별할 여지가 없었고, 원고는 이 사건 해고에 앞서 참가인 등 직원들에게 조기퇴직 및 외주업체로의 이직 보장 등에 관하여 성실히 설명하였다.…(중략)…또한, 참가인은 총무팀에서 근무하면서 김○○나 정○○로부터 구두로 외주업체로 이직할 것을 권유받았던 것으로 보이고, 설령 그렇지 않다고 하더라도 원고가 일반 사기업체가 아닌 서울특별시가 전액 출자한 공기업인 점에 비추어 참가인으로서도 직군 폐지로 인한 직원면직이 예고된 이상 자신이 위 예고통보에 따라 더 이상 원고 회사에서 일할 수 없게 될 것임을 충분히 예상하고 있었다고 봄이 상당하다. 게다가 청원경찰법 제10조의6, 제10조의5 제1항에 의하면 원고는 청원경찰직제 폐지로 인한 당연퇴직의 대상이다(서울고법 2011.2.11, 2010누15430).

(나) 직권면직의 제한

1) 정당한 이유

근로기준법 제23조에서 말하는 해고란 실제 사업장에서 불리는 명칭이나 그 절차에 관계없이 근로자의 의사에 반하여 사용자의 일방적 의사에 이루어지는 모든 근로계약관계의 종료를 의미하므로, 사용자가 어떠한 사유의 발생을 당연퇴직 사유로 규정하고 그 절차를 통상의 해고나 징계해고와는 달리하였더라도 근로자의 의사와 관계없이 사용자 측에서 일방적으로 근로관계를 종료시키는 것이면 성질상 이는 해고로서 근로기준법에 의한 제한을 받는다. 따라서, 그 처분에 정당한 이유가 있어야 한다. 정당한 이유란 사회통념상 근로계약을 계속시킬 수 없을 정도로 근로자에게 책임 있는 사유가 있는 경우를 뜻하므로 당해 직권면직 사유가 근로계약관계를 유지시킬 수 없는 사유인지, 직권면직 규정을 대상 근로자에게 적용하여 면직시키는 것이 사회통념상 타당한지 여부를 판단해야 한다. 한편 취업규칙, 인사규정 등에 규정된 당연퇴직 사유에 의한 퇴직 처리가 근로기준법의 제한을 받는 해고에 해당한다고 하더라도 그 정당성의 판단에 있어서는 이와 같은 당연퇴직 사유를 정한 것이 사회통념상 상당성을 인정하기 어렵다는 등의 특별한 사정이 없는 한 위 규정들의 취지는 존중되어야 하는 것이므로, 당연퇴직처분에 정당한이유가 있는지 여부를 판단함에 있어서는 먼저 '당연퇴직규정'이 사회통념상 상당성이있는지 여부에 대한 판단이 이루어져야 한다.

관련 판례

단체협약, 취업규칙 등에 해고에 관한 규정이 있는 경우에 그것이 근로기준법 제23조1항의 규정에 위배 되어 무효가 아닌 이상 그에 따른 해고는 정당한 이유가 있는 해고라고 할 것이다. 취업규칙 등의 징계해고 사유에 해당하는 경우, 이에 따라 이루어진 해고처분이 당연히 정당한 것으로 되는 것이 아니라 사회통념상 고용관계를 계속할 수 없을 정도로 근로자에게 책임 있는 사유가 있는 경우에 행하여져야 정당성이 인정되는 것이고, 사회통념상 당해 근로자와의 고용관계를 계속할 수 없을 정도인지는 당해 사용자의 사업의 목적과 성격, 사업장의 여건, 당해 근로자의 지위 및 담당직무의 내용, 비위행위의 동기와 경위, 이로 인하여 기업의 위계질서가 문란하게 될 위험성 등 기업질서에 미칠 영향, 과거의 근무태도 등 여러가지 사정을 종합적으로 검토하여 판단하여야 한다(대법원 1998.11.10, 97누18189).

2) 서면통지

근로기준법 제27조의 해고의 서면통지 규정이 적용되므로 근로관계를 종료시킨다는 사용자의 서면에 의한 의사표시가 근로자에게 도달하여야 효력이 발생한다. 사용자가 어떤 사유의 발생을 당연퇴직 사유로 규정하고 그 절차를 징계해고와 달리 한 경우에 그 당연퇴직 사유가 근로자의 사망이나 정년, 근로계약기간의 만료 등 근로관계의 자동소멸 사유로 보여지는 경우를 제외하고는 이에 따른 당연퇴직 처분은 근로기준법의 제한을 받는 해고라고 할 것이고, 이와 같이 당연퇴직을 해고로 보는 이상에는 퇴직처분 등 근로관계를 종료시킨다는 사용자의 의사표시가 있어야만 비로소 근로관계가 종료된다. 반면에 사망, 정년, 기간만료 등 자동소멸 사유를 이유로 한 당연퇴직은 사유 발생만으로 근로관계 당연소멸의 효과가 발생하므로 퇴직사유·시기를 알려주는 퇴직처리는 '관념의 통지'에 불과하고, 따라서 별도의 서면통지가 필요하지 않다. 또한, 해고의 일종이므로 시기상 해고제한 규정인 근로기준법 제23조제2항 규정이 준수되어야 한다. 즉 업무상 부상 또는 질병 등을 위하여 휴업한 기간과 그 후 30일 동안은 면직할 수 없다.

3) 징계절차 준용 여부

단체협약 등에 직권면직에 필요한 절차 규정이 따로 규정되어 있다면 당연히 그에 따라야 할 것이나, 취업규칙, 단체협약 등에 징계사유와 별도로 면직사유가 규정되어 있고 면직절차에 대해 아무런 규정이 없는 경우에는 징계절차를 별도로 거칠 필요는 없다고 보아야 한다. 취업규칙 등에서 당연퇴직 사유에 대하여 다른 징계해고 등과는 달리 아무런 절차규정을 두고 있지 아니한 경우에는, 당연퇴직 사유가 동일하게 징계사유로도 규정되어 있는 경우와는 달리 당연퇴직 처분을 할 때 징계 등에서 정한 절차를 거쳐야 하는 것은 아니다. 또한, 직권면직은 징계해고와는 성질이 다르므로 (별도 규정이 없는 한) 징계시효 규정이나 포상 감경 규정도 적용되지 않는다. 그러나 직권면직 사유가 동일하게 징계사유로도 규정되어 있거나 직권면직 사유가 별도로 규정되어 있지 않고 징계의 한 종류로 되어 있는 경우에는 당연히 징계절차가 적용된다.

(3) 직권면직 규정과 징계 규정과의 관계

(가) 직권면직 사유와 징계 사유가 각각 규정되어 있고 양자가 실질적으로 구별되는 경우

직권면직이 인사권의 정당한 범위 내에 있는지 여부를 판단하는 것이 원칙이다. 즉, 근로기준법 제23조의 정당한 이유가 있는지 여부만 판단하고 징계절차를 따를 필요는 없다. 그러나 직권면직에 고유한 절차가 있는 경우에는 이를 준수하여야 한다. 예를 들어, 취업규칙에서 징계사유로 '무단결근 6일 및 7일 이상'으로 규정되어 있고, 이와는 별도로 '월 7일 이상 무단결근'을 면직사유로 규정하고 있는 경우 위 두 개의 사유는 복무 질서를 해하는 정도를 달리하는 것으로서 별개의 사유에 해당하므로 사용자는 월 7일 이상 무단결근을 사유로 징계절차 없이 직권면직 처분이 가능하고, 징계양정 기준에 구속받을 필요가 없다고 본다. 또한, 무단결근 5일 이상이 징계사유로 규정되어 있고, 무단결근 10일 이상이 직권면직 사유로 규정되어 있는 경우 법원은 '① 별도의 규정을 둔 것은 무단결근 기간의 장단에 따라 처우를 달리하기 위한 것으로 보이고, ② 기간이 길지 않은 경우에는 여러 참작 사유를 고려하여 근로관계 단절 여부를 판단할 가능성이 있으므로 소명의 기회를 부여하는 등 절차적 보장 필요성이 큰 반면, 기간이 10일 이상인 경우에는 그러한 절차를 거치더라도 달리 판단할 가능성이 작으므로 양 사유가 실질적으로 구별된다'고 판단하였다.

관련 판례

참가인이 무단결근 기간이 10일 이상이라는 점에서 취업규칙 제13조의 자연퇴직 사유인 "10일 이상의 무단결근"과 취업규칙 제50조에 규정된 징계해고 사유인 "무단결근 5일 이상인때"에 동시에 해당하기는 하나, 앞서 본 바와 같이 일정한 사건이 두 사유에 동시에 적용된다는 사정만으로는 양 사유가 동일하다고 볼 수는 없다. 또한, 양 사유가 일정 기간 이상의 무단결근에 관한 것이라는 점에서 서로 유사점이 있기는 하나, ① 취업규칙에서 5일 이상의 무단결근에관한 징계해고 규정이 있음에도 10일 이상의 무단결근의 경우는 별도의 규정을 두어 자연퇴직 사유에 해당한다고 규정한 것은 근로자가 근로제공 의무를 무단으로 이행하지 아니한 기간의 장단에 따라 그에 대한 처우를 달리하기 위한 것으로서 합리적이라고 할 것인 점, ② 무단결근은 근로자로서의 기본적인 의무를 위반한 것으로서 사회통념상 근로관계의 존속 여부에 관하여 중요하게 고려될 수 있는 사유라 할 것인데, 그 기간이 상대적으로 길지 아니한 경우에는 여러 참작 사유들을 고려하여 근로관계의 단절 여부에 관하여 달리 판단할 가능성도 상당하므로 근로자에게 소명기회를 부여하는 등 절차적 보장의 필요성이 상대적으로 크다고 할 것이나, 무단결근 기간이 10일 이상에 이르는 경우에는 그와 같은 절차를 거치더라도 달리 판단할 가능성이 상대적으로 작다고 할 것이므로 근로관계 단절에 관한 절차를 달리하는 것도 가능하다고 할 것인 점, ③ 앞서 본 원고 회사의 취업규칙의 규정 체계 및 당연퇴직 사유 및 징계해고 사유 사이의 차이에 비추어 보면 원고 회사의 취업규칙이 10일 이상의 무단결근에 관하여도 징계해고에 관한 절차적 보장을 할 것을 예정하고 있다고 보기는 어려운 점 등에 비추어 보면, 참가인의 무단결근이 당연퇴직 사유에 해당한다고 보아 징계절차를 거치지 않고 참가인을 퇴직처리하는 것은 허용된다고 할 것이고, 이를 징계해고 사유에 관한 절차적 보장을 회피되는 것이라고 볼 수는 없다(서울고법 2011.8.24, 2011누2998).

(나) 직권면직 사유와 징계 사유가 각각 규정되어 있으나 양자가 실질적으로 동일한 경우

실체적 정당성 판단기준은 직권면직 사유와 징계 사유가 실질적으로 구별되는 경우와 같으나, 다른 점은 이 경우 인사규정상의 징계절차를 따라야 한다는 것이다. 예를 들어, 징계해고 사유에 '형사상 유죄판결을 받은 자(벌금형 이하 제외)'가 규정되어 있고, 당연퇴직 사유에 '금고 이상의 형이 확정되었을 때'가 규정된 경우 전자는 헌법상 무죄추정 원칙상 '형사상 유죄 확정 판결을 받은 자'로 해석되고 벌금형 이하만 제외하고 있으므로 금고 이상 형의 확정은 물론 형사상 자격정지나 자격상실 형의 확정까지 포함되는 것으로 해석되는 한편, 후자는 다른 당연퇴직 사유에 공민권 정지 또는 박탈 등이 규정되어 있는 것으로 볼 때 반드시 금고 이상의 실형만을 의미하는 것은 아니고 집행유예 등도 포함되는 것으로 해석되는데 그렇다면 후자(당연퇴직 사유)는 전자(징계해고 사유)에 모두 포함되므로 결국 위 당연퇴직 사유는 동일하게 징계해고 사유로도 규정되어 있는 것으로 본다. 따라서 당연퇴직 시 징계절차를 거쳐야 한다(서울고법 2011 9.7, 2011누14038).

(다) 직권면직 사유가 별도로 규정되어 있지 않고 징계의 한 종류인 경우

면직과 정직이 징계의 종류로 규정되어 있고 별도로 직권면직 규정이 없는 경우 자동면직을 징계로 보아 징계사유 존부·절차 위법 여부·징계양정 적정 여부를 판단한다. 즉 이러한 경우에 직권면직은 징계해고에 불과하므로 징계해고 정당성 판단방식을 그대로 적용하여 징계사유, 징계절차, 징계양정을 판단한다.

(4) 대기발령에 이은 직권면직

근로자에 대한 대기발령(또는 직위해제)은 직무수행능력이 부족하거나 근무성적 또는 근무태도 등이 불량한 경우, 근로자에 대한 징계절차가 진행 중인 경우, 근로자가 형사사건으로 기소된 경우 등 당해 근로자가 장래에 있어서 계속 직무를 담당하게 될 경우 예상되는 업무상의 장애 등을 예방하기 위하여 일시적으로 당해 근로자에게 직위를 부여하지 아니함으로써 직무에 종사하지 못하도록 하는 잠정적인 조치로서의 보직의 해제를 의미한다. 인사규정 등에 대기발령 후 일정 기간이 경과하도록 복직발령을 받지 못하거나 직위를 부여받지 못하면 직권면직된다는 규정을 두는 경우, 대기발령에 이은 직권면직 처리를 일체로 보면 이는 근로자의 의사에 반하여 사용자의 일방적 의사에 따라 근로계약 관계를 종료시키는 것으로서 실질상 해고에 해당하여 근로기준법 제23조의 정당한 이유가 있어야 한다.

또한 대기발령에 이은 직권면직의 정당성이 인정되기 위해서는 먼저 선행된 대기발령이 정당해야 한다. 즉 대기발령 자체가 그 사유 부존재로 정당성이 없다면 직권면직 역시 정당성을 위반하여 무효이다.

한편 판례는 대기발령기간 동안 직무수행능력이 향상되었거나 근무태도의 개선이 이루어지지 않는 등 대기발령 이후 아무런 사정변경이 없다면 기간 도과로 직권면직 처분은 정당하다고 한다. 예를 들어, '대기발령 후 3월 동안 직위를 부여받지 못한 경우 직권면직된다.'는 규정이 있는 경우 대기발령이 정당하고 일정한 기간이 도과하였다면(대기발령 기간 동안 대기발령 사유가 소멸되었음에도 사용자가 합리적인 이유 없이 직위를 부여하지 아니하고 직권면직한 경우가 아니라면) 직권면직은 정당하다.

관련 판례

직위해제 처분을 받은 후 직위해제 기간 동안에 직무수행능력이 향상되었거나 진정으로 자신의 잘못을 반성하는 등 개전의 정이 보이지 않는 경우 직권면직을 한 것은 정당한 인사권의 행사에 해당한다(대법원 2006.8.25, 2006두5151).

그러나 대기발령 당시에 이미 직권면직 사유가 존재하였거나 대기발령 기간 중 그와 같은 면직사유가 확정되어야 한다고 함으로써 직권면직의 정당성 인정 요건을 엄격하게 보는 판례도 나오고 있다. 이러한 판례의 태도는 일정한 대기발령 사유에 기인한 대기발령 처분 이후 상황의 변화가 없다고 해서 자유롭게 해고시킬 수 있는 것이 아니고, 그 대기발령 사유가 대기발령 당시에 해고사유에 해당하는 정도의 위법성을 지니거나, 대기발령 기간 중에 다른 해고사유가 발생하여야 한다는 의미이다. 대기발령 이후 사정변경이 있었는지 여부를 기준으로 판단하는 판례는 주로 직무수행 능력이나 근무성적 및 태도를 이유로 한 직권면직의 경우에, 대기발령 당시 직권면직 사유가 존재하였거나 대기발령 기간 중 그 사유가 확정될 것을 요구하는 판례는 주로 일정한 비위행위를 이유로 한 직권면직의 경우에 적용되고 있는 것으로 보인다.

관련 판례

대기발령 후 일정 기간 내 복직발령을 받지 못하는 등의 경우에 당연퇴직된다는 내용의 인사규정에 따라 이루어진 당연퇴직 처리의 법적 성질 및 이 경우 당연퇴직 처리가 정당한 것으로 인정되기 위한 요건과 판단 기준

일단 대기발령이 인사규정 등에 의하여 정당하게 내려진 경우라도 일정한 기간이 경과한 후의 당연퇴직 처리 그 자체가 인사권 내지 징계권의 남용에 해당하지 아니하는 정당한 처분이 되기 위해서는 대기발령 당시에 이미 사회통념상 당해 근로자와의 고용관계를 계속할 수 없을 정도의 사유가 존재하였거나 대기발령 기간 중 그와 같은 해고사유가 확정되어야 할 것이며(대법원 2002.8.23, 2000두9113), 사회통념상 당해 근로자와의 고용관계를 계속할 수 없을 정도인지의 여부는 당해 사용자의 사업의 목적과 성격, 사업장의 여건, 당해 근로자의지위 및 담당직무의 내용, 비위행위의 동기와 경위, 이로 인하여 기업의 위계질서가 문란하게될 위험성 등 기업질서에 미칠 영향, 과거의 근무태도 등 여러 가지 사정을 종합적으로 검토하여 판단하여야 한다(대법원 2007.5.31, 2007두1460)

라. 징계해고

관련 법령

근로기준법 제23조【해고 등의 제한】 ① 사용자는 근로자에게 정당한 이유 없이 해고, 휴직, 정직, 전직, 감봉, 그 밖의 징벌(懲罰)(이하"부당해고등"이라 한다)을 하지 못한다.

근로기준법 제93조【취업규칙의 작성·신고】 상시 10명 이상의 근로자를 사용하는 사용자는 다음 각 호의 사항에 관한 취업규칙을 작성하여 고용노동부장관에게 신고하여야 한다. 이를 변경하는 경우에도 또한 같다.

12. 표창과 제재에 관한 사항

(1) 의의

징계란 사용자가 기업질서 유지를 위하여 근로자의 기업질서 위반행위에 대하여 경고·견책·감봉·정직·해고 등의 불이익한 조치를 취하는 것을 말한다. 이러한 징계처분의 종류로는 사용자가 근로자의 위법한 부당행위에 대하여 이를 반성하게 하고(일반적으로 시말서 또는 경위서를 작성·제출하게 한다) 장래에 반복되지 않도록 하는 경고처분인 '견책'처분이 있고, 복무규율 위반·근무태만 등의 징계사유로 인한 제재수단으로서 임금의 일정액을 공제하는 '감급(감봉)'처분, 기업질서를 위반한 근로자에 대하여 종업원으로서의 신분은 유지시킨 채 일정기간 출근을 정지시키고 노무의 수령을 거부하여 직무에 근로시키지 않음으로서 그 기간 중 임금을 지급하지 않거나 일정액의 임금을 감액하는 '출근정지' 또는 '정직', 경영질서에 대한 침해행위가 매우 중대하여 근로자와의 근로관계를 단절시키는 징계해고 등이 있다.

징계해고는 사업장에서 사용자가 정한 복무규율을 위반하는 등 징계사유가 있는 근로자에 대하여 사업의 정상적인 운영과 기업의 질서유지를 위하여 더 이상 근로관계를 계속하기 곤란한 경우에 그 근로관계를 끝맺으려는 사용자의 일방적인 의사표시이다. 근로자의 입장에서 보면 이러한 징계해고로 인하여 직장을 상실하게 될 뿐 아니라 곧바로 자신과 가족의 생계에 위협을 받게 되므로 이에 대하여는 근로자 보호라는 관점에서 근로기준법에서 보호하고 있다. 또한 징계해고는 근로자에게 일정한 징계사유가 있음을 전제로 하는 것이지만 사용자가 사소한 사유를 들어서라도 마음대로 근로자를 징계해고 할 수 있다면 두말할 것도 없이 근로자는 매우 불안해할 것이고, 열악한 근로조건에서라도 당장 해고를 면하기 위하여 참고 있어야만 할 것이다. 따라서 근로자에게 엄청난 불이익처분을 하기 위한 징계해고에 대해 제한이 필요하며, 근로기준법 제23조 제1항은 징계해고가 유효하려면 그 사유에 정당한 이유가 있어야 한다고 규정하고 있다. 사유가 있다고 해서 무작정 징계해고를 할 수 있는 것이 아니라 소정의 징계절차에 따라 이루어져야 한다. 이러한 징계절차는 근로계약, 취업규칙, 단체협약에 의하여 정하여진다. 특히 취업규칙에는 반드시 근로자의 "제재에 관한 사항"을 정하여야 하기 때문에 취업규칙에 규정하는 것이 가장 일반적이다. 징계해고 시 취업규칙, 단체협약 등에 정한 일정한 절차를 제대로 준수하지 않으면 징계사유가 아무리 정당하다고 하더라도 절차에 위반한 징계해고는 무효가 된다.

(2) 징계해고 정당성 요건

징계해고가 정당하기 위해서는 요건을 갖추어야 한다. 징계해고가 정당하기 위해서는 징계사유·징계절차·징계양정이 모두 정당해야 한다.

(가) 근로계약, 취업규칙, 단체협약 등에 정한 징계해고 사유에 해당되어야 한다.

징계해고가 정당하기 위해서는 징계사유가 정당해야 한다. 사용자가 근로자에게 징계해고를 하기 위해서는 취업규칙, 단체협약 등에 정한 징계해고 사유에 해당되어야 한다. 따라서 취업규칙, 단체협약 등에 열거되어 있지 않은 사유를 들어 징계해고 사유로 삼아 징계해고 처분이 이루어졌다면 그 징계해고는 무효가 될 가능성이 높다. 단체협약 또는 취업규칙에 징계해고 규정에 해당 사유가 있다고 하여 당연히 그 사유에 의한 해고가 정당하게 되는 것은 아니며, 그 사유 자체가 근로기준법상 해고의 정당한 이유에 해당되어야 한다. 즉 취업규칙 등에 징계해고 사유로 규정되어 있더라도 그것이 근로자의 귀책사유와 무관한 것이라거나 근로기준법 등 강행법규에 위반되는 내용을 징계해고사유로 규정하고 있다면 정당한 징계해고 사유로 삼을 수 없다. 취업규칙 등에 열거되지 않은 사유를 들어 징계해고 사유로 삼았다면 그 징계해고는 무효이다.

(나) 취업규칙, 단체협약 등에 규정된 징계절차 준수하여야 한다.

징계 및 징계해고가 정당하기 위해서는 절차가 준수되어야 한다. 징계권의 공정한 행사를 확보하고 징계제도의 합리적인 운영을 위해서는 단체협약이나 취업규칙에서 규정하고 있는 징계절차를 반드시 준수해야 한다. 노사협정이나 단체협약에 규정된 절차를 지키지 않거나 불성실한 징계절차에 의한 징계처분은 무효가 되는 것이 원칙이다. 따라서 취업규칙, 단체협약의 규정에 근거하여 징계위원회 구성, 징계위원회 정족수, 징계사유 사전 통보 및 소명기회 부여 등을 충족시켜야 한다. 그러나 징계절차 규정이 취업규칙이나 단체협약에 없는 경우에는 절차를 밟지 않았다고 하여 징계처분이 무효가 되는 것이 아니다. 취업규칙 등에 소명의 기회 부여와 관련한 규정이 있는 경우에는 반드시 징계혐의자에게 소명의 기회를 부여하여야 하고, 단체협약 등에 징계위원회의 구성과 관련한 규정이 있는 경우, 이를 위반한 징계처분은 무효이다. 반대로, 단체협약이나 취업규칙 등에 징계절차에서 징계대상자에게 사전에 통고하거나 변명의 기회를 부여하도록 하는 절차상의 규정이 없는 경우에는 징계사실을 통고하여 줄 의무가 없다. 따라서 그와 같은 절차를 거치지 않았다고 하더라도 징계해고 처분을 무효라고 할 수 없다(대법원 2004.1.29, 2001다6800).

(다) 사용자의 인사권이 남용되지 않아야 한다.

징계해고는 사용자의 인사권(징계해고)이 남용되지 않도록 해야 한다. 징계해고 사유가 정당하게 존재하더라도 징계해고 처분 결과와 징계사유와의 균형이 고려되어져야 한다. 특히 징계해고의 경우에는 취업규칙에 정한 징계해고 사유에 해당하고 그 자체가 적법한 것이라고 하더라도 구체적인 전후 사정에 비추어 근로자에게 가장 무거운 징계처분으로서의 해고를 하는 것이 지나치지 않은 경우이어야 한다. 해고는 근로자에게 가장 불이익한 제재조치이다. 따라서 "해고의 전후 사정"에 비추어 보아 해고보다 더 가벼운 제재조치에 의하여 그 징계의 목적을 달성할 수 있음에도 불구하고 가장 극단적인 해고처분을 하였다면 이는 사용자가 징계에 관한 권한을 남용한 것이어서 정당한 해고라고 할 수 없다. 피징계자에게 징계사유가 있어 징계처분을 하는 경우, 어떠한 처분을 할 것인가는 징계권자의 재량에 맡겨진 것이고, 다만 징계권자가 재량권의 행사로서 한 징계처분이 사회통념상 현저하게 타당성을 잃어 징계권자에게 맡겨진 재량권을 남용한 것이라고 인정되는 경우에 한하여 그 처분은 위법하다. 근로자에게 여러 가지 징계해고 사유가 있을 때 그 징계해고처분이 적당한지 여부는 그 사유를 하나씩 떼어서 또는 그 중 일부의 사유만 가지고 판단할 것이 아니라 전체의 사유에 비추어 사회통념상 근로계약을 계속 시킬 수 없을 정도로 근로자에게 책임 있는지 여부에 따라 판단한다.

(3) 유형별 정당한 사유 판단

(가) 무단결근

1) 의의

무단결근이란 정당한 사유 없이 근로일에 사업장에 나오지 않은 것을 말한다. 보통 근로계약서, 취업규칙, 단체협약 등에 '며칠 이상 무단결근할 때', '근무성적 또는 근무능력이 불량할 때' 등의 형식으로 취업규칙에 징계해고 사유로 규정되어 있다.

2) 사용자의 승인을 얻지 않은 결근

취업규칙 등에 사전 또는 사후에 '결근계'를 제출하라는 규정이 있음에도 결근계를 제출하지 않은 경우 무단결근에 해당한다. 사전에 결근계를 제출하여 승낙을 받아야 하고, 전화나 구두로 알려 사전 승낙을 받은 경우에도 사후에 사유서를 첨부한 결근계를 제출하도록 규정하였다면 결근계를 제출하지 않은 이상 실제로 질병 또는 부득이한 사유가 있었더라도 무단결근에 해당한다(대법원 1987.4.14, 86다카1875). 사전에 허가를 받거나 연차유급휴가를 사용하지 않은 상태에서, 노동위원회 심문기일에 출석하기 위하여 외출한 것은 개인적 사유로 인한 외출로서 무단외출에 해당하고, 사후에 연차휴가를 사용하였더라도 이미 행한 무단외출이 정당하게 되는 것은 아니다(서울고법 2011.11.4, 2011누4901). 취업규칙 등에 결근에 관한 특별한 규정이 없는 경우에도 객관적인 소명 자료를 제시하는 등 적당한 방법으로 사전 또는 사후 승인을 받아야 결근이 정당화된다(대법원 1992.4.24, 91다17931).

3) 연차유급휴가 관련

근로자가 시기를 지정한 연차유급휴가 신청에 대해 사용자가 시기변경권을 행사하지 아니한 이상 정당한 휴가 신청이므로 사용자는 연차유급휴가를 부여하여야 한다. 판례는 근로자가 시기 지정권을 행사하여 어떤 휴가를, 언제부터 언제까지 사용할 것인지에 관하여 특정하지 않고 시기 지정을 하는 것은 적법한 시기 지정이라고 할 수 없어 무단결근에 해당한다고 본다. 즉, 단체교섭을 요구하는 농성에 참여하기 위해 시기를 특정하지 않은 연차휴가 신청서를 제출하고 출근하지 않은 노조 지부장을 무단결근으로 해고한 것은 정당하다(대법원 1997.3.25, 96다4930).

한편, '시기지정권'의 행사 방법과 관련하여 판례는 취업규칙에 휴가 청구 절차에 관한 규정이 없는 경우에는 전화나 구두로 한 청구도 적법하다고 한다. 갑자기 부상을 입고 치료를 받게 되어 전화로 치료 기간을 연차휴가로 대체해 줄 것을 요청한 사안에서 전화로 한 휴가 청구도 적법하므로 이에 대해 회사가 시기변경권을 행사하지 아니하였다면 이에 따라 출근하지 않은 기간은 연차휴가권 행사이지 결근이 아니라고 본다(대법원 1992.4.10, 92누404).

또한 '기간의 특정'과 관련하여 판례는 연가신청은 그 기간을 특정하면 족하고 어떤 근무연도의 연가인지를 꼭 기재할 필요는 없으므로, 2008년도 연가신청을 함에 있어 '2007년분 연차휴가'라고 잘못 기재한 것을 이유로 휴가신청을 불허한 것은 부당하다고 판시하였다. 이 판결에서 법원은 휴가기간을 특정하면 족한 것이고, 어떤 근무연도인지를 기재할 필요가 없는 점, 다른 근로자들도 몇 년도 분인지 특정하지 않았던 점, 2007년도분은 이미 소멸되었음이 명백한 것으로 볼 때 단순 오기인 것으로 보인다고 판시하였다(대법원 2012.7.26, 2012두9734).

4) 업무로 인한 부상 치료를 위한 결근

상사·동료의 폭행, 협박으로 직장 생활을 감당할 수 없어 휴직 신청을 하였으나 회사가 이를 승인하지 아니하자 계속 승인을 요구하면서 결근한 것은 무단결근에 해당하지만 이를 이유로 해고한 것은 징계권 남용이다(대법원 1997.7.22, 95다53906).

5) 전근 · 전보 · 전적 등 인사명령에 불응한 결근

사용자의 인사명령(전근·전보·전적)에 반발하여 회사에 출근하지 않아 취업규칙상 무단결근 또는 업무상 명령 위반에 해당하는 경우, 선행 인사명령의 당부에 따라 징계사유로서의 정당성 여부가 결정된다. 법원은 인사명령이 정당하여 무단결근이 해고 사유가 될 수 있다 하더라도 당해 근로자의 결근 일수, 인사처분 경위 등의 사정을 감안하여 해고가 재량권 범위 내의 처분인지를 살펴야 한다고 본다(서울고법 2012.5.23, 2011누33220). 해고한 근로자를 법원 판결, 노동위원회 구제명령 등에 따라 복직시키면서 종전과 다른 업무로 인사명령을 하자 근로자가 거부한 경우, 해고가 유효함을 전제로 이미 이루어진 인사질서, 사용자의 경영상 필요, 작업 환경의 변화 등을 고려하여 합당한 복직이라고 인정된다면 이에 불응하여 작업을 거부하는 것은 징계사유가 된다(대법원 1997.5.16, 96다47074). 직위해제 처분의 경우에는 그것이 위법하다 하더라도 근로자의 출근의무 자체가 면제된다고 볼 수 없어, 직위해제 처분이 부당함을 다투면서 근무지에 출근하지 않은 것은 무단결근에 해당한다(서울고법 2012.11.14, 2012누11777).

6) 무단결근 일수 계산

예를 들어, 7일 이상 무단결근이 해고사유로 규정되어 있는 경우, 위 7일 이상은 연속된 결근일수를 의미하는 것이 아니라 전체 합계가 7일 이상이라는 뜻으로 시간적 제한없이 합계 7일을 의미하는 것이 아니라 상당한 기간 내의 합계가 7일이라는 의미이다. 판례는 1991. 1.경에 5회, 1992. 3.경에 2회 무단결근하여 1년2개월에 걸쳐 합계 7회의 무단결근한 것을 두고 해고사유로 삼을 수 없다고 한다(대법원 1995.5.26, 94다46596).

7) 휴일 · 비번일 포함 여부

휴일·비번일을 전후하여 결근한 경우 결근일수에 휴일·비번일이 포함되는지 여부이다. 주휴일 제도는 근로자 피로를 회복시킴은 물론 근로제공 의무를 벗어나 사업장 이외의 장소에서 자유로운 시간을 갖도록 하는 취지의 강행규정이므로 휴일은 결근일수에 포함되지 않는다(대법원 2004.6.25, 2002두2857). 그러나, 교대제 근무기간 중의 비번일은 전날 근무일에 정상근무가 이루어진 경우에 인정되는 휴일이므로 결근이 계속되는 경우 비번일도 결근일수에 포함된다.

(나) 업무상 지시 위반

1) 의의

업무명령 위반에 대한 징계처분이 정당하려면 ① 업무명령이 정당하고, ② 근로자가 그 명령에 복종하지 않은 것에 부득이한 사유가 없으며, ③ 비위행위에 비추어 징계가 상당한 것이어야 한다. 사용자의 업무상 지시에 불응하였다는 것이 징계해고의 사유로 되는 경우에도, 사용자의 지시가 취업규칙 등에 위반되지 않는 정당한 것인지 여부를 가려 그 징계해고 사유의 당부를 판단해야 한다.

2) 업무명령 위반에 대한 징계처분의 정당성

근로자가 자신의 비위행위를 조사하기 위한 회사의 출석 요구에 불응했다 하더라도 이러한 출석요구 자체는 징계절차의 일환일 뿐 근로자가 수행하여야 할 본연의 업무명령에 해당한다고 볼 수 없으므로, 위 출석 요구에 불응하였다고 하여 독자적인 징계사유로 삼을 수 없고(대법원 2002.1025, 2001두8339), 상당한 이유 없이 기능직 사원을 사무직으로, 다시 사무직에서 기능직으로 수시로 여러 차례 전직 처분을 하고, 다른 기능직 사원과 차별하여 연장근로 등을 시키지 않음으로써 급여가 감소된 데 대한 항의 또는 시정 요구의 수단으로 5일간 작업을 거부한 근로자를 해고한 것은 징계권 남용이거나 형평의 원칙에 위배하여 무효이다(대법원 1991.5.28, 90다8046). 또한 상사의 직무 명령에 대하여 그 어려움을 호소하기 위하여 단순히 항의의 의사표시를 한 것은 업무상 지시 불응에 해당하지 않으므로 이를 업무상 지시 불응으로 보아 해고할 수 없다(대법원 1990.12.7, 90다6095).

(다) 근무성적, 근무태도 불량

실무에서 근무성적의 저조 등의 이유로 대기발령 후 일정 기간 교육기회를 부여하였음에도 개선되지 않는 경우 당연퇴직 처리할 수 있도록 취업규칙 등에 규정하는 경우가 있다. 위와 같은 규정 자체는 적법하나, 실제 운용하면서 사용자가 고의적으로 근무평정을 낮게 주는 등 정당한 징계절차를 무시한 채 해고하는 수단으로 악용하는 경우 부당해고에 해당할 수 있다. 근무성적·태도 불량이라는 징계사유는 대개 다른 비위행위와 경합하여 징계해고 사유가 되는데, 징계 양정이 적정했는지 다투어지는 경우가 많다.

관련 판례

1. 근무성적, 근무태도 불량 징계사유 정당성을 인정한 사례

① 근로자가 3개월간 59회의 무단외출과 7일간의 지각을 하고도 반성하는 태도를 보이지 않는다면, 이를 이유로 한 해고는 정당하다(대법원 1996.9.20, 95누15742).

② 자원봉사센터의 사무국장으로서 소장을 보좌하여 자원봉사센터의 업무를 총괄하는 한편 직원들의 복무관리까지 담당하는 지위에 있으므로 자신이 직접 담당하는 업무가 아니더라도 그 직원들이 비위행위를 저지른 이상 징계사유에 해당한다(대법원 2013.6.13, 2013두6060).

③ 부하직원이 약 16억원 이상의 금액을 횡령하는 금융사고가 발생하였는데, 근로자는 부하직원을 관리·감독하여야 할 직무상 의무를 게을리하여 징계사유에 해당하나, 인정되는 징계사유들만으로 징계면직 처분은 그 양정이 과하여 부당하다(서울행법 2012.5.4, 2012구합270).

④ 택시기사인 근로자가 회사의 전액관리제 실시 공고에 반발하여 6개월여 기간 동안 고의로 불성실하게 근로를 함으로써 운송수입금을 총 1,783,039원 적게 입금한 경우, 취업규칙상 '업무명령을 위반하거나 직무를 게을리하고 회사 지시를 고의로 회피 또는 회사교육을 기피한 자'에 해당하여 징계사유가 된다(대법원 2012.12.28, 2012두20182).

⑤ 사립학교 교사가 학생들의 대학 진학 상담 및 학교 내 장학금 지급대상 선정에 활용되는 중요한 자료인 학력평가 자료를 불성실하게 잘못 입력하고, 수업시간에 충실하게 수업을 하지 않고 학생들의 학업 성취 및 인격 향상에 악영향을 미칠 수 있는 발언들로 인하여 학생들로부터 민원이 들어오기도 하였다는 점 등을 이유로 징계해고한 것은 정당하다(서울행법 2013.8.29, 2013구합9427).

2. 근무성적, 근무태도 불량 징계사유 정당성을 부정한 사례

① 수 회 지각하였으나 참작할 만한 사정이 있고 업무상 지장이 없으며 사용자가 특별한 반응을 보이지도 않아서 근로자로서는 묵시적 양해가 있는 것으로 해석할 수 있었을 것으로 보이는 점 등의 이유로 징계사유에 해당하지 않는다(대법원 2015.8.19, 2015두43377).

② 상사의 개선지시가 있었음에도 근무 중 취침한 사실은 인정되나, 당시 파업 등으로 대체근무 근로자가 없어 하루에 16시간씩 근무하고 있었던 사정을 고려하면 근무태도가 불량하다고 단정하기 어려우므로 이를 징계사유로 삼을 수 없다(대법원 2015.5.28, 2013두3351).

③ 취업규칙 등에 근거가 없는 부당한 조건을 붙여 복직시킨 경우, 그 조건을 충족시키지 못했다는 사정은 징계사유로 삼을 수 없다(서울행법 2012.5.4, 2012구합270).

(라) 범죄 행위와 중대한 사고로 인한 손해발생

1) 의의

근로자가 횡령, 배임, 절도, 손괴 등의 위법행위를 저지르거나, 기타 중대한 과실로 회사에 중대한 손실을 발생시킨 경우 이를 사유로 삼아 징계해고하는 경우가 많으며, 운수업체의 경우 교통사고를 징계사유로 규정하는 것이 일반적이다. 또한 근로자의 비위행위가 일반적인 시각으로는 중하지 않다고 하더라도 사업의 종류나 특성 등을 고려하여 중대한 비위행위로 판단되는 경우가 있다.

2) 횡령

횡령은 범죄 행위로서 그 액수가 적다하여 비행의 정도가 낮다고 할 수 없다. 또한, 횡령금 일부를 비록 회사 업무에 사용하였고, 근로자가 사용자가 입은 손해를 배상하였더라도 횡령을 이유로 한 징계해고는 정당하다고 보고 있다. 이러한 법원의 태도는 횡령의 대상이 운송회사의 운송수입금, 용역회사의 수수료 등 회사의 본질적 수입원과 연결되어 있을 때 더 엄격하게 나타난다. 특히, 택시 회사나 버스 회사에서 영업 수익의 대부분을 차지하는 요금을 횡령한 행위는 그 횟수나 금액이 어떠하든지 노사간 신뢰를 손상시키고 회사 경영에 심각한 지장을 주므로 해고사유가 된다. 예를 들어, 시내버스 운행 도중 요금 5,000원을 횡령한 것을 이유로 한 해고가 정당하다는 판단(대법원 1997.7.8, 96누6431), 시내버스 운전기사가 2,600원을 횡령한 사건에서 징계권 일탈·남용이 아니라는 판단(대법원 2004.4.28, 2004두2714) 등이 있다. 다만, 운송회사의 요금 횡령을 제외한 일반적 회사의 횡령 사건에서 판례는 횡령이 관행적으로 이루어지고 있었는지 여부, 관행화되어 있는 경우라면 회사가 경고 또는 사전 교육을 통해 근로자들에게 인식시켰는지 여부, 당해 근로자가 신입 사원이라 선배들의 예에 따라 한 행위인지 아니면 간부급 사원의 행위인지 여부, 상사의 결재 등을 거쳤는지 여부 등을 고려하여 해고의 정당성 여부를 판단해야 한다고 보고 있다.

3) 중대한 과실

취업규칙 등에 '과실로 중대한 사고를 일으킨 경우'를 징계사유로 규정하였다면 이는 중대한 과실로 사고를 일으키고 이로 인하여 발생한 인명 피해나 물적 손해 등이 중대한 경우를 말하는 것으로 한정 해석해야 한다. 판례는 취업규칙 등에 '과실로 중대한 사고를 일으킨 경우'를 징계사유로 규정하였다면, 중대한 과실로 사고를 일으키고 이로 인하여 발생한 인명 피해나 물적 손해 등이 중대한 경우로 한정하여 해고사유로 본다. 예를 들어, 시내버스 운전사가 회사 주차장에서 브레이크 대신 가속 페달을 밟아 동료를 사망케하고 여러 대 차량을 파손시킨 행위는 징계해고 사유에 해당하고(대법원 1997.4.8, 96다33556), 원목 수입, 판매 담당자가 매출 채권 관리 내규 등 제 규정에 따른 조치를 하지 아니하고 거래처와 신용거래를 시작하여 결국 거래처 부도로 회사에 중대한 손해를 발생시켰다면 징계해고 사유에 해당한다(대법원 1997.4.25, 96누9508).

4) 시설 안전 규칙 위반

시설 안전 규칙 위반과 관련 화약류 취급 공간에서 1미터 떨어진 금연 구역에서 흡연한 것을 사규 위반으로 해고한 것은 정당하다(대법원 1991.8.27, 91다20418).

(마) 사생활 비행

1) 의의

사생활 비행은 원칙적으로 노동력 평가나 근로 제공과 직접적 관련이 없는 사적 공간에서 발생하는 것이므로 해고사유가 될 수 없으나, 판례는 사업활동에 직접 관련이 있거나 기업의 사회적 평가를 훼손할 염려가 있는 경우에는 정당한 징계해고 사유가 된다고 보고 있다. 이 경우 기업의 사회적 평가를 훼손할 염려는 반드시 구체적인 업무 저해의 결과나 거래상의 불이익이 발생하여야 하는 것은 아니고 당해 행위의 성질과 정상, 기업의 목적과 경영방침, 사업의 종류와 규모, 그 근로자의 기업 내 지위와 담당 업무 등 여러 사정을 종합적으로 고려하여, 그 비위 행위가 기업의 사회적 평가에 미친 악영향이 상당히 중대하다고 객관적으로 평가될 수 있어야 한다.

2) 구체적 판단 사례

① 도시개발공사 직원의 부동산 투기행위에 대하여, "택지의 개발과 공급, 주택의 건설, 개량, 공급 및 관리 등을 통하여 시민의 주거생활의 안정과 복지향상에 이바지함을 목적으로 지방공기업법 제49조에 의하여 특별시가 전액 출자하여 설립한 도시개발공사의 설립목적, 그 업무의 종류와 태양, 부동산 보상관련 업무를 담당하는 근로자의 업무내용 등의 여러 사정을 종합적으로 고려하면, 도시개발공사 소속 근로자의 부동산 투기행위는 객관적으로 그 공사의 사회적 평가에 심히 중대한 악영향을 미치는 것으로 평가될 수 있는 경우"라고 하면서, 이는 인사규정

소정의 "공익을 저해하는 중대한 행위를 하였을 때"에 해당하는 해고사유에 해당한다(대법원 1994.12.13, 93누23275).

② 고속버스 운전기사들이 취침시간을 어기고 술을 마시면서 새벽 4시까지 도박행위를 한 경우, 비록 그 동안 충실하게 근무해 왔고 이튿날 아무 사고 없이 운행을 완료하였다 하더라도, 고속버스회사 업무의 특수성, 교통부의 강력한 교통안전대책, 교통사고의 다발 대형화 추세에 대비한 피고회사의 소속 직원들에 대한 교양과 교육의 심화, 피고 회사 상벌규정 제15조2항4호에 사내 풍기를 문란케 하거나 도박행위를 한 자는 징계해고 또는 권고사직의 대상이 된다는 규정 등을 종합적으로 고려하여 징계해고는 정당하다(대법원 1983.11.22, 83다카1243).

③ 전자·전기 기계·기구와 그 부품 및 소재의 제조, 판매 및 임대업 등을 사업목적으로 하는 회사의 생산직 사원 근로자가 상습적으로 불법 스포츠 도박을 하였다는 점을 징계사유로 한 경우, 위 비위행위는 사생활에서의 비행으로서 회사의 사업활동에 직접 관련이 없으므로 사업장 밖에서 불법 스포츠 도박을 한 사실은 징계사유로 할 수 없으나, 근무시간에 사내 공용PC 등을 이용하여 공공연하게 불법 스포츠 도박을 한 사실은 사업장의 근무 기강과 질서를 해치는 행위로서 징계사유로 된다고 본다(대법원 2015.2.26, 2014두14365).

(바) 형사상 범죄와 유죄판결

1) 의의

근로자가 형사상 범죄행위를 저질러 형사처벌을 받게 되면 회사의 명예나 신용이 훼손되고, 사용자의 신뢰가 침해될 수 있으므로 통상적으로 회사는 '형사상 범죄로 유죄판결을 받았을 경우'를 징계해고 사유로 규정하고 있다. 이와 관련하여 취업규칙 등에 '형사상 범죄로 유죄판결을 받은 경우'라고만 표현되어 있는 경우가 많은데, 위 유죄판결이 ① 확정판결만을 의미하는 것인지 미확정판결도 포함하는 것인지 ② 실형만을 의미하는지 집행유예 등도 포함하는지가 특히 문제가 된다.

2) 미확정 판결도 '형사상 유죄판결'에 포함되는지 여부

유죄판결이라 함은 단체협약이나 취업규칙 등에 다른 규정(미확정 유죄판결도 징계해고 사유로 삼는다는 등)이 없는 한 헌법상 무죄추정의 원칙상 유죄의 확정 판결을 받은 경우만을 의미한다. 그러나, 다른 당연퇴직 사유 등의 규정에 비추어 볼 때 "근로제공 의무를 장기간 이행할 수 없는 상태"에 있음을 이유로 하여 그와 같은 면직사유를 규정하고 있는 것으로 해석된다면 미확정 유죄판결(예컨대, 실형 판결)을 받은 경우가 포함되는 것으로 해석 가능하다. 예를 들어, 수사 중 구속되어 4개월 복역하다가 1심에서 징역 1년의 실형선고를 받고 그로부터 4개월 더 복역하다가 항소심에서 집행유예 판결을 받았다면, 8개월이 넘는 상당 기간 근로제공이 불가능했고, 1심 당시 실형을 선고받아 근로제공 불능이 예상되는 시점이었으므로 1심의 유죄 실형판결 선고만으로 직권면직이 유효하다(대법원 1995.3.24, 94다42082)는 판례도 있다.

"근로제공의무를 장기간 이행할 수 없는 상태"를 상정하여 위 규정을 둔 것인지는 다른 징계해고사유 등과 비교하여 해석한다. 예를 들어, 다른 징계해고나 직권면직 사유가 근로제공 의사 없음을 표시한 경우(사직원 제출, 휴직 후 복직원 미제출), 성질상 근로제공을 할 수 없는 경우(사망, 피한정후견 및 피성년후견), 예정된 근로기간이 만료된 경우(정년, 근로계약기간 만료) 등이라면 '형사상 범죄로 유죄판결을 받은 자'란 유죄판결로 근로제공을 장기간 이행할 수 없는 상태를 의미한다는 것을 짐작할 수 있다.

3) '형사상 유죄판결'은 '실형'만을 의미하는 것인지, 집행유예도 포함하는 것인지 여부

단체협약이나 취업규칙 등에 징계해고 사유로 규정한 취지에 따라 해석이 달라진다. 신체가 구속되어 근로제공이 불가능한 경우를 상정하여 징계해고 사유를 규정한 것이라면 '실형'만을 의미하는 것으로 보아야 하겠지만, 형사 유죄판결로 인해 사용자와 또는 근로자 상호간의 신뢰 관계가 훼손되어 더 이상 직장 질서 유지가 어렵거나, 범죄 행위 내용과 업무와의 관계에 따라서는 회사의 명예나 신용을 심히 훼손하고 거래관계에 악영향을 미치게 되는 것을 우려하여 규정한 경우라면 집행유예 판결을 포함한 것으로 해석해야 한다(대법원 1997.5.23., 97다9239). 예를 들어, 지하철 공사 직원이 불법파업 관련하여 집행유예 판결을 받고 징계해고된 사안에서 판례는 공공성이 강한 지하철 운송 사업의 직장 질서 유지에 악영향을 미칠것이 명백하다면 위 집행유예 판결도 징계해고 사유인 '유죄의 확정판결'을 의미한다(대법원 1997.9.26, 97누1600).

4) 유의할 점

'유죄판결'이 아니라도 당해 범죄사실 자체가 해고사유에 해당한다면 회사로서는 판결 확정 전이라도 얼마든지 범죄사실 자체를 이유로 해고할 수 있으므로(대법원 1994.6.24, 93다28584) 사용자가 해고사유가 무엇인지를 확정하는 것이 중요하다. 법원은 근로자들이 회사가 개최한 설명회에 참석한 다른 직원들을 선동하고 소란을 일으키는 등 업무방해 행위를 한 경우, 비록 형사절차에서 무죄를 선고받기는 하였으나 그 이유가 단지 위 방해행위를 형법 제314조에서 규정한 '위력'의 행사로 볼 수 없다는 점 등에 비추어 취업규칙 등에서 규정한 성실의무, 품위유지의무, 복종의무 등을 위반한 것으로서 징계사유에 해당한다고 보고 있다(서울행법 2012.3.29, 2011구합17509). 형사 판결에서 확정된 사실은 특별한 사정이 없는 한 유력한 증거자료가 되므로 노동위원회 구제절차나 행정소송 단계에서도 합리적 이유를 제시하지 않고는 배척할 수 없다. 공문서의 경우에도 판례는 높은 증명력을 인정하여 그 기재사항을 진실이라고 추정하는 경우가 많아 검사의 불기소결정에서 인정한 사실 또한 특별한 사정이 없는 한 인정할 수 있을 것이다.

(사) 회사에 대한 비방, 관련기관에 진정 또는 비밀 누설 행위

1) 의의 및 판단기준

근로자는 사용자의 이익을 배려해야 할 근로계약상 성실의무를 지므로 회사를 비방하거나, 직장 내부 사실을 외부에 공표하여 사용자의 비밀, 명예, 신용 등을 훼손하는 것은 통상 징계사유가 된다. 구체적으로 공표 내용과 그 진위, 공표 경위와 목적, 공표 방법 등에 비추어 징계의 정당성 여부를 판단한다.

2) 고소, 고발, 언론 유포 행위

그 행위의 목적, 내용의 진실성 여부 등을 고려하여 정당성을 판단하는데, 뚜렷한 자료 없이 사업체 대표자를 고소, 고발하거나 인격을 비난하는 진정서 등을 관련 기관에 제출하는 행위, 공개 석상에서 진실과 다른 내용을 가지고 회사를 비방하는 행위 등은 징계사유가 된다. 예를 들어 회사 사옥 앞 인도 및 대표이사가 거주하는 아파트 단지 입구 앞 인도 등에서 집회를 열면서 확성기를 사용하여 장송곡 등을 틀고 대표이사를 비방하는 현수막을 게시한 것은 직장 및 사회질서를 문란하게 한 행위로서 징계사유 해당한다(서울고법 2013.6.13, 2012누22555). 그러나 고소, 고발 및 언론 제보 등이 진실이거나 상당한 근거가 있는 경우에는 징계사유에 해당하더라도 징계해고까지 하는 것은 재량권 일탈이고, 특히 공공성이 강한 경우에는 더욱 그러하다(대법원 1995.3.3, 94누11767).

3) 청원권 행사

근로자는 헌법상 보장된 청원권을 행사를 할 수 있으므로 청원행위 자체를 가지고 징계할 수 없지만, 그 내용이 허위이거나 사용자를 비방하는 것이라면 징계사유가 된다.

4) 소송 제기

근로자도 헌법상 재판청구권의 주체가 되므로 회사를 상대로 소송을 제기하는 것이 가능하나 사용자의 명예를 훼손하거나 비방할 목적이라면 징계사유에 해당한다. 판례는 근로자가 회사를 상대로 소를 제기하여 기각당했다고 하더라도 패소한 원인이 법률적 견해 차이에서 기인한 것이고, 사용자에게 손해를 입히려는 목적이 아니며, 사용자에게 소송비용 상환을 거부하였다 하더라도 민사상 채무에 불과할 뿐 직무상 의무는 아니므로 이러한 소송 제기와 소송비용 상환 거부를 가지고 징계할 수 없다고 한다(대법원 1999.9.3, 97누2528).

5) 내부 고발

공익을 위한 내부 고발 행위는 일부 사실이 다른 내용이 있더라도 전체적인 내용이 사실에 해당하고 목적이 정당하다면 해고사유로 삼을 수 없다. 그러나 주로 사익적 목적이나 동기에서 비롯된 것이라면 징계사유가 된다. 판례는 고도의 공공성을 갖는 공법인의 경우 그 업무수행에 있어서의 위법행위는 널리 공법인의 내·외부로부터 감시, 견제되어야 할 필요가 있으므로 소속직원에 의한 업무관련 사실의 공표행위는 일반 사기업의 경우와 동일하게 평가할 수 없다고 한다(대법원 1999.12.21, 98두7787). 다만 공표된 내용이 공익성과 관련 없는 극히 경미한 사항으로서 주로 사익적인 목적이나 동기에서 비롯된 것이라면 징계사유가 된다.

한편, 사회복지법인 팀장으로 근무하는 자가 사용자의 비리 혐의에 대하여 시 감사실, 시의회 홈페이지 게시판, 시민연대, 국민권익위원회 등에 제보한 경우 "근로자 주장 및 의혹에 일부 부합하는 사실이 인정된 이상, 비록 근로자가 시 및 관할 지방경찰청, 국가인권위원회 등으로부터 사용자에게 부패행위가 없다는 통지를 받았다고 하더라도 이러한 사정만으로 근로자가 자신의 신고 및 이의신청 내용이 허위라는 사실을 알았거나 알 수 있었다고 보기 어려우므로 근로자는 구 부패방지법에 정한 법적 보호를 받는다."라며 징계사유로 정당하지 않다(서울행법 2009.10.23, 2009구합1822).

(아) 성희롱

1) 의의

성희롱은 피해자의 인권을 침해할 뿐만 아니라 직장 내 사업 질서를 해치는 중대한 비위행위로서 기업실무는 성희롱 그 자체를 징계해고 사유로 규정하거나, '직원으로서의 품위손상' 또는 '직장명예 훼손' 등의 사유로 규정하고 있다.

2) '성희롱'의 성립요건

"직장 내 성희롱"이란 사업주·상급자 또는 근로자가 직장 내 지위를 이용하거나 업무와 관련하여 다른 근로자에게 성적 언동 등으로 성적 굴욕감 또는 혐오감을 느끼게 하거나 성적 언동 또는 그 밖의 요구 등에 따르지 아니하였다는 이유로 고용에서 불이익을 주는 것"을 의미한다(남녀고용평등법 제2조 제2호). 행위의 요건인 '성적인 언동 등'의 의미에 관하여 판례는 "남녀간 육체적 관계나 남성 또는 여성의 신체적 특징과 관련된 육체적, 언어적, 시각적 행위로서 사회공동체의 건전한 상식과 관행에 비추어 볼 때 객관적으로 상대방과 같은 처지에 있는 일반적이고도 평균적인 사람에게 성적 굴욕감이나 혐오감을 느끼게 할 수 있는 행위"를 의미한다고 하며, 피해의 요건에 관하여는 "행위의 상대방이 성적 굴욕감이나 혐오감을 느꼈음이 인정되어야 한다."라고 한다(대법원 2008.7.10, 2007두22498). 이 때 가해자의 성적 의도나 동기는 불필요하다. 당해 행위가 성적 굴욕감을 느끼게 하는 행위인지, 상대방이 굴욕감을 느꼈다고 보아야 하는지는 "당사자의 관계, 행위가 행해진 장소 및 상황, 행위에 대한 상대방의 명시적 또는 추정적인 반응의 내용, 행위의 내용 및 정도, 행위가 일회적 또는 단기적인 것인지 아니면 계속적인 것인지 여부 등 구체적인 사정을 참작해야 한다. 이와 관련하여 판례는 "근무시간은 물론 회사가 그 비용을 지원한 공식적 회식이나 야유회, 체육대회나 그 밖에 객관적으로 이에 준하는 것으로 평가할 수 있는 회사의 임원 등 간부들이 공식적으로 주재하는 회식 등에서 일어난 성희롱 행위에 대해서도 사용자 책임이 인정된다."라고 한다(대법원 2009.2.26, 2008다89712).

성희롱 성립 요건

① 피해자가 주관적으로 성적 굴욕감이나 혐오감을 느껴야 한다. 따라서 객관적으로 성적 굴욕감을 주는 행위로 평가받는다 하더라도 피해자가 전혀 성적 굴욕감을 느낀 바가 없다면 성희롱으로 단정할 수 없다.

② 성적 굴욕감이나 혐오감을 느꼈는지는 피해자의 주관적 의사로 판단할 것은 아니고 객관적으로 피해자와 같은 처지에 있는 일반적이고 평균적인 사람을 기준으로 판단해야 한다. 그렇지 않으면 피해자의 주관적 의사에 따라서 성희롱 인정 여부가 좌우되는 불합리가 발생하기 때문이다.
③ 가해자의 주관적 목적이나 의도는 성립요건이 되지 않는다. 따라서 행위자가 성적 목적 없이 한 행위일지라도 상대방이 성적 굴욕감을 느낄만한 상황이었다면 성희롱에 해당하는 반면, 행위자가 의도를 가지고 성적 언동을 했을지라도 객관적으로 성적 굴욕감을 느낄만한 행동이 아니라면 성희롱에 해당하지 않는다.

3) 성희롱에 대한 징계해고의 양정 문제

성희롱 행위가 고용환경을 악화시킬 정도로 매우 심하거나 반복적으로 행해지는 경우, 징계해고 처분이 객관적으로 명백히 부당하다고 인정되는 경우가 아닌 한 쉽게 징계권이 남용이라 볼 수 없고, 노동위원회나 법원은 대체로 성희롱을 중대한 비위행위로 보아 해고의 정당성을 인정하는 추세이다. 또한, 같은 성희롱이라도 그 반복적으로 이루어졌거나 피해자의 수가 많다면 해고의 정당성은 쉽게 인정될 것이고, 비위행위자가 성희롱을 방지해야 할 사업주이거나 사업주를 대신할 지위에 있는 자라면 더욱 엄격히 다뤄져야 한다. 판례는 카드회사 지점장이 여직원 8명에 대하여 14회에 걸쳐 성희롱을 한 사건에서 성희롱이 일정한 기간에 반복적으로 다수의 피해자에게 행해졌다면 우발적이라고 볼 수 없고, 특별한 문제의식 없이 행해졌다고 하더라도 가볍게 평가할 수 없으며, 특히 성희롱을 방지하여야 할 우월한 지위에 있는 자의 경우 더 엄격히 판단하여야 한다고 한다(대법원 2008.7.10, 2007두22498).

관련 판례

성희롱이 우리 사회의 왜곡된 사회적 인습, 직장문화에 기인한 것으로 보아 특별한 문제의식 없이 이루어진 것이라 하여 이를 가볍게 평가할 수는 없고(대법원 2008.7.10, 2007두22498), 성희롱 행위가 고용환경을 악화시킬 정도로 매우 심하거나 반복적으로 행해지는 경우, 징계해고처분이 객관적으로 명백히 부당하다고 인정되는 경우가 아닌 한 쉽게 징계권이 남용되었다고 볼 수 없다(대법원 2008.7.10, 2007두22398).

(자) 노사면책 합의

징계해고 사유에 해당하는 근로자의 행위에 대해 노사간 합의로 그 책임을 면제하기로 하는 것은 가능하므로, 회사는 면책합의에 반하여 그 행위를 징계사유로 삼을 수 없다. 법원은 이러한 면책합의는 회사의 근로자들에 대한 민·형사상의 책임추궁이나 고용계약상 불이익처분을 하지 않겠다는 취지이지 회사에 면책권한이 없는 법률상 임의면제를 약속한 취지는 아니라고 본다(대법원 1992.7.28, 92다14786). 한편, 면책합의는 당해 비위행위를 징계사유로 삼지 않기로 하는 것이지, 다른 비위행위를 징계사유로 하여 근로자를 징계할 때 양정의 판단자료로 삼는 것까지 포함하는 것은 아니다. 판례는 면책합의의 범위와 관련하여, 농성 중의 행위와 일체성을 가지는 행위 또는 위 농성 중의 행위와 필연적으로 연속되는 행위로서 불가분적 관계에 있는 행위에 대해서도 면책시키기로 한 것이라고 보아야 하므로 면책합의 이전의 농성행위 등으로 인하여 면책합의 이후에 처벌을 받고 그로 인하여 결근한 행위가 형식상 회사의 인사규정 등의 징계해고 사유에 해당한다고 하더라도 이를 이유로 징계해고한 것은 면책합의에 반하며(대법원 1992.7.28, 92다14786). "최대한 선처 하겠다."라는 내용의 합의는 징계면책 합의가 아니라고 본다(대법원 1993.5.11, 93다1503).

(4) 이중징계와 일사부재리 원칙

일사부재리원칙에 따라 정당한 징계사유가 있더라도 동일한 사유에 대하여 이중으로 징계할 수는 없다. 그러나 종전의 징계가 절차상의 문제 또는 징계양정이 과하다는 등의 이유로 노동위원회 구제절차나 법원 소송절차에서 부당한 것으로 밝혀지자 사용자가 동일한 사유에 대하여 다시 절차를 밟거나 징계의 수준을 낮추어 다시 징계하거나, 사용자 스스로 종전의 징계를 취소하고 새로이 징계하는 것은 가능하다. 이는 새로운 징계처분을 하면서 종전에 징계를 받았던 점을 징계회부 여부나 징계수단의 결정에 참고하는 것에 불과하며, 그것을 징계사유로 하지 않았다면 이중징계에 해당하지 않는다. 판례는 사용자가 근로자에 대하여 이중징계를 한 경우 일사부재리의 원칙이나 이중처벌금지 원칙에 위배되어 그 징계처분은 무효이나 이와 같이 이중징계에 해당하려면 선행처분과 후행처분이 모두 법적성질상 징계처분이어야 하고 선행징계처분이 취소됨이 없이 유효하게 확정되어야 하며 선행징계처분과 후행징계처분의 징계혐의사실이 동일하여야 한다고 한다(대법원 2000.9.29. 99두0902).

관련 판례

① 윤리행동지침 미준수 및 타인명의 대출 취급, 무자격자 대출 취급 선행 징계처분과 후행 징계처분이 모두 법적 성질상 징계처분으로서 징계혐의사실이 동일하고, 선행 징계처분이 취소됨이 없이 유효하게 확정된 경우라면 후행 징계처분은 이중징계에 해당되고, 사용자가 근로자에 대하여 이중징계를 한 경우 일사부재리의 원칙이나 이중처벌금지의 원칙에 위배되어 그 징계처분은 무효이다. 이 사건 직권면직 처분이 이루어지기 전에 '윤리행동지침 미준수 및 타인 명의 대출 취급, 무자격자 대출 취급'을 이유로 정직 6개월의 징계처분을 받았음에도 동일한 혐의사실을 징계사유로 삼아 이 사건 직권면직 처분을 하였는바, 이는 이중징계에 해당하므로 이를 징계사유로 삼을 수 없다(서울행법 2012.05.04, 2012구합270).

② 택시회사의 근로자가 회사와의 갈등, 동료와의 이간질 등의 비위행위를 저질러오다가 2010.10.4. 졸음운전으로 교통사고를 발생시키고 같은 달 13일 사고에 대한 시말서 제출을 거부하였다는 이유로 2010.11.12. 고정승무배제 처분을 받고, 이후 2011.7.29. 그동안 발생한 비위행위들을 모두 징계사유로 하여 해고된 사안에서 위 고정승무배제 처분은 교통사고 및 시말서 제출 거부만을 이유로 한 것으로 판단된다고하여 비록 위 고정승무배제 처분 이전에 발생한 비위사실이라도 이사건 해고처분의 징계사유로 하는 것이 이중징계에 해당하지는 않는다고 판단했다(대법원 2013.10.14, 2013두13471).

마. 경영상 해고

관련 법령

근로기준법 제24조【경영상 이유에 의한 해고의 제한】

① 사용자가 경영상 이유에 의하여 근로자를 해고하려면 긴박한 경영상의 필요가 있어야 한다. 이 경우 경영 악화를 방지하기 위한 사업의 양도·인수·합병은 긴박한 경영상의 필요가 있는 것으로 본다.

② 제1항의 경우에 사용자는 해고를 피하기 위한 노력을 다하여야 하며, 합리적이고 공정한 해고의 기준을 정하고 이에 따라 그 대상자를 선정하여야 한다. 이 경우 남녀의 성을 이유로 차별하여서는 아니 된다.

③ 사용자는 제2항에 따른 해고를 피하기 위한 방법과 해고의 기준 등에 관하여 그 사업 또는 사업장에 근로자의 과반수로 조직된 노동조합이 있는 경우에는 그 노동조합(근로자의 과반수로 조직된 노동조합이 없는 경우에는 근로자의 과반수를 대표하는 자를 말한다. 이하 "근로자대표"라 한다)에 해고를 하려는 날의 50일 전까지 통보하고 성실하게 협의하여야 한다.

④ 사용자는 제1항에 따라 대통령령으로 정하는 일정한 규모 이상의 인원을 해고하려면 대통령령으로 정하는 바에 따라 고용노동부장관에게 신고하여야 한다.
⑤ 사용자가 제1항부터 제3항까지의 규정에 따른 요건을 갖추어 근로자를 해고한 경우에는 제23조제1항에 따른 정당한 이유가 있는 해고를 한 것으로 본다.

(1) 의의

해고사유를 기준으로 할 때 해고의 유형은 '근로자측 사유에 의한 해고'와' 기업 경영상의 필요에 의한 해고'로 나누는데, 후자를 '경영상 이유에 의한 해고' 또는 실무에서는 '정리해고'라고 한다. 정리해고란 사용자의 긴박한 경영상 필요에 따라 기업의 유지·존속을 위해 일정한 요건 하에 근로자를 해고하는 것을 말한다. 판례는 사업의 폐지를 위하여 해산한 기업이 그 청산과정에서 근로자를 해고하는 경우 또는 기업이 파산선고를 받아 사업의 폐지를 위하여 그 청산과정에서 근로자를 해고하는 경우는 정리해고가 아니고 통상해고라고 본다(대법원 2001.11.13, 2001다27975). 그리고 정리해고라는 용어보다는 근로기준법에 따라 '경영상 이유에 의한 해고'라는 용어를 사용하는 것이 타당하지만, '정리해고'라는 용어가 판례를 중심으로 일반화되어 실무에서도 사용하고 있다.

(2) 정리해고의 정당성 요건

정리해고는 오로지 사용자측의 사정만으로 근로관계가 종료되고 다수의 근로자가 해고되는 경우가 많아 사회적으로 영향이 크기 때문에 별도로 근로기준법 제24조에 엄격한 요건이 규정되어 있다. 사용자가 경영상의 이유에 의하여 근로자를 해고하려면 ① 긴박한 경영상의 필요가 있어야 하고(필요성), ② 해고를 피하기 위한 노력을 다하여야 하며(보충성), ③ 합리적이고 공정한 기준에 따라 그 대상자를 선정하여야 하고(공정성), ④ 해고를 피하기 위한 방법과 해고의 기준 등을 근로자대표에게 해고실시일 50일전까지 통보하고 성실하게 협의하여야 한다(쌍무성)는 네 가지 요건을 충족해야 한다. 판례는 위 각 요건의 구체적 내용은 확정적·고정적인 것이 아니라 구체적 사건에서 다른 요건의 충족 정도와 관련하여 유동적으로 정해지는 것이므로 구체적 사건에서 정리해고가 위 각 요건을 모두 갖추어 정당한지 여부는 위 각 요건을 구성하는 개별 사정들을 종합적으로 고려하여 판단하여야 한다고 본다.

(가) 긴박한 경영상의 필요성

과거의 판례는 긴박한 경영상의 필요에 대하여 해고하지 않으면 기업이 도산되거나 존속·유지가 위태롭게 되는 것이 객관적으로 인정되는 경우에 한한다고 하다가(도산회피설), 현재는 반드시 기업의 도산이 초래될 수밖에 없는 고도의 경영상 위기 상태에 있어야 하는 것은 아니고, 장래에 올 수도 있는 위기에 대처하기 위하여 인원삭감이 객관적으로 보아 합리성이 있다고 인정되는 경우도 포함되는 것으로 보고 있다(합리성필요설).

관련 판례

① 기업이 경영상의 사정에 의하여 근로자를 해고하는, 이른바 정리해고에 있어서는 첫째로, 해고를 하지 않으면 기업경영이 위태로울 정도의 급박한 경영상의 필요성이 존재하여야 하고, 둘째로, 경영방침이나 작업방식의 합리화, 신규 채용의 금지, 일시휴직 및 희망퇴직의 활용 등 해고회피를 위한 노력을 다하였어야 하며, 셋째로, 합리적이고 공정한 정리기준을 설정하여 이에 따라 해고 대상자를 선별하여야 하고, 이밖에도 해고에 앞서 노동조합이나 근로자측과 성실한 협의를 거칠 것이 요구된다(대법원 1989.5.23, 87다카2132).

② 정리해고의 요건으로 '긴박한 경영상의 필요'에 장래에 올 수도 있는 위기에 미리 대처하기 위하여 인원 삭감이 객관적으로 보아 합리성이 있다고 인정되는 경우도 포함된다. 기업의 전체 경영실적이 흑자를 기록하고 있더라도 일부 사업부문이 경영악화를 겪고 있으며, 그러한 경영악화가 구조적인 문제 등에 기인한 것으로 쉽게 개선될 가능성이 없고 해당 사업부문을 그대로 유지할 경우 결국 기업 전체의 경영상황이 악화될 우려가 있는 등 장래 위기에 대처할 필요가 있다면, 해당 사업부문을 축소 또는 폐지하고 이로 인하여 발생하는 잉여인력을 감축하는 것이 객관적으로 보아 불합리한 것이라고 볼 수 없다(대법원 2012.2.23, 2010다3735).

(나) 해고회피노력

해고회피를 위한 노력은 '사용자가 근로자의 해고 범위를 최소화하기 위하여 경영방침이나 작업방식의 합리화, 신규채용의 중지, 일시 휴직 및 희망퇴직의 활용, 전근, 임금삭감 또는 임금동결 등의 가능한 조치를 취하는 것'을 뜻한다. 해고회피노력으로 인하여 해고의 필요성이 없어졌음에도 정리해고를 실시하는 경우 부당해고에 해당한다. 해고회피노력에 대한 판례의 일반적 판단기준은 '해고범위를 최소화하기 위한 비용절감의 모든 조치를 다하였는지 여부'이다. 그러나, 해고회피노력의 방법과 정도의 판단기준은 획일적·고정적인 것이 아니라 당해 사용자의 경영위기의 정도, 정리해고를 실시하여야 하는 경영상의 이유, 사업의 내용과 규모 등에 따라 달라진다.

관련 판례

정리해고의 요건 중 해고를 피하기 위한 노력을 다하여야 한다는 것은 경영방침이나 작업방식의 합리화, 신규채용의 금지, 일시휴직 및 희망퇴직의 활용 및 전근 등 사용자가 해고범위를 최소화하기 위하여 가능한 모든 조치를 취하는 것을 의미하고(대법원 1992.12.22, 92다14779), 그 방법과 정도는 확정적 · 고정적인 것이 아니라 당해 사용자의 경영위기의 정도, 정리해고를 실시하여야 하는 경영상의 이유, 사업의 내용과 규모, 직급별 인원상황 등에 따라 달라지는 것이다(대법원 2004.1.15, 2003두11339).

(다) 해고대상자 선정의 합리성과 공정성

일반적으로 해고대상자 선정기준이 근로자의 근무성적, 업무능력, 근무태도 및 입사시기 등을 종합적으로 고려한 것이라면 합리적이고 공정한 해고기준으로 인정하고 있다. 해고대상자 선정의 공정성을 확보하기 위해서는 사용자측의 입장과 근로자측의 입장이 동시에 고려되어야 한다. 즉, 정리해고 대상자 선정기준은 사용자측 입장에서 평소의 근무성적·상벌관계·경력·기능의 숙련도 등(회사에 대한 공헌도)이 고려되어야 하고, 근로자측 입장에서 연령·근속기간·부양의무의 유무·재산·건강상태 등(해고로 인한 생활 불안의 정도)이 적절히 안배되어야 하며, 특히 사회적 보호와 배려의 필요성이 높은 근로자의 경우 그러한 주관적 사정을 반영하는 요소들이 실질적인 선정기준으로 기능할 수 있도록 하여야 한다.

관련 판례

① 무엇이 합리적이고 공정한 해고의 기준인가는 당해 사용자가 직면한 경영위기의 강도와 정리해고를 실시하여야 하는 경영상의 이유, 정리해고를 실시한 사업 부문의 내용과 근로자의 구성, 정리해고 실시 당시의 사회경제 상황 등에 따라 달라지는 것이고, 사용자가 해고의 기준에 관하여 노동조합 또는 근로자대표와 성실하게 협의하여 해고의 기준에 관한 합의에 도달하였다면 이러한 사정도 해고의 기준이 합리적이고 공정한 기준인지의 판단에 참작되어야 한다(대법원 2003.9.26, 2001두10776).
② 건물관리 회사가 경영상의 필요에 의하여 건물의 시설관리업무를 전문용역업체에 위탁함에 따라 직제가 폐지되는 근로자들을 수탁업체가 현 급여를 보장하면서 전원 인수하기로 합의한 경우, 이에 불응한 근로자에 대한 정리해고가 정당하다(대법원 1999.5.11, 99두1809).
③ 피고조합은 적어도 위 해고당시까지는 긴박한 경영상의 곤란이 없었음에도 장차 세입의 감소로 경영상의 어려움이 있을 것이 예상되자 이를 경영합리화 등을 통하여 극복하여 보려는 노력은 하여 보지도 않은 채 해고대상자인 원고등과의 협의도 거치지 않고 원고등을 해고하였으며, 해고대상자를 선정함에 있어서도 해고로부터 보다 많은 보호를 받아야 할 장기근속자를 우선적인 해고대상자로 정한 것은 합리성과 공정성을 결여한 것이다(대법원 1993.12.28, 92다34858).

④ 이 사건 ○○신협으로서는 종전 임직원들의 부실 운영으로 인하여 파산 상태에까지 이르러 신용협동조합 중앙회가 권유하는 합병을 택하지 않을 수 없는 상황이었고, 경영상 파탄 상태에 이른 업무를 정상화시키기 위해서는 새로운 자금의 투입과 아울러 조직을 축소하여 비용을 줄이는 것이 필수적이라고 보이고, 특히 합병을 추진하는 경우에는 합병 회사의 직원들을 적절히 분산 배치하는 등의 방법으로 효율적인 인력 활용이 가능하므로 상당한 수의 인원이 축소되는 것은 불가피하다고 할 것이며, 더욱이 신용협동조합 중앙회나 원고 조합측에서 합병의 조건으로 부실에 책임이 있는 직원들의 퇴직을 요구함에 따라 ○○신협의 부실 운영시에 재직하였던 직원들에 대한 정리해고를 거부하거나 그 폭을 상당히 줄이기에는 한계가 있었던 것으로 보인다. 이에 따라, ○○신협이 정리해고를 추진하는 과정에서 직원들 중 근무경력이 길어 부실 운영에 관련된 책임도가 높은 장기근속자의 순서로 정리해고의 대상으로 고려한 것은 합리적이라고 보이므로, 참가인이 가장 장기근속자라는 점과 아울러 정리해고 당시 업무수행에 지장을 초래할 정도의 건강상태에 있었음을 참작하여 볼 때에, 참가인을 정리해고의 대상으로 삼은 것이 불합리하다거나 불공정한 기준에 따른 것이라고 볼 수 없다(서울고법 2010.04.13, 2009누25776).

⑤ 합리적이고 공정한 정리해고의 기준은 확정적 · 고정적인 것은 아니고 당해 사용자가 직면한 경영위기의 강도와 정리해고를 실시하여야 하는 경영상의 이유, 정리해고를 실시한 사업 부문의 내용과 근로자의 구성, 정리해고 실시 당시의 사회경제상황 등에 따라 달라지는 것이다. 정리해고의 경우 근로자의 일신상 · 행태상의 사유가 아닌 사용자 측의 경영상 필요로 해고가 이루어지는 것이므로 연령, 근속기간, 부양의무의 유무, 재산, 건강상태 등 근로자 각자의 주관적 사정을 기초로 그 사회적 위치를 살펴 상대적으로 사회적 보호의 필요성이 낮은 근로자들부터 해고를 하여야 하고, 근무성적, 업무능력 등 사용자 측의 이해관계와 관련된 사정들은 부차적으로 고려되어야 한다(서울행법 2011.8.25, 2011구합12214).

⑥ 이 사건 정리해고 대상자 선정기준은 근무태도에 대한 주관적 평가와 객관적 평가 및 근로자 측 요소가 각 1/3씩 비중을 차지하고 있는데, 근무태도라는 단일한 대상을 주관적 평가와 객관적 평가로 나누어 동일하게 배점하고 주관적 평가 항목에서 참가인들과 잔존 근로자들 사이에 점수를 현격하게 차이가 나도록 부여함으로써 결국 근무태도에 대한 주관적 평가에 의하여 해고 여부가 좌우되는 결과가 된 점, 근무태도에 대한 주관적 평가의 개별 항목 중 현장직 근로자들의 업무 특성에 비추어 적절해 보이지 않는 부분이 있고, 참가인들에 대하여 부여된 주관적 평가 점수가 객관적 평가 점수나 잔존 근로자에 대한 주관적 평가 점수와 비교해 볼 때 납득하기 어려울 만큼 차이가 큰 점 등 그 판시와 같은 사정들에 비추어 보면 그 선정기준 자체가 합리적이고 공정하다고 인정하기 어렵고, 그 기준을 정당하게 적용하여 해고 대상자를 선정하였다고 보이지도 아니하므로 이 사건 참가인들에 대한 해고가 위법하다(대법원 2012.5.24, 2011두11310).

(라) 근로자대표에 대한 사전 통보 및 성실한 협의

정리해고의 실질적 요건의 충족을 보장하면서 비록 불가피한 정리해고라 하더라도 협의 과정을 통해 노사간의 이해 속에서 실시되는 것이 바람직하다는 취지이다. 사전협의의 상대방은 '근로자대표'이다. 형식적으로는 근로자 과반수로 조직된 노동조합이 있는 경우에는 그 노동조합, 그 노동조합이 없는 경우에는 근로자의 과반수를 대표하는 자이고, 실질적으로는 정리해고 대상자의 의견을 민주적으로 대변할 수 있는 이익공동체적 대표를 말한다. 사전통보기간까지 근로자대표에게 통보하지 아니한 경우에 정리해고의 유효 여부는 사전통보기간 50일의 규정의 성격을 단속규정으로 볼것이냐, 강행규정으로 보느냐에 따라 달라진다. 판례는 이를 단속규적으로 보아 사전통보기간의 준수는 정리해고의 효력요건이 아니고 기타 요건이 충족되었다면 통보기간을 정확히 지키지 않았더라도 정리해고가 유효하다고 한다.

관련 판례

① 근로기준법 제24조3항이 사용자는 해고를 피하기 위한 방법 및 해고의 기준 등에 관하여 당해 사업 또는 사업장에 근로자의 과반수로 조직된 노동조합이 있는 경우에는 그 노동조합, 근로자의 과반수로 조직된 노동조합이 없는 경우에는 근로자의 과반수를 대표하는 자(근로자대표)에 대하여 미리 통보하고 성실하게 협의하여야 한다고 하여 정리해고의 절차적 요건을 규정한 것은 같은 조 제1, 2항이 규정하고 있는 정리해고의 실질적 요건의 충족을 담보함과 아울러 비록 불가피한 정리해고라 하더라도 협의과정을 통한 쌍방의 이해 속에서 실시되는 것이 바람직하다는 이유에서라고 할 것이다. 따라서 근로자의 과반수로 조직된 노동조합이 없는 경우에 정리해고에 관한 협의의 상대방이 형식적으로는 근로자 과반수의 대표로서의 자격을 명확히 갖추지 못하였더라도 실질적으로 근로자의 의사를 반영할 수 있는 대표자라고 볼 수 있는 사정이 있다면 위 절차적 요건도 충족하였다고 보아야 한다(대법원 2012.5.24, 2010두15964).

② 서울ㅇㅇ병원이 정리해고와 관련하여 협의하였다고 하는 근로자대표는 신ㅇ재를 제외하고는 모두 5급 이하의 직원, 고용원, 기능직 직원들로 구성되어 있고, 근로자의 과반수를 넘지 않고 주로 5급 이하의 근로자로 구성된 노동조합 조합원은 대부분 정리해고대상자가 아니어서 이 사건 정리해고와 거의 이해관계를 갖고 있지 아니하고, 근로자대표의 선출도 공정하게 이루어졌다고 보기 어려우며, 책임보직을 받지 못하게 될 직원을 선별하기 위한 직제개편에 따른 직원임용기준안에 관하여 협의한 바로 다음 날 비보직자 45명을 선정하여 정리해고대상자 선정에 관하여 근로자대표와 성실한 협의를 다하였다고 보기 어려우므로, 원고의 참가인들에 대한 이 사건 해고는 정리해고로서의 요건을 갖추지 못하여 위법하다(대법원 2005.9.29, 2005두4403).

③ 참가인이 원고에 대하여 한 정리해고는 긴박한 경영상의 필요가 있었고, 정리해고를 시행하기에 앞서 해고를 피하기 위한 노력을 다하였으며, 합리적이고 공정한 기준에 따라 그 대상자를 선정하였고, 해고를 피하기 위한 방법과 해고의 기준 등을 근로자의 과반수로 조직된 근로자대표에게 통보하여 성실하게 협의하는 등의 정리해고 요건을 갖추었으므로, 비록 근로자대표에게 통보한 시기가 해고 실시 60일 이전이 아니었다 하더라도 이 규정 취지는 통보의 대상인 소속근로자의 인원수와 그의 소재지의 원근 등 구체적 사정에 따라 그 통보를 전달하는데 소요되는 시간, 그 통보를 받은 각 근로자들이 통보 내용에 따른 대처를 하는데 소요되는 시간, 근로자대표가 성실한 협의를 할 수 있는 기간으로서 모자라지 않게 허용하기 위하여 모든 경우에 통용될 기간을 규정한 것이어서 60일 기간의 준수는 정리해고의 효력요건이 아니므로 위와 같은 행위를 하는데 소요되는 시간이 부족하였다는 등의 특별한 사정이 없고 그 밖의 정리해고요건은 충족되었다면 그 정리해고는 유효하므로 이 사건 정리해고는 정당하고 따라서 대기발령에 대한 구제실익도 없고 또한 부당노동행위도 성립되지 않는다(대법원 2003.11.13, 2003두4119).

(3) 우선 재고용 의무

관련 법령

근로기준법 제25조【우선 재고용 등】

① 제24조에 따라 근로자를 해고한 사용자는 근로자를 해고한 날부터 3년 이내에 해고된 근로자가 해고 당시 담당하였던 업무와 같은 업무를 할 근로자를 채용하려고 할 경우 제24조에 따라 해고된 근로자가 원하면 그 근로자를 우선적으로 고용하여야 한다.

② 정부는 제24조에 따라 해고된 근로자에 대하여 생계안정, 재취업, 직업훈련 등 필요한 조치를 우선적으로 취하여야 한다.

우선 재고용 규정은 2007.4.11 법률 개정으로 '노력하여야 한다'에서 '고용하여야 한다'로 변경되어 사용자에게 근로자의 재고용에 대한 법적인 의무를 부과하였다. 판례도 구근로기준법상 ① 우선 재고용 규정이 노력규정에 불과하였던 것을 근로자 보호 및 고용안정성의 도모를 위해 의무규정으로 전환한 것인 점, ② 위와 같이 개정한 입법자의 의도는 정리해고를 한 사용자에게 재고용 노력의무를 넘어 법적인 재고용 의무를 부과한 것으로 볼 수 있는 점, ③ 정리해고된 근로자는 자신에게 귀책사유가 없음에도 사용자의 경영상 판단에 따라 고용상실의 불이익을 감수하였고 이러한 근로자의 과거의 희생에 대한 사후적 보상의 필요성이 인정되는 점, ④ 정리해고의 대상이 되는 근로자에 대한 사회적 보호장치가 충분히 마련되지 않은 상태에서 경영상의 이유에 의한 해고만을 강화한다는 것은 사회적 시장경제 체제를 근간으로 하는 헌법 원리에 부합하지 않는다 할 것인 점 등에 비추어 보면, 현행 우선 재고용 규정은 정리해고된 근로자가 이를 근거로 사용자에 대하여 고용의무의 이행을 구할 수 있는 사법상의 청구권으로서의 성격을 가진다고 본다.

(4) 고용안정협약

(가) 고용안정협약의 구분

고용안정협약은 근로자의 고용을 유지하기 위해 정리해고를 금지하거나(고용보장조항), 그 실시 여부와 요건 등에 대해 노동조합과 합의(정리해고 동의조항)하도록 하는 단체협약을 의미한다. 고용보장 조항은 "현재 재직 인원에 대해서는 고용보장을 확약한다.", "회사는 생산성 향상, 인력 재배치 등 해고회피를 위해 최선의 노력을 다해야 하며, 향후 5년간 인위적인 정리해고를 하지 않는다."라고 규정된 단체협약의 규정을 의미한다. 정리해고 동의조항은 "정리해고나 사업장 통폐합에 따른 직원의 해고시 노조와 사전에 합의한다.", "긴박한 경영상의 사유로 해고하고자 할 때에는 조합과 충분한 협의를 한 후 시행하되, 단체협약 체결일로부터 2년 이내에 발생한 때에는 사전에 조합과 합의 후 시행한다.", "회사가 기업의 축소 또는 부득이한 사유로 인원의 일부 또는 전부를 정리하고자 할 때에는 늦어도 60일 전 통보하고 협의 후 합의하며, 본인에게는 30일 전에 해고예고를 한다." 등의 규정을 말한다.

(나) 고용안정협약상 합의의 의미

고용안정협약 등에 정리해고 실시에 대해 '합의'하여야 한다는 규정이 있는 경우라 하더라도, 단체협약상 다른 규정과의 체계적 해석을 통해 '합의' 규정의 실질적 의미를 '협의'로 해석하는 게 대다수의 판례이다. 그러나 대법원은 "노사 쌍방 간의 협상에 의한 최종 합의 결과 단체협약에 정리해고에 관하여 사전 '협의'와 의도적으로 구분되는 용어를 사용하여 노사 간 사전'합의'를 하도록 규정하였다면, 이는 노사 간에 사전 '합의'를 하도록 규정한 것이라고 해석함이 상당하다(대법원 2012.6.28, 2010다38007)."라고 판단하여 단체협약상의 '합의'의 의미에 대해서 문언 그대로 협의가 아닌 합의로 판단한 사례도 있다.

(다) 단체협약의 고용보장조항과 사정변경

사용자의 경영권에 속하는 사항이라 하더라도 사용자가 노동조합과의 협상에 따라 정리해고를 제한하기로 하는 내용의 단체협약을 체결하였다면 특별한 사정이 없는 한 그에 반하여 이루어지는 정리해고는 원칙적으로 정당한 해고라고 볼 수 없다고 본다. 다만, 그 단체협약을 체결할 당시의 사정이 현저하게 변경되어 사용자에게 그와 같은 단체협약의 이행을 강요한다면 심각한 재정적 위기에 처하여 협약의 효력을 유지하는 것이 객관적으로 부당한 상황에 이르는 경우에는 사용자가 단체협약에 의한 제한에서 벗어나 정리해고를 할 수 있다(대법원 2011.3.26, 2011두7526). 즉, 단체협약에 사법상의 사정변경의 원칙을 적용하여 판단한다.

8-4. 해고예고

관련 법령

근로기준법 제26조【해고의 예고】

사용자는 근로자를 해고(경영상 이유에 의한 해고를 포함한다)하려면 적어도 30일 전에 예고를 하여야 하고, 30일 전에 예고를 하지 아니하였을 때에는 30일분 이상의 통상임금을 지급하여야 한다. 다만, 다음 각 호의 어느 하나에 해당하는 경우에는 그러하지 아니하다.

1. 근로자가 계속 근로한 기간이 3개월 미만인 경우
2. 천재 · 사변, 그 밖의 부득이한 사유로 사업을 계속하는 것이 불가능한 경우
3. 근로자가 고의로 사업에 막대한 지장을 초래하거나 재산상 손해를 끼친 경우로서 고용노동부령으로 정하는 사유에 해당하는 경우

가. 의의

근로기준법 제26조에서 사용자는 근로자를 해고하려면 적어도 30일 전에 예고를 하여야 하고 30일 전에 예고를 하지 아니하였을 때에는 30일분 이상의 통상임금을 지급하도록 규정하고 있다. 이는 사용자가 갑자기 근로자를 해고하면 근로자는 다른 직장을 얻을 때까지 생활의 위협을 받게 되므로 적어도 다른 직장을 구할 기회를 가질 수 있도록 최소한의 시간적인 여유을 부여하거나, 그렇지 않으면 그

기간 동안의 생계비를 보장하여 근로자의 경제적 어려움을 완화시켜 주기 위한 것이다(헌재2001.7.19, 99헌마663).

나. 방법

해고예고는 반드시 서면으로 할 필요는 없고 구두 등의 방법으로 하더라도 효력이 인정된다. 해고예고에서 중요한 것은 해고될 대상자와 날짜를 명확히 해야 한다는 점이다. "30일 전"에 "특정 일자"를 지정하여 통지하여야 한다. 불확정기한이나 조건을 붙인 해고예고는 근로자의 생활을 불안정하게 만들고 장래의 계획을 혼란스럽게 하기 때문이다. 또한, 해고예고는 "특정인"에 대한 통지여야 한다. 불특정 다수인에게 불가피한 사유 등을 들어 감원을 주지시킨 것은 유효한 해고예고라고 할 수 없다. 그리고, 적법한 당사자에 의한 행위여야 한다. 판례는 회사가 경영상 이유로 어려워지자 관리부장이 "회사를 그만두라"라는 취지로 말을 한 경우 해고에 해당하는지 문제된 사안에서 관리부장이라는 직책이나 업무권한 등만 가지고서 그의 말이 곧바로 대표이사의 그것과 동일시하기 어려워 해고한 것으로 볼 수 없다고 하였다(서울행법 2007.6.18, 2006구합17390).

관련 판례

① 사용자의 해고예고는 일정 시점을 특정하여 하거나 언제 해고되는지를 근로자가 알 수 있는 방법으로 하여야 한다. 근로기준법 제26조에서 사용자가 근로자를 해고하는 경우 적어도 30일 전에 예고를 하여야 하고, 30일 전에 예고를 하지 아니하였을 때에는 30일분 이상의 통상임금을 지급하도록 규정한 취지는 근로자로 하여금 해고에 대비하여 새로운 직장을 구할 수 있는 시간적 또는 경제적 여유를 주려는 것이므로, 사용자의 해고예고는 일정 시점을 특정하여 하거나 언제 해고되는지를 근로자가 알 수 있는 방법으로 하여야 한다. 사용자인 피고인은 근로자 갑에게 "후임으로 발령받은 을이 근무하여야 하니 업무 인수인계를 해 달라.", "당분간 근무를 계속하며 을에게 업무 인수인계를 해 주라."고만 말하고 갑을 해고하였는데, 피고인의 위와 같은 말만으로는 갑의 해고일자를 특정하거나 이를 알 수 있는 방법으로 예고한 것이라고 볼 수 없어 적법하게 해고예고를 하였다고 할 수 없다(대법원 2010.4.15, 2009도13833).

② 사용자가 근로자들에게 사업자등록을 마친 다음 영상취재요원으로서 업무 수행할 것을 요청하면서 '사업자등록을 마치지 않을 경우 더 이상 피고 회사의 보도본부에서 근무할 수 없다'는 취지의 통보를 하였다고 하더라도, 사용자가 근로자들을 해고한 30일 전에 해고일자를 특정하거나 이를 알 수 있는 방법으로 해고예고를 한 것으로 보기 어렵다. 설령 위 통보가 해고예고에 해당한다고 하더라도 조건을 붙인 예고로서 효력이 없다(대법원 2015.5.28, 2011다53638).

다. 해고의 서면통지와 해고예고의 관계

관련 법령

근로기준법 제27조【해고사유 등의 서면통지】

③ 사용자가 제26조에 따른 해고의 예고를 해고사유와 해고시기를 명시하여 서면으로 한 경우에는 제1항에 따른 통지를 한 것으로 본다.

해고의 서면통지와 해고예고는 엄밀하게는 서로 다른 단계에서 이루어지는 별개의 법률적 행위이다. 해고예고는 근로자에게 해고 사실을 알린다는 점에서 해고의 서면통지와 유사하나 적어도 30일 전에 하여야 한다. 해고예고는 방식의 제한이 없어 구두로도 가능하고 해고의 효력에는 영향이 없다는 점에서 해고의 서면통지와는 구별된다. 다만, 사용자가 근로기준법 제26조에 따른 해고의 예고를 하면서 해고사유와 해고시기를 명시하여 서면으로 통지한 경우에는 근로기준법 제27조 제1항의 규정(사용자는근로자를 해고하려면 해고사유와 해고시기를 서면으로 통지하여야 한다)에 따라 통지를 한 것으로 본다. 즉, 사용자가 해고하고자 하는 날로부터 30일 이전에 해고사유와 해고시기를 명확하게 표기하여 해고를 서면 통지한 경우는 이 자체가 해고예고의 효과도 가지므로 별도의 해고예고는 불필요하다.

라. 해고예고의 시기

해고예고는 해고일부터 최소한 30일 전에 하여야 한다. 이 기간은 법정 최저기간이므로 이보다 짧게 정할 수 없고, 만일 짧게 정했다면 이는 강행법규 위반이다. 30일은 역일로 계산되며 휴일이나 휴가기간도 포함된다.

해고예고의 효력발생시기 및 기간의 계산방법에 대하여는 근로기준법에 특별히 규정한 것이 없으므로 민법의 일반원칙에 따라야 한다. 의사의 표시는 민법 제111조에 따라 그 통지가 상대방에게 도달한 때로부터 효력이 발생하며, 계산할 때에는 첫날은 산입하지 않고 그 다음날부터 계산한다(근기01254-2186, 1987.2.11). 예를 들어 4.1자로 해고할 경우 늦어도 3.1에 해고예고를 해야 하고, 6.30자로 해고할 경우 30일째가 되는 전날인 5.30까지는 해고예고를 해야 한다.

마. 해고예고 사건의 관할

부당해고인지에 대한 다툼을 판정하는 곳은 노동위원회이지만 해고예고 위반 여부는 근로감독관이 수사한다. 해고 자체가 정당한지 부당한지 여부는 노동위원회에서 다루게 되는데 근로자는 사용자의 부당해고에 대해 노동위원회에 구제 신청을 할 수 있게 된다. 근로자가 구제 신청을 할 수 있는 대상 즉, 부당해고의 구제를 구하는 구제 신청의 이익은 "원직 복직과 임금 상당액의 지급" 또는 근로자가 원직 복직을 원치 않는 경우 해고 기간 중의 임금 상당액 이상의 금품을 말한다. 이는 근로자가 본인에게 행해진 해고가 정당하지 않으므로 이 해고에 대한 구제를 요청함으로써 얻을 수 있는 이익이 된다.

반면 근로자가 지방노동청에 해고예고 위반에 대한 진정 사건을 제기하면 근로감독관은 해고가 정당한지, 부당한지에 대한 판단은 별건으로 하고, 우선 해고에 대해 30일 이전에 예고가 이루어졌는지를 판단하게 된다. 해고예고의 경우 해고의 정당·부당성을 따지기 전에 해고가 이미 발생하였음을 전제로, 해고로 인한 퇴직 30일 이전에 해고에 대한 예고가 이루어지지 않았기 때문에 이에 대한 30일치의 통상임금을 요구하는 것이다. 즉 근로자가 지방노동청에 해고예고 위반에 대한 진정 사건을 제기하는 의미는 해고예고수당, 30일분의 통상임금을 요구하는 의미이다. 이때 해고예고수당의 전제가 되는 해고의 존부가 가장 중요하다. 실무상으로도 해고예고 위반에 대한 진정사건의 경우 해고예고가 30일 이전에 적법하게 이루어졌는지 여부에 대한 다툼보다는 근로관계 종료의 사유가 해고인지 해고가 아닌지 여부에 대한 다툼이 대부분이기 때문이다.

바. 해고예고의 예외

아래 사유에 해당하면 예고 없이 즉시해고할 수 있다.

(1) 계속근로기간이 3개월 미만인 경우

2015년 12월 헌법재판소는 '월급근로자로서 6개월이 되지 못한 자'에 대해 해고예고 적용제외를 규정한 근로기준법 제35조3호에 대해서 위헌 결정을 하였다. 이로 인해 2019.1.15 이후 근로계약을 체결한 경우 계속근로기간이 3개월 미만인 경우 해고예고 적용 제외하도록 일원화하였다.

(2) 사업 계속이 불가능한 경우

천재·사변, 그 밖의 부득이한 사유로 사업을 계속하는 것이 불가능한 경우에는 해고예고의무가 제외된다. 천재·사변, 그 밖의 부득이한 사유라 함은 해고예고를 할 여유와 필요가 없는 돌발적이고 불가항력적인 경우를 의미한다. 사업을 계속하는 것이 불가능한 경우란 해당 근로자가 소속한 사업장 또는 부서의 사업이 상당 기간 중지될 수밖에 없는 것을 말하는 것으로 사업의 전부 또는 대부분을 계속하는 것이 불가능한 경우여야 한다.

(3) 근로자 귀책사유가 있는 경우

관련 법령

근로기준법시행규칙 제4조【해고 예고의 예외가 되는 근로자의 귀책사유】

① 납품업체로부터 금품이나 향응을 제공받고 불량품을 납품받아 생산에 차질을 가져온 경우

② 영업용 차량을 임의로 타인에게 대리운전하게 하여 교통사고를 일으킨 경우

③ 사업의 기밀이나 그 밖의 정보를 경쟁관계에 있는 다른 사업자 등에게 제공하여 사업에 지장을 가져온 경우

④ 허위 사실을 날조하여 유포하거나 불법 집단행동을 주도하여 사업에 막대한 지장을 가져온 경우

⑤ 영업용 차량 운송수입금을 부당하게 착복하는 등 직책을 이용하여 공금을 착복, 장기유용, 횡령 또는 배임한 경우

⑥ 제품 또는 원료 등을 몰래 훔치거나 불법 반출한 경우

⑦ 인사·경리·회계담당 직원이 근로자의 근무상황 실적을 조작하거나 허위 서류 등을 작성하여 사업에 손해를 끼친 경우

⑧ 사업장의 기물을 고의로 파손하여 생산에 막대한 지장을 가져온 경우

⑨ 그 밖에 사회통념상 고의로 사업에 막대한 지장을 가져오거나 재산상 손해를 끼쳤다고 인정되는 경우

근로자가 고의로 사업에 막대한 지장을 초래하거나 재산상 손해를 끼친 경우로서 근로기준법시행규칙 제4조에서 정하는 사유에 해당하는 경우에 해고예고의무가 제외된다. 근로자가 즉시해고되어도 부득이하다고 인정될 정도로 중대한 복무규율 위반이나 배신행위가 인정되는 경우이다. 따라서 고의는 있었지만 사업에

대한 지장이 경미한 경우, 부주의로 기계를 손상시킨 경우 등에는 예외사유가 되지 않는다.

관련 판례

① 해고예고제는 갑자기 직장을 잃어 생활이 곤란해지는 것을 막는 데 목적이 있으며 사전에 예고하지 않고 해고하는 경우는 근로자가 계속 일할 수 있다고 기대할 가능성이 적은 경우로 제한해야 한다고 하였다. 6개월 미만을 근무한 월급근로자 역시 직장을 옮기기 위한 시간적 여유를 갖거나 경제적 곤란으로부터 보호받을 필요성이 있으며, 해고예고 예외 조항은 합리적인 이유 없이 근무기간 6개월 미만인 월급근로자의 권리를 침해하는 것이며, 다른 형태로 보수를 받는 근로자들과 차별을 두고 있으므로 평등원칙에도 위배된다(헌재 2015.12.23, 2014헌바3).
② 근로기준법 제26조는 "사용자는 근로자를 해고(경영상 이유에 의한 해고를 포함한다)하려면 적어도 30일 전에 예고를 하여야 하고, 30일 전에 예고를 하지 아니하였을 때에는 30일분 이상의 통상임금을 지급하여야 한다."고 규정하고 있고, 다만 이 사건 법률조항에서 '월급근로자로서 6개월이 되지 못한 자'를 해고예고의 적용대상에서 제외하고 있었는데, 원심은 이사건 법률조항을 적용하여 원고가 이 사건 학원에서 근무한 기간이 1개월 16일에 불과하여 해고예고수당을 청구할 수 없다는 이유로 원고의 이 사건 해고예고수당 청구를 기각한 제1심을 그대로 유지하였다. 그런데 이 사건 법률조항은 원심판결 선고 후에 위헌으로 결정되어 그 효력을 상실하였으므로, 이 사건 법률조항을 적용하여 판단한 원심판결은 더 이상 유지할 수 없게 되었다(대법원 2017.1.12, 2016재다224).

사. 해고예고 적용제외 판단시점

해고예고의 적용제외 대상인지 여부의 판단시점은 해고예고 시점이 아니라 해고일을 기준으로 한다. 즉, 해고예고일 당시에는 3개월이 되지 못하였으나 해고일에는 3개월이 된 경우에는 30일 전에 해고예고를 하여야 하고 그렇지 않은 경우에는 해고예고수당을 지급하여야 한다.

관련 판례

근로자가 해고예고의 적용예외인 법 제35조 제3호 소정의 '월급근로자로서 6월이 되지 못한 자'에 해당하는지 여부를 판단함에 있어서는 법 또는 법시행령에서 별도의 규정을 두지 않은 이상 그 근로자가 해고될 당시를 기준으로 하여 '6월이 되지 못한 자'에 해당하는지 여부에 따라야 할 것이다(대법원 2002.5.10, 2002도1216).
※ 구법에 따른 판례이며, 현행법은 3월 미만인 경우 해고예고 제외대상임

아. 해고예고수당의 산정

해고예고수당은 30일 전의 예고를 하지 않은 것에 대한 경제적 보상으로서 30일 전의 예고에 갈음하는 법적 효과를 가진다. 따라서 해고예고를 할 것인가 아니면 이에 갈음하여 해고예고수당을 지급할 것인가는 사용자의 임의에 맡겨진 것이고, 근로자가 이를 선택할 수 있는 것은 아니다. 해고예고수당은 근로의 대가로서의 임금과는 다른 것으로서 법률에 의하여 발생하는 것이며, 해고가 유효한지 여부와 관계없이 지급되어야 한다.

또한 해고예고수당은 반드시 30일분 이상의 통상임금으로 지급하여야 한다. 적법한 해고예고 일수에 미달하는 일수만큼의 해고예고수당을 지급하면 족하다는 견해가 있으나, 30일의 기간을 위반한 해고예고는 곧바로 무효가 되므로 그에 따른 수당은 미달하는 일수 여부와 무관하게 30일분 이상의 통상임금이 되어야 한다.

자. 해고예고수당의 지급시기

해고예고수당은 해고와 동시에 지급하여야 한다. 해고예고와 관련하여 세 가지 시점을 생각해 볼 수 있다. 해고예고를 의사표시한 시점, 해고가 실질적으로 발생한 시점, 해고일로부터 14일이 경과한 시점이다. 근로기준법 제26조는 해고예고 의무 위반에 대해 해고예고수당을 지급하면 면책되는 구조이다. 즉 해고예고의무 위반 시점과 해고예고수당을 지급해야 하는 시점이 다를 수 있다. 예를 들면, 사용자가 4.1 근로자에게 4.15 그만두라고 의사표시를 하고 근로자에게 도달이 되었다면 4.1은 해고일인 4.15 기준으로 30일 전이 아니어서 해고예고의무를 위반한 시점이 되고, 4.15까지 해고예고수당을 지급하지 않을 경우 근로기준법 제26조 위반의 범죄가 성립하게 된다. 갑작스런 해고로부터 근로자를 보호하기 위해 근로기준법 제36조의 퇴직일로부터 14일 이내에 일체의 금품을 청산하도록 한 규정과 별개로 근로기준법 제26조는 해고 즉시 금품을 지급하도록 한 것이다.

차. 부당해고 판정 시 기지급된 해고예고수당

해고 후 해고예고수당을 지급받은 다음 해고가 부당하다는 판정을 받아 회사에 복직을 하게 되었을 때 기 지급받은 해고예고수당을 반환해야 하는지가 논란이 된다. 대법원은 근로기준법 제26조는 '사용자는 근로자를 해고하려면 적어도 30

일 전에 예고를 해야 하고, 30일 전에 예고를 하지 아니하였을 때에는 30일분 이상의 통상임금을 지급하여야 한다'라고 규정하고 있을 뿐이라며 법 문언상 해고가 유효한 경우에만 해고예고의무나 해고예고수당 지급의무가 성립한다고 해석할 근거가 없다면서 해고예고수당은 이처럼 해고가 유효한지 여부와 관계없이 지급되어야 하는 금품이고, 그 해고가 부당해고에 해당해 효력이 없다고 하더라도 근로자가 해고예고수당을 지급받을 법률상 원인이 없다고 볼 수 없다."라고 한다(대법원 2018.9.13, 2017다16778).

카. 해고예고수당의 임금채권 해당 여부, 소멸시효

근로기준법 제49조 '이 법에 따른 임금채권은 3년간 행사하지 아니하면 시효로 소멸한다'고 규정하면서 적용범위를 이 법에 따른 임금채권으로 규정하고 있다. 해고예고수당을 퇴직 후의 구직이나 이사 등 해고 후에 발생할 사정에 대비하기 위한 법률의 규정에 의한 채무로 보는 견해이든 해고예고위반에 따른 수당으로 판단하는 경우이든 해고예고수당이 근로의 대가로 지급되는 임금이 아닌 것은 분명하다. 그렇다면 임금채권이라고 보기는 어려울 여지가 있으나 판례는 법에 의한 '무예고 해고보상금 청구권'은 같은 법 제49조에서 말하는 임금채권에 해당한다고 보아 3년의 소멸시효의 적용을 받는다는 입장이다(대법원 1965.7.6, 65다877).

타. 해고예고 기간 중의 근로관계

해고예고기간은 해지기간으로서의 본질을 지닌 것으로 이해되는 한, 예고기간이 경과되기 전까지는 해지의 효력이 발생되지 않는다고 보는 것이 논리적이다. 따라서 해고예고 기간 중이라고 하더라도 근로관계는 계속된다. 근로관계 계속 여부와 해고예고수당의 지급여부는 별개의 문제이다. 다만, 이 경우 근로자가 계속하여 근로를 제공하여야 하는지에 관하여는 근로자가 새로운 직장을 구하기 위하여 부득이 결근한 경우라도 사용자가 이에 대해 임금을 지급해야 한다는 견해도 있다.

파. 해고예고 의무 위반의 효과

근로기준법 제26조 해고예고 규정은 단속규정이므로 해고예고를 하지 않았다고 하더라도 사용자가 벌칙으로 2년 이하의 징역 또는 2천만원 이하의 벌금을 받는 것은 별론으로 하고, 정당한 사유가 있는 한 해고 자체는 유효하다(대법원 1993.9.24, 93누4199). 정당한 이유가 없는 해고는 무효이므로 해고예고를 했다고 하여 무효인 해고가 유효로 되는 것은 아니다.

하. 부당해고 구제와 해고예고의 관계

근로기준법 제26조의 해고의 예고 규정을 준수하였는지의 여부가 해고의 효력 여부를 판단하는 기준이 되는 것은 아니다. 해고예고 제도의 취지는 근로자가 갑작스런 해고로부터 생활의 위협을 줄이고자 최소한의 시간적 여유를 부여하거나 그 기간 동안의 생계비를 보장하여 근로자의 경제적 어려움을 완화하고자 하는 것이다. 그러므로 사용자가 스스로의 판단으로 근로자를 해고할 경우 그 해고 시점에 장차 법률적으로 해고의 효력을 다투어지는 것과 무관하게 마땅히 위 법률의 해고예고 규정을 준수하여야 한다(중앙지법 2014.9.5, 2014노1870). 결론적으로 해고예고의무 규정은 단속규정이므로 해고예고를 하지 않았다고 하더라도 사용자가 형사처벌을 받는 것과는 별개로, 해고의 효력에는 영향을 미치지 않는다. 따라서 추후 노동위원회로부터 부당해고로 인정받은 경우라 할지라도 해고예고를 하지 않은 행위에 대해서는 해고의 정당성 여부와는 별개로, 이미 법 위반이 발생한 것이므로 해고예고의무 위반으로 사용자에 대한 처벌이 가능하다.

거. 해고금지 기간 중 해고예고

업무상 부상 또는 질병의 요양을 위하여 휴업한 기간과 그 후 30일 동안 또는 산전·산후의 여성이 이 법에 따라 휴업한 기간과 그 후 30일 동안은 해고할 수 없으나(근로기준법 제23조2항), 해고예고도 금지되는 것인지 문제된다.

(1) 해고예고 기간 중에 해고금지 사유가 발생한 경우

이때에는 당연히 해고할 수 없으나, 이미 행한 해고예고의 효력이 해고금지 기간 중 중단되는 데에 그치고, 해고예고 자체가 무효로 되는 것은 아니다. 따라서 휴업기간이 상당히 장기간으로 되어 해고예고를 한 의미가 상실되었다고 볼 특별한 사정이 있는 경우가 아니라면 해고금지 기간이 만료된 후에 중단된 해고예고 기간이 다시 계속된다.

(2) 해고금지 기간 중 해고예고 가능 여부

이에 관하여는 허용설과 금지설이 대립한다.

① 허용설은 법은 해고와 해고예고를 명확히 구분하고 있고, 해당 휴업기간만이 아니라 정상상태가 회복된 휴업기간 이후의 30일 동안도 해고금지 기간으로 규정하고 있는 점에 비추어 보면, 이 기간에 금지하는 것은 해당기간에 효력이 발생하는 해고로 한정되고 해고예고까지 포함하는 것은 아니라고 본다. 행정해석(근기 01254-5080, 1987.3.30)은 "근로자가 취업규칙상 해고에 해당하는 중대한 귀책사유가 발견되었을 때에는 산전 산후의 휴가 중이라 하더라도 해고예고를 하여 해고금지기간이 종료된 후에 해고하는 것은 무방하다"고 하여 허용설의 입장이다.

② 금지설은 근로기준법 제23조2항의 해고에는 해고예고까지 포함된다고 해석할 수 있고, 위 규정은 현실적으로 실직시키는 것을 금지하는 것뿐만 아니라 실직의 위협을 주는 것을 금지하는 것이라고 보아야 하며, 그 후 30일 동안 해고를 금지하는 것은 휴업기간 종료 후에 바로 건강상태가 정상적으로 되지 않기 때문에 일종의 회복기간을 둔 것으로 이해될 뿐 이를 허용설과 같이 해고예고와 상응하는 조항이라고 할 수 없고, 해고가 금지되는 이상 그 사전 단계라고 할 수 있는 해고예고도 금지하는 것이 해고금지기간 제도의 취지에도 더욱 부합하는 것이라고 한다.

너. 실무상 쟁점 사례

(1) 퇴직 희망일을 명시한 사직원 제출, 퇴직 희망일 이전 퇴사 처리한 경우 해고이며, 해고예고수당을 지급해야 한다. 근로자가 퇴직 희망일을 정하여 사직의 의사표시를 하였으나, 사용자가 퇴직 희망일자로 사직을 수리하지 않고 사직원 제출일자로 퇴직처리한 점, 이에 근로자가 사용자에게 해고처리는 부당하다고 이의제기한 점, 이 사건 근로자의 사직의사표시와 이사건 퇴직처리가 불일치하여 사직 의사표시가 효력을 발생한다고 보기 어려운 점 등을 종합하면 이 사건 근로관계 종료의 원인은 이 사건 근로자의 의사와 무관하게 사용자가 일방적으로 근로관계를 종료시킨 것으로 해고에 해당하며, 해고함에 있어서 해고사유와 시기를 서면으로 통보한 사실이 없으므로 정당성 여부를 살펴볼 필요 없이 부당하다(서울

지노위 2014부해2727). 근로자가 사직의 의사를 표시한 경우라도 희망하는 사직일자 이전에 사용자가 일방적으로 근로관계를 종료시킨다면 근로관계 종료의 원인은 사직이 아니라 사용자의 해고 행위라고 본다.

(2) 사직의 시기를 사용자가 일방적으로 변경하는 경우 근로자가 사직서를 사용자에게 제출한 경우 근로계약관계는 사용자가 사직의 의사표시를 수락하여 합의해지(의원면직)가 성립하거나 민법 제660조 소정의 일정기간의 경과로 사직서 제출에 따른 해지의 효력이 발생함으로써 종료된다(대법원 1997.7.8, 96누5087). 2.10자로 사직의 의사표시를 했으나, 회사에서는 1.31자로 일방적으로 날짜를 변경하였을 경우 이는 근로자의 사직 날짜를 변경하고자 하는 새로운의사표시로 볼 수 있다. 1.31자로 변경한 것은 새로운 청약의 의사표시로 볼 수 있고, 사용자가 일방적으로 근로관계를 종료한다면 이는 해고에 해당한다. 근로자는 일방적인 변경에 대해 수용이 어렵다면, 수용 불가의 의사표시를 분명히 해 둘 필요가 있다.

제3장

근로계약을 둘러싼 사건 사례 30선

〈근로자성〉

1. “일·학습 병행하면 교육생인가요, 근로자인가요?”

□□여대 컴퓨터 공학을 전공한 A양은 대학과 기업이 연계하여 졸업 마지막 학기에 기업 실무를 익히면서 학점을 취득하는 프로그램에 참여했다. ○○기업은 A양에게 정상 출퇴근을 하게하고 다른 직원과 똑같은 일을 시켰다. 학점은 기업에서 평가한 결과를 반영하여 부여하도록 했다. 임금은 월 60만원을 지급받으면서도 학점을 인정받기 위해 참고 일을 했다. ○○기업 사장은 “A양은 일 배우러 온 사람이니 임금을 받아 갈 게 아니라 오히려 일 배운 값을 내야 한다.”고 말했다. 근로자가 아니라는 이유이다. A양은 자신이 교육생인지 근로자인지 노동청에 문의해 보기로 한다.

해결 Point

사업주가 실시하는 직업교육훈련으로서 일·학습 병행 실시에 따른 학습 근로자의 학습 내용 및 학습 방법과 학습 근로자의 근로조건 보호를 위해 산업 현장 일·학습 병행 지원에 관한 법률이 있다. A양은 학습 근로자이다. 학습 근로자는 근로자로서 일을 수행하므로 근로기준법에 따른 근로시간에 준하여 일과 교육 훈련을 병행할 수 있도록 학습 근로시간의 한도를 정하고, 학습 근로자라는 이유로 유사·동종의 업무에 종사하는 일반 근로자와 차별할 수 없도록 하며, 학습 기업 사업주의 준수 사항과 학습 근로자의 준수 사항을 규정하여 충실한 교육 훈련이 이루어지도록 하여야 한다.

정부는 지난해 일·학습 병행제 도입함으로써 발생할 수 있는 혼선과 악용을 방지하기 위해 ‘일·경험 수련생에 대한 법적지위 판단과 보호를 위한 가이드라인’을 발표했다.

일·경험 수련생이란 실습생, 견습생, 수습생 또는 인턴 등 그 명칭에 관계없이 교육 또는 훈련을 목적으로 사업 또는 사업장에서 일(업무)을 경험하는 자를 말한다. 임금을 목적으로 사업이나 사업장에서 근로를 제공하는 근로자와 구별할 필요가 있다. 다만, 다음에 해당할 경우 종합적으로 판단해 볼 때 일 경험 수련생이 사실상 근로를 제공하는 경우에는 노동법적 보호 대상인 근로자로 볼 수 있다.

첫째, 직무 교육 프로그램 없이 업무상 필요에 따라 수시로 업무를 지시하는 등의 방식으로 일 경험 수련생의 노동력을 활용하는 경우 근로자로 볼 수 있다.

둘째, 상시적 또는 특정 시기에 인력이 추가로 필요한 업무 등에 근로자를 대체하여 일 경험 수련생을 활용하는 경우 근로자로 볼 수 있다.

〈예시〉
성수기에 필요한 인력을 보충하기 위해 일 경험 수련생을 사용하는 경우(스키장 등 계절 사업장에서 겨울 시즌에만 모집 활용)
예측하지 못한 수요가 발생하여 아르바이트생을 대체하여 일 경험 수련생에게 연장·야간 근로를 사전 교육 프로그램 없이 실시하는 경우(연회장에서 예약 급증에 따라 일 경험 수련생의 사전 동의 없이 상시적으로 연장근로를 실시)
소속 근로자의 연장근로를 줄이고 휴가 사용을 늘이기 위해 일 경험 수련생을 채용하는 경우(특정시기에 업무가 집중되는 세무, 회계, 법률, 노무사무소 등에서 일 경험 수련생 활용으로 소속 근로자의 야근 감소)

셋째, 교육·훈련 내용이 지나치게 단순·반복적인 것이어서 처음부터 노동력의 활용에 그 주된 목적이 있다고 볼 수 있는 경우 근로자로 볼 수 있다.

〈예시〉
해당 직무 능력 향상과 관련성이 낮은 업무에 아르바이트생이 아닌 일 경험 수련생을 채용·활용하는 경우(청소 전문 사업장이 아닌 일반 사업장에서 일 경험 수련생에게 청소 업무만을 수행토록 하거나, 호텔 등 사업장에서 호텔경영학 전공자를 일 경험 수련생으로 활용하면서 수련 과정에 관계없는 주차관리 업무만을 수행토록 하는 경우 등)
비교적 단순 노무업무에 해당하는 사업장에서 아르바이트생이 아닌 일 경험 수련생을 통해 일을 하는 경우(학생 등이 전공과 관련성이 낮은 편의점, 커피 전문점 등에서 일 경험 수련생으로 일을 하고 학점을 이수하는 경우)

그렇다면 A양은 별도의 직무 교육 프로그램도 마련되어 있지 않은 상태로 다른 직원과 동일한 업무를 부여받은 사실로 미루어 근로자로 볼 수 있으며, 실제 근로한 시간에 맞게 근로기준법 등의 보호를 받아야 한다.

실무 Tip

실무에서는 학습이라는 명목 하에 근로조건을 보호받지 못하는 경우가 발생한다. 특히 특성화고교, 특성화대학교 학생들에게 직업 교육을 한다고 하면서 실제로는 다른 직원의 업무를 분담해 맡기는 사례가 있다. 이를 방지하려면 교육 일지 작성, 학습 근로계약 체결 등을 통하여 일과 학습을 위한 근로조건 및 학습조건 등을 명확히 하고 준수할 필요가 있다. 그럼에도 불구하고 근로자성에 대한 의문이 있다면 사례 3.의 근로자성 판단을 위한 사용종속관계 체크리스트를 참고하여 스스로 진단해 보기 바란다.

2. "헬스트레이너도 퇴직금을 받을 수 있나요?"

□□휘트니스에서 PT강사로 1년간 근무하다 퇴직한 B군은 사장님께 퇴직금 얘기를 꺼냈다. 그런데 사장님은 B군은 자유직업소득자로서 3.3% 사업소득세를 공제하고, 고객으로부터 PT수수료를 받는 강사였기 때문에 근로자가 아니라고 하면서 퇴직금을 지급할 수 없다고 한다. B군은 사장님이 수수료를 직접 관리하고 정산해 주었으며, 출퇴근시간이 정해져 있었기 때문에 근로자가 맞다고 하면서 다툼이 생겼다. B군은 퇴직금을 받을 수 있을까?

해결 Point

근로자성을 판단할 때 계약의 형식보다는 실질에 있어서 사용종속관계가 인정되어야 한다.

중앙노동위원회는 헬스트레이너의 근로자성에 대해 "근로시간, 근로장소의 구속을 받은 점, 팀장 주재 업무 회의에 참석하였던 점, 사실상 고정된 기본급을 받은 것으로 볼 수 있는 점, 주요 수입원인 PT 수수료는 사용자가 징수하여 그 90%를 근로자에게 지급한 점, PT회원의 증감은 근로자의 영업활동에 달려 있는 것이 아니라 사용자의 회원 배정에 따라 달라지는 점, PT회원의 배정을 전문직 강사와 동일하게 한 점, 전문직 강사들과 함께 회원 유치와 재등록을 위한 회원 관리를 동일하게 지시받고 진행한 점, 전문직 강사들도 업무 시간 중 PT회원 지도를 행하고 있는 점, 업무 대체가 불가능한 점 등을 종합하면 근로자성 여부에 대한 다툼이 없는 전문직 강사와 마찬가지로 근로자로 인정된다(중노위 2015부해55)."고 판정했다.

실무 Tip

서비스 직종의 경우 고객을 관리하고 자유롭게 접촉하는 업무가 상당 부분 차지하며 계약의 형식도 위탁이나 자유직업소득계약 등 다양하다. 그러나 업무 자체가 근로계약 내지는 사용자의 지휘감독에 의한 것이라면 근로자로 인정된다. PT 트레이너도 예외는 아니며 사용종속관계가 인정된다면 근로자로 봐야 한다. 단순히 사업자로 등록했다거나, 3.3퍼센트의 세금을 부과했다는 등의 징표로만 근로자가 아니라고 단정할 수 없으며, 노동청 진정사건에서도 형식적인 부분보다 실질적인 사용종속관계가 주요 쟁점이 된다.

3. "헤어디자이너는 프리랜서인가요?"

○○○헤어에서 헤어디자이너로 3년간 근무하다 퇴직한 C양은 퇴직금을 지급받지 못해 노동청에 진정을 제기했다. 자유직업소득(프리랜서) 계약을 체결하고 사업소득세 3.3%를 공제했지만, C양은 원장의 지시감독을 받으며 일을 했기 때문에 근로자라고 주장하며 퇴직금을 요구했다.

해결 Point

헤어디자이너의 근로자성 판단은 행정해석과 법원 판례를 비교해 보고 법리를 이해할 필요가 있다.

근로자성을 부정한 행정해석(근로기준과-6228, 2004.11.18)을 먼저 살펴보자.

미용실 업주와 자유직업계약서를 작성한 헤어디자이너가 미용실에서 고객들에 대한 미용(파마, 커트, 염색 등) 업무를 행하면서도 별도의 취업규칙 등을 적용받지 아니하고, 각자가 자유롭게 독자적으로 업무를 수행하면서 업주의 구체적인 업무지시나 감독을 받지 않으며 기본급이나 고정급이 없이 매출액의 일정 비율(예를 들어 월 매출금액의 20%)을 수수료의 명목으로 지급받고, 1일 8시간 업무요건을 충족하면 타 미용실에 취업하는 것이 제한되지 않는 등 해당 업소에 전속된 것으로 보기 어려우며, 개인 사정으로 근무치 못하는 경우 같은 수준의 미용기술을 가진

다른 사람으로 대체할 수 있고 계약사항을 어기더라도 계약해지 외에 별도의 제재를 받지 않으며, 사업소득세를 징수하고 4대보험에 가입되지 않는 등 전체적으로 근로자로 보기 어려운 요소들이 많으므로 업무 장소가 당해 업소로 제한되고 수수료 관리 차원이라 하더라도 매주 2회 업무일지를 작성 제출하며, 가위 등을 제외한 미용기구를 업주가 제공하는 등 일부 근로자로 볼 수 있는 요소가 있다 하더라도 종합적으로 고려할 때 헤어디자이너는 임금을 목적으로 종속적인 지위에서 근로를 제공하는 근로자라고 단정할 수 없다.

다음으로 헤어디자이너의 근로자성을 인정한 하급심 판례(서울동부지방법원 2010.12.10, 2010가합11116(본소)외)를 살펴보자.

이 사건 근무약정상 피고가 원고와 마찬가지로 '독립된 사업주체'라는 취지로 표시되어 있으나, 원고는 피고 등 미용사들의 근무장소, 근무시간, 근무일수(1주당 근무일수 및 연간 휴가일수가 정해져 있었던 것으로 보인다), 근무방법 등을 정하고, 피고 등 미용사들이 이를 준수하도록 독려하였을 뿐만 아니라 피고 등 미용사들이 이를 위반하는 경우 벌금 부과 및 고객 배당 제외 등 상당한 제재를 가한 점, 피고 등 미용사들은 경우에 따라서는 자신들이 원하는 날 휴무할 수도 없었고(피고가 이 사건 미용실을 그만 둔 이유도 원고가 피고에게 피고가 정한 휴무일의 변경을 요구하였기 때문이다), 휴무일 이외에 경조사, 질병 등으로 휴무하게 되는 경우 원고에게 그 증빙 자료를 제출하여야 하였던 점, 이 사건 근무약정상 원고의 서면 동의 없이는 다른 미용실에서 미용사로 일하는 것이 금지되어 있는 등 피고 등 미용사들은 계약상으로나 실제상으로나 이 사건 미용실에 전속되어 오직 원고만을 위하여 일하였고, 계약기간 또한 자동 갱신되어 계속성을 가졌던 점, 피고 등 미용사들이 제3자로 하여금 이 사건 미용실에 출근하여 자신의 업무를 대신 수행하도록 할 수도 없는 것으로 보여, 그 업무의 대체성을 인정하기도 어려운 점, 피고 등 미용사들이 그 미용 업무 수행을 위하여 사용하는 미용도구나 비품들 대부분을 원고가 제공한 점, 원고는 피고에게 피고가 이 사건 미용실에서 근무한 처음 몇 달간은 매월 일정 금원을 지급하다가, 몇 달 후부터는 피고의 매출액에 따라 산정한 금원을 매월 지급하였는데, 그 전후로 피고의 근무형태에 어떠한 변화가 생겼다고는 보이지 않는 점, 이 사건 근무약정상 징계해고사유로 볼 수 있는 사유들을 해지사유로 정하고 있는 점, 원고는 피고 등 미용사들이 이 사건 미용실에서 근무하면서 지득한 고객정보와 관련하여 이를 유출하거나 이 사건 미용실을 그만 둘 때 가져가는 행위를 금지한 점 등 제반 사정들을 종합하여 보면, 피고 보수액이 기본급 등의 정함이 없이 그 매출액에 비례하여 산정되었고, 사업자등록을 하여 사업소득세 등이 원천 징수되었으며, 국민연금, 건강보험, 고용보험, 산재보험 등에 가입되어 있지 않았다는 등의 사정들을 감안하더라도, 피고는 원고에 대하여 근로의 대가인 임금을 받을 목적으로 종속적인 관계에서 근로를 제공한 근로기준법상의 근로자에 해당한다고 봄이 상당하다.

실무 Tip

실무에서 위의 행정해석을 인용하여 헤어디자이너의 근로자성을 부정하는 경우가 있다. 근로자성 판단기준이 구체적 지휘·감독뿐만 아니라 상당한 지휘·감독이 있는 경우에도 근로자로 볼 수 있다는 취지의 대법원 판결이 나오기 이전의 행정해석이므로 이를 근거로 근로자성을 부정하는 것은 바람직하지 않다. 근로자성 판단에 있어서는 행정해석이나 판례는 참고자료로 삼는 것이 바람직하며 대법원이 제시한 판단기준에 얼마나 포섭되는지, 구체적인 사실관계 파악과 입증이 중요하다. 혹시 노동청 진정과정에서 근로감독관으로부터 "3.3%를 떼고 자유직업소득계약서가 있으니 그 징표만으로도 근로자 아니다"라는 말을 들었다면 아래 체크리스트를 참조하여 실질적인 조사가 이루어질 수 있도록 입증하여 주장하는 것이 바람직하다.

여기서 잠깐! 근로자성 판단을 위한 사용종속관계 체크 리스트 확인하기

항 목	체크할 내용	체 크
채 용	회사가 서류심사, 면접을 주관하며 채용 여부를 결정하는지	
근로자 관리	근로자 명부 등을 만들어 회사가 관리하는지	
교 육	근로자를 채용하고 회사 주관 직무 교육 등을 실시하는지	
시간적 구속	출퇴근시간 등을 정하는지	
장소적 구속	사용자가 지정한 장소에서 근로를 제공하는지	
업무의 전속성	근로자가 2개 이상 사업장에 동시에 근로를 제공할 수 있는지	
비대체성	근로자가 제3자에게 업무를 대행하게 할 수 있는지	
업무내용의 결정	업무가 사용자에 의해 결정되거나 사용자의 구체적인 업무 의뢰를 근로자가 거부할 수 없는지	
근로제공의 계속성	근로제공 관계가 계속성이 있는지	

항 목	체크할 내용	체 크
업무수행상 지시·감독	업무내용과 수행방법에 관하여 사용자의 상당한 지휘 감독을 받는지	
일반적 지시 감독	사업장의 질서유지를 위해 사용자가 근로자에게 필요한 지시명령을 하고 이를 근로자가 거부할 수 없는지	
징계	지시명령에 근로자가 응하지 않을 경우 이에 상응하는 징계가 행해지는지	
작업도구 복지후생 제공	제복, 출퇴근버스 등이 사용자 부담으로 제공되는지	
독자적 사업자성	업무 수행자가 비싼 작업도구를 사용하거나 업무 수행상 손해를 감수하는지	
근로계약	서면, 구두 등으로 근로계약이 성립되었는지	
다른 법령	사회보장제도에 과한 법률에서 근로자로 인정되는지	
기본급, 고정급	기본급이나 고정급이 정해졌는지	
근로소득세	근로소득세를 원천징수하는지	

〈임 금〉

4. "병원이 네트(net)제 계약을 했다고 퇴직금을 주지 않습니다."

D씨는 ○○병원과 구두로 근로계약을 체결하면서 근로의 대가로 근로자에게 납부의무가 부여된 사회보험료 및 각종 세금 등을 사용자가 부담하기로 하는 소위 '네트(net)제 계약'을 체결하여 임금총액을 정함이 없이 세후 금액 500만원을 지급받기로 하였다. D씨가 ○○병원을 그만두면서 퇴직금 지급을 요청하였는데, ○○병원은 네트제라는 이유로 퇴직금을 지급하지 않았다.

해결 Point

이 경우 네트제가 퇴직금을 포함한 계약으로 볼 수 있는지와 퇴직금을 별도로 지급하여야 한다면 ○○병원이 부담한 D씨의 각종 세금 등을 평균임금 산정시 산입해야 하는지가 문제된다.

퇴직금은 근로자가 근로관계를 맺고 있었다는 사실에 기초하여 근로관계가 끝난 후 후불적 임금으로서 근로자에게 지급되는 것(대법원 2007.3.30, 2004다8333)이다. 근퇴법 개정(2012.7.26)에 따라 법에서 정한 일정 요건이 아닌 한 퇴직금을 중간정산하여 월 급여에 포함하여 지급하는 것은 무효이다.

한편, 근로관계의 계속 중에 퇴직금 분할 약정에 의하여 월급과는 별도로 퇴직금 명목의 금원을 지급하였으나 퇴직금 분할 약정이 무효여서 퇴직금 지급으로서의 효력이 없는 경우 근로자는 수령한 퇴직금 명목의 금원을 부당이득으로 사용자에게 반환하여야 하나(대법원 2010.5.20, 2007다90760), 사례에서 ○○병원이 대신 부담한 근로소득세 등은 위와 같은 퇴직금 분할 약정에 의하여 지급된 것이 아니므로, D씨가 부당이득을 취하였다고 볼 수 없다.

따라서 퇴직금은 계속근로 1년 이상 근속시 평균임금(퇴직일 직전 3개월간 지급된 총임금을 그 3개월간의 일수로 나눈 금액) 30일분을 퇴직한 후에 지급하여야 한다.

오히려 퇴직금 계산을 위한 평균임금 산정의 기초가 되는 임금총액에는 사용자가 근로의 대상으로 근로자에게 지급하는 일체의 금품으로서, 그 명칭 여하를 불문하고 모두 포함되는 것이므로(대법원 2005.9.9, 2004다41217), ○○병원이 납부한 근로소득세 등은 납부주체가 근로자인 D씨이기 때문에 ○○병원이 D씨 대신 부담하였더라도 근로의 대상인 임금에 해당한다 할 것이다. 따라서 ○○병원이 대신 납부한 근로소득세 등에 대한 퇴직 전 3개월분에 대하여서는 평균임금에 포함되어야 한다.

실무 Tip

실무에서 종종 근로자가 부담하여야 할 세금이나 사회보험료를 사용자가 대신 납부해 주는 경우(네트제)를 보게 된다. 이 경우 그 네트제 안에 퇴직금이 포함되어 있는가 하는 문제, 나아가 회사가 대납한 4대보험료 및 원천세 등의 금품 성격이 임금인지 하는 다툼이 제기된다. 특히 병원에서는 그동안 업계 관행으로 의사들을 비롯하여 사무직원에 대하여 네트제 임금 계약을 여전히 하고 있으나, 이는 근로기준법 위반 소지가 있으므로 주의하여야 한다.

근퇴법 제8조2항에 따른 퇴직금 중간정산으로 인정되는 경우가 아닌 한 퇴직금 분할 약정은 최종 퇴직시 발생하는 퇴직금 청구권을 근로자가 사전에 포기하는 것으로서 강행법규인 같은 법 제8조에 위배되어 무효이며, 병원이나 회사가 부당이득으로 돌려받기도 어렵다. 당사자간 약정이라고 하더라도 노동법에서 정한 법적 최저기준을 충족하지 않는다면 법위반이 된다는 점을 기억해야 한다.

여기서 잠깐! **네트제에 관한 행정해석 돋보기**

근로자와 사용자가 세후 인정 금액만 지급받기로 근로계약을 한 경우(네트제) 연말정산환급금의 성격 및 귀속 주체

(1) 연말정산환급금의 성격(임금인지 여부)

근로기준법에서 임금은 통화로 직접 근로자에게 전액을 지급하여야 한다고 규정하고 있으며, 다만 법령 또는 단체협약에 특별한 규정이 있는 경우에는 임금의 일부를 공제하거나 통화 이외의 것으로 지급할 수 있다고 한다. 근로계약을 체결하면서 임금액을 정하고 사용자가 관련 법령에 따라 그 임금액에서 매월 각종 세금 등을 원천징수한 경우에는 연말정산 환급금은 근로자의 임금에서 공제한 세금을 정산하여 돌려받는 것이기 때문에 근로기준법 36조의 기타 금품에 해당한다.

그러나 근로자와 사용자 간 근로계약을 체결함에 있어 일정 금액으로 근로계약을 명백히 체결하고 근로자에게 납부 의무가 부여된 사회보험료나 각종 세금 등을 사용자가 부담하기로 하는 네트 계약을 체결한 경우라면 동 금품은 그 액수와 상관없이 그 전액을 사용자가 부담하기로 한 점, 추징금이 발생한 경우 이는 사용자의 회계처리상 과소 납부로 인한 것이므로 사용자가 부담하여야 하는 것으로 보이는 점 등을 살펴보면 환급금 또한 사용자의 회계처리상 과다 납부로 인해 발생한 것이므로 근로기준법 제36조의 기타 금품에 해당하지 않는다(근로기준정책과-1340, 2015.4.6).

(2) 연말정산 환급금의 귀속 주체

취업규칙에 의해 법령상 근로자가 부담하여야 하는 건강보험료를 회사가 납부하고 그에 해당하는 금액을 계속적 정기적으로 근로자에게 지급해 온 경우라면 이는 근로의 대가로서 임금에 해당한다(근로기준정책과-3623, 2015.8.10).

원칙상 근로소득세환급금의 귀속 주체는 당연히 근로자이나, 관행적으로 병원 측에서 4대보험료 및 각종 세금을 대납하여 줄 경우, 근로계약시 이에 대한 소유권이 근로계약시 또는 사후라도 명확하게 약정되었다면 당연히 약정에 따른 내용에 따라 판단할 것이나, 이에 대한 약정이 없다면 사례와 같은 계약이 근로자에게 불리한 점이 없는 등 신의칙상 약정에 따른 실제 납부 부담자(세법상은 근로자라 하더라도)인 병원 측에 그 소유권이 있다고 할 것이다. 다만 퇴사 후라도 전 사업장에서의 근로기간 중 발생한 근로소득에 근거하여 새롭게 부과되는 근로소득세 등이 있다면 이는 병원 측에 대납을 요구할 수 있을 것이다.

5. "회사가 어렵다고 휴직을 하라는데 임금은 받을 수 있나요?"

□□호텔은 지난 해 메르스 사태로 인해 관광객이 줄자 매출이 급감하였다. 사장님은 문을 닫을 수는 없으니 고통 분담 차원에서 직원들에게 돌아가면서 무급으로 휴직을 하자고 제안했다. 생계가 막막한 직원들은 휴직하게 되면 임금은 어떻게 되는 것인지 알고 싶어 노동청에 물어보기로 했다.

해결 Point

먼저 휴업과 휴직을 구분해야 한다. 근로를 제공하지 않는다는 점은 같으나 임금을 지급하는지 여부와 발생 사유가 다르기 때문이다.

휴업은 근로계약을 존속시키면서 사업의 전부 또는 일부를 사용자의 결정에 의하여 일정기간 정지하는 것으로 개개의 근로자가 근로계약에 따라 근로를 제공할 의사를 가지고 있음에도 불구하고 그 의사에 반하여 노무 급부가 거부되거나 불가능하게 되는 것을 말한다. 휴업기간 동안 그 근로자에게 평균임금의 100분의 70 이상의 수당을 지급해야 한다. 다만 부득이한 사유로 사업을 계속하는 것이 불가능하여 노동위원회의 승인을 받은 경우에는 이 기준에 못 미치는 휴업수당을 지급할 수 있다.

휴직은 근로자가 근로관계를 유지하면서 일정기간 근로제공 의무가 면제되는 상태에 있는 것이다. 휴직의 원인이 근로자의 책임이거나 사용자의 책임이거나 또는 업무상의 유무를 떠나 휴직 자체의 성격은 근로관계의 정지를 의미하므로 근로자는 근로 의무를 면하고 사용자는 임금지급의무를 면한다. 즉 무노동 무임금 원칙이 적용된다. 다만 사용자의 귀책사유로 인한 휴직은 휴업에 해당하여 휴업수당을 지급해야 한다.

휴업은 사용자의 독자적 결정에 따라 실시되지만 휴직은 근로자의 신청과 사용자의 승인에 의해 실시된다.

휴직을 함에 있어 중요한 것은 그 기간 중에 임금을 지급해야 하는가이다. 단체협약이나 취업규칙에 관련 규정이 없는 경우가 많다. 유급인지 무급인지는 기본적으로 노사합의로 결정할 사항이다.

사용자에 의한 직권 휴직이 근로기준법 제23조1항에 위반되어 부당한 경우에는 그 휴직명령은 무효가 되고 사용자의 민법상 귀책사유로 인해 노무제공 의무를 이행하지 못한 것이므로 근로자는 휴직기간 동안의 임금 전부를 청구할 수 있다(대법원 2005.2.18, 2003다63029).

사용자에 의한 직권 휴직이 정당한 경우라도 근로기준법 제46조1항에 따라 휴업기간 동안 평균임금의 100분의 70 이상의 수당을 지급해야 한다. 대법원은 근로기준법 제46조에서 정하는 휴업에는 개개의 근로자가 근로계약에 따라 근로를 제공할 의사가 있음에도 불구하고 그 의사에 반해 취업이 거부되거나 또는 불가능하게 된 경우도 포함되므로 이는 휴직을 포함하는 광의의 개념이라고 하면서 사용자가 그의 귀책사유에 해당하는 경영상의 필요에 따라 개별 근로자들에 대해서 근로기준법 제46조 제1항의 휴업을 실시한 경우 이러한 휴업 역시 근로기준법 제2조1항에서 정하는 휴직에 해당하는 불이익한 처분에 해당한다고 보고 있다(대법원 2013.10.11, 2012다12870). 사용자의 귀책사유가 있는 휴직명령이라면 휴업수당을 지급해야 한다.

근로자의 사정에 의한 직권 휴직이 정당한 경우 휴직기간 중의 임금지급 유무는 취업규칙이나 단체협약 등의 정함에 따른다.

여기서 잠깐! 휴직에 대한 판례와 행정해석 돋보기

가. 판 례

피고 회사가 경영난을 해소하기 위하여 피고 공장의 폐쇄와 아울러 이에 따라 발생한 잉여 인력인 원고들을 정리해고 한 것은 그 자체가 긴박한 경영상의 필요에 의한 것이라고 인정하기에 충분하고, 피고 회사는 피고 공장 노동조합과 사이에 1998.3.23 및 1998.7.15의 합의 등을 거치면서 피고 공장의 양도나 재가동시까지 무기한 무급휴가를 실시하였다. 특별한 사정이 없는 한 그러한 노사 간의 합의를 무효라고 볼 수는 없고, 노동조합으로서는 그러한 합의를 위하여 사전에 근로자들로부터 개별적인 동의나 수권을 받을 필요가 없다(대법원 2003.9.5, 2001다14665).

나. 행정해석

(1) 일반 휴직의 경우

근로기준법 제23조에 따르면 사용자는 근로자에 대해 정당한 이유없이 휴직을 하지 못한다고 규정하고 있을 뿐 구체적인 휴직 요건에 대하여는 규정하고 있지 않다. 휴직에 관하여 회사의 사규에서 규정한 바 있고 동 규정이 법령 등에 위반되지 않는다면 그에 따르면 된다.

(2) 경영상의 이유에 의한 휴직인 경우

근로기준법 제24조에서 정한 요건과 절차에 따라 선정된 해고 대상자에 대하여 사용자가 해고를 할 수 있음에도 해고회피노력의 일환으로서 해고 대신 무급휴직을 실시한다면 이는 결과적으로 근로자에게 유리한 것으로 보아야 할 것이고 이 경우 휴업수당을 지급하지 않더라도 근로기준법 위반은 아니다. 그러나 근로기준법 제24조1항 내지 3항의 규정을 준수하는 등 법적 요건과 절차에 따라 무급휴직자를 선정하지 아니하고, 단지 노사가 무급휴직 실시에 합의한 후 개별근로자의 신청 없이 특정근로자에게 휴직을 강제한다면 이는 사실상의 휴업으로서 사용자는 당해 근로자에게 근로기준법 제46조의 휴업수당을 지급하여야 한다(근기 68207-780, 2001.3.8).

실무 Tip

근로자는 사용자의 부당한 무급휴직 명령에 대해 지방노동위원회에 부당휴직구제신청을 하거나 법원에 휴직처분 무효확인소송을 제기, 지방노동청에 휴업수당 지급을 청구하는 진정 제기가 가능하다. 만약 사용자가 무급휴직을 통해 일자리를 유지하기 위한 결정이라면 고용보험법상의 고용유지지원금 제도를 신청할 수 있다.

6. "실비변상적 급여가 임금인가요? 노동청을 통해 권리구제 받을 수 있나요?"

○○산업에 근무하던 E군은 업무특성상 출장이 많은 일을 하고 있었다. 매달 출장비와 숙박비를 정산해서 지급을 해 오다가 회사가 어렵다는 이유로 3개월간 지

급을 미뤘다. 일을 그만두고 지급을 요청하였으나 임금이 아니라는 이유로 지급을 할 수 없다면서 받고 싶으면 소송을 하라고 했다. 답답한 마음에 E군은 먼저 노동청에 도움을 요청하기로 했다.

해결 Point

근로기준법에서 "사용자는 근로자가 사망 또는 퇴직한 경우에는 그 지급사유가 발생한 때부터 14일 이내에 임금, 보상금, 그 밖에 일체의 금품을 지급하여야 한다."고 규정하고 있다. 왜냐하면 근로자의 지위에서 발생한 금품청구권 문제를 근로관계 종료를 계기로 한 번에 청산하도록 하여 근로자의 생활 안정을 돕기 위해서이다. 실비변상적 급여가 임금인지 그 밖의 일체의 금품인지가 중요한 것이 아니라 근로관계를 전제로 하여 근로자의 지위에서 청구 가능한 금품인지가 중요하다. 실비변상적 급여로서 근로자가 업무 수행 중 필요로 하는 금품(출장비), 출·퇴근시 필요로 하는 비용(교통비), 출근한 경우 식사와 관련한 비용(식비)등은 근로자 지위에서 청구가 가능한 금품들이며, 근로기준법 제36조(금품청산) 적용대상이 되며 노동청을 통해 권리구제를 신청할 수 있다.

실무 Tip

경조사비, 숙박비 등 근로자 지위에서 청구 가능한 금품이 아닌 경우 사용자에게 지급 의무가 없는 금품으로서 실비라 하더라도 청구할 수 없다. 또한 실비로 보상해 주기로 하는 경우라 하더라도 보상해 주는 금품 액수에 대한 다툼이 발생한다. 출장비나 숙박비 등 지급기준을 사전에 마련하거나 당사자간 협의를 하는 것이 바람직하다.

7. "가불금은 임금과 상계가 가능한가요?"

□□포차에서 알바를 시작한 F양은 개인 사정상 급여일 전에 매달 20만원씩 가불을 하여 생활을 하였다. 그런데 사장님은 급여일에 가불금을 공제하지 않고 임금 전액 100만원을 지급해 주었다. 그러다가 F양이 갑자기 그만두겠다고 하자 마지막달 급여에서 말도 없이 공제하고, 차액을 지급해 주었다. 그러자 F양은 마지

막 달 월급도 전부 달라고 주장하며 임금체불로 노동청에 진정을 제기했다.

해결 Point

근로기준법에서 임금은 근로자에게 통화로 직접 그 전액을 지급하도록 규정되어 있고 임금에 대해서는 전차금과 상계하지 못하도록 규정하고 있다. 회사가 채무액을 근로자의 임금에서 공제할 수 없음은 물론 동일 취지의 내용으로 규정한 단체협약도 그 부분은 무효가 됨이 원칙이다(근기 01254-9703, 1987.6.16).

그러나 전차금상계금지의 규정은 금전대차관계와 근로관계를 완전히 분리함으로써 금전 대차를 근거로 하는 근로자의 신분적인 구속의 폐단을 방지하려는 데 있다. 따라서 단체협약에 근거 규정을 두고 복지차원에서 회사로부터 주택구입자금이나 학자금대여금을 융자하고 임금에서 갚아나가는 것은 근로할 것을 조건으로 하는 등 인사구속의 위험이 없는 한 이를 금지하는 전차금 상계에 해당하지 않는다고 보아야 할 것이다. 그리고 근로자의 편의를 위하여 임금의 일부를 임금지급 기일 전에 가불해 주고 이를 임금에서 상계하는 경우에도 전차금상계금지조항에 저촉되지 않는다.

임금은 직접 근로자에게 전액을 지급하여야 하는 것이므로 사용자가 근로자에 대하여 가지는 채권으로서 근로자의 임금채권과 상계를 하지 못하는 것이 원칙이나, 계산의 착오 등으로 임금이 초과 지급되었을 때 그 행사의 시기가 초과 지급된 시기와 임금의 정산, 조정의 실질을 잃지 않을만큼 합리적으로 밀접되어 있고, 금액과 방법이 미리 예고되는 등 근로자의 경제생활 안정을 해할 염려가 없는 경우나 근로자가 퇴직한 후에 그 재직 중 지급되지 아니한 임금이나 퇴직금을 청구하는 경우에는 사용자가 초과 지급된 임금의 부당이득반환청구권을 자동채권으로 하여 상계할 수 있으며(대법원 1998.6.26, 97다14200), 법정수당을 산정함에 있어 법정수당의 초과지급부분이 있다면 과소지급액과 상계하거나 이에 충당할 수 있다(대법원 1995.6.29, 94다18553).

실무 Tip

근로자가 가불을 했는데 다음 임금 지급시에 정산하지 않는 경우가 종종 있다. 근로감독관은 임금체불 진정사건 조사시 가불 금액이 확인되지 않으면 사업주한테 민사소송으로 다투라고 안내하면서 임금 전액을 지급하라고 말하게 된다. 사업주는 억울할 수 있으며, 이를 방지하려면 사업주는 근로자에게 가불해 줄때 차용증을 작성하고, 다음 임금지급일에 근로자 동의서를 징구 후 상계를 하고 급여명세서에 명시하는 것이 바람직하다.

8. "팀별 성과급은 퇴직금 산정에 포함 되나요?"

□□일보 정치부 부장으로 근무한 G기자는 매달 성과급을 받았는데 퇴직금 계산에서 누락되었다며 진정을 제기했다. 광고 수익을 얼마 이상 올리면 수익의 몇 %를 받는 구조이다. □□일보는 팀 단위로 광고 수익성과를 평가하여 지급하는 인센티브로 평가 기준에 미달하면 받을 수 없고 개인 실적이 아닌 팀의 실적이 평가 기준이라면서 임금이 아니라고 주장한다. G기자는 퇴직금 계산을 다시 해야 할까

해결 Point

성과급(인센티브)은 객관적 성과 기준 대비 실제 성과 정도에 따라 변동 지급되는 것(조직 단위 및 개인성과의 비중을 고려)과 회사 성과에 특별히 기여한 집단이나 개인에게 제공하는 포상 성과의 부수적인 것을 의미한다. 통상임금이나 평균임금이 근무시간을 기초로 설계된 것이라면 성과급은 근무의 결과물인 성과를 기초로 설계된 것이다.

쟁점은 성과급을 임금으로 볼 것인가이며, 실무에서는 퇴직금 계산할 때 평균임금에 산입하는지 여부가 논란이 된다. 임금으로 본다면 퇴직금 계산에 포함해야 한다.

우선 임금인지에 대한 판단을 할 때 가장 중요한 요소는 어떤 금품이 근로의 대상으로 지급된 것인가이다. 이에 대해 대법원은 '그 금품 지급 의무의 발생이 근로제공과 직접적으로 관련되거나 그것과 밀접하게 관련된 것으로 볼 수 있어야

하며, 이러한 관련 없이 그 지급의무의 발생이 개별 근로자의 특수하고 우연적 사정에 의해 좌우되는 경우에는 그 금품의 지급이 단체협약 취업규칙 근로계약 등이나 사용자의 방침 등에 의해 이뤄진 것이라 하더라도 그러한 금품은 근로의 대상으로 지급된 것으로 볼 수 없다.'는 판단기준을 제시했다. 성과급이 임금에 해당하는지는 회사 전체 또는 부서(팀) 단위의 집단적 실적에 따라 지급되는지(회사의 성과 배분 차원인지) 아니면 직원 개인의 실적에 따라 지급되는지(개인의 성과 보상 차원인지)에 따라 달라진다.

회사나 부서(팀) 단위의 집단적 경영성과에 따라 지급되는 경영성과급(예를 들어 몇%를 달성할 경우 얼마를 지급하고, 목표에 미달되면 지급하지 않는 경우)은 지급 조건과 지급 시기가 단체협약 등에 정해졌더라도 지급 조건의 충족 여부가 성과에 따라 달라지는 것이므로 근로제공 자체의 대상은 아니며 임금으로 볼 수 없다.

그러나 일정한 기본임금 외에 주된 업무 수행의 정량적 성과로 인해 산출되는 성과급(즉 실적급)을 이미 정해진 지급 조건에 따라 지급하는 경우(개인 실적에 따라 지급되는 경우)에는 임금으로 볼 수 있다. 병원에서 의사의 실적을 진료 ,특진, 협진 등의 횟수를 기준으로 평가하여 '진료포상비'를 지급해 왔다면 이는 의사 고유의 업무로서 병원에 제공된 근로의 일부이며 임금에 해당한다고 한다(대법원 2011.3.10, 2010다77514).

여기서 잠깐! **성과급 유형별로 평균임금에 포함되는지 여부 돋보기**

성과급 유형	지급기준	평균임금 포함여부	판단 이유
임의성과급	사업주의 재량으로 지급	×	∵사업주에게 지급 의무 없기 때문임.
경영성과급 (집단 성과급)	회사의 경영 실적에 따라 지급 (매출액, 영업이익 등)	×	∵근로의 대가성 부정 - 나의 성과 때문에 성과급을 받는 것이 아니기 때문임.
	부서(팀)의 업무 실적에 따라 지급 (영업 실적 등)	×	
개인성과급	개인의 업무 실적에 따라 지급 (영업 실적 등)	○	∵근로의 대가성 인정 - 나의 노력으로 주어진 지급기준을 충족시켰기 때문임.

〈퇴직금〉

9. “휴직기간도 계속근로기간에 포함되나요?”

□□회사는 회사 사정이 어려워지자 직원들에게 2개월 간 무급휴직을 실시할 것을 권했다. A양은 다른 직장으로 가는 것보다 무급휴직이라도 하고 복직해서 일을 하는 게 낫다고 판단하여 동의했다. 그런데 결국 회사가 문을 닫게 되어 A양은 퇴직금을 청구하는데 사장님은 일을 한 기간이 10개월 밖에 안 되니 돈을 줄 수 없다고 한다. 무노동 무임금 원칙이니 일을 하지 않은 기간은 임금도 퇴직금도 줄 수 없다는 것이다.

해결 Point

퇴직금 산정을 위한 계속근로기간이라 함은 동일한 사용자와 계속해서 사용종속관계를 유지하면서 근로를 제공하는 것을 말하며, 원칙적으로 실제 근로여부와 관계없이 근로계약을 체결하여 해지될 때까지의 기간을 기준으로 판단한다. 휴직기간은 보수 지급유무, 휴직사유 여하 등에 관계없이 계속근로기간에 산입한다.

여기에는 사용자의 승인하에 이루어진 일시 휴직상태도 포함되며, 경영상 사유에 의한 무급휴직은 근로자의 사정에 의한 일반적인 휴직과는 그 성격이 다르므로 근속연수에 산입하는 것이 타당하다.

또한, 개인적인 질병으로 인한 휴직기간, 범죄행위로 구금되어 휴직한 경우에도 퇴직금 산정시 계속근로기간에 포함된다(근기 01254-7175, 1987.5.4).

다만, 근로자의 귀책사유로 인한 휴직기간은 원칙적으로 사용종속관계가 유지되는 한 퇴직금 산정을 위한 계속근로기간에 포함되지만, 단체협약이나 취업규칙 등에 계속근로기간 반영여부를 별도로 정하였다면 이에 따라야 한다.

※ 계속근로기간 산정에 포함되는 기간

포함되는 기간	제외되는 기간
·사업주의 귀책사유에 의한 휴업기간 ·산전후휴가 및 육아휴직기간 ·업무상 부상 또는 질병으로 요양을 위해 휴업한 기간 ·수습사용기간 ·노조전임기간 ·정당한 쟁의행위 기간 ·부당해고 기간	·퇴직금을 미리 정산하여 지급한 기간(적법한 중간정산) ·근로계약을 체결하지 않고 실제 근로하지 않은 기간 ·고용승계되지 않은 이전의 근로기간 ·병역법상 군복무로 인한 휴직기간 ·정년 후 재입사한 경우 이전의 근로기간

실무 Tip

휴업과 휴직은 구분이 필요하다. 휴업기간의 경우에 근로관계가 정지되었다고 보기 어렵기 때문에 계속근로연수에 포함된다. 영세사업장에서 회사가 어려워져 드문드문 휴업을 하였는데 사업주는 이를 근로관계의 단절로 생각하고, 근로자는 이를 휴업으로 인식하는 경우 다툼이 생기고, 실제로 노동청 진정사건으로 많이 다루어진다. 이를 방지하려면 회사 사정이 어렵거나 회사 건물수리 등 특히 회사의 사유로 휴업이나 휴직을 하였을 경우 변동사항이 발생했던 시점을 어떻게 이해할 것인지에 대해 '해당기간 근로관계 존속여부', '임금지급여부' 등을 당사자간 명확히 할 필요가 있다. 그것에 따라 퇴직금, 휴업수당, 연차유급휴가 발생 등 임금청구와 관련된 파생된 문제가 발생하기 때문이다. 취업규칙 등이 있는 어느 정도 규모가 되는 사업장의 경우 규정을 보고 미루어 판단할 수 있으나, 그보다 작은 영세사업장에서는 사실관계를 확정하는 것에도 어려움이 따른다. 때문에 사업주든 근로자든 추후 불필요한 다툼을 예방하기 위해서는 사실관계를 분명히 정리해 둘 것을 권한다. 중국동포 취업자의 경우 비자문제로 본국에 다녀오는 기간도 자주 문제되는데, 이 경우에 대해서도 사용자의 허락에 따라 잠시 다녀오는 정도로 상호간 이야기가 되었다면 그 기간동안 근로관계가 단절되었다고 보기 어렵다.

〈근로시간〉

10. “사업장 밖에서 근무하는 경우, 일한만큼 근로시간으로 인정받고 싶습니다.”

□□제약 소속으로 거래처에 납품 업무를 하는 B군은 일하는 시간이 특별히 정해져 있지 않다. 어느 날은 7시간, 어느 날은 10시간이 걸리기도 한다. 출근하자마자 거래처별 배송 물품을 차에 싣고 배송이 끝나면 회사로 복귀하여 차를 반납하고 퇴근을 한다. 휴일에 나와 일을 한 적도 많다. 그런데 사장님은 간주근로시간제로 하루 8시간만 근로시간으로 인정하기로 합의했기 때문에 실제근로시간과 무관하게 8시간의 임금만 지급하면 된다고 한다.

해결 Point

간주근로시간제는 실제근로시간을 계산하기 어려운 경우 일정 요건 하에 ① 소정근로시간, ② 업무 수행에 통상 필요한 시간 또는 ③ 노사가 서면 합의한 시간을 근로시간으로 인정한다는 것이다.

출장 근무 등 사업장 밖에서 근로하는 경우에 있어서는 근로시간 산정에 관하여는 근로기준법 제58조1항 및 2항에서 특례를 규정하고 있다. 동 규정에 따라 특별한 사정이 없으면 소정근로시간을 근로한 것으로 보며, 소정근로시간을 초과하여 근로할 필요가 있을 경우에는 그 업무 수행에 통상 필요한 시간(노사가 서면합의로 정하는 경우 그 정한 시간)을 근로한 것으로 보게 된다.

① 소정근로시간 간주제

출장 등 그 밖의 사유로 근로시간 전부 또는 일부를 회사 밖에서 근로하여 근로시간을 확인, 산정하기 어려운 경우에는 소정근로시간을 근로한 것으로 본다. 1일 8시간으로 소정근로시간이 정해진 경우 1일 출장은 8시간을 근로한 것으로 본다.

다만 이 경우 근로시간을 산정하기 어려울 때에 한정되는 것이므로 근로시간을 산정할 수 있는 경우에는 산정된 시간을 근로시간으로 보아야 한다.

② 통상필요시간 간주제

회사 밖에서 일하는 시간이 소정근로시간을 초과하는 것이 명백한 경우에는 그 업무 수행에 통상 필요한 시간(통상적인 상태에서 그 업무 수행을 위해 객관적으로 필요한 시간)을 근로한 것으로 간주한다. 10시간이 해당 업무 수행에 필요한 시간이라면 10시간을 근로시간으로 본다. 이 경우 8시간을 초과하는 2시간은 연장근로에 해당하게 한다.

③ 노사합의제

사업장 밖 근로시간 산정에 있어서 노사가 합의하는 경우에는 그 합의한 시간을 해당 업무 수행에 통상 필요한 시간으로 본다. 10시간을 근로한 것으로 합의한 경우 8시간을 초과하는 2시간은 연장근로에 해당하게 된다. 합의는 반드시 서면으로 작성하여 당사자 서명 또는 날인을 하는 것이 바람직하며 대상 업무, 합의 유효기간 등을 명시하면 다툼의 소지를 줄일 수 있다.

실무 Tip

근로시간에 대한 다툼이 발생할 경우 간주근로시간제를 적용할 수 있는 유효한 요건을 갖추지 않았다면 간주근로시간으로 인정받기 어렵다. 또한, 사업장 밖 근로시간제를 도입하더라도 특례로 인정하는 것은 근로시간 계산에 관한 부분에 한하므로 휴일 및 휴가에 관한 규정은 그대로 적용되며 휴일근로 및 야간근로 등이 발생할 경우 가산 수당을 지급해야 한다.

11. “업무 종료 후 사업장을 청소하는 시간은 근로시간인가요?”

□□ 외식업체에서 근무 중인 C양은 22:00에 퇴근하기로 근로계약을 체결하였다. 그런데 사장님은 일이 끝난 후 뒷정리도 하고 가라고 한다. 퇴근시간이 항상 10분 정도 늦어지게 되었다. 그래도 사장님이 월급은 잘 챙겨 주겠지 생각했는데 딱 22:00까지 일한 시간만큼만 월급을 지급해 주었다. 사장님이 시켜서 청소한 것인데 임금을 받아야 하는 거 아닌가? 사장님은 계약서에 22:00까지로 되어 있으니까 임금을 더 줄 수 없다고 한다.

해결 Point

근로시간은 일을 하는 동안 사업주가 지시·감독할 수 있는 상태로서 근로자가 자유롭게 이용할 수 없는 시간을 말한다. 예를 들어 일을 시작하기 전에 하는 준비 시간(작업도구를 준비하거나 작업 회의, 조회 등을 하는 시간, 작업을 지시하는 시간, 유니폼으로 갈아입는 시간), 일을 끝낸 후 정리 시간(청소하는 시간, 판매대금을 정산하는 시간, 물품을 정리하는 시간 등), 손님을 기다리는 대기시간(식당, 편의점, 병원 등), 의무적으로 참석해야 하는 아침체조시간, 교육이나 회의시간 등은 근로시간에 포함된다. 근로시간이라면 당연히 임금을 지급해야 한다.

근로자가 작업시간의 도중에 실제로는 작업에 종사하지 않은 대기시간이나 휴식, 수면시간 등이라 하더라도 그것이 휴게시간으로서 근로자에게 자유로운 이용이 보장된 것이 아니고 실질적으로 사용자의 지휘·감독하에 놓여 있는 시간이라면 이는 근로시간에 포함된다. 즉 한산한 매장에서 손님을 기다리거나 사무실에서 전화가 올까봐 대기하는 시간, 물품이나 작업상황 등에 대한 감시의무가 부여되는 시간 등은 휴게시간이 아닌 근로시간이다.

실무 Tip

실제로 국내 대형 외식업체에서 친절 교육을 한다면서 10분 일찍 출근시키고 임금을 지급하지 않아 문제가 되었던 사례가 있다. 피자○○○처럼 근로계약서상 근로시간을 10:55~20:05으로 정하는 경우도 있다. 업무 시작 전, 후 5분씩을 명시하여 작업준비, 뒷정리 시간으로 활용하는 것이다. 근로계약서에 소정근로시간과 그 외에 의무적으로 해야 할 시간 등을 명시하여 다툼의 소지를 없애는 것이 바람직하다.

〈연차유급휴가〉

12. "육아휴직자는 복직하면 사용할 수 있는 연차유급휴가가 없나요?"

□□방송에 2019.1.1 입사하여 아나운서로 근무하던 H양은 2020.7.1~2020.12.31 육아휴직을 사용하고 2021.1.1 복직하였다. 그러던 중 아이가 아파 연차유급휴가를 사용하고 병원에 가려고 하니 사장님은 작년에 80% 이상 출근하지 않았으니 연차유급휴가가 없다면서 무급으로 다녀오라고 한다. 정말 연차유급휴가가 없을까(연간소정근로일수 240일, 육아휴직기간 120일, 결근 없다고 가정)

해결 Point

육아휴직의 경우에도 출근한 것으로 간주하도록 2017.11.28 근로기준법이 개정되었으며 2018.5.29부터 시행되고 있다. 즉 2018.5.29 이후 육아휴직 신청자의 경우 육아휴직을 다녀오더라도 연차유급휴가는 정상 출근한 근로자와 마찬가지로 부여하여야 한다.

이와 비교할 것은 법에서 보장하는 육아휴직 외에 사업장에서 추가적으로 부여하는 육아휴직이 있다고 한다면, 이는 근로계약이 존속하는 상태에서 근로제공의무가 정지되는 기간이라 할 것이므로 80퍼센트 이상 출근여부를 따지는 1년간의 소정근로일을 확정함에 있어 육아휴직기간은 이를 제외해야 한다. 이때 연차유급휴가일수는 약정 육아휴직기간을 제외한 나머지 소정근로일수에 대한 출근율에 따라 산출된 일수에 당해 사업장의 연간 총소정근로일수에 대한 나머지 소정근로일수 비율을 곱하여 산정한다. 출근율 산정은(연간소정근로일수 - 약정 육아휴직일수 = 나머지소정근로일수)로 계산한다. 나머지 소정근로일수에서 80퍼센트 이상 출근을 하면 된다. 약정 육아휴직일수는 휴직기간 중 주휴일, 토요일(취업규칙 등에 의해 토요일을 소정근로일에서 제외한 경우)등을 제외한 날이다. 위의 사례에서 육아휴직기간이 약정휴가로서 추가적으로 부여된 경우라면 연차유급휴가는 15일 × 나머지소정근로일수(120일) ÷ 연간소정근로일수(240일) = 7.5일이 발생한다. 7.5일의 연차유급휴가가 발생된 경우 0.5일 등 1일 미만의 휴가에 대하여는 사용자가 시간단위로 휴가를 부여할 의무는 없다. 하지만 휴가를 사용하지 않을 경우에는 1일 미만 부분까지 포함하여 연차유급휴가미사용수당을 산정하여 지급해야 한다(근기 68207-216, 2003.2.24). 다만, 약정으로 부여된 육아휴직을 1년 사용하고 그 기간이 연차유급휴가 산정기간과 일치하게 사용하였다면 연차유급휴가일수가 0이 되는 경우도 발생한다. 즉, 사업장의 연차유급휴가 산정기간이 매년 1.1~12.31인데 근로자도 1.1~12.31 기간에 육아휴직을 사용했다면 연차유급휴가일수는 0일이 된다.

실무 Tip

연차유급휴가 등의 부여시 소정근로일수 및 출근여부 판단기준 돋보기(임금근로시간정책팀-3228, 2007.10.25)

1. 배 경

근로기준법은 주휴일, 연차유급휴가를 부여하는 기준으로 소정근로일수의 개근 또는 그 출근율을 삼고 있어 소정근로일수의 산정 및 그 출근여부의 판단에 관한 해석기준을 제시하고자 한다.

2. 소정근로일수 및 출근여부 판단에 관한 해석기준

(1) 법령 또는 약정에 의한 휴일: 소정근로일수 계산에서 제외

소정근로일은 법령의 범위 내에서 근로자와 사용자가 근로하기로 정한 날을 의미함. 따라서 근로자와 사용자가 법령상 사전에 근로하기로 정할 수 없거나 또는 약정에 의하여 사전에 근로하지 않기로 한 다음의 날은 소정근로일수를 계산함에 있어 이를 제외한다.

- 근로기준법에 의한 주휴일
- 근로자의날제정에관한법률에 의한 근로자의 날
- 취업규칙 또는 단체협약 등에 의한 약정휴일
- 기타 이상의 날에 준하여 해석할 수 있는 날 또는 기간

(2) 특별한 사유로 근로제공의무가 정지되는 날 또는 기간: 소정근로일수 계산에서 제외

취업규칙 또는 단체협약 등에서 당초 근로하기로 정하였으나 근로자 또는 사용자가 사전에 예측할 수 없는 특별한 사유가 발생하여 근로제공의무가 정지되는 경우가 있음. 따라서 이와 같은 경우에 해당하는 다음의 기간은 소정근로일수를 계산함에 있어 이를 제외한다.

- 사용자의 귀책사유로 인한 휴업기간
- 적법한 쟁의행위기간
- 남녀고용평등법에 의한 육아휴직기간
- 기타 이상의 기간에 준하여 해석할 수 있는 날 또는 기간

이 경우 연차유급휴가일수는 사용자의 귀책사유로 인한 휴업기간, 적법한 행위기간, 남녀고용평등법에 의한 육아휴직기간을 제외한 '나머지 소정근로일수'에 대한 출근율에 따라 산출된 일수에 당해 사업장의 연간 총소정근로일수에 대한 위의 나머지 소정근로일수 비율을 곱하여 산정하여야 한다.

(3) 법령상 또는 그 성질상 출근한 것으로 보아야 하는 날 또는 기간: 소정근로일수 계산에는 포함하되 출근한 것으로 본다.

소정근로일에 출근하지 않았으나 ① 법령에 의해 그 날 또는 그 기간을 출근한 것으로 보도록 하거나, ② 휴무일로 하지 않도록 한 규정이 있는 경우, ③ 이와 같은 규정이 없더라도 그 성질상 결근한 것으로 처리할 수 없는 날 또는 기간이 있다.

따라서 이와 같은 경우에 해당하는 날 또는 그 기간을 소정근로일수를 계산함에 있어 이를 포함하되 그 날 또는 그 기간을 출근한 것으로 본다.

- 업무상재해로 인한 휴업기간, 산전후휴가(근로기준법 제60조6항)
- 예비군훈련기간(향토예비군설치법 제10조)
- 민방위훈련 또는 동원기간(민방위기본법 제23조)
- 공민권행사를 위한 휴무일(공직선거법 제6조2항)
- 연차유급휴가, 생리휴가
- 기타 이상의 날 또는 기간에 준하여 해석할 수 있는 날 또는 기간. 다만, 이 경우에는 주휴·연차유급휴가의 성질에 비추어 주중의 전부·월의 전부 또는 연의 전부를 출근하지 아니한 경우에는 이를 부여하지 않아도 된다.

여기서 잠깐! 출근일수와 소정근로일수 산정방법, 표로 정리하기

구 분	소정근로일수 포함 여부	출근일 포함 여부	비 고
주휴일	×	×	
근로자의 날	×	×	
취업규칙, 단체협약등에 의한 약정 휴일	×	×	
정직기간	○	×	
부당 정직 기간	×	×	
사용자 귀책사유로 인한 휴업기간	×	×	
적법한 쟁의행위 기간	×	×	
불법 파업 기간	○	×	
육아휴직기간	○	○	

구분	소정근로일수 포함 여부	출근일 포함 여부	비 고
업무상 재해로 인한 휴업 기간	○	○	
산전후 휴가	○	○	
예비군 훈련기간	○	○	
민방위 또는 동원기간	○	○	
공민권 행사를 위한 휴무일	○	○	
연월차 유급휴가, 생리휴가	○	○	

13. "업무상 재해로 2년간 휴업하고 복직했는데 연차유급휴가를 쓸 수 있나요?"

□□신문사의 5년 차 배테랑 기자인 K씨는 어느 날 화재 현장을 취재 하다가 사고를 당하였다. 사고로 인해 2년간 일을 할 수 없었다. 치료가 끝나고 어렵게 복직을 했지만 몸이 예전 같지 않음을 느꼈다. 그래서 얼마 지나지 않아 사직서를 제출하고 퇴직금, 연차유급휴가미사용수당 등을 청구하는데 신문사에서는 출근을 하지 않았으니 연차유급휴가는 발생하지 않았고 수당도 지급할 수 없다고 한다.

해결 Point

근로자가 업무상 부상으로 휴업하여 연차유급휴가의 부여 기준이 되는 해당연도의 총일수 전부를 출근하지 않은 경우에는 근로기준법 제60조6항1호에 따라 그 휴업기간은 출근한 것으로 보아야 하므로 사용자는 근로자에게 같은 법 제60조1항과 2항의 연차유급휴가를 주어야 한다.

근로자가 업무상 재해로 휴업한 기간은 장단을 불문하고 소정근로일수와 출근일수에 모두 포함시켜 출근율을 계산해야 한다. 설령 그 기간이 1년 전체에 걸치거나 소정근로일수 전부를 차지한다고 하더라도 달리 볼 이유는 없다.

근로자가 업무상 재해 등으로 연차유급휴가를 사용할 해당연도에 전혀 출근하지 못한 경우라도 이미 부여받은 연차유급휴가를 사용하지 않은데 따른 연차유급휴가수당은 청구할 수 있다. 설령 단체협약이나 취업규칙에 연차유급휴가수당을 지급하지 않기로 정했다 하더라도 이는 근로기준법에 정한 기준에 미치지 못하는 근로조건으로서 효력이 없다.

실무 Tip

취업규칙이나 단체협약에 어떤 사유이든 해당연도를 전부 출근하지 않으면 연차유급휴가를 부여하지 않는다는 규정을 두는 경우가 있다. 이는 무노동·무임금 원칙을 적용한 것으로 보인다. 하지만 사유에 따라 달리 적용해야 한다.

예를 들어 근로자가 정당한 쟁의행위를 하거나 남녀고용평등법에 의한 육아휴직을 해 현실적으로 근로를 제공하지 않은 경우 쟁의행위, 육아휴직 등은 헌법이나 법률에 의해 보장된 근로자의 정당한 권리 행사이고 그 권리 행사에 의해 근로자는 근로 의무가 없어 근로자가 본래 연간 소정근로일수에 포함됐던 쟁의행위, 육아휴직 등 기간 동안 근로를 제공하지 않았다 하더라도 이를 두고 근로자가 결근한 것으로 볼 수는 없지만 관련 법령에서 그 기간 동안 근로자가 출근한 것으로 본다는 규정을 두고 있지도 않으므로 이를 두고 근로자가 출근한 것으로 의제할 수는 없다.

현실적인 근로의 제공이 없었던 쟁의행위나 육아휴직 등 기간에는 원칙적으로 근로에 대한 대가를 부여할 의무가 없는 점을 고려할 때 소정근로일이 200일인 근로자가 받을 수 있는 연차유급휴가 일수가 16일이라면 합법적인 파업기간 100일을 제외하고 나머지 100일 중 80일간 정상 출근을 했다면 연차유급휴가를 받을 수 있으며 실제 연차유급휴가 일수는 16일에 200분의 80을 곱한 6.4일을 부여하면 된다.

하지만 업무상 재해로 휴업한기간은 출근한 것으로 간주한다는 규정이 있으므로 무노동 무임금의 원칙을 적용할 수 없다. 이는 근로자가 업무상 재해 때문에 근로를 제공할 수 없었음에도 불구하고 업무상 재해가 없었을 경우보다 적은 연차유급휴가를 부여받는 불이익을 방지하려는 취지가 있다.

14. "방학기간이 있는 학교 급식조리원은 연차유급휴가가 어떻게 발생하나요?"

□□고등학교에서 급식조리원으로 근무하는 J씨는 방학기간을 빼고 하루도 빠짐없이 출근한 성실남이다. 결혼을 앞두고 눈치가 보이긴 하지만 연차유급휴가를 사용할 수 있냐고 물었더니 학교 노무관리자는 연차유급휴가가 없다고 한다. 결혼준비에 차질이 생긴 J씨는 어떻게 해야 할까 고민을 하다가 노동청에 상담을 받아보기로 한다.

해결 Point

학교급식 업무에 종사하는 조리종사원의 경우 방학기간이라는 특수성 때문에 ① 동기간을 포함하여 근로계약을 체결한 경우, ② 동기간을 제외하고 반복적으로 근로계약을 체결한 경우 퇴직금 산정 관련 및 연차유급휴가 발생 여부가 문제되고 있다.

즉, 방학기간을 계속근로로 볼 경우와 보지 않을 경우 이에 따른 퇴직금 산정방법 및 연차유급휴가 발생여부가 달라진다.

〈행정해석〉

ㅇ 방학기간을 제외하고 반복적으로 근로계약을 체결하였을 경우
- 반복적으로 근로계약을 체결한 전기간을 퇴직금 산정을 위한 계속근로로 인정
- 다만, 근로계약을 체결하지 않고 실제 근로하지 아니한 방학기간은 퇴직금 산정을 위한 계속근로연수에서 제외
- 1년 중 일정기간동안 계속근로를 제공하지 아니한 공백 기간(방학기간)이 있으므로 1년간 계속근로로 보기 어려워 연차유급휴가는 발생 하지 않는다 (근기 68207-2029, 2000.7.4).

ㅇ 방학기간을 포함하여 근로계약을 체결하였을 경우
- 근로계약을 체결하고 실제 근로하지 아니한 방학기간도 퇴직금 산정을 위한 계속근로연수에 포함
- 다만, 노사당사자간 「방학기간은 계속근로기간에 포함하지 않는다.」는 특약이 있을 경우 동 특약도 유효하며 근로기준법 위반문제도 발생하지 않는다.
- 연차유급휴가는 1년간을 계속근로한 경우(80% 이상 출근)에 발생함이 원칙이므로 1년 중 근로제공이 중단된 기간이 있는 경우 연차유급휴가를 부여하지 않더라도 근로기준법 위반문제는 발생하지 않는다(근기 68207-608, 1998.3.31).

〈판 례〉

근로기준법 제60조 제1항은 1년이라는 기간을 기준으로 하여 그 기간 동안 근로하여야 할 날 중 8할 이상 출근한 근로자에게 15일의 유급휴가를 주도록 규정하고 있는데, 원고들과 같이 1년 중 장기간 근로제공 의무가 면제되는 근로자들의 연차휴가권 성립에 관하여는 근로기준법에 특별한 규정을 두고 있지 아니하므로, 이 경우 연차휴가권의 성립에 관하여는 연차휴가제도의 의의, 연차휴가권의 성립 요건의 취지 등을 종합적으로 검토하여 합리적으로 해석하여야 한다.

판례는 연차휴가제도의 의의, 연차휴가수당의 성격과 근로기준법의 취지 상 1년 중 상당 기간 근로제공 의무가 면제되는 근로자들에 대해서는 15일보다 적은 일수의 연차휴가를 부여하는 것이 타당한 점, 근로의무가 면제되는 기간은 근로의무가 면제되는 기간만큼 비례적으로 연차휴가권이 발생하지 않는 것으로 해석하는 것이 합리적인 점, 근로기준법에도 계속 근로한 기간이 1년 미만인 근로자에 대해서는 15일보다 적은 일수의 연차휴가가 부여되는 점, 국가공무원복무규정에서도 휴직한 경우에는 보통의 연차휴가일수에서 휴직기간에 비례하여 산정한 일수를 공제하도록 규정하고 있는 점, 근로기준법 시행령에도 단시간근로자는 소정근로시간에 비례하여 연차유급휴가를 줄여 산정하도록 되어 있는 점 등을 고려하여, 1년 중 근로제공 의무가 면제되는 기간이 있는 원고들은 그 기간 동안은 연차휴가권이 발생하지 않는다고 봄이 상당하므로, 피고가 이 사건 취업규칙에서 방학기간 등의 기간 동안 원고들의 근로제공 의무가 면제되는 점을 고려하여 연간 10일의 연차휴가를 부여한 것이 근로기준법에 위반된 것이라 볼 수 없다고 판단하였다(수원지법 2013.3.22, 2011가합26325).

실무 Tip

방학기간을 포함하여 근로계약을 체결했는지 유무와 상관없이 계속하여 근로한 기간이 1년 미만 근로자 또는 1년간 80퍼센트 미만 출근한 경우라도 1개월 개근 시 1일의 유급휴가를 주어야 한다.

15. "연차유급휴가미사용수당은 언제를 기준으로 산정하나요?"

M씨는 2018.1.1 최저임금을 받으면서 새로운 일을 시작하였다. 일만 하다 보니 휴가도 제대로 못 썼고, 2020.5.25 퇴사하게 되었다. 사장님께 연차유급휴가미사용수당을 청구하려는데, 2020.1에 발생한 15개의 연차유급휴가미사용수당은 2019년 최저임금과 2020년 최저임금 중 어느 것을 기준으로 청구해야 하는지 고민이 되어 노동청에 물어 보기로 한다.

해결 Point

청구권이 소멸되더라도 임금청구권은 소멸하지 않는데 이를 연차유급휴가미사용수당이라고 한다.

1년간의 출근율에 의해 발생한 휴가청구권을 근로자가 1년간 행사하지 않은 경우, 사용자의 귀책사유로 휴가청구권을 1년간 행사하지 못한 후 근로자가 휴가 사용 대신 수당 지급을 원하는 경우, 퇴직이나 해고 등으로 휴가청구권을 행사하지 못하게 된 경우에 발생한다. 연차유급휴가미사용수당은 사용하지 못한 휴가일수에 해당하는 통상임금으로 계산하며 가산수당은 발생하지 않는다.

연차유급휴가미사용수당은 연차유급휴가권이 소멸된 날의 다음날에 발생하며, 그 지급액은 취업규칙 등에서 정한 바에 따라 통상임금 또는 평균임금으로 지급하고, 별도의 규정이 없으면 통상임금으로 지급하되 휴가청구권이 있는 마지막 달의 통상임금으로 지급한다(근로개선정책과-4218, 2013.7.19).

연차유급휴가미사용수당청구권은 휴가청구권이 소멸된 직후의 임금지급일에 발생하며, 청구권의 소멸시효는 휴가청구권이 소멸한 때로부터 3년이다.

M씨는 2019년 12월에 적용되는 최저임금 기준 통상임금으로 2020년 1월에 발생한 미사용수당을 청구하면 된다.

16. "회계연도 기준으로 연차유급휴가를 부여할 때 정산은 어떻게 하나요?"

N씨는 회계연도 기준으로 연차유급휴가를 부여하고 있는 회사에 2019.5.1 입사했다. 2019년에 5개의 연차유급휴가를 사용했고, 2020.10.31 퇴사를 했다. 퇴사하면서 사용하지 못한 연차유급휴가미사용수당을 청구하려고 하는데 정산을 어떻게 해야 할지 고민이다.

해결 Point

근로기준법 제60조의 연차유급휴가를 부여하기 위한 출근율 산정 대상 기간의 기산일은 근로자 개인별로 정함이 원칙이며, 사업장에서 노무관리의 편의를 위하여 단체협약이나 취업규칙으로 회계연도(1.1~12.31) 등을 기준으로 일률적으로 정할 수도 있으나 이 경우에도 연도 중 입사한 근로자에게 불리하지 않도록 해야 한다. 회계연도를 기준으로 휴가를 계산할 경우 연도 중 입사자에게 불리하지 않게 휴가를 부여하려면, 입사한 지 1년이 되지 못한 근로자에 대하여도 다음연도에 입사연도의 근속기간에 비례하여 유급휴가를 부여하고 이후 연도부터는 회계연도를 기준으로 연차유급휴가를 부여하면 된다. 다만 퇴직 시점에서 총 휴가일수가 근로자의 입사일을 기준으로 산정한 휴가일수에 미달하는 경우에는 그 미달하는 일수에 대하여 연차유급휴가근로수당으로 정산하여야 한다.

위의 사례처럼 2019.5.1 입사한 근로자의 경우(회사의 회계연도 단위는 1.1~12.31) 2019.5.1~2020.4.30 기간 동안에 개근한 경우 매월 1일씩 연차유급휴가 11일이 발생하고, 2019.5.1~2019.12.31 기간 동안 10일(15일×8개월÷12개월)의 연차유급휴가가 근속기간에 비례하여 2020.1.1에 발생하게 된다. 퇴직시점인 2020.10.31 기준으로 총21일의 연차유급휴가가 발생하고 5일의 휴가를 사용하여 16일의 미사용분에 대한 정산을 요구할 수 있다. 하지만 여기서 끝이 아니다. 왜냐하면 N씨는 입사일 기준으로 연차유급휴가를 계산하면 2020.5.1에 총 26일의 유급휴가가 발생하고 퇴직 시점에 사용한 5일을 제외한 21일분에 대해 정산을 요구할 수 있다. 결국 사용자가 적법한 연차유급휴가 사용촉진을 하지 않았다면 N씨는 21일분의 미사용수당을 지급받아야 한다. 2020.3.31 이후 1년 미만자에게 매월 발생하는 연차유급휴가는 입사일 기준으로 1년간 사용이 가능하며 사용자가 사용촉진을 하지 않은 경우 미사용수당으로 보상해야 한다.

실무 Tip

실무에서 출근율이 80퍼센트가 안 되면 연차유급휴가가 없다고 처리하는 경우가 있다. 예를 들어 2016.1.1 입사한 근로자가 2020.1.1부터 2020.12.31까지 8할 미만 출근한 경우 산정기간 중 개근 월이 4개월이라면 출근율이 80퍼센트 미만이어서 16일의 연차유급휴가는 발생하지 않으나 월 단위의 만근 기준으로 4일의 연차유급휴가가 발생한다.

또한 1년 미만 근속기간에 발생한 연차유급휴가를 사용하지 못하고 근속기간이 만 1년이 되기 전에 퇴직 또는 1년만 근무하고 바로 퇴직하는 경우에도 미사용한 휴가에 대해 연차유급휴가미사용수당을 지급해야 한다.

여기서 잠깐! 실무에서 회계연도 기준으로 연차유급휴가 부여하는 방식

연차휴가는 입사일 기준으로 산정함이 원칙이나 노무관리의 편의를 위해 회계연도를 기준으로 전 근로자에게 일률적으로 부여할 수도 있다. 이 경우에도 근로자에게 불리하지 않아야 하므로, 연도 중 입사자에 대해서는 다음연도 1.1에 근속기간에 비례하여 미리 휴가를 부여하고, 이후 연도부터는 회계연도를 기준으로 연차유급휴가를 부여하면 된다. 그리고 퇴사시점에서 입사일 기준으로 한 연차유급휴가일수보다 불리할 경우에는 입사일 기준으로 재산정하여야 한다. 비례하여 미리 휴가를 부여할 경우 정확한 산식은 15일×근속기간의 총일수/365일이며, 소수점은 올림처리해도 무방하다. 실무에서는 위 원칙에서 벗어나지 않는 범위에서 다양한 형태가 존재하는데 저자가 본 사례를 소개하고자 한다.

사례1.

기간 구분	연 차	비 고
2015.7.1	입 사	
2015.7.1~2015.12.31	6일 발생	1개월 개근시 1일 발생(8.1, 9.1, 10.1, 11.1, 12.1, 2015.1.1.에 발생)
2016.1.1	7.5일 발생	15일×6개월/12개월
2016.1.1~2016.5.31	5일 발생	1개월 개근시 1일 발생(2.1, 3.1, 4.1, 5.1, 6.1에 발생)
2017.1.1	15일	2016년 출근율 80% 이상인 경우
2018.1.1	15일	2017년 출근율 80% 이상인 경우
2019.1.1	16일	2018년 출근율 80% 이상인 경우
2020.1.1	16일	2019년 출근율 80% 이상인 경우

사례2.

<table>
<tr><th>기간 구분</th><th colspan="2">연 차</th><th>비 고</th></tr>
<tr><td>2014.10.1</td><td colspan="2">입 사</td><td></td></tr>
<tr><td>2014.10.1~2014.12.31</td><td colspan="2">3일 발생</td><td>1개월 개근시 1일 발생</td></tr>
<tr><td rowspan="2">2015.1.1</td><td rowspan="2">12일 미리 부여</td><td>4일</td><td>15일×3월/12월=3.75일을 올림처리</td></tr>
<tr><td>8일</td><td>2015.1.1.~2015.8.31.까지 1개월 개근시 1일 발생, 총 8개 미리부여</td></tr>
<tr><td>2016.1.1</td><td colspan="2">15일 발생</td><td>2015년 출근율 80% 이상인 경우</td></tr>
<tr><td>2017.1.1</td><td colspan="2">15일 발생</td><td>2016년 출근율 80% 이상인 경우</td></tr>
<tr><td>2018.1.1</td><td colspan="2">16일 발생</td><td>2017년 출근율 80% 이상인 경우</td></tr>
</table>

2018.5.29부터는 계속근로 1년 미만 근로자가 월별 발생한 연차를 사용하더라도 이를 공제할 수 없음.

17. "입사 후 1년 만에 퇴직했는데, 연차유급휴가미사용수당은 발생되나요?"

2020.1.1 □□제약에 1년 계약직 영업사원으로 입사한 S씨는 소심한 성격 탓인지 영업실적이 좋지 않아 재계약이 되지 않았다. 하루도 쉬지 않고 열심히 일한 자신이 대견하면서도 결과가 좋지 않아 실망스럽기도 했다. 그런데 회사는 임금 등을 정산하면서 연차유급휴가는 다음연도 근무시 충분한 휴식의 기회를 부여하라는 것인데 1년만 근무하고 퇴사하는 S씨는 재계약이 안 되었으니 연차유급휴가가 발생하지 않아 수당을 줄 수 없다고 한다.

해결 Point

퇴직의 효력 발생시기는 근로자가 당일 소정근로를 제공한 후 사용자에게 퇴직의 의사 표시를 행하여 사용자가 이를 즉시 수리하였더라도 근로를 제공한 날은 고용종속관계가 유지되는 기간으로 보아야 하므로 별도의 특약이 없는 한 그 다음날을 퇴직일로 간주하여야 한다.

하루도 쉬지 않고 일을 한 S씨는 1년 미만 동안 매월 개근에 따른 11일의 연차유급휴가와 1년 동안 80퍼센트 이상을 출근한 경우 발생하는 15일의 연차유급휴가가 발생한다. 재계약이 거부되어 전부 사용하지 못한 연차유급휴가 총26일에 대해 2021.1.1 퇴직함과 동시에 미사용수당청구가 가능하게 된다.

실무 Tip

1년 미만 근무한 근로자가 연차유급휴가를 사용하지 않고 퇴사한 경우 연차유급휴가미사용수당을 지급해야 한다(임금근로시간정책팀-119, 2007.1.9). 예를 들어 6개월 근무 후 퇴사하였을 경우 6일치 연차유급휴가미사용수당을 지급해야 한다. 근로기준법은 계속근로연수가 1년 미만인 경우 1월간 개근시 1일의 연차유급휴가를 부여하고 있고, 1년간 행사하지 않으면 소멸한다고 규정되어 있다.

이와 같이 연차유급휴가를 사용하지 않고 시효가 완성된 경우나 중간에 퇴직한 경우에는 해당 미사용 휴가일수에 상응하는 임금을 통상임금 수준 이상으로 보상하여야 한다. 아울러 1년 이상 2년 미만 근무한 경우 1년을 초과한 기간에 대해서는 당사자간 특별한 약정이 있는 경우를 제외하고는 연차유급휴가를 부여할 의무가 없다.

〈휴 일〉

18. “주 18시간 단시간근로자인데, 주휴수당을 받을 수 있나요?”

□□편의점에서 금,토,일 6시간씩 1주에 18시간을 일하는 C군은 주급으로 받기로 했다. 일요일 퇴근하면서 받기로 했는데 사장님은 최저임금 곱하기 18시간으로 계산하여 지급해 주었다. “주휴수당은 없나요?”라고 묻자 사장님은 “너는 알바생이고 다른 사람보다 근무시간도 짧은데 그런 게 어디 있냐”며 타박을 하고, “일한 시간만큼 급여 주기로 약속했는데 지금 와서 무슨 소리를 하는지 모르겠다”며 오히려 큰소리를 쳤다.

해결 Point

단시간근로자라 하더라도 주15시간 이상 근로할 경우 주휴수당이 발생한다. 다만 계산에 있어서 통상근로자와 차이가 있다.

단시간근로자의 임금 산정 단위는 시간급을 원칙으로 하며 시간급 임금을 일급 통상임금으로 산정할 경우에는 1일 소정근로시간수에 시간급 임금을 곱하여 산정한다. 단시간근로자의 1일 소정근로시간수는 4주간의 소정근로시간을 그 기간의 총일수로 나눈 시간수로 한다.

그 기간의 총일수란 해당 사업장 통상근로자의 총소정근로일수를 의미한다. 예를 들어, 1주 5일(월~금)을 근무하는 사업장에서 1주 3일, 1일 6시간씩 근무하는 단시간근로자의 1일 소정근로시간은 단시간근로자의 4주간의 소정근로시간(6시간×3일×4주)÷통상근로자의 총소정근로일수(5일×4주)=3.6시간이 된다.

19. “직원이 한명인데 주휴수당은 어떻게 계산하나요?”

H군은 □□마트에서 사장님과 둘이 일한다. 하루 10시간씩 1주일에 6일을 근무하고 시간당 7,000원을 받는다면 주휴수당으로 얼마를 받아야 할까

해결 Point

근로기준법 제55조(유급 주휴일) 및 같은 법 시행령 제30조의 규정에 따라 사용자는 1주 동안의 소정근로일을 개근한 자에게 1주일에 평균 1회 이상의 유급휴일을 주어야 하는 바, 동 휴일에 대한 수당은 정상 근로일의 소정근로시간을 기준으로 산정하면 된다(임금정책과-2507, 2004.7.9).

주휴일 규정의 목적이 근로자에게 휴식을 부여하는 것이며 근로시간에 상응한 보상이 아니라는 것과 근로시간 법제의 기본원칙이 1일 8시간, 1주 40시간이라는 점을 고려하여 4인 이하 사업장에도 위와 같은 주휴 규정이 적용된다.

즉, 주 40시간의 범위 내에서 근로형태가 통상적이고 규칙적인 경우에는 정상근로일의 소정근로시간수를 산정하여 지급하되, 4인이하 사업장에서 1일 8시간, 1주 40시간을 초과하여 근로하기로 약정한 경우에도 1일 8시간분에 해당하는 주휴수당을 지급하면 될 것이며, 근로형태 및 일별 근로시간이 통상적이지 않은 경우에는 주40시간에 비례하여 산정한 주휴수당을 부여하면 된다(근로기준정책과-5106, 2016.8.17).

여기서 잠깐! **4인이하 사업장의 주휴 산정에 대한 다른 의견**

소정근로시간이란 근로기준법 제50조에 따른 법정기준근로시간 범위 내에서 근로자와 사용자가 정한 근로시간을 말하나, 상시근로자가 5명 미만인 사업장은 법정근로시간이 적용되지 않으므로 당사자간 일하기로 약정한 시간이 소정근로시간이다. 따라서 1일 10시간 근로하기로 약정한 경우에 1주간 소정근로일을 개근하였다면 10시간분의 통상임금이 주휴수당으로 지급되어야 한다는 실무상의 견해도 있어 소개한다.

만일, 5인 미만 사업장이 1일 10시간씩 1주일에 6일간 근무하는 사업장이라면 주휴수당은 4주 평균 1일 소정근로시간은 10시간((10시간×6일×4주)/24일)이므로 10시간분의 주휴수당(70,000원)을 지급하면 되고, 다른 근로조건 모두 동일하나, 1일 소정근로시간을 8시간으로 정하고 매일 1일 2시간씩 추가로 연장근로 하기로 정한 경우(실제로는 종전과 같이 10시간 근무)라면 4주 평균 소정근로시간인 8시간((8시간×6일×4주)/24일) 분, 즉 56,000원을 지급하면 된다는 의견이 있다.

행정해석은 소정근로시간은 근로자수와 상관없이 1일8시간을 적용하여야한다는 입장이고, 다른 의견은 4인이하 사업장은 법정근로시간이 적용되지 않으므로 1일8시간을 적용할 필요가 없다는 입장에서 차이가 있다.

실무 Tip

유급 주휴시간은 몇 시간을 부여해야 하는지 알아보기

현행 근로기준법에는 유급주휴를 몇 시간으로 할 것인지에 대한 규정은 없으며, 판례도 이와 직접 관계된 것은 없다. 다만 행정해석은 '소정근로시간', '정상근로일의 소정근로시간' 을 유급으로 하도록 하고 있다.

(1) (유급)주휴의 근거(근로기준법 제55조)

사용자는 근로자에 대하여 1주일에 평균 1회 이상의 유급휴일을 주어야 한다.

(2) 주휴의 의미

주휴일은 근로자가 사용자의 지휘명령으로부터 완전히 이탈되는 날을 말하며 근로자의 건강유지와 문화적 생활의 향상을 위하여 마련된 것으로 전세계적으로 보편화되어 있는 제도로서, 1회의 휴일은 달력상의 24시간(오전0시에서 오후12시)을 의미하는 것이지만, 3교대 작업을 하는 경우에 있어서는 계속 24시간의 휴일을 주게 된다(대법원 1979.10.16, 79다1489).

(3) 산정 원칙

① 1일 단위의 소정근로시간은 8시간을 원칙으로 한다.

② 월 소정근로시간 계산시 1일의 소정근로시간과 월소정근로일수에는 평균개념을 사용한다.

③ 소정근로시간은 법정근로시간의 범위 내에서 근로자와 사용자간에 정한 근로시간이다.

④ 일급통상임금은 시간급 금액에 1일의 소정근로시간을 곱한 금액으로 한다.

(4) 행정해석

① 주휴수당으로 지급되는 임금의 범위는 당해 사업장의 근로시간이 법정근로시간을 초과하는 경우에는 법정근로시간에 대한 임금을, 근로시간이 법정근로시간보다 적은 경우에는 소정근로시간에 대한 임금으로 한다(근기 01254-5392, 1987.4.2).

② 유급휴일, 연월차휴가의 유급임금을 특정일 구분 없이 정상 근로일의 소정근로시간을 기준으로 산정하여 지급하는 것이므로 1일 8시간을 기준으로 하여야 할 것이다(근기 01254-14463, 1990.10.17).

(5) 주휴시간 산정

① 월~금(8시간)인 경우 : 8시간

② 월~금(7시간), 토요일(5시간인 경우) : 7시간, 정상근로일의 소정근로시간을 주휴로 부여한다.

③ 월~토(6시간40분)인 경우 : 6시간40분

※ 다만 이 경우 동일한 월급액일지라도 근로형태에 따라서 시간당 통상임금이 달라지나, 이는 근로형태의 차이, 즉 정상일의 소정근로시간에 다르기 때문에 나타나는 결과로서 불가피하다고 본다.

(6) 주휴수당 산정

월급제에 있어서 주휴시간이 작아질수록 시간당 통상임금이 많아진다. 예를 들어 월급 100만원이라고 가정하고,

① 정상근로시간이 8시간인 경우 : 주휴시간은 8시간이며, 주휴수당은 8시간×4,807원 =38,456원이다.
100만원/208.7=4,807원
{(40+8)×52주+8시간}/12=208.7

② 정상근로시간이 7시간인 경우 : 주휴시간은 7시간이며, 주휴수당은 7시간×4,902원 =34,314원이다.
100만원/204.3=4,902원
{(40+7)×52주+7시간}/12=204.3

③ 정상근로시간이 6시간 40분인 경우 : 주휴시간은 6시간40분이며, 주휴수당은 6시간40분 ×4,950원=33,000원이다.
100만원/202.8=4,950원
{(40+6시간40분)×52주+6시간40분}/12=202.8

20. "지각을 많이 하면 주휴수당을 못 받나요?"

평소 아침잠이 많은 S군은 습관을 고쳐보겠다며 새벽에 출근하는 회사에 입사했다. 그런데 하루가 멀다 하고 지각을 하니 사장님은 "일주일간 지각 시간을 합산하여 8시간이 되면 하루 결근한 걸로 간주하고, 주휴수당도 없으니 그리 아세요." 라고 말했다. 지각을 많이 한다고 해서 결근한 것으로 볼 수 있을까

해결 Point

일주일간의 지각 또는 조퇴 시간을 합산하여 8시간이 되면 1일 결근으로 간주하여 유급휴일수당을 지급하지 않아도 되는지에 대해 근로기준법 제55조 및 동법 시행령 제30조에 따라 사용자는 1주일을 개근한 근로자에 대하여는 1일의 유급휴일을 주어야 한다고 명시하고 있다. 이때 개근이란 근로제공의 의무가 있는 소정근로일에 결근하지 않는 것을 의미한다. 따라서 1주일간의 지각 또는 조퇴시간을 합산하여 8시간이 되더라도 지각 또는 조퇴는 결근이 아니므로 1일을 결근 처리

하여 개근일수에 영향을 줄 수 없다(근로기준과-5560, 2009.12.23).

실무 Tip

근로기준법상 유급 주휴일은 주 소정근로일을 개근한 경우에 해당한다. 그런데 실무에서는 개근이라는 단어를 만근이라는 의미로 잘못 이해하고 있다.
개근이란, 근로제공의무가 있는 날 즉, 소정근로일에 결근하지 않는 것을 말하며, 결근이란 소정근로일에 근로자가 임의로 출근하지 않은 것을 말한다. 따라서 지각이나 조퇴가 있더라도 당일 출근을 하였다면 결근으로 볼 수 없다(근기 1451-21279, 1984.10.20).
반면 만근이란, 사전적으로는 일정한 기간동안 하루도 빠짐없이 출근한 것을 말하는데 실무에서는 결근하지 않은 것은 물론이고 출근하더라도 지각이나 조퇴 등도 없이 소정근로시간을 모두 채운 것을 의미하는 용어로 사용되고 있다. 구체적으로 만근이 무엇을 의미하는지 노사 당사자가 자율적으로 정할 수 있으며, 만근 여부에 관한 구체적 판단기준이 없는 경우에는 규정의 취지, 당사자의 의사, 그간의 관행 등을 종합적으로 고려하여 판단해야 할 것이며 노조법 제34조에 따라 노동위원회에 의견 제시를 요청할 수 있다(근기 68207-2453, 2002.7.11).
취업규칙 등에서 "주3회 이상 지각이나 조퇴를 하면 1일 결근으로 본다."는 규정을 두고 해당 주의 주휴수당을 지급하지 않는 경우를 보게 되는데 이것은 근로기준법 상의 개근을 만근으로 잘못 이해한 것이다. 다만, 단체협약이나 취업규칙 등에서 "질병이나 부상외의 사유로 인한 지각, 조퇴 및 외출은 누계 8시간을 연차유급휴가 1일로 계산한다."라는 규정을 두는 것은 당해 사업장 근로자의 인사 복무관리 차원에서의 노사간 특약으로 볼 수 있으며 해당자가 부여받을 수 있는 연차유급휴가일수에서 공제하는 것이므로 근로기준법에 위반된다고 볼 수 없다(근기 68207-157, 2000.1.22).

21. "1주일만 근무하고 그만두더라도 주휴수당을 받을 수 있나요?"

□□편의점에서 알바를 시작한 R씨는 월요일 입사하여 금요일까지 일을 하고 사정이 생겨 일을 그만두었다. 사장님께 주휴수당 얘기를 꺼냈더니 사장님은 R씨는 1주일이 안되었으니까 주휴수당이 없다고 말한다.

해결 Point

사용자는 근로자에게 1주일에 평균 1일 이상의 유급 휴일을 주어야 한다(근로기준법 제55조). 여기서 1주일이라 함은 특정일을 기준으로 하여 연속한 7일의 기간을 의미하는 것으로 반드시 월력에 의한 일요일부터 토요일까지로 해야 하는 것은 아니다.

주중인 화요일부터 근로를 제공한 경우 근로계약, 취업규칙 등에서 일정한 날을 주휴일로 특정하지 않았다면 근로제공일로부터 연속한 7일의 기간 중에 1일을 주휴일로 부여하여야 한다.

일요일이 주휴일인 사업장에서 1주 소정근로일(월~금)을 개근하고 퇴사하는 경우 비록 1주 소정근로일을 개근하였으나 다음 주 근무가 계속되지 않고 종료되는 것이므로 주휴수당은 발생하지 않는다. 그런데 수요일부터 다음 주 화요일까지 근무하기로 하고 출근한 경우 일요일은 회사 규정에 따라 주휴일로 부여되어야 하며 주휴수당도 1주 소정근로일(수목금월화)을 개근하는 경우에 발생하는 것으로 해석된다.

실무 Tip

R군의 경우 주휴일이 일요일이라고 하였을 때, 월요일부터 금요일까지 근무를 하여 1주 소정근로일을 개근하였지만 다음 주 근무가 계속되지 않은 채 종료되었기 때문에 주휴수당은 받기 어렵다. 편의점이나 PC방 등 아르바이트 학생들이 단기간 근무 후 주휴수당 산정 문의가 상당히 많은 편인데 회사의 주휴일이 언제인지를 알고 문의한다면 보다 구체적으로 상담을 받을 수 있다.

22. “시급에 주휴수당을 포함하여 줄 수 있나요?”

방학기간 중 알바를 찾던 W는 □□마트에서 시급 1만원을 준다는 채용 공고를 보고 깜짝 놀랐다. 시급이 높았기 때문이다. 그런데 막상 근로계약서를 쓰려고 하니 이상한 점을 발견했다. “시급 1만원에 주휴수당 포함되어 있음.”사장님은 신경쓰지 말고 서명하라고 했다. W는 고민을 하다가 고용노동부 상담센터에 전화를 하여 상담을 요청했다.

해결 Point

사용자는 임금의 구성항목, 계산방법, 지급방법, 소정근로시간, 휴일, 휴가 등의 사항을 명시하여야 한다(근로기준법 제17조). 임금, 근로시간, 휴가 등에 대해 막연하게 명시하면 안 된다. 시급에 주휴수당을 포함하여 지급할 수 있다는 법적 근거는 없다. 그러므로 근로계약서나 임금 대장에 시급과 주휴수당이 명시적으로 구분되도록 하여야 한다. 만일 그렇게 하지 않았다면 위와 같은 사례에서는 시급과 주휴수당이 포함된 시급 1만원이 통상임금이 되어 통상임금을 기준으로 산정하는 모든 수당(해고예고수당, 휴업수당, 유급휴일수당, 연장 야간수당 등)을 산정하여 지급해야 한다.

만약 1주 동안 개근 여부와 상관없이 주휴수당을 시급에 포함하여 지급하기 위해서는 근로계약서상 시급과 주휴수당이 명시적으로 구분되어 있어야 하고, 근로자의 사전 동의를 받아야 한다. 또한 금액 계산시 근로자에게 불이익하지 않아야 한다. 예를 들어 기본 시급이 7,000원이라면 주휴수당 1,400원을 포함하여 시급 8,400원(기본시급 7,000원, 주휴수당 1,400원)으로 명시하여야 한다. 1,400원=1일 주휴수당(7,000원×8시간)÷40시간

여기서 잠깐! 주휴수당 행정해석

시급제에 수당이 혼합된 형태의 임금을 지급받고 있는 근로자에 대한 주휴수당 산정방법(근로조건지도과-2455, 2008.7.8)

1. 질 의

○○(주) 생산직 시급제 근로자의 경우 기본시급이 5,000원이고, 기본급 이외에 직책수당, 자격수당 등(이하 월고정수당)을 별도로 10만원씩 매월 지급하고 있으며, 동사 취업규칙에 이 수당은 통상임금에 포함된다고 정하고 있으나, 법정수당을 제외한 주휴수당은 기본시급으로 산정하여 지급하고 있는데,

- 이 경우, 유급주휴일(8시간)의 주휴수당을 기본시급으로 산정하여 40,000원으로 지급하면 되는지, 아니면 기본시급에 직책수당 등을 모두 시급으로 환산하여 포함한 통상임금을 기준으로 산정해야하는지 여부(단, 주휴수당에 관하여 취업규칙 및 근로계약에는 '근로기준법에 준한다.'라고 되어 있으며, 노사간에 따로 협의된 것은 없다.)

〈갑설〉 현행 근로기준법에서는 유급 주휴일에 지급하도록 규정된 임금의 산정방법에 관해서 아무런 규정도 두지 않고 있어 통상임금으로 지급하면 될 것이고, 단체협약이나 근로계약 등 노사간에 그 임금 산정방법을 별도로 정하고 있다면 그에 따라 산정한 임금을 주휴수당으로 지급하면 될 것이기 때문에, 주휴수당을 통상임금으로 지급할 경우, 통상임금에 포함되는 월고정수당을 시급으로 환산하여 기본급에 합산한 금액 즉 통상임금(시급)으로 지급하여야 되며, 이때 월고정수당을 유급휴일시간을 포함한 월 소정근로시간으로 나누어 통상임금(시급)으로 산정하도록 하고 있어, 월고정수당에는 이미 주휴수당이 포함되어 있다고 보아야 할 것이다. 따라서 위 사례의 경우 통상임금(시급)이 아닌 기본시급으로 주휴수당을 산정하여 주휴수당을 지급해도 무방하다.

〈을설〉 지침(근기 01254-5392, 1987.4.2)에 따르면 주휴수당은 통상임금으로 지급하는 것이 타당하고, 통상임금산정에 대해서는 지침(임금 32240-4770, 1990.4.3)에 따르면 기본급 이외의 월고정수당인 직책수당 등은 유급휴일시간을 제외한 실제근로시간으로 나누어 산정하는 것이 타당하므로 따라서 위 질의에 대한 주휴수당은 기본 시급이 아닌 통상임금(시급)으로 산정해야 한다.

2. 회 시

근로자에 대한 임금을 월급금액으로 지급할 경우 특별한 사정이 없는 한 월급금액에는 유급휴일에 대한 임금도 포함된 것으로 볼 수 있으며(대법원 1994.5.24, 93다32514), 시급제 사원이 기본시급과 함께 매월 고정수당을 월급의 형태로 지급받는 경우, 그 고정수당 중에는 유급휴일에 대한 임금의 성격을 갖는 부분도 포함되어 있는 것으로 보는 것(대법원 1998.4.24, 97다28421)이 판례의 입장이다.

따라서 질의 내용처럼 기본시급과 매월 고정수당을 월급으로 지급받는 경우에는 그 고정임금(수당)에 주휴수당이 포함된 것으로 보는 것이 타당하다("갑설").

실무 Tip

시급에 주휴수당을 포함하여 산정하는 방식은 언뜻 시급이 많게 보이기 위한 편법이거나 주휴수당을 별도로 계산하지 않아도 되는 관리의 편리성 때문이다. 하지만 법적 근거가 없고 임금산정의 최소 단위로 볼 수 있는 시급에 주휴수당을 함께 반영하는 것은 취지에도 맞지 않으므로 시급과 주휴 수당을 별도로 명시하는 것이 바람직하다.

〈해 고〉

23. "폐업하는데 해고예고를 해야 하나요?"

적자 할인마트를 운영하던 김사장님은 지속되는 적자를 버티지 못하고 폐업을 결정했다. 폐업 결정 후 직원들을 한자리에 모아 이달 말에 폐업을 할 예정이니 다른 일자리를 알아보라고 통보한다. 대다수 직원들은 회사의 어려운 사정을 이해하고 일한 날까지의 임금을 정산하여 받고 마트 폐업 전 퇴사를 하였으나 배달원 L씨는 폐업을 하더라도 법에 보장된 해고예고수당을 달라고 한다.

해결 Point

폐업을 하게 되면 사업장이 없어지는 것이므로 근로관계가 자동으로 종료되고, 해고예고의무의 부담은 없다고 여기기 쉽다. 하지만 근로기준법은 회사가 천재지변이나 그 밖의 부득이한 사유로 사업을 계속하는 것이 불가능한 경우에 한해 해고예고를 하지 않을 수 있다는 단서를 두고 있다.

행정해석은 법인의 해산이나 폐업 등의 경우에는 일반적으로 그 폐업이 예정된다는 점에서 해고예고가 필요하다고 해석한다. 회사가 도산되었다고 하더라도 근로자를 해고하고자 할 때에는 해고예고를 해야 한다(근기 1455-13061, 1981.4.28). 하지만 근로기준법 제 26조 단서의 부도로 인한 사실상 도산 상태로 인해 '부득이한 사유로 사업계속이 불가능한 경우'에 해당된다면 해고예고수당 지급의무는 없는 것으로 해석될 수 있다(근기 68207-2319, 2000.8.2).

그 밖의 부득이한 사유로 인하여 사업 계속이 불가능한 경우는 중요 건물, 설비, 기계 등의 소실과 같은 돌발적이고 불가항력적인 경우를 말하며 불황이나 경영난은 포함되지 않는다. 따라서 단순히 경영상의 이유에 의한 폐업 등은 위 사유에 해당하지 않으므로 해고예고를 하여야 한다.

따라서 적자할인마트 김사장님은 직원들을 전체에게 폐업을 예정하고 미리 폐업시점을 고지했다고 하더라도 배달원 L씨에게 특정하여 해고 일을 명시하여 고지하지 않았다면 해고예고를 유효하게 하지 않은 것이므로 30일분 이상의 통상임금(해고예고수당)을 지급하여야 한다.

참고로 판례는 물적 기반인 기업시설 전체가 법원 경매로 타인에게 양도되면 사용자가 폐업처분이나 해고처분을 하지 않아도 특별한 사정이 없는 한 근로관계는 종료되며, 이러한 경우라도 사용자는 퇴직금과 함께 사전에 해고의 예고를 하지 못한 사람에게 해고 수당을 법정기일 내에 지급해 줄 의무가 있다고 한다(대법원 1998.2.9, 87도2509).

실무 Tip

노동청 진정시 회사 폐업의 경우 해고예고의무가 없는 것처럼 안내되는 경우도 있다. 이 경우 위의 행정해석을 제시하여 갑작스러운 도산이 아닌 한 해고예고수당이 지급되어야 하는 것이 원칙임을 주장해야 한다.

24. "근로자가 명백히 잘못한 정당한 해고인데도 해고예고를 해야 하나요?"

□□운수에서 차량 기사로 근로하여 오던 Z씨는 근로계약기간이 한 달 가량 남아 있었는데 해고 통보를 받았다. 사장님은 Z씨가 정당한 배차 지시에 불응하고 운행 사항에 대해서 보고도 철저히 하지 않았고, 접촉 사고를 내 회사에 손해를 끼쳤다며 도저히 일을 계속 하는 게 불가능하다고 판단되어 해고한다는 문서를 보냈다고 한다. 사장님은 30일 전에 예고하지 않고 바로 해고한 사실은 인정하지만, 근로자의 귀책사유가 있으니 문제없다고 주장하고, Z씨는 억울하다며 도움을 요청했다.

해결 Point

해고예고의무는 해고의 정당성 유무와 별개의 사안이다. 즉, 해고예고제도는 해고의 정당성을 판단하는 기준과는 관련이 없다. 해고예고의 취지가 해고의 절차적 정당성 요건이 아니라 해고에 따른 근로자의 생계나 구직활동을 지원하기 위한 것이기 때문이다. 하지만 즉시 해고를 할 수 있는 경우도 있다. 근로자에게 책임 있는 사유가 있는 경우이다.

해고예고를 하지 않아도 되는 근로자의 귀책사유로는

① 납품업체로부터 금품 또는 향응을 제공받고 불량품을 납품받아 생산에 차질을 가져온 경우

② 영업용 차량을 임의로 타인에게 대리운전하게 하여 교통사고를 일으킨 경우

③ 사업의 기밀 기타 정보를 경쟁 관계에 있는 다른 사업자 등에 제공하여 사업에 지장을 가져온 경우

④ 허위 사실을 날조 유포하거나 불법 집단행동을 주도하여 사업에 막대한 지장을 가져온 경우

⑤ 영업용 차량 운송 수입금을 부당하게 착복하는 등 직책을 이용하여 공금을 착복 장기 유용 횡령하거나 배임한 경우

⑥ 제품 또는 원료 등을 절취 또는 불법 반출한 경우

⑦ 인사 경리 회계 담당 직원이 근로자의 근무 상황 실적을 조작하거나 허위 서류 등을 작성하여 사업에 손해를 끼친 경우

⑧ 사업장의 기물을 고의로 파손하여 생산에 막대한 지장을 가져온 경우

⑨ 기타 사회 통념상 고의로 사업에 막대한 지장을 가져 오거나 재산상 손해를 끼쳤다고 인정되는 경우이다.

이 사례에서 해고예고 규정이 적용되지 않는지 여부는 당해 직원의 업무의 특성, 비위 행위 동기 및 고의 여부, 위반의 정도로 인해 인명 피해 우려 또는 재산상 손해 정도 등을 종합적으로 판단해야 하며 귀책사유 여부는 사용자가 입증해야 한다. 사회 통념상 차량 운전자의 단순 접촉 사고가 재산상 손해를 끼쳤다고 볼 수 없고 명령 불복이 근로를 계속할 수 없을 정도라고도 보여 지지 않으므로 즉시 해고 사유는 해당 되지 않으며 해고예고수당을 지급하여야 한다.

25. "나가"라는 말을 듣고 "알았다"며 직원이 그만뒀는데 해고인가요?

입맛이 둔한 V씨는 한식 전문 식당에 취업을 했다. 사장님은 내일 김장 김치를 담가야 하니 일찍 나오라고 지시했다. 그런데 V씨는 일이 있어 못 나오겠다고 했다. 사장님은 평소 V씨에 대해 탐탁지 않게 생각하고 있던 차에 "내일 못 나올 거

면 아예 나오지 마세요."라고 말을 했다. V씨는 재차 확인 후 사장님이 그렇게 말씀하시니 "네 알겠습니다."하고 나가버렸다. 다음날 V씨는 출근을 하지 않고 노동청에 해고예고수당을 청구하는 진정서를 제출했다.

해결 Point

근로자가 사직서를 제출하지 않더라도 구두에 의한 의사표시, 행동이나 정황(출근 거부, 퇴직금 수령, 구직 활동, 물품 반납 등)을 통해 근로관계를 지속하고자 하는 의사가 없다고 판단되는 경우에는 사직의 의사표시가 있었던 것으로 인정된다.

하지만 사직인지, 해고인지 여부가 다투어지는 상황에서 근로자의 구두에 의한 의사표시 행동 정황까지 검토하였음에도 불구하고 사직의사표시에 대한 존재여부가 불명확한 경우 입증을 누가할 것인지 문제가 된다.

기억해야 할 점은 사용자는 근로자에 의한 사직의 의사표시가 있었음을 증명해야 하고(대법원 2009.1.5, 2008두18397), 근로자는 사용자에 의한 해고처분이 존재했다는 것을 증명해야 한다는 것이다.

실무 Tip

근로관계 종료 원인에 대한 입증 책임에 대해 판례는 근로자의 사직서 제출이 없더라도 구두에 의한 의사표시 및 행동이나 정황(출근 거부, 사용자의 연락 및 독촉 여부, 사직서 제출 촉구 여부, 퇴직금 수령, 구직활동 및 취업 여부, 물품 반납 등)을 통해 근로관계를 지속하고자 하는 의사가 없다고 판단되는 경우, 사직의 의사표시를 인정하는 경향이 있다.

그런데 합의 해지(또는 자진사직)인지 해고인지 여부가 다투어지는 상황에서 근로자의 구두에 의한 의사표시, 행동, 정황까지 검토하였음에도 불구하고 사직의 의사표시에 대한 존재 여부가 불분명한 경우, 근로자가 사직의 의사표시가 없었음을 증명해야 하는지 아니면 사용자가 근로자가 사직의 의사표시가 있었음을 증명해야 하는지가 문제된다.

사직의 의사표시가 존부가 불분명한 경우(근로자 측은 해고라고 주장하지만 사용자측은 사직이나 합의해지라고 주장하고 있는 경우) 다수의 판결 취지에 비추어 볼 때, 양 당사자의 지위와 입증의 부담을 고려하면 사용자측에게 근로관계의 종료 원인이 사직이나 합의해지라는 점에 대한 입증 책임이 있다고 본다(대법원 2016.2.3, 2015두53237).

물론 이 경우 해고처분의 존재(사용자의 일방적 의사에 의해 근로계약관계를 종료시키는 행위를 하였다는 점)에 대해서는 법률요건분류설에 따라 근로자가 주장 입증해야 할 것이다(대법원 2015.11.26, 2015두51088).

여기서 잠깐! **해고 관련 판례 돋보기**

(1) 구두, 행동, 정황 등을 통해 사직의 의사표시를 인정한 경우

① 근로자가 징계 감봉 처분을 받고 급여가 적다는 이유로 2차례에 걸쳐 구두로 사직의 의사표시를 하고 이후 업무 미배정에 대해서도 별다른 이의를 제기하지 않은 경우, 이는 합의 해지에 의해 근로관계가 유효하게 종료되었다(서울행정법원 2015.11.26, 2005구합22654).

② 근로자가 근로조건의 향상을 주장하면서 근로조건이 충족되지 않는다면 출근할 수 없다고 통보한 뒤 회사를 떠나 이후 출근하지 않음에 따라 회사가 사직처리를 한 것은 합의 해지되었다고 봐야 한다(서울고등법원 2008.11.7, 2008누16430).

③ 근로자가 사용자로부터 성과급 및 퇴직일자가 기재된 감사패를 이의없이 수령하고 자신이 사용하던 열쇠를 반납하였으며 구직활동까지 한 사실이 있는 경우에는 근로계약을 종료하기로 하는 합의가 있었던 것으로 보인다(서울고등법원 2009.1.7, 2008누22787).

④ 근로자가 그만두겠다는 의사표시를 하였으며, 사용자가 사직을 권고하자 임금을 지급받은 후 출근하지 않았으며, 사용자는 근로자가 퇴직한 후 후임 근로자를 채용한 경우 근로관계가 합의에 의하여 종료된 것이다(서울행정법원 2005.10.27, 2004구합38207).

⑤ 근로자가 출근하지 않은 상태에서 회사로부터의 연락을 일체 응하지 않았으며, 퇴직 후 얼마 지나지 않아 다른 회사에 취업한 것 등을 비추어 볼 때, 스스로 회사를 퇴사한 것으로 봄이 상당하다(서울행정법원 2011.2.18, 2010구합 18024).

(2) 사직의 의사표시 존재에 대한 증명 책임을 사용자에게 있다고 본 경우

① 대표이사는 근로자가 구두로 사직의 의사를 하였다고 주장하고 근로자는 부인하는 사직의 의사표시 존재 여부에 대한 다툼이 있는 상황에서 근로자가 사직을 할 합리적인 이유 및 사직에 따른 후속 조치를 취했다는 사용자의 증명이 없다는 이유로 사직의 의사표시의 존재를 부정하였다(대법원 2009.1.15, 2008두18397).

② 근로자가 원고가 되어 재심판정의 취소를 구한 사안에서 원고가 사직을 할만한 동기가 전혀 발견되지 아니하고 근로자의 사직의 의사표시에 대한 사용자의 증명이 없다는 이유로 사직의 의사표시의 존재를 부정하였다(서울행정법원 2008.5.23, 2007구합39120).

(3) 정황으로 보아 해고처분이 있었던 것으로 볼 수 있는 경우

① 사용자가 근로자에게 "내일부터 나올 필요가 없다."고 말하였고, 해고한 사실이 없음을 알리는 의사표시를 하지 않았으며, 근로자가 사직의 의사표시를 하지 않았고, 근로자가 출근하지 않게 된 경위에 대해 당사자간 다툼이 있으나, 사용자가 근로자에게 출근 지시나 사직서를 제출하라는 등의 후속 조치를 한 사실이 없는 경우 이는 사용자의 일방적 의사에 따른 근로계약의 해지이다(서울행정법원 2001.1.28, 2010구합31195).

② 원감으로 채용한 뒤 해당 근로자를 보직 교사로 보직 변경한 후 근로자에게 급여 감액 등의 불이익을 주었고, "해고장 써 줄 테니 나가라."라는 취지의 말이 다소 흥분된 상태에서 한 것이라고 하더라도 근로자를 근무하지 못하게 하려는 의사를 드러내고, 근로자를 연금관리공단에 퇴직자로 신고한 경우 이는 근로자를 해고한 것으로 봐야 한다(대법원 2010.3.11, 2009두28051).
③ 인사위원회에서 사직 처리가 결정될 때까지 출근하지 않은 것은 무단 결근으로 징계 사유가 존재하나, 근로자가 해고 여부를 확인하기 위해 노력하였고, 사용자의 긍정적인 답변이 없는 상태에서 해고 통보를 받았다고 판단한 근로자로서는 계속 출근하기 어려웠을 것이며, 계속 복직을 위해 노력하였음에도 사용자는 근로자에게 소명 기회도 주지 않은 채 근로자의 사직 의사표시가 있는 것으로 간주하여 사직 처리한 경우 이는 정당한 이유 없는 부당해고이다(서울고등법원 2005.6.23, 2004누13587).

여기서 잠깐! **퇴직의 효력 발생시기 돋보기 (예규 제2012-51호)**

<table>
<tr><th colspan="2">퇴직 의사</th><th>발생시기</th></tr>
<tr><td colspan="2">근로자가 퇴직의 의사표시(사표제출)를 행하여 사용자가 이를 승낙(사표수리)한 경우</td><td>수리한 때</td></tr>
<tr><td colspan="2">단체협약, 취업규칙 등에 특약이 있는 경우</td><td>특약의 시기</td></tr>
<tr><td rowspan="3">근로자의 사표를 회사가 수리하지 않는 경우</td><td>임금을 월급제 등 기간급으로 정한 경우
(민법 제660조제3항)
- 월급제 근로자</td><td>사표를 제출한 당기(월급제인 경우 그 달) 후의 1 임금지급기(그 다음달)가 경과하면 효력 발생</td></tr>
<tr><td>임금을 기간급으로 정하지 않은 경우
(민법 제660조 제2항)
- 시급제, 일급제 근로자</td><td>사용자가 근로자의 의사 표시를 통고받은 날로부터 1월이 경과될 때까지 효력이 발생되지 않음.</td></tr>
<tr><td colspan="2">예를 들어 월급제 근로자의 임금산정기간이 매월 1일부터 말일까지일 경우 근로자가 3.10에 사직서를 제출했을 때 근로계약 해지의 효력은 5.1(당기 후 즉, 3월이 지나고 다시 1임금지급기 즉, 4월이 경과한 날)에 발생한다.</td></tr>
</table>

26. "회사와 안 맞으니 좋은 자리 있으면 다른 회사에 취업하라는데, 해고인가요?"

영세 사업장에서 사장님과 직원간의 불분명한 의사표시로 인해 해고인지 여부 자체가 문제가 되는 경우가 빈번하다. 흔히 "우리 회사랑 안 맞는 것 같으니 좋은 자리 있으면 알아봐라"는 식의 두루뭉술한 사직의 권유만으로 해고에 해당하는지가 문제된다.

해결 Point

사용자가 "좀 더 수월한 자리를 알아봐라, 사람을 구할 때 까지만 나와라"라고 말을 한 경우 사용자의 발언에 대해 근로관계를 종료하고자 하는 의사였던 것은 인정되지만 근로자의 의사에 반하여 일방적으로 강행했다는 것인지 명확하지 않고 일정기간의 유예를 두고 근로관계 종료의 의사를 타진한 것으로 보아 근로관계 종료의 확정적인 의사로 보기 어렵다(서울행정법원 2010.4.28, 2009구합23495).

빈번한 사례 중 하나가 회사가 경영상 이유로 어려워지자 관리부장이 "회사를 그만두라"라는 취지로 말을 한 경우 해고에 해당하는지 여부이다. 하지만 법원은 관리부장이라는 직책이나 업무 권한 등만 가지고서 그의 말이 곧바로 대표이사의 그것과 동일시하기 어려워 해고한 것으로 볼 수 없다(서울행정법원 2007.6.18, 2006구합17390)고 한다.

실무 Tip

사용자가 근로관계 종료의 의사를 가지고 근로자에게 사직을 권유했더라도 강압이나 협박에 이를 정도가 아니라면 그 의사표시만으로 해고라고 단정할 수는 없고, 근로자는 사용자의 권고에 대해여 해고 의사를 재차 확인하거나 다음 날(근로일)에도 계속 출근함으로서 거부의사를 명백히 하여야 한다.

또한 "내일부터 나오지 마라"는 식으로 직설적으로 말한 것인지 "좋은 회사 있으면 퇴직해도 좋다"라는 식으로 우회적으로 말한 것인지 구분할 필요가 있다. 해고 통보의 내용은 구체적이어야 한다. 왜냐하면 "좋은 회사가 있으면 퇴직해도 좋다"는 식의 말은 해고 통보가 아니라 근로자에게 기회를 제공한 것에 불과하여 퇴직의 선택권이 근로자에게 있으므로 해고가 아니라고 보아야 하기 때문이다. 이 경우 근로자는 반드시 해고의 의사표시인지 문자 등으로 재차 확인한 후, 사용자에게 서면으로 해고통보서를 요청하는 것이 좋다. 해고사실은 근로자가 입증하게 되므로 추후 중요한 입증자료가 될 수 있다.

27. "부당해고 구제 신청으로 권리구제를 받았는데 해고예고수당을 별도로 청구할 수 있나요?"

해고예고 없이 해고당한 근로자 Q씨는 노동위원회를 통해 부당해고로 인정받았다. 원직 복직 및 해고 기간 동안의 임금 상당액도 지급받았다. 이후 Q씨는 해고예고 없이 해고를 해서 마음 고생한 세월이 억울해 사장님을 해고예고를 하지 않고 해고했다면서 노동청에 진정서를 제출하였다.

해결 Point

해고예고 제도의 취지는 근로자가 갑작스런 해고로부터 생활의 위협을 줄이고자 최소한의 시간적 여유를 부여하거나 그 기간 동안의 생계비를 보장하여 근로자의 경제적 어려움을 완화하고자 하는 것이다. 다만 해고예고의무 규정은 단속규정이므로 해고예고를 하지 않았다고 하더라도 사용자가 형사처벌을 받는 것은 별론으로 하고 해고의 효력에는 영향을 미치지 않는다. 따라서 추후 노동위원회로부터 부당해고로 인정받은 경우라 할지라도 해고예고를 하지 않은 행위에 대해서는 해고의 정당성 여부와는 별론으로 이미 법 위반이 발생한 것이므로 해고예고 의무 위반으로 사용자에 대한 처벌이 가능하다.

또한 사용자의 해고가 부당하여 원직 복직 및 해고 기간 임금의 원상회복이 이루어지거나 원직복직 대신 금전 보상을 받은 경우 제도의 취지상 해고에 대한 당사자간 다툼을 해소한다는 취지로 볼 수 있어 해고 자체가 무효가 되거나 금전 보상이 이루어진 경우 해고를 둘러싼 일체의 금전 문제는 원칙적으로 해소된 것으로 해석하는 것이 적절하다.

28. "이달 말까지 일하고 그만둔다고 했는데 당장 나가라고 하면 해고인가요?"

□□글로벌에서 경리로 근무 중인 D양은 임금이 제때 들어오지 않아 이달 말(7월)까지 근무하고 퇴사한다고 사직서를 제출(7.10)하였다. 이달 말이면 퇴직금도 나오고 연차유급휴가미사용수당도 청구할 수 있기 때문에 며칠 더 다니기로 한

것이다. 사장님은 알겠다고 하고 다른 사람 구할 테니 인수인계 잘하라고 지시했다. 다음 날 출근을 하니 사장님은 이달 말까지 기다릴게 뭐 있냐며 당장 그만두라고 통보를 했다.

해결 Point

사직원을 제출하면서 날짜를 지정하여 제출한 경우 이를 존중해야 하며(그렇다고 근로자가 지정한 날에 꼭 수리해야 하는 것은 아님), 승낙의 의사가 있었다면 그 날짜에 합의가 있었던 것으로 해석한다(서울고등법원 2003.8.22, 2002누14104).

근로자가 제시한 지정일 이전에 퇴직 조치하였더라도 지정일까지 출근한 것으로 보고 임금을 지급하였다면 적법한 퇴직 조치에 해당하고 임금을 지급하지 않은 경우에도 근로자가 아무런 이의 없이 퇴직금을 수령하였다면 부당해고로 볼 수 없다(대법원 1995.6.30, 94다17994).

실무 Tip

내일까지 그만둔다고 했고 사장님이 알겠다고 수용한 경우 의사의 합치가 되었으며 이후 일방적으로 즉시 나가라고 한다면 이는 해고의 문제가 생기며 해고예고수당을 지급하여야 한다. 다만, 내일까지 나간다고 했을 때 오늘까지만 하는 것으로 하자고 하고 서로 수용을 했다면 이는 권고사직에 해당될 수 있으므로 당사자간 어떻게 합의했느냐가 중요하다. 참고로 근로자는 근로관계를 자유롭게 종료시킬 수 있으나, 근로자가 지정한 날을 사용자가 반드시 수용해야 하는 것은 아니므로 퇴사일에 대한 사전고지 기간과 절차는 회사가 정한 내부 규정을 참조하는 것이 바람직하다.

29. "해고예고 기간 중에 결근했다며 즉시 해고할 경우 해고예고수당을 지급해야 하나요?"

□□산업에서 근무하던 외국인 근로자 E군은 무단결근을 자주 하였다. 회사는 내부 규정에 따라 2020.5.30 해고예고를 하고 2020.6.30까지만 근무하라고 했다. E군은 알겠다고 하고는 또 다시 결근이 반복되었다. 참다못한 사장님은 2020.6.20 당장 나가라고 통보를 했다.

해결 Point

해고예고 기간 중에 근로자의 결근을 이유로 즉시 해고한 경우라도 통상임금의 30일분 이상을 지급해야 한다(근기 1451-20718, 1984.10.12).

또한 해고예고수당 30일분 중 미경과한 해고예고일수에 해당하는 예고수당만을 지급하는 것이 아니라, 30일간 해고예고를 한 동 기간이 전부 경과되지 않은 상태에서 다시 해고를 하였을 경우에는 해고예고 자체가 무효가 되므로 30일분의 해고예고수당 전액을 지급하여야 한다.

실무 Tip

해고예고 기간 중의 결근을 무급으로 처리할 수 있으며, 적치된 연차유급휴가를 해고예고기간에 강제로 사용하도록 하는 것은 부당하다고 본다. 해고예고 기간 중 결근이나 잦은 지각 등 근태상 문제가 생긴다면 무노동 무임금 원칙에 따라 처리하는 것이 바람직하며, 이를 사유로 해고일자를 변경할 경우에는 해고예고수당이 새롭게 발생될 수 있다는 점에 주의하여야 한다.

30. "채용내정되었다가 취소되었는데, 해고예고수당을 받을 수 있을까요?"

○○학원에서 영어 강사를 모집한다고 하여 E씨는 입사 지원을 했다. 2017.6.26 면접을 보면서 원장은 2020.7.3부터 고등부 강의를 맡아 달라고 했다. 그 전에 프랜차이즈 학원이다 보니 사전 교육을 참석해야 하고, 졸업증명서, 성범죄 경력 조회를 제출하라고 했다. 그러다 2020.7.1 원장은 갑자기 강사로 채용할 수 없다고 하면서 다른 직장을 알아보라고 문자를 보냈다. 이전 학원에서 성희롱 등으로 안 좋게 소문이 난 것을 알았기 때문이다. E씨는 해고예고수당을 받을 수 있을까

해결 Point

채용내정은 통상적으로 본채용(정식채용) 상당기간 전에 채용할 자를 미리 선정하여 두는 것을 의미하고 채용내정계약이라 할 수 있기 위해서는 졸업, 학위취득, 서류 또는 서약서의 제출, 프로젝트의 완성 등 일정한 요건 충족을 전제로 하는 특별한 조건이 붙어야 함이 일반적이다(중노위2010부해710).

채용내정은 일정한 사유가 발생하는 경우 채용을 취소할 수 있다는 취지의 합의(채용내정통지서나 서약서에 기재된 취소 사유의 발생, 학교 미졸업 등을 해약사유로 유보)가 포함된 근로계약(해약권 유보 근로계약)이다. 즉 채용내정은 조건이나 기한 등의 부관이 붙어 있는 근로계약이라고 한다(근로계약성립설, 다수설, 판례).

채용내정에 있어서 근로계약의 성립시기는 지원자가 채용 시험에 응시하는 것을 청약으로 사용자에 의한 채용내정 통지를 승낙으로 보아야 하므로 근로계약은 채용 내정 통지를 발송한 때에 성립한다고 본다(민법 제531조).

근로계약 성립 이전 단계에서 채용내정이 취소되는 경우 즉 면접시험에 합격한 후 채용 시기나 임금등 근로조건 등에 관하여 회사와 구체적으로 약정한 사실이 없이 단지 임용 대기만 하였다면 근로자로 보기 어렵다. 다만 민사적인 손해배상 청구는 가능하다.

근로계약 성립 이후 채용내정이 취소된 경우는 근로기준법상 해고로 해석된다. 다만 정당한 사유의 판단에 있어서 채용내정의 정당한 취소 사유는 시용의 경우처럼 정식 근로자의 경우보다 그 정당성의 범위가 넓게 인정될 수 있다(대법원 1991.5.31, 90가합18673).

채용내정기간은 근로제공의무의 이행 시기가 도래하지 않은 것으로 볼 수 있으므로 근로제공을 전제로 한 규정들은 적용될 수 없다. 임금, 근로시간, 휴일, 휴가, 재해보상 등이다. 하지만 근로제공을 전제로 하지 않는 규정들은 적용된다. 균등처우, 근로조건의 명시, 해고의 제한, 해고의 예고 등이 있다.

실무 Tip

본채용의 거부 또는 취소에 있어서 해고예고제도가 적용되는지에 대해, 졸업이 불가능한 경우와 같은 특별한 사유가 존재하거나 해고예고 적용제외 사유에 해당하지 않는 한 채용내정기간이 3개월을 넘는다면 해고예고 제도가 적용되어야 할 것이다(최영우 개별노동법실무 2017년 p.164). 채용내정을 취소한 경우 이는 수습기간 중이라고 보아야 하고 근로관계가 효력을 발생한 날부터 6개월이 경과한 것도 아니므로 해고예고수당을 지급할 의무가 없다(서울고등법원 2000.8.25, 99나41055).

반면 채용내정일지라도 3개월 이내의 기간이라면 근로기준법 제26조의 해고예고 예외사유인 계속근로한 기간이 개월 미만인 자에 해당하므로 해고예고수당을 받기는 어렵다.

제4장

임금 보호와 임금체불 해결하기

1. 임금채권의 보호 방법

1-1. 임금지급의 원칙

관련 법령

근로기준법 제43조【임금지급】 ① 임금은 통화로 직접 근로자에게 그 전액을 지급하여야 한다. 다만 법령 또는 단체협약에 특별한 규정이 있는 경우에는 임금의 일부를 공제하거나 통화 이외의 것으로 지급할 수 있다.

② 임금은 매월 1회 이상 일정한 날짜를 정하여 지급하여야 한다. 다만 임시로 지급하는 임금, 수당, 그 밖에 이에 준하는 것 또는 대통령령으로 정하는 임금에 대하여는 그러하지 아니하다.

근로기준법 제43조에서는 근로자가 생계 수단인 임금을 확실하고 예상 가능하게 지급받을 수 있도록 하기 위해 통화지급의 원칙, 전액지급의 원칙, 직접지급의 원칙, 월 1회 이상 정기지급의 원칙을 규정하고 있다. 이들 원칙에 대해 자세히 살펴보기로 하자.

가. 직접지급의 원칙

(1) 원 칙

임금은 반드시 근로자 본인에게 직접 지급되어야 한다. 근로자가 직접 받게 하여 기초 생활을 보장하려는 취지이다. 근로자의 희망에 의하여 근로자가 지정한 은행 예금 계좌에 입금하는 것은 무방하다.

이러한 직접지급의 원칙은 예외를 인정하지 않는다. 근로자가 제3자에게 임금 수 령을 위임하거나 대리하게 하는 법률행위는 무효이다(대법원 1988.12.13, 87다카2803). 따라서 미성년자인 근로자의 부모님에게 지급해서도 안 되며, 근로자가 임금채권을 양도하였더라도 그 양수인에게 임금을 지급할 수 없다. 예를 들어 회사에서 임금을 제때 지급하지 않자 근로자가 답답한 마음에 “떼인 돈 받아드립니다.”라는 심부름 대행업체에 임금채권을 양도하는 계약을 하고, 대행업체에서 사업주한테 돈을 받아내게 하는 경우가 있는데 이는 직접지급의 원칙에 위배된다.

여기서 잠깐! **임금채권 양도**

임금채권의 양도를 금지하는 명문 규정이 없는 이상 임금채권은 원칙적으로 양도가 허용된다. 그러나 판례는 임금채권 양도를 금지하는 법률이 없으므로 임금채권 양도라는 실체적 권리는 인정되나, 근로자가 임금채권을 양도한 경우라고 할지라도 그 임금의 지급에 관하여 직접지급 원칙이 적용되어 사용자는 직접 근로자에게 임금을 지급하지 아니하면 안 되는 것이고 그 결과 비록 양수인이라고 할지라도 스스로 사용자에 대하여 임금의 지급을 청구할 수는 없다고 판시하였다(대법원 1988.12.13, 87다카2803).

(2) 예외(직접지급 원칙 위반이 아닌 경우)

(가) 법원 판결이나 공증 등에 따라 임금채권이 압류된 경우 사용자가 채권자에게 해당 분을 지급하거나 일괄 공제하여 납부하는 것은 허용된다(근기 01254-5205, 1987.3.31).

(나) 근로자가 병이 걸리거나 불가피한 사정이 있어서 배우자가 인감을 가지고 임금을 수령하는 것은 직접지급 원칙에 위배되지 않는다.

(다) 선박 소유자는 선원의 청구가 있거나 법령 또는 단체협약에 특별한 규정이 있는 경우 임금의 전부 또는 임금의 일부를 그가 지정하는 가족 또는 그 밖의 자에게 통화로 지급하거나 금융기관에 예금하는 등의 방법으로 지급하여야 한다(선원법 제48조). 실무에서는 사용자가 신용불량자인 근로자의 임금을 가족이나 다른 사람 명의의 통장으로 입금해 주는 경우가 있는데, 이는 직접지급의 원칙에 위반된다. 임금체불 진정사건에서 근로자는 자신이 직접 받은 돈이 아니므로 임금체불이라고 주장하기도 한다. 직접지급 원칙 위반에 대한 책임은 사업주에게 있으므로 사업주는 임금지급 시 법 위반이 없도록 주의해야 한다.

〈실무 사례〉

① 근로자가 소재 불명인 경우

근로자의 소재가 파악되지 않고 연락이 되지 않아 근로자에게 직접 임금을 지급할 수 없는 경우에는 임금 지급 준비를 완료하고 임금 수령을 촉구하면 된다.

② 근로자가 사망한 경우

근로자가 사망한 경우에는 근로자의 권리를 승계한 민법상의 상속자에게 지급해야 한다.

③ 임금채권을 양도한 경우
근로자가 임금 받을 권리를 다른 사람에게 넘겨줬다고 해도, 사용자는 그 다른 사람에게 임금을 지급해서는 안된다. 다만, 법원의 판결이나 이와 동일한 효력이 있는 공증 등에 따라 임금채권이 압류된 경우에는 채권자인 제3자에게 지급할 수 있다. 이 경우에도 압류금지 금액을 제외한 금액에 한하며, 압류금지에 해당하는 금액은 근로자에게 지급해야 한다.

여기서 잠깐! 임금 수준에 따른 압류금지 금액

임금수준	압류금지 금액
월 185만원 이하	압류할 수 없음
월 185만원 초과 월 370만원 이하	월 185만원
월 370만원 초과 월 600만원 이하	월 급여채권액×1/2
월 600만원 초과	월 300만원 + [{(월 급여채권액×1/2) – 월 300만원}×1/2]

나. 전액지급의 원칙

(1) 원 칙

사용자는 법령 또는 단체협약에 특별한 규정이 있는 경우를 제외하고 근로자에게 임금 전액을 지급하여야 한다. 이는 사용자가 근로자에 대해 갖고 있는 채권과 임금채권을 상계하거나, 임금채권의 일부를 부당하게 공제한 후 나머지를 지급하게 하는 행위를 금지하려는 취지이다. 쉽게 설명하면 근로자가 개인적으로 사용자한테 돈을 빌려서 빚을 졌다하더라도 근로자의 동의 없이 사용자가 일방적으로 임금에서 상계할 수 없다는 뜻이다.

(2) 예 외

(가) 근로소득세, 주민세, 사회보험료 등과 같이 법령에서 예외를 인정하는 경우가 있다.

(나) 소비조합 구매대금, 사택료, 대부금 등과 같이 단체협약에 의해 공제가 인

정되는 경우도 있다. 다만, 노동조합비 일괄공제(Check-Off)는 단체협약에 일괄공제제도가 규정되어 있고, 노동조합규약에 근로가 있거나 총회 또는 대의원회 의결이 있는 경우에 공제가 가능하다.

(다) 하지만 취업규칙이나 근로계약으로 임금의 일부를 공제할 수 있도록 정하는 것은 전액지급의 원칙에 위배되어 인정되지 않는다. 왜냐하면 취업규칙이나 근로계약 작성에 있어 근로자는 사용자에 비해 상대적으로 약한 지위에 있기 때문에 근로기준법 제43조에서는 법령이나 단체협약에 의한 공제만 인정하고 있기 때문이다.

여기서 잠깐! **공제와 상계 개념**

① 공 제: 사전적 의미로 뺀다는 뜻이며, 법령에서 공제는 어떤 항목에서 차감한다는 의미이다. 세액공제는 납부할 세금에서 특정 금액을 차감해 주는 것이며, 소득공제는 과세소득을 확정짓는 과정에서 소득금액에서 특정금액을 차감한다는 것이다. 실무적으로는 급여명세서를 받으면 공제내역이라고 표시되어 있는 부분을 의미한다.

② 상 계: 채무자가 그 채권자에 대해 동종의 채권을 가지는 때에 그 채권과 채무를 대등액에서 소멸시키는 의사표시를 말한다. 상계를 주장하는 자의 채권을 자동채권, 그 상대방의 채권을 수동채권이라고 하며, 채권자와 채무자는 그 대등액에서 서로간의 채권 · 채무를 소멸시킨다.

(3) 임금채권의 포기

임금지급일이 되어 근로자에게 임금채권이 발생한 경우에는 근로자의 재산이 되기 때문에 근로자는 임금채권 포기의 의사표시를 할 수 있다. 이때 임금채권의 포기는 근로자의 명시적이고 개별적인 동의와 수권이 필요하다(대법원 2000.9.29, 99다67536). 하지만 임금지급 청구권이 발생하기 전에 임금채권을 포기하는 약정은 효력이 없다(대법원 1998.3.27, 97다49732). 식당에서 일 하던 근로자가 남은 식재료를 집으로 가져가자 사업주는 근로자에게 손해 배상하는 대신 퇴직금을 포기한다는 각서를 받아둔 사례가 있다. 하지만 퇴직금 채권이 발생하기도 전에 포기 각서를 받았기 때문에 무효이다.

(4) 임금채권의 상계

일방적으로 근로자의 임금채권을 상계하는 것은 잘못이다. 다만 자유로운 의사에 따라 근로자가 동의했다면 임금채권에 대한 상계가 가능하다. 이 경우 근로자의 동의가 자유로운 의사에 따라 이루어진 것이라고 인정할 만한 합리적인 이유가 객관적으로 존재해야 하며 그 판단은 엄격하고 신중해야 한다(대법원 2001.10.23, 2001다25184).

다만, 계산 착오 등으로 임금이 초과 지급된 경우 상계 시기가 임금의 정산 조정으로 인정될 만큼의 합리성이 있고, 금액과 방법이 미리 예고되는 등 근로자의 생활 안정을 해할 염려가 없으면 과오납분에 대한 임금은 상계가 가능하다. 이 경우에도 상계하는 시기가 초과 지급한 임금에 대한 조정으로 볼 수 있을만큼 가까워 합리성이 있고, 상계금액과 방법을 근로자에게 예고하여 근로자 생활을 해할 염려가 없는 경우이어야 한다.

판례는 퇴직 후 미청산 임금이나 퇴직금에서 초과 지급된 임금의 부당이득반환청구권을 자동채권으로 상계가 가능하다고 판시했다(대법원 1995.12.21, 94다2672). 즉 근로자가 퇴직한 후 지급되지 않은 임금이나 퇴직금에서 근무하는 동안 초과 지급된 임금을 상계하고 지급할 수 있다는 의미이다.

또한 착오로 일부 수당이 적게 지급되고 다른 수당은 많이 지급되면 초과 지급액은 과소지급액에 충당된 것으로 본다(대법원 1983.12.14, 93다43859).

여기서 잠깐! 임금의 상계와 관련된 법령

근로기준법 제21조【전차금 상계의 금지】 사용자는 전차금이나 그 밖에 근로할 것을 조건으로 하는 전대 채권과 임금을 상계하지 못한다.
민법 제497조【압류 금지채권을 수동채권으로 하는 상계의 금지】 채권이 압류하지 못할 것인 때에는 그 채무자는 상계로 채권자에게 대항하지 못한다.
민사집행법 제246조【압류 금지채권】 ① 다음 각 호의 채권은 압류하지 못한다.
4. 급료·연금·봉급·상여금·퇴직연금, 그 밖에 이와 비슷한 성질을 가진 급여채권의 2분의 1에 해당하는 금액

(5) 임금채권이 발생하지 않아 전액 지급 원칙이 적용되지 않는 경우

결근, 출근 정지, 징계로 인해 임금이 삭감된 경우 전액 지급 원칙에 위배되지 않는다. 흔히 월급제는 결근하더라도 임금을 삭감할 수 없다고 알고 있다. 이

는 순수한 의미의 월급은 결근 여부와 관계없이 매월 일정 임금을 지급한다는 의미이기 때문으로 이해된다. 하지만 행정해석은 취업규칙 등에 순수한 월급제로 볼 수 있는 규정이 없다면 결근일에 대응하여 임금을 삭감할 수 있다고 한다(근기 01254-6028, 1987.4.14). 다만 취업규칙 등에 결근자의 임금을 삭감치 않는다고 규정하더라도 무노동·무임금을 부인하는 것으로 확대 해석할 수는 없다.

(6) 실무 적용

저자가 실무에서 사업장에 대한 기초고용질서 점검을 하다보면 일부 사업주의 경우 임금을 적게 주려고 변칙적으로 노무관리를 하는 경우를 보게 된다. 근로자를 강제 조퇴하게 한 후 임금을 지급하지 않거나 근로자의 동의 없이 근로시간을 변경, 15분이나 30분의 초과근로에 대해서는 가산수당을 지급하지 않는 등의 경우를 보게 된다. 속칭 '임금꺾기'이다. 임금은 근로시간에 비례하여 지급하여야 하며, 특별한 사정이 없는 한 근로자의 소정근로시간에 대한 근로제공 수령을 거부한 경우 사용자는 노무 수령을 거부한 근로시간까지 계산한 임금 전액을 지급해야 한다.

다. 통화지급의 원칙

(1) 원 칙

임금은 법령, 단체협약에 특별한 규정이 있는 경우를 제외하고는 국내법에 의해 강제 통용력이 있는 통화로 지급되어야 한다.

거래상 현금과 같이 통용되는 자기앞 수표로 임금을 지급하는 것은 무방하나, 지급이 보증되지 않는 당좌수표나 어음, 국내법상 강제 통용력이 없는 외국통화로 임금을 지급하는 것은 통화 지급원칙에 위배된다.

(2) 예 외

법령 또는 단체협약에 별도의 규정이 있으면 통화 이외의 것(현물, 주식, 상품교환권 등)으로 지급할 수 있다.

라. 정기지급의 원칙

(1) 원 칙

임금은 매월 1회 이상 일정한 날짜를 정하여 지급해야 하며, 상시 10인 이상 사업장은 취업규칙에도 반드시 임금지급 시기를 명시하여야 한다. 매월은 달력상의 1월을 의미하고 일정한 기일은 주기적으로 도래하는 특정일이다. 예를 들어 임금을 1개월 단위로 산정하여 다음 달 일정한 날에 지급하는 회사의 경우, 월 도중에 근로자가 입사하면 입사한 달에 도래하는 첫 임금지급일에 임금을 지급해야 한다.

일용근로자는 근로계약 시작과 종료가 당일에 이류어지므로 원칙적으로 근로관계가 종료된 시점에 임금을 지급해야 한다. 그러나 일용근로자라 하더라도 일정한 기간을 정하여 상시적으로 출근하거나 출근이 예정된 경우에는 임금을 매월 정해진 날짜에 계산하여 지급하기로 정하는 것은 가능하다.

임금지급일을 변경할 경우 근로자 동의가 필요하며, 결정된 임금지급일에 임금을 지급하지 않은 이상 그 후에 그 임금의 일부 또는 전부를 지급하여도 임금 미지급에 대한 책임을 면할 수는 없다(대법원 2003.4.11, 2002도4323).

실무 사례: 월 중도 입사자의 임금지급 시기
임금산정 방식: 1일부터 말일까지의 근로에 대하여 다음 달 25일에 지급
근로자 입사일: 2020.3.5
최초 임금지급일: 2020.3.25
→ 회사의 기준에 따라 2020.3 임금을 2020.4.25에 지급할 경우 약 2개월 후에 임금을 지급하여 월 1회 이상을 지급하지 않은 것이 된다.

(2) 예 외

경영성과급과 같이 임시로 지급하는 임금, 1월을 초과하는 기간의 출근 성적에 의하여 지급하는 정근수당, 1월을 초과하는 일정기간의 계속 근무에 대하여 지급되는 근속수당 등은 정기지급 원칙의 적용을 받지 않는다.

1-2. 임금채권의 보호

가. 임금 미지급에 대한 형사적 제재

임금을 미지급하거나 금품청산의무를 지키지 않으면 3년 이하의 징역 또는 3천만원 이하의 벌금에 처한다(근로기준법 제109조). 다만, 임금 미지급의 죄를 범하더라도 피해자가 명시적인 의사표시를 하면 이에 반하여 공소를 제기할 수 없다(반의사불벌죄, 근로기준법 제109조2항). 즉, 임금체불 진정사건에서 합의의 칼자루를 근로자가 쥐고 있는 셈이다.

임금 미지급에 대한 제재의 목적은 개개 근로자의 임금을 확보하기 위한 것이므로 근로자 1명에 대해 1죄가 성립한다. 여러 근로자에 대해 임금체불을 한 경우 각 죄는 실체적 경합관계에 있게 된다.

여기서 잠깐! 반의사불벌죄란

반의사불벌죄는 피해자의 명시적 의사에 반하여 논할 수 없는 죄를 말한다. 피해자의 의사와 관계없이 공소를 제기할 수는 있으나, 피해자가 처벌을 희망하지 않는다는 의사를 명백히 밝힌 때에는 처벌할 수 없다는 점에서 해제조건부 범죄라고도 한다.
근로기준법 제109조2항에 "제36조(금품청산), 제43조(임금지급), 제44조(도급사업에 대한 임금지급), 제44조의 2(건설업에서의 임금지급 연대책임), 제46조(휴업수당) 또는 제56조(연장 야간 휴일근로)"를 위반한 자에 대하여는 피해자의 명시적인 의사에 반하여 공소를 제기(형사처벌)할 수 없다고 규정하고 있다.
체불사업주에 대해 노동관계법으로 형사처벌을 가하는 외국의 예는 일본과 베트남뿐이며 그 내용도 벌금형에 한정한다. 일본은 경제적 제재(지연이자, 부가금제)와 도산기업 퇴직근로자에 대한 대위지불제도를 활용하고, 중국은 형사적 제재 없이 경제보상금, 배상금지급명령제도를 통해 임금등 지불을 확보하고 있다.

(1) 범죄성립요건

범죄가 성립하기 위해서는 구성요건해당성, 위법성, 책임성의 3가지 요소를 모두 충족해야 한다. 구성요건해당성과 위법성은 "적법행위를 해야 함에도 불구하고 위범행위를 했다."라는 객관적인 판단이며, 책임성은 "적법행위를 할 수 있었는데도 불구하고 감히 위법행위를 했다."라는 주관적인 가능성(도의적 책임, 규범적 책임, 사회적 책임, 기대가능성)에 대한 판단이다.

① 구성요건이란 형법이나 기타 형벌법규에 금지되어 있는 행위가 무엇인가를 구체적으로 규정해 놓은 것을 말한다. 예를 들어 살인죄의 경우 "사람을 살해한 사람은 사형, 무기 또는 5년 이상의 징역에 처한다(형법 제250조1항)."는 규정은 사람을 살해하는 행위를 금지하는 금지규범을 전제로 하고 있다. 이러한 금지규범에 위반되는 행위가 구성요건에 해당하는 행위이다. 근로기준법에서는 "임금은 통화로 직접 근로자에게 전액을 지급하여야 한다(근로기준법 제43조). 이를 위반한 경우 3년 이하의 징역 또는 3천만원 이하의 벌금에 처한다(근로기준법 제109조)."는 규정에 따라 임금을 지급하지 않은 행위는 근로기준법 제43조 위반죄의 구성요건에 해당하게 되는 것이다.

② 구성요건에 해당하는 행위라고 하여 곧 범죄가 되는 것은 아니고 그 행위가 위법성이 있어야 한다. 위법성이 없는 행위는 구성요건에 해당하더라도 범죄가 되지 않는다. 예를 들어 사형집행인은 사람을 죽이더라도 범죄가 되지 아니하고, 정당방위로 사람을 죽인 경우에는 범죄가 되지 아니한다. 전자는 법률에 근거한 행위이고, 후자는 위법성 조각사유가 있어 위법성이 없다고 보기 때문이다. 위법성은 좁게는 법규에 위배되고 넓게는 사회상규에 위배되는 것이다. 그러므로 위법성은 형법을 비롯하여 모든 법규와 사회상규에 적극적으로 위배되고, 소극적으로는 형벌법규에 위법성 조각사유가 규정되어 있지 아니한 경우에 위법성이 인정되는 것이다.

③ 구성요건에 해당하고 위법한 행위라 할지라도 책임성이 없으면 범죄가 되지 않는다. 예를 들어 사람을 죽인 자에게 위법성 조각사유가 없더라도 행위자가 정신이상자이거나 14세 미만의 형사책임이 없는 자인 경우에는 범죄가 성립하지 않는 것이다. 책임성이란 비난가능성 또는 형벌적응능력을 의미하는 것이며, 유책성에 있어 행위자의 고의나 과실 등 주관적인 내부 의사에 따라 그 책임이 달라지고(고의범·과실범), 의사능력이나 연령에 따라 책임이 경감되거나 부정된다(심신미약자, 형사미성년자 등).

④ 범죄성립요건 판단 순서

구성요건에 해당하는지, 위법성조각사유는 있는지, 책임조각사유는 있는지 순서로 검토한다. 구성요건해당성이 없으면 '혐의없음(범죄인정 안됨)', 위법성조각사유, 책임성조각사유가 있다면 '죄가안됨'으로 수사를 종결한다.

형법 / 특별법 조문	이론상 표현
처벌조항 문구 자체	구성요건
처벌조항에 해당하는 행위	구성요건해당성
벌하지 아니하는 행위 – 정당행위 / 정당방위 / 긴급피난 – 자구행위 / 피해자의 승낙	위법성조각사유 (행위의 객관적인 면을 살펴본다)
벌하지 아니하는 행위 – 형사미성년자 / 심신상실 – 강요된 행위 / 법률의 착오	책임조각사유 (책임을 물을 수 있는지 행위자의 주관적, 개인적인 면을 살펴본다)

(2) 구성요건해당성

근로기준법에서는 근로자 퇴직후 14일 이내 금품청산의무 위반한 경우, 절대적 해고금지기간 중에 해고금지의무를 위반한 경우, 매월 임금을 정기·전액·직접·통화로 지급할 의무를 위반한 경우, 해고 30일 전 해고예고의무 위반한 경우 등에 구성요건에 해당하게 된다. 다만 주관적구성요건으로서 형법 제13조의 "죄의 성립요소인 사실을 인식하지 못한 행위는 벌하지 아니한다." 규정에 따른 고의성 유무를 따져 봐야 한다. 객관적 행위 상황을 인식하고 구성요건의 실현을 예견하는 경우를 말하고 반드시 구성요건을 실현하려는 의사가 필요하지는 않는다. 근로기준법 등 노동관계법은 대부분 고의에 의해 범죄가 성립하는데, 임금, 퇴직금, 최저임금 등 미지급 행위는 피의자가 지급의무의 존부 및 범위에 대하여 적극적으로 다투고 있는 경우에는 피의자의 고의 유무를 따져봐야 한다. 또한 근로자가 퇴직 후 자유로운 의사에 따라 임금 등 채권을 지급기일로부터 14일 이내에 포기하는 경우 이미 발생한 임금 등 채권의 포기로서 적법하며, 임금채권 자체가 소멸하므로 금품청산의무위반죄의 구성요건해당성을 조각하게 된다.

(가) 고의 인정

① 퇴직금 미지급 사안

사용자가 사법상의 효력이 없는 '매월의 월급이나 매일의 일당 속에 퇴직금을 포함시켜 지급한다'는 내용의 약정을 내세워 퇴직한 근로자에 대한 퇴직금의 지급을 거절하는 경우, 이를 퇴직금지급의무의 존부에 관하여 다툴 만한 근거가 있어 사용자가 퇴직금을 지급하지 아니한 데에 상당한 이유가 있는 경우라고 볼 수 없고, 이러한 사용자에게 근로기준법 제112조, 제36조 소정의 임금 등의 기일 내 지급의무 위반죄에 관한 고의가 있다(대법원 2007.8.23, 2007도4171).

② 임금 및 퇴직금 미지급 사안

근로계약서에 근로시간과 일당만이 기재되어 있고 수당 등을 포함한다는 취지의 기재는 전혀 없으며, '본 계약서에 명시되지 않은 사항은 근로기준법 등 관계 법규에 따른다.'고 기재되어 있는 점, 근로형태와 업무의 성질상 그 근로관계가 근로시간이 불규칙하거나 감시·단속적이거나 또는 교대제·격일제 등의 형태여서 실제 근로시간의 산출이 어렵거나 당연히 연장·야간·휴일근로가 예상되는 경우라고는 보이지 아니하는 점 등을 종합하여 볼 때, 피고인과 공소외인 사이에 위 근로계약과 별도로 포괄임금계약이 체결되었다고 보기 어렵고, 따라서 피고인이 공소사실 기재 임금 및 퇴직금을 지급하지 않은 사실 및 임금체불의 고의가 인정된다(대법원 2016.10.13, 2016도106).

③ 무사고승무수당 미지급 사안

피고인과 근로자 A와 사이에 작성된 근로계약서에는 무사고승무수당 200,000원을 매월 고정적으로 지급하는 것으로 기재되어 있고 달리 A의 실제 근무성적에 따라 그 지급 여부와 지급액이 달라지는 것은 아니므로, 위 무사고승무수당도 근로기준법에서 정하는 '임금'에 해당한다고 봄이 상당한바, 근무 중 교통사고가 발생한 경우 실제 손해 발생 여부 및 손해의 액수에 관계없이 3개월 동안 매월 무사고승무수당 200,000원을 임금에서 공제하기로 하는 약정은 근로기준법 제20조가 금지하는 근로계약 불이행에 대한 위약금 또는 손해배상액의 예정에 해당할 뿐만 아니라 근로기준법 제43조가 정하는 임금의 전액 지급 원칙에도 반하므로 무효이므로 피고인은 A에게 무사고승무수당 합계 1,200,000원을 지급할 의무가 있고, 피고인이 A에게 위 공소사실 기재 임금 등을 지급하지 아니한 이상 피고인에게 위 임금 등 지급의무의 존재에 관하여 다툴 만한 상당한 이유가 있었다고도 볼 수 없다(대법원 2019.6.13, 2018도17135).

(나) 고의 부정

① 연장근로수당 미지급 사안

학교장이 근로기준법의 적용을 받는 교사들에 대하여 보수규정에 따라 정액의 연장근로수당을 지급하였고, 교사들이 아무런 이의 없이 장기간 정액의 연장근로수당을 지급받아 온 사안에서, 연장근로수당을 정액으로 지급하기로 하는 약정의 존부와 효력 및 그 지급의무에 관하여 다툴 만한 상당한 이유가 있는지 여부에 대하여 제대로 심리를 하지 아니한 채 연장근로수당 차액 부분(연장 근로시간으로 계산한 연장근로수당과 피고인이 지급한 정액의 연장근로수당의 차액) 미지급에 의한 근로기준법위반의 공소사실을 유죄로 인정한 원심판결을 파기한다(대법원 2005.6.9, 2005도1089).

② 퇴직금 미지급 사안

사용자인 피고인이 근로자와 근로계약을 체결하면서 임금 속에 퇴직금을 포함시켜 지급하기로 하는 이른바 연봉제 봉급약정을 하여 매월 임금을 지급하여 왔고, 또한 근로자에게 따로 금원을 대여하였는데, 근로자가 위 차용금을 반환하지 아니한 채 우편으로 사직서를 제출하고 출근하지 않으면서 피고인과 연락을 끊었으며 상당한 기간이 지날 때까지 퇴직금에 관하여 이의를 제기한 사실이 없는 경우, 피고인이 퇴직금 지급의무가 없다고 믿은 데에 정당한 이유가 있다고 보아 근로기준법에서 규정하는 임금·퇴직금 등의 기일 내 지급의무 위반죄의 고의가 없다(대법원 2007.3.29, 2007도97).

③ 퇴직금 미지급 사안

甲 운수회사를 경영하는 피고인이 퇴직근로자 乙의 퇴직금을 지급기일 연장에 관한 합의 없이 지급사유 발생일로부터 14일 이내에 지급하지 않았다고 하여 근로기준법 위반으로 기소된 사안에서, 관련 민사사건에서 甲 회사에 법정퇴직금과 이미 중간정산하여 지급한 금액의 차액에 해당하는 퇴직금 지급의무가 있는 것으로 확정되기는 하였으나, 乙이 퇴직금 중간정산 시 아무런 이의를 제기하지 않았고 오히려 지급이 지연되면 회사에 지급을 요청하기도 하였던 점, 다른 근로자들도 퇴직금 중간정산에 대하여 이의를 제기하지 않았던 점, 乙의 6개월간 비정규직 촉탁제 근로기간은 종전 근로관계와 단절된 것으로 볼 여지가 있고, 따라서 피고인으로서는 乙과의 퇴직금 중간정산의 효력이 유효하고 1년 미만에 해당하는 위 근로계약기간에 대하여는 퇴직금 지급의무가 없다고 믿을 수 있었을 것으로 보이는 점 등 제반 사정을 종합할 때, 피고인이 퇴직금 지급의무 존부에 관하여 다툴

만한 근거가 있다고 볼 수 있어 같은 법 제36조, 제109조 제1항 위반죄의 고의가 있었다고 단정할 수 없는데도, 피고인과 乙 사이에 유효한 퇴직금 중간정산 약정이 존재한다고 볼 수 없다는 사정만을 중시하여 피고인에게 범행의 고의가 있다고 보아 유죄를 인정한 원심판결에 법리오해의 위법이 있다(대법원 2011.10.27, 2010도14693).

④ **유급휴일 근무수당 미지급 사안**

2010.5.14 법률 제10285호로 개정된 조세특례제한법 제106조의7 제2항이 부가가치세 경감세액을 전액 일반택시 운수종사자에게 현금으로 지급하여야 한다는 취지로 개정된 이후 부가가치세 경감세액의 성질 및 귀속주체 등에 관하여 해석상 다툼의 소지가 있는 점, 통상임금의 개념이나 범위에 관하여 구체적인 판단기준을 제시한 대법원 2013.12.18 선고 2012다89399 전원합의체 판결이 선고되기 이전에는 이 사건에서 문제된 부가가치세 수당과 같이 근무일에 비례하여 지급되는 수당이 통상임금에 해당하는지 여부에 관하여 명확한 행정지침 등이 존재하지 않아 통상임금의 범위에 관하여 실무상 혼선이 있었던 점, 甲의 노사가 이 사건 임금협정서를 작성할 당시 부가가치세 수당은 통상임금의 범위에서 제외하는 것으로 합의하였고, 피고인(甲의 대표이사)은 이에 따라 부가가치세 수당이 통상임금에서 제외됨을 전제로 시간당 통상임금을 계산하여 각종 수당을 지급하였으며, 이에 대하여 이 사건 피해자를 제외한 甲 소속 근로자들이 별다른 이의를 제기하지 않았던 것으로 보이는 점, 피고인이 이 사건에서 피해자에게 지급하지 않았다는 유급휴일 근무수당은 부가가치세 수당이 통상임금에 포함됨으로써 발생한 계산상 차액인 2013년 2월, 3월, 5월 각 5,615원, 같은 해 8월 5,615원으로서 합계액이 22,460원에 불과한 점 등 제반 사정을 종합할 때, 이 사건에서 성질상 통상임금에 속하는 부가가치세 수당을 통상임금에서 제외하기로 하는 노사간 합의의 효력을 인정할 수 없고, 따라서 甲이 민사적으로는 피해자에게 이 사건 공소사실과 같은 유급휴일 근무수당을 지급할 의무가 있다고 하더라도, 피고인으로서는 부가가치세 수당이 통상임금에 해당하지 않는다고 다툴 만한 근거가 있다고 볼 수 있어 피고인이 피해자에게 유급휴일 근무수당을 지급하지 않은 데에는 상당한 이유가 있다고 봄이 상당하므로, 피고인에게 근로기준법 제109조1항, 제43조2항 위반죄의 고의가 있었다고 단정할 수 없다(대법원 2018.1.25, 2015도1681).

⑤ **최저임금 미지급 사안**

소정근로시간을 단축한 단체협약 또는 취업규칙상 소정근로시간 조항이 탈법행위로 무효이어서 기존 소정근로시간을 기준으로 계산한 결과 사후적으로 사용자가 최저임금액보다 적은 임금을 지급한 것이 인정된다고 하여 곧바로 사용자에게 구 최저임금법 제6조1항, 제28조 위반죄의 고의가 있었다고 단정해서는 안 된다(대법원 2019.5.10, 2015도676).

(3) 위법성

위법성은 구성요건해당성에 의하여 징표되기 때문에 구성요건에 해당하는 행위는 위법성 조각사유가 존재하지 않으면 일단 위법하다고 판단한다. 그러므로 위법성 문제는 해당 행위에 "위법성 조각사유가 존재하는가"라는 소극적 판단의 형식을 취하게 된다.

(가) 임금채권의 포기

근로자가 임금채권을 사전에 포기하는 것은 강행법규인 근기법에 위반되어 무효이므로 근로자와의 임금채권의 포기는 위법성조각사유가 될 수 없다.

(나) 피해자의 승낙

근로자의 동의가 있어 퇴직후 14일이 경과하였다면 당사자 사이의 합의에 의해 기일이 연장된 것으로 볼 수 있어 위법성이 조각될 수 있다.

(다) 정당행위

금품청산의무위반죄의 구성요건을 충족하더라도 그러한 행위가 사회상규에 위배되지 아니하는 행위로 평가될 경우 위법성이 조각될 수 있다. 그러나 노동사건에서 이러한 행위로 평가받을 상황은 재연되기 어렵다.

(4) 책임성

(가) 위법성 인식과 법률의 착오

범죄의 성립에 있어 위법의 인식은 그 범죄사실이 사회정의와 조리에 어긋난다는 것을 인식하는 것으로 족하고 구체적인 해당 법조문까지 인식할 것을 요하는 것은 아니다(대법원 1987.3.24, 86도2673). 형법 제16조는 "자기의 행위가 법령에 의하여 죄가 되지 아니하는 것으로 인식한 행위는 그 착오에 정당한 이유가 있는 때에 한하여 벌하지 아니한다."고 규정하고 있다. 그러나 판례는 단순한 법률의 부지에 대해 법률의 착오로 인정하지 않는다. "단순한 법률의 부지를 말하는 것이 아니고 일반적으로 범죄가 되는 경우이지만 자기의 특수한 경우에는 법령에 의하여 허용된 행위로서 죄가 되지 아니한다고 그릇 인식하고 그와 같이 그릇 인식함에 정당한 이유가 있는 경우에는 벌하지 않는다(대법원 2000.9.29, 2000도3051)."라고 한다.

관련 판례

① 파견법이 적용되는 파견근로자의 범위에 외국국적의 근로자가 제외된다고 인식 : 피고인이 1999.10.13 영상물등급위원회로부터 외국인공연추천세칙에 관한 통지를 받고서야 외국연예인의 관광업소 공연허가 신청시 근로자파견사업허가증을 첨부하여야 한다는 사실을 알았다든가, 1999.12.1 이전까지는 근로자파견사업 허가와 관계없이 러시아 무용수들에 대한 입국이 허용되었다는 등 상고이유가 내세우는 사유만으로는 피고인이 자신의 행위가 특히 법령에 의하여 허용된 행위로서 죄가 되지 않는다고 그릇 인식한 경우라고 할 수 없고, 단순한 법률의 부지에 해당하는 경우라고 할 것이므로, 범죄의 성립에 아무런 지장이 없다고 할 것이다(대법원 2000.9.29, 2000도3051).

② 입시학원 비담임강사들이 근로자에 해당하지 아니한다고 인식 : 피고인이 주장하는 노동부의 유권해석은 피고인이 A · B와 관련하여 질의한 사안에 대한 유권해석이 아니어서 이 사건과 그 내용을 달리하고, 피고인의 주장과 같이 A · B와 같은 비담임강사들이 제기한 진정사건이 수사기관에서 내사종결 된 사례가 있다고 하더라도, 그러한 사정만으로 이 사건 행위가 죄가 되지 아니한다고 오인함에 있어 정당한 사유가 있다고 볼 수 없다(대법원 2015.9.10, 2015도8556).

(나) 기대가능성

사용자가 임금지급을 위하여 최선의 노력을 다하였으나 경영 부진으로 인한 자금 사정 등으로 지급기일 내에 지급할 수 없었던 불가피한 사정이 사회 통념에 비추어 인정되는 경우에는 근로기준법 제109조, 제36조에서 정하는 임금 및 퇴직금 등의 기일 내 지급의무 위반죄의 죄책을 면할 수 있다(대법원 2015.1.15, 2014도9691). 이와 같은 사유는 법적으로 책임 조각사유에 해당하는데, 단순히 사용자가 경영부진 등으로 자금 압박을 받아 이를 지급할 수 없었다는 것만으로는 그 책임을 면할 수 없다(대법원 1987.5.26, 87도604). 임금이나 퇴직금을 기일 안에 지급할 수 없었던 불가피한 사정이 있었는지는 여부는 ① 사용자가 퇴직근로자 등의 생활 안정을 도모하기 위하여 임금이나 퇴직금 등을 조기에 청산하기 위해 최대한 변제의 노력을 기울였는지 여부 ② 장래의 변제 계획을 분명하게 제시하고 이에 관하여 근로자 측과 성실한 협의를 하였는지 여부 ③ 퇴직 근로자 등의 입장에서 상당한 정도 수긍할 만한 수준이라고 객관적으로 평가받을 수 있는 조치들이 행하여졌는지 여부를 종합적으로 고려하여 판단한다.

관련 판례

피고인이 그가 인수받아 운영하던 회사의 경영상태가 계속 악화되자 경영부진을 이유로 근로자들을 권고사직 시키는 등 인원감축에 치중하였을 뿐, 퇴직 근로자들에 대한 임금이나 퇴직금 등의 청산을 위한 변제노력이 있었다거나 장래의 변제계획이 구체적으로 제시된 바 없고 이와 관련하여 근로자측과 성실한 협의를 한 흔적이 없다면, 퇴직근로자에 대하여 임금이나 퇴직금을 지급할 수 없었던 불가피한 사정이 있다고 인정하기 어렵다(대법원 2006.2.9, 2005도9230).

나. 지연이자

(1) 내 용

근로자의 임금과 퇴직급여 일시금에 대해서는 지연이자가 발생한다. 단 재직 중인 기간의 임금 미지급에는 적용되지 않는다. 사용자는 근로자가 사망 또는 퇴직하여 지급사유가 발생한 날을 기준으로 하여 14일이 지난 다음날부터 해당 금품을 청산한 날까지 연 100분의 20의 지연이자를 지급하여야 한다.

(2) 한 계

지연 이자 자체는 근로관계에서 비롯된 것이 아니므로 근로기준법상 임금이나 청산 대상인 금품이 아니다. 즉 지방노동청에 진정을 낼 수 없다는 뜻이다. 다만 근로자는 민사 소송을 통해 지연 이자 지급 청구는 할 수 있다.

다. 체불사업주 명단 공개 및 신용제재

임금, 보상금, 수당, 그 밖에 일체의 금품을 지급하지 아니한 사업주가 명단 공개 기준일 이전 3년 이내 임금등을 체불하여 2회 이상 유죄가 확정된 자로서 명단 공개 기준일 이전 1년 이내 임금등의 체불총액이 3천만원 이상인 경우에는 그 인적사항 등을 공개할 수 있다(근로기준법 제43조의 2). 또한 명단이 공개된 사업주는 지방자치단체 등의 사업에 참여가 제한되기도 한다.

1-3. 임금채권의 우선 변제

사용자가 도산 또는 파산하거나 사용자의 재산이 다른 채권자에 의해 압류되었을 경우에 근로자의 임금채권을 일반 채권자의 채권 또는 조세·공과금보다 우선하게 변제를 받게 함으로써 근로자의 임금채권을 보호하기 위한 제도이다.

가. 임금채권과 다른 채권의 우선순위

① 최종 3월분의 임금(최종 3개월 기간 동안 지급하지 않은 임금), 최종 3년간의 퇴직금(90일분), 재해보상금(최우선변제)

② 질권 저당권에 우선하는 조세 공과금(저당 목적물에 부과된 국세 즉, 토지초과이득세·상속세·증여세·재평가세 중에서 법정기일이 담보물권의 설정보다 앞서는 조세)

③ 질권·저당권에 의하여 담보된 채권

④ 임금, 퇴직금, 재해보상금, 기타 근로관계로 인한 채권(우선 변제)

⑤ 일반 조세·공과금

⑥ 기타 채권(일반 채권)

나. 우선순위 확보방법

(1) 행사범위

강제집행뿐만 아니라 임의 경매절차에서도 사용자의 총재산에 대한 환가금에서 우선하여 변제받을 수 있다(대법원 1990.7.10, 89다카13155).

사용자의 총재산이란 사용자가 소유한 각종 동산, 부동산은 물론 물권, 채권, 각종 무채재산권, 광업권, 어업권까지 포함된다. 사용자는 근로기준법에 의한 사용자의 정의 중에서 사업주(개인기업은 사업주 개인, 법인은 법인 그 자체)를 의미한다.

개인기업의 경우에는 사용자의 사유재산도 포함되지만, 법인기업의 경우 대표이사의 개인재산은 포함되지 않고, 합자회사 무한책임사원의 개인재산도 포함되지 않는다(대법원 1996.2.9, 95다719).

(2) 변제확보

일반적인 절차는 "강제집행 신청→사용자 재산압류→환가처분→배당지급"의 순이다. 그러나 근로자가 사전 절차(강제집행 신청, 압류)을 거치지 않더라도 다른 채권자에 의해 민사 절차가 진행되어 사용자의 재산이 환가된 경우 바로 배당요구가 가능하다(민사집행법 제217조 및 218조). 민법, 상법 그 밖의 법률에 따라 우선변제청구권이 있는 채권자는 매각대금의 배당을 요구할 수 있고(민사집행법 제217조), 배당 요구는 이유를 밝혀 집행관에게 하여야 한다(민사집행법 제218조).

주의할 점은 근로기준법에 의해 우선변제청구권을 갖는 임금채권자라고 하더라도 임의 경매절차에서 배당요구의 종기까지 배당요구를 하여야만 우선 배당을 받을 수 있다는 점이다. 또한, 최우선변제권은 사용자가 이미 제3자에게 양도한 재산이나 사용자가 취득하기 전에 설정된 담보권에는 미치지 않는다(대법원 1994.12.27, 94다19242).

1-4. 임금채권의 소멸시효, 공소시효

가. 임금채권의 소멸시효

임금채권 소멸시효의 기산점 및 소멸시효의 중단 사유에 대해서는 근로기준법에 규정하고 있지 않으므로 민법에 의하여야 할 것이며, 임금채권의 소멸시효의 완성 여부도 민사상의 절차에 의한다.

시효 기산일은 채권을 행사할 수 있는 날로부터 진행한다(3년).

여기서 잠깐! 시효 기산일 돋보기

구 분	기산일
상여금	그 상여금에 관한 권리가 발생한 날
연차유급휴가수당	연차유급휴가수당청구권이 발생한 날
퇴직금	퇴직한 다음 날(마지막 근무일 다음 날)

소멸시효 중단사유로는 청구, 압류, 가압류, 가처분, 승인 등(민법 제168조)이 있다.

단순한 문의만으로는 중단되지 않고, 근로감독관에게 고소·고발하는 등의 형사적인 고소나 고발만으로는 시효 중단의 효력이 없다.

나. 임금등 체불사건의 공소시효

임금등을 체불한 사용자에 대한 처벌 규정의 공소시효는 2007.12.21 형사소송법 제249조 개정으로 인해 5년으로 연장되었다(2007.12.21 이전 금품 체불이 발생한 사건은 3년).

이는 근로자가 사용자에게 민사상 지급청구를 할 수 있는 기간인 임금채권의 소멸시효와는 별개의 개념이며 공소시효의 기산점은 범죄 행위가 종료한 때(형사소송법 제252조)로서 임금 정기지급일 또는 퇴직일로부터 14일이 경과한 때를 의미하며 국외 도피는 공소시효 정지 사유가 된다(형사소송법 제253조).

2. 임금체불 해결하기

구 분	2018년	2019년	2020년
임금체불 근로자	35만2천명	34만5천명	29만4천명
임금체불액	1조6471억	1조7217억원	1조5830억

2020년 한해 동안 근로감독관에게 임금체불 등으로 사업주를 신고한 근로자는 29만4천여 명이다. 체불된 금액도 1조5830억원이나 된다. 참을만큼 참다가 신고를 하는 경우가 많기 때문에 실제 임금체불을 겪는 근로자는 이보다 많을 것으로 짐작된다. 현실이 이렇다고 해서 못받은 임금을 포기할 수는 없다. 먼저 임금체불에 대해 이해하고 해결방법을 찾아보자.

2-1. 임금체불의 개념

임금체불이란 사용자가 근로자에게 근로기준법상 임금지급의 4대 원칙(직접지급의 원칙, 전액지급의 원칙, 통화지급의 원칙, 매월1회 이상 정기지급의 원칙)을 위반하거나, 퇴직한 근로자에게 지급기일 연장에 대한 합의 없이 퇴직일로부터 14일 이내에 임금을 지급하지 않고 있는 것을 말한다.

재직 중인 근로자라 하더라도 근로기준법 제43조2항에 따라 매월 1회 이상 임금지급일에 전액을 받아야 하는데 1일 이라도 지체되거나 전액이 지급되지 않는 경우 임금체불이 되며, 매월 임금을 지급하기는 하였으나 최저임금에 미달하는 경우 그 차액은 임금체불이 된다.

2-2. 임금체불 청산의 책임(실경영자 책임)

근로기준법 제36조는 근로자가 사망 또는 퇴직한 경우 사용자는 그 지급사유가 발생한 때부터 14일 이내에 임금, 보상금, 그 밖에 일체의 금품을 지급하여야 하며, 특별한 사정이 있을 경우에는 당사자 사이의 합의에 따라 기일을 연장할 수 있다고 명시하고 있다.

원칙적으로 임금체불에 대한 책임은 사업주 또는 사업경영담당자에게 있다. 다만, 사업경영담당자가 아닌 이사 등의 경우라도 사업주로부터 사업경영의 전부 또는 일부에 대하여 포괄적인 위임을 받고 대외적으로 사업을 대표하거나 대리할 때에는 임금체불에 대한 책임이 있다(대법원 1988.11.22, 88도1162).

기업이 합병 또는 양수 양도로 인해 종전 기업의 근로관계가 새로운 기업에 승계된 때에는 미지급 임금의 지급 의무도 승계되므로 근로자들은 새로운 기업에 민사절차에 따라 임금의 지급을 청구할 수 있다. 그러나 임금 미지급에 따른 형사적 책임은 새로운 사용자에게 승계되지 않으므로 근로자는 새로운 사용자에게 근로기준법 위반의 책임을 물을 수 없다(근기 01254-390, 1993.3.15).

여기서 잠깐! 임금지급의 책임을 지는 사람은 누구인가

법인인 경우	법인 그 자체
개인사업인 경우	개인사업주
법인 대표자 변경시	범죄 발생일 당시의 대표자는 임금체불의 형사적 책임
	현재 법인의 대표자는 법인 재산 범위 내에서 민사적 책임

2-3. 금품청산과 지급기일 연장

가. 금품 청산 시기

근로자가 퇴직한 경우 임금, 퇴직금 등 일체의 금품은 퇴직 후 14일 이내에 청산해야 한다. 다만, 특별한 사정이 있는 경우 당사자 간의 합의에 따라 지급기일을 연장할 수 있다.

나. 특별한 사정의 의미

특별한 사정이란 천재지변이나 그 밖에 이에 준하는 부득이한 사정 및 사용자가 전력을 다해 노력했는데도 체불을 막을 수 없었던 사정을 말하며, 단순히 사용자가 사업의 부진 등으로 자금 압박을 받아 지급할 수 없었다는 것만으로는 여기서 말하는 특별한 사정이라고 볼 수 없다(대법원 1987.5.26, 87도604).

특별한 사정과 지급기일 연장에 대한 합의가 있어야 유효하다. 그런데 특별한 사정은 없이 당사자가 합의하여 지급기일을 연장한다면 어떨까? 실무에서 "핸드폰 개통에 따른 인센티브는 퇴직자의 경우 고객 환불요청 등에 대비하여 3개월 뒤에 지급하기로 합의한다."는 약정을 한 사례가 있었다. 특별한 사정은 아니지만 당사자의 합의가 있다면 금품청산 위반죄(퇴직 후 14일 이내 미청산)가 성립한다고 보기 어렵다.

다. 합의의 시점

법 문언상 합의 시점에 대해 명시하고 있지 않다. 근로계약서에 " 퇴직자라 하더라도 임금 정기지급일에 지급하기로 한다."는 내용을 명시하고 서명하였다면 어떨까? 유효한 지급기일 연장 합의로 봐야 할까? 대법원은 지급 합의는 지급사유 발생한 날부터 14일 이내에 이루어 져야한다고 한다(대법원 1997.8.29, 97도1091). 근로감독관이 임금체불 범지인지를 할 경우 "퇴직 후 14일 이내 지급기일 연장에 대한 합의없이 ○○원을 지급하지 아니하였다."고 하는 것도 같은 맥락이다. 금품청산 규정은 퇴직이나 사망한 근로자와 가족이 생활을 보호하기 위한 것이므로 퇴직 전 포괄적으로 근로계약 등에 지급기일 연장에 대한 사전 합의의 효력은 인정되기 어렵기 때문이다.

라. 금품청산 지급기일 지난 후 연장 합의

임금 등 지급사유가 발생한 날로부터 14일이 경과한 후 금품청산 위반죄가 성립한 후에는 비록 합의가 이루어졌다 하더라도 이는 정상 참작사유에 지나지 않는다(대법원 1997.8.29, 97도1091). 또한 근로자의 불법행위로 인한 손해가 발생하더라도 그에 대해서는 민형사상의 문제로 별도로 처리되어야 하며, 사용자는 여전히 지급사유 발생 후 14일 이내에 임금 등 모든 금품을 청산하여야 한다(근기

01254-13343, 1987.1.4).

마. 지급기일 연장 합의 방식과 효과

지급기일 연장의 한도에 대해서는 정한 것이 없어 자유롭게 연장기일을 정할 수 있다. 당사자 간 합의의 방식에도 특별하게 제한하지 않으므로 구두로도 가능하나 입증 책임이 문제될 수 있으니 서면으로 하는 것이 바람직하다. 지급기일이 연장되면 퇴직 후 14일이 경과하더라도 금품체불 위반죄를 면하게 되다. 하지만 지연이자는 지급해야 한다.

2-4. 시 효

가. 기산일

민법 제166조 "소멸시효는 권리를 행사할 수 있는 때로부터 진행한다."라고 규정하고 있어 임금채권의 종류에 따라 시효 기산일이 다르다.

여기서 잠깐! 시효 기산일

① 월급여: 임금정기지급일
② 상여금: 그 상여금에 대한 권리가 발생한 때(상여금 지급일)
③ 퇴직금: 퇴직한 다음 날(마지막근무일 다음 날)
④ 연차유급휴가미사용수당: 수당 청구권이 발생한 날(근로계약관계가 종료된 다음날, 또는 다음 연차유급휴가가 발생한 날)

연차유급휴가는 휴가가 발생한날로부터 1년간 사용하지 아니하면 소멸하나 휴가를 사용하지 아니하고 근로를 제공한 데 대한 대가인 연차유급휴가미사용수당은 휴가청구권이 소멸한 날의 다음날에 발생하는 것으로 그로부터 3년간 청구하지 아니하는 경우에는 소멸시효가 완성된다.

또한, 근로기준법 제36조의 금품청산제도는 근로관계가 종료된 이후 사용자로 하여금 14일 이내에 근로자에게 임금이나 퇴직금 등의 금품을 청산하도록 하는 의무를 부과하는 한편, 이를 불이행하는 경우 형사상의 제재를 가함으로써 근로자를 보호하고자 하는 것이지 퇴직금 청구권 행사에 대한 법률상 장애라고 할 수 없어 퇴직금 청구권은 퇴직한 다음날부터 행사할 수 있다(대법원 2001.10.30, 2001다2405).

나. 중 단

민법 제168조에 "소멸시효는 청구, 압류 또는 가압류·가처분, 승인이 있는 때부터 중단된다."로 규정하고 있다. 단순히 문의를 한다거나 노동청에 진정이나 고소 등 신고 사건을 제기한 것만으로 시효가 중단되지 않는다. 따라서 임금채권의 소멸시효가 임박한 경우 내용증명을 통해 최고하거나 소송 또는 가압류 신청 등을 제기하여야 한다. 단, 근로자가 내용증명을 통해 사용자에게 그 지급을 독촉(최고)한다고 하더라도 6개월 이내에 소송, 압류 또는 가압류, 가처분 등을 하지 않는 경우에는 시효 중단의 효력이 없다(민법 제174조).

※ 소멸시효의 정지는 정지사유 전에 진행된 기간과 정지사유 후에 진행된 기간을 통산하는데 반하여 소멸시효의 중단은 중단사유 전에 진행된 기간과 중단사유 후에 진행된 기간을 통산하지 않고 이미 진행된 시효기간은 무효로 하고 새로이 시효기간이 진행된다.

2-5. 임금체불 해결

임금체불을 해결하는 방법으로는 당사자간 해결, 지방노동청을 통한 해결(진정이나 고소 제기, 체당금 제도가 있다), 법원을 통한 해결이 있다.

가. 당사자간 해결

(1) 지불각서

지불 각서는 사용자가 근로자에게 임금채권의 발생 여부, 금액, 지급 방법이나 지급 시기 등을 확정하는 문서를 말한다. 이를 증거로 지방 노동청에 체불임금 신고를 하거나 법원에 소액재판소송, 지급명령신청, 민사조정신청, 가압류 및 가처분 신청 등을 할 수 있다.

차용증, 확인서, 현금보관증 등 그 명칭을 불문하고 임금의 발생과 지급에 대한 사항을 확인할 수만 있으면 지불 각서와 같은 효력을 갖는다.

여기서 잠깐! 지불각서 예시 돋보기

> 각서인 성명
> 주민번호
> 연락처
> 소속 및 직책
>
> 각서인은 주식회사 □□□의 대표이사로서 귀하의 2020년 1월 임금 2,000,000원, 2월 임금 2,000,000원 등 합계 4,000,000원을 2021.12.31까지 지급하도록 하겠습니다.
>
> 2020.3.10.
> 각서인 주식회사□□□ 대표이사 ○○○ (인)
>
> △△△ 귀하

(2) 공 증

공증은 공적으로 증명하는 것으로서 특정한 사실이나 법률관계의 존재를 공적으로 증명하는 행위를 말한다. 당사자간의 불필요한 분쟁을 예방하거나 분쟁시 유력한 증거로 활용할 수 있고 재판 절차를 거치지 않고 간편하게 권리를 실행할 수 있는 장점이 있다.

통상 소송을 제기한 근로자가 판결문을 부여받은 후에는 법원에 강제집행증서 부여 신청을 하고 법원으로부터 집행증서를 부여받은 이후에 강제집행을 할 수 있다. 반면 공증된 문서가 있다면 이러한 절차를 줄일 수 있다.

공증은 양 당사자가 직접 신분증, 도장 등을 준비하고 지방 법원 주변의 공증인가 사무실을 방문하여 작성하는 것이 일반적이다. 공증 문서는 공증 사무실에 25년간 보관하기 때문에 분실의 위험이 적다.

(3) 최고(내용증명)

최고는 상대방에게 일정한 행위를 할 것을 요구하는 통지이다. 임금지급 의무가 있는 자에게 임금지급의 이행을 촉구하는 행위를 말하며, 임금지급 의무자가 최고에 응하지 않으면 이행지체가 되며, 시효 중단의 효과가 있다. 다만 최고 후에는 6개월 안에 소송 제기 등의 조치를 하여야 한다.

최고장을 작성하는 방식은 정해져 있지 않으며, 당사자간의 지위, 독촉 내용 및 금액, 독촉을 이행하지 않을 경우 이에 대한 향후 근로자 측의 태도 통보 등의 내용을 작성하는 게 일반적이다. 최고장은 원본을 3부 작성하여 우체국에서 내용증명 제도를 활용하여 발송하면 효과적이다. 우체국 1부 보관, 사용자에게 1부 배달증명으로 전달, 작성자에게 1부 교부한다.

내용증명은 우편을 보내는 발송인이 그것을 받는 수취인에게 '어떠한 의사표시를 언제 발송하였다.'는 사실을 우체국에서 공적으로 증명해 주는 등기우편제도이다.

여기서 잠깐! **최고장 예시 돋보기**

수신인 : 인천시 남동구 문화서로 00번길 (전화 : 032-460-0000)
(주) 대한□□ (대표이사 : 조 ○○)

발신인 : 경기도 부천시 중동로 00번길 (전화 : 032-714-0000)
강△△

1. 당사자간의 지위

이 내용의 최고장을 발송하는 본인 강△△은 2020년 1월 10일부터 2021년 5월 31일까지 귀사에서 근무한 근로자이며, 귀하는 위 소재지에서 제조업을 하는 업체 및 대표이사입니다.

2. 귀 측의 위법 행위 및 청구 금액

귀 측은 2020년 1월 10일부터 2021년 5월 31일까지 근로하고 2021년 6월 1일자로 퇴직한 본인과 아무런 합의 없이 퇴직 후 14일 이내에 퇴직금을 청산하지 않고 있습니다.
이러한 사유로 본인은 귀측에게 법정퇴직금 5,123,450원을 청구합니다.

3. 위법 행위에 따른 향후 계획

귀 측의 이러한 퇴직금 체불은 근로자의 퇴직 이후 14일 이내에 퇴직금을 청산하도록 규정한 근로자퇴직급여 보장법 제9조를 위반한 것임을 알려드리며, 본인이 청구하는 법정퇴직금 5,123,450원을 오는 7월 20일까지 지급해 주시기 바랍니다.
마지막으로 본인은 위 기일까지 귀 측과의 원만한 합의를 위해 노력할 것을 약속드리며, 다만 위 기일까지 이를 이행하지 않을 경우 진정 제기 및 민사소송 등의 법적인 조치를 강구 할 것이며, 이에 따르는 민 · 형사상 책임은 귀 측에 있음을 주지시켜 드립니다.

다시 한 번 귀 측의 퇴직금 청산을 촉구합니다.

2021. 6. 20.
위 최고인 강△△ (날인)

나. 지방노동청을 통한 해결

(1) 진정이나 고소사건 제기

진정이란 국가 또는 지방자치단체 등 공적기관에 대해 국민이 사정을 진술하고 어떤 조치를 취하여 주도록 하는 행위이다. 법적·제도적 용어는 아니며 관용적으로 사용해온 명칭이다. 근로자가 사업주의 근로기준법 위반 사항을 근로감독관에게 알리고 관련 조치를 취해 줄 것을 요구하는 행위로 이해하면 된다.

보통은 지방노동청 민원실에 '진정서'라는 서식을 통해 민원을 제기하거나 고용노동부 인터넷 홈페이지를 통해 민원 제기가 가능하다. 사건이 접수되면 발생지 원칙에 따라 조사가 진행되며, 다른 노동청에 접수된 진정서는 관할노동청으로 이송된다.

고소는 범죄의 피해자(임금체불 피해 근로자)가 범죄사실을 수사기관(지방노동청)에 신고하여 그 수사와 범인의 기소를 요구하는 행위를 말한다. 근로감독관은 특별사법경찰관으로서 사건을 접수하면 피의자를 신문하고 검찰에 사건을 송치한다. 고소의 경우 피고소인이 죄가 없음에도 고소를 하게 되면 무고죄가 성립할 수 있으니 신중할 필요가 있다.

처리절차는 다음과 같다.

① 1단계: 신고사건 접수 전(권리구제지원팀)

체불 민원이 신속히 조정·해결될 수 있도록 노동청에서는 민간 조정관, 공인노무사, 근로감독관 등으로 구성된 권리구제지원팀을 운영하고 있다. 최초 노동청을 방문하여 민원을 제기하면 권리구제지원팀에서 심층 상담 및 조정을 시도한다. 조정이 되어 당사자간 원만히 해결이 되면 행정 종결한다. 14일 이내에 조정이 안 될 경우 근로감독관에게 사건을 넘겨 조사에 착수토록 한다.

민원 제기	심층 상담 및 사후 조정	사건 배정	근로감독관 처리	행정 종결
방문·우편 ·인터넷 ➡	상담 조정–접수–조정 해결(기한 14일) ➡	근로감독관에게 사건 배정 ➡	기한 25일(조정 기한 포함, 1회 연장 가능) ➡	OR 사법 처리

② 2단계: 신고사건 접수 후(근로감독관 배정)

복잡하거나 고액 체불로서 신속한 처리가 어려운 사건의 경우 근로감독관에게 배정한다. 근로감독관은 사실 관계 조사를 위해 양 당사자를 출석하게 하고, 조사를 통해 임금체불액을 확정한다. 14일 이내의 시정기회를 부여하게 되고 시정이 되면 행정 종결하고 시정이 안 될 경우 범죄 인지를 하여 사법 처리를 한다. 처리기한은 25일이며 1회 연장이 가능하다.

감독관 배정		사실 관계 확인 조사		지급지시		지급
1단계 미청산 사건	➡	진정인, 피진정인	➡	14일 이내 시정 기회부여	➡	행정종결

여기서 잠깐! **근로감독관의 처리 결과에 불만이 있다면**

(1) 행정심판 제기가 가능한가(NO)

근로감독관의 진정사건 종결통보는 청구인의 진정에 대하여 일정한 사유로 종결처리한다는 사실에 대한 통지에 불과한 것으로서 청구인의 법률상 지위에 직접적인 변동을 가져오거나 기타 법률상 이익을 침해하는 행위는 아니라 할 것이므로 청구인의 진정사건 종결처분취소청구는 행정심판의 대상이 아닌 사항에 대하여 제기된 부적법한 청구로 각하한다(중앙행심위20000627-2000.2.21).

(2) 다시 진정을 제기할 수 있나(YES)

근로감독관의 진정 처리 결과에 의문이 생긴다면 다시 진정을 제기하여 재검토를 요청하거나, 고소장을 제출하여 검사의 지휘아래 사건이 처리될 수 있도록 요청할 수 있다.

③ 3단계: 사법처리

청산이 되지 않거나 사법처리를 해야 할 경우 범죄인지 후 수사에 착수한다. 임금체불의 경우 근로기준법 제109조에 따라 3년 이하의 징역 또는 3천만원 이하의 벌금형을 받게 된다. 또한 지방노동청에서는 근로자에게 민사 절차에 필요한 무료법률구조서비스를 제공하여 권리구제를 돕고 있다. 체불임금등 사업주 확인서를 지방노동청에 신청한 후 발급 받아 대한법률구조공단에 신청하면 된다.

범죄인지	➡	피의자 수사	➡	범죄경력조회	➡	송치서 작성	➡	검찰송치 (인지 후 60일 이내)	➡	민사절차

여기서 잠깐! 근로감독관의 형사입건 등 사건처리 안내와 협박죄

근로감독관은 특별사법경찰관으로서 근로기준법 위반에 대한 수사권을 가지고 있다. 당연히 형사 입건 및 수사를 할 수 있다는 의미이다. 다만 임금체불 문제를 법적으로 처벌하는 게 능사는 아니므로 행정절차상 지급명령을 하고 불응시 입건조치를 하게 되는데, 일부 사업주의 경우 지급할 의사가 없다고 버티는 경우가 있다. 근로감독관은 임금지급 의사가 없다면 형사 입건 및 사법 처리가 될 수 있다고 안내를 하는데 사업주는 "지금 나를 협박하느냐"며 되레 화를 낸다. 정말 협박죄가 성립할까

판례는 권리 행사나 직무 집행의 일환으로 상대방에게 일정한 해악을 고지한 경우, 그 해악의 고지가 정당한 권리행사나 직무집행으로서 사회상규에 반하지 아니하는 때에는 협박죄가 성립하지 아니하나, 외관상 권리행사나 직무집행으로 보이더라도 실질적으로 권리나 직무권한의 남용이 되어 사회상규에 반하는 때에는 협박죄가 성립한다고 보아야 할 것이다. 구체적으로는 그 해악의 고지가 정당한 목적을 위한 상당한 수단이라고 볼 수 있으면 위법성이 조각되지만, 위와 같은 관련성이 인정되지 아니하는 경우에는 그 위법성은 조각되지 않는다(대법원 2007.9.28, 2007도606)고 판시하였다.

그러므로 근로감독관이 정당한 업무 처리절차를 고지한 것이 임금체불을 해결하기 위한 수단이라면 협박죄가 성립하지 않는다.

다만, 임금체불 등과 관계없이 당사자간의 개인적인 채권채무를 거론하게 되면 협박죄가 될 수 있다. 예를 들어, 경찰관이 친구의 채권 문제로 채무자한테 전화로 추심한 사건에서 채무자가 현실적으로 공포심을 일으키지 않았더라도 경찰관이 그와 같은 정도의 해악을 고지함으로써 상대방이 그 의미를 인식한 이상, 상대방이 현실적으로 공포심을 일으켰는지 여부와 관계없이 협박죄의 기수에 이르렀다고 보고 있다.

(2) 무료법률지원

2005.7.1 이후 지방노동청에 신고(진정, 고소, 고발 등) 사건이 접수되어 체불임금이 확정되고 해당근로자(국내 거주 외국인을 포함한 모든 임금체불 근로자)가 무료법률구조지원을 원하는 경우 민사소송, 소액심판사건, 보전처분, 강제집행 등 모든 소송 서비스를 대한법률구조공단을 통해 지원하고 있다. 단 월소득(평균임금) 400만원 이상인 자는 무료법률구조서비스 지원대상에서 제외된다.

사업주가 체불 임금을 계속 지급하지 않을 경우 지방노동청에서 체불금품확인원을 발급 받아 대한법률구조공단에 무료법률구조지원을 신청하면 되며, 무료법률구조서비스 절차는 다음과 같다.

체불임금등 사업주 확인서	➡	법률구조신청 및 민사소송 상담	➡	민사소송 진행(지방법원)	➡	체불임금 강제 집행, 회수
지방 노동청		대한법률구조공단 지역본부		·보전처분(가압류) ·본안소송(소액재판) ·본 압류, 강제집행(경매)		

다만, 사업주의 재산이 없을 때는 강제집행이 불가능하며, 체불임금이 소액인 경우(법원에 따라 다르나 100만원을 기준으로 하고 있는 경우가 많다.) 보전의 필요성이 없다는 이유로 보전처분신청을 기각하는 사례도 있다.

참고로 실무상 근로자가 근무 중 불법행위를 했다거나 근무 중 통보없이 일을 그만두어 피해를 보았다는 주장을 사업주 측에서 하는 경우가 많으며, 이 경우 법적으로는 임금채권이 상계금지라 하더라도 소송상 조정을 통해 상대방의 주장을 반영하여 결론이 나는 경우가 많다.

여기서 잠깐! 무료법률구조 신청을 위해 필요한 서류

① 공통구비서류: 체불임금등 사업주 확인서 1부, 주민등록등본 1부, 도장 1개
- 채무자가 개인인 경우: 고용주의 주민등록등본 1부
- 사업주가 법인인 경우: 법인등기사항증명서 3부 (발급용)

② 가압류·가처분이 필요한 경우:
- 부동산: 부동산등기사항증명서 (토지, 건물 각각) 발급용 2부
- 자동차: 자동차 등록원부 1부
- 채권: 사업주 주소지 또는 영업장소 부동산등기사항증명서 발급용 2부
- 제3채무자가 개인인 경우 인적사항(이름, 주소) 및 가압류 할 채권의 표시
- 제3채무자가 법인인 경우 법인등기사항증명서 발급용 2부
- 대표자의 주거래 은행명

③ 송달 주소 확인이 필요한 경우:사업주의 주민등록초본 1부

다만, 구비서류에 대한 발급 절차 등 자세한 내용은 대한법률구조공단에 직접 확인하는 것이 바람직하다.

(3) 체당금 제도

2021.3.24 임금채권보장법이 개정(2021.10.14 시행)되어 체당금을 체불임금등 대지급금으로 명칭을 변경하고, 소액체당금 지급 범위에 재직중인 근로자를 포함하였다.

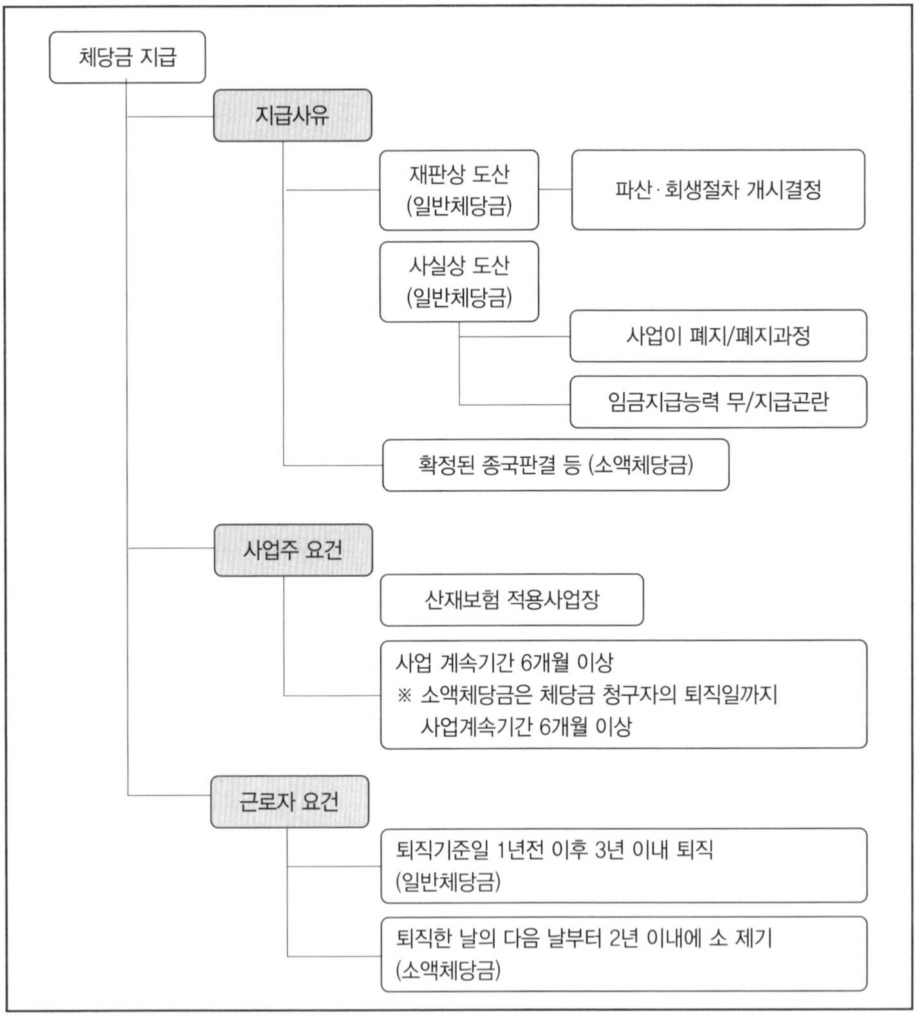

(가) 개 념

도산한 기업 등에서 퇴직한 근로자가 사업주로부터 임금 등을 지급받지 못한 경우에 국가가 사업주를 대신하여 지급받지 못한 임금, 퇴직금 중 최우선변제 금액

범위에서 일정 금액을 지급하고, 지급한 금액 한도에서 근로자의 임금 청구권을 대위하여 사업주로부터 회수하는 제도이다.

(나) 종 류

소액체당금제도와 일반체당금제도가 있는데, 소액체당금은 기업이 도산하지 않아도 지급받을 수 있다.

(다) 일반체당금

파산 또는 도산한 기업의 근로자가 임금과 퇴직금을 지급받지 못하고 퇴직한 경우 국가가 사업주를 대신하여 임금, 휴업수당, 퇴직금 등을 지급하는 제도이다.

① 지급사유

재판상 도산과 사실상 도산이 있다.

재판상 도산은 법원으로부터 회생절차개시결정이 있거나 파산선고결정을 받은 경우이고, 사실상 도산은 지방노동청으로부터 도산등사실인정을 받은 경우이다. 재판상 도산은 파산선고나 회생절차개시결정을 받은 사업주(파산관재인, 관리인 포함)가 결정문을 첨부하여 재판상도산발생현황보고서를 지방노동청에 제출하면 된다.

사실상 도산은 체불근로자가 퇴직 후 1년 이내에 사업장 관할노동청에 도산등사실인정신청서를 제출하면 된다. 도산등사실인정이란 사업주가 경영악화 등으로 인하여 사실상 도산 상태에 빠져 있는 경우에 지방노동청의 장이 근로자의 청구에 의해 이를 도산으로 인정하는 것을 의미한다. 사실상 도산 상태란 당해 사업주가 사업이 폐지되었거나 폐지과정에 있고, 미지급 임금 등을 지급할 능력이 없거나 현저히 곤란한 상태에 있는 경우를 말한다.

② 지급 요건

ㄱ. 사업주 요건

산재보험법에 적용되는 사업 또는 사업장이어야 하며, 6개월 이상 사업을 계속했을 것을 요한다.

ㄴ. 근로자 요건

퇴직기준일 1년 전 이후 3년 이내에 퇴직했어야 하며, 임금등 체불된 근로자로서 지방노동청에 진정 등을 제기하여 체불확정을 받아야 한다. 퇴직기준일은 파산선고의 결정, 회생절차개시의 결정이 있는 경우에는 그 신청일, 통합도산법에 따른 회생절차개시 신청 후 법원이 직권으로 파산선고를 한 경우에는 그 신청일 또는 선고일, 도산등사실인정이 있는 경우에는 그 도산등사실인정의 신청일을 의미한다.

도산 결정일로부터 2년 이내에 청구해야 한다. 도산결정일이란 회생절차개시일, 파산선고일, 도산등사실 인정을 받은 날을 의미한다.

③ 지급 범위와 한도액

관련 법령

임금채권보장법 제2조【정의】 이 법에서 사용하는 용어의 뜻은 다음과 같다.

3. "임금등"이란 근로기준법 제2조·제34조·제46조 및 제74조4항에 따른 임금·퇴직금·휴업수당 및 출산전후휴가기간 중 급여를 말한다.
4. "보수"란 고용보험 및 산업재해보상보험의 보험료징수 등에 관한 법률 제2조3호에 따른 보수를 말한다.

임금채권보장법 제7조【체불 임금 등의 지급】

② 제1항에 따라 고용노동부장관이 사업주를 대신하여 지급하는 임금등(이하"체당금"이라 한다)의 범위는 다음 각 호와 같다. 다만, 대통령령으로 정하는 바에 따라 제1항 1호부터 3호까지의 규정에 따른 체당금의 상한액과 같은 항 제4호에 따른 체당금의 상한액은 근로자의 퇴직 당시의 연령 등을 고려하여 따로 정할 수 있으며 체당금이 적은 경우에는 지급하지 아니할 수 있다.

1. 근로기준법 제38조2항1호에 따른 임금 및 근로자퇴직급여보장법 제12조2항에 따른 최종 3년간의 퇴직급여등
2. 근로기준법 제46조에 따른 휴업수당(최종 3개월분으로 한정한다)
3. 근로기준법 제74조4항에 따른 출산전후휴가기간 중 급여(최종 3개월분으로 한정한다)

체불임금 전체를 지급하는 것이 아니다. 최종 3개월분 임금 중에서 체불된 금액과 최종 3년분 퇴직금 중에서 체불된 금액이다. 휴업을 실시했을 경우 최종 3개월간 체불된 휴업수당도 체당금 대상이 된다. 체불 근로자의 연령에 따라 한도액이 정해져 있다.

그 동안 출산전후휴가 기간 중 급여는 체당금의 지급 범위에서 제외되었으나, 2021년부터는 임금채권보장법에 따라 체당금의 범위에 포함이 된다.

실무에서 논란이 되는 것은 육아휴직기간이 최종 3개월 안에 포함된 경우이다. 2020.3.31까지 육아휴직하고 2020.4.1 복직하여 근로하다 2020.6.1자로 퇴직

한 경우 최종 3개월은 3월, 4월, 5월을 의미하며, 체당금 지급 범위는 4월과 5월 임금이 된다. 즉 퇴직일로부터 소급하여 3개월 동안에 발생한 임금이 아니라면 체당금 지급대상은 아니다.

여기서 잠깐! 체당금 상한액 고시(고용노동부고시 제2021-8호)

(1) 임금채권보장법 제7조1항 제1호, 제2호, 제3호에 따른 체당금(일반체당금)

(단위: 만원)

항 목 \ 퇴직당시 연령	30세 미만	30세 이상 40세 미만	40세 이상 50세 미만	50세 이상 60세 미만	60세 이상
임금	220	310	350	330	230
퇴직급여등	220	310	350	330	230
휴업수당	154	217	245	231	161
출산전후휴가기간 중 급여	310				

※ 임금, 출산전후휴가기간 중 급여, 휴업수당은 1월분, 퇴직급여등은 1년분 기준

※ 출산전후휴가기간 중 급여에 대한 체당금 상한액은 이 고시 시행(2021.1.21) 이후 최초로 임금채권보장법 제7조에 따라 체당금의 지급을 청구한 경우부터 적용

(2) 임금채권보장법 제7조제1항 제4호에 따른 체당금(소액체당금)

(단위: 만원)

항 목	상한액
임금, 출산전후휴가기간 중 급여, 휴업수당	700
퇴직급여등	700

* 총 상한액은 1,000만원

(라) 소액체당금

일반체당금 제도는 지급 대상을 파산·도산 기업 퇴직 근로자로 한정한다. 반면 소액체당금제도는 도산하지 않은 기업의 재직근로자 또는 퇴직근로자에 대한 권리구제를 위한 제도이다. 그 동안 소액체당금은 근로자가 퇴직한 다음날부터 2년 이내에 소송을 제기하여 법원의 확정판결이 있어야 지급이 되었으나, 2021년 이후부터는 절차를 간소화하여 지방노동청의 근로감독관이 발급하는 '체불임금등사업주확인서'가 있으면 지급이 가능하고, 현재 퇴직 근로자에게 지원되는 소액체당금 제도를 재직 근로자에게도 확대 적용하는데, 저소득 근로자부터 우선 적용하

고 향후 단계적으로 적용대상이 확대된다.

재직근로자 소액체당금 적용대상 최저임금 120% 미만 & 중위소득 50% 미만('21년) → 최저임금 120% 미만 & 중위소득 100% 미만('22년) →최저임금 120% 미만('23년)

다. 법원을 통한 해결

(1) 소액사건 재판

소액사건 재판이란 소송의 당사자가 소송에 의해 청구하는 금액이나 물건의 가치가 3,000만원을 초과하지 않는 소액사건에 대하여 다른 민사사건보다 간편하게 소를 제기하고 소송을 수행할 수 있게 하는 제도를 말한다.

소를 제기한 때의 소송 목적의 값이 3,000만원을 초과하지 않는 금전 기타 대체물, 유가증권의 지급을 청구하는 경우에는 일반민사절차에 비해 신속하고 간편한 소액심판절차를 이용할 수 있다. 소액사건의 소제기는 말로 하거나, 당사자가 직접 소장을 작성하는 방식으로 할 수 있다.

소액사건의 소장이 접수되면 판사는 결정으로 소장 부본(副本)이나 제소조서등본(구술제소의 경우)을 첨부하여 피고에게 청구취지대로 이행할 것을 권고할 수 있다. 이행권고결정에 대하여 피고가 이의신청을 하지 않거나 이의신청에 대한 각하(却下)결정이 확정되거나 이의신청이 취하된 경우에는 이행권고결정은 확정판결과 같은 효력을 가진다.

〈절 차〉

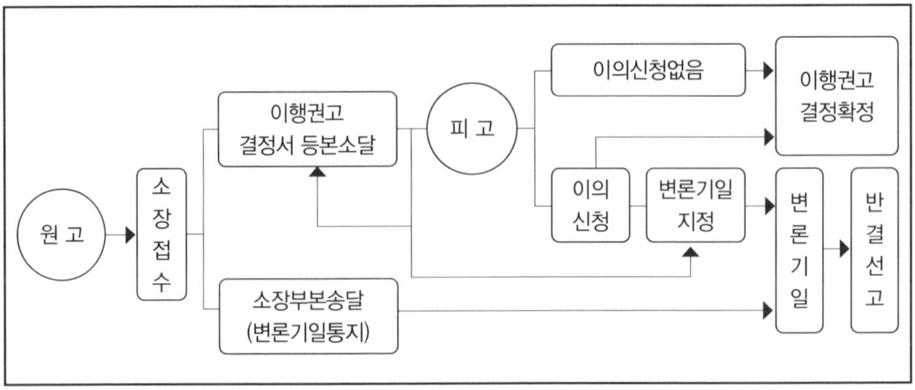

여기서 잠깐! 소액재판의 장점

① 소액사건의 신속한 처리를 위하여 소장이 접수되면 즉시 변론기일을 지정하여 1회의 변론기일로 심리를 마치고 즉시 선고할 수 있도록 하고 있다.
다만, 법원이 이행권고결정을 하는 경우에는 즉시 변론기일을 지정하지 않고, 일단 피고에게 이행권고결정등본을 송달한 후 이의가 있을 경우에만 변론기일을 즉시 지정하여 재판을 진행하게 된다.
② 당사자의 배우자, 직계혈족, 형제자매는 법원의 허가 없이도 소송대리인이 될 수 있다. 이 경우 신분관계를 증명할 수 있는 가족관계기록사항에 관한 증명서 또는 주민등록등본 등으로 신분관계를 증명하고, 소송위임장으로 수권관계를 증명하여야 한다.
③ 법원은 소장, 준비서면 기타 소송기록에 의하여 청구가 이유 없음이 명백한 때에는 변론 없이도 청구를 기각할 수 있다.
④ 증인은 판사가 신문하고, 상당하다고 인정한 때에는 증인 또는 감정인의 신문에 갈음하여 진술을 기재한 서면을 제출케 할 수 있다.
⑤ 판결의 선고는 변론종결 후 즉시 할 수 있고, 판결서에는 이유를 기재하지 않을 수 있다.
〈출처 : 대법원 전자민원센터-절차안내-민사-소액사건재판〉

(2) 지급명령 신청

민사소송을 하기 전에 간편하게 민사 분쟁을 해결할 수 있는 절차에는 민사조정, 제소 전 화해, 지급명령 신청(독촉절차) 등이 있다.

민사조정은 민사에 관한 분쟁을 간단한 절차에 따라 당사자 사이의 상호양해를 통하여 조리를 바탕으로 실정에 맞게 해결하기 위한 제도로서, 민사 분쟁의 당사자는 법원에 조정을 신청할 수 있고, 당사자 사이에 합의된 사항을 조서에 기재하여 조정이 성립된 경우 재판상의 화해와 같은 효력이 있다.

제소 전 화해란 민사소송을 제기하기 전에 지방법원단독판사 앞에서 화해신청을 하여 민사에 관한 다툼을 미리 해결하는 절차를 말한다. 화해가 성립하여 조서가 작성된 때에는 확정판결과 같은 효력이 생긴다.

지급명령신청(독촉절차)이란 채권자가 법원에 대하여 금전, 그 밖에 대체물이나 유가증권의 일정한 수량의 지급을 목적으로 하는 청구에 대하여 법원에 지급명령을 신청하는 절차를 말한다.

지급명령은 금전, 그 밖에 대체물이나 유가증권의 일정한 수량의 지급을 목적으로 하는 청구에 대하여 법원은 채권자의 신청에 따라 지급명령을 할 수 있다. 다만, 대한민국에서 공시송달 외의 방법으로 송달할 수 있는 경우에 한한다.

지급명령의 신청에 대해 법원은 채무자를 심문하지 않고 그 결정을 하게 되며, 이에 대하여 채무자가 이의신청을 하지 않거나, 이의신청이 취하 또는 각하된 때에는 확정판결과 마찬가지로 채무자에 대해 강제 집행할 수 있다.

채무자가 지급명령을 송달받은 날부터 2주 이내에 이의신청을 한 때에는 지급명령은 그 범위 안에서 효력을 잃는다. 법원은 이의신청이 부적법하다고 인정한 때에는 결정으로 이를 각하하여야 한다. 이 결정에 대하여는 즉시항고를 할 수 있다.

채권자가 민사소송법 제466조1항에 따라 소제기신청을 한 경우, 또는 법원이 민사소송법 제466조2항에 따라 지급명령신청사건을 소송절차에 부치는 결정을 한 경우에는 지급명령을 신청한 때에 소가 제기된 것으로 본다. 채무자가 지급명령에 대하여 적법한 이의신청을 한 경우에는 지급명령을 신청한 때에 이의신청된 청구목적의 값에 관하여 소가 제기된 것으로 본다.

여기서 잠깐! 지급명령(독촉절차)의 장점

① 서류심리만으로 지급명령을 발령한다.

지급명령신청(독촉절차)에서는 법원이 분쟁당사자를 심문함이 없이 지급명령을 신청한 채권자가 제출한 서류만을 심사하고 지급명령을 발령하므로 채권자는 통상의 소송절차처럼 법원의 법정에 출석할 필요가 없고, 그 결과 법정에 출석하는 데에 따른 시간과 노력을 절약할 수 있다.

② 신속하게 분쟁해결을 할 수 있다.

지급명령신청(독촉절차)은 채무자가 주로 대여금, 물품대금, 임대료 등 금전 지급 채무를 변제하지 않는 경우에 채권자의 지급 명령 신청에 따라 이루어지는 약식의 분쟁 해결 절차이다. 따라서 채무자가 이의신청을 하면 통상의 소송절차로 이행되지만, 만일 이의신청을 하지 아니하여 지급명령이 확정되면 채권자는 확정된 지급명령에 기하여 강제집행을 신청하여 신속하게 자신의 채권을 만족받을 수 있으므로 신속한 분쟁 해결이 가능하다.

③ 채권자가 법원에 납부하는 각종 비용이 저렴하다.

채권자는 지급명령을 신청할 때에 소송의 10분의 1에 해당하는 수수료와 당사자 1인당 4회분의 송달료만 납부하면 되므로, 소송절차에 비하여 소요되는 각종 비용이 저렴하다.

④ 지급명령이 확정되면 확정판결과 동일한 같은 효력이 있다.

또한 지급명령이 확정될 때에는 원칙적으로 별도의 집행문 부여없이 강제집행할 수 있도록 강제집행상의 특례를 규정하고 있다.

〈출처 : 대법원 전자민원센터-절차안내-민사-독촉절차〉

(3) 가압류·가처분

가압류란 금전채권이나 금전으로 환산할 수 있는 채권(예를 들어 매매대금, 대여금, 어음금, 수표금, 양수금, 공사대금, 임료, 손해배상청구권 등)의 집행을 보전할 목적으로 미리 채무자의 재산을 동결시켜 채무자로부터 그 재산에 대한 처분권을 잠정적으로 빼앗는 집행보전제도를 말한다(민사집행법 제276조1항).

채무자가 빚을 갚을 능력이 있으면서도 있는 재산을 전부 처분한 후 빚을 갚지 않으려고 하는 경우가 있다. 이러한 경우 채권자가 소송을 제기하여 승소한 뒤에 그 판결의 확정을 기다려 집행을 하기까지는 많은 시간이 걸리게 되고 그 사이에 채무자가 그가 가진 재산을 모두 처분하는 경우에는 채권자가 재판에 이기고도 집행을 하지 못하여 많은 손해를 입게 된다. 이처럼 채권자의 권리를 확보하기 위하여 재판확정 전에 채무자가 그의 재산을 처분하지 못하도록 임시로 채무자의 재산을 동결시키는 절차가 가압류이다.

가압류는 가압류의 대상이 되는 재산의 종류에 따라 부동산가압류, 선박·항공기·자동차·건설기계에 대한 가압류, 채권가압류, 유체동산가압류, 전세권 등 그 밖의 재산권에 대한 가압류로 구분할 수 있다. 전세권 등 그 밖의 재산권에는 채무자의 제3자에 대한 유체동산 인도청구권, 부동산인도청구권, 골프회원권, 스포츠회원권, 콘도회원권, 유체동산에 대한 공유지분권, 특허권, 실용신안권, 상표권, 디자인권, 저작권 등의 지식재산권(저작인격권은 제외), 합명·합자·유한회사의 사원권, 조합권의 지분권, 주식발행 전의 주식이나 신주인수권, 예탁유가증권, 전세권 등이 있다.

가압류를 신청하려는 자는 청구채권의 내용·신청취지·신청이유 등을 적은 가압류신청서 및 가압류신청 진술서를 작성해야 한다. 이에 대해 법원은 가압류로 생길 수 있는 채무자의 손해에 대하여 담보제공을 명령할 수 있으며, 법원의 담보제공명령을 받은 채권자는 현금공탁 또는 공탁보증보험 가입을 통해 담보제공을 해야 한다.

〈가압류 신청 절차 개요〉

가압류 신청 준비		가압류 신청		담보제공 명령		담보 제공		가압류집행
가압류 신청서 작성 및 신청비용 납부	➡	신청서류 제출	➡	담보제공 명령서 수령 (선담보제공시 생략)	➡	공탁보증보험 가입 또는 현금 공탁	➡	가압류 집행

부동산소유권이전 또는 말소등기청구권, 소유물반환청구권, 매매목적물인도청구권, 임차물인도청구권 등과 같이 금전채권 이외의 물건이나 권리를 대상으로 하는 청구권 등에 대한 장래의 집행을 보전하기 위해서는 가압류가 아닌 가처분을 신청해야 한다. 가처분이란 금전채권 이외의 권리 또는 법률관계에 관한 확정판결의 강제집행을 보전하기 위한 집행보전제도를 말한다.

부 록 1

• • • • •

유연근무제 이해하기

〈1〉 매일 출근하지 않아도 된다면, '재택근무제'

"출퇴근이 불편한 직원이 일주일 중 며칠만이라도 재택근무를 할 수 있는지 요청해왔습니다. 업무상 매일 출근이 꼭 필요한 것은 아니어서 회사에서 이참에 재택근무제도를 도입해보면 어떨까 고려하고 하는데 어떤 방식으로 도입할 수 있을까요? 재택근무제를 도입하게 되었을 때 회사가 지원받을 수 있는 받을 수 있는 정부지원금도 궁금합니다."

"재택근무제는 정보통신기술을 활용해 주어진 업무를 집에서 수행하는 근무형태입니다. 재택근무가 상시적으로 이루어지는지, 수시로 이루어지는지 그 실시 빈도에 따라 유형을 달리 도입할 수 있습니다. 예를 들어 주 5일 근무를 지속해서 재택으로 일하는지, 그 중 며칠만 재택으로 하는 지를 회사가 근로자와 협의하여 결정할 수 있습니다. 장애, 육아, 출·퇴근 거리, 가족돌봄 등의 사유로 통근의 어려움이 있거나, 업무의 독립성이 강하고 일상적인 관리감독의 필요성이 없는 경우에는 상시형 재택근무제를 도입할 수 있습니다."

재택·원격근무제도 도입 시 인프라 구축지원제도

① 지원대상 및 요건: 재택·원격근무를 새로이 도입하거나, 확대 시행계획을 수립하여 계획서를 제출하고 공모를 통해 선정된 기업(대기업 제외)

② 지원내용: 보안, 정보,인사노무관리 등의 시스템 구축비용은 직접지원금을 지급하고, 설비·장비 등의 구입비용은 융자로지원

* 직접지원: 시스템구축비의 50%한도 내에서 최대 2천만원 지원

* 융자지원: 총투자금액의 50% 한도 내에서 최대 4천만원 지원

재택근무제 근로계약서 중 '근무장소와 근무시간' 예시

제0조 근무장소

① 근무장소는 근로자의 자택으로 한다. 만약 자택 이외의 장소에서 근무하고자 할 때에는 부서장에게 사전에 신고하여 허가를 얻어야 한다.

② 매월 마지막 주 월요일은 본사 사무실에서 근무하여야 한다.

제0조 근무시간

근무시간은 일 8시간으로 하며 22시부터 6시까지는 근무하지 않는다. 다만, 사용자의 승인을 얻어 근무할 수 있다.

〈2〉 맞벌이부부가 활용하기 좋은 '시차출퇴근제'

"사내커플이 같은 회사에 근무하고 있습니다. 여성근로자가 아이 출산 후 최근 복직하였는데 맞벌이 부부의 애로사항이 많습니다. 아이들을 등하원시켜야 하는 맞벌이 부부가 활용하기 좋은 시차 출퇴근제를 회사에서 도입하고 싶습니다. 어떻게 도입할 수 있을까요?"

"시차 출퇴근제는 주5일 근무, 1일 8시간, 주 40시간 근무를 준수하면서 출퇴근시간을 조정하는 제도입니다. 예를 들어 회사가 출근시간대 07:00~10:00, 퇴근시간대 16:00~19:00로 운영하여 근로자가 필요에 따라 출퇴근시간을 선택(1일 8시간 근무 준수)할 수 있도록 도입할 수 있습니다. 시차출퇴근제 시행을 위해서는 회사가 취업규칙을 변경하고 근로자 대표와의 서면합의 또는 근로계약서상의 근로시간을 구체적으로 명시해야 합니다. "

<table>
<tr><th>시차근로제</th><th>내 용</th><th>비 고</th></tr>
<tr><td>제도유형</td><td><table><tr><th>구 분</th><th>결정사항(근무유형)</th></tr><tr><td>고정형 출퇴근제</td><td>✓ 시차 출퇴근 근무유형 결정</td></tr><tr><td>선택형
시차출퇴근제</td><td>✓ 출근 가능한 시간범위와 시차 출퇴근의 간격을 함께 정하여 근로자 선호도와 업무수행 방식 등을 고려하여 출근시간을 30분 혹은 1시간 단위로 선택하도록 결정</td></tr></table></td><td rowspan="3">시차출퇴근제 또는 정해진 총 근로시간 범위 내에서 업무의 시종 및 1일의 근로시간을 근로자가 자율적으로 결정할 수 있는 시간선택제와는 차이가 있음</td></tr>
<tr><td>제도장점</td><td>- 연장근로 미발생(발생 예방) -〉 장시간근로 예방
- 회사의 업무개시 및 종료가 통상적으로 8시간을 초과해서 이뤄지는 경우, 사용자는 근로자 별로 출근시간과 퇴근시간을 시차를 두고 관리함으로써 1일 중 연장근로의 발생을 방지할 수 있음
- 회사의 업무개시 및 종료가 8시간을 초과하지 않는 경우에도 사용자는 시차출근제를 이용해 법정근로시간보다 짧은 시간으로 소정근로시간(근로자와 사용자 사이에 약속한 근로시간)을 관리할 수 있음
- 단위시간 노동력의 효율적 활용에 대한 인식 제고 단위시간당 노동력의 보다 효율적 활용을 예정함</td></tr>
<tr><td>운영방법</td><td>시차출퇴근제 유형결정 / 근무시간대 결정 / 신청 및 허용기준 등 결정 / 취업규칙 변경 법적 요건 구비</td></tr>
</table>

〈3〉 연구개발(R&D)하는 여성근로자에게 적용하기 좋은 재량근로제

"연구소에서 근무하는 직원들은 주요 프로젝트 단위로 연구개발(R&D)에 참여하는 직무를 수행합니다. 근로시간이 고정되어야 할 필요가 적고 때에 따라서는 집중해서 장시간 근로가 진행될 때도 있는데 해당 직군 근로자가 좀더 유연하게 시간을 활용할 수 있는 재량근무제를 도입하려고 하는데, 연구개발 직무를 수행하는 근로자들에게 이 제도를 적용할 수 있을까요?"

"네, 할 수 있습니다. 재량근무제는 업무수행 방법과 시간의 배분문제를 본인의 재량에 맡기는 것입니다. 실제 업무시간과 관계없이 당사자 간에 미리 합의한 시간을 근무한 것으로 인정하는 제도인데요, 근로시간의 배분은 물론 업무수행 방법까지 근로자의 재량에 맡기고, 실제 근무한 시간에 관계없이 근로자 대표와 서면 합의한 시간을 근로한 것으로 봅니다. 근로기준법에서 정한 디자이너, 연구개발자 등 정해진 업무에 한하여 허용된다는 점에서 시차출퇴근제나 탄력근무제와 차이가 있습니다."

재량근무제를 시행하기 위해서는 근로기준법 제58조 제3항(근로시간 계산의 특례)에 따라 ① 대상업무 ② 업무의 수행수단 및 시간배분 등에 관하여 근로자에게 구체적인 지시를 하지 않는다는 내용 ③ 근로시간의 산정은 그 서면 합의로 정하는 바에 따른다는 내용을 명시하여 근로자 대표와 서면으로 합의하여야 합니다. 근로시간의 산정은 서면 합의로 정한 바에 따르므로 서면합의 시 "인정하는 근로시간의 양"에 대하여도 명시하여야 함.

재량근로 대상업무

1. 신상품 또는 신기술의 연구개발이나 인문사회과학 및 자연과학에 관한 연구업무
2. 정보처리시스템의 설계 또는 분석 업무
3. 신문·방송 또는 출판사업에 있어서 기사의 취재·편성 또는 편집업무
4. 의복실내장식·공업제품·광고 등의 디자인·고안 업무
5. 방송프로·영화 등의 제작사업에 있어서 프로듀서 또는 감독업무
6. 그밖에 고용노동부장관이 정하는 업무(회계, 법률사건, 납세, 법무, 노무관리, 특허, 감정평가 등의 사무에 있어 타인의 위임·위촉을 받아 상담·조언·감정 또는 대행을 하는 업무)

〈4〉 근로자의 자율에 근로시간을 맡기는 것이 좋다면 '선택적근로시간제'

"임신 중인 여성 근로자가 한 달 주어진 업무를 문제없이 처리할테니 근로시간을 자유롭게 쓸 수 있도록 선택적근로시간제를 요청해왔습니다. 시차출퇴근제 보다 더 유연하게 근로시간을 쓰고 싶다는 것인데요, 이 근로자가 요청하는 것처럼 어떤 날은 4시간만 일하고, 다음 날은 10시간씩 근무하는 식으로 한 달을 자유롭게 사용할 수 있는 제도가 있나요?"

"삼성전자도 최근 '플레스타임(Flex time)제'라고 불리는 선택적 근로시간제를 도입한다고 밝혔습니다. 이 선택적 근로시간제는 주 40시간이 아닌 월평균 주40시간 이내에서 직원들이 출퇴근과 근무시간을 자유롭게 조정할 수 있도록 하는 것이 특징입니다. 예컨대 한 달 근무일수가 25일이라면 한달 총 근로시간 내에서 근로자가 자율적으로 업무량에 따라 일할 시간을 정하면 됩니다. 삼성전자는 이 제도를 연구개발과 사무직을 대상으로 도입하면 주 단위로 최소 20시간 근무시간을 채우도록 했습니다. 이 제도는 근로시간의 규제보다는 업무성격상 근로자의 자율에 맡기는 것이 더 능률적인 전문직 등에 적합한 제도일 수 있습니다. 자유출퇴근제나 시차 출퇴근제는 선택적 근로시간제와 비슷한 것처럼 보이지만 업무 시작시간이 정해지면 종료시간이 자동으로 정해지기 때문에 법에서 의미하는 선택적 근로시간제에 해당하지는 않습니다."

> 근로기준법 제52조의 "선택적 근로시간제"의 적용을 받는 자율형·선택형 시차출퇴근제와 탄력근무제의 경우 ① 대상근로자의 범위 ② 1개월 이내의 정산기간 ③ 1개월 이내의 정산 기간 ④ 의무근로시간대를 정한 경우 그 시작 및 종료시각 ⑤ 선택적 근로시간대의 시작 및 종료시각 ⑥ 표준근로시간에 대해 근로자 대표와 합의하여야 함.

〈5〉 성수기에 일을 집중해서 해야 한다면 '탄력근로제'

"성수기에 일이 몰려 특정 주간에 연장근로가 집중해서 발생하는 빙과제조업체입니다. 평균을 하면 매일 연장근로가 있는 것은 아닌데 집중해서 특정 주에 일을 하고 그 다음 주는 좀 짧게 근무하는 형태로 근무하는 것도 가능할까요? 이 경우 연장수당과 짧게 근무하는 주간에 임금도 주어야 하나요?"

"회사 업무 특성상 어떤 주간은 근로시간을 연장시키는 대신에 다른 근로일의 근로시간을 단축시켜 일정기간의 평균근로시간을 기준근로시간내로 맞추는 것을 탄력근로제라고 합니다. 일정한 기간(2주 이내 또는 3월 이내, 6월 이내)을 평균하여 1일간의 근로시간이 기준근로시간을 초과하지 않으면, 특정일 또는 특정주에 기준근로시간을 초과하더라도 근로시간 위반이 아니고, 초과시간에 대한 할증임금을 지급하지 않고 평균 기준근로시간에 대한 월급만을 지급하면 됩니다."

탄력근로제 도입 사례

한화케미칼은 최근 기존 통상 아침 8시부터 오후 5시30분까지 근무했던 근로시간을 '인타임 패키지'를 도입한다고 밝혔다. 인타임패키지 일환인 '탄력 근무제'에 따라 앞으로는 2주 단위로 최대 8시간 범위에서 근무시간 조절이 가능하다. 예컨대 이번 주 금요일 오후에 여행을 떠나고 싶다면, 이번 주나 다음 주 월~목요일에 4시간 야근하면 된다. 초과근무 시간만큼 일찍 퇴근할 수 있어서다. 이럴 경우 금요일 오후 1시30분에 퇴근이 가능하다'

부 록 2

핵심용어 30선

근로계약서에 등장하는 용어에 대한 개념을 고용노동용어집을 참고하여 정리하였다. 용어가 익숙해져야 근로계약서가 쉽게 손에 잡힐 것이므로 여러 번 읽어보기를 권한다.

〈개 괄〉

근로기준법

헌법 제32조3항의'근로조건의 기준은 인간의 존엄성을 보장하도록 법률로 정한다.'라는 규정에 의하여 제정된 근로자의 근로조건에 관한 통일적 보호법전으로, 1953.5.10 법률 제286조로 제정·공포되었으나, 1997.3.13 기존 법을 폐지하고 다시 제정·공포되었다. 동법은 총칙, 근로계약, 임금, 근로시간과 휴식, 여자와 소년, 안전과 보건, 기능습득, 재해보상, 취업규칙, 기숙사, 근로감독관, 벌칙 등 12장과 부칙으로 이루어져 있다. 이 법은 근로조건의 기준을 정함으로써 근로자의 기본적 생활을 보장, 향상시키며 균형 있는 국민경제의 발전을 기함을 목적으로 하고 있다(동법 제1조). 한편 이 법에서 정하는 근로조건은 최저기준이므로 근로관계 당사자는 이 기준을 이유로 근로조건을 저하시킬 수 없다(동법 제3조).

근로계약

우리는 일반적으로 물건이나 부동산을 매매하거나 임대하는 경우에 매매계약, 임대계약을 체결하게 된다. 이와 같이 우리가 임금을 받기로 하고 근로를 제공할 때에도 이러한 내용을 계약으로 체결하는 것이 근로계약이다. 즉 근로계약이란 근로자가 사용자에게 근로를 제공하고 사용자는 이에 대하여 임금을 지급함을 목적으로 체결된 계약을 말한다. 대부분 채용시는 구두로 임금, 상여금, 퇴직금 등을 정해놓고 근로하다가 취업중이나 퇴직시에 채용조건에 대하여 분쟁이 발생하는 경우가 많다. 이렇게 근로계약이란 차후에 분쟁을 예방하기 위한 수단으로 매우 중요하므로 채용시에 반드시 임금, 상여금, 근로시간, 작업방법, 퇴직금 등에 관하여 명확하게 서면으로 근로계약을 체결하는 것이 근로관계의 첫걸음이다. 근로계약을 체결하면 계약상에 명시하지 않았더라도 근로자는 ① 사용자에게 근로를 제공할 의무, ② 채용시 사용자에게 성실하게 자기의 경력이나 학력 등을 알려야 할 의무, ③ 근속기간 중 회사의 비밀을 지킬 의무, ④ 사업주와 경쟁관계가 있는 자를 이롭게 하는 행위를 하지 않아야 할 의무가 발생하며, 사용자는 ① 근로자가 제공하는 근로를 수령할 의무, ② 근로자의 근로에 대하여 임금을 지급할 의무, ③ 근로자의 산재사고에 대한 보상 의무, ④ 근로자의 신체와 위생을 보호하는 배려의무가 근로계약의 본질적 의무로 발생된다. 근로자가 이와 같은 근로계약상의 본질적 의무를 이행하지 않으면 해고사유가 되며, 사용자는 근로자의 근로제공을 거부하면 임금의 전액을 지불하여야 하는 등 민사적 책임이 발생한다.

근로조건

근로자가 사용자에게 근로계약에 의하여 근로를 제공하는데 있어서의 여러 조건이나, 공장·사업장 등 근로자가 근로를 제공하는 장소에 관한 제반 조건을 말한다. 임금, 근로시간, 휴일, 퇴직금, 취업의 장소 등이 여기에 포함된다. 고용조건, 노동조건이라고도 한다. 근로조건은 근로자와 사용자가 동등한 지위에서 자유의사에 의하여 결정하여야 하며(근로기준법 제4조), 사용자는 근로계약 체결시에 근로자에 대하여 이를 명시하여야 한다(동법 제17조). 명시된 근로조건이 사실과 다를 경우에는 근로자는 근로조건 위반으로 인한 손해배상을 청구할 수 있으며, 즉시 근로계약을 해제할 수 있다. 이때 근로자가 손해배상을 청구할 경우에는 노동위원회에 신청할 수 있으며(상시근로자 5인 이상인 경우에 한함), 근로계약이 해제되었을 경우에는 사용자는 취업을 목적으로 거주를 변경하는 근로자에게 귀향여비를 지급하여야 한다(동법 제19조). 단체협약이나 취업규칙에서도 근로조건을 규정할 수 있는데, 단체협약이나 취업규칙이 있는 경우 근로조건이 원칙적으로 근로계약에 우선하여 적용된다.

근로조건 명시의무

근로계약을 체결할 때 사용자에 비해 경제적·사회적 지위가 낮은 근로자가 불리할 수밖에 없으므로 근로기준법은 근로자가 불리한 입장에서 부당한 근로계약을 체결하는 것을 방지하기 위해 여러 보호규정을 두고 있는데, 사용자의 '근로조건 명시의무'도 그 중 하나이다. 즉, 근로기준법상의 '근로조건 명시의무'에 따르면 사용자는 근로계약을 체결할 때 근로자에게 임금, 근로시간, 기타의 근로조건을 분명하게 밝혀야 하고, 특히 임금의 구성항목, 계산방법 및 지급방법에 관한 사항은 서면으로 알려주어야 한다. 이와 같이 사용자에게 근로조건 명시의무를 부여하는 이유는 근로자가 근로계약을 체결할 때 근로조건을 알지 못함으로써 예상치 못한 불리한 근로조건을 감수하게 되는 것을 방지하기 위해서이다. 특히 임금을 둘러싼 사용자와 근로자의 다툼을 예방하고 후일의 분쟁시 해결의 기준으로 사용하기 위하여 임금의 구성항목, 계산방법 및 지급방법에 관한 사항은 서면으로 명시하도록 하고 있다. 따라서 시간급 산정방식, 고정적수당, 휴일·휴가수당, 가산임금의 계산, 임금지급일, 계좌입금인지 아니면 현금지급인지, 월급인지 주급인지는 서면으로 근로자에게 제시되어야 한다. 임금 관련 사항 이외에 명시해야 할 근로조건은 취업규칙에 반드시 기재되어야 하는 사항들이기도 한데, 반드시 서면으로서 제시해 주어야 하는 것은 아니다. 사용자가 근로조건 명시의무를 이행하기 위해 근로계약서에 근로조건을 구체적으로 명시하여 근로자에게 제시한다고 하더라도 사실상 약자의 입장에 있는 근로자가 근로계약을 체결할 때 근로계약서를 꼼꼼히 읽어보고 이의를 제기하는 것은 어렵기 때문에 대충 서명을 하고 자신의 근로조건이 무엇인지 알지 못하는 경우가 많다. 특히 사용자가 제시하여 근로자가 무심코 서명한 근로계약서에 '얼마로 약정한 임금 속에 근로기준법에 따른 시간외근로수당, 야간근로수당, 휴일근로수당 등이 모두 포함된다.'는 문구가 포함되었다는 이유로 근로자들이 법정수당을 청구하지 못하는 사례가 많으므로 근로계약을 체결할 때 제시된 임금이나 기타 근로조건을 꼼꼼히 살펴 서명을 해야 할 뿐 아니라 근로자도 근로계약서를 보관해야 한다.

〈당사자〉

근로자

타인에게 근로를 제공하고 그 대가로 임금을 받는 자를 말한다. 현행법에서는 정신근로자와 육체근로자를 구분하지 않고 총칭하여 근로자라 정의하고 있다. 근로기준법에서는 근로자의 개념을 '직업의 종류와 관계없이 임금을 목적으로 사업이나 사업장에 근로를 제공하는 자'(근로기준법 제2조1호)라고 규정하고 있다. 이는 동법이 근로자의 근로조건을 보호하고 사용자를 감독하는데 그 목적이 있으므로 근로자가 현실적으로 사용종속관계 하에서 사용자의 지휘·감독에 따라 근로를 제공할 것을 요건으로 하고 있다. 이에 반하여 노조법은 '직업의 종류를 불문하고, 임금, 급료 기타 이에 준하는 수입에 의하여 생활하는 자'(노조법 제2조1호)를 근로자로 규정하고 있다.

사업주

사업을 경영하는 자로서 개인기업에서는 그 기업경영인, 법인체에서는 대표이사가 이에 해당된다. 산재보험법상 산재보험에 가입신고 의무와 보험료를 보고·납부할 의무 등을 지고 있는 자도 사업주이다.

사용자

일반적으로는 근로계약의 당사자로서 근로를 제공하는 자(근로자)에 대하여 보수를 주기로 약속한 사업의 주체인 법인 또는 개인을 말한다. 그러나 근로기준법에서는 '사업주 또는 사업경영담당자, 그 밖에 근로자에 관한 사항에 대하여 사업주를 위하여 행위하는 자'(근로기준법 제2조2호)라고 규정하고 있으므로, 협의의 사용자인 개인사업주, 회사 기타 법인조직에 있어서의 법인 그 자체뿐 아니라 사장·공장장·지점장 등과 같이 내부조직에 있어서 근로자에 관한 사항에 대하여 지휘·명령권을 갖는 모든 사람을 지칭한다. 한편 노조법에서는 사용자를 '사업주, 사업의 경영담당자 또는 그 사업의 근로자에 관한 사항에 대하여 사업주를 위하여 행동하는 자'(노조법 제2조2호)로 규정하고 있는데, 여기서는 특히 부당노동행위 주체로서의 의미를 갖는다. 그런데 노동법상의 사용자 개념은 대단히 광범위한 것이므로 근로계약상으로는 근로자임에도 불구하고 중첩적으로 사용자의 지위에 있는 자가 있다. 예를 들어 기업체의 중간관리층은 노조법이나 근로기준법상의 사용자의 이익 대표자로서의 '사용자'임에도 불구하고, 사업주 또는 경영주와의 관계에 있어서는 임금을 목적으로 고용되어 그의 지휘·명령을 받는 종속관계에 있기 때문에 근로기준법의 적용이 배제되지 않는다.

고 용

당사자의 일방이 상대방에 대하여 노무를 제공하고 상대방이 이에 대하여 보수를 주는 것을 말한다. 이 관계에 있어서 노무라 함은 육체적이거나 정신적인 것인가를 묻지 않고 모든 종류의 인적 활동을 포함한다. 한편 대가로서 지불되는 보수는 반드시 금전만이 아니고 경제적 가치가 있는 것이라면 그 종류를 묻지 않는 것으로 해석된다. 또 고용이라는 말이 자영하는 가족근로도 포함한 취업의 의미로 해석될 때도 있다. 이를테면 고용구조, 고용문제 등에 있어서의 고용은 넓은 뜻에서의 용법이지만, 사용종속관계가 임금노동으로 진화한 오늘날에는 고용이란 자영 및 가족근로를 제외한 피용관계를 의미하는 것이 일반적이다.

근로관계

근로자가 사용자에게 근로를 제공하고 사용자는 이에 대하여 기타 급료를 지급함을 목적으로 하는 계약에 의하여 성립하는 근로자와 사용자 사이의 법률관계를 말한다. 그러므로 근로관계는 채권적 계약관계의 유형으로서는 민법의 고용관계에 속하는 것이지만, 근로자 보호를 위한 근로기준법과 기타 계약의 자유를 제약하는 제반 법령의 적용을 받는다는 의미에서 특수한 법률관계라고 할 것이다.

근로자대표

다수 근로자의 의사를 대표할 수 있는 권한을 가진 자를 말한다. 근로기준법상으로는 당해 사업 또는 사업장에 근로자의 과반수로 조직된 노동조합이 있는 경우에는 그 노동조합, 근로자의 과반수로 조직된 노동조합이 없는 경우에는 근로자의 과반수를 대표하는 자를 의미한다(근로기준법 제24조3항). 경영상 이유에 의한 고용조정시 사용자는 해고를 피하기 위한 방법 및 해고의 기준 등에 관하여 근로자 대표와 성실하게 협의하여야 하며(동법 제24조3항), 1개월 단위의 탄력적근로시간제 도입(동법 제51조), 선택적근로시간제 도입(동법 제52조) 간주근로시간제 도입(동법 제58조), 운수업 등 특수업종에 있어 연장근로 및 휴게시간의 특례에 관한 사항(동법 제59조) 등에서 사용자는 근로자대표와 서면합의하여야 한다.

〈근로계약기간〉

계약직근로자

비정규직의 대부분은 근로계약기간이 정해진 계약직근로자인데, '계약직'은 법률상 용어는 아니다. 일반적으로 임시직·일용직 등 기간의 정함이 있는 근로계약에 의하여 근로하고 있는 근로자를 계약직근로자 또는 기간제근로자라고 부르고 있다. 이에 반해 정규직근로자는 기간을 정하지 않은 근로계약을 체결하고 있으며 정당한 이유가 없는 한 해고되지 않고 고용이 정년까지 보장된다. 계약직근로자는 정규직과 달리 근로계약기간이 정해진 것뿐이므로 제반 노동관계법의 적용은 동일하게 받으며, 연차유급휴가, 산전·후휴가 등의 사용은 물론 노동조합 활동도 할 수 있다.

〈근로시간과 휴게시간〉

근로시간

근로자가 사용자와의 근로계약에 의하여 실제로 근로할 의무를 지고 있는 시간을 말한다. 반드시 실제로 심신을 활용해 작업하는 시간만을 의미하지 않고 작업을 목적으로 사용자의 지휘·명령을 받는 상태를 말하므로 다음 작업을 위한 대기시간 또는 작업 전후의 준비 및 정리 등도 사용자의 지휘·감독하에 있는 한 근로시간에 포함된다. 근로시간은 근로조건 중 매우 중요한 것 중의 하나이므로 근로자 보호라는 관점에서 근로기준법은 이에 대하여 엄격한 제한을 하고 있다. 즉, 근로시간은 1일에 8시간, 1주일에 40시간을 기준으로 이를 초과하지 못하도록 하여 1일 8시간 노동을 원칙으로 한다(근로기준법 제50조). 다만, 당사자간의 합의에 의하여 1주일에 12시간 한도로 연장근로 할 수 있다(동법 제53조). 이때 사용자는 연장근로에 대하여 통상임금의 100분의 50 이상을 가산하여 지급하여야 한다(동법 제56조).

소정근로시간

사용자와 근로자간에 합의하여 근로하기로 정한 시간을 말한다. 원칙적으로 한 달 소정근로시간은 주 40시간, 월 209시간 내에서(근로기준법 제50조) 정해야 하며, 15세 이상 18세 미만인 자의 경우는 1일 7시간, 1주 35시간 내에서, 대통령령이 정하는 유해 또는 위험한 작업에 종사하는 근로자에 대하여는 1일 6시간, 1주 34시간 내에서 정하여야 한다.

근로시간의 간주

실제 근로한 시간을 계산하기 어려운 경우에 일정한 요건 하에 소정근로시간, 업무수행에 통상적으로 필요한 시간 또는 노사가 서면으로 합의한 시간을 근로시간으로 간주하는 제도이다. 1997.3.13 근로기준법 제정으로 법제화되었다(근로기준법 제58조). 근로자가 출장 기타의 사유로 근로시간의 전부 또는 일부를 사업장 밖에서 근로하여 근로시간을 산정하기 어려울 때, 고도의 지적능력을 요구하여 업무수행 방법을 근로자의 재량에 위임할 필요가 있을 때에 적용된다.

교대근무제

근로자가 일정한 기일마다 근무시간이 다른 근무로 바뀌지는 근무 제도이다. 이 제도는 일반적인 생산설비를 쉬게 함이 없이 계속적으로 가동시켜 생산을 해야하는 경우에 이용된다. 8시간 근로의 원칙을 관철하려면 4조3교대제를 채택하여야 한다. 교대근로를 할 때 야간근로와 휴일근로에 대하여는 가산임금을 지급하여야 한다.

단시간근로자

통상근로자(full-time근로자)에 대비되는 개념으로, 근로기준법에서는 "1주간에 소정근로시간이 당해 사업장의 동종업무에 종사하는 통상근로자의 1주간의 소정근로시간에 비하여 짧은 근로자"라고 정의하고 있다(근로기준법 제2조8호). 단시간

근로자의 근로조건은 당해 사업장의 동종 업무에 종사하는 통상근로자의 근로시간을 기준으로 산정한 비율에 따라 결정함을 원칙으로 한다.

휴게시간

근로자가 근로시간 도중에 사용자의 지휘·감독으로부터 벗어나 자유로이 이용할 수 있는 시간을 말한다. 현실적으로 작업은 하고 있지 않지만 조속한 시간 내에 근무에 임할 것을 근로자가 예상하고 있거나 사용자로부터 언제 근로의 요구가 있을지 불분명한 상태에서 기다리는 '대기시간'과 구별된다. 근로기준법은 근로시간이 장시간 계속됨으로써 야기되는 근로자의 피로해소 및 재해방지를 위해 최소한 ① 근로시간이 4시간인 경우 30분 이상, 8시간인 경우 1시간 이상의 휴게시간을 근로시간 도중에 줄 것, ② 근로자가 자유롭게 휴게시간을 이용하게 할 것을 명시하여 규제하고 있다. 휴게시간을 어떻게 배치해 주어야 하는지에 대해서 근로기준법은 근로시간 도중에 주어야 한다고 규정할 뿐이지만 휴게시간의 목적상 원칙적으로 일시에 주어야 하며(휴게시간을 1시간의 식사시간으로 사용하게 하는 것도 무방하다.), 1시간마다 10분, 20분 등 세분화하여 휴게시간을 주는 것은 피로의 해소, 식사 등 휴게 본래의 취지를 충족시킬 수 없기 때문에 휴게시간을 부여한 것으로 볼 수 없다. 한편 휴게시간을 근로기준법에서 정한 시간 이상으로 부여하는 것도 가능하나 무급의 휴게시간을 장시간 또는 무제한 인정하는 것은 오히려 부당하므로 허용될 수 없다. 또한 휴게시간은 근로자가 자유롭게 이용할 수 있는 시간이므로 전화를 받아야 하거나 물품·작업진행 등의 감시의무가 부여되는 시간 등은 휴게시간이 될 수 없고, 근로자의 외출제한이나 휴게시간 중의 조합활동, 정치활동 등도 원칙적으로 규제할 수 없다. 다만 사용자는 직장질서 유지나 기업시설 관리를 위해 필요한 최소한도의 소극적인 제한, 즉 음주나 다른 근로자들의 휴게를 방해하는 행위 등을 금지할 수 있을 뿐이다. 사용자가 근로기준법 제53조를 위반하여 휴게시간을 주지 않을 경우 또는 휴게를 주더라도 자유롭게 이용하게 하지 않을 경우에는 2년 이하의 징역 또는 1,000만원 이하의 벌금에 처해진다.

〈휴 일〉

주휴일

주휴일은 근로기준법 제55조에 의해 사용자가 1주간의 소정근로일수를 개근한 근로자에게 1주일에 평균 1회 이상 유급으로 부여하는 휴일인데, 적어도 1주에 1일의 휴일을 갖는다는 것은 국제적으로도 보편화된 제도이다. 따라서 유급주휴일은 평균적으로 1주간의 소정근로시간이 15시간 미만인 근로자를 제외한 임시직, 계약직, 일용직 등 근로형태를 불문하고 적용되며, 5인 미만 사업장에도 적용된다. 주휴일은 유급이므로 근로제공 의무는 없는 반면 근로일과 동일하게 임금을 지급받아야 하는데, 월급제 형태인 근로자들의 경우에는 특약이 없는 한 월급여액에 주휴일의 임금이 포함된 것으로 보고 있으며, 시간급근로자의 경우에는 1일 소정근로시간수에 시간급을 곱한 금액이 주휴일의 임금이 된다. 일반적으로 사업장에서 공휴일인 일요일에 유급주휴일을 부여하는 경우가 많은데, 주휴일은 반드시 일요일일 필요는 없고 취업규칙이나 단체협약에 의해 특정한 요일을 정해서 규칙적으로 부여하는 것이 주휴일제도의 취지에 부합한다고 할 수 있다. 원칙적으로 주휴일은 1주간의 소정근로일수를 개근한 경우에 부여되므로 1일 이상 결근한 경우에는 부여받을 수 없으나 지각, 조퇴, 외출 등은 결근에 해당하지 않기 때문에 잦은 지각, 조퇴, 외출을 하였다고 하더라도 이를 결근으로 간주하여 주휴일을 부여하지 않을 수는 없다. 임산부와 18세 미만인 근로자에 대해서는 원칙적으로 휴일근로를 시킬 수 없으나 예외적으로 임신중인 여성근로자의 경우 당해 근로자의 명시적인 청구, 산후 1년이 경과하지 아니한 여성 및 18세 미만 근로자의 경우에는 당해 근로자의 동의가 있으면 사용자는 근로자대표와의 성실한 협의를 거쳐 고용노동부장관의 인가를 얻어 휴일근로에 종사시킬 수 있다.

〈휴 가〉

연차유급휴가

근로자가 1년간 일정비율 이상 출근한 경우에 일정기간 근로의무를 면제함으로써 심신의 피로를 해소하여 건강을 유지하고 근로자가 여가를 선용하여 사회적·문화적 시민생활을 누릴 수 있게 하기 위해 인정되는 휴가를 말한다. 근로기준법은 연차유급휴가를 제60조에서 규정하고 그 벌칙 규정을 두어 이행을 강제하고 있다. 사용자는 1년간 8할 이상 출근한 근로자에 대하여는 15일의 유급휴가를 주어야 하며, 계속근로연수가 1년 미만인 근로자에 대하여는 1월간 개근시 1일의 유급휴가를 주어야 한다. 사용자는 근로자의 최초 1년간의 근로에 대하여 유급휴가를 주는 경우에는 매월 개근시 1일의 연차유급휴가를 포함하여 15일로 하고 근로자가 매월 개근시 발생한 연차유급휴가를 사용한 경우에는 그 사용한 휴가일수를 15일에서 공제한다. 사용자는 3년 이상 계속근로한 근로자에 대하여는 매년 8할 이상 출근함에 따라 발생한 연차휴가일수에 최초 1년을 초과하는 계속근로연수 매2년에 대하여 1일을 가산한 유급휴가를 주어야 한다. 이 경우 가산휴가를 포함한 총휴가일수는 25일을 한도로 한다. 연차유급휴가 산정을 위한 출근율 판단에서 근로자가 업무상의 부상 또는 질병으로 휴업한 기간과 산전·산후의 휴가기간과 육아휴직 기간은 출근한 것으로 본다. 사용자는 연차휴가에 대하여 근로자의 청구가 있는 시기에 주어야 하며, 그 기간에 대하여는 취업규칙이나 그 밖의 정하는 바에 의한 통상임금 또는 평균임금을 지급하여야 한다. 다만, 근로자가 청구한 시기에 휴가를 주는 것이 사업운영에 막대한 지장이 있는 경우에는 그 시기를 변경할 수 있다(제60조5항).

연차유급휴가근로수당

판례와 행정해석은 연차유급휴가를 사용하지 않고 근로를 제공한 경우에 사용자는 미사용 휴가일수에 대하여 연차유급휴가근로수당을 지급해야 한다. 또한 연차유급휴가가 발생하였음에도 휴가를 사용하지 않고 퇴직한 경우에도 역시 미사용한 연차유급휴가일수에 대한 근로수당을 지급하여야 한다. 연차유급휴가근로수당은 연차유급휴가청구권이 소멸된 시점에서 청구할 수 있다. 즉, 근로기준법 제60조7항은 '연차유급휴가는 1년간 행사하지 아니한 때에는 소멸된다.'고 규정되어 있으므로, 연차유급휴가를 사용할 수 있는 날로부터 1년이 지나면 더 이상 휴가를 청구할 수는 없고, 휴가청구권은 수당청구권으로 전환되는 것이다. 다만, 연차유급휴가를 사용하지 못한 것이 사용자의 지시에 의한 것이거나, 휴가를 청구하였음에도 부여하지 않는 등 사용자의 귀책사유가 있을 때에는 1년이 지나더라도 여전히 전년도의 연차유급휴가를 청구할 수 있다(근로기준법 제60조7항 단서). 연차유급휴가근로수당은 근로에 대한 대상으로서 임금에 해당되므로, 그 소멸시효는 임금채권과 동일하게 3년이다. 따라서 연차유급휴가를 1년간 사용하지 않음으로써 휴가청구권이 소멸된 다음 날부터 3년 이내에 연차유급휴가근로수당을 청구할 수 있는 것이다. 행정해석에 따르면 노무관리 편의상 단체협약이나 취업규칙에 의하여 전체 근로자에 대하여 일률적으로 회계연도를 기준으로 연차유급휴가를 산정하는 경우 연차유급휴가근로수당청구권은 연차유급휴가 사용 가능연도 다음 해의 첫날 발생한다고 본다. 또한 행정해석은 퇴직 전년도에 발생한 연차유급휴가를 미사용하고 근로하여 발생한 수당은 그 액수의 3/12을 퇴직금 산정을 위한 평균임금 산정기준임금에 포함하나, 퇴직으로 인하여 비로소 지급사유가 발생한 연차유급휴가근로수당(퇴직연도에 발생한 연차유급휴가를 미사용함으로써 발생한 연차유급휴가근로수당)은 퇴직금 산정을 위한 평균임금 산정기준임금에 포함되지 않는다고 보고 있다.

〈임 금〉

기본급

근로계약, 취업규칙, 단체협약 등에 의하여 소정근로시간 또는 법정근로시간에 대하여 지급하기로 정하여진 기본임금을 말한다. 연봉제의 경우 기본연봉을 월액으로 환산(기본연봉/12)한 금액이다.

통상임금

통상임금이란 일반적으로 회사에서 이야기하는 기본급, 본봉 등의 명칭에 상관없이 근로자에게 정기적·일률적으로 소정근로 또는 총근로에 대하여 지급하기로 정한 시간급금액, 일급금액, 주급금액, 월급금액 또는 도급금액을 말한다. 즉, 실제 근무일수나 실제 수령한 임금에 구애됨이 없이 임금지급시마다 고정적·평균적으로 지급되는 일반임금을 말한다. 고정적·평균적으로 매월 일률적으로 지급이 보장되는 기본급이나 본봉은 물론 직무수당, 직책수당, 조정수당, 물가수당, 출납수당, 승무수당 등은 통상임금에 포함된다. 그러나 개인의 근로시간에 따라 지급이 달라지는 연장수당, 연차유급휴가수당, 상여금은 통상임금에 포함되지 않는다. 통상임금은 시간외 근로수당 등 법정수당, 연차유급휴가수당 등의 산정기준이 된다.

가산임금

법정근로시간을 초과하여 야간근로, 휴일근로 또는 연장근로를 시켰을 때에 통상임금의 일정율을 가산하여 지급하는 금액을 말한다. 근로기준법에서는 법정근로시간을 넘어서 근로시켰을 경우, 야간근로(22:00~익일06:00의 근로)를 시켰을 경우, 휴일에 근로시켰을 경우에는 통상임금의 100분의 50 이상을 가산하여 지급하도록 규정하고 있다(근로기준법 제56조).

평균임금

평균임금이란 이를 산정하여야 할 사유가 발생한 날 이전 3개월간에 그 근로자에 대하여 지급된 임금의 총액을 그 기간의 총일수로 나눈 금액을 말한다. 여기서 평균임금의 산정기초가 되는 임금총액에는 사용자가 근로의 대상으로 근로자에게 지급하는 일체의 금품으로서 기본급이나 본봉, 정기적으로 지급되는 통상임금은 물론 휴일, 연장근로수당, 야간근로수당, 연차유급휴가수당, 일·숙직수당 등과 같이 지급사유가 발생할 때마다 변동적으로 지급하는 수당이 모두 포함되며, 근로자에게 계속적· 정기적으로 지급되고 그 지급에 관하여 단체협약, 취업규칙 등에 사용자에게 지급의무가 지워져 있으면 상여금, 가족수당, 체력단련비, 식대, 교통비 등 그 명칭에 관계없이 모두 포함된다. 상여금이나 연차유급휴가수당의 산입은 사유발생일 이전 1년간 지급받은 총액을 12개월로 나누어 월평균금액을 3개월간 임금에 합산하여 계산한다. 3개월간의 총일수란 실제근로일수가 아니라 달력상의 일수로서 89~92일이 된다. 그러나 ① 수습기간, ② 사용자의 귀책사유로 인하여 휴업한 기간, ③ 산전후 휴가기간, ④ 업무상 사고로 인한 휴업기간의 경우 그 일수와 그 기간에 지급된 임금은 당해기간과 총액에서 공제된다. 그러나 본인의 귀책사유로 인한 결근이나 휴직 등의 경우에는 공제되지 않으며, 이러한 경우 평균임금이 통상임금보다 낮으면 통상임금이 평균임금으로 간주된다. 평균임금은 퇴직금이나 휴업수당, 산재보상의 산정기준이 된다.

포괄임금제

포괄임금제 또는 포괄산정임금제도는 보통의 임금산정 방식과 같이 기본임금을 결정한 후 연장, 야간, 휴일근로가 발생하였을 때 각각의 수당을 산정하여 지급하는 것이 아니라 실제근로시간을 따지지 않고 기본임금에 제수당을 포함하거나 일정액을 제수당으로 정하여 매월 지급하는 방식의 임금제도를 말한다. 포괄임금제가 인정되는 경우는 근로형태나 업무의 성질상 근로시간과 휴게시간이 불규칙하거나 근로자가 재량을 가지고 근로시간 등을 결정할 수 있어 근로시간 측정이 곤란하거나 근로시간의 측정이 가능하더라도 근로형태상 연장·야간근로 등이 당연히 포함되어 있는 경우(예를 들어 현장 여건에 따라 근로시간이 달라지는 염전회사 직원, 근로시간이 일정하지 않은 운전기사, 아파트의 경비원 등), 또는 계산의 편의와 근무의욕 고취를 목적으로 일정액을 제수당으로 지급하는 경우이다. 또한 포괄임금제가 유효하기 위해서는 기본임금에 제수당이 포함되어 임금이 지급된다는 내용이 명시된 근로계약서에 근로자가 동의를 해야 하고, 포괄임금이 근로자에게 불이익하지 않아야 한다. 만일 포괄임금으로 받은 제수당이 실제 연장, 야간, 휴일근로가 발생하여 근로기준법에 의해 산정한 수당에 미치지 못한다면 그 차액을 청구하여 받을 수 있다. 그러나 2016년 이후 대법원은 이에 대한 엄격한 해석을 내리고 있다. 자세한 내용은 본문 중 포괄임금 부분을 참고하기 바란다.

휴업수당

휴업수당이란 사용자의 귀책사유로 인하여 회사가 휴업하는 경우에 사용자가 휴업기간 중 당해근로자에게 평균임금의 70% 이상의 수당을 지급해야 하는 것을 말한다. 회사가 경영사정으로 인한 조업단축이나 기계수리, 일감부족 등으로 인하여 근로자가 출근하였거나 노무를 제공할 수 있는 상태에 있는데도 사용자의 귀책사유로 인하여 근로자가 노무제공을 하지 못했을 때 해당되며, 휴업은 회사 전체뿐만 아니라 부분휴업의 경우에도 해당된다. 다만 부득이한 사유로 사업계속이 불가능하여 노동위원회의 승인을 얻은 경우에는 평균임금의 70%에 미달하는 금액을 휴업수당으로 지불할 수 있다.

금품청산

근로기준법상 금품청산이란 근로자가 사망 또는 퇴직한 경우에 그 지급사유가 발생한 때로부터 14일 이내에 사용자가 임금·보상금 기타 일체의 금품을 지급해야 하는 것을 말한다. 사용자에게 금품청산 의무를 부여하는 이유는 근로관계가 종료된 이후에 사용자가 근로자에게 지급해야 할 금품 지급을 미룬다면 퇴직 근로자나 사망근로자 유족의 생활이 곤란하게 되고, 소송제기 등을 해야 하는 불편과 시비가 야기되므로 이를 방지하기 위한 것이다. 금품청산을 해주어야 할 의무자는 사용자인데, 회사정리법에 의한 정리절차가 개시된 이후에는 금품청산의 의무자는 회사의 대표이사가 아닌 정리회사의 관리인이 된다. 청산되어야 할 금품의 범위는 임금, 보상금 기타 일체의 금품인데, 임금은 근로기준법 제2조의 사용자가 근로의 대상으로 근로자에게 임금, 봉급, 기타 어떠한 명칭으로든지 지급하는 일체의 금품을 말하고, 보상금은 재해보상금으로서 근로기준법 제78조에서 제85조에 규정된 일체의 보상금을 말한다. 기타 일체의 금품은 적립금, 저축금, 퇴직금, 해고예고수당 등 명칭 여하를 불문하고 근로자에게 돌아가야 할 일체의 금품을 말한다. 금품청산은 근로자가 사망 기타 퇴직의 사유로 근로관계가 종료되면 임금지급일이나 임금마감일과 무관하게 14일 이내에 이루어져야 한다. 그러나 현실적으로 14일 이내에 청산할 수 없는 특별한 사정이 있는 경우에는 당사자간의 합의에 의하여 기일을 연장할 수 있는데, 여기서 특별한 사정이란 천재·사변 기타 이에 준하는 부득이한 사정으로 사용자로서 지급의무의 이행에 노력을 다하였음에도 그 의무를 이행할 수 없는 사정을 의미한다. 근로관계가 종료된 이후 14일 이내에 지급연장에 관한 합의없이 금품청산을 하지 않은 사용자는 3년 이하의 징역 또는 2,000만원 이하의 벌금에 처해진다. 판례는 근로기준법 제36조의 단서는 근로자가 퇴직한 경우에 당사자의 합의에 의하여 퇴직금 등의 지급기일을 연장할 수 있도록 규정하고 있는데, 사용자가 사업의 부진 등으로 자금 압박을 받아 이를 지급할 수 없었다는 것은 위에서 규정한 특별한 사정이라고 할 수 없다(대법원 1987.5.26, 87도604)고 판시했다.

임금채권

근로자가 일정한 노무를 제공함으로써 사용자에게 임금의 지급을 청구할 수 있는 권리를 말한다. 임금은 형식적으로는 사용자와 근로자 간의 노동력 매매계약에 의하여 성립하며 근로자가 약속한 노무가 종료된 때 채권으로서의 효력을 가진다. 임금채권은 다른 일반채권보다 중시되는데 예를 들어 민사집행법 제246조에서는 급료·연금봉급·상여금·퇴직금, 그 밖에 이와 비슷한 성질을 가진 급여채권의 2분의1에 해당하는 금액은 압류하지 못하도록 규정하고 있다.

퇴직금은 1/2 압류 금지이지만 퇴직연금(DC, DB)은 법에 따라 전액이 압류금지 대상이다.

〈근로관계의 종료〉

근로계약의 합의해지

사용자와 근로자 양 당사자가 근로계약을 합의해서 해지하는 것을 말한다. 광의로는 근로자가 사직서를 제출하고 사용자가 이를 수리하는 것도 합의해지의 일종이지만 협의로는 사용자가 근로자에게 일정한 조건을 제시하고 근로자가 이를 수용하여 사직서를 제출하는 것을 말한다. 명예퇴직제도는 이러한 근로계약의 해지에 해당한다. 권고사직은 근로자의 귀책사유가 있거나 긴박한 경영상의 사유가 있을 때

주로 이용되는 제도인 반면 합의해지는 근로자에게는 아무런 잘못이 없으나 특별한 사정에 의하여 당사자간에 더는 함께 일하는 것이 어려운 사정(예를 들어 사업주의 변경, 인간적인 갈등 등)이 발생한 경우 일정한 금전적인 보상이나 다른 조건(대리점의 개설 등)을 제시하여 근로관계를 종료하는 제도이다. 또한 경영사정이 어려워 회사에서 일정한 사직의 조건(예를 들어 위로금의 지급, 별도의 해고 보상금의 지급, 대리점의 우선순위 등)을 제시하고 근로자가 이를 받아들여 사직서를 제출한 경우에도 근로계약의 합의해지로 판단해야 할 것이다. 합의해지는 당사자의 의사에 의한 행위이므로 정당한 법률행위이다. 즉, 명예퇴직과 마찬가지로 사용자가 일정한 조건을 제시하고 근로자가 이를 받아들이는 것이므로 강제적으로 사직서를 제출하게 하지 않는 한 근로관계가 종료되는 것이다. 이러한 근로계약의 합의해지도 근로자의 의사에 반하여 강제성을 띠고 있다면 부당해고로 인정되어 정당성을 상실한다.

해고수당

사용자가 30일 전에 해고예고를 하지 않을 때는 30일분의 통상임금을 지급하고 즉시 해고할 수 있는데 이때 지급하는 금품을 해고수당이라고 한다. 다만, 천재·사변 기타 부득이한 사유로 사업계속이 불가능한 경우 또는 근로자가 고의로 사업에 막대한 지장을 초래하거나 재산상 손해를 끼친 경우로서 고용노동부령으로 정하는 사유에 해당한다면 해고수당 없이 해당 근로자를 즉시 해고할 수 있다.

해고예고

사용자가 근로자를 해고하고자 할 때에는 적어도 30일 전에 그 예고를 하여야 하는 것을 말한다. 30일 전에 예고를 하지 아니한 때에는 30일분 이상의 통상임금을 지급하여야 한다. 다만, 천재·사변, 기타 부득이한 사유로 사업계속이 불가능한 경우 또는 근로자가 고의로 사업에 막대한 지장을 초래하거나 재산상 손해를 끼친 경우에는 그러하지 아니하다. 해고예고에 관한 위 규정은 계속근로기간이 3개월 미만인 경우에는 적용되지 않는다.

여기서 잠깐! 209시간과 4.345주가 뭘까

실무에서 자주 등장하는 숫자가 209와 4.345다.

(1) 209시간

월평균 유급근로시간수이며, 통상임금 산정기준시간을 나타내는 숫자이다. 1개월을 근무했을 때 근로자가 임금으로 받아야 하는 근로시간수인 것이다. 월 209시간은 주 40시간 근로를 가정한 것으로, 유급휴일을 포함한 시간을 기준으로 계산한다.

209시간은[(주당 소정근로시간 40시간+유급주휴 8시간)÷7일×365일]÷12월=208.571≒209로 계산한다.

따라서 월급여를 계산할 때 시간급이 정해져 있다면, 209를 곱해서 월급여를 알 수 있다. 반대로 월급여를 209로 나누면 시간당 임금을 알 수 있다.

(2) 4.345주

1개월에 평균 몇 번의 주가 반복되는지를 나타내는 숫자이다. 즉, 1개월은 평균 4.345주로 구성되어 있다는 뜻이다.

365일÷7일÷12월≒4.345로 계산한다.

참고문헌

최영우, 개별 노동법 실무(5판), 중앙경제, 2017

하갑래, 근로기준법, 중앙경제, 2015

노동법실무연구회, 근로기준법주해 1권, 박영사, 2020

하경효, 임금법제론, 신조사, 2013

이원희, 3일노동법, 중앙경제, 2016

조용만·김홍영, 로스쿨 노동법 해설(제3판), 오래, 2016

임종률, 노동법(제15판), 박영사, 2017

김형배, 노동법(제24판), 박영사, 2015

배동희, 근로자개념의 실무적이해, 중앙경제, 2017

중앙노동위원회, 2016년 주제별 판례분석집, 2016

최저임금위원회, point정리 최저임금, 2017

고용노동부, 임금채권보장업무 처리요령, 2016

고용노동부, 체불사건 업무처리 요령, 2016

고용노동부, 통상임금 노사지도 지침, 2014

고용노동부, 임금과 통상임금, 2014

고용노동부, 고용노동용어집, 2011

김기선·김근주·박제성, 노동판례리뷰, 한국노동연구원, 2016

색 인

1~9

C

L

ㄱ

ㄴ

ㄷ

ㅁ

ㅂ

ㅅ

ㅇ

저자소개

조 영 식 근로감독관

이메일: ys0256@gmail.com

- 단국대학교 졸업
- 2010년 국가직 7급 공채
- 2011년 고용노동부 임용
- 전 중부고용노동청 근로감독관 근무
- 현 인천지방노동위원회 조사관 재직
- 현 근로감독관 양성 전문강사(2019년 고용노동교육원 최우수 강사 선정)

강 수 연 공인노무사

이메일: jwonhr@gmail.com

- 서울대학교 경영대학 인사조직 석사수료
- 한국외국어대학교 정치외교학과 졸업
- 전 중부지방고용노동청 부천지청 근무
- 전 롯데푸드 인사교육팀
- 현 재원인사노무컨설팅 대표 공인노무사

최 영 우 교수

홈페이지: www.elaborlaw.net

- 고용노동연수원 교수
- 서울지방노동위원회 공익위원
- 노동행정학 박사(단국대학교 대학원)